国际统计年鉴

INTERNATIONAL STATISTICAL YEARBOOK

2003

中华人民共和国国家统计局　编

中国统计出版社
China Statistics Press

(京)新登字 041 号

图书在版编目 (CIP) 数据

国际统计年鉴．2003/ 中华人民共和国国家统计局编．
- 北京：中国统计出版社，2003.9
ISBN 7-5037-4210-0

I. 国…
II. 中…
III. 社会经济统计 - 统计资料 - 世界 -2003- 年鉴
IV.C831-54

中国版本图书馆 CIP 数据核字 (2003) 第 058722 号

国际统计年鉴-2003

作　　者 / 中华人民共和国国家统计局
责任编辑 / 陈悟朝
封面设计 / 张　冰
出版发行 / 中国统计出版社
通信地址 / 北京市西城区月坛南街 75 号　邮政编码 / 100826
办公地址 / 北京市丰台区西三环南路甲 6 号
E-mail: yearbook@stats.gov.cn
电　　话 / (010)63459084、63266600-22500（发行部）
印　　刷 / 北京顺义振华印刷厂
经　　销 / 新华书店
开　　本 / 890 × 1240 毫米　1/16
字　　数 / 800 万字
印　　张 / 25.75
版　　别 / 2003 年 9 月第 1 版
版　　次 / 2003 年 9 月北京第 1 次印刷
书　　号 / ISBN 7-5037- 4210-0/C · 2308
定　　价 / 200.00 元

本书附同版本 CD-ROM 一张，光盘内容以书面文字为准。
中国统计版图书，如有印装错误，本社发行部负责调换。

《国际统计年鉴—2003》

编委会和编辑人员

International Statistical Yearbook 2003

EDITORIAL BOARD AND STAFF

编辑说明

一、《国际统计年鉴-2003》是一部综合性国际经济、社会统计资料年刊。本书收录了世界多达190个国家和地区的统计资料，对其中的40多个主要国家和地区的经济和社会发展状况和世界知名公司的基本情况作了更为详细的介绍。

二、本年鉴分为16个部分：1.中国在世界的地位；2.地理和气象；3.自然资源和环境保护；4.国民经济核算；5.人口；6.就业和工资；7.财政和金融；8.价格指数；9.住户收支和贫困；10.农业；11.工业、能源和建筑业；12.运输和通讯；13.对外贸易和旅游；14.国际收支和外债；15.教育、科技、文化、卫生和军事；16.世界最大500家企业主要指标。

三、国外的大部分数据经过联合国等国际组织的调整，口径基本可比。

四、很多国家的最新数据主要是初步数或估计数。

五、中国数据，除国土面积外，均未包括中国台湾省、香港特别行政区和澳门特别行政区。

六、国外数据主要取自有关国际组织的数据库、光盘、年报、月报。每张表均附有资料来源。中国数据以《中国统计年鉴》为准，本书所列国际组织有关中国的统计数据均加注释，仅供参考。

七、一些数据的合计数或相对数，因受进位的影响，不一定等于分项的累加。

八、尽管本年鉴所跨年度内，一些国家的名称和疆域有所改变，除非特别注明，本年鉴中所列国家均为现国家名称及其疆域范围。

九、本年鉴中使用的符号含义如下："-"表示数据不足本表最小单位数；"空格"表示无该项数据或该项统计数据不详；"#"表示其中的主要项；"|"表示因统计口径的调整，前后数据不可比。

十、一些国际组织及其组成成员如下：

西方七国包括美国、日本、英国、德国、法国、意大利和加拿大。

截止2000年，经济合作与发展组织（简称经合组织）成员国有30个：澳大利亚（1971）、奥地利、比利时、冰岛、丹麦、德国、法国、芬兰（1969）、加拿大、荷兰、卢森堡、美国、葡萄牙、日本（1964）、挪威、瑞典、瑞士、爱尔兰、西班牙、希腊、意大利、新西兰（1973）、土耳其、英国、墨西哥（1994.3.24）、捷克（1995.11.28）、匈牙利（1996.3.29）、波兰(1996.7.11)、韩国（1996.10.11)、斯洛伐克(2000.9)。

欧洲联盟，简称欧盟。截止2001年1月1日，成员国共15个：法国、德国、意大利、荷兰、比利时、卢森堡（1951年）、丹麦、爱尔兰、英国（1973年）、希腊（1981年）、西班牙、葡萄牙（1986年）、奥地利、芬兰、瑞典（1995年）。其中欧洲货币联盟（或欧元区）成员国共12个：德国、比利时、奥地利、荷兰、法国、意大利、西班牙、葡萄牙、卢森堡、爱尔兰、芬兰、希腊。1999年1月1日欧元启动起，各成员国与欧元汇率锁定，1欧元分别相当于1.95583德国马克、40.3399比利时法郎、40.3399卢森堡法郎、166.386西班牙比塞塔、6.55967法国法郎、0.787564爱尔兰镑、1936.27意大利里拉、2.20371荷兰盾、13.7603奥地利先令、200.482葡萄牙埃斯库多和5.94873芬兰马克。2001年1月1日，希腊加入欧元区，其原货币德拉克马与欧元汇率锁定为1欧元兑换340.7502德拉克马。2002年1月1日起，欧元现钞正式取代各成员国原货币全面流通。

截止2000年底，东南亚国家联盟（简称东盟）成员国共有10个：菲律宾、马来西亚、泰国、新加坡、印度尼西亚、文莱（1984年）、越南（1995年）、缅甸（1997年）、老挝（1997年）和柬埔寨（1999年）。

北美自由贸易区成立于1994年1月1日，至今始终有三个成员国，即加拿大、墨西哥和美国。

十一、一些国家(含地区)组含义如下：

高中低收入国家：按照世界银行分组标准，高收入国家、上中等收入国家、下中等收入国家和低收入国家分别指2001年人均国民生产总值(或国民总收入)9206美元及以上、2976美元至9205美元、746美元至2975美元和745美元及以下的国家。

发达国家与发展中国家：按照联合国分组标准，发达国家具体包括加拿大、美国、欧盟成员国、澳大利亚、新西兰、日本、以色列和南非，发展中国家则指其他国家。

工业国家和发展中国家：按照国际货币基金组织分组标准，工业国家具体包括加拿大、美国、欧盟成员国、澳大利亚、新西兰和日本，发展中国家则指其他国家。

十二、本年鉴中使用的缩写及含义如下：

sq.km (square kilometer) ＝平方公里，ha (hectare) ＝公顷，kwh (kilowatt-hour) ＝千瓦时，g (gram) ＝克，kg (kilogram) ＝千克，TJ (terojoule) ＝ 1012焦耳，TCE (ton of standard coal equivalent)＝标准煤当量，TOE(ton of standard oil equivalent)＝标准油当量，UNSD(Statistics Division of the United Nations)＝联合国统计司，IMF(International Monetary Fund) ＝国际货币基金组织，FAO (Food and Agriculture Organization of the United Nations) ＝联合国粮食及农业组织，UNCTAD (United Nations Conference on Trade and Development)＝联合国贸易和发展会议，UNDP(United Nations Development Program)＝联合国开发计划署，ILO (International Labor Organization)＝国际劳工组织，WHO(World Health Organization)＝世界卫生组织。

PREFACE

I. "International Statistical Yearbook 2003" is an annual comprehensive reference publication on international economic and social statistics. It contains data from as much as 160 countries, regions and territories over the world. More detailed information on the economic and social development of over 40 countries and the key indicators of the world famous companies is also included in the Yearbook.

II. The Yearbook contains the following 16 chapters: China in the World; Geography and Climate; Natural Resources and Environmental Protection; National Accounts; Population; Employment and Wages; Government Finance and Banking; Price Indices; Household Income and Expenditure and Poverty; Agriculture; Industry, Energy and Construction; Transportation and Communication; External Trade and Tourism; Balance of Payments and External Debts; Education, Science and Technology, Culture, Health and Military; Main Indicators of the 500 Largest Companies in the World.

III. Data for most of the foreign countries/territories have been adjusted by international organizations such as the United Nations, and the scope and coverage is therefore comparable.

IV. The latest data for many countries are preliminary or estimated statistics.

V. All data of China do not cover Taiwan Province, Hong Kong SAR and Macao SAR except the data for the surface area.

VI. The data sources for foreign countries/territories include databases, CD-ROMs, yearbooks and monthly publications of international organizations. The sources of data are given at the top of each table in the Yearbook. Data for China are mainly taken from China Statistical Yearbook, while Chinese data from international organizations are footnoted and are used for reference.

VII. Some aggregations or rates/ratios may not add up to the sum of the series because of rounding.

VIII. Unless otherwise indicated, the countries included in the Yearbook are the countries under their present names with the present territories, although the names or the boundaries may have changed during the period covered by the Yearbook.

IX. The meanings of the symbols used in the Yearbook are as follows,

"-" indicates that the figure is not large enough to be measured with the smallest unit in the table;

"(blank)" indicates that data are not available;

"#" indicates the major items of the total;

"|" indicates that the data to the left are not comparable with those to the right because of the adjustment of scope and coverage.

X. Some international organizations and the members included are as follows,

Group 7 includes the United States, Japan, the United Kingdom, Germany, France, Italy and Canada.

Organization for Economic Co-operation and Development (OECD), until 2000, has 30 members, i.e., Australia (1971), Austria, Belgium, Iceland, Denmark, Germany, France, Finland (1969), Canada, the Netherlands, Luxembourg, United States, Portugal, Japan (1964), Norway, Sweden, Switzerland, Ireland, Spain, Greece, Italy, New Zealand (1973), Turkey, United Kingdom, Mexico (Mar. 24, 1994), Czech Republic (Nov. 28, 1995), Hungary (Mar. 29, 1996), Poland (Jul. 11, 1996), Korea (Oct. 11, 1996) and Slovakia (Sep. 2000).

European Union (EU), on January 1, 2001, has 15 members, i.e., France, Germany, Italy, the Netherlands, Belgium, Luxembourg (1951), Denmark, Ireland, United Kingdom (1973), Greece (1981), Spain, Portugal (1986), Austria, Finland, Sweden (1995). European Monetary Union (Eurozone) has 12 members, i.e., Germany, Belgium, Austria, the Netherlands, France, Italy, Spain, Portugal, Luxembourg, Ireland, Finland and Greece. Since the launch of the euro on Jan. 1, 1999, the central rates have been fixed between the euro and the currencies of the participating countries. One euro equals to 1.95583 Deutsch Mark, 40.3399 Belgium Francs, 40.3399 Luxembourg Francs, 166.386 Spanish Pesetas, 6.55967 French Francs, 0.787564 Irish Pounds, 1936.27 Italian Lire, 2.2037 Dutch Guilders, 13.7603 Austrian Schillings, 200.482 Portugal Escudos and 5.94873 Finnish Mark respectively. Greece joined Euro zone on January 1, 2001, adopting the euro as its currency, with a conversion factor of 340.750 drachmas per euro. Since January 1, 2002, the euro has formally substitute the former local currencies of the member countries.

Association of South East Asian Countries (ASEAN), by the end of 2000, has 10 members, i.e., the Philippines, Malaysia, Thailand, Singapore, Indonesia, Brunei Darussalam (1984), Viet Nam (1995), Myanmar (1997), Lao People's Democratic Republic (1997) and Cambodia (1999).

North American Free Trade Area was founded on January 1, 1994 with three members until now, i.e., Canada, Mexico and the United States.

XI. Countries (territory) groups and their meanings are as follows,

Countries by Income Group According to the criteria by the World Bank, countries and territories (referred to as economies) are classified by their per capita GNP (GNI) in the year 2001 into high income (higher than $9206), higher middle income (between $2976 and $9205), lower middle income (between $746 and $2975) and low income ($745 and below) groups.

Developed and Developing Countries According to the classification standard of the United Nations, developed countries include Canada, the United States, the member countries of the European Union, Australia, New Zealand, Japan, Israel and South Africa while the others are developing countries.

Industrial and Developing Countries According to the classification standard of International Monetary Funds, industrial countries include Canada, the United States, the member countries of the European Union, Australia, New Zealand and Japan while the others are developing countries.

XII. The abbreviations used in the book and their meanings are as follows,

Sq.km=square kilometer, ha = hectare, kwh = kilowatt-hour, g = gram, kg = kilogram, TJ = terojoule (1012 joule), TCE = ton of standard coal equivalent, TOE = ton of standard oil equivalent, UNSD = Statistics Division of the United Nations, IMF = International Monetary Funds, FAO = Food and Agriculture Organization of the United Nations, UNCTAD = United Nations Conference on Trade and Development, UNDP = United Nations Development Program, ILO = International Labor Organization, WHO = World Health Organization.

目　　录
CONTENTS

一、中国在世界的地位
China in the World

二、地理和气象
Geography and Climate

三、自然资源和环境保护
Natural Resource and Environment Protection

四、国民经济核算
National Accounts

五、人口
Population

六、就业和工资
Employment and Wages

七、财政和金融
Government Finance and Banking

八、价格指数
Price Indices

九、住户收支和贫困
Household Income and Expenditure and Poverty

十、农业
Agriculture

十一、工业、能源和建筑业
Industry, Energy and Construction

十二、运输和通讯
Transportation and Communication

十三、对外贸易和旅游
External Trade and Tourism

十四、国际收支和外债
Balance of Payments and External Debts

十五、教育、科技、文化、卫生和军事
Education, Science and Technology, Culture, Health and Military

十六、世界最大500家企业主要指标
Main Indicators of the 500 Largest Companies in the World

附 录
Appendix

一　中国在世界的地位

China in the World

1–1 中国参加的多边公约（2001年）
Multilateral Conventions China Joined(2001)

资料来源：《世界知识年鉴》(光盘)2002/2003。
Source: "World Affairs Yearbook" CD-ROM, 2002/2003.

公约名称 Convention Name	签订地点 Place of Signing	签订时间 Date of Signing	保存机关 depository body	生效时间 (年／月／日) Enter into force Date(yyyy-mm-dd)	中国参加情况 Ratification Status of China
经济、社会及文化权利国际公约 International Convention on Economic, Social and Cultural Rights	纽 约 New York	1966.12.16	联合国秘书长 Secretary General of the United Nations	1976.1.3	1997.10.27签署；2001.2.28九届人大常委会20次会议批准。 Signed at 1997.10.27.Ratified by The Standing Committee of the 9th NPC,20th Session, at2001.2.28.
劳动行政管理公约 Labour Administration Convention	日内瓦 Geneva	1978.6.26	国际劳工局局长 Director-General of the International Labour Office	1980.10.11	2001.10.27九届人大常委会24次会议批准。 Ratified by The Standing Committee of the 9th NPC,24th Session, at2001.10.27.
建筑业安全卫生公约 Safety and Heath in Construction	日内瓦 Geneva	1988.6.20	国际劳工局局长 Director-General of the International Labour Office	1991.1.11	2001.10.27九届人大常委会24次会议批准。 Ratified by The Standing Committee of the 9th NPC,24th Session, at2001.10.27.
制止恐怖主义爆炸的国际公约 Convention for the Suppression of Terrorist Bombings	纽约 New York	1997.12.15	联合国秘书长 Secretary General of the United Nations	2001.5.23	2001.10.27九届人大常委会24次会议决定加入。 Decide to accede by The Standing Committee of the 9th NPC,24th Session, at2001.10.27.
关于持久有机污染物的斯德哥尔摩公约 Stockholm Convention on Persistent Organic Pollutants	斯德哥尔摩 Stockholm	2001.5.22	联合国秘书长 Secretary General of the United Nations	未 not yet come into force	2001.5.23签署。 Signed at 2001.5.23.
打击恐怖主义、分裂主义和极端主义上海公约 Shanghai Convention against Terrorism, Separatism and Extremism	上 海 Shanghai	2001.6.15	中国政府 Chinese Government	未 not yet come into force	2001.6.15签署；2001.2.27九届人大常委会24次会议批准。 Signed at 2001.6.15. Ratified by The Standing Committee of the 9th NPC,24th Session, at2001.2.27.

1-2 中国主要经济社会指标的国际比较(2001年)

International Comparison of the Economic and Social Development of China (2001)

资料来源：世界银行数据库；国际货币基金组织数据库；联合国数据库；联合国粮农组织数据库；联合国贸发会议《世界投资报告》2002年；联合国开发计划署《人文发展报告》2003年。

Source: World Bank Database; IMF Database; UNSD Database; FAO Database; UNCTAD "World Investment Report 2002"; UNDP "Human Development Report 2003".

国家和地区	Country or Area	国土面积（万平方公里）Area of Country Soil (10000 sq km)	年中人口（万人）Total Mid-year Population (10000 people)			人口密度（人／平方公里）Population Density (people per sq km)
				14岁及以下 Ages 0-14	65岁以上 Ages 65+	
世　界	**World**	**13425.4**	**613010.1**	**180125.5**	**42902.2**	**45.7**
发达国家①	**Developed Countries ①**	**5640.7**	**95703.3**	**17600.5**	**13659.5**	**16.9**
发展中国家①	**Developing Countries ①**	**7784.7**	**517306.7**	**163425.1**	**29242.7**	**66.5**
西方七国	**Group 7**	**2142.9**	**70170.6**	**12729.5**	**10521.3**	**32.7**
欧　盟	**European Union**	**324.3**	**38848.5**	**6484.8**	**6359.4**	**119.8**
北美自由贸易区	**NAFTA**	**2155.8**	**41582.0**	**9957.9**	**4480.3**	**19.3**
东南亚国家联盟	**ASEAN**	**448.0**	**51740.4 ②**	**16764.6 ②**	**2413.9 ②**	**115.5 ②**
中　国	China	960.0	127627.0	28452.8 ②	8827.4 ②	132.9
美　国	United States	962.9	28531.8	6034.1	3589.1	31.2
日　本	Japan	37.7	12703.5	1836.3	2234.4	348.5
加拿大	Canada	997.1	3108.2	584.0	390.8	3.4
德　国	Germany	35.7	8233.3	1258.4	1348.0	230.8
英　国	United Kingdom	24.3	5880.0	1091.7	943.9	244.1
法　国	France	55.2	5919.1	1108.4	952.3	107.6
意大利	Italy	30.1	5794.8	816.6	1062.8	197.0
墨西哥	Mexico	195.8	9942.0	3339.8	500.4	52.1
印度尼西亚	Indonesia	190.5	20898.1	6309.2	971.7	115.4
马来西亚	Malaysia	32.9	2380.2	798.5	99.7	72.4
泰　国	Thailand	51.3	6118.4	1444.4	384.8	119.8
新加坡	Singapore	0.1	413.1	88.1	30.1	6772.1
韩　国	Korea, Rep.	9.9	4734.3	1010.4	331.3	479.5
印　度	India	328.7	103235.5	34125.7	5153.3	347.2
巴　西	Brazil	845.7	17238.6	4882.5	898.3	20.4
俄罗斯联邦	Russian Federation	1707.5	14475.2	2535.2	1816.7	8.6

1-2 续表1 continued

国家和地区	Country or Area	土地利用（2000年，万公顷） Land Utilization (10000 ha)				国内生产总值（亿美元） Gross Domestic Product (USD 100 million)
		耕地面积 Arable Area	多年生作物面积 Permenent Crops	多年生牧场面积 Permenent Pasture	其他土地面积 Other Area	
世 界	**World**	**136423.8**	**13312.7**	**347688.6**	**808737.0**	**311214.4**
发达国家①	**Developed Countries ①**	**61639.4**	**2391.7**	**120945.2**	**361491.5**	**248866.7**
发展中国家①	**Developing Countries ①**	**74784.4**	**10921.0**	**226743.4**	**447245.5**	**62376.0**
西方七国	**Group 7**	**27108.8**	**679.7**	**29930.6**	**144143.3**	**205699.0**
欧 盟	**European Union**	**7349.9**	**1112.2**	**5600.6**	**17323.0**	**79653.1 ②**
北美自由贸易区	**NAFTA**	**24731.0**	**469.0**	**34825.0**	**142861.6**	**113775.6**
东南亚国家联盟	**ASEAN**	**6280.1**	**2901.8**	**1688.4**	**32583.9**	**5512.2 ②**
中 国	China	13003.9		40000.0		11590.3 ③
美 国	United States	17695.0	205.0	23925.0	49765.0	100652.7
日 本	Japan	447.4	35.6	40.5	3121.5	41414.3
加拿大	Canada	4556.0	14.0	2900.0	84739.7	6944.8
德 国	Germany	1180.4	21.6	504.8	1860.0	18460.7
英 国	United Kingdom	587.6	5.2	1103.3	712.7	14240.9
法 国	France	1844.0	114.2	1012.4	2530.4	13098.1
意大利	Italy	798.4	284.1	444.6	1414.0	10887.5
墨西哥	Mexico	2480.0	250.0	8000.0	8356.9	6178.2
印度尼西亚	Indonesia	2050.0	1304.6	1117.7	13643.4	1453.1
马来西亚	Malaysia	182.0	578.5	28.5	2496.5	880.4
泰 国	Thailand	1470.0	330.0	80.0	3228.9	1146.8
新加坡	Singapore	0.1	-	-	6.0	856.5
韩 国	Korea, Rep.	171.9	20.0	5.4	790.0	4221.7
印 度	India	16180.0	790.0	1091.0	11670.9	4773.4
巴 西	Brazil	5320.0	1200.0	18500.0	59545.1	5025.1
俄罗斯联邦	Russian Federation	12497.5	184.5	8997.0	147206.0	3099.5

1-2 续表2 continued

国家和地区	Country or Area	人均国民总收入（美元）GNI per Capita, Atlas Method (current USD)	国内生产总值增长率（%）Growth Rate of GDP (%)	GDP支出构成(%) Structure of GDP by Expenditure Approach (%)		
				居民消费支出 Household Final Consumption Expenditure	政府消费支出 General Government Final Consumption Expenditure	资本形成总额 Gross Capital Formation
世　界	**World**	**5120**	**2.3**	**58.4**	**17.6**	**22.4**
发达国家①	**Developed Countries ①**	**26510**	**0.9**	**60.8 ②**	**17.0 ②**	**22.3 ②**
发展中国家①	**Developing Countries ①**	**1160**	**3.9**	**60.6**	**14.9**	**23.0**
西方七国	**Group 7**		**0.7**			
欧　盟	**European Union**	**20670 ④**	**3.3 ②**	**57.4 ④**	**20.2 ④**	**20.8 ④**
北美自由贸易区	**NAFTA**					
东南亚国家联盟	**ASEAN**		**3.0**			
中　国	China	890 ③	7.3	46.0	13.7	37.9
美　国	United States	34280	0.3	68.6 ②	14.4 ②	20.7 ②
日　本	Japan	35610	0.4	56.4	17.5	25.5
加拿大	Canada	21930	1.5	56.3	18.9	19.6
德　国	Germany	23560	0.6	59.0	19.1	20.0
英　国	United Kingdom	25120	2.0	65.8	19.2	17.2
法　国	France	22730	1.8	55.1	23.3	20.1
意大利	Italy	19390	1.8	60.2	18.5	19.7
墨西哥	Mexico	5530	-0.3	70.1	11.6	20.7
印度尼西亚	Indonesia	690	3.4	67.0	7.4	17.0
马来西亚	Malaysia	3330	0.4	40.6	12.2	28.9
泰　国	Thailand	1940	1.9	58.3	11.6	24.0
新加坡	Singapore	21500	-2.4	42.1	11.9	24.3
韩　国	Korea, Rep.	9460	3.0	60.5	10.4	26.7
印　度	India	460	4.2	66.2	13.1	22.5
巴　西	Brazil	3070	1.4	60.1	19.9	21.0
俄罗斯联邦	Russian Federation	1750	5.0	51.0	14.3	22.1

1-2 续表3 continued

国家和地区	Country or Area	GDP支出构成(%) Structure of GDP by Expenditure Approach (%)	GDP三次产业构成（%） Structure of GDP by Production Approach (%)			粗出生率（‰） Birth Rate, Crude (per 1000 People)
		净出口 External Balance on Goods and Services	第一产业 Primary Industry	第二产业 Secondary Industry	第三产业 Tertiary Industry	
世　界	**World**	**1.6**	**3.9 ②**	**29.8 ②**	**66.3 ②**	**21.2**
发达国家①	**Developed Countries ①**	**-0.1 ②**	**1.9 ②**	**28.6 ②**	**69.5 ②**	**11.9**
发展中国家①	**Developing Countries ①**	**1.4**	**12.1**	**35.5**	**52.2**	**22.9**
西方七国	**Group 7**					
欧　盟	**European Union**	**1.7 ④**	**2.3 ④**	**29.2 ④**	**68.5 ④**	**10.5 ④**
北美自由贸易区	**NAFTA**					
东南亚国家联盟	**ASEAN**					**22.2 ②**
中　国	China	2.4	15.2	51.1	33.6	14.9 ③
美　国	United States	-3.7 ②	1.6 ②	24.9 ②	73.5 ②	14.5
日　本	Japan	0.6	1.4 ②	31.8 ②	66.8 ②	9.3
加拿大	Canada	5.2				10.8
德　国	Germany	1.9	1.3	31.0	67.7	9.0
英　国	United Kingdom	-2.2	1.0	27.4	71.6	11.1
法　国	France	1.6	2.9	25.6	71.5	13.1
意大利	Italy	1.6	2.8	28.9	68.2	9.0
墨西哥	Mexico	-2.4	4.4	26.8	68.9	23.6
印度尼西亚	Indonesia	8.5	16.4	46.5	37.1	20.9
马来西亚	Malaysia	18.4	8.5	49.1	42.4	22.3
泰　国	Thailand	6.1	10.2	40.5 ②	49.3 ②	15.4
新加坡	Singapore	21.7	0.1	31.6	68.3	11.9
韩　国	Korea, Rep.	2.3	4.4	41.4	54.1	12.5
印　度	India	-1.8	25.1	26.5	48.4	24.8
巴　西	Brazil	-1.0	9.3	33.9	56.8	19.4
俄罗斯联邦	Russian Federation	12.7	6.8	37.3	55.9	9.1

1-2 续表4 continued

国家和地区	Country or Area	粗死亡率（‰）Crude Death Rate (per 1000 People)	人口自然增长率（‰）Natural Increase Rate（‰）	婴儿死亡率（‰）Infant Mortality Rate (per 1000 Live Births)	平均预期寿命（岁）Life Expectancy at Birth (Years)	劳动力总数（万人）Labor Force (10000 People)
世　界	**World**	**9.2**	**12.0**	**56.1**	**66.6**	**298340.2**
发达国家①	**Developed Countries ①**	**8.7**	**3.2**	**5.4**	**78.1**	**46663.0**
发展中国家①	**Developing Countries ①**	**9.2**	**13.7**	**61.0**	**64.5**	**251677.2**
西方七国	**Group 7**					
欧　盟	**European Union**	**9.6 ④**	**0.9 ④**	**4.2 ④**	**78.2 ④**	**14216.2 ④**
北美自由贸易区	**NAFTA**					
东南亚国家联盟	**ASEAN**	**6.6 ②**	**15.6 ②**			
中　国	China	7.2	7.8	31.0	70.5	76323.7
美　国	United States	8.6	5.9	7.0	77.5	14671.1
日　本	Japan	8.6	0.7	3.0	81.1	6815.4
加拿大	Canada	7.4	3.4	5.0	79.1	1669.1
德　国	Germany	10.0	-1.0	4.0	77.6	4100.2
英　国	United Kingdom	10.7	0.4	6.0	77.4	2941.8
法　国	France	8.9	4.2	4.0	79.2	2684.9
意大利	Italy	10.4	-1.5	4.0	78.5	2581.0
墨西哥	Mexico	5.1	18.5	24.0	73.4	4131.9
印度尼西亚	Indonesia	7.4	13.6	33.0	66.3	10198.3
马来西亚	Malaysia	4.4	17.9	8.0	72.7	995.2
泰　国	Thailand	7.6	7.8	24.0	69.0	3715.7
新加坡	Singapore	4.4	7.5	3.0	78.4	204.3
韩　国	Korea, Rep.	6.1	6.4	5.0	73.6	2431.1
印　度	India	8.8	16.0	67.0	63.0	46053.3
巴　西	Brazil	7.1	12.3	31.0	68.3	8067.7
俄罗斯联邦	Russian Federation	15.6	-6.5	18.0	65.6	7761.6

1-2　续表5 continued

国家和地区	Country or Area	就业人口（万人，2000年）Employment (10000 People, 2000)	失业率（%）Unemployment Rate (%)	不包括捐赠的中央政府经常收入占GDP比重(%) Current Revenue of Central Government, Excluding Grants (% of GDP)	中央政府预算赤字／盈余占GDP比重(%) Central Government Budget Surplus / Deficit (% of GDP)
世　界	**World**			**24.7 ⑤**	**-1.0 ⑤**
发达国家①	**Developed Countries ①**	**43661.2**	**6.2 ②**		
发展中国家①	**Developing Countries ①**			**17.1 ⑥**	**-3.3 ⑥**
西方七国	**Group 7**	**35067.7**			
欧　盟	**European Union**	**13960.1**	**8.2 ②**		
北美自由贸易区	**NAFTA**	**20081.7**			
东南亚国家联盟	**ASEAN**	**25657.9**			
中　国	China	72085.0	3.1 ⑦	7.8	-2.9 ③⑥
美　国	United States	14412.3	4.1 ②	20.7	1.3
日　本	Japan	6792.8	4.8 ②		
加拿大	Canada	1642.2	6.8 ②	21.1	1.3
德　国	Germany	4054.7	8.1 ②	31.3 ⑤	-0.9 ⑤
英　国	United Kingdom	2975.3	5.3 ②	36.0 ⑥	0.0 ⑥
法　国	France	2645.2	10 ②		
意大利	Italy	2545.2	10.8 ②	41.3 ⑥	-1.6 ⑥
墨西哥	Mexico	4027.1	2.0 ②	14.8 ②	-1.3
印度尼西亚	Indonesia	10122.3	6.1 ②	20.6	-1.2
马来西亚	Malaysia	959.1	3 ②		
泰　国	Thailand	3673.7	2.4 ②	17.6	-2.8
新加坡	Singapore	198.7	4.4 ②	24.7	10.1
韩　国	Korea, Rep.	2406.3	4.1 ②		5.1
印　度	India			13.0	-5.4
巴　西	Brazil	7893.4	9.6 ⑥	24.9 ⑤	-7.8 ⑤
俄罗斯联邦	Russian Federation	7684.0	11.4 ②	26.8	3.4

1-2 续表6 continued

国家和地区	Country or Area	国际收支（亿美元）Balance of Payments (US$ 100 million)			黄金储备（万盎司）Gold Reserves (10000 ounce)
		经常帐户 Current Account	资本帐户 Capital Account	金融帐户 Financial Account	
世　界	**World**	**-1174.5**	**-35.4**	**1106.9**	**94225.9**
发达国家①	**Developed Countries ①**	**-2570.0**	**130.7**	**2073.4**	**78354.7**
发展中国家①	**Developing Countries ①**	**1138.4**	**-23.1**	**-945.2**	**15871.2**
西方七国	**Group 7**	**-2927.5**	**36.0**	**2787.9**	**58628.2**
欧　盟	**European Union**	**-126.5 ②**	**101.2 ②**	**-604.1 ②**	**29946.8 ②**
北美自由贸易区	**NAFTA**	**-3916.2**	**45.0**	**3940.5**	**26328.3**
东南亚国家联盟	**ASEAN**	**8571.0 ②**		**451.2 ②**	
中　国	China	174.0	-0.5	348.3	1267.0
美　国	United States	-3933.9	8.3	3867.9	26200.0
日　本	Japan	878.0	-28.7	-481.6	2460.2
加拿大	Canada	194.8	36.7	-150.1	105.2
德　国	Germany	24.4	-8.3	-262.8	11113.2
英　国	United Kingdom	-302.8	20.6	162.3	1142.2
法　国	France	213.6	-1.2	-315.7	9724.5
意大利	Italy	-1.6	8.5	-32.1	7882.9
墨西哥	Mexico	-177.1		222.7	23.1
印度尼西亚	Indonesia	69.0	-76.2		310.1
马来西亚	Malaysia	72.9		-38.9	117.0
泰　国	Thailand	62.2		-39.1	248.0
新加坡	Singapore	178.8	-1.6	-187.7	
韩　国	Korea, Rep.	86.2	-4.4	25.4	44.2
印　度	India	-42.0 ②		96.2 ②	1150.2
巴　西	Brazil	-232.1	-0.4	200.8	46.0
俄罗斯联邦	Russian Federation	346.2	-93.8	-47.4	1359.9

1–2 续表7 continued

国家和地区	Country or Area	不包括黄金的国际储备(亿美元) International Reserves Excluding Gold (USD 100 million)	外来直接投资(亿美元) Foreign Direct Investment Inward (USD 100 million)	对外直接投资(亿美元) Foreign Direct Investment Outward (USD 100 million)	外债余额(亿美元) External Debt (USD 100 million)	负债率(外债余额占国民生产总值的%) External Debt (as % of GNP)
世　界	**World**	**21419.1**	**7351.5**	**6207.1**		
发达国家①	**Developed Countries ①**	**8610.1**	**5031.4**	**5806.2**		
发展中国家①	**Developing Countries ①**	**12808.9**	**2048.0**	**365.7**	**23321.1 ②**	
西方七国	**Group 7**	**6331.4**	**3112.6**	**3745.5**		
欧　盟	**European Union**		**6173.2 ②**	**7729.5 ②**		
北美自由贸易区	**NAFTA**	**1366.9**	**1766.2**	**1531.6**		
东南亚国家联盟	**ASEAN**		**138.5 ②**		**3370.3 ②**	
中　国	China	2121.7 ⑧	468.8	23.2 ③	1701.1	14.7
美　国	United States	577.8	1244.3	1139.8		
日　本	Japan	3961.8	62.0	380.9		
加拿大	Canada	340.5	274.6	354.7		
德　国	Germany	514.4	318.8	432.6		
英　国	United Kingdom	373.8	538.0	394.6		
法　国	France	318.3	526.2	828.1		
意大利	Italy	244.8	148.7	214.8		
墨西哥	Mexico	448.6	247.3	37.1	1582.9	28.6
印度尼西亚	Indonesia	273.2	-32.8	1.3	1357.0	94.1
马来西亚	Malaysia	305.5	5.5	2.7	433.5	57.8
泰　国	Thailand	324.4	37.6	1.7	673.8	59.8
新加坡	Singapore	755.7	86.1	102.2		
韩　国	Korea, Rep.	1030.2	32.0	26.0	1101.1	28.2
印　度	India	459.9	34.0	7.6	973.2	14.3
巴　西	Brazil	358.3	224.6	-22.6	2263.6	49.2
俄罗斯联邦	Russian Federation	326.3	25.4	26.2	1526.5	48.9

1-2 续表8 continued

国家和地区	Country or Area	消费者价格指数 (1990=100) Consumer Price Index (1990=100)	生产者(批发)价格指数 (国内总供给，1990年=100) Producers' or Wholesale Price Index (Domestic Supply, 1990=100)	农业生产指数 (1989-1991年=100，2002) Agriculture Production Index (1989-1991=100, 2002)	工业生产指数 (1995年=100) Industrial Production Index (1995=100)	能源生产总量 (1999年，万吨标准油当量) Commercial Energy Production (1999,10000 TOE)
世　界	**World**	**321.8**		**126.6**	**118.5**	**971408.2**
发达国家①	**Developed Countries ①**	**130.1**		**99.0**		**370596.3**
发展中国家①	**Developing Countries ①**	**1057.8**		**149.3**		**600811.9**
西方七国	**Group 7**					**272866.9**
欧　盟	**European Union**					**78069.2**
北美自由贸易区	**NAFTA**					**2076617.1**
东南亚国家联盟	**ASEAN**					
中　国	China	201.7	99 ⑨	155.7 ⑩	176.6(11)	105693.6 ③
美　国	United States	135.5	115	119.9	124.6	168788.6
日　本	Japan	108.6	91	90.9	97.7	10422.3
加拿大	Canada	124.8	134(12)	113.7	118	36655.4
德　国	Germany	125.8(13)	106	95.7	117.8	13296.1
英　国	United Kingdom	137.5	130	92.4	103.6	28167.4
法　国	France	120.5	91(14)	105.8	117.6	12761.7
意大利	Italy	144.0	145	100.8	106.8	2775.4
墨西哥	Mexico	572.9	500	136.2	136.4(16)	22177.1
印度尼西亚	Indonesia	387.4	462	119.5	90.5(17)	22637.8
马来西亚	Malaysia	143.7	131	131.6	142.1	7341.1
泰　国	Thailand	158.1(15)	145	127.2	113.5(17)	3849.9
新加坡	Singapore	119.8	87	27.4	125.1(17)	
韩　国	Korea, Rep.	170.9	143	135.1	156.1	3185.2
印　度	India	246.2(18)	220	128.2	135.4	40978.8
巴　西	Brazil	254.3(19)	293	158.9	111.5	13365.4
俄罗斯联邦	Russian Federation	1135160.0(20)		68.3		95058.9

1-2 续表9 continued

国家和地区	Country or Area	能源消费总量（1999年，万吨标准油当量）Commercial Energy Use (1999, 10000 TOE)	货物进出口贸易总额（亿美元）Total Merchandise Trade (USD 100 million)	货物出口总额（亿美元）Merchandise Exports (USD 100 million)	货物进口总额（亿美元）Merchandise Imports (USD 100 million)	进出口贸易平衡（亿美元）Balance of Merchandise Trade (USD 100 million)
世　界	**World**	**963546.5**	**126420**	**61760**	**64660**	**-2900**
发达国家①	**Developed Countries ①**	**486603.1**	**83656**	**39804**	**43852**	**-4048**
发展中国家①	**Developing Countries ①**	**476943.4**	**33787**	**17388**	**16399**	**989**
西方七国	**Group 7**	**401881.6**	**59375**	**28014**	**31361**	**-3347**
欧　盟	**European Union**	**147063.5**				
北美自由贸易区	**NAFTA**	**266075.6**	**28326**	**11475**	**16851**	**-5376**
东南亚国家联盟	**ASEAN**		**7711.3 ②**	**4109.8 ②**	**3601.5 ②**	**508.3 ②**
中　国	China	108834.9 ③	5097	2661	2436	225
美　国	United States	226998.5	19083	7291	11792	-4501
日　本	Japan	51544.7	7526	4035	3491	544
加拿大	Canada	24178.0	4871	2599	2272	327
德　国	Germany	33719.6	10578	5717	4861	856
英　国	United Kingdom	23032.4	6057	2727	3330	-603
法　国	France	25504.3	6520	3234	3286	-52
意大利	Italy	16904.1	4740	2411	2329	82
墨西哥	Mexico	14899.1	3347	1585	1762	-177
印度尼西亚	Indonesia	13612.1	831	521	310	211
马来西亚	Malaysia	4265.0	1619	880	739	141
泰　国	Thailand	7041.5	1272	651	621	30
新加坡	Singapore	2269.3	2378	1218	1160	58
韩　国	Korea, Rep.	18136.5	2915	1504	1411	93
印　度	India	48041.8	937	433	504	-71
巴　西	Brazil	17970.1	1165	582	583	-1
俄罗斯联邦	Russian Federation	60295.2	1567	1031	536	495

1-2 续表10 continued

国家和地区	Country or Area	成人(15岁及以上)识字率(%) Adult Literacy Rate (% of People Ages 15 and Above)	人文发展指数 Human Development Index	2000年净入学率（%）Net School Enrollment Rate of 2000 (%) 小学生 Primary	中学生 Secondary	大学生（粗入学率）Tertiary (Gross)	每千人口医生数（人）Physicians (per 1000 People)
世　界	**World**		**0.722**			**22.0**	
发达国家①	**Developed Countries ①**		**0.927**	**98.0**	**92.0**	**62.0**	**3.0 ⑥**
发展中国家①	**Developing Countries ①**	**76.2**				**14.0**	
西方七国	**Group 7**						
欧　盟	**European Union**			**100.0 ④**	**91.0 ④**		**4.1 ②**
北美自由贸易区	**NAFTA**						
东南亚国家联盟	**ASEAN**						
中　国	China	90.9 ②	0.721	93.0 ③	50.3 ③⑤	7.0 ③	1.7
美　国	United States		0.937	95.0	88.0	73.0	2.8 ⑥
日　本	Japan		0.932	101.0	101.0	48.0	1.9 ②
加拿大	Canada		0.937	99.0	98.0	60.0	2.1 ②
德　国	Germany		0.921	87.0	88.0	46.0	3.6 ②
英　国	United Kingdom		0.930	99.0	94.0	60.0	1.8 ②
法　国	France		0.925	100.0	92.0	54.0	3.0 ⑤
意大利	Italy	98.5	0.916	100.0	91.0	50.0	6.0 ②
墨西哥	Mexico	91.4	0.800	103.0	60.0	21.0	1.8 ②
印度尼西亚	Indonesia	87.3	0.682	92.0	48.0	15.0	0.1(21)
马来西亚	Malaysia	87.9	0.790	98.0	70.0	28.0	0.7(22)
泰　国	Thailand	95.7	0.768	85.0	55.2 ⑤	35.0	0.2(21)
新加坡	Singapore	92.5	0.884		76.0(22)	43.8(22)	1.6 ⑤
韩　国	Korea, Rep.	97.9	0.879	92.9(22)	96.9(22)	78.0	1.3 ②
印　度	India	58.0	0.590	77.0(22)	60.0(22)	10.0	0.4(23)
巴　西	Brazil	87.3	0.777	97.0	71.0	17.0	1.4(21)
俄罗斯联邦	Russian Federation	99.6	0.779	100.0(22)	88.0(22)	64.0	4.2 ⑤

注：①除“国土面积”、“土地利用”、“经济增长率”、“国际收支平衡”、“黄金储备”、“国际储备”和“外国直接投资”外，发达国家均指高收入国家，发展中国家均指中低收入国家。②为2000年数据。③国际组织数据。④欧元区数据。⑤为1998年数据。⑥为1999年数据。⑦城镇登记失业率。⑧外汇储备。⑨以上年为100的工业品出厂价格指数。⑩以1990年为100的农业总产值指数。⑾工业增加值指数。⑿仅指原材料。⒀1995年=100。⒁仅指农产品。⒂仅指曼谷。⒃包括建筑业。⒄制造业。⒅仅为产业工人。⒆1994年=100。(20)1991年=100。(21)为1996年数据。(22)为1997年数据。(23)为1995年数据。

Note: ① Developed country and developing country refers to high income economy and low and middle income respectively except "area of country soil", "land utilization", "economic growth rate", "balance of payments", "gold reserves", "international reserves" and "foreign direct investment". ② Refer to 2000. ③ Data from international organizations. ④ Data Refer to Eurozone. ⑤ Refer to 1998. ⑥ Refer to 1999. ⑦ Urban registered unemployment rate. ⑧ Refer to foreign exchange reserves. ⑨ Ex-factory price indexes of industrial products,preceding year=100. ⑩ Refer to indexes of gross output value of agriculture. (11)Refer to indexes of industrial value added. (12) Only refer to raw materials. (13) 1995=100.(14) Refer only to agriculture products. ⒂ Only refer to Bangkok. (16) Including construction. (17)Manufacturing only.(18)Only refer to industrial workers. (19) 1994=100.(20)1991=100.(21)Refer to 1996.(22)Refer to 1997.(23)Refer to 1995.

1-3 中国主要指标居世界的位次

Changes in the Order of Precedence of Major Indicators of China

资料来源：联合国粮农组织数据库；联合国统计司数据库；世界银行数据库；国际货币基金组织数据库；联合国开发计划署《人文发展报告》2003年。

Data sources: FAO Database; UNSD Database; World Bank Database; IMF Database;UNDP"Human Development Report"2003.

指标	Indicator	1978	1980	1990	1995	2000	2001	2002
国土面积	Area of Country Soil	4	4	4	4	4	4	4
人口	Population	1	1	1	1	1	1	1
平均预期寿命②	Life Expectancy at Birth, Both Sexes ②	75(169) ③	77(173)	83(186)	85(188)	88(190)	89(190)	
国内生产总值(美元)	Gross Domestic Product (USD)	10	11	11	8	6	6	6
人均国民生总值(美元)②	GNP (GNI) per Papita (USD) ②	175(188)	177(188)	178(200)	157(205)	141(207)	138(207)	
进出口贸易总额(美元)	Foreign Trade Total (USD)	27	25	16	12	8	6	5
出口额	Exports	28	28	14	12	7	6	5
进口额	Imports	27	22	17	12	9	6	6
外来直接投资(美元)	Foreign Direct Investment Inward (USD)			5 ①	2	9	6	1
外汇储备(美元)	Foreign Exchange Reserves(USD)	40	37	7	2	2	2	2
人文发展指数②	Human Development Index ②			79(160)	106(174)	96(173)	104(175)	

注：①1988年至1993年平均数。②括号中所列为排序资料的国家和地区数。③1977年数。

Note: ① Refer to the average of 1988-1993. ② The number in the parentheses indicates the number of countries or territories the order based on. ③ Data refer to 1977.

1-4 中国农业主要产品产量居世界的位次

Changes in the Order of Precedence of Output of Major Agricultural Products of China

国外资料来源：联合国粮农组织数据库。

Sources: United Nations FAO Database.

项目	Item	1978	1980	1985	1990	1995	2000	2001	2002
谷　物	Cereals	2	1	2	1	1	1	1	1
肉　类①	Meat ①	3	3	2	1	1	1	1	1
棉　花	Cotton Lint	3	2	1	1	1	1	1	1
大　豆	Soybeans	3	3	3	3	3	4	4	4
花　生	Groundnuts in Shell	2	2	2	2	1	1	1	1
油菜籽	Rapeseeds	2	2	1	1	1	1	1	1
甘　蔗	Sugar Cane	9	9	4	4	3	3	3	3
茶　叶	Tea	2	2	2	2	2	2	2	2
水　果	Fruit		10	8	4	1	1	1	1

注：①1993年以前为猪、牛、羊肉产量的位次。

Note: ① Data refer to pork, beef and mutton prior to 1993.

1-5 中国工业主要产品产量居世界的位次

Changes in the Order of Precedence of Output of Major Industrial Products of China

国外资料来源：联合国数据库、《工业产品统计年鉴》；联合国粮农组织数据库。

Sources: United Nations Database, "Industrial Commodity Statistics Yearbook"; FAO Database.

项　目	Item	1978	1980	1985	1990	1995	1999	2000	2001
钢	Crude Steel	5	5	4	4	2	1	1	1
煤	Coal	3	3	2	1	1	1	1	1
原　油	Crude Petroleum	8	6	6	5	5	5	5	5
发电量	Electricity	7	6	5	4	2	2	2	2
水　泥	Cement	4	4	1	1	1	1	1	1
化　肥	Fertilizer	3	3	3	3	2	1	1	1
化学纤维	Chemical Fibre	7	5	4	2	2	2	2	
棉　布	Woven Cotton Fabrics	1	1	1	1	1	2	2	2
糖	Sugar	8	10	6	6	4	4	4	3
电视机	Television Set	8	5	3	1	1	1	1	1

二　地理和气象

Geography and Climate

2-1 地球和地表

The Earth and the Earth's Surface

资料来源：中国地图出版社《世界地图集》。
Source: China Map Publishing House "Atlas of the World".

指标	Indicator	数据 Number
地球离太阳的平均距离(公里)	Average Distance between the Sun and the Earth (km)	149598000
日地最远距离	Maximum Distance	152100000
日地最近距离	Minimum Distance	147100000
地球公转的平均速度(公里／秒)	Average Revolution Speed of the Earth (km/s)	29.79
在远日点公转速度	At the Aphelion	29.3
在近日点公转速度	At the Perihelion	30.8
地球公转的轨道长度(公里)	Orbit Length of the Earth's Revolution (km)	939120000
地球公转一周的时间(日／时／分／秒)	Revolution Period of the Earth (d/h/m/s)	365/5/48/46
地球自转周期(时／分／秒)	Self-rotation Period of the Earth (h/m/s)	23/56/4
赤道半径长度(公里)	Semidiameter Length of Equator (km)	6378140
极半径长度(公里)	Polar Semidiameter Length(km)	6356863
子午线周长(公里)	Meridian Length (km)	40008548
赤道周长(公里)	Equator Length (km)	40075704
地球表面总面积(平方公里)	Earth's Surface Area (sq. km)	510083042
陆地面积(平方公里)	Land Area (sq. km)	149519000
# 亚洲(%)	Asia (%)	29.4
非洲(%)	Africa (%)	20.2
欧洲(%)	Europe (%)	6.8
北美洲(%)	North America (%)	16.2
南美洲(%)	South Africa (%)	12.0
大洋洲(%)	Oceania (%)	6.0
南极洲(%)	Antarctica (%)	9.4
海洋面积(平方公里)	Ocean Area (sq. km)	361000000
# 太平洋(%)	Pacific Ocean(%)	49.4
大西洋(%)	Atlantic Ocean(%)	25.4
印度洋(%)	Indian Ocean (%)	21.1
北冰洋(%)	Arctic Ocean (%)	4.1
地球体积(亿立方公里)	Cubage of the Earth (100 million cub. km)	10833.2

2-2 世界各大洲海拔高度
Altitude of the Continents

资料来源：中国地图出版社《世界地图集》。
Source: China Map Publishing House "Atlas of the World".

洲别	Continent	最高点	Summit	海拔高度(米) Altitude (m)	最低点	Lowest Point	海拔高度(米) Altitude (m)	平均高度(米) Average Altitude (m)
世界	World	珠穆朗玛峰	Everest	8848	死海	Dead Sea	-400	875
亚洲	Asia	珠穆朗玛峰	Everest	8848	死海	Dead Sea	-400	950
非洲	Africa	乞力马扎罗山	Kilimanjaro	5895	阿萨勒湖	Assal Lake	-156	750
欧洲	Europe	厄尔布鲁士山	Elburz	5642	里海	Caspian Sea	-28	340
北美洲	North America	麦金利山	Mckinley	6194	死谷	Death Valley	-86	700
南美洲	South America	阿空加瓜山	Aconcagua	6960	格兰德斯盐湖		-40	600
大洋洲	Oceania	查亚山	Tayawijaya	5029	北艾尔湖	Eyresee	-16	350
南极洲	Antarctica	文森山	Vinson	5140			-2538	2350

2-3 世界著名河流
The Famous Rivers in the World

资料来源：中国地图出版社《世界地图集》。
Source: China Map Publishing House "Atlas of the World".

河流	River	长度(千米) Length (km)	流经国家	Flow via
尼罗河	Nile	6671	坦桑尼亚、布隆迪、卢旺达、乌干达、苏丹、埃及	Tanzania, Burundi, Rwanda, Uganda, Sudan, Egypt
亚马逊河	Amazon	6480	秘鲁、巴西	Peru, Brazil
长江	Changjiang	6397	中国	China
密西西比－密苏里河	Mississippi-Missouri	6262	美国	United States
黄河	Huanghe	5464	中国	China
鄂毕－额尔齐斯河	Ob'-Irtysh	5410	俄罗斯、哈萨克斯坦、中国	Russian Federation, Kazakhstan, China
澜沧江－湄公河	Lancang-Mekong	4500	中国、缅甸、老挝、泰国、柬埔寨、越南	China, Myanmar, Laos, Thailand, Cambodia, Viet Nam
刚果河(扎伊尔河)	Congo (Zaire)	4650	赞比亚、刚果（金）、中非、刚果（布）、喀麦隆、安哥拉	Zambia, Congo DR, Central Africa, Congo Rep., Cameroon, Angola
黑龙江	Helongjiang	4370	中国、俄罗斯	China, Russian Federation
勒拿河	Lena	4320	俄罗斯	Russian Federation

2-4 世界著名湖泊

The Famous Lakes in the World

资料来源：中国地图出版社《世界地图集》。

Source: China Map Publishing House "Atlas of the World".

湖泊	Lake	面积(平方公里) Area (sq. km)	位置	Location
里　　海	Caspian Sea	371000	俄罗斯、哈萨克斯坦、	Russian Federation, Kazakhstan,
			土库曼斯坦、伊朗、阿塞拜疆	Turkmenistan, Iran, Azerbaijan
苏必利尔湖	Superior Lake	82400	美国、加拿大	United States, Canada
维多利亚湖	Victoria Lake	69400	乌干达、肯尼亚、坦桑尼亚	Uganda, Kenya, Tanzania
咸　　海	Aral Sea	66500	哈萨克斯坦、乌兹别克斯坦	Kazakhstan, Uzbekistan
休 伦 湖	Huron Lake	59600	美国、加拿大	United States, Canada
密歇根湖	Michigan Lake	58000	美　　国	United States
坦噶尼喀湖	Tanganyika Lake	32900	刚果（金）、坦桑尼亚、	Cango D.R., Tanzania,
			布隆迪、赞比亚	Burundi, Zambia
贝加尔湖	Baikal Lake	31500	俄 罗 斯	Russian Federation
大 熊 湖	Great Bear Lake	31080	加 拿 大	Canada
马拉维湖	Malawi Lake	30800	马拉维、莫桑比克、坦桑尼亚	Malawi, Mozambique

2–5 世界主要城市天气

资料来源：德国《国外统计年鉴》。
Source: "Statistical Yearbook 2001 for Foreign Countries" of Germany.

城市	City	国家	Country	地理纬度（北纬或南纬）Latitude (N/S)	海拔（米）Altitude (m)	平均温度° C Average Temperature (° C)
亚 洲						
鄂木斯克	Omsk	俄罗斯	Russia Federation	55° 00′ N	85	1.4
海参崴	Vladiostok	俄罗斯	Russia Federation	43° 10′ N	28	4.2
塔什干	Taschkent	乌兹别克斯坦	Uzbekistan	41° 15′ N	478	12.8
安卡拉	Ankara	土耳其	Turkey	39° 55′ N	902	11.7
北 京	Beijing	中 国	China	39° 55′ N	37	11.7
德黑兰	Teheran	伊 朗	Iran	35° 40′ N	1191	16.6
东 京	Tokyo	日 本	Japan	35° 40′ N	6	13.8
巴格达	Bagdad	伊拉克	Iraq	33° 20′ N	34	22.6
新德里	New Delhi	印 度	India	28° 40′ N	216	24.8
加尔各答	Calcutta	印 度	India	22° 35′ N	10	26.3
香 港	Hong Kong	中 国	China	22° 20′ N	33	22.8
孟 买	Bombay	印 度	India	18° 55′ N	11	26.8
马尼拉	Manila	菲律宾	Philippines	14° 35′ N	16	27.1
胡志明市	Ho Chi Minh City	越 南	Viet Nam	10° 45′ N	10	27.8
新加坡	Singapore	新加坡	Singapore	1° 20′ N	17	27.2
雅加达	Jakarta	印度尼西亚	Indonesia	6° 10′ S	8	26.9
非 洲						
的黎波里	Tripolis	利比亚	Libya	32° 55′ N	22	19.4
开 罗	Cairo	埃 及	Egypt	30° 05′ N	20	20.8
金沙萨	Kinshasa	刚果（金）	Congo D. R.	4° 20′ S	290	25.3
比勒陀利亚	Pretoria	南 非	South Africa	25° 45′ S	1369	17.2
德 班	Durban	南 非	South Africa	29° 55′ S	5	20.6
开普敦	Cape Town	南 非	South Africa	33° 55′ S	17	16.5
北美洲						
温尼伯	Winnipeg	加拿大	Canada	49° 55′ N	240	2.6
蒙特利尔	Montreal	加拿大	Canada	45° 30′ N	57	6.5
芝加哥	Chicago	美 国	United States	41° 50′ N	186	10.6
纽 约	New York	美 国	United States	40° 40′ N	3	11.9
华盛顿	Washington, D.C.	美 国	United States	38° 55′ N	22	13.8
旧金山（圣弗朗西斯科）	San Francisco	美 国	United States	37° 45′ N	16	13.7
新奥尔良	New Orleans	美 国	United States	30° 00′ N	3	21.3
墨西哥城	Mexico City	墨西哥	Mexico	19° 25′ N	2309	14.7
加拉加斯	Caracas	委内瑞拉	Venezuela	10° 35′ N	920	20.5

Weather Condition of Main Cities in the World

		平均降水(mm/m²)			平均云量(%) Average Cloudage (%)	
最冷月平均 Coolest Month	最暖月平均 Warmest Month	Average Precipitation	最湿月平均 Humidest Month	最干月平均 Driest Month	最晴月平均 Finest Month	最阴月平均 Most Cloudy Month
-17.4/1	19.7/7	380	20271	10/2,3	18688	26207
-13.1/1	19.4/8	818	156/8	37438	37284	28307
-1.6/2	25.6/7	370	25628	8/8,9	37507	23377
-0.1/1	23.3/8	360	18384	37476	37455	71/12,1
-4.7/1	26.0/7	632	254/7	3/12,1	47150	20271
3.8/1	29.8/7	208	13516	37295	37506	19391
3.0/1	26.4/8	1625	220/10	21551	41/12.1	30103
9.1/1	34.4/7	140	28/2,3	0/S	37323	46/mM
13.9/1	33.6/6	715	211/7	37441	37509	63/7,8
19.5/12,1	30.4/4,5	1604	330/7,8	37511	20/12,1	85/7,8
15.6/1	28.6/7	2225	432/6	37615	19268	30011
23.8/1	29.7/5	1810	620/7	9/W	13/2,3	33055
25.0/12,1	28.6/5	2069	440/8	37531	15067	80/mM
26.4/1	29.7/4	1989	338/9	37501	15373	30133
25.6/12,1	27.8/5,6	2414	258/12	169/7	58/mM	24838
26.2/1,2	27.4/9,10	1755	335/1	18445	16650	76/1,2
12.2/1	26.0/8	384	33208	0/7,8	37451	21245
12.3/1	27.7/7	26	37377	0/7	37354	18963
22.0/7	26.8/4	1371	235/11	37263	60/3,4	33117
10.8/6,7	21.5/12,1	785	127/1	37475	37420	21217
16.6/7	23.9/1	1008	130/3	37465	37462	64/mM
12.1/7	21.7/2	508	110/6	37271	32/1,2	20852
-17.5/1	20.2/7	517	29373	37307	17746	29526
-9.2/1	21.3/7	1048	102/mM	25659	19937	27334
-4.0/1	23.7/7	830	100/6	14642	18142	72/mM
0.4/2	23.7/7	1083	110/8	29526	18537	22647
3.1/2	25.4/7	1050	120/8	70/10,11	19268	25934
10.0/1	16.5/9	517	100/12,1	4/7,8	11871	22647
13.3/1	28.6/8	1620	180/7	33147	13789	23559
11.6/12,1	17.4/5	766	163/7	6/1,2	18749	28734
18.8/1	22.0/5	826	120/10	37532	19756	27181

2-5 续表1 continued

城市	City	国家	Country	地理纬度（北纬或南纬）Latitude (N/S)	海拔（米）Altitude (m)	平均温度° C Average Temperature (° C)
南美洲						
科　隆	Colon	巴拿马	Panama	9° 20′ N	8	26.8
基　多	Quito	厄瓜多尔	Equador	0° 15′ S	2880	14.3
拉巴斯	La Paz	玻利维亚	Bolivia	16° 30′ S	3632	11.4
里约热内卢	Rio de Janeiro	巴　西	Brazil	22° 55′ S	60	23
圣地亚哥	Santiago	智　利	Chile	33° 30′ S	520	14.7
布宜诺斯艾利斯	Buenos Aires	阿根廷	Argentina	34° 40′ S	25	16.5
欧　洲						
汉　堡	Hamburg	德　国	Germany	53° 35′ N	13	8.4
柏　林	Berlin	德　国	Germany	52° 30′ N	51	8.8
华　沙	Warsaw	波　兰	Poland	52° 15′ N	110	8.1
布拉格	Prague	捷克共和国	Czch Republic	50° 05′ N	263	9
维也纳	Vienna	奥地利	Austria	48° 15′ N	202	9.8
慕尼黑	Munich	德　国	Germany	48° 10′ N	515	7.9
贝尔格莱德	Belgrade	南斯拉夫	Yugoslavia	44° 50′ N	132	11.8
圣彼得堡	St. Petersburg	俄罗斯	Russia Federation	59° 55′ N	4	5
莫斯科	Moscow	俄罗斯	Russia Federation	55° 45′ N	156	5
布加勒斯特	Bucharest	罗马尼亚	Romania	44° 25′ N	82	11.1
卑尔根	Bergen	挪　威	Norway	60° 25′ N	43	7.8
斯德哥尔摩	Stockholm	瑞　典	Sweden	59° 20′ N	44	6.6
伦　敦	London	英　国	United Kingdom	51° 30′ N	5	10.6
布鲁塞尔	Brussels	比利时	Belgium	50° 50′ N	100	9.9
巴　黎	Paris	法　国	France	48° 50′ N	75	11.5
日内瓦	Geneva	瑞　士	Switzerland	46° 15′ N	405	9.9
罗　马	Rom	意大利	Italy	41° 55′ N	51	16.2
伊斯坦布尔	Istanbul	土耳其	Turkey	41° 00′ N	40	13.9
马德里	Madrid	西班牙	Spain	40° 25′ N	660	13.9
里斯本	Lisbon	葡萄牙	Portugal	38° 45′ N	77	16.6
雅　典	Athen	希　腊	Greece	38° 00′ N	107	18
大洋洲						
檀香山（火奴鲁鲁）	Honolulu	美　国	United States	21° 20′ N	4	24
悉　尼	Sydney	澳大利亚	Australia	33° 55′ S	41	17.2
墨尔本	Melbourne	澳大利亚	Australia	37° 45′ S	35	17.7

注：温度、降水和云量指标之后的数字表示特定的月份（如：-3.1/2 =-3.1° C在二月 或3/5,7=3毫米降水在五月和七月）；字母表示：W=冬天，S=夏天，mM = 多个月份。

Note: The number after temperature, precipitation and cloudage indicates the relevant month, for example, -3.1/2 indicates the temperature of February is -3.1° C, 3/5,7 indicates the precipitation of May and July is 3mm. W=Winter, S=Summer, mM indicates more than one months.

最冷月平均 Coolest Month	最暖月平均 Warmest Month	平均降水(mm/m²) Average Precipitation	最湿月平均 Humidest Month	最干月平均 Driest Month	平均云量(%) Average Cloudage (%) 最晴月平均 Finest Month	最阴月平均 Most Cloudy Month
26.2/11	27.0/5	3308	566/11	13940	52/2,3	85/6,7
13.7/7	14.8/1	1115	36161	37457	15523	27454
9.4/7	12.7/11	555	139/1	37352	37427	26696
20.4/7	26.1/2	1139	144/1,2	45/7,8	17746	26999
8.6/6	20.6/1	363	29373	7/mM	37304	20607
10.0/7	23.5/1	981	120/4	19876	40/mM	21337
0.4/1	16.6/7	744	31959	14642	22433	31017
-0.5/1	17.8/7	592	26816	11749	16923	30621
-3.5/1	19.2/7	561	31594	37344	19238	29921
-0.9/1	19.0/7	487	25750	37277	54/8,9	29526
-1.4/1	19.4/7	625	30498	14611	49/8,9	29556
-2.4/1	17.2/7	910	137/7	16407	20699	79/11,12
-0.2/1	22.6/7	701	35217	48/2,3	13697	28460
-7.8/1	17.7/7	630	29434	37346	18415	30987
-9.3/1	18.2/7	677	33786	37287	18080	31352
-2.7/1	23.2/7	579	31929	37529	13332	27364
1.3/2	15.0/7	1958	236/10	30437	21702	26634
-3.1/2	17.8/7	555	28338	37342	18780	29190
4.3/1	17.7/7	593	21002	19725	22160	27030
2.2/1	17.5/7	817	35612	15462	67/5,9	29921
3.5/1	19.5/7	619	23590	12844	18111	26634
1.1/1	19.2/7	852	100/9	18354	15888	30286
7.5/1	25.6/7	760	115/10	37506	37487	21520
5.3/2	23.4/8	672	104/12,1	37487	37462	77/12,1
5.0/1	24.1/7	440	19633	37567	37458	19329
10.8/1	22.5/8	708	111/1	3/7,8	37488	19694
9.5/1	27.6/8	395	24077	37322	37481	23743
22.2/1,2	25.8/8,9	610	110/1	37457	17411	22678
11.7/7	22.3/1	1181	140/4	70/9,10,11	14824	59/1,2
9.5/7	19.4/1,2	653	25842	47/mM	50/1,2	24624

三 自然资源和环境保护

Natural Resource and Environment Protection

3-1　国土面积与人口密度（2001年）
Area of Country Soil and Population Density (2001)

国外资料来源：联合国粮农组织数据库。
Sources: FAO Database.

国家和地区	Country or Area	国土面积(万平方公里) Area (10000 sq.km)	年中人口数(万人) Mid-year Population (10000 persons)	人口密度 (人／平方公里) Population Density (persons/sq.km)
世界总计	**World**	**13425.4 ①**	**613414**	**46**
亚　洲	**Asia**	**3186.9**	**372071**	**117**
中　国	China	960.0	127627 ②	133
日　本	Japan	37.7	12703	337
印　度③	India ③	328.7	103236	314
印度尼西亚	Indonesia	190.4	20898	110
菲律宾	Philippines	30.0	7832	261
泰　国	Thailand	51.3	6118	119
马来西亚	Malaysia	32.9	2380	72
新加坡	Singapore	0.1	413	6772
巴基斯坦	Pakistan	79.6	14145	178
缅　甸	Myanmar	67.6	4832	71
孟加拉国	Bangladesh	14.4	13335	926
土耳其	Turkey	77.5	6853	88
蒙　古	Mongolia	156.7	242	2
朝　鲜	Korea, Dem.People's Rep.	12.0	2238	186
韩　国	Korea, Rep.	9.9	4734	480
越　南	Viet Nam	33.2	7953	240
非　洲	**Africa**	**3031.2**	**81260**	**27**
埃　及	Egypt	100.1	6518	65
尼日利亚	Nigeria	92.4	12988	141
欧　洲	**Europe**	**2298.6**	**72631**	**32**
德　国	Germany	35.7	8233	231
英　国	United Kingdom	24.3	5880	242
法　国	France	55.2	5919	107
意大利	Italy	30.1	5795	193
捷　克	Czech Republic	7.9	1022	129
波　兰	Poland	32.3	3864	120
匈牙利	Hungary	9.3	992	107
罗马尼亚	Romania	23.8	2241	94
保加利亚	Bulgaria	11.1	791	72
南斯拉夫	Yugoslavia	10.2	1054	103
俄罗斯联邦	Russian Federation	1707.5	14475	8
北美洲	**North America**	**2265.6**	**49287**	**22**
美　国	United States	962.9	28532	30
加拿大	Canada	997.1	3108	3
墨西哥	Mexico	195.8	9942	51
南美洲	**South America**	**1786.6**	**35072**	**20**
巴　西	Brazil	845.7	17239	20
阿根廷	Argentina	278.0	3749	13
大洋洲	**Oceania**	**856.4**	**3092**	**4**
澳大利亚	Australia	774.1	1939	3
新西兰	New Zealand	27.1	385	14

注：①是指有定居人口的各大洲面积，未包括尚无定居人口的南极洲。如包括南极洲，全世界陆地面积为 14950 万平方公里。②中国为年末人口数。③不包括查谟、克什米尔和锡金等地区。

Note: ① The data exclude the Antarctic Continent. If included, it would be 149.50 million sq.km. ② The population of China refers to the population of the year-end. ③ Excluding Jammu, Kashmir and Sikkim.

3-2 土地利用

Land Use

国外资料来源:联合国粮农组织数据库

Source:FAO Database

单位:万公顷 (10000 hectares)

国家和地区	Country or Area	1990	2000
世界总计	**World Total**		
土地面积	Land Area	1305400	1306162
耕地面积	Arable Area	138190	136424
多年生作物面积	Permanent Crop Area	11885	13313
多年生牧场面积	Permanent Pasture	340964	347689
其他面积	Other Area	814360	808737
发达国家	**Developed Countries**		
土地面积	Land Area	545706	546468
耕地面积	Arable Area	64949	61639
多年生作物面积	Permanent Crop Area	2359	2392
多年生牧场面积	Permanent Pasture	119195	120945
其他面积	Other Area	359202	361492
发展中国家	**Developing Countries**		
土地面积	Land Area	759694	759694
耕地面积	Arable Area	73241	74784
多年生作物面积	Permanent Crop Area	9526	10921
多年生牧场面积	Permanent Pasture	221769	226743
其他面积	Other Area	455158	447246
亚　　洲①	**Asia ①**		
土地面积	Land Area	268817	309821
耕地面积	Arable Area	45785	48625
多年生作物面积	Permanent Crop Area	4926	5964
多年生牧场面积	Permanent Pasture	79967	110997
其他面积	Other Area	138139	144235
中　　国	**China**		
土地面积②	Land Area ②	96000	96000
耕地面积	Arable Area	13004	13004
多年生作物面积	Permanent Crop Area		
多年生牧场面积	Permanent Pasture	40000	40000
其他面积	Other Area		
孟加拉国	**Bangladesh**		
土地面积	Land Area	1302	1302
耕地面积	Arable Area	914	814
多年生作物面积	Permanent Crop Area	30	35
多年生牧场面积	Permanent Pasture	60	60
其他面积	Other Area	298	393
印　　度	**India**		
土地面积	Land Area	29732	29732
耕地面积	Arable Area	16314	16180
多年生作物面积	Permanent Crop Area	630	790
多年生牧场面积	Permanent Pasture	1160	1091
其他面积	Other Area	11628	11671
印度尼西亚	**Indonesia**		
土地面积	Land Area	18116	18116
耕地面积	Arable Area	2025	2050
多年生作物面积	Permanent Crop Area	1172	1305
多年生牧场面积	Permanent Pasture	1311	1118
其他面积	Other Area	13607	13643
伊　　朗	**Iran**		
土地面积	Land Area	16362	16362
耕地面积	Arable Area	1519	1432
多年生作物面积	Permanent Crop Area	131	200
多年生牧场面积	Permanent Pasture	4400	4400
其他面积	Other Area	10312	10329

国家和地区	Country or Area	1990	2000
以 色 列	**Israel**		
土地面积	Land Area	206	206
耕地面积	Arable Area	34	33
多年生作物面积	Permanent Crop Area	9	9
多年生牧场面积	Permanent Pasture	15	14
其他面积	Other Area	148	150
日　　本	**Japan**		
土地面积	Land Area	3646	3645
耕地面积	Arable Area	477	447
多年生作物面积	Permanent Crop Area	48	36
多年生牧场面积	Permanent Pasture	45	41
其他面积	Other Area	3077	3122
哈萨克斯坦	**Kazakhstan**		
土地面积	Land Area		26997
耕地面积	Arable Area		2154
多年生作物面积	Permanent Crop Area		14
多年生牧场面积	Permanent Pasture		18510
其他面积	Other Area		6320
朝　　鲜	**Korea,Dem.People's Rep.**		
土地面积	Land Area	1204	1204
耕地面积	Arable Area	170	170
多年生作物面积	Permanent Crop Area	30	30
多年生牧场面积	Permanent Pasture	5	5
其他面积	Other Area	999	999
韩　　国	**Korea,Rep.**		
土地面积	Land Area	987	987
耕地面积	Arable Area	195	172
多年生作物面积	Permanent Crop Area	16	20
多年生牧场面积	Permanent Pasture	7	5
其他面积	Other Area	769	790
马来西亚	**Malaysia**		
土地面积	Land Area	3286	3286
耕地面积	Arable Area	170	182
多年生作物面积	Permanent Crop Area	525	579
多年生牧场面积	Permanent Pasture	28	29
其他面积	Other Area	2563	2497
蒙　　古	**Mongolia**		
土地面积	Land Area	15665	15665
耕地面积	Arable Area	137	118
多年生作物面积	Permanent Crop Area		
多年生牧场面积	Permanent Pasture	12429	12929
其他面积	Other Area	3099	2618
缅　　甸	**Myanmar**		
土地面积	Land Area	6576	6576
耕地面积	Arable Area	957	990
多年生作物面积	Permanent Crop Area	50	60
多年生牧场面积	Permanent Pasture	36	32
其他面积	Other Area	5533	5494
巴基斯坦	**Pakistan**		
土地面积	Land Area	7709	7709
耕地面积	Arable Area	2048	2130
多年生作物面积	Permanent Crop Area	46	66
多年生牧场面积	Permanent Pasture	500	500
其他面积	Other Area	5115	5013

3–2 续表1 continued

单位：万公顷 (10000 hectares)

国家和地区	Country or Area	1990	2000	国家和地区	Country or Area	1990	2000
菲 律 宾	**Philipplines**			**南 非**	**South africa**		
土地面积	Land Area	2982	2982	土地面积	Land Area	12210	12210
耕地面积	Arable Area	548	555	耕地面积	Arable Area	1344	1475
多年生作物面积	Permanent Crop Area	440	450	多年生作物面积	Permanent Crop Area	86	96
多年生牧场面积	Permanent Pasture	126	128	多年生牧场面积	Permanent Pasture	8250	8393
其他面积	Other Area	1868	1849	其他面积	Other Area	2530	2246
新 加 坡	**Singapore**			**北 美 洲**	**North America**		
土地面积	Land Area	6	6	土地面积	Land Area	213703	213703
耕地面积	Arable Area			耕地面积	Arable Area	26687	25922
多年生作物面积	Permanent Crop Area			多年生作物面积	Permanent Crop Area	771	854
多年生牧场面积	Permanent Pasture			多年生牧场面积	Permanent Pasture	36536	36738
其他面积	Other Area			其他面积	Other Area	149708	150190
斯里兰卡	**Sri Lanka**			**加 拿 大**	**Canada**		
土地面积	Land Area	646	646	土地面积	Land Area	92210	92210
耕地面积	Arable Area	88	89	耕地面积	Arable Area	4582	4556
多年生作物面积	Permanent Crop Area	103	102	多年生作物面积	Permanent Crop Area	13	14
多年生牧场面积	Permanent Pasture	44	44	多年生牧场面积	Permanent Pasture	2900	2900
其他面积	Other Area	412	411	其他面积	Other Area	84715	84740
泰 国	**Thailand**			**墨 西 哥**	**Mexico**		
土地面积	Land Area	5109	5109	土地面积	Land Area	19087	19087
耕地面积	Arable Area	1749	1470	耕地面积	Arable Area	2400	2480
多年生作物面积	Permanent Crop Area	311	330	多年生作物面积	Permanent Crop Area	190	250
多年生牧场面积	Permanent Pasture	78	80	多年生牧场面积	Permanent Pasture	7750	8000
其他面积	Other Area	2971	3229	其他面积	Other Area	8747	8357
土 耳 其	**Turkey**			**美 国**	**United States**		
土地面积	Land Area	7696	7696	土地面积	Land Area	91590	91590
耕地面积	Arable Area	2465	2414	耕地面积	Arable Area	18574	17695
多年生作物面积	Permanent Crop Area	303	253	多年生作物面积	Permanent Crop Area	203	205
多年生牧场面积	Permanent Pasture	1200	1238	多年生牧场面积	Permanent Pasture	23917	23925
其他面积	Other Area	3729	3791	其他面积	Other Area	48895	49765
越 南	**Viet Nam**			**南 美 洲**	**South America**		
土地面积	Land Area	3255	3255	土地面积	Land Area	175295	175295
耕地面积	Arable Area	534	575	耕地面积	Arable Area	9033	9679
多年生作物面积	Permanent Crop Area	105	160	多年生作物面积	Permanent Crop Area	1818	1956
多年生牧场面积	Permanent Pasture	34	64	多年生牧场面积	Permanent Pasture	49989	50277
其他面积	Other Area	2582	2456	其他面积	Other Area	114455	113383
非 洲	**Africa**			**阿 根 廷**	**Argentina**		
土地面积	Land Area	296331	296331	土地面积	Land Area	27367	27367
耕地面积	Arable Area	16694	17972	耕地面积	Arable Area	2500	2500
多年生作物面积	Permanent Crop Area	2271	2538	多年生作物面积	Permanent Crop Area	220	220
多年生牧场面积	Permanent Pasture	90339	89607	多年生牧场面积	Permanent Pasture	14220	14200
其他面积	Other Area	187028	186215	其他面积	Other Area	10427	10447
埃 及	**Egypt**			**巴 西**	**Brazil**		
土地面积	Land Area	9955	9955	土地面积	Land Area	84565	84565
耕地面积	Arable Area	228	283	耕地面积	Arable Area	4560	5320
多年生作物面积	Permanent Crop Area	36	47	多年生作物面积	Permanent Crop Area	1100	1200
多年生牧场面积	Permanent Pasture			多年生牧场面积	Permanent Pasture	18420	18500
其他面积	Other Area			其他面积	Other Area	60485	59545
尼日利亚	**Nigeria**			**委内瑞拉**	**Venezuela**		
土地面积	Land Area	9108	9108	土地面积	Land Area	8821	8821
耕地面积	Arable Area	2954	2820	耕地面积	Arable Area	270	244
多年生作物面积	Permanent Crop Area	254	265	多年生作物面积	Permanent Crop Area	91	96
多年生牧场面积	Permanent Pasture	4000	3920	多年生牧场面积	Permanent Pasture	1825	1824
其他面积	Other Area	1900	2103	其他面积	Other Area	6635	6657

3-2 续表2 continued

单位：万公顷 (10000 hectares)

国家和地区	Country or Area	1990	2000
欧 洲③	**Europe ③**		
土地面积	Land Area	47334	226098
耕地面积	Arable Area	12456	28980
多年生作物面积	Permanent Crop Area	1395	1694
多年生牧场面积	Permanent Pasture	8349	18181
其他面积	Other Area	25133	177245
白俄罗斯	**Belarus**		
土地面积	Land Area		2075
耕地面积	Arable Area		613
多年生作物面积	Permanent Crop Area		12
多年生牧场面积	Permanent Pasture		300
其他面积	Other Area		1150
保加利亚	**Bulgaria**		
土地面积	Land Area	1106	1106
耕地面积	Arable Area	386	442
多年生作物面积	Permanent Crop Area	30	21
多年生牧场面积	Permanent Pasture	200	162
其他面积	Other Area	490	480
捷 克	**Czech Republic**		
土地面积	Land Area		773
耕地面积	Arable Area		308
多年生作物面积	Permanent Crop Area		24
多年生牧场面积	Permanent Pasture		96
其他面积	Other Area		345
法 国	**France**		
土地面积	Land Area	5501	5501
耕地面积	Arable Area	1800	1844
多年生作物面积	Permanent Crop Area	119	114
多年生牧场面积	Permanent Pasture	1138	1012
其他面积	Other Area	2444	2530
德 国	**Germany**		
土地面积	Land Area	3567	3567
耕地面积	Arable Area	1197	1180
多年生作物面积	Permanent Crop Area	44	22
多年生牧场面积	Permanent Pasture	562	505
其他面积	Other Area	1764	1860
意大利	**Italy**		
土地面积	Land Area	2941	2941
耕地面积	Arable Area	901	798
多年生作物面积	Permanent Crop Area	296	284
多年生牧场面积	Permanent Pasture	487	445
其他面积	Other Area	1257	1414
荷 兰	**Netherlands**		
土地面积	Land Area	339	339
耕地面积	Arable Area	88	91
多年生作物面积	Permanent Crop Area	3	4
多年生牧场面积	Permanent Pasture	110	101
其他面积	Other Area	138	143
波 兰	**Poland**		
土地面积	Land Area	3044	3044
耕地面积	Arable Area	1439	1399
多年生作物面积	Permanent Crop Area	35	34
波 兰（续）	**Poland**		
多年生牧场面积	Permanent Pasture	406	408
其他面积	Other Area	1165	1203
罗马尼亚	**Romania**		
土地面积	Land Area	2303	2303
耕地面积	Arable Area	945	933
多年生作物面积	Permanent Crop Area	59	51
多年生牧场面积	Permanent Pasture	473	494
其他面积	Other Area	826	825
俄罗斯联邦	**Russian Federation**		
土地面积	Land Area		168885
耕地面积	Arable Area		12498
多年生作物面积	Permanent Crop Area		185
多年生牧场面积	Permanent Pasture		8997
其他面积	Other Area		147206
西 班 牙	**Spain**		
土地面积	Land Area	4994	4994
耕地面积	Arable Area	1534	1368
多年生作物面积	Permanent Crop Area	484	485
多年生牧场面积	Permanent Pasture	1030	1145
其他面积	Other Area	1947	1996
乌 克 兰	**Ukraine**		
土地面积	Land Area		5794
耕地面积	Arable Area		3267
多年生作物面积	Permanent Crop Area		95
多年生牧场面积	Permanent Pasture		
其他面积	Other Area		
英 国	**United kingdom**		
土地面积	Land Area	2409	2409
耕地面积	Arable Area	662	592
多年生作物面积	Permanent Crop Area	7	5
多年生牧场面积	Permanent Pasture	1152	1125
其他面积	Other Area	588	687
大 洋 洲	**Oceania**		
土地面积	Land Area	84914	84914
耕地面积	Arable Area	5096	5246
多年生作物面积	Permanent Crop Area	252	308
多年生牧场面积	Permanent Pasture	43054	41890
其他面积	Other Area	36512	37470
澳大利亚	**Australia**		
土地面积	Land Area	76823	76823
耕地面积	Arable Area	4790	5030
多年生作物面积	Permanent Crop Area	18	30
多年生牧场面积	Permanent Pasture	41640	40490
其他面积	Other Area	30375	31273
新 西 兰	**New Zealand**		
土地面积	Land Area	2680	2680
耕地面积	Arable Area	251	156
多年生作物面积	Permanent Crop Area	135	173
多年生牧场面积	Permanent Pasture	1349	1330
其他面积	Other Area	944	1022

注：①2000年亚洲总计包括亚美尼亚、阿塞拜疆、格鲁吉亚、哈萨克斯坦、吉尔吉斯斯坦、塔吉克斯坦、土库曼斯坦和乌孜别克斯坦，1990年未包括这些国家。②指国土面积。③2000年欧洲总计包括白俄罗斯、爱沙尼亚、拉脱维亚、立陶宛、摩尔多瓦共和国、俄罗斯和乌克兰，1990年未包括这些国家。

Notes: ① The data for the total Asia In 2000 includes Armenia,Azerbaijan,Georgia,Kazakhstan,Tajikistan,Turkmenistan and Uzbeckistan,while in 1990 the total for Asia excludes these independent republics of the former USSR. ② Refer to the area of territory. ③ The data for the total Europe in 2000 includes Belarus,Estonia,Latvia,Lithuania,the Republic of Moldova,the Russian Federation and Ukraine,while in 1990 the total for Europe excludes estimates for republics of the former USSR.

3-3 能源储量(1998 年)

Energy Resources and Reserves(1998)

资料来源：联合国《能源统计年鉴》1998 年。
Source: United Nations “Energy Statistics Yearbook”1998.

单位:万吨 (10000 tons)

国家和地区	Country or Area	烟煤和无烟煤 Bituminous Coal/Anthracite			亚烟煤和褐煤 Sub-bituminous Coal/Lignite			泥煤 Peat		
		探明储量 Proved Amount in Place	可开采储量 Proved Recover-able Reserves	估计储量 Estimated Additional Amount	探明储量 Proved Amount in Place	可开采储量 Proved Recover-able Reserves	估计储量 Estimated Additional Amount	探明储量 Proved Amount in Place	可开采储量 Proved Recover-able Reserves	估计储量 Estimated Additional Amount
中　国①	China ①	17760000	6220000	36320000	10880000	5230000	30470000	468700	32800	95200
孟加拉国	Bangladesh	105400								13800
印　度	India	19689200	7273300	8608800	2600000	200000	393200			
印度尼西亚	Indonesia		77000		133100	445000	629900	4900000		
伊　朗	Iran	375400	19300		229500					
以色列	Israel							50000	38600	100000
日　本	Japan	827700	78500		17500	1700				
马来西亚	Malaysia	1500	400	7800	12600		57500			
蒙　古	Mongolia	1200000			1200000					
缅　甸	Myanmar	500	200	12000			8000			
朝　鲜	Korea, Dem.People's Rep.	200000	30000	270000	30000	30000	220000			
韩　国	Korea, Rep.	13800	8200	27200						
巴基斯坦	Pakistan					292800				
菲律宾	Philippines	4000	2400	800	34300	27500	3700			
斯里兰卡	Sri Lanka							500	500	
泰　国	Thailand				231500	200000	300000			
土耳其	Turkey	59000	44900	24900	733900	62600	11000			
越　南	Viet Nam	31200	15000							4600
埃　及	Egypt	2500	1300		2700	2200	5200			
尼日利亚	Nigeria		2100	2100	33800	16900	100000			
南　非	South Africa	12940700	5976200	21104600	3000	99900	10000	4700	3000	
加拿大	Canada	643500	450900	2604500	1435500	411400	3199000	109200		
墨西哥	Mexico	156900	86000	196000	73200	35100	21300			
美　国	United States	23967500	11133800	45615300	20854800	14530500	66588700	2600000	1300000	
阿根廷	Argentina				19500	13000	773500	9000	8000	
巴　西	Brazil				1707200	1195000	1531900			
委内瑞拉	Venezuela	132800	47900	452800						4600
保加利亚	Bulgaria	4800	1300	120000	479100	269800	261800	500	500	
捷　克	Czech Republic	640100	261300		254700	356400				
法　国	France	59300	9500	20000	12400	2100	16500			
德　国	Germany	4400000	2400000	18600000	7800000	4300000		15700	9600	
意大利	Italy				7500	3400	30200			250000
荷　兰	Netherlands	140600	49700	275000				12000	12000	
波　兰	Poland	6018500	1211300	11330000	1418400	319600	3070000	89000		
罗马尼亚	Romania	100	100	100	319900	361000	197600	2500	1300	1000
俄罗斯联邦	Russian Federation	7575300	4908800	158247900	12482300	10792200	235808500	1768000	1155400	16832000
西班牙	Spain	170000	20000	300000	86000	46000	126000	8400	7000	
英　国	United Kingdom		100000	19000000	100000	50000				
澳大利亚	Australia	6590000	4730000	12500000	4800000	4310000	21500000			
新西兰	New Zealand	13600	2900	64200	258300	54200	1220100	164000		

3—3续表1 Continued

单位:万吨 (10000 tons)

国家和地区	Country or Area	可开采储量 Proved Recoverable Reserves: 天然气 Natural Gas (亿立方米) (10^8m^3)	可开采储量 Proved Recoverable Reserves: 原油和天然气 Crude Oil and NGL	可开采储量 Proved Recoverable Reserves: 油页岩 Oil Shale	可开采储量 Proved Recoverable Reserves: 油砂 Bituminous Sands	铀矿 Uranium: 理论储量 Reasonably Assured Resources	铀矿 Uranium: 估计储量 Estimated Additional Resources	水电理论装机容量(亿千瓦小时/年) Hyrdropower Gross Theoretical Capability (100 million kwh/year)
中　国①	China ①	11710	527200		25100	7210		59220
孟加拉国	Bangladesh	2880	-					10
印　度	India	6850	73200			5210	2430	26380
印度尼西亚	Indonesia	20460	67700			630	170	21470
伊　朗	Iran	231590	1467400			280		1760
以色列	Israel	10	100	60000				-
日　本	Japan	320	700			660		7180
马来西亚	Malaysia	22710	52600					2300
蒙　古	Mongolia					6160	2100	60
缅　甸	Myanmar	3110	700					3660
朝　鲜	Korea, Dem.People's Rep.					3100	2170	720
韩　国	Korea, Rep.		1331000					2320
巴基斯坦	Pakistan	5930	3000					2620
菲律宾	Philippines	800	2800					470
斯里兰卡	Sri Lanka							70
泰　国	Thailand	1880	2800	170000				560
土耳其	Turkey	110	3400	2000		910		4330
越　南	Viet Nam	1420	8200			130	670	3000
埃　及	Egypt	7320	53400					500
尼日利亚	Nigeria	34750	277700		2400			910
南　非	South Africa	1740	600	1300	-	45710	17850	150
加拿大	Canada	20930	84900		71700	33100	9900	13320
墨西哥	Mexico	18100	660600			170	70	1550
美　国	United States	47140	376800			36100	127270	44850
阿根廷	Argentina	6860	36300			880	310	5350
巴　西	Brazil	2240	111100	35200		16200	10020	30200
委内瑞拉	Venezuela	40510	1009700		36400			3450
保加利亚	Bulgaria	40	200			780	840	260
捷　克	Czech Republic	40	1200			3020	1900	130
法　国	France	210	1800			2240	140	2000
德　国	Germany	3820	2800			300	400	1200
意大利	Italy	2400	5200		3300	480	130	3400
荷　兰	Netherlands	17650	1500					10
波　兰	Poland	1140	500					230
罗马尼亚	Romania	4450	21800		100	690	900	700
俄罗斯联邦	Russian Federation	477000	665400			14500	3650	24000
西班牙	Spain	20	100			1220	820	1380
英　国	United Kingdom	20650	66550					80
澳大利亚	Australia	13600	34500	365100		71500	18000	2640
新西兰	New Zealand	680	1500					1520

注：①来源于联合国。

Notes: ① Data from United Nations。

3-4 森林消失和淡水资源

Deforestation and Freshwater

资料来源:世界银行《世界发展指标》2003年。

Source:World Bank "World Development Indicators" 2003.

国家和地区	Country or Area	1990-2000年年均森林消失量① Average Annual Deforestation		2000年人均淡水资源总量(立方米) Total Freshwater Resources Per Capita(cu.m.)	1980-2000年度淡水抽取量占水资源总量百分比(%) Annual Freshwater Withdrawals as Percentage of Total Resources (%)	1980-2000年淡水抽取量的利用(%) Freshwater Withdrawals (%)		
		平方公里 sq.km	比率(%) Rate(%)			用于农业 for Agriculture	用于工业 for Industry	生活用水 for Domestic
世界总计	**World**	**90419**	**0.2**	**8649**		**71**	**20**	**10**
高收入国家	**High Income**	**-7962**	**-0.1**	**9672**		**42**	**42**	**16**
中等收入国家	**Middle Income**	**25646**	**0.1**	**10230**		**74**	**17**	**9**
低收入国家	**Low Income**	**72735**	**0.8**	**6559**		**90**	**5**	**5**
中　　国②	China ②	-13483	-0.9	2241	18.6	78	18	5
孟加拉国	Bangladesh	-165	-1.3	9238	1.2	86	2	12
印　　度	India	-381	-0.1	1878	26.2	92	3	5
印度尼西亚	Indonesia	13124	1.2	13759	2.6	93	1	6
以 色 列	Israel	-50	-4.9	273	94.1	54	7	39
日　　本	Japan	-34	0.0	3389	21.3	64	17	19
韩　　国	Korea, Rep.	49	0.1	1485	34.0	63	11	26
马来西亚	Malaysia	2377	1.2	24925	2.2	77	13	11
蒙　　古	Mongolia	600	0.5	14512	1.1	53	27	20
巴基斯坦	Pakistan	304	1.1	1610	70.0	97	2	2
菲 律 宾	Philippines	887	1.4	6251	11.6	88	4	8
斯里兰卡	Sri Lanka	348	1.6	2708	19.6	96	2	2
泰　　国	Thailand	1124	0.7	6750	8.1	91	4	5
土 耳 其	Turkey	-220	-0.2	3593	15.1	73	12	16
尼日利亚	Nigeria	3984	2.6	2206	1.3	54	15	31
南　　非	South Africa	80	0.1	1168	26.6	72	11	17
加 拿 大	Canada			94314	1.6	12	70	18
墨 西 哥	Mexico	6306	1.1	4675	17.0	78	5	17
美　　国	United States	-3880	-0.2	9985	16.6	42	45	13
阿 根 廷	Argentina	2851	0.8	24276	3.2	75	9	16
巴　　西	Brazil	22264	0.4	43022	0.8	61	18	21
委内瑞拉	Venezuela	2175	0.4	29892	0.6	46	10	44
白俄罗斯	Belarus	-2562	-3.2	5797	4.7	35	43	22
保加利亚	Bulgaria	-204	-0.6	2595	65.6	22	75	3
法　　国	France	-616	-0.4	3218	17.0	10	72	18
德　　国	Germany			2165	26.0	20	69	11
意 大 利	Italy	-295	-0.3	3281	22.2	48	34	19
荷　　兰	Netherlands	-10	-0.3	5716	8.6	34	61	5
波　　兰	Poland	-110	-0.1	1594	20.0	11	76	13
罗马尼亚	Romania	-147	-0.2	9463	12.2	59	33	8
俄罗斯联邦	Russian Federation	-1353	0.0	30904	1.7	20	62	19
西 班 牙	Spain	-860	-0.6	2753	31.6	68	19	13
乌 克 兰	Ukraine	-310	-0.3	2820	18.6	30	52	18
英　　国	United Kingdom	-200	-0.8	2503	8.0	3	77	20
澳大利亚	Australia			25649	3.0	33	2	65
新 西 兰	New Zealand	-390	-0.5	85361	0.6	44	10	46

注:①负值表示森林面积的增长。②为世界银行统计数据。

Notes: ① The negative represents the forest area increased. ② Data from World Bank.

3-5 国家保护区面积和生物多样性
Nationally Protected Areas and Biodiversity

资料来源：世界银行《世界发展指标》2003年。
Source: World Bank "World Development Indicators" 2003.

国家和地区	Country or Area	国家保护区 Nationally Protected Areas		哺乳动物 Mammals		鸟类 Birds		高植株植物② Higher Plants	
		万平方公里③ 10000 sq.km 2002	占土地总面积的比重%③ as Percentage of Total Land(%) 2002	物种(种) Species 1996	濒危物种(种) Threatened Species 2000	物种(种) Species 1996	濒危物种(种) Threatened Species 2000	物种(种) Species 1997	濒危物种(种) Threatened Species 2000
世界总计	**World**	**1517.7**	**11.7**						
高收入国家	**High Income**	**606.1**	**19.5**						
中等收入国家	**Middle Income**	**614.1**	**9.3**						
低收入国家	**Low Income**	**297.5**	**9.2**						
中　　国①	China ①	73.0	7.8	499	94	1258	183	32200	312
中国香港	Hong Kong,China	0.1		24	1	76	11	1984	9
孟加拉国	Bangladesh	0.1	0.8	109	23	295	23	5000	24
印　　度	India	15.5	5.2	316	88	923	72	16000	1236
印度尼西亚	Indonesia	35.7	19.7	436	147	1519	114	29375	264
伊　　朗	Iran	8.3	5.1	140	22	323	13	8000	2
以 色 列	Israel	0.3	15.8	92	14	180	12	2317	32
日　　本	Japan	2.6	7.0	132	37	250	34	5565	707
缅　　甸	Myanmar	0.6	0.9	251	39	867	35	7000	32
韩　　国	Korea, Rep.	0.7	6.9	49	13	112	25	2898	66
巴基斯坦	Pakistan	3.7	4.9	151	19	375	17	4950	14
菲 律 宾	Philippines	1.7	5.7	153	50	395	67	8931	360
斯里兰卡	Sri Lanka	0.9	13.5	88	22	250	14	3314	455
泰　　国	Thailand	7.1	13.9	265	37	616	37	11625	385
土 耳 其	Turkey	1.2	1.6	116	17	302	11	8650	1876
越　　南	Viet Nam	1.2	3.5	213	40	535	37	10500	341
埃　　及	Egypt	1.0	1.0	98	13	153	7	2076	82
尼日利亚	Nigeria	3.0	3.3	27	27	681	9	4715	37
南　　非	South Africa	6.7	5.5	247	42	596	28	23420	2215
加 拿 大	Canada	107.8	11.7	193	14	426	8	3270	278
墨 西 哥	Mexico	19.5	10.2	450	70	769	39	26071	1593
美　　国	United States	237.4	25.9	428	37	650	55	19473	4669
阿 根 廷	Argentina	18.2	6.6	320	34	897	39	9372	247
巴　　西	Brazil	56.9	6.7	394	81	1492	114	56215	1358
委内瑞拉	Venezuela	56.3	63.8	305	26	1181	24	21073	426
捷　　克	Czech Republic	1.3	16.1		8	199	2		81
法　　国	France	7.3	13.3	93	18	269	5	4630	195
德　　国	Germany	11.2	31.3	76	11	239	5	2682	14
意 大 利	Italy	2.3	7.9	90	14	234	5	5599	311
荷　　兰	Netherlands	0.5	14.2	55	10	191	4	1221	1
波　　兰	Poland	3.8	12.4	84	15	227	4	2450	27
俄罗斯联邦	Russian Federation	139.5	8.3	269	45	628	38		214
西 班 牙	Spain	4.2	8.5	82	24	278	7	5050	985
英　　国	United Kingdom	5.5	22.8	50	12	230	2	1623	18
澳大利亚	Australia	101.8	13.2	252	63	649	37	15638	2245

注：①中国为世界银行数据。②指维管类植物，仅为开花植物。③数据不确定，须进一步核实。

Notes: ① The data of China are from World Bank. ② Refer to native vascular plant species,but flowering plants only. ③ These are tentative data and are being finalized.

3-6 能源消费

Commercial Energy Use

资料来源：世界银行《世界发展指标》2003年。
Source: World Bank "World Development Indicators" 2003.

国家和地区	Country or Area	消费总量(万吨标准油当量) Commercial Energy Use (10000 tons of standard oil equivalent)		人均消费量(千克标准油当量) Commercial Energy Use per Capita (kg of standard oil equivalent)	
		1990	2000	1990	2000
世　界	**World**	**717171**	**988615**	**1503**	**1694**
高收入国家	**High Income**	**426727**	**514150**	**4850**	**5430**
中等收入国家	**Middle Income**	**210939**	**345715**	**993**	**1318**
低收入国家	**Low Income**	**79504**	**128750**	**449**	**569**
中　国①	China ①	87044	114244	767	905
中国香港	Hong Kong, China	1066	1545	1869	2319
孟加拉国	Bangladesh	1294	1867	118	142
印　度	India	35913	50189	423	494
印度尼西亚	Indonesia	9282	14557	521	706
伊　朗	Iran	6720	11273	1235	1771
以色列	Israel	1211	2020	2599	3241
日　本	Japan	43885	52471	3552	4136
朝　鲜	Korea, Dem. People's Rep.	5682	4611	2847	2071
韩　国	Korea, Rep.	9258	19363	2160	4119
马来西亚	Malaysia	2246	4947	1234	2126
缅　甸	Myanmar	1068	1252	264	262
巴基斯坦	Pakistan	4342	6395	402	463
菲律宾	Philippines	2829	4242	464	554
斯里兰卡	Singapore	1336	2459	4384	6120
泰　国	Thailand	4323	7362	778	1212
土耳其	Turkey	5265	7710	938	1181
越　南	Viet Nam	2469	3696	373	471
埃　及	Egypt	3202	4642	611	726
尼日利亚	Nigeria	7091	9017	737	710
南　非	South Africa	9123	10760	2592	2514
加拿大	Canada	20909	25097	7524	8156
墨西哥	Mexico	12403	15351	1490	1567
美　国	United States	192724	229967	7726	8148
阿根廷	Argentina	4504	6147	1385	1660
巴　西	Brazil	13251	18317	896	1077
委内瑞拉	Venezuela	4489	5926	2302	2452
白俄罗斯	Belarus		2433		2432
保加利亚	Bulgaria	2882	1878	3306	2299
捷　克	Czech Republic	4740	4038	4574	3931
法　国	France	22603	25713	3984	4366
德　国	Germany	35553	33964	4476	4131
意大利	Italy	15163	17157	2673	2974
荷　兰	Netherlands	6647	7580	4446	4762
波　兰	Poland	9985	8998	2619	2328
罗马尼亚	Romania	6240	3633	2689	1619
俄罗斯联邦	Russian Federation		61397		4218
西班牙	Spain	9053	12488	2331	3084
乌克兰	Ukraine		13959		2820
英　国	United Kingdom	21241	23264	3690	3962
南斯拉夫	Yugoslavia		1371		1289
澳大利亚	Australia	8754	11017	5130	5744
新西兰	New Zealand	1402	1863	4079	4864

3-6续表 1 continued

国家和地区	Country or Area	单位国内生产总值所产生的二氧化碳（千克/1995年价格，美元）Industrial CO2 Emissions,(kg per 1995 US$ of GDP)		人均二氧化碳排放量（吨）per Capita Industrial CO2 Emissions (tons)	
		1990	1999	1990	1999
世　　界	**World**	**0.7**	**0.7**	**3.4**	**3.8**
高收入国家	**High Income**	**0.5**	**0.4**	**11.8**	**12.3**
中等收入国家	**Middle Income**	**1.8**	**1.7**	**2.6**	**3.2**
低收入国家	**Low Income**	**1.7**	**2.1**	**0.7**	**1.0**
中　　国①	China ①	6.0	2.9	2.1	2.3
中国香港	Hong Kong, China	0.2	0.3	4.6	6.2
孟加拉国	Bangladesh	0.5	0.6	0.1	0.2
印　　度	India	2.5	2.4	0.8	1.1
印度尼西亚	Indonesia	1.2	1.2	0.9	1.2
伊　　朗	Iran	3.0	3.0	3.9	4.8
以 色 列	Israel	0.5	0.6	7.4	10.0
日　　本	Japan	0.2	0.2	8.7	9.1
朝　　鲜	Korea,Dem. People's Rep.			12.3	9.4
韩　　国	Korea, Rep.	0.7	0.7	5.6	8.4
马来西亚	Malaysia	1.0	1.2	3.0	5.4
蒙　　古	Mongolia	9.7	7.4		
缅　　甸	Myanmar			0.1	0.2
巴基斯坦	Pakistan	1.4	1.4	0.6	0.7
菲 律 宾	Philippines	0.7	0.9	0.7	1.0
新 加 坡	Singapore	0.8	0.5	13.8	13.7
斯里兰卡	Sri Lanka	0.4	0.6	0.2	0.5
泰　　国	Thailand	0.9	1.2	1.7	3.3
土 耳 其	Turkey	1.0	1.0	2.6	3.1
越　　南	Viet Nam	1.6	1.7	0.3	0.6
埃　　及	Egypt	1.5	1.7	1.4	2.0
尼日利亚	Nigeria	3.6	1.3	0.9	0.3
南　　非	South Africa	2.0	2.0	8.3	7.9
加 拿 大	Canada	0.8	0.6	15.4	14.4
墨 西 哥	Mexico	1.2	1.1	3.7	3.9
美　　国	United States	0.7	0.6	19.3	19.7
阿 根 廷	Argentina	0.6	0.5	3.4	3.8
巴　　西	Brazil	0.3	0.4	1.4	1.8
委内瑞拉	Venezuela	1.7	1.6	5.8	5.3
白俄罗斯	Belarus		4.3		5.7
保加利亚	Bulgaria	5.0	3.5	8.6	5.1
捷　　克	Czech Republic		2.0		10.6
法　　国	France	0.2	0.2	6.3	6.1
德　　国	Germany		0.3		9.7
意 大 利	Italy	0.4	0.4	7.0	7.3
荷　　兰	Netherlands	0.4	0.3	10.0	8.5
波　　兰	Poland	3.5	2.3	9.1	8.1
罗马尼亚	Romania	4.4	2.8	6.7	3.6
俄罗斯联邦	Russian Federation		4.4		9.8
西 班 牙	Spain	0.4	0.4	5.5	6.8
乌 克 兰	Ukraine		8.9		7.5
英　　国	United Kingdom	0.5	0.4	9.9	9.2
南斯拉夫	Yugoslavia			12.4	3.7
澳大利亚	Australia	0.8	0.8	15.6	18.2
新 西 兰	New Zealand	0.5	0.5	6.9	8.1

注：①中国数据来源于世界银行。

Note: ① The data of China are from World Bank.

3-7 世界主要城市空气污染状况

Air Pollution in Major Cities of the World

资料来源：世界银行《世界发展指标》2003年。

Source: World Bank "World Development Indicators" 2003.

国家和地区	Country or Area	城市	City	城市人口（万人）City Population (10000 people) 2000	总悬浮颗粒物（微克／立方米）Total Suspended Particulates (microgram per cubic meter) 1999	二氧化硫（微克／立方米）Sulfur Dioxide (microgram per cubic meter) 1990-1998	二氧化氮（微克／立方米）Nitrogen Dioxide (microgram per cubic meter) 1990-1998
中　　国①	China ①	上　　海	Shanghai	1037	87	53	73
		北　　京	Beijing	930	106	90	122
		天　　津	Tianjin	733	149	82	50
印　　度	India	孟　　买	Mumbai	1580	79	33	39
		德　　里	Delhi	1056	187	24	41
		加尔各答	Calcutta	1382	153	49	34
印度尼西亚	Indonesia	雅 加 达	Jakarta	1085	103		
伊　　朗	Iran	德 黑 兰	Tehran	769	71	209	
日　　本	Japan	东　　京	Tokyo	1248	43	18	68
		大　　阪	Osaka	263	39	19	63
		横　　滨	Yokohama	337	32	100	13
韩　　国	Korea Rep.	汉　　城	Seoul	1155	45	44	60
		大　　丘	Taegu	242	49	81	62
		釜　　山	Pusan	408	43	60	51
马来西亚	Malaysia	吉 隆 坡	Kuala Lumpur	153	24	24	
菲 律 宾	Philippines	马 尼 拉	Manila	1043	60	33	
新 加 坡	Singapore	新 加 坡	Singapore	316	41	20	30
泰　　国	Thailand	曼　　谷	Bangkok	730	82	11	23
土 耳 其	Turkey	伊斯坦布尔	Istanbul	929	62	120	
		安 卡 拉	Ankara	370	53	55	46
埃　　及	Egypt	开　　罗	Cairo	794	178	69	
南　　非	South Africa	开 普 敦	Cape Town	294	15	21	72
		德　　班	Durban	136	29	31	
		约翰内斯堡	Johannesburg	234	30	19	31
加 拿 大	Canada	多 伦 多	Toronto	454	26	17	43
		蒙特利尔	Montreal	352	22	10	42
		温 哥 华	Vancouver	188	15	14	37

3-7 续表 continued

国家和地区	Country or Area	城市	City	城市人口（万人）City Population (10000 people) 2000	总悬浮颗粒物（微克/每立方米）Total Suspended Particulates (microgram per cubic meter) 1999	二氧化硫（微克/每立方米）Sulfur Dioxide (microgram per cubic meter) 1990-1998	二氧化氮（微克/每立方米）Nitrogen Dioxide (microgram per cubic meter) 1990-1998
墨西哥	Mexico	墨西哥城	Mexico City	1802	69	74	130
美国	United States	纽约	New York	2095	23	26	79
		洛杉矶	Los Angeles	1620	38	9	74
		芝加哥	Chicago	902	27	14	57
阿根廷	Argentina	科尔多瓦	Córdoba City	137	52		97
巴西	Brazil	圣保罗	São Paulo	998	46	43	83
		里约热内卢	Rio de Janeiro	590	40	129	
委内瑞拉	Venezuela	加拉加斯	Caracas	349	18	33	57
保加利亚	Bulgaria	索非亚	Sofia	118	83	39	122
捷克	Czech Republic	布拉格	Prague	121	27	14	33
法国	France	巴黎	Paris	985	15	14	57
德国	Germany	法兰克福	Frankfurt	67	22	11	45
		柏林	Berlin	356	25	18	26
		慕尼黑	Munich	128	22	8	53
意大利	Italy	米兰	Milan	138	36	31	248
		都灵	Torino	97	53		
		罗马	Rome	271	35		
荷兰	Netherlands	阿姆斯特丹	Amsterdam	113	37	10	58
波兰	Poland	华沙	Warsaw	172	49	16	32
		罗兹	Lodz	87	45	21	43
罗马尼亚	Romania	布加勒斯特	Bucharest	207	25	10	71
俄罗斯联邦	Russian Federation	莫斯科	Moscow	881	27	109	
		鄂木斯克	Omsk	121	28	20	34
西班牙	Spain	马德里	Madrid	307	37	24	66
		巴塞罗那	Barcelona	165	43	11	43
乌克兰	Ukraine	基辅	Kiev	262	45	14	51
英国	United Kingdom	伦敦	London	781	23	25	77
		伯明翰	Birmingham	234	17	9	45
		曼彻斯特	Manchester	233	19	26	49
澳大利亚	Australia	悉尼	Sydney	386	22	28	81
		墨尔本	Melbourne	329	15		30
		帕斯	Perth	125	15	5	19
新西兰	New Zealand	奥克兰	Auckland	99	15	3	20

注：①中国数据来源于世界银行。

Note: ① The data of China are from World Bank.

主要统计指标解释

人口密度 指由年中人口除以国土面积得来。国土面积是指一个国家包括内陆水域和沿海水域在内的总面积。

土地面积 是指土地的总面积，不包括内陆水域的面积。"内陆水域"的定义一般包括主要的河流与湖泊。

耕地 是指种植短期作物的土地（种植两季作物的土地面积只计算一次），供割草或放牧的短期性草场，供应市场的菜园和自用菜园，以及暂时休闲的土地（少于5年）。而转换耕作方式而休闲的土地不包括在此类。

多年生作物土地 是种有长期生长的作物而在每次收获后不需要再种植的土地，如可可、咖啡和橡胶；它包括生长灌木、果树、坚果树和藤本植物的土地，但不包括用材林所占的土地。

探明储量 指已探明可开采的原煤、原油、天然气的储量。

已探明可开采的储量 是将来在现有和可承受的经济条件下，已探明的可开采的吨数。

淡水资源 指可更新的淡水资源，既包括国内可再生的资源，也包括从其他国家流入的江河水流量和抽取的地下水量。

年度淡水抽取量 指水源总抽取量，未计入水库的水蒸发量。在淡化水是水资源的重要来源的国家，水资源抽取量还包括来自淡化水厂的水量。工农业的抽取量分别是指用于灌溉、畜牧生产以及工业的直接使用的总抽取量(包括热电厂冷却用水抽取量)。民用抽取量包括饮用水、市政用水或供水、公共设施用水、商业机构用水和家庭用水。

国家级保护区 指总面积或部分面积不少于1000公顷的下列区域：国家公园、自然遗址、自然保护区、野生动植物栖息地、受保护的陆地景观和海洋景观地、公众进入受限的科学保护地，不包括受地方或省法律法规保护地。

二氧化碳排放量 是指矿物燃料燃烧以及水泥制造等过程中排放的二氧化碳，包括使用固体、液体、气体燃料以及煤气时产生的二氧化碳。

商业能源消费量 指可见的消费，其计算方法是本国产量加进口量和存量变动量，减去出口量和从事国际运输的船舶及飞机所使用的燃料。

Explanatory Notes on Main Statistical Indicators

Population Density comes from population in mid-year divided by area of country soil is the total area including inland water area and marginal sea area.

Land Area (in hectares) is a country total area, excluding area under inland water bodies, national claims to continental shelf, and exclusive economic zones. In most cases the definition of inland water bodies includes major rivers and lakes.

Arable Land includes land defined by the FAO as land under temporary crops (double-cropped areas are counted once), temporary meadows for mowing or for pasture, land under market or kitchen gardens, and land temporarily fallow. Land abandoned as a result of shifting cultivation is excluded.

Permanent Cropland is land cultivated with crops that occupy the land for long periods and need not be replanted after each harvest, such as cocoa, coffee, and rubber. This category includes land under flowering shrubs, fruit trees, nut trees, and vines, but excludes land under trees grown for wood or timber.

Proved Amount in Place is the tonnage of crude coal, crude petroleum, nature gas that has been both carefully measured and assessed.

Proved Recoverable Reserves are the tonnage of the proved amount in place that can be recovered under present and expected local economic conditions with existing available technology.

Freshwater Resources refer to total renewable resources, broken down between internal flows of rivers and groundwater from rainfall in the country, and river flows from other countries.

Annual Freshwater Withdrawals refer to total water withdrawal, not counting evaporation losses from storage basins. Withdrawals also include water from desalination plants in countries where they are a significant source. Withdrawals for agriculture and industry are total withdrawals for irrigation and livestock production and for direct industrial use (including withdrawals for cooling thermoelectric plants). Withdrawals for domestic uses include drinking water, municipal use or supply, and use for public services, commercial establishments, and homes.

Nationally Protected Areas are totally or partially protected areas of at least 1,000 hectares that are designated as national parks, natural monuments, nature reserves or wildlife sanctuaries, protected landscapes and seascapes, or scientific reserves with limited public access. The data do not include sites protected under local or provincial law.

Carbon Dioxide Emissions are those stemming from the burning of fossil fuels and the manufacture of cement. They include contributions to the carbon dioxide produced during consumption of solid, liquid, and gas fuels and gas flaring.

Commercial Energy Use refers to apparent consumption, which is equal to indigenous production plus imports and stock changes, minus exports and fuels supplied to ships and aircraft engaged in international transport.

四　国民经济核算

National Accounts

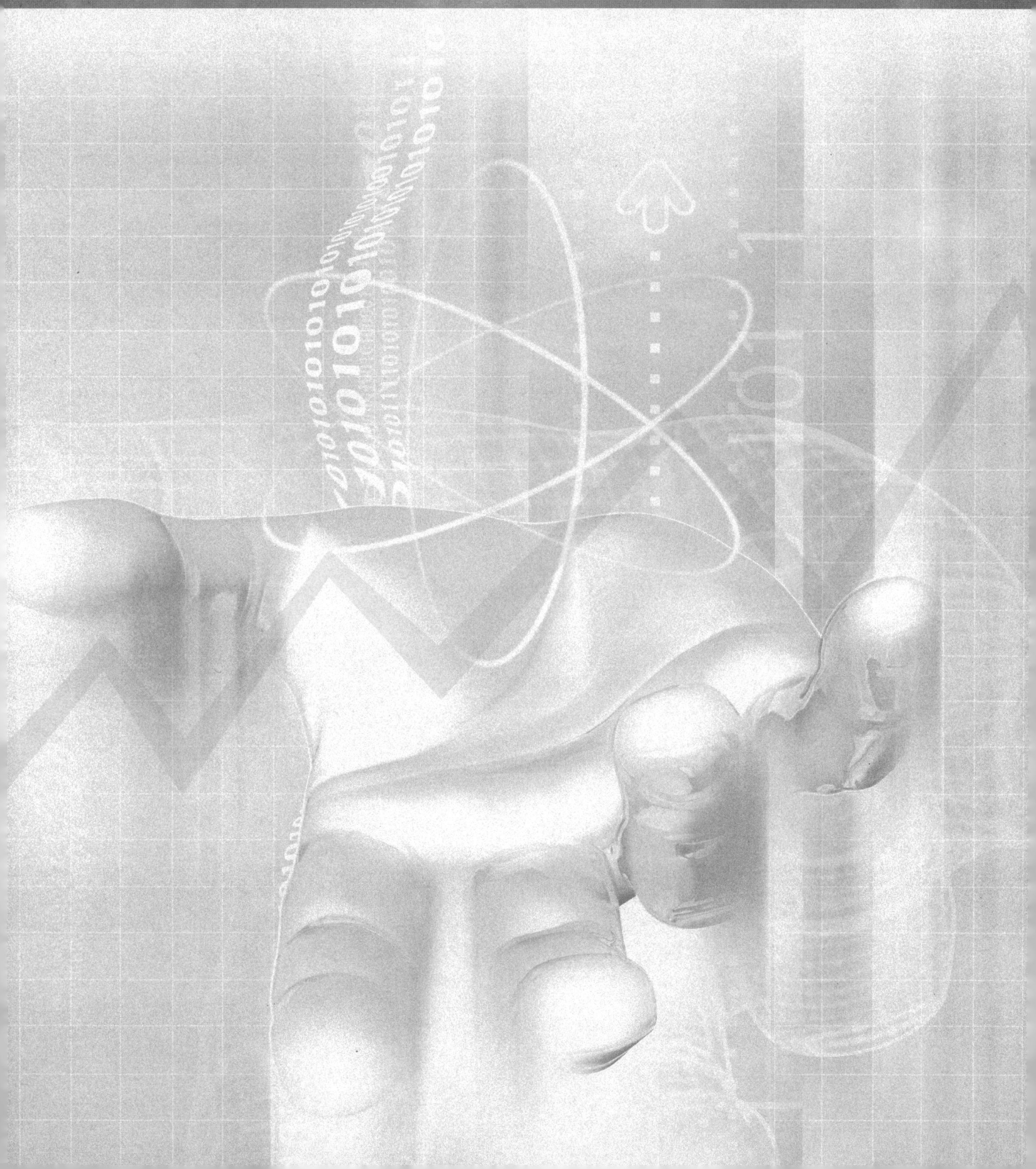

4-1 国内生产总值（本币）
Gross Domestic Product (Local Currency)

资料来源：国际货币基金组织《世界经济展望》数据库。
Source: IMF" World Economic Outlook" Database.

单位：亿本币 (100 million local currency units)

国家和地区	Country or Area	1990	1999	2000	2001	2002
中国	China	18548	82068	89468	97315	102398
中国香港	Hong Kong, China	5876	12461	12883	12790	12711
中国澳门	Macao, China		490	497	498	
孟加拉国	Bangladesh	10542	21970	23709	25355	27170
印度	India	54805	188065	207087	224664	241871
印度尼西亚①	Indonesia ①	211	1110	1265	1449	1610
伊朗	Iran	337018	4264625	5661708	6583646	8476434
以色列	Israel	1058	4268	4644	4702	4866
日本	Japan	4419307	5095492	5136804	5075340	5005762
哈萨克斯坦	Kazakhstan	1	20165	25999	32506	37472
韩国	Korea, Rep.	1787968	4827442	5219593	5450133	5773576
马来西亚	Malaysia	1191	3008	3422	3346	3616
蒙古	Mongolia	105	9253	10189	11156	12253
缅甸	Myanmar	1625	21955	27578	37989	58885
巴基斯坦	Pakistan	9352	30428	32817	35714	38948
菲律宾	Philippines	10745	29769	33083	36400	39774
新加坡	Singapore	665	1431	1636	1578	1616
斯里兰卡	Sri Lanka	3218	11060	12576	14002	15858
泰国	Thailand	21911	46371	49165	51234	54305
土耳其①	Turkey ①	388	81930	125738	179168	275208
越南	Viet Nam	419550	3972782	4296689	4581222	5194975
埃及	Egypt	961	3021	3387	3618	3797
尼日利亚	Nigeria	2704	33713	42792	47466	52215
南非	South Africa	2898	8007	8881	9829	11022
加拿大	Canada	6799	9805	10650	10922	11421
墨西哥	Mexico	7389	45994	54974	58301	61959
美国	United States	58033	92743	98247	100822	104456
阿根廷	Argentina	689	2835	2842	2687	3174
巴西	Brazil		9738	11013	12001	13367
委内瑞拉	Venezuela	22793	625770	824507	913248	1095238
白俄罗斯	Belarus		30261	91338	171732	255184
保加利亚	Bulgaria		238	268	296	324
捷克	Czech Republic		19023	19857	21555	22750
法国②	France ②	10100	13543	14181	14648	15073
德国②	Germany ②	12749	19786	20300	20712	21082
意大利②	Italy ②	6822	11080	11665	12201	12583
荷兰②	Netherlands ②	2432	3741	4026	4292	4447
波兰	Poland	583	6397	7123	7493	7718
罗马尼亚	Romania	8579	5457302	8037731	11672428	15122566
俄罗斯联邦	Russia Federarion	7	47572	73022	90408	108644
西班牙②	Spain ②	3124	5652	6093	6516	6939
乌克兰	Ukraine		1304	1701	2042	2206
英国	United Kingdom	5573	9025	9504	9909	10373
澳大利亚	Australia	3941	6073	6503	6910	7337
新西兰	New Zealand	735	1058	1125	1201	1257

注：①万亿本币。②货币单位为欧元。
Note: ① Trillions local currency units. ② The monetary unit is the euro.

4-2 国内生产总值（美元）
Gross Domestic Product (USD)

资料来源：世界银行《世界发展指标》数据库。
Source: World Bank "World Development Indicators"Database.
单位：亿美元 (USD 100 million)

国家和地区	Country or Area	1990	1998	1999	2000	2001
世界总计	**World**	**218147**	**296485**	**307009**	**314992**	**311214**
低收入国家	**Low Income**	**8727**	**9496**	**10191**	**10569**	**10821**
中等收入国家	**Middle Income**	**32834**	**49391**	**46788**	**51094**	**51565**
下中等收入国家	**Lower Middle Income**	**18909**	**25265**	**24549**	**26503**	**27393**
上中等收入国家	**Upper Middle Income**	**14067**	**24156**	**22289**	**24636**	**24224**
高收入国家	**High Income**	**176668**	**237605**	**249989**	**253330**	**248867**
非经合组织成员国	**Non-OECD Countries**	**4342**	**7720**	**7976**	**8592**	**8134**
经合组织成员国	**OECD Countries**	**172292**	**229884**	**241999**	**244770**	**240726**
中、低收入国家	**Low & Middle Income**	**41517**	**58894**	**56960**	**61655**	**62376**
东亚和太平洋	**East Asia & Pacific**	**6740**	**13682**	**14866**	**16012**	**16649**
欧洲和中亚	**Europe & Central Asia**	**12401**	**9970**	**8675**	**9471**	**9938**
拉丁美洲和加勒比	**Latin America & Caribbean**	**11349**	**20625**	**18363**	**20306**	**19688**
中东和北非	**Middle East & North Africa**	**4130**	**5958**	**6186**	**6814**	**6984**
南亚	**South Asia**	**4048**	**5493**	**5795**	**5960**	**6138**
撒哈拉以南非洲	**Sub-Saharan Africa**	**2967**	**3239**	**3207**	**3245**	**3157**
中国①	China ①	3546	9463	9914	10800	11590
中国香港	Hong Kong, China	748	1626	1582	1626	1619
中国澳门	Macao, China	33	65	61	62	62
阿尔巴尼亚	Albania	21	31	37	38	41
阿尔及利亚	Algeria	620	474	476	535	547
安哥拉	Angola	103	64	61	89	95
安提瓜和巴布达	Antigua and Barbuda	4	6	7	7	7
阿根廷	Argentina	1414	2989	2835	2842	2686
亚美尼亚	Armenia	41	19	18	19	21
阿鲁巴	Aruba	9	17			
澳大利亚	Australia	3102	3716	4060	3885	3687
奥地利	Austria	1617	2111	2095	1887	1885
阿塞拜疆	Azerbaijan		44	46	53	56
巴哈马	Bahamas	31	42	45	48	
巴林	Bahrain	42	62	66	80	79
孟加拉国	Bangladesh	301	441	460	471	467
巴巴多斯	Barbados	17	24	25	26	28
白俄罗斯	Belarus	352	153	121	127	122
比利时	Belgium	1972	2510	2509	2288	2296
伯利兹	Belize	4	6	7	8	8
贝宁	Benin	18	23	24	23	24
不丹	Bhutan	3	4	4	5	5
玻利维亚	Bolivia	49	85	83	84	80
波黑	Bosnia and Herzegovina		42	45	44	48
博茨瓦纳	Botswana	38	49	51	54	52
巴西	Brazil	4650	7877	5311	5938	5025
文莱	Brunei	36	48			
保加利亚	Bulgaria	207	127	130	126	136
布基纳法索	Burkina Faso	28	25	25	23	25
布隆迪	Burundi	11	9	7	7	7
柬埔寨	Cambodia	11	29	30	34	34
喀麦隆	Cameroon	112	87	94	89	85
加拿大	Canada	5742	6069	6498	7066	6945

4-2 续表 1 continued

单位：亿美元 (USD 100 million)

国家和地区	Country or Area	1990	1998	1999	2000	2001
佛得角	Cape Verde	3	5	6	6	6
中　非	Central African Republic	15	10	11	10	10
乍　得	Chad	17	17	16	14	16
智　利	Chile	303	731	730	755	665
哥伦比亚	Colombia	403	988	848	832	824
科摩罗	Comoros	3	2	2	2	2
刚果（金）	Congo, Dem. Rep.	93	62	44	49	52
刚果（布）	Congo	28	19	24	32	28
哥斯达黎加	Costa Rica	57	141	157	159	161
科特迪瓦	Cote d'Ivoire	108	128	126	106	104
克罗地亚	Croatia		216	201	190	203
塞浦路斯	Cyprus	56	91	92	88	91
捷　克	Czech Republic	349	570	550	514	568
丹　麦	Denmark	1334	1724	1740	1604	1615
吉布提	Djibouti	4	5	5	6	6
多米尼克	Dominica	2	3	3	3	3
多米尼加	Dominican Republic	71	159	173	196	212
厄瓜多尔	Ecuador	107	197	137	136	180
埃　及	Egypt	431	821	891	994	985
萨尔瓦多	El Salvador	48	120	125	131	137
赤道几内亚	Equatorial Guinea	1	5	9	13	18
厄立特里亚	Eritrea		7	7	6	7
爱沙尼亚	Estonia	68	52	52	51	55
埃塞俄比亚	Ethiopia	68	65	64	64	62
斐　济	Fiji	14	17	19	16	17
芬　兰	Finland	1368	1290	1284	1209	1209
法　国②	France ②	12159	14520	14437	13054	13098
法属波利尼西亚	French Polynesia	32	41	38	39	
加　蓬	Gabon	60	46	44	49	43
冈比亚	Gambia	3	4	4	4	4
格鲁吉亚	Georgia	122	36	28	30	31
德　国	Germany	16886	21445	21034	18661	18461
加　纳	Ghana	59	75	77	50	53
希　腊	Greece	841	1220	1200	1120	1172
格林纳达	Grenada	2	4	4	4	4
危地马拉	Guatemala	77	193	182	191	205
几内亚	Guinea	28	36	35	31	30
几内亚比绍	Guinea-Bissau	2	2	2	2	2
圭亚那	Guyana	4	7	7	7	7
海　地	Haiti	29	37	42	40	37
洪都拉斯	Honduras	30	53	54	59	64
匈牙利	Hungary	331	470	480	466	519
冰　岛	Iceland	63	81	85	85	77
印　度	India	3169	4138	4453	4570	4773
印度尼西亚	Indonesia	1144	954	1400	1522	1453
伊　朗	Iran	1204	1022	996	1016	1141
爱尔兰	Ireland	473	865	949	953	1033
以色列	Israel	525	1007	1008	1104	1083
意大利	Italy	11024	11967	11810	10731	10888
牙买加	Jamaica	46	75	75	77	78
日　本	Japan	30521	39405	44935	47653	41414

4-2 续表 2 continued

单位：亿美元 (USD 100 million)

国家和地区	Country or Area	1990	1998	1999	2000	2001
约　　旦	Jordan	40	80	81	85	88
哈萨克斯坦	Kazakhstan	403	221	169	183	224
肯 尼 亚	Kenya	85	114	105	104	114
韩　　国	Korea, Rep.	2526	3171	4061	4615	4222
科 威 特	Kuwait	184	251	292	358	328
吉尔吉斯斯坦	Kyrgyzstan	24	16	12	14	15
老　　挝	Laos	9	13	15	17	18
拉脱维亚	Latvia	125	61	67	72	75
黎 巴 嫩	Lebanon	28	163	165	165	167
莱 索 托	Lesotho	6	9	9	9	8
利比里亚	Liberia	4	4	4	5	5
利 比 亚	Libya	289	324	283	341	
立 陶 宛	Lithuania		107	107	113	120
卢 森 堡	Luxembourg	110	189	196	189	185
马 其 顿	Macedonia	45	36	37	36	34
马达加斯加	Madagascar	31	37	37	39	46
马 拉 维	Malawi	19	17	18	17	17
马来西亚	Malaysia	440	722	791	900	880
马尔代夫	Maldives	2	5	6	6	6
马　　里	Mali	24	27	27	24	26
马 耳 他	Malta	23	35	36	36	36
马绍尔群岛	Marshall Islands	1	1	1	1	1
毛里塔尼亚	Mauritania	10	10	10	10	10
毛里求斯	Mauritius	24	41	42	44	45
墨 西 哥	Mexico	2627	4210	4805	5801	6178
密克罗尼西亚联邦	Micronesia,Fed. States	1	2	2	2	2
摩尔多瓦	Moldova	106	17	12	13	15
蒙　　古	Mongolia		10	9	10	10
摩 洛 哥	Morocco	258	358	353	333	342
莫桑比克	Mozambique	25	39	40	38	36
纳米比亚	Namibia	28	34	34	34	31
尼 泊 尔	Nepal	36	49	50	55	56
荷　　兰	Netherlands	2944	3935	3981	3695	3801
新喀里多尼亚	New Caledonia	25	34	31	31	
新 西 兰	New Zealand	436	542	560	508	504
尼加拉瓜	Nicaragua	10	21			
尼 日 尔	Niger	25	21	20	18	20
尼日利亚	Nigeria	285	321	348	411	414
挪　　威	Norway	1155	1478	1535	1618	1661
阿　　曼	Oman	105	141	157	198	
巴基斯坦	Pakistan	400	622	586	608	587
巴 拿 马	Panama	53	93	96	100	102
巴布亚新几内亚	Papua New Guinea	32	38	35	35	30
巴 拉 圭	Paraguay	53	86	77	77	72
秘　　鲁	Peru	263	568	516	535	540
菲 律 宾	Philippines	443	652	762	747	714
波　　兰	Poland	590	1584	1550	1576	1763
葡 萄 牙	Portugal	715	1123	1148	1060	1098
波多黎各	Puerto Rico	306	541	578	610	679
卡 塔 尔	Qatar	74	103	122	165	
罗马尼亚	Romania	383	346	359	382	387

4−2 续表 3 continued

单位：亿美元 (USD 100 million)

国家和地区	Country or Area	1990	1998	1999	2000	2001
俄罗斯联邦	Russian Federation	5791	2824	1936	2596	3100
卢旺达	Rwanda	26	20	19	18	17
萨摩亚	Samoa	2	2	2	2	3
沙特阿拉伯	Saudi Arabia	1047	1460	1612	1887	1865
塞内加尔	Senegal	57	47	48	44	46
塞舌尔	Seychelles	4	6	6	6	6
塞拉利昂	Sierra Leone	6	7	7	6	7
新加坡	Singapore	367	822	826	927	856
斯洛伐克	Slovak	155	220	202	197	205
斯洛文尼亚	Slovenia		196	201	181	188
所罗门群岛	Solomon Islands	2	3	3	3	3
南非	South Africa	1120	1338	1314	1279	1133
西班牙	Spain	5100	5880	6025	5609	5818
斯里兰卡	Sri Lanka	80	158	157	163	159
圣基茨和尼维斯	St. Kitts and Nevis	2	3	3	3	3
圣卢西亚	St. Lucia	4	6	7	7	7
圣文森特和格林纳丁斯	St. Vincent and the Grenadines	2	3	3	3	4
苏丹	Sudan	132	115	103	112	125
苏里南	Suriname	3	11	9	9	8
斯威士兰	Swaziland	9	14	14	14	13
瑞典	Sweden	2383	2397	2426	2290	2098
瑞士	Switzerland	2284	2621	2587	2394	2471
叙利亚	Syrian Arab Republic	123	152	159	179	195
塔吉克斯坦	Tajikistan	43	13	11	10	11
坦桑尼亚	Tanzania	43	84	86	91	93
泰国	Thailand	853	1158	1222	1207	1147
东帝汶	Timor-Leste		4	3	3	4
多哥	Togo	16	14	14	12	13
汤加	Tonga	1	2	1	2	1
特立尼达和多巴哥	Trinidad and Tobago	51	61	68	81	88
突尼斯	Tunisia	123	199	210	195	200
土耳其	Turkey	1506	1996	1838	1993	1477
土库曼斯坦	Turkmenistan		29	33	44	60
乌干达	Uganda	43	65	60	59	57
乌克兰	Ukraine	913	419	316	313	376
阿联酋	United Arab Emirates	341	465			
英国	United Kingdom	9896	14239	14582	14297	14241
美国	United States	57508	87202	92069	98102	100653
乌拉圭	Uruguay	93	221	212	207	187
乌兹别克斯坦	Uzbekistan		150	171	138	113
瓦努阿图	Vanuatu	2	2	2	2	2
委内瑞拉	Venezuela	486	958	1033	1213	1249
越南	Viet Nam	65	272	287	312	327
约旦河西岸和加沙地带	West Bank and Gaza		42	43	44	40
也门	Yemen	48	63	75	92	93
南斯拉夫	Yugoslavia			98	81	109
赞比亚	Zambia	33	32	31	32	36
津巴布韦	Zimbabwe	88	57	55	72	91

注：①世界银行统计数据。②包括法属圭亚那、瓜德罗普、马提尼克和留尼汪。

Note: ① Data from World Bank. ② Include the Frenche Guiana,Guadeloupe Martinique and Réunion.

4-3 国民总收入（本币）

Gross National Income (Local Currency)

资料来源：国际货币基金组织《国际金融统计》数据库。
Source: IMF "International Financial Statistics"Database.

单位：亿本币 (100 million local currency units)

国家和地区	Country or Area	1990	1999	2000	2001	2002
中　　国	China	18598	80579	88254	95728	101161
中国香港	Hong Kong, China		12809	13101	13202	12985
孟加拉国	Bangladesh	10242	22725	24580	26239	29158
印　　度	India	56113	191421	208688	228339	
印度尼西亚	Indonesia	2012490	10050700	11898600	14329000	
伊　　朗	Iran	351530	4360080	5801520	6622440	
以 色 列	Israel	1033	4112	4389	4537	4724
日　　本①	Japan ①	4446850	5189140	5182560		
哈萨克斯坦	Kazakhstan		19537	24304		
韩　　国	Korea,Rep.	1786280	4765980	5192270	5500140	5968810
马来西亚	Malaysia	1140	2799	3132	3090	
蒙　　古②	Mongolia ②	91	9150	10277	11311	
缅　　甸	Myanmar	1520	21902			
巴基斯坦	Pakistan	8907	29128	31023	33654	37525
菲 律 宾	Philippines	10714	31362	34969	38533	42328
新 加 坡	Singapore	683	1435	1609	1546	
斯里兰卡	Sri Lanka	3151	10882	12335	13771	15355
泰　　国	Thailand	21561	45106	48396	50384	53409
土 耳 其②	Turkey ②	3971274	782829687	1255961481	1794800862	
越　　南	Viet Nam	392840	3946140	4369220		
埃　　及②	Egypt ②	937	3055	3419	3658	
尼日利亚	Nigeria	2383	30838	45404	52496	55351
南　　非①	South Africa ①	2788	7814	8663	9511	10704
加 拿 大①	Canada ①	6456	9458	10426	10679	11154
墨 西 哥②	Mexico ②	7146	44701	53456	56435	
美　　国①	United States ①	58322	92971	98480	101041	
阿 根 廷	Argentina	679	2761	2768	2605	
巴　　西	Brazil		9397	10684	11536	
委内瑞拉	Venezuela	22116	616482	816326	902328	
白俄罗斯	Belarus		30289	91	172	
保加利亚	Bulgaria		235	261	290	318
捷　　克	Czech Republic		18556	19319	20917	21781
法　　国①③	France ①③	65946|	13697	14260	14692	15073
德　　国①③	Germany ①③	24482|	19659	20209	20558	20991
意 大 利①③	Italy ①③	13035000|	11011	11554	12100	12463
荷　　兰③	Netherlands ③	5156|	3759	4047	4280	4326
荷　　兰①③	Netherlands ①③	5157|	3748	4067	4242	
波　　兰②	Poland ②	528	6111	6786	7156	
罗马尼亚②	Romania ②	8614	5394284	7941257	11443910	
俄罗斯联邦②	Russian Federation ②	6	44739	69988	87552	
西 班 牙①③	Spain ①③	496930|	5586	6019	6408	6860
乌 克 兰②	Ukraine ②		1269	1649	1983	
英　　国①	United Kingdom ①	5492	9027	9559	10025	10604
南斯拉夫②	Yugoslavia ②		1921	3580	7223	
澳大利亚①	Australia ①	3779	5892	6334	6714	7121
新 西 兰①	New Zealand ①	704	992	1095	1143	1234

注：①季节调整值。②世界银行统计数据。③从1999年起以欧元为货币单位。
Note: ① Season adjusted. ② Data from World Bank. ③ Since 1999,the monetary unit is the euro.

4-4 人均国民总收入（美元）

GNI Per Capita (USD)

资料来源：世界银行《世界发展指标》数据库。
Source: World Bank "World Development Indicators"Database.
单位：美元 (USD)

国家和地区	Country or Area	1990	1999	2000	2001	2001年位次① Rank in 2001
世　界	**World**	**4070**	**5050**	**5200**	**5120**	
低收入国家	**Low Income**	**430**	**410**	**410**	**430**	
中等收入国家	**Middle Income**	**1270**	**1810**	**1870**	**1860**	
下中等收入国家	**Lower Middle Income**	**930**	**1180**	**1220**	**1230**	
上中等收入国家	**Upper Middle Income**	**2810**	**4540**	**4640**	**4550**	
高收入国家	**High Income**	**19840**	**25940**	**26900**	**26510**	
非经合组织成员国	**Non-OECD Countries**	**10060**	**16700**	**17220**	**16540**	
经合组织成员国	**OECD Countries**	**20320**	**26450**	**27450**	**27080**	
中、低收入国家	**Low & Middle Income**	**880**	**1140**	**1160**	**1160**	
东亚和太平洋	**East Asia & Pacific**	**550**	**490**	**480**	**460**	
欧洲和中亚	**Europe & Central Asia**		**1840**	**1650**	**1350**	
拉丁美洲和加勒比	**Latin America & Caribbean**		**1970**	**2000**	**1970**	
中东和北非	**Middle East & North Africa**	**430**	**810**	**850**	**900**	
南　亚	**South Asia**	**380**	**430**	**440**	**450**	
撒哈拉以南非洲	**Sub-Saharan Africa**	**2280**	**3660**	**3720**	**3580**	
卢森堡	Luxembourg	31520	43630	41860	39840	1
瑞　士	Switzerland	33510	39220	39650	38330	2
挪　威	Norway	25490	33630	34530	35630	3
日　本	Japan	27100	33310	35420	35610	4
美　国	United States	23440	32260	34370	34280	5
丹　麦	Denmark	23430	32250	31770	30600	6
冰　岛	Iceland	23760	28690	30250	28910	7
瑞　典	Sweden	25540	27510	27420	25400	8
中国香港	Hong Kong, China	12680	25100	26410	25330	9
英　国	United Kingdom	16190	24080	25200	25120	10
荷　兰	Netherlands	18720	25270	25260	24330	11
奥地利	Austria	19720	25700	25230	23940	12
比利时	Belgium	18460	25090	25070	23850	13
芬　兰	Finland	24890	24750	25090	23780	14
德　国	Germany	20290	25690	25130	23560	15
爱尔兰	Ireland	11960	21620	22870	22850	16
法　国②	France ②	19660	24460	23990	22730	17
加拿大	Canada	19840	20600	21720	21930	18
新加坡	Singapore	11740	22930	23350	21500	19
澳大利亚	Australia	17720	20860	20120	19900	20
意大利	Italy	17420	20340	20130	19390	21
科威特	Kuwait		16730	17900	18270	22
以色列	Israel	10860	16310	16710	16750	23
中国澳门	Macao, China	8500	14280	14570	14380	24
西班牙	Spain	11680	14690	14760	14300	25
新西兰	New Zealand	12880	14550	14230	13250	26
塞浦路斯	Cyprus	8110	12220	12460	12320	27
希　腊	Greece	7770	11910	11730	11430	28
巴　林	Bahrain	7120	9710	10760	11130	29
波多黎各	Puerto Rico	6220	9620	10550	10950	30
葡萄牙	Portugal	6450	11190	11190	10900	31

4-4 续表1 continued

单位：美元 (USD)

国家和地区	Country or Area	1990	1999	2000	2001	2001年位次 Rank in 2001
斯洛文尼亚	Slovenia		9980	10060	9760	32
巴巴多斯	Barbados	6600	8580	9460	9750	33
韩　国	Korea, Rep.	5740	8530	9010	9460	34
马耳他	Malta	6780	9270	9130	9210	35
安提瓜和巴布达	Antigua and Barbuda	5550	8710	9090	9150	36
沙特阿拉伯	Saudi Arabia	6620	7780	8120	8460	37
阿根廷	Argentina	3200	7550	7450	6940	38
帕　劳	Palau		6130	7180	6780	39
圣基茨和尼维斯	St. Kitts and Nevis	3610	6070	6590	6630	40
塞舌尔	Seychelles	5070	7080	6730	6530	41
特立尼达和多巴哥	Trinidad and Tobago	3700	4760	5250	5960	42
乌拉圭	Uruguay	2870	6310	6150	5710	43
墨西哥	Mexico	2830	4460	5100	5530	44
捷　克	Czech Republic		5120	5250	5310	45
匈牙利	Hungary	2880	4620	4710	4830	46
委内瑞拉	Venezuela	2650	3730	4310	4760	47
智　利	Chile	2190	4730	4810	4590	48
克罗地亚	Croatia		4580	4600	4550	49
波　兰	Poland		4060	4170	4230	50
哥斯达黎加	Costa Rica	1790	3570	3820	4060	51
黎巴嫩	Lebanon	1010	3910	4010	4010	52
圣卢西亚	St. Lucia	2810	3890	4070	3950	53
爱沙尼亚	Estonia		3540	3780	3870	54
毛里求斯	Mauritius	2300	3710	3660	3830	55
斯洛伐克	Slovak	3340	3860	3800	3760	56
格林纳达	Grenada	2310	3480	3720	3610	57
立陶宛	Lithuanian		2770	3080	3350	58
马来西亚	Malaysia	2380	3370	3250	3330	59
巴拿马	Panama	2220	3070	3250	3260	60
拉脱维亚	Latvia		2540	2920	3230	61
多米尼克	Dominica	2260	3230	3250	3200	62
加　蓬	Gabon	4900	3300	3190	3160	63
博茨瓦纳	Botswana	2750	3040	3070	3100	64
巴　西	Brazil	2780	3880	3630	3070	65
伯利兹	Belize	2190	2650	2880	2940	66
南　非	South Africa	2890	3190	3060	2820	67
牙买加	Jamaica	1820	2720	2820	2800	68
圣文森特和格林纳丁斯	St. Vincent and the Grenadines	1740	2720	2750	2740	69
土耳其	Turkey	2270	2880	3080	2530	70
多米尼加	Dominican Republic	880	1950	2120	2230	71
约旦河西岸和加沙地带	West Bank and Gaza	1700	2070	2160	2220	72
马绍尔群岛	Marshall Islands	1760	2160	2200	2190	73
斐　济	Fiji	1850	2310	2160	2150	74
密克罗尼西亚	Micronesia,Fed. States	1750	1970	2070	2150	75
突尼斯	Tunisia	1430	2090	2100	2070	76
萨尔瓦多	El Salvador	940	1910	2000	2040	77
马尔代夫	Maldives		1950	2070	2000	78
秘　鲁	Peru	780	2090	2060	1980	79
纳米比亚	Namibia	1850	2110	2070	1960	80

4-4 续表 2 continued

单位：美元 (USD)

国家和地区	Country or Area	1990	1999	2000	2001	2001 年位次 Rank in 2001
泰　　国	Thailand	1520	1980	2020	1940	81
哥伦比亚	Colombia	1180	2150	2020	1890	82
苏 里 南	Suriname	1330	1960	2060	1810	83
约　　旦	Jordan	1390	1630	1720	1750	84
俄罗斯联邦	Russian Federadion		1750	1690	1750	85
罗马尼亚	Romania		1480	1610	1720	86
马 其 顿	Macedonia		1830	1830	1690	87
危地马拉	Guatemala	970	1680	1690	1680	88
伊　　朗	Iran	2590	1600	1650	1680	89
阿尔及利亚	Algeria	2440	1540	1580	1650	90
保加利亚	Bulgaria	2260	1450	1580	1650	91
汤　　加	Tonga	1170	1650	1630	1530	92
埃　　及	Egypt	810	1370	1490	1530	93
萨 摩 亚	Samoa	1040	1390	1410	1490	94
巴 拉 圭	Paraguay	1190	1580	1460	1350	95
哈萨克斯坦	Kazakhstan		1260	1250	1350	96
佛 得 角	Cape Verde	980	1350	1350	1340	97
阿尔巴尼亚	Albania	680	1010	1220	1340	98
斯威士兰	Swaziland	1180	1420	1380	1300	99
白俄罗斯	Belarus		1410	1380	1290	100
波　　黑	Bosnia and Hercegovinia		1200	1230	1240	101
摩 洛 哥	Morocco	1030	1200	1180	1190	102
厄瓜多尔	Ecuador	950	1180	1070	1080	103
瓦努阿图	Vanuatu	1160	1100	1100	1050	104
叙 利 亚	Syrian	940	920	950	1040	105
菲 律 宾	Philippines	740	1040	1020	1030	106
玻利维亚	Bolivia	750	990	990	950	107
土库曼斯坦	Turkmenistan		640	750	950	108
南斯拉夫	Yugoslavia				930	109
洪都拉斯	Honduras	710	780	860	900	110
吉 布 提	Djibouti		850	880	890	111
中　　国③	China ③	320	780	840	890	112
斯里兰卡	Sri Lanka	490	860	890	880	113
圭 亚 纳	Guyana	380	870	860	840	114
吉里巴斯	Kiribati	810	1000	940	830	115
乌 克 兰	Ukraine	1600	760	690	720	116
赤道几内亚	Equatorial Guinea	350	820	710	700	117
印度尼西亚	Indonesia	620	590	580	690	118
阿塞拜疆	Azerbaijan		570	600	650	119
不　　丹	Bhutan	520	570	590	640	120
刚果(布)	Congo	980	510	590	640	121
科特迪瓦	Cote D'Ivoire	780	750	680	630	122
所罗门群岛	Solomon Islands	730	750	640	590	123
格鲁吉亚	Georgia		640	590	590	124
巴布亚新几内亚	Papua New Guinea	850	770	670	580	125
喀 麦 隆	Cameroon	960	610	580	580	126
亚美尼亚	Armenia		490	530	570	127
乌兹别克斯坦	Uzbekistan		650	620	550	128
莱 索 托	Lesotho	610	580	560	530	129

4-4 续表3 continued

单位：美元 (USD)

国家和地区	Country or Area	1990	1999	2000	2001	2001年位次 Rank in 2001
东帝汶	Timor-Leste		320	420	520	130
安哥拉	Angola	800	410	430	500	131
塞内加尔	Senegal	720	500	500	490	132
海地	Haiti	410	440	500	480	133
津巴布韦	Zimbabwe	880	470	440	480	134
印度	India	390	440	450	460	135
也门	Yemen		390	410	450	136
巴基斯坦	Pakistan	390	460	450	420	137
几内亚	Guinea	460	500	450	410	138
越南	Vietnam	130	360	390	410	139
摩尔多瓦	Moldova		410	400	400	140
蒙古	Mongolia		390	390	400	141
贝宁	Benin	370	380	390	380	142
科摩罗	Comoros	550	400	380	380	143
毛里塔尼亚	Mauritania	550	400	390	360	144
孟加拉国	Bangladesh	280	350	370	360	145
肯尼亚	Kenya	380	360	350	350	146
苏丹	Sudan	580	320	310	340	147
冈比亚	Gambia	310	340	340	320	148
赞比亚	Zambia	450	320	310	320	149
老挝	Laos	200	290	290	300	150
加纳	Ghana	390	390	330	290	151
尼日利亚	Nigeria	270	250	260	290	152
圣多美和普林西比	Sao Tome and Principe	430	270	290	280	153
吉尔吉斯斯坦	Kyrghyzstan		300	280	280	154
多哥	Togo	440	320	290	270	155
柬埔寨	Cambodia	140	260	270	270	156
坦桑尼亚	Tanzania	190	250	270	270	157
乌干达	Uganda	340	300	280	260	158
中非	Central African	470	280	280	260	159
马达加斯加	Madagascar	240	250	250	260	160
尼泊尔	Nepal	220	230	240	250	161
马里	Mali	270	260	250	230	162
卢旺达	Rwanda	370	240	240	220	163
布基纳法索	Burkina Faso	290	230	220	220	164
莫桑比克	Mozambique	170	220	210	210	165
乍得	Chad	280	210	200	200	166
尼日尔	Niger	310	190	180	180	167
塔吉克斯坦	Tajikistan	840	180	180	180	168
几内亚比绍	Guinea-Bissau	230	170	180	160	169
马拉维	Malawi	200	190	170	160	170
厄立特里亚	Eritrea		170	150	160	171
利比里亚	Liberia		120	140	140	172
塞拉利昂	Sierra Leone	200	130	130	140	173
布隆迪	Burundi	220	120	110	100	174
埃塞俄比亚	Ethiopia	160	100	100	100	175
刚果(金)	Congo, Dem. Rep.	230	80	90	80	176

注：①为有资料的国家和地区排序位次。②包括法属圭亚那、瓜德罗普、马提尼克和留尼汪。③世界银行统计数据。

Note: ① Sorted numbers of countries and areas that have data. ② Include the Frenche Guiana, Guadeloupe Martinique and Réunion. ③ Data from World Bank.

4-5 按购买力平价法计算的国民经济核算主要指标（2001年）

Main Economic Indicators of National Accounts Based on PPP(2001)

资料来源：世界银行《世界发展指标》数据库。

Source: World Bank "World Development Indicators" Database.

国家和地区	Country or Area	国内生产总值（亿国际元）GDP (100 million current international $)	人均国内生产总值（国际元）GDP per Capita (current international $)	国民总收入（亿国际元）GNI (100 million current international $)	人均国民总收入（国际元）GNI per Capita (current international $)
世　界	**World**	**456193**	**7442**	**451833**	**7370**
中　国①	China ①	51112	4020	50267	3950
中国香港	Hong Kong, China	1671	24850	1719	25560
中国澳门	Macao, China	95	21630	95	21630
孟加拉国	Bangladesh	2141	1610	2129	1600
印　度	India	29300	2840	29134	2820
印度尼西亚	Indonesia	6152	2940	5912	2830
伊　朗	Iran	3872	6000	3833	5940
以色列	Israel	1259	19790	1249	19630
日　本	Japan	31930	25130	32458	25550
哈萨克斯坦	Kazakhstan	968	6500	916	6150
韩　国	Korea,Rep.	7142	15090	7127	15060
马来西亚	Malaysia	2083	8750	1884	7910
蒙　古	Mongolia	42	1740	41	1710
巴基斯坦	Pakistan	2667	1890	2627	1860
菲律宾	Philippines	3011	3840	3190	4070
新加坡	Singapore	937	22680	944	22850
斯里兰卡	Sri Lanka	596	3180	610	3260
泰　国	Thailand	3917	6400	3813	6230
土耳其	Turkey	3903	5890	3862	5830
越　南	Viet Nam	1645	2070	1645	2070
埃　及	Egypt	2294	3520	2320	3560
尼日利亚	Nigeria	1106	850	1022	790
南　非	South Africa	4882	11290	4716	10910
加拿大	Canada	8432	27130	8247	26530
墨西哥	Mexico	8382	8430	8196	8240
美　国	United States	97925	34320	97807	34280
阿根廷	Argentina	4244	11320	4116	10980
巴　西	Brazil	12686	7360	12189	7070
委内瑞拉	Venezuela	1395	5670	1378	5590
白俄罗斯	Belarus	760	7620	761	7630
保加利亚	Bulgaria	553	6890	540	6740
捷　克	Czech Republic	1505	14720	1464	14320
法　国	France	14200	23990	14253	24080
德　国	Germany	20868	25350	20783	25240
意大利	Italy	14297	24670	14217	24530
荷　兰	Netherlands	4362	27190	4393	27390
波　兰	Poland	3653	9450	3623	9370
罗马尼亚	Romania	1307	5830	1296	5780
俄罗斯联邦	Russian Federation	10278	7100	9954	6880
西班牙	Spain	8284	20150	8165	19860
乌克兰	Ukraine	2133	4350	2096	4270
英　国	United Kingdom	14203	24160	14312	24340
澳大利亚	Australia	4918	25370	4775	24630
新西兰	New Zealand	737	19160	703	18250

注：①世界银行统计数据。

Note: ① Data from World Bank.

4-6 国内生产总值增长率
Growth Rate of GDP

资料来源：国际货币基金组织《世界经济展望》数据库。
Source: IMF "World Economic Outlook" Database.

单位：% (%)

国家和地区	Country or Area	1991-2002年年均增长率 Average Annual Real Growth Rate 1991-2002	1990	1999	2000	2001	2002
世　界	**World**	**3.2**	**2.8**	**3.6**	**4.7**	**2.3**	**3.0**
发达国家	**Developed Countries**	**2.5**	**3.0**	**3.4**	**3.8**	**0.9**	**1.8**
发展中国家	**Developing Countries**	**5.4**	**3.5**	**3.9**	**5.7**	**3.9**	**4.6**
中　国	China	9.7	3.8	7.1	8.0	7.5	8.0
中国香港	Hong Kong, China	4.0	3.7	3.4	10.2	0.6	2.3
阿尔巴尼亚	Albania	1.8	-10.0	7.3	7.8	6.5	4.7
阿尔及利亚	Algeria	1.8	0.8	3.2	2.4	2.1	3.1
安哥拉	Angola	2.4	0.1	3.3	3.0	3.2	17.1
安提瓜和巴布达	Antigua and Barbuda	2.2	2.3	3.2	2.5	-0.6	-3.7
阿根廷	Argentina	2.1	-1.3	-3.4	-0.8	-4.4	-11.0
亚美尼亚	Armenia			3.3	6.0	9.6	12.9
澳大利亚	Australia	3.4	1.8	4.5	2.8	2.7	3.8
奥地利	Austria	2.1	4.7	2.7	3.5	0.7	0.9
阿塞拜疆	Azerbaijan			7.4	11.1	9.9	10.6
巴哈马	Bahamas	1.6	1.2	5.9	5.0	-0.5	0.0
巴　林	Bahrain	4.6	7.3	4.3	5.3	4.8	4.1
孟加拉国	Bangladesh	4.9	4.6	4.9	5.9	5.3	4.4
巴巴多斯	Barbados	0.6	-3.3	2.5	3.0	-2.7	-1.8
白俄罗斯	Belarus			3.4	5.8	4.7	4.7
比利时	Belgium	1.9	3.1	3.2	3.7	0.8	0.7
伯利兹	Belize	4.5	10.2	4.1	11.2	5.3	3.5
贝　宁	Benin	4.9	3.2	4.7	5.8	5.0	5.8
不　丹	Bhutan	6.2	6.6	7.6	5.3	6.6	7.7
玻利维亚	Bolivia	3.5	4.6	0.4	2.4	1.2	2.5
波　黑	Bosnia and Hercegovinia			9.6	5.6	4.5	3.9
博茨瓦纳	Botswana	5.1	6.8	6.3	8.6	4.9	2.6
巴　西	Brazil	2.5	-4.2	0.8	4.4	1.4	1.5
保加利亚	Bulgaria	-2.7	-9.1	2.3	5.4	4.0	4.0
布基纳法索	Burkina Faso	4.5	1.9	6.3	-1.6	5.6	5.2
布隆迪	Burundi	-0.9	3.5	-0.9	-1.1	2.2	4.1
柬埔寨	Cambodia	5.7	1.1	6.9	7.7	6.3	4.5
喀麦隆	Cameroon	1.9	-6.2	4.4	4.2	5.3	4.3
加拿大	Canada	2.8	0.2	5.4	4.5	1.5	3.4
佛得角	Cape Verde	6.0	0.7	8.9	6.6	4.0	4.6
中　非	Central African Republic	1.1	0.4	3.6	1.8	1.0	2.0
乍　得	Chad	4.5	3.2	2.3	1.0	8.5	10.9
智　利	Chile	5.7	3.7	-1.0	4.4	2.8	2.0
哥伦比亚	Colombia	2.5	4.3	-4.2	2.7	1.4	1.6
科摩罗	Comoros	1.5	0.1	1.9	-1.1	1.9	2.5
刚果（金）	Congo, Dem. Rep. of	-4.6	-6.6	-4.3	-6.9	-2.1	3.0
刚果（布）	Congo	1.8	1.0	-3.0	8.2	3.6	3.5
哥斯达黎加	Costa Rica	4.6	3.6	8.2	1.8	1.1	2.8
科特迪瓦	Cote D`Ivoire	2.2	-1.1	1.6	-2.3	0.1	0.5

4-6 续表1 continued

单位：% (%)

国家和地区	Country or Area	1991-2002年年均增长率 Average Annual Real Growth Rate 1991-2002	1990	1999	2000	2001	2002
克罗地亚	Croatia			-0.9	2.9	3.8	5.0
塞浦路斯	Cyprus	4.0	7.3	4.8	5.2	4.1	2.0
捷　克	Czech Republic			0.5	3.3	3.1	2.0
丹　麦	Denmark	2.2	1.0	2.6	2.8	1.4	1.6
吉布提	Djibouti	-1.1	5.8	2.2	0.7	1.9	2.6
多米尼克	Dominica	1.0	6.3	1.6	0.7	-4.6	-3.6
多米尼加	Dominican Republic	5.4	-5.5	8.0	7.2	2.8	3.8
厄瓜多尔	Ecuador	2.5	3.0	-6.3	2.8	5.1	3.0
埃　及	Egypt	3.4	2.4	6.3	5.1	3.5	2.0
萨尔瓦多	El Salvador	4.2	4.9	3.4	2.2	1.8	2.3
赤道几内亚	Equatorial Guinea	22.1	3.2	30.6	15.2	45.1	31.2
厄立特里亚	Eritrea			0.6	-13.1	10.2	1.6
爱沙尼亚	Estonia			-0.6	7.1	5.0	5.0
埃塞俄比亚	Ethiopia	3.5	3.4	6.0	5.4	7.7	5.0
斐　济	Fiji	2.6	3.7	9.5	-3.2	4.3	4.4
芬　兰	Finland	2.0	0.0	4.1	5.6	0.7	1.6
法　国	France	1.8	2.6	3.2	4.2	1.8	1.2
加　蓬	Gabon	1.5	5.2	-8.9	-1.9	2.0	-0.1
冈比亚	Gambia	4.1	5.7	6.4	5.5	5.9	4.7
格鲁吉亚	Georgia			3.0	1.9	4.5	5.4
德　国	Germany	1.7	5.7	2.0	2.9	0.6	0.2
加　纳	Ghana	4.5	3.3	4.4	3.7	4.2	4.5
希　腊	Greece	2.6	0.0	3.6	4.2	4.1	4.0
格林纳达	Grenada	3.3	5.2	7.5	6.4	3.5	-1.8
危地马拉	Guatemala	3.8	3.1	3.8	3.6	2.3	2.0
几内亚	Guinea	4.1	4.3	4.6	2.1	3.6	4.2
几内亚比绍	Guinea-Bissau	0.4	4.6	8.0	9.5	0.2	-4.2
圭亚那	Guyana	4.3	-3.0	3.0	-1.3	1.4	1.8
海　地	Haiti	-0.1	1.0	2.7	0.9	-1.1	0.0
洪都拉斯	Honduras	3.1	0.1	-1.9	5.2	3.3	2.0
匈牙利	Hungary	1.2	-3.5	4.2	5.2	3.8	3.3
冰　岛	Iceland	2.4	1.2	3.9	5.5	2.9	-0.5
印　度	India	5.4	6.0	6.7	5.4	4.2	4.9
印度尼西亚	Indonesia	4.1	9.0	0.8	4.9	3.4	3.7
伊　朗	Iran	4.8	14.1	1.8	5.2	5.7	6.0
爱尔兰	Ireland	7.0	8.3	11.1	10.0	5.7	5.9
以色列	Israel	4.3	5.7	2.6	7.4	-0.9	-1.0
意大利	Italy	1.5	2.0	1.7	3.1	1.8	0.4
牙买加	Jamaica	0.6	4.9	-0.2	0.9	1.1	2.5
日　本	Japan	1.3	5.2	0.2	2.8	0.4	0.3
约　旦	Jordan	4.8	7.1	3.1	4.2	4.2	4.9
哈萨克斯坦	Kazakhstan			2.7	9.8	13.5	9.5
肯尼亚	Kenya	1.6	4.0	1.3	-0.1	1.2	1.2
基里巴斯	Kiribati	3.1	2.1	2.1	-1.7	1.5	2.7
韩　国	Korea, Republic of	5.9	9.0	10.9	9.3	3.0	6.1

4-6 续表2 continued

单位：% (%)

国家和地区	Country or Area	1991-2002 年年均增长率 Average Annual Real Growth Rate 1991-2002	1990	1999	2000	2001	2002
科威特	Kuwait	2.5	-26.2	-2.5	1.4	-1.1	-0.9
吉尔吉斯斯坦	Kyrgyzstan			3.7	5.4	5.3	-0.5
老挝	Laos	6.2	6.7	7.3	5.8	5.7	5.7
拉脱维亚	Latvia			2.8	6.8	7.9	6.1
黎巴嫩	Lebanon	6.3	-13.4	1.0	-0.5	2.0	2.0
莱索托	Lesotho	3.5	5.6	0.5	1.9	3.6	4.2
利比亚	Libya	2.0	-20.2	0.7	4.4	0.6	1.7
立陶宛	Lithuania			-3.9	3.8	5.9	5.9
卢森堡	Luxembourg	5.2	3.4	6.0	8.9	1.0	0.5
马其顿	Macedonia			4.3	4.5	-4.1	0.1
马达加斯加	Madagascar	0.9	3.1	4.7	4.8	6.0	-11.9
马拉维	Malawi	2.6	5.7	4.0	1.1	-4.2	1.8
马来西亚	Malaysia	6.2	9.0	6.1	8.3	0.4	4.2
马尔代夫	Maldives	6.9	4.9	7.2	4.8	3.5	4.3
马里	Mali	4.1	0.4	6.7	3.7	1.5	9.6
马耳他	Malta	4.3	6.3	4.1	6.1	-0.8	2.7
毛里塔尼亚	Mauritania	4.2	-1.8	4.1	6.3	4.6	4.2
毛里求斯	Mauritius	5.7	4.9	5.3	2.6	7.2	5.3
墨西哥	Mexico	2.9	5.1	3.6	6.6	-0.3	0.9
摩尔多瓦	Moldova			-3.4	2.1	6.1	7.2
蒙古	Mongolia	0.3	-5.6	3.2	1.1	1.0	3.4
摩洛哥	Morocco	2.8	4.0	-0.1	1.0	6.5	4.5
莫桑比克	Mozambique	6.6	1.0	7.5	1.6	13.8	9.9
缅甸	Myanmar	7.2	2.8	10.9	13.7	10.5	5.5
纳米比亚	Namibia	4.2	0.8	3.3	3.3	2.4	2.7
尼泊尔	Nepal	4.6	4.6	4.5	6.2	4.8	0.8
荷兰	Netherlands	2.6	4.0	4.0	3.4	1.2	0.3
荷属安的列斯	Netherlands Antilles	1.4	1.5	-1.5	-1.9	-0.6	0.7
新西兰	New Zealand	2.8	0.0	4.0	3.9	2.4	4.2
尼加拉瓜	Nicaragua	3.2	-0.1	7.4	5.9	3.3	1.0
尼日尔	Niger	2.3	-1.3	-0.6	-1.4	7.1	3.0
尼日利亚	Nigeria	2.7	7.5	1.0	3.9	2.8	0.5
挪威	Norway	3.3	2.0	2.1	2.4	1.4	1.6
阿曼	Oman	4.6	8.4	-0.2	5.1	7.3	1.9
巴基斯坦	Pakistan	3.9	5.0	4.0	3.5	3.6	4.6
巴拿马	Panama	3.8	8.1	3.2	2.5	0.3	0.5
巴布亚新几内亚	Papua New Guinea	3.8	-3.0	7.6	-0.8	-3.4	1.2
巴拉圭	Paraguay	1.5	3.1	0.5	-0.4	2.7	-3.9
秘鲁	Peru	3.9	-3.8	1.0	3.1	0.6	5.2
菲律宾	Philippines	3.1	3.0	3.4	4.4	3.2	4.6
波兰	Poland	3.2	-7.2	4.1	4.0	1.0	1.3
葡萄牙	Portugal	2.5	4.8	3.8	3.7	1.6	0.5
卡塔尔	Qatar	6.2	-14.6	5.3	11.6	7.2	3.0
罗马尼亚	Romania	-0.6	-5.6	-1.2	2.1	5.7	4.9
俄罗斯联邦	Russian Federation			5.4	9.0	5.0	4.3

4－6 续表3 continued

单位：%　　　　　　　　　　　　　　　　　　　　　　　　　　　　(%)

国家和地区	Country or Area	1991－2002 年年均增长率 Average Annual Real Growth Rate 1991-2002	1990	1999	2000	2001	2002
卢 旺 达	Rwanda	1.2	0.4	7.6	6.0	6.7	7.3
萨 摩 亚	Samoa	3.7	-6.4	2.6	6.9	6.2	1.9
圣多美和普林西比	Sao Tome & Principe	2.2	-2.2	2.5	3.0	4.0	5.0
沙特阿拉伯	Saudi Arabia	2.2	10.7	-0.8	4.9	1.2	2.1
塞内加尔	Senegal	3.5	3.9	5.0	5.6	5.6	2.4
塞 舌 尔	Seychelles	1.9	7.5	-2.8	-5.4	-8.1	-2.4
塞拉利昂	Sierra Leone	-5.4	1.6	-8.1	3.8	5.4	6.6
新 加 坡	Singapore	6.3	9.0	6.4	9.4	-2.4	2.2
斯洛伐克	Slovak			1.3	2.2	3.3	4.4
斯洛文尼亚	Slovenia			5.2	4.6	3.0	2.9
所罗门群岛	Solomon Islands	1.9	2.2	-1.3	-14.0	-3.0	-0.5
南 非	South Africa	1.9	-0.3	2.0	3.5	2.8	3.0
西 班 牙	Spain	2.6	3.8	4.2	4.2	2.7	2.0
斯里兰卡	Sri Lanka	4.5	6.2	4.3	6.0	-1.4	3.7
圣基茨和尼维斯	St. Kitts And Nevis	3.3	3.1	3.5	3.4	2.2	-3.0
圣卢西亚	St. Lucia	1.9	4.1	3.5	0.7	0.5	-4.0
圣文森特和格林纳丁斯	St. Vincent and the Grenadines	2.6	7.3	3.0	1.3	0.9	1.1
苏 丹	Sudan	4.9	1.0	6.9	6.9	5.3	5.0
苏 里 南	Suriname	1.4	-11.8	-2.0	-1.0	4.9	2.7
斯威士兰	Swaziland	2.8	8.9	3.5	2.0	1.8	1.6
瑞 典	Sweden	2.1	1.1	4.6	4.4	1.1	1.9
瑞 士	Switzerland	0.8	3.7	1.5	2.9	1.1	0.1
叙 利 亚	Syrian Arab Republic	5.3	7.6	-0.9	0.6	7.2	2.7
塔吉克斯坦	Tajikistan			3.7	8.3	10.2	7.5
坦桑尼亚	Tanzania	3.4	7.0	3.5	5.1	5.6	5.9
泰 国	Thailand	4.3	11.6	4.4	4.6	1.9	5.2
多 哥	Togo	1.4	-0.2	2.9	-1.9	2.7	2.6
汤 加	Tonga	2.2	4.7	3.1	6.2	3.0	2.9
特立尼达和多巴哥	Trinidad and Tobago	3.3	1.5	6.8	4.8	4.5	5.2
突 尼 斯	Tunisia	4.5	7.1	6.1	4.7	5.2	1.9
土 耳 其	Turkey	2.9	9.2	-4.7	7.4	-7.5	6.7
土库曼斯坦	Turkmenistan			16.5	18.0	20.5	
乌 干 达	Uganda	6.7	6.5	7.9	5.3	5.5	6.6
乌 克 兰	Ukraine			-0.2	5.9	9.2	4.6
阿 联 酋	United Arab Emirates	3.2	16.6	3.9	5.0	-9.4	-0.9
英 国	United Kingdom	2.2	0.8	2.4	3.1	2.0	1.6
美 国	United States	2.9	1.8	4.1	3.8	0.3	2.4
乌 拉 圭	Uruguay	1.3	0.3	-2.8	-1.4	-3.1	-10.8
乌兹别克斯坦	Uzbekistan			3.4	3.3	3.8	2.8
瓦努阿图	Vanuatu	1.9	11.6	-2.1	2.5	-1.9	-0.3
委内瑞拉	Venezuela	1.1	6.5	-6.1	3.2	2.8	-8.9
越 南	Viet Nam	6.8	5.0	4.2	5.5	5.0	5.8
也 门	Yemen	5.3		2.7	4.4	3.4	4.3
赞 比 亚	Zambia	0.5	-0.6	2.2	3.6	4.9	3.0
津巴布韦	Zimbabwe	-1.4	7.0	-4.1	-6.8	-8.8	-12.8

4-7 人均国内生产总值增长率

Growth Rate of GDP Per Capita

资料来源：世界银行《世界发展指标》数据库。

Source: World Bank"World Development Indicators" Database.

单位：% (%)

国家和地区	Country or Area	1997	1998	1999	2000	2001
世　界	**World**	**2.00**	**0.81**	**1.60**	**2.62**	**-0.16**
中　国	China	7.70	6.80	6.20	7.10	6.70
中国香港	Hong Kong, China	4.11	-6.10	2.02	9.50	-0.75
中国澳门	Macao, China	-2.19	-6.36	-4.82	3.67	1.67
孟加拉国	Bangladesh	3.57	3.41	3.06	4.12	3.46
印　度	India	2.64	4.68	4.31	2.22	3.72
印度尼西亚	Indonesia	3.27	-14.30	-0.55	3.53	1.97
伊　朗	Iran	1.70	0.39	0.97	4.43	3.40
以色列	Israel	0.67	0.44	-0.17	3.82	-2.88
日　本	Japan	1.53	-1.35	0.48	2.18	-0.71
哈萨克斯坦	Kazakhstan	2.79	-0.46	4.28	11.47	14.45
韩　国	Korea, Rep.	4.03	-7.36	10.11	8.42	2.30
马来西亚	Malaysia	4.66	-9.50	3.66	5.64	-1.85
蒙　古	Mongolia	2.79	2.42	2.25	0.27	0.42
缅　甸	Mongolia	3.96	4.32	9.47	12.39	8.40
巴基斯坦	Myanmar	-1.38	0.11	1.19	1.76	0.29
菲律宾	Philippines	2.82	-2.83	1.05	1.64	1.17
新加坡	Singapore	5.00	-3.38	6.15	8.44	-4.72
斯里兰卡	Sri Lanka	5.13	3.34	2.74	4.51	-2.84
泰　国	Thailand	-2.03	-11.14	3.65	3.81	1.04
土耳其	Turkey	5.93	1.57	-6.11	5.79	-8.70
越　南	Viet Nam	6.49	4.30	3.43	5.42	5.49
埃　及	Egypt	3.49	2.57	4.27	3.13	1.00
尼日利亚	Nigeria	-0.08	-0.77	-1.41	1.31	1.53
南　非	South Africa	0.73	-1.02	0.41	1.68	1.19
加拿大	Canada	3.15	3.18	4.59	3.64	0.43
墨西哥	Mexico	5.25	3.58	2.19	5.11	-1.76
美　国	United States	3.14	3.00	2.80	2.87	-0.79
阿根廷	Argentina	6.74	2.55	-4.59	-2.00	-5.62
巴　西	Brazil	1.94	-1.18	-0.46	3.13	0.15
委内瑞拉	Venezuela	4.19	-1.83	-7.93	1.26	0.74
白俄罗斯	Belarus	11.87	8.92	3.75	6.12	4.46
保加利亚	Bulgaria	-5.10	4.69	2.91	5.89	5.95
捷　克	Czech Republic	-1.17	-0.95	0.58	3.36	3.76
法　国	France	1.59	3.06	2.82	3.30	1.32
德　国	Germany	1.20	1.99	1.80	2.85	0.41
意大利	Italy	1.77	1.68	1.49	2.79	1.32
荷　兰	Netherlands	3.24	3.74	3.01	2.73	0.37
波　兰	Poland	6.71	4.76	4.12	4.03	1.02
罗马尼亚	Romania	-5.83	-5.19	-1.00	1.90	5.43
俄罗斯联邦	Russian Federation	1.20	-4.64	5.83	9.56	5.58
西班牙	Spain	2.96	4.05	3.23	3.33	1.22
乌克兰	Ukraine	-2.19	-1.18	0.59	6.67	10.01
英　国	United Kingdom	3.28	2.83	1.96	2.87	2.07
南斯拉夫	Yugoslavia				4.96	5.36
澳大利亚	Australia	3.21	4.04	3.08	0.79	2.80
新西兰	New Zealand	0.59	-0.40	4.13	1.91	2.71

4-8 三次产业对国内生产总值增长的贡献

Contribution of Primary Industry,Secondary Industry and Tertiary Industry to the Growth of GDP

资料来源：世界银行《世界发展指标》数据库。

Source: World Bank "World Development Indicators" Database.

单位：百分点 (percentage)

国家和地区	Country or Area	第一产业对GDP增长的贡献 Contribution of Primary Industry to the Growth of GDP		第二产业对GDP增长的贡献 Contribution of Secondary Industry to the Growth of GDP		第三产业对GDP增长的贡献 Contribution of Tertiary Industry to the Growth of GDP	
		2000	2001	2000	2001	2000	2001
中　　国①	China ①	0.38	0.42	5.36	4.93	2.22	2.10
孟加拉国	Bangladesh	1.79	0.77	1.52	1.79	2.58	2.59
印　　度	India	-0.05	1.26	1.54	0.77	2.11	2.92
印度尼西亚	Indonesia	0.29	0.10	2.55	1.45	2.06	1.76
伊　　朗	Iran	0.69	1.13	1.99	1.72	3.10	2.85
日　　本	Japan	0.01		1.17		1.21	
哈萨克斯坦	Kazakhstan	-0.37	1.65	5.93	5.78	3.46	4.95
韩　　国	Korea, Rep.	0.11	0.07	5.21	1.17	4.00	1.79
马来西亚	Malaysia	0.18	0.16	6.41	-1.53	1.43	1.59
蒙　　古	Mongolia	0.61	0.38	0.22	0.12	0.27	0.90
缅　　甸	Myanmar	5.34		3.09		5.31	
巴基斯坦	Pakistan	1.46	-0.65	-0.02	1.04	2.19	1.91
菲 律 宾	Philippines	0.67	0.78	1.36	0.66	1.98	1.96
新 加 坡	Singapore	-0.01	-0.01	3.53	-2.91	6.73	0.87
斯里兰卡	Sri Lanka	0.32	-0.53	1.86	-0.51	3.15	-0.16
泰　　国	Thailand	0.56	-1.14	2.24		1.84	
土 耳 其	Turkey	0.51	-0.71	1.67	-2.19	3.11	-2.80
越　　南	Viet Nam	1.10	0.65	3.46	3.65	2.23	2.53
埃　　及	Egypt	0.48	1.25	3.54	-0.38	0.78	2.22
尼日利亚	Nigeria	1.91		1.94		-0.10	
南　　非	South Africa	0.15	0.04	0.67	0.58	2.04	2.09
加 拿 大	Canada	-0.02		1.56		2.70	
墨 西 哥	Mexico	0.03	0.10	1.62	-0.93	4.45	0.55
美　　国	United States	0.15		0.60		3.52	
阿 根 廷	Argentina	-0.10	0.06	-0.88	-1.70	0.34	-2.60
巴　　西	Brazil	0.24	0.41	1.49	-0.18	1.71	0.69
委内瑞拉	Venezuela	0.12	0.13	1.38	0.94	1.47	1.38
白俄罗斯	Belarus	1.59	0.25	3.49	2.22	1.68	2.13
保加利亚	Bulgaria	-2.86	0.12	3.75	1.56	1.64	1.04
捷　　克	Czech Republic	-0.08	-0.29	2.62	0.55	0.49	2.96
法　　国	France	-0.02	-0.02	1.04	0.38	2.31	1.35
德　　国	Germany	-0.01	0.01	1.07	-0.38	2.04	1.05
意 大 利	Italy	-0.09	-0.03	0.72	0.33	1.94	1.26
荷　　兰	Netherlands	0.03		0.86		2.25	
波　　兰	Poland	-0.35	0.08	2.80	-0.26	1.77	1.65
罗马尼亚	Romania	-2.78	2.60	1.97	2.45	0.96	
俄罗斯联邦	Russian Federation	0.31	0.64	3.80	1.99	3.50	2.20
西 班 牙	Spain	0.06	-0.01	1.32	0.69	2.27	1.94
乌 克 兰	Ukraine	1.81	3.35	3.68	3.05	3.10	3.93
英　　国	United Kingdom	-0.03	-0.16	0.44	-0.31	2.34	2.27
澳大利亚	Australia	-0.14		-0.67		2.85	
新 西 兰	New Zealand	0.25		0.12		2.09	

注：①世界银行统计数据。

Note: ① Data from World Bank.

4-9 总投资、总消费及净出口对国内生产总值增长的贡献

Contribution of Total Investment,Total Consumption and Net Export to the Growth of GDP

资料来源：世界银行《世界发展指标》数据库。

Source: World Bank "World Development Indicators" Database.

单位：百分点 (percentage)

国家和地区	Country or Area	总投资对GDP增长的贡献 Contribution of Total Investment to the Growth of GDP		总消费对GDP增长的贡献 Contribution of Total Consumption to the Growth of GDP		净出口对GDP增长的贡献 Contribution of Net Export to the Growth of GDP	
		2000	2001	2000	2001	2000	2001
中　　国①	China ①	1.55	4.61	5.20	4.11	2.93	0.43
中国香港	Hong Kong, China	5.99	-1.25	3.30	1.47	1.16	1.23
中国澳门	Macao, China	-5.48	-1.02	-0.86	1.27	10.96	1.88
孟加拉国	Bangladesh	1.71	1.37				
印　　度	India	0.54	1.06				
印度尼西亚	Indonesia	-0.22	-0.11	3.07	4.80	2.05	-1.38
伊　　朗	Iran	1.08	0.52	1.06	4.10	2.29	1.25
以 色 列	Israel	-1.08		4.02		2.52	
日　　本	Japan	0.84	-0.55	1.04	0.66	0.48	-0.69
哈萨克斯坦	Kazakhstan	0.88	3.95	4.28	5.28	3.18	-5.60
韩　　国	Korea, Rep.	2.88	-0.50	4.07	2.16	3.07	1.50
马来西亚	Malaysia	7.48	-3.18	5.83	3.28	-4.98	0.34
蒙　　古	Mongolia	3.32	1.37	-2.00	2.91	-0.22	-2.88
缅　　甸	Myanmar	3.62		4.94		5.19	
巴基斯坦	Pakistan	0.79	0.17	1.19	0.87		
菲 律 宾	Philippines	0.47	0.89	2.68	2.72	5.28	-1.73
新 加 坡	Singapore	4.56	-8.30	5.33	0.90	0.48	5.27
斯里兰卡	Sri Lanka	2.64	-4.72				
泰　　国	Thailand	2.13	0.12	2.88	1.98		
土 耳 其	Turkey	5.42	-12.90	4.87	-6.85	-3.00	12.37
越　　南	Viet Nam	2.99	3.19	2.46	3.37	1.20	0.41
埃　　及	Egypt	-1.07	-8.08	4.16	13.31	2.01	-0.97
尼日利亚	Nigeria					-5.02	-4.31
南　　非	South Africa	1.01	0.57	1.59	3.16	0.46	-1.25
加 拿 大	Canada	1.70	-1.05	2.53	2.03	0.24	0.64
墨 西 哥	Mexico	2.62	-1.78	5.85	2.20	-1.84	-0.73
美　　国	United States	1.35		3.68		-0.98	
阿 根 廷	Argentina	-1.30	-2.84	0.19	-3.68	0.32	2.07
巴　　西	Brazil	2.28	-0.44				
委内瑞拉	Venezuela	1.52	0.66	2.49	3.14	-0.78	-1.14
白俄罗斯	Belarus	2.37	-1.20	5.32	9.39	1.21	1.55
保加利亚	Bulgaria	1.50	2.21	3.60	2.85	0.30	-1.06
捷　　克	Czech Republic	3.09	3.11	1.17	2.17	-1.00	-2.03
法　　国	France	1.82	-0.28	1.99	1.97	-0.13	0.13
德　　国	Germany	0.88	-1.96	1.07	0.96	1.06	1.56
意 大 利	Italy	0.18	0.53	1.93	1.06	0.75	0.19
荷　　兰	Netherlands	0.66	-0.35	2.29	1.38	0.58	0.10
波　　兰	Poland	1.34	-4.67	1.89	1.34	1.19	4.22
罗马尼亚	Romania	3.36	3.60	1.02	9.92	-2.53	-3.52
俄罗斯联邦	Russian Federation	3.17	3.44	10.36	3.34	-1.91	-1.78
西 班 牙	Spain	1.24	0.73	3.09	2.17	-0.23	-0.14
乌 克 兰	Ukraine	1.29	0.96	3.68	8.48	1.70	0.51
英　　国	United Kingdom	0.45	-0.15	3.36	3.10	-0.73	-0.76
南斯拉夫	Yugoslavia	2.23	0.03	5.81	12.75	-2.01	-7.86
澳大利亚	Australia	-2.13		2.14		1.83	
新 西 兰	New Zealand	-0.31		0.32		2.03	

注：①世界银行统计数据。

Note: ① Data from World Bank.

4-10 总投资占国内生产总值比重
Total Investment as Percentage of GDP

资料来源：世界银行《世界发展指标》数据库。
Source: World Bank "World Development Indicators"Database.

单位：% (%)

国家和地区	Country or Area	1990	1998	1999	2000	2001
世　界	**World**	**23.9**	**22.4**	**22.1**	**22.4**	**22.4**
中　国	China	35.2	37.4	37.1	36.4	38.0
中国香港	Hong Kong,China	27.4	29.0	25.0	27.6	25.8
中国澳门	Macao, China	25.0	18.5	17.9	12.0	10.6
孟加拉国	Bangladesh	17.1	21.6	22.2	23.0	23.1
印　度	India	24.1	21.4	23.6	22.9	22.5
印度尼西亚	Indonesia	30.7	16.8	11.4	14.6	17.0
伊　朗	Iran	28.6	21.2	15.5	27.4	29.3
以色列	Israel	25.1	20.1	21.0	19.3	
日　本	Japan	32.8	26.9	25.8	25.9	25.5
哈萨克斯坦	Kazakhstan		15.8	17.8	17.9	25.8
韩　国	Korea, Rep.	37.7	21.2	26.7	28.2	26.7
马来西亚	Malaysia	32.4	26.6	22.4	26.9	28.9
蒙　古	Mongolia	38.1	28.7	28.5	30.0	30.0
缅　甸	Myanmar	13.4	12.4	13.4	12.4	15.0
巴基斯坦	Pakistan	18.9	17.7	15.6	16.0	15.9
菲律宾	Philippines	24.2	20.3	18.4	17.6	18.0
新加坡	Singapore	36.6	33.3	31.9	31.6	24.3
斯里兰卡	Sri Lanka	22.6	25.1	27.3	28.1	22.0
泰　国	Thailand	41.4	20.4	20.5	22.7	24.0
土耳其	Turkey	24.3	24.2	23.4	24.5	16.5
越　南	Viet Nam	12.6	29.0	27.6	29.6	30.9
埃　及	Egypt	28.8	21.1	20.5	18.3	15.5
尼日利亚	Nigeria	14.7	24.1	23.4	22.7	27.6
南　非	South Africa	11.8	15.4	14.5	14.8	15.0
加拿大	Canada	21.2	20.7	20.7	20.8	19.6
墨西哥	Mexico	23.1	24.3	23.5	23.5	20.7
美　国	United States	17.6	20.3	20.5	20.7	
阿根廷	Argentina	14.0	19.9	18.0	16.2	14.1
巴　西	Brazil	20.2	21.1	20.3	21.7	21.0
委内瑞拉	Venezuela	10.2	21.9	18.1	17.2	18.7
白俄罗斯	Belarus	26.5	26.7	23.7	25.4	22.2
保加利亚	Bulgaria	25.6	16.9	17.9	18.3	20.4
捷　克	Czech Republic	25.2	30.0	28.1	29.7	30.0
法　国	France	23.4	19.1	19.7	20.9	20.1
德　国	Germany	22.4	21.8	21.8	22.2	20.0
意大利	Italy	22.2	19.3	19.8	20.4	19.7
荷　兰	Netherlands	23.5	22.2	22.6	22.6	21.8
波　兰	Poland	25.6	26.2	26.4	26.1	21.6
罗马尼亚	Romania	30.2	17.7	16.1	19.7	21.9
俄罗斯联邦	Russian Federation	30.1	16.1	14.7	16.6	22.1
西班牙	Spain	26.6	23.2	24.5	25.6	25.5
乌克兰	Ukraine	27.5	20.8	17.5	20.2	20.4
英　国	United Kingdom	20.2	18.2	17.8	17.5	17.2
南斯拉夫	Yugoslavia			11.6	14.5	13.5
澳大利亚	Australia	22.4	24.1	24.0	21.1	
新西兰	New Zealand	19.5	19.6	20.9	20.0	

4-11 总储蓄和总消费占国内生产总值比重

Total Saving and Total Consumption as Percentage of GDP

资料来源：世界银行《世界发展指标》数据库。

Source:World Bank "World Development Indicators" Database.

单位：% (%)

国家和地区	Country or Area	总储蓄占GDP的比重 Total Saving as Percentage of GDP		总消费占GDP的比重 Total Consumption as Percentage of GDP	
		2000	2001	2000	2001
世　界	**World**	**22.7**	**24.0**		
中　国	China	38.8 ①	40.3 ①	61.1	59.8
中国香港	Hong Kong, China	32.3	31.1	67.7	68.9
中国澳门	Macao, China	47.2	46.4	52.8	53.6
孟加拉国	Bangladesh	17.8	16.2	82.2	83.8
印　度	India	20.3	20.7	79.7	79.3
印度尼西亚	Indonesia	25.2	25.5	74.8	74.5
伊　朗	Iran	38.9	35.9	61.1	64.1
以色列	Israel	12.4		87.6	
日　本	Japan	27.4	26.1	72.6	73.9
哈萨克斯坦	Kazakhstan	27.3	23.4	72.7	76.6
韩　国	Korea, Rep.	31.3	29.0	68.7	71.0
马来西亚	Malaysia	46.9	47.2	53.1	52.8
蒙　古	Mongolia	13.6	14.1	86.4	85.9
缅　甸	Myanmar	12.4		87.6	
巴基斯坦	Pakistan	14.4	14.6	85.6	85.4
菲律宾	Philippines	23.8	19.8	76.2	80.2
新加坡	Singapore	49.5	46.0	50.5	54.0
斯里兰卡	Sri Lanka	17.3	15.3	82.7	84.7
泰　国	Thailand	31.4	30.1	68.6	69.9
土耳其	Turkey	18.4	19.1	81.6	80.9
越　南	Viet Nam	27.1	28.8	72.9	71.2
埃　及	Egypt	11.7	10.4	88.3	89.6
尼日利亚	Nigeria	34.0	26.9	66.0	73.1
南　非	South Africa	17.7	17.5	82.3	82.5
加拿大	Canada	26.0	24.7	74.0	75.3
墨西哥	Mexico	21.5	18.4	78.5	81.6
美　国	United States	17.0		83.0	
阿根廷	Argentina	15.6	15.4	84.4	84.6
巴　西	Brazil	20.1	19.9	79.9	80.1
委内瑞拉	Venezuela	29.3	23.8	70.7	76.2
白俄罗斯	Belarus	22.2	18.7	77.8	81.3
保加利亚	Bulgaria	12.9	12.9	87.1	87.1
捷　克	Czech Republic	26.3	27.2	73.7	72.8
法　国	France	22.2	21.7	77.8	78.3
德　国	Germany	22.6	21.9	77.4	78.1
意大利	Italy	21.3	21.4	78.7	78.6
荷　兰	Netherlands	27.4	27.2	72.6	72.8
波　兰	Poland	19.2	17.8	80.8	82.2
罗马尼亚	Romania	14.0	13.8	86.0	86.2
俄罗斯联邦	Russian Federation	37.0	34.7	63.0	65.3
西班牙	Spain	23.4	24.0	76.6	76.0
乌克兰	Ukraine	24.7	22.0	75.3	78.0
英　国	United Kingdom	15.8	15.0	84.2	85.0
南斯拉夫	Yugoslavia	-3.5	-8.6	103.5	108.6
澳大利亚	Australia	21.2		78.8	
新西兰	New Zealand	21.7		78.3	

注：①世界银行统计数据。

Note: ① Data from World Bank.

4-12 国内生产总值三次产业构成
Composition of Gross Domestic Product

资料来源：世界银行《世界发展指标》数据库。
Source: World Bank "World Development Indicators"Database.
单位：%　　(%)

国家和地区	Country or Area	第一产业 Primary Industry		第二产业 Secondary Industry		第三产业 Tertiary Industry	
		2000	2001	2000	2001	2000	2001
世　　界	**World**	**3.9**		**29.8**		**66.3**	
中　　国	China	16.4	15.8	50.2	50.1	33.4	34.1
中国香港	Hong Kong, China	0.1		14.3		85.6	
中国澳门①	Macao, China ①			13.8		70.9	
孟加拉国	Bangladesh	24.6	23.3	24.4	25.1	51.0	51.6
印　　度	India	24.9	25.1	26.9	26.5	48.2	48.4
印度尼西亚	Indonesia	17.0	16.4	47.0	46.5	35.9	37.1
伊　　朗	Iran	17.7	18.6	33.3	32.9	49.0	48.4
日　　本	Japan	1.4		31.8		66.8	
哈萨克斯坦	Kazakhstan	8.6	9.0	40.9	38.8	50.5	52.3
韩　　国	Korea, Rep.	4.7	4.4	42.4	41.4	52.9	54.1
马来西亚	Malaysia	8.7	8.5	51.2	49.1	40.1	42.4
蒙　　古	Mongolia	30.9	30.5	20.9	16.9	48.1	52.6
缅　　甸	Myanmar	57.2		9.7		33.1	
巴基斯坦	Pakistan	26.7	25.0	23.1	22.9	50.2	52.1
菲 律 宾	Philippines	15.9	15.2	31.1	31.2	52.9	53.6
新 加 坡	Singapore	0.1	0.1	34.7	31.6	65.2	68.3
斯里兰卡	Sri Lanka	19.5	19.5	27.5	26.7	53.0	53.8
泰　　国	Thailand	10.3	10.2	40.5		49.3	
土 耳 其	Turkey	15.4	13.8	25.3	25.6	59.4	60.7
越　　南	Viet Nam	24.5	23.6	36.7	37.8	38.7	38.6
埃　　及	Egypt	16.7	16.8	33.1	33.1	50.2	50.1
尼日利亚	Nigeria	29.5		46.0		24.5	
南　　非	South Africa	3.2	3.2	30.9	31.2	65.9	65.6
加 拿 大②	Canada ②	2.6		30.6		66.8	
墨 西 哥	Mexico	4.1	4.4	27.9	26.8	68.0	68.9
美　　国	United States	1.6		24.9		73.5	
阿 根 廷	Argentina	5.0	4.8	27.6	26.6	67.4	68.5
巴　　西	Brazil	7.4	9.3	28.3	33.9	64.3	56.8
委内瑞拉	Venezuela	5.0	5.0	50.7	50.4	44.3	44.6
白俄罗斯	Belarus	14.2	10.9	39.2	38.7	46.7	50.3
保加利亚	Bulgaria	14.2	13.9	29.7	29.0	56.1	57.1
捷　　克	Czech Republic	4.5	4.3	40.9	41.0	54.6	54.7
法　　国	France	2.8	2.9	25.3	25.6	71.8	71.5
德　　国	Germany	1.2	1.3	31.5	31.0	67.3	67.7
意 大 利	Italy	2.9	2.8	29.2	28.9	67.9	68.2
荷　　兰	Netherlands	2.7		27.2		70.1	
波　　兰	Poland	3.7	3.6	34.9	37.3	61.4	59.1
罗马尼亚	Romania	12.5	15.0	34.1	34.6	53.4	50.4
俄罗斯联邦	Russian Federation	6.4	6.8	39.0	37.3	54.6	55.9
西 班 牙	Spain	3.7	3.6	30.3	30.2	66.0	66.2
乌 克 兰	Ukraine	17.1	16.6	36.3	39.0	46.6	44.4
英　　国	United Kingdom	1.1	1.0	28.7	27.4	70.3	71.6
南斯拉夫	Yugoslavia	15.0		32.0			
澳大利亚	Australia	3.5		26.1		70.4	

注：①1999年数据。②1998年数据。
Note: ① Data of 1999. ② Data of 1998.

4−13 生产法国内生产总值

Gross Domestic Product by Production Approach

资料来源：联合国《国民经济核算年鉴》2000年；经合组织《经合组织成员国国民核算》1989−2000,1990−2001；联合国《亚太统计年鉴》2000,2001年。

Source: UN "National Accounts Statistics"2000; OECD "National Accounts of OECD Countries"1989-2000,1990-2001; UN "Statistical Yearbook for Asia and the Pacific" 2000,2001.

单位：亿本币 (100 million local currency units)

国家和地区	Country or Area	1990	1998	1999	2000	2001
中　国	**China**					
按当年价格计算	In Current Prices	18548	78345	82068	89468	97315
第一产业	Primary Industrial	5017	14552	14472	14628	15412
第二产业	Secondary Industrial	7717	38619	40558	44935	48750
工业	Industry	6858	33388	35087	39047	42375
建筑业	Construction	859	5231	5471	5888	6375
第三产业	Tertiary Industrial	5814	25174	27038	29905	33153
#交通运输仓储邮电通信业	# Transport, Storage and Communication	1148	4121	4460	5409	5968
批发和零售贸易餐饮业	Wholesale and Retail Trade, Restaurants and Hotels	1420	6579	6910	7316	7919
中国香港	**Hong Kong, China**					
按当年价格计算	In Current Prices	5825	12593	12277	12672	
农业	Agriculture and Fishing	14	15	12	9	
采掘业	Mining and Quarrying	2	3	3	2	
制造业	Manufacturing	984	708	658	681	
电、煤气和水供应业	Electricity, Gas and Water Supply	126	335	344	359	
建筑业	Construction	302	699	661	632	
批发零售、饭店和旅馆业	Wholesale and Retail Trade, Restaurants and Hotels	1407	2881	2822	3111	
运输、仓储和邮电业	Transport, Storage and Communication	529	1080	1090	1194	
金融保险、房地产和商务服务业	Finance, Insurance,Real Estate and Business Services	824	1932	1724	1816	
自有房产	Ownership of Premises	593	1707	1624	1528	
社会团体和个人服务业	Community, Social and Personal Services	813	2330	2456	2506	
间接税减补贴	Indirect Tax net of Subsides	296	625	558	605	
统计误差	Statistical Discrepancy	-65	277	324	228	
孟加拉国	**Bangladesh**					
按当年价格计算	In Current Prices	10032	20018	21970	23709	
农业	Agriculture,Hunting, Forestry and Fishing	2951	4901	5547	5837	
采掘业	Mining and Quarrying	1361 ①	195	207	231	
制造业	Manufacturing		3127	3278	3484	
电、煤气和水供应业	Electricity, Gas and Water Supply	151	264	284	307	
建筑业	Construction	582	1386	1562	1762	
批发零售、饭店及旅馆业	Wholesale and Retail Trade, Restaurants and Hotels	1255	2600	2855	3067	
运输、仓储和邮电业	Transport, Storage and Communication	969	1674	1804	1974	
金融保险、房地产和商务服务业	Finance, Insurance, Real Estate and Business Services	200	2062	2295	2479	
社会团体和个人服务业	Community,Social and Personal Services	1805	3808	4138	4568	
按1990年价格计算	At Constant Prices of 1990	12824	18444	19344	20493	
农业	Agriculture, Hunting,Forestry and Fishing	3682	4483	4697	5043	
采掘业	Mining and Quarrying	1676 ①	183	185	203	
制造业	Manufacturing		2809	2899	3037	
电、煤气和水供应业	Electricity, Gas and Water Supply	166	250	265	283	
建筑业	Construction	750	1308	1425	1546	
批发零售、饭店及旅馆业	Wholesale and Retail Trade, Restaurants and Hotels	1590	2413	2570	2757	
运输、仓储和邮电业	Transport, Storage and Communication	1163	1615	1711	1814	
金融保险、房地产和商务服务业	Finance, Insurance, Real Estate and Business Services	1434	1902	1979	2059	
社会团体和个人服务业	Community,Social and Personal Services	2364	3482	3613	3751	
印　度	**India**					
按当年价格计算	In Current Prices	53550	175828	195700	197809	
农业	Agriculture,Hunting, Forestry and Fishing	14800	45990	48422	50053	
采掘业	Mining and Quarrying	1178	3510	3816	4068	
制造业	Manufacturing	8916	25170	27460	29929	
电、煤气和水供应业	Electricity, Gas and Water Supply	1046	4248	4753	5895	
建筑业	Construction	2862	9192	10542	11911	
批发零售、饭店及旅馆业	Wholesale and Retail Trade,Restaurants and Hotels	6188	22473	24697	42131 ①	
运输、仓储和邮电业	Transport, Storage and Communication	3390	11131	12259		
金融保险、房地产和商务服务业	Finance, Insurance,Rreal Estate and Business Services	3890	18158	21508	25128	

4-13 续表1 continued

单位：亿本币 (100 million local currency units)

国家和地区	Country or Area	1990	1998	1999	2000	2001
印　　度（续）	**India (continued)**					
社会团体和个人服务业	Community, Social and Personal Services	5509	21722	25189	28690 ②	
加：间接税减补贴	Plus: Indirect Taxes Net of Subsidies	5770	14224	17054		
按1993年价格计算	At constant prices of 1993		118188	126672	133006	
农业	Agriculture, Hnting, Forestry and Fishing		28840	29033		
采掘业	Mining and Quarrying		2600	2645		
制造业	Manufacturing		18426	19676		
电、煤气和水供应业	Electricity, Gas and Water Supply		2683	2823		
建筑业	Construction		5434	5873		
批发零售、饭店及旅馆业	Wholesale and Retail Trade, Restaurants and Hotels		15603	16836		
运输、仓储和邮电业	Transport, Storage and Communication		7799	8448		
金融保险、房地产和商务服务业	Finance, Insurance, Real Estate and Business Services		13313	14655		
社会团体和个人服务业	Community, Social and Personal Services		13607	15212		
加：间接税减补贴	Plus: Taxes less subsidies on products		9883	11473		
印度尼西亚	**Indonesia**					
按当年价格计算	In Current Prices	2108660	10023301	1099790	12906840	
农业	Agriculture, Hunting,Forestry and Fishing	409300	1810200	2169140	2183980	
采掘业	Mining and Quarrying	256340	1376290	1099740	1665630	
制造业	Manufacturing	435690	2454110	2877030	3360530	
电、煤气和水供应业	Electricity, Gas and Water Supply	14890	111490	134290	150720	
建筑业	Construction	117950	555910	744960	921760	
批发零售、饭店及旅馆业	Wholesale and Retail Trade, Restaurants and Hotels	358240	1671170	1766400	1960500	
运输、仓储和邮电业	Transport, Storage and Communication	133620	519370	551900	645500	
金融保险、房地产和商务服务业	Finance, Insurance, Real Estate and Business Services	164030	700070	706420	800470	
社会团体和个人服务业	Community,Social and Personal Services	218600	824720	1049690	1217750	
按1993年价格计算	At Constant Prices of 1993	2632620	3760520	3795580	3976660	
农业	Agriculture, Hunting, Forestry and Fishing	530560	649880	653390	664320	
采掘业	Mining and Quarrying	266280	373530	365720	374230	
制造业	Manufacturing	542110	948480	989490	1050850	
电、煤气和水供应业	Electricity, Gas and Water Supply	25080	55820	61130	66490	
建筑业	Construction	152260	210350	222860	237890	
批发零售、饭店及旅馆业	Wholesale and Retail Trade, Restaurants and Hotels	417250	602530	476940	504570	
运输、仓储和邮电业	Transport, Storage and Communication	184740	280510	267720	292840	
金融保险、房地产和商务服务业	Finance, Insurance, Real Estate and Business Services	214790	282790	261480	273730	
社会团体和个人服务业	Community,Social and Personal Services	299560	367400	371840	380100	
伊　　朗	**Iran**					
按当年价格计算	In Current Prices	366450	3283370	4181680		
农业	Agriculture, Hunting,Forestry and Fishing	84190	724220	869970		
采掘业	Mining and Quarrying	39670	235490	377840		
制造业	Manufacturing	44140	571800	706650		
电、煤气和水供应业	Electricity, Gas and Water Supply	3950	59610	74210		
建筑业	Construction	14380	110710	140830		
批发零售、饭店及旅馆业	Wholesale and Rretail Trade, Restaurants and Hotels	65420	581830	768020		
运输、仓储和邮电业	Transport, Storage and Communication	26520	274870	343870		
金融保险、房地产和商务服务业	Finance, Insurance,Real Estate and Business Services	42960	343330	447590		
社会团体和个人服务业	Community, Social and Personal Services	39090	378180	442800		
减：估算的银行服务费	Less: Imputed Bank Service Charge	2770	4070	4800		
加：统计误差	Plus: Statistical Discrepancy	8900	7420	14720		
按1982年价格计算	At Constant Prices of 1982	109310	154780	160240		
农业	Agriculture, Hunting,Forestry and Fishing	29680	42780	43210		
采掘业	Mining and Quarrying	23280	25050	24850		
制造业	Manufacturing	16440	26330	26250		
电、煤气和水供应业	Electricity, Gas and Water Supply	2470	4670	4900		
建筑业	Construction	4380	6130	6870		
批发零售、饭店及旅馆业	Wholesale and Retail Trade, Restaurants and Hotels	11360	16140	16450		
运输、仓储和邮电业	Transport, Storage and Communication	7960	13070	13720		
金融保险、房地产和商务服务业	Finance, Insurance,Real Estate and Business Services	13920	18450	19850		

4-13 续表2 continued

单位：亿本币 (100 million local currency units)

国家和地区	Country or Area	1990	1998	1999	2000	2001
伊　朗（续）	**Iran(continued)**					
加：间接税减补贴	Plus: Taxes less Subsidies on Products	2650	340	560		
加：统计误差	Plus: Statistical Discrepancy	-13800	-15730	-14870		
以 色 列	**Israel**					
按当年价格计算	In Current Prices	777	4050	4430	4808	
农业	Agriculture, Hunting,Forestry and Fishing	25	75	72	75	
采掘业	Mining and Quarrying					
制造业③	Manufacturing ③	170	639	707	748	
电、煤气和水供应业	Electricity, Gas and Water Supply	10	68	74	81	
建筑业	Construction	50	220	211	204	
批发零售、机动车及日用品修理、饭店及旅馆业	Wholesale and Retail Trade, Repair of Motor Vehicles and Household Goods,Restaurants and Hotels	87	350	394	428	
运输、仓储和邮电业	Transport, Storage and Communication	64	306	323	342	
金融中介、租赁及房地产与商务服务业	Finance Intermediation,Renting and Real Estate and Business Services	187	1039	1144	1314	
公共管理与国防；社会基本保障	Public Administration & Defence;Compulsory Social Security	187	316	339	359	
教育；卫生和社会工作；其他团体、社会和个人服务	Education;Health & Social Work;Other Community, Social & Personal Services	34	623	688	757	
雇人的私人住户	Private Households with Employed Persons					
加：统计误差	Plus: Statistical Discrepancy	6	-32	-42	-55	
小计	Subtotal	820	3604	3909	4254	
减：间接计算的银行中介服务费	Less: Financial Intermediation Services Indirectly Measured	42	83	59	65	
加：税减产品补贴	Plus: Taxes less Subsidies on Products		529	581	619	
按1995年价格计算	At Constant Prices of 1995		3163	3249	3470	
农业	Agriculture, Hunting,Forestry and Fishing		67	65	67	
采掘业	Mining and Quarrying					
制造业③	Manufacturing ③		505	515	565	
电、煤气和水供应业	Electricity, Gas and Water Supply		53	54	59	
建筑业	Construction		178	163	154	
批发零售、机动车及日用品修理、饭店及旅馆业	Wholesale and Retail Trade, Repair of Motor Vehicles and Household Goods,Restaurants and Hotels		276	290	311	
运输、仓储和邮电业	Transport, Storage and Communication		262	271	284	
金融中介、租赁及房地产与商务服务业	Finance Intermediation,Renting and Real Estate and Business Services		801	840	958	
公共管理与国防；社会基本保障	Public Administration & Defence;Compulsory Social Security		242	243	242	
教育；卫生和社会工作；其他团体、社会和个人服务	Education;Health & Social Work;Other Community, Social & Personal Services		476	503	522	
雇人的私人住户	Private Households with Employed Persons					
小计	Subtotal		2779	2840	3025	
减：间接计算的银行中介服务费	Less: Financial Intermediation Services Indirectly Measured		81	82	91	
加：税减产品补贴	Plus: Taxes less Subsidies on Products		427	439	469	
日　本	**Japan**					
按当年价格计算	In Current Prices	4419152	5158348	5118371	5135340	5033035
农业	Agriculture, Hunting,Forestry and Fishing	109163	82507	75832	69955	
采掘业	Mining and Quarrying	11212	7425	6550	6363	
制造业	Manufacturing	1173155	1134722	1109888	1109269	
电、煤气和水供应业	Electricity, Gas and Water Supply	112324	145431	144237	143118	
建筑业	Construction	434059	397399	384955	376358	
批发零售、机动车及日用品修理、饭店及旅馆业④	Wholesale and Retail Trade, Repair of Motor Vehicles and Household Goods,Restaurants and Hotels ④	583243	773816	730991	714508	
运输、仓储和邮电业	Transport, Storage and Communication	290904	346522	329355	329093	
金融中介、租赁及房地产与商务服务业	Finance Intermediation,Renting and Real Estate and Business Services	722983	934140	981750	991332	
公共管理与国防；社会基本保障	Public Administration & Defence;Compulsory Social Security	197959	266040	270602	276019	
教育；卫生和社会工作；其他团体、社会和个人服务④	Education;Health & Social Work;Other Community, Social & Personal Services ④	917230	1286753	1295416	1323512	
社会团体和个人服务业	Community, Social and Personal Services	11750	17740	18790		
减：估算的银行服务费	Less: Imputed Bank Service Charge	780	180	330		
雇人的私人住户	Private Households with Employed Persons					

4–13 续表3 continued

单位：亿本币 (100 million local currency units)

国家和地区	Country or Area	1990	1998	1999	2000	2001
日　　本（续）	**Japan (continued)**					
小计	Subtotal	4552230	5374756	5329578	5339527	
减：间接计算的银行中介服务费	Less: Financial Intermediation Services Indirectly Measured	168033	248548	248066	237382	
加：税减产品补贴	Plus: Taxes less Subsidies on Products	3951	-6825	-3877	-3465	
加：统计误差	Plus: Statistical Discrepancy	31004	38965	40736	36661	
按1995年价格计算	At Constant Prices of 1995	4642753	5185165	5219867	5343118	5312183
农业	Agriculture, Hunting,Forestry and Fishing	117102	86978	82080	82800	
采掘业	Mining and Quarrying	14022	8373	8355	8923	
制造业	Manufacturing	1126647	1162456	1181899	1247440	
电、煤气和水供应业	Electricity, Gas and Water Supply	123937	148984	150818	155332	
建筑业	Construction	492188	384515	375491	365976	
批发零售、机动车及日用品修理、饭店及旅馆业④	Wholesale and Retail Trade,Repair of Motor Vehicles and Household Goods,Restaurants and Hotels ④	574480	783817	749599	740854	
运输、仓储和邮电业	Transport, Storage and Communication	308266	381934	375444	391241	
金融中介、租赁及房地产与商务服务业	Finance Intermediation,Renting and Real Estate and Business Services	781144	922975	974462	982890	
公共管理与国防；社会基本保障	Public Administration & Defence; Compulsory Social Security	221714	260616	269778	280469	
教育；卫生和社会工作；其他团体、社会和个人服务④	Education;Health & Social Work;Other Community, Social & Personal Services ④	1016293	1269715	1289637	1328797	
雇人的私人住户	Private Households with Employed Persons					
小计	Subtotal	4775793	5410362	5457565	5584719	
减：间接计算的银行中介服务费	Less: Financial Intermediation Services Indirectly Measured	158509	254822	261591	251018	
加：税减产品补贴	Plus: Taxes less Subsidies on Products	-1059	4875	7543	5761	
加：统计误差	Plus: Statistical Discrepancy	26528	24750	16350	3656	
哈萨克斯坦	**Kazakstan**					
按当年价格计算	In Current Prices		17333	20165	26000	
农业	Agriculture, Hunting,Forestry and Fishing		1485	1994	2109	
采掘业	Mining and Quarrying					
制造业⑤	Manufacturing ⑤		4225	5691	8647	
电、煤气和水供应业	Electricity, Gas and Water Supply					
建筑业	Construction		856	957	1347	
批发零售、饭店及旅馆业	Wholesale and Retail Trade, Restaurants and Hotels		2627	2739	3235	
运输、仓储和邮电业	Transport, Storage and Communication		2394	2432	2995	
金融保险、房地产和商务服务业⑥	Finance, Insurance,Real Estate and Business Services ⑥		5747	6352	7667	
社会团体和个人服务业⑥	Community, Social and Personal Services ⑥					
小计	Subtotal					
减：估算的银行服务费⑥	Less: Imputed Banks Services Charges Measured ⑥					
加：进口税⑥	Plus: Import Duties ⑥					
按1993年价格计算	At Constant Prices of 1993		236	243	266	
农业	Agriculture, Hunting,Forestry and Fishing		22	27	26	
采掘业	Mining and Quarrying					
制造业⑤	Manufacturing ⑤		65	67	77	
电、煤气和水供应业	Electricity, Gas and Water Supply					
建筑业	Construction		12	12	15	
批发零售、饭店及旅馆业	Wholesale and Retail Trade, Restaurants and Hotels		31	32	33	
运输、仓储和邮电业	Transport, Storage and Communication		20	20	23	
金融保险、房地产和商务服务业⑥	Finance, Insurance,Real Estate and Business Services ⑥		86	84	92	
社会团体和个人服务业⑥	Community, Social and Personal Services ⑥					
小计	Subtotal					
减：估算的银行服务费⑥	Less: Imputed Banks Services Charges Measured ⑥					
加：进口税⑥	Plus: Import Duties ⑥					
韩　　国	**Korea Rep.**					
按当年价格计算	In Current Prices	1787968	4443665	4827442	5219592	5450133
农业	Agriculture, Hunting,Forestry and Fishing	152122	219778	244815	245176	241267
采掘业	Mining and Quarrying	16233	16751	16700	18022	18454
制造业	Manufacturing	515511	1371527	1484029	1632832	1626046
电、煤气和水供应业	Electricity, Gas and Water Supply	38085	108676	130140	143744	167182
建筑业	Construction	20335	449926	421493	417880	448793
批发零售、机动车及日用品修理、饭店及旅馆业	Wholesale and Retail Trade,Repair of Motor Vehicles and Household Goods,Restaurants and Hotels	240371	456612	544509	632016	665832

4-13 续表4 continued

单位：亿本币 (100 million local currency units)

国家和地区	Country or Area	1990	1998	1999	2000	2001
韩 国（续）	**Korea Rep.(continued)**					
运输、仓储和邮电业	Transport, Storage and Communication	119565	313304	329763	349011	347753
金融中介、租赁及房地产与商务服务业	Finance Intermediation,Renting and Real Estate and Business Services	262027	864663	952765	989771	1059677
公共管理与国防；社会基本保障	Public Administration & Defence;Compulsory Social Security	75185	200419	208776	223976	245500
教育；卫生和社会工作；其他团体、社会和个人服务	Education;Health & Social Work;Other Community, Social & Personal Services	159753	478554	513145	552933	641085
雇人的私人住户	Private Households with Employed Persons	2044	9669	10461	11330	12543
小计	Subtotal	1781785	4489981	485696	5216690	5483604
减：间接计算的银行中介服务费	Less: Financial Intermediation Services Indirectly Measured	63180	175881	185214	191565	237200
加：税减产品补贴	Plus: Taxes less Subsidies on Products	69363	129665	156060	194466	203729
按1995年价格计算	At Constant Prices of 1995	2634304	3947104	4377094	4785329	4930255
农业	Agriculture, Hunting,Forestry and Fishing	202871	235694	248335	253183	248598
采掘业	Mining and Quarrying	16525	13376	14088	14851	14394
制造业	Manufacturing	739825	1167348	141295	1631215	160145
电、煤气和水业	Electricity, Gas and Water Supply	48327	98680	108970	130058	122652
建筑业	Construction	301472	421613	383058	334047	368818
批发零售、机动车及日用品修理、饭店及旅馆业	Wholesale and Retail Trade, Repair of Motor Vehicles and Household Goods,Restaurants and Hotels	335769	468132	534223	573909	477532
运输、仓储和邮电业	Transport, Storage and Communication	166251	308879	353618	414809	412761
金融中介、租赁及房地产与商务服务业	Finance Intermediation,Renting and Real Estate and Business Services	408869	759565	800974	886695	838600
公共管理与国防；社会基本保障	Public Administration & Defence;Compulsory Social Security	138028	161207	164539	163945	163588
教育；卫生和社会工作；其他团体、社会和个人服务	Education;Health & Social Work;Other Community, Social & Personal Services	279122	390146	410728	427779	423695
雇人的私人住户	Private Households with Employed Persons	4094	7359	7942	8493	8403
小计	Subtotal	2641153	4031998	4439428	4838983	4816348
减：间接计算的银行中介服务费	Less: Financial Intermediation Services Indirectly Measured	67546	161712	165302	181496	201632
加：税减产品补贴	Plus: Taxes less Subsidies on Products	60697	76819	102968	127842	122035
总计	Total					
马来西亚	**Malaysia**					
按当年价格计算	In Current Prices	1191	2832	3003	3407	
农业	Agriculture, Hunting,Forestry and Fishing	181	377	326	292	
采掘业	Mining and Quarrying	141	191	209	347	
制造业	Manufacturing	288	815	947	1168	
电、煤气和水供应业	Electricity, Gas and Water Supply	26	92	98	105	
建筑业	Construction	46	145	140	141	
批发零售、机动车及日用品修理、饭店及旅馆业	Wholesale and Retail Trade, Repair of Motor Vehicles and Household Goods,Restaurants and Hotels	162	432	438	463	
运输、仓储和邮电业	Transport, Storage and Communication	70	194	205	223	
金融中介、租赁及房地产与商务服务业	Finance Intermediation,Renting and Real Estate and Business Services	154	499	508	520	
公共管理与国防；社会基本保障	Public Administration & Defence;Compulsory Social	111	183	204	227	
	Security	29	78	84	86	
教育；卫生和社会工作；其他团体、社会和个人服务	Education;Health & Social Work;Other Community, Social & Personal Services	1210	3007	3159	3572	
雇人的私人住户	Private Households with Employed Persons					
小计	Subtotal	62	228	221	223	
减：间接计算的银行中介服务费	Less: Financial Intermediation Services Indirectly Measured	43	53	65	58	
加：税减产品补贴	Plus: Taxes less Subsidies on Products	1060	1822	1933	2094	
按1987年价格计算	At Constant Prices of 1987					
农业	Agriculture, Hunting,Forestry and Fishing	173	175	176	177	
采掘业	Mining and Quarrying	100	144	140	144	
制造业	Manufacturing	261	509	578	699	
电、煤气和水供应业	Electricity, Gas and Water Supply	28	67	73	79	
建筑业	Construction	38	72	69	70	
批发零售、机动车及日用品修理、饭店及旅馆业	Wholesale and Retail Trade, Repair of Motor Vehicles and Household Goods,Restaurants and Hotels	140	285	292	309	
运输、仓储和邮电业	Transport, Storage and Communication	71	147	156	167	
金融中介、租赁及房地产与商务服务业	Finance Intermediation,Renting and Real Estate and Business Services	135	329	345	359	

4-13 续表5 continued

单位：亿本币 (100 million local currency units)

国家和地区	Country or Area	1990	1998	1999	2000	2001
马来西亚(续)	**Malaysia(continued)**					
公共管理与国防；社会基本保障	Public Administration & Defence;Compulsory Social Security	93	132	142	144	
教育；卫生和社会工作；其他团体、社会和个人服务	Education;Health & Social Work;Other Community, Social & Personal Services	28	57	59	59	
雇人的私人住户	Private Households with Employed Persons					
小计	Subtotal	1067	1918	2029	2207	
减：间接计算的银行中介服务费	Less: Financial Intermediation Services Indirectly Measured	47	140	149	161	
加：税减产品补贴	Plus: Taxes less Subsidies on Products	40	44	53	57	
蒙　古	**Mongolia**					
按当年价格计算	In Current Prices	105	8174	9253	9962	
农业	Agriculture, Hunting,Forestry and Fishing	16	3062	3421	2745	
采掘业	Mining and Quarrying		683	798	1172	
制造业	Manufacturing	37 ⑤	475	550	625	
电、煤气和水供应业	Electricity, Gas and Water Supply		332	337	246	
建筑业	Construction	5	201	230	193	
批发零售、旅馆和饭店业	Wholesale and Retail Trade, Restaurants and Hotels	20	1818	2040	2575	
运输、仓储和邮电业	Transport, Storage and Communication	13	720	847	1122	
金融保险、房地产和商务服务业⑦	Finance, Insurance,Real Estate and Business Services ⑦	13	882	1031	1284	
社会团体和个人服务业	Community, Social and Personal Services					
减：估算的银行中介服务费	Less: Financial Intermediation Services Indirectly Measured					
加：税减产品补贴	Plus: Taxes less Subsidies on Products					
按1995年价格计算	At Constant Prices of 1995	6351	6064	6259	6169	
农业	Agriculture, Hunting,Forestry and Fishing	2145	2422	2524	2004	
采掘业	Mining and Quarrying		776	801	850	
制造业	Manufacturing	1483 ⑤	502	488	472	
电、煤气和水供应业	Electricity, Gas and Water Supply		101	105	106	
建筑业	Construction	198	91	92	79	
批发零售、旅馆和饭店业	Wholesale and Retail Trade, Restaurants and Hotels	1361	1106	1123	1406	
运输、仓储和邮电业	Transport, Storage and Communication	758	443	470	589	
金融保险、房地产和商务服务业⑦	Finance, Insurance,Real Estate and Business Services ⑦	405	622	654	663	
社会团体和个人服务业	Community, Social and Personal Services					
小计	Subtotal					
减：间接计算的银行中介服务费	Less: Financial Intermediation Services Indirectly Measured					
加：税减产品补贴	Plus: Taxes less Subsidies on Products					
缅　甸	**Myanmar**					
按当年价格计算	In Current Prices	1519	16098	16667		
农业	Agriculture, Hunting,Forestry and Fishing	870	9506	9912		
采掘业	Mining and Quarrying	10	79	103		
制造业	Manufacturing	118	1128	1221		
电、煤气和水供应业	Electricity, Gas and Water Supply	4	10	12		
建筑业	Construction	28	370	375		
批发零售、旅馆和饭店业	Wholesale and Retail Trade, Restaurants and Hotels	345	3776	3930		
运输、仓储和邮电业	Transport, Storage and Communication	40	800	662		
金融保险、不动产和商务服务业	Finance, Insurance,Real Estate and Business Services	3	19	22		
社会团体和个人服务业	Community, Social and Personal Services	101	409	430		
加：税减产品补贴	Plus: Taxes less Subsidies on Products					
按1985年价格计算	At Constant Prices of 1985	503	795	840		
农业	Agriculture, Hunting,Forestry and Fishing	240	342	360		
采掘业	Mining and Quarrying	4	14	18		
制造业	Manufacturing	46	72	78		
电、煤气和水供应业	Electricity, Gas and Water Supply	3	8	10		
建筑业	Construction	12	39	39		
批发和零售贸易、旅馆和饭店业	Wholesale and Retail Trade, Restaurants and Hotels	114	168	174		
运输、仓储和邮电业	Transport, Storage and Communication	23	49	51		
金融保险、不动产和工商服务业	Finance, Insurance,Real Estate and Business Services	3	16	18		
社会团体和个人服务业	Community, Social and Personal Services	57	87	92		
加：税减产品补贴	Plus: Taxes less Subsidies on Products					
巴基斯坦	**Pakistan**					
按当年价格计算	In Current Prices	8538	26777	29384	31828	

4-13 续表6 continued

单位：亿本币 (100 million local currency units)

国家和地区	Country or Area	1990	1998	1999	2000	2001
巴基斯坦(续)	**Pakistan(continued)**					
农业	Agriculture, Hunting,Forestry and Fishing	1970	6775	7396	7762	
采掘业	Mining and Quarrying	50	135	145	166	
制造业	Manufacturing	1302	3931	4235	4460	
电、煤气和水供应业	Electricity, Gas and Water Supply	220	945	1230	1112	
建筑业	Construction	320	893	884	975	
批发零售、饭店及旅馆业	Wholesale and Retail Trade, Restaurants and Hotels	1290	3759	4107	4425	
运输、仓储和邮电业	Transport, Storage and Communication	610	2527	2775	3158	
金融保险、房地产和商务服务业	Finance, Insurance,Real Estate and Business Services	560	1873	2117	2341	
公共管理和国防	Public Administration and Defence	690	1839	2071	2461	
社会团体和个人服务业	Community, Social and Personal Services	570	2130	2399	2648	
加：间接税减产品补贴	Plus: Taxes less Subsidies on Products	960	1968	2024	2311	
按1981年价格计算	At Constant Prices of 1981	4730	6456	6692	6989	
农业	Agriculture, Hunting,Forestry and Fishing	1090	1557	1588	1686	
采掘业	Mining and Quarrying	20	27	28	30	
制造业	Manufacturing	732	1026	1063	1083	
电、煤气和水供应业	Electricity, Gas and Water Supply	139	251	295	266	
建筑业	Construction	175	225	214	224	
批发零售、饭店及旅馆业	Wholesale and Retail Trade, Restaurants and Hotels	700	922	949	976	
运输、仓储和邮电业	Transport, Storage and Communication	400	610	641	664	
金融保险、房地产和商务服务业	Finance, Insurance,Real Estate and Business Services	330	478	521	533	
公共管理和国防	Public Administration and Defence	310	375	384	411	
社会团体和个人服务业	Community, Social and Personal Services	320	531	566	603	
加：间接税减产品补贴	Plus: Taxes less Subsidies on Products	520	455	440	493	
菲 律 宾	**Philippines**					
按当年价格计算	In Current Prices	10770	26782	29964	33226	
农业	Agriculture, Hunting,Forestry and Fishing	2360	4648	5282	5484	
采掘业	Mining and Quarrying	170	201	180	209	
制造业	Manufacturing	2680	5829	6440	7457	
电、煤气和水供应业	Electricity, Gas and Water Supply	220	780	881	968	
建筑业	Construction	650	1574	1629	1614	
批发零售、饭店及旅馆业	Wholesale and Retail Trade, Restaurants and Hotels	1550	3612	4193	4751	
运输、仓储和邮电业	Transport, Storage and Communication	530	1397	1593	1980	
金融保险、房地产和商务服务业	Finance, Insurance,Real Estate and Business Services	430	1303	1416	1492	
公共管理和国防	Public Administration and Defence	770	2741	2926	3247	
社会团体和个人服务业	Community, Social and Personal Services	1430	4699	5443	6023	
按1985年价格计算	At Constant Prices of 1985	7210	8879	9174	9536	
农业	Agriculture, Hunting,Forestry and Fishing	1610	1731	1834	1897	
采掘业	Mining and Quarrying	110	106	97	106	
制造业	Manufacturing	1840	2212	2247	2372	
电、煤气和水供应业	Electricity, Gas and Water Supply	190	303	313	324	
建筑业	Construction	420	518	510	479	
批发零售、饭店及旅馆业	Wholesale and Retail Trade, Restaurants and Hotels	1070	1386	1454	1529	
运输、仓储和邮电业	Transport, Storage and Communication	410	586	617	679	
金融保险、房地产和商务服务业	Finance, Insurance,Real Estate and Business Services	300	454	463	467	
公共管理和国防	Public Administration and Defence	360	462	480	484	
社会团体和个人服务业	Community, Social and Personal Services	900	1119	1159	1192	
新 加 坡	**Singapore**					
按当年价格计算	In Current Prices	665	1375	1421	1590	
农业③	Agriculture, Hunting,Forestry and Fishing ③	2	2	2	2	
采掘业	Mining and Quarrying					
制造业	Manufacturing	180	325	356	421	
电、煤气和水供应业	Electricity, Gas and Water Supply	13	27	24	27	
建筑业	Construction	36	129	112	97	
批发零售、饭店及旅馆业	Wholesale and Retail Trade, Restaurants and Hotels	126	238	258	311	
运输、仓储和邮电业	Transport, Storage and Communication	87	157	167	180	
金融保险、房地产和商务服务业	Finance, Insurance,Real Estate and Business Services	181	423	433	466	
社会团体和个人服务业	Community, Social and Personal Services		157	160	177	
减：估算的银行服务费	Less: Imputed Bank Services Charge	6	91	99	101	

4-13 续表7 continued

单位：亿本币 (100 million local currency units)

国家和地区	Country or Area	1990	1998	1999	2000	2001
新 加 坡(续)	**Singapore(continued)**					
加：进口税	Plus: Imports Duties	40	7	8	10	
按1990年价格计算	At Constant Prices of 1990	665	1202	1273	1398	
农业③	Agriculture, Hunting,Forestry and Fishing ③	2	2	2	2	
采掘业	Mining and Quarrying					
制造业	Manufacturing	180	282	321	370	
电、煤气和水供应业	Electricity, Gas and Water Supply	13	22	22	23	
建筑业	Construction	36	110	100	96	
批发零售、饭店及旅馆业	Wholesale and Retail Trade, Restaurants and Hotels	126	224	239	273	
运输、仓储和邮电业	Transport, Storage and Communication	87	168	179	196	
金融保险、房地产和商务服务业	Finance, Insurance,Real Estate and Business Services	181	332	338	357	
社会团体和个人服务业	Community, Social and Personal Services	74	133	140	150	
减：估算的银行服务费	Less: Imputed Bank Services Charge	6	77	78	77	
加：进口税	Plus: Imports Duties	40	7	8	10	
斯里兰卡	**Sri Lanka**					
按当年价格计算	In Current Prices	3179	10113	11008	12450	
农业	Agriculture, Hunting,Forestry and Fishing	730	1754	1883	1989	
采掘业	Mining and Quarrying	50	91	113	145	
制造业	Manufacturing	550	1850	2018	2321	
电、煤气和水供应业	Electricity, Gas and Water Supply	60	204	221	248	
建筑业	Construction	220	679	754	844	
批发零售、机动车及日用品修理、饭店及旅馆业	Wholesale & Retail Trade, Repair of Motor Vehicles & Household Goods,Restaurants & Hotels	600	2343	2524	2997	
运输、仓储和邮电业	Transport, Storage and Communication	310	1051	1167	1309	
金融中介、租赁及房地产与商务服务业	Finance Intermediation,Renting and Real Estate and Business Services	180	756	868	984	
公共管理与国防；社会基本保障	Public Administration & Defence;Compulsory Social Security	240	867	948	1075	
教育；卫生和社会工作；其他团体、社会和个人服务	Education;Health & Social Work;Other Community, Social & Personal Services	70	260	273	301	
雇人的私人住户	Private Households with Employed Persons	10				
小计	Subtotal	3004	9856	10770	12214	
加：税减产品补贴	Plus: Taxes less Subsidies on Products	175	257	239	237	
按1990年价格计算	At Constant Prices of 1990	3179	4797	5003	5300	
农业	Agriculture, Hunting,Forestry and Fishing	728	840	878	896	
采掘业	Mining and Quarrying	46	45	49	53	
制造业	Manufacturing	549	1032	1074	1178	
电、煤气和水供应业	Electricity, Gas and Water Supply	56	102	112	121	
建筑业	Construction	216	348	372	395	
批发零售、机动车及日用品修理、饭店及旅馆业	Wholesale & Retail Trade, Repair of Motor Vehicles & Household Goods,Restaurants & Hotels	605	1001	1030	1101	
运输、仓储和邮电业	Transport, Storage and Communication	309	444	469	492	
金融中介、租赁及房地产与商务服务业	Finance Intermediation,Renting and Real Estate and Business Services	177	308	321	340	
公共管理与国防；社会基本保障	Public Administration & Defence;Compulsory Social Security	241	333	344	356	
教育；卫生和社会工作；其他团体、社会和个人服务	Education;Health & Social Work;Other Community, Social & Personal Services	70	111	115	120	
雇人的私人住户	Private Households with Employed Persons	6				
小计	Subtotal	3004	4564	4764	5052	
加：税减产品补贴	Plus: Taxes less Subsidies on Products	175	233	238	248	
泰 国	**Thailand**					
按当年价格计算	In Current Prices	21840	46284	46154	49003	
农业	Agriculture, Hunting,Forestry and Fishing	2730	5864	5170	4469	
采掘业	Mining and Quarrying	350	842	859	1136	
制造业	Manufacturing	5940	13630	14354	16376	
电、煤气和水供应业	Electricity, Gas and Water Supply	480	1284	1299	1468	
建筑业	Construction	1360	1751	1621	1467	
批发零售、饭店及旅馆业	Wholesale and Retail Trade, Restaurants and Hotels	3860	7293	7358	8222	
运输、仓储和邮电业	Transport, Storage and Communication	1570	3603	3760	4323	
金融保险、房地产和商务服务业	Finance, Insurance,Real Estate and Business Services	1870	3632	2794		

4-13 续表8 continued

单位：亿本币 (100 million local currency units)

国家和地区	Country or Area	1990	1998	1999	2000	2001
泰　国(续)	**Thailand(continued)**					
社会团体和个人服务业	Community, Social and Personal Services	3680	8386	8939	11542 ⑥	
按1988年价格计算	At Constant Prices of 1988	19450	27434	28592	29850	
农业	Agriculture, Hunting,Forestry and Fishing	2640	3187	3268	2981	
采掘业	Mining and Quarrying	310	562	613	642	
制造业	Manufacturing	5410	8829	9882	10851	
电、煤气和水供应业	Electricity, Gas and Water Supply	470	860	891	984	
建筑业	Construction	1170	883	836	754	
批发零售、饭店及旅馆业	Wholesale and Retail Trade, Restaurants and Hotels	3380	4118	4250	4725	
运输、仓储和邮电业	Transport, Storage and Communication	1470	2542	2705	2924	
金融保险、房地产和商务服务业	Finance, Insurance,Real Estate and Business Services	1690	2362	1870		
社会团体和个人服务业	Community, Social and Personal Services	2930	4089	4276	5989 ⑥	
土 耳 其⑧	**Turkey ⑧**					
按当年价格计算	In Current Prices	393	52225	77415	124583	181409
农业	Agriculture, Hunting,Forestry and Fishing	69	9113	11851	17541	23428
采掘业	Mining and Quarrying					
制造业⑤	Manufacturing ⑤	100	11970	17974	29028	45874
电、煤气和水供应业	Electricity, Gas and Water Supply					
建筑业	Construction	25	3125	4362	6483	9202
批发零售、机动车及日用品修理、饭店及旅馆业①	Wholesale & Retail Trade, Repair of Motor Vehicles & Household Goods,Restaurants & Hotels ①	121	17507	25619	42552	66330
运输、仓储和邮电业	Transport, Storage and Communication					
金融中介、租赁及房地产与商务服务业	Finance Intermediation,Renting and Real Estate and Business Services	26	5042	7694	10471	15131
公共管理与国防；社会基本保障⑨	Public Administration & Defence;Compulsory Social Security ⑨	48	6971	11885	17541	26404
教育；卫生和社会工作；其他团体、社会和个人服务	Education;Health & Social Work;Other Community, Social & Personal Services					
雇人的私人住户	Private Households with Employed Persons					
小计	Subtotal	390	53729	79385	123616	186369
减：间接计算的银行中介服务费	Less: Financial Intermediation Services Indirectly Measured	10	3049	4284	4098	11534
加：税减产品补贴	Plus: Taxes less Subsidies on Products	13	1545	2315	5065	6574
统计误差	Statistical Discrepancy					
按1995年价格计算	At Constant Prices of 1995	6628	9208	8774	9420	8724
农业	Agriculture, Hunting,Forestry and Fishing	1180	1346	1279	1328	1248
采掘业	Mining and Quarrying					
制造业⑤	Manufacturing ⑤	1640	2464	2340	2482	2295
电、煤气和水供应业	Electricity, Gas and Water Supply					
建筑业	Construction	394	477	418	436	410
批发零售、机动车及日用品修理、饭店及旅馆业①	Wholesale & Retail Trade, Repair of Motor Vehicles & Household Goods,Restaurants & Hotels ①	2095	3148	2995	3280	3028
运输、仓储和邮电业	Transport, Storage and Communication					
金融中介、租赁及房地产与商务服务业	Finance Intermediation,Renting and Real Estate and Business Services	532	624	642	643	631
公共管理与国防；社会基本保障⑨	Public Administration & Defence;Compulsory Social Security ⑨	817	1008	1011	1044	1028
教育；卫生和社会工作；其他团体、社会和个人服务	Education;Health & Social Work;Other Community, Social & Personal Services					
雇人的私人住户	Private Households with Employed Persons					
小计	Subtotal	6634	9103	8698	9240	8642
减：间接计算的银行中介服务费	Less: Financial Intermediation Services Indirectly	284	294	312	314	277
	Measured	255	404	381	488	365
加：税减产品补贴	Plus: Taxes less Subsidies on Products	1	5	4	10	3
统计误差	Statistical Discrepancy					
越　南	**Viet Nam**					
按当年价格计算	In Current Prices	419550	3610170	3999420	4441400	
农业	Agriculture, Hunting,Forestry and Fishing	162520	930720	1017230	1079130	
采掘业	Mining and Quarrying	21850	241960	337030	422190	
制造业	Manufacturing	51420	619060	707670	829220	
电、煤气和水供应业	Electricity, Gas and Water Supply	5730	103390	117250	129930	
建筑业	Construction	16130	208580	217640	244610	
批发零售、机动车及日用品修理、饭店及旅馆业	Wholesale and Retail Trade, Repair of Motor Vehicles and Household Goods,Restaurants and Hotels	72340	681870	727960	788030	

4–13 续表9 continued

单位：亿本币 (100 million local currency units)

国家和地区	Country or Area	1990	1998	1999	2000	2001
越　南(续)	**Viet Nam(continued)**					
运输、仓储和邮电业	Transport, Storage and Communication	14490	140760	155460	176010	
金融中介、租赁及房地产与商务服务业	Finance Intermediation,Renting and Real Estate and Business Services	4900	62740	74880	84570	
公共管理与国防；社会基本保障	Public Administration & Defence;Compulsory Social Security	13940	118490	116830	121950	
教育；卫生和社会工作；其他团体、社会和个人服务	Education;Health & Social Work;Other Community, Social & Personal Services	30380	317260	335920	364490	
雇人的私人住户	Private Households with Employed Persons	25850	185330	191550	201260	
小计	Subtotal	419550	3610170	3999420	4441400	
减：间接计算的银行中介服务费	Less: Financial Intermediation Services Indirectly Measured					
加：税减产品补贴	Plus: Taxes less Subsidies on Products					
按1994年价格计算	At Constant Prices of 1994	295260	2445960	2562700	2735820	
农业	Agriculture, Hunting,Forestry and Fishing	120030	578660	608940	633530	
采掘业	Mining and Quarrying	11250	151730	172000	179790	
制造业	Manufacturing	39760	426940	461050	521770	
电、煤气和水供应业	Electricity, Gas and Water Supply	3990	51360	55310	61120	
建筑业	Construction	11290	187610	192110	206480	
批发零售、机动车及日用品修理、饭店及旅馆业	Wholesale and Retail Trade, Repair of Motor Vehicles and Household Goods,Restaurants and Hotels	34860	494770	505100	535250	
运输、仓储和邮电业	Transport, Storage and Communication	7440	95360	101410	108900	
金融中介、租赁及房地产与商务服务业	Finance Intermediation,Renting and Real Estate and Business Services	3790	48430	53270	58640	
公共管理与国防；社会基本保障	Public Administration & Defence;Compulsory Social Security		81740	77230	78670	
教育；卫生和社会工作；其他团体、社会和个人服务	Education;Health & Social Work;Other Community, Social & Personal Services	62850	207120	211540	223580	
雇人的私人住户	Private Households with Employed Persons					
小计	Subtotal	295260	2445950	2562700	2735820	
减：间接计算的银行中介服务费	Less: Financial Intermediation Services Indirectly Measured					
加：税减产品补贴	Plus: Taxes less Subsidies on Products					
埃　及	**Egypt**					
按1996年价格计算	At Constant Prices of 1996		2869	3052	3263	
农业	Agriculture, Hunting,Forestry and Fishing		455	473	491	
采掘业	Mining and Quarrying		161	161	172	
制造业	Manufacturing		513	562	616	
电、煤气和水供应业	Electricity, Gas and Water Supply		49	52	56	
建筑业	Construction		156	168	183	
批发零售、机动车及日用品修理、饭店及旅馆业	Wholesale and Retail Trade, Repair of Motor Vehicles and Household Goods,Restaurants and Hotels		622	674	727	
运输、仓储和邮电业	Transport, Storage and Communication		249	262	276	
金融中介、租赁及房地产与商务服务业	Finance Intermediation,Renting and Real Estate and Business Services					
公共管理与国防；社会基本保障	Public Administration & Defence;Compulsory Social Security		211	221	233	
教育；卫生和社会工作；其他团体、社会和个人服务	Education;Health & Social Work;Other Community, Social & Personal Services		270	286	303	
雇人的私人住户	Private Households with Employed Persons					
小计	Subtotal		2684	2858	3058	
减：间接计算的银行中介服务费	Less: Financial Intermediation Services Indirectly Measured					
加：税减产品补贴	Plus: Taxes less Subsidies on Products					
南　非	**South Africa**					
按当年价格计算	In Current Prices	2898	7395	8028	8878	
农业	Agriculture, Hunting,Forestry and Fishing	122	243	250	259	
采掘业	Mining and Quarrying	241	434	479	591	
制造业	Manufacturing	622	1290	1360	1494	
电、煤气和水供应业	Electricity, Gas and Water Supply	106	225	217	227	
建筑业	Construction	86	217	223	239	
批发零售、机动车及日用品修理、饭店及旅馆业	Wholesale and Retail Trade, Repair of Motor Vehicles and Household Goods,Restaurants and Hotels	375	898	956	1056	
运输、仓储和邮电业	Transport, Storage and Communication	216	633	709	799	
金融中介、租赁及房地产与商务服务业	Finance Intermediation,Renting and Real Estate and Business Services	360	1238	1435	1616	

4-13　续表10　continued

单位：亿本币 (100 million local currency units)

国家和地区	Country or Area	1990	1998	1999	2000	2001
南　非（续）	**South Africa(continued)**					
公共管理与国防；社会基本保障	Public Administration & Defence;Compulsory Social Security	377	1171	1236	1312	
教育；卫生和社会工作；其他团体、社会和个人服务	Education;Health & Social Work;Other Community, Social & Personal Services	48	194	215	237	
雇人的私人住户	Private Households with Employed Persons	78	202	225	249	
小计	Subtotal	2632	6745	7306	8080	
减：间接计算的银行中介服务费	Less: Financial Intermediation Services Indirectly Measured					
加：税减产品补贴	Plus: Taxes less Subsidies on Products	267	651	723	798	
按1995年价格计算	At Constant Prices of 1995	5251	5913	6038	6241	
农业	Agriculture, Hunting,Forestry and Fishing	237	225	237	254	
采掘业	Mining and Quarrying	344	348	345	338	
制造业	Manufacturing	1054	1084	1081	1136	
电、煤气和水供应业	Electricity, Gas and Water Supply	151	204	207	202	
建筑业	Construction	18	171	167	171	
批发零售、机动车及日用品修理、饭店及旅馆业	Wholesale and Retail Trade, Repair of Motor Vehicles and Household Goods,Restaurants and Hotels	686	739	742	774	
运输、仓储和邮电业	Transport, Storage and Communication	377	543	581	610	
金融中介、租赁及房地产与商务服务业	Finance Intermediation,Renting and Real Estate and Business Services	747	967	1042	1103	
公共管理与国防；社会基本保障	Public Administration & Defence;Compulsory Social Security	766	828	825	818	
教育；卫生和社会工作；其他团体、社会和个人服务	Education;Health & Social Work;Other Community, Social & Personal Services	109	141	144	149	
雇人的私人住户	Private Households with Employed Persons	134	146	149	152	
小计	Subtotal	4811	5397	5519	5708	
减：间接计算的银行中介服务费	Less: Financial Intermediation Services Indirectly Measured					
加：税减产品补贴	Plus: Taxes less Subsidies on Products	437	516	519	534	
加 拿 大	**Canada**					
按当年价格计算	In Current Prices	6717	9012			
农业	Agriculture, Hunting,Forestry and Fishing	178	218			
采掘业	Mining and Quarrying	274	268			
制造业	Manufacturing	1065	1557			
电、煤气和水供应业	Electricity, Gas and Water Supply	203	274			
建筑业	Construction	430	445			
批发零售、机动车及日用品修理、饭店及旅馆业	Wholesale and Retail Trade, Repair of Motor Vehicles and Household Goods,Restaurants and Hotels	918	1178			
运输、仓储和邮电业	Transport, Storage and Communication	452	615			
金融中介、租赁及房地产与商务服务业	Finance Intermediation,Renting and Real Estate and Business Services	1423	2175			
公共管理与国防；社会基本保障	Public Administration & Defence;Compulsory Social Security	434	495			
教育；卫生和社会工作；其他团体、社会和个人服务	Education;Health & Social Work;Other Community, Social & Personal Services	917	1224			
雇人的私人住户	Private Households with Employed Persons					
小计	Subtotal	6291	8450			
减：间接计算的银行中介服务费	Less: Financial Intermediation Services Indirectly Measured	100	146			
加：税减产品补贴	Plus: Taxes less Subsidies on Products	477	679			
加：统计误差	Plus: Statistical discrepancy	49	30			
按1997年价格计算	At Constant Prices of 1997	7563	9053	9518	9942	
农业	Agriculture, Hunting,Forestry and Fishing	214	217	230	229	
采掘业	Mining and Quarrying	269	342	335	361	
制造业	Manufacturing	1230	1551	1669	1756	
电、煤气和水供应业	Electricity, Gas and Water Supply	248	274	284	297	
建筑业	Construction	482	440	464	485	
批发零售、机动车及日用品修理、饭店及旅馆业	Wholesale and Retail Trade, Repair of Motor Vehicles and Household Goods,Restaurants and Hotels	964	1185	1273	1335	
运输、仓储和邮电业	Transport, Storage and Communication	485	615	667	725	
金融中介、租赁及房地产与商务服务业	Finance Intermediation,Renting and Real Estate and Business Services	1619	2162	2260	2375	
公共管理与国防；社会基本保障	Public Administration & Defence;Compulsory Social Security	477	495	504	510	

4-13 续表11 continued

单位：亿本币 (100 million local currency units)

国家和地区	Country or Area	1990	1998	1999	2000	2001
加 拿 大(续)	**Canada(continued)**					
教育；卫生和社会工作；其他团体、社会和个人服务	Education; Health & Social Work; Other Community, Social & Personal Services	1103	1204	1208	1222	
雇人的私人住户	Private Households with Employed Persons					
小计	Subtotal	7077	8484	8894	9296	
减：间接计算的银行中介服务费	Less: Financial Intermediation Services Indirectly Measured	116	145	146	150	
加：税减产品补贴	Plus: Taxes less Subsidies on Products					
墨 西 哥	**Mexico**					
按当年价格计算	In Current Prices	7389	38464	45937	54854	
农业	Agriculture, Hunting,Forestry and Fishing	531	1835	1938	2038	
采掘业	Mining and Quarrying	158	484	601	702	
制造业	Manufacturing	1406	7493	8843	10133	
电、煤气和水供应业	Electricity, Gas and Water Supply	92	443	555	549	
建筑业	Construction	265	1650	2073	2516	
批发零售、机动车及日用品修理、饭店及旅馆业	Wholesale and Retail Trade, Repair of Motor Vehicles and Household Goods,Restaurants and Hotels	1672	7011	8407	10668	
运输、仓储和邮电业	Transport, Storage and Communication	615	3811	4687	5564	
金融中介、租赁及房地产与商务服务业	Finance Intermediation,Renting and Real Estate and Business Services	896	4818	5551	6053	
公共管理与国防；社会基本保障	Public Administration & Defence;Compulsory Social Security	194	1237	1549	1962	
教育；卫生和社会工作；其他团体、社会和个人服务	Education;Health & Social Work;Other Community, Social & Personal Services	1009	6749	8423	10169	
雇人的私人住户	Private Households with Employed Persons					
小计	Subtotal	6838	35531	42627	50355	
减：间接计算的银行中介服务费	Less: Financial Intermediation Services Indirectly Measured	78	354	570	611	
加：税减产品补贴	Plus: Taxes less Subsidies on Products	628	3286	3880	5109	
按1995年价格计算	At Constant Prices of 1995	17028	21663	22447	23937	
农业	Agriculture, Hunting,Forestry and Fishing	862	984	999	1005	
采掘业	Mining and Quarrying	280	337	330	343	
制造业	Manufacturing	3308	4581	4774	5102	
电、煤气和水供应业	Electricity, Gas and Water Supply	188	239	258	260	
建筑业	Construction	715	855	897	943	
批发零售、机动车及日用品修理、饭店及旅馆业	Wholesale and Retail Trade, Repair of Motor Vehicles and Household Goods,Restaurants and Hotels	3520	4333	4475	5041	
运输、仓储和邮电业	Transport, Storage and Communication	1436	2129	2295	2516	
金融中介、租赁及房地产与商务服务业	Finance Intermediation,Renting and Real Estate and Business Services	2541	3365	3487	3667	
公共管理与国防；社会基本保障	Public Administration & Defence;Compulsory Social Security	578	592	600	621	
教育；卫生和社会工作；其他团体、社会和个人服务	Education;Health & Social Work;Other Community, Social & Personal Services	2925	3495	3575	3677	
雇人的私人住户	Private Households with Employed Persons					
小计	Subtotal	16329	20825	21592	23026	
减：间接计算的银行中介服务费	Less: Financial Intermediation Services Indirectly Measured	713	1000	1059	1131	
加：税减产品补贴	Plus: Taxes less Subsidies on Products	1466	1865	1933	2061	
美　国	**United States**					
按当年价格计算	In Current Prices	57508	87202	92069	98102	
农业	Agriculture, Hunting,Forestry and Fishing	1102	1315	1383	1478	
采掘业	Mining and Quarrying					
制造业⑤	Manufacturing ⑤	12441	16364	17118	18083	
电、煤气和水供应业	Electricity, Gas and Water Supply					
建筑业	Construction	2436	3722	4163	4539	
批发零售、机动车及日用品修理、饭店及旅馆业①	Wholesale and Retail Trade, Repair of Motor Vehicles and Household Goods,Restaurants and Hotels ①	11615	18416	19447	20694	
运输、仓储和邮电业	Transport, Storage and Communication					
金融中介、租赁及房地产与商务服务业	Finance Intermediation,Renting and Real Estate and Business Services	13053	23114	24954	27184	
公共管理与国防；社会基本保障⑨	Public Administration & Defence;Compulsory Social Security ⑨	12348	18122	19040	20244	
教育；卫生和社会工作；其他团体、社会和个人服务	Education;Health & Social Work;Other Community, Social & Personal Services					

4-13 续表12 continued

单位：亿本币 (100 million local currency units)

国家和地区	Country or Area	1990	1998	1999	2000	2001
美　国（续）	**United States(continued)**					
雇人的私人住户	Private Households with Employed Persons					
小计⑩	Subtotal ⑩	52997	81053	86105	92221	
减：间接计算的银行中介服务费⑩	Less: Financial Intermediation Services Indirectly Measured ⑩					
加：税减产品补贴	Plus: Taxes less Subsidies on Products	4206	6459	6691	7186	
加：统计误差	Plus: Statistical Discrepancy	306	-310	-727	-1304	
按1995年价格计算	At Constant Prices of 1995	65205	82859	86267	89869	
农业	Agriculture, Hunting, Forestry and Fishing	1076	1333	1487	1615	
采掘业	Mining and Quarrying					
制造业⑤	Manufacturing ⑤	13108	16448	17457	17881	
电、煤气和水供应业	Electricity, Gas and Water Supply					
建筑业	Construction	2759	3304	3507	3597	
批发零售、机动车及日用品修理、饭店及旅馆业①	Wholesale and Retail Trade, Repair of Motor Vehicles and Household Goods,Restaurants and Hotels ①	12839	18636	19591	20692	
运输、仓储和邮电业	Transport, Storage and Communication					
金融中介、租赁及房地产与商务服务业	Finance Intermediation, Renting and Real Estate and Business Services	15657	21088	22491	23982	
公共管理与国防；社会基本保障⑨	Public Administration & Defence; Compulsory Social Security ⑨	15204	16521	16795	17236	
教育；卫生和社会工作；其他团体、社会和个人服务	Education; Health & Social Work; Other Community, Social & Personal Services					
雇人的私人住户	Private Households with Employed Persons					
小计⑩	Subtotal ⑩	60626	7731	81289	84960	
减：间接计算的银行中介服务费⑩	Less: Financial Intermediation Services Indirectly Measured ⑩					
加：税减产品补贴	Plus: Taxes less Subsidies on Products					
加：统计误差	Plus: Statistical Discrepancy					
阿 根 廷	**Argentina**					
按当年价格计算	In Current Prices	689	2982	2832	2834	
农业	Agriculture, Hunting,Forestry and Fishing	56	157	126	133	
采掘业	Mining and Quarrying	20	43	47	71	
制造业	Manufacturing	185	477	426	414	
电、煤气和水供应业	Electricity, Gas and Water Supply	13	57	60	64	
建筑业	Construction	31	164	154	130	
批发零售、机动车及日用品修理、饭店及旅馆业	Wholesale and Retail Trade, Repair of Motor Vehicles and Household Goods, Restaurants and Hotels	108	502	456	439	
运输、仓储和邮电业	Transport, Storage and Communication	36	244	235	241	
金融中介、租赁及房地产与商务服务业	Finance Intermediation, Renting and Real Estate and Business Services	102	555	553	553	
公共管理与国防；社会基本保障	Public Administration & Defence; Compulsory Social Security		167	175	178	
教育；卫生和社会工作；其他团体、社会和个人服务	Education; Health & Social Work; Other Community, Social & Personal Services	147	328	341	352	
雇人的私人住户	Private Households with Employed Persons		35	35	34	
小计 ⑪	Subtotal ⑪	697	2729	2606	2609	
减：间接计算的银行中介服务费	Less: Financial Intermediation Services Indirectly Measured	8	42	44	43	
加：税减产品补贴	Plus: Taxes less Subsidies on Products		295	270	269	
按1993年价格计算	At Constant Prices of 1993		2855	2758	2733	
农业	Agriculture, Hunting , Forestry and Fishing		149	153	150	
采掘业	Mining and Quarrying		47	46	49	
制造业	Manufacturing		452	413	399	
电、煤气和水供应业	Electricity, Gas and Water Supply		64	67	71	
建筑业	Construction		171	158	143	
批发零售、机动车及日用品修理、饭店及旅馆业	Wholesale and Retail Trade, Repair of Motor Vehicles and Household Goods,Restaurants and Hotels		480	447	436	
运输、仓储和邮电业	Transport, Storage and Communication		234	231	235	
金融中介、租赁及房地产与商务服务业	Finance Intermediation,Renting and Real Estate and Business Services		544	543	550	
公共管理与国防；社会基本保障	Public Administration & Defence;Compulsory Social Security		140	143	144	
教育；卫生和社会工作；其他团体、社会和个人服务	Education;Health & Social Work;Other Community, Social & Personal Services		323	331	337	
雇人的私人住户	Private Households with Employed Persons		40	39	39	

4−13 续表13 continued

单位：亿本币 (100 million local currency units)

国家和地区	Country or Area	1990	1998	1999	2000	2001
阿 根 廷(续)	**Argentina(continued)**					
小计	Subtotal		2645	2570	2552	
减：间接计算的银行中介服务费	Less: Financial Intermediation Services Indirectly Measured		83	83	84	
加：税减产品补贴	Plus: Taxes less Subsidies on Products		293	271	265	
巴 西	**Brazil**					
按当年价格计算	In Current Prices		9142	9639	10867	
农业	Agriculture, Hunting,Forestry and Fishing		676	704	744	
采掘业	Mining and Quarrying		52	133	243	
制造业	Manufacturing		1697	1830	2164	
电、煤气和水供应业	Electricity, Gas and Water Supply		261	289	341	
建筑业	Construction		832	811	882	
批发零售、机动车及日用品修理、饭店及旅馆业	Wholesale and Retail Trade, Repair of Motor Vehicles and Household Goods,Restaurants and Hotels		582	614	700	
运输、仓储和邮电业	Transport, Storage and Communication		457	512	601	
金融中介、租赁及房地产与商务服务业	Finance Intermediation,Renting and Real Estate and Business Services		2103	2106	2153	
公共管理与国防；社会基本保障	Public Administration & Defence;Compulsory Social Security		1323	1404	1594	
教育；卫生和社会工作；其他团体、社会和个人服务	Education;Health & Social Work;Other Community, Social & Personal Services		546	504	531	
雇人的私人住户	Private Households with Employed Persons		99	107	116	
小计	Subtotal		8628	9015	10069	
减：间接计算的银行中介服务费	Less: Financial Intermediation Services Indirectly Measured		420	412	396	
加：税减产品补贴	Plus: Taxes less Subsidies on Products		934	1036	1194	
委内瑞拉	**Venezuela**					
按当年价格计算	In Current Prices	22793	524825	625770	824507	
农业	Agriculture, Hunting,Forestry and Fishing	1228	24611	28806	32580	
采掘业	Mining and Quarrying	5306	54121	83213	159177	
制造业	Manufacturing	4678	74637	82045	106215	
电、煤气和水供应业	Electricity, Gas and Water Supply	432	8679	9316	11371	
建筑业	Construction	1029	34430	34001	38420	
批发零售、机动车及日用品修理、饭店及旅馆业	Wholesale and Retail Trade, Repair of Motor Vehicles and Household Goods,Restaurants and Hotels	4009	87756	9795	116885	
运输、仓储和邮电业	Transport, Storage and Communication	1042	48933	57164	69208	
金融中介、租赁及房地产与商务服务业	Finance Intermediation,Renting and Real Estate and Business Services	2561	78988	91246	110028	
公共管理与国防；社会基本保障	Public Administration & Defence;Compulsory Social Security	1404	29883	33788	42475	
教育；卫生和社会工作；其他团体、社会和个人服务	Education;Health & Social Work;Other Community, Social & Personal Services	949	55316	75049	98689	
雇人的私人住户	Private Households with Employed Persons	245	8358	10785	12354	
小计	Subtotal	22881	505714	603365	797403	
减：间接计算的银行中介服务费	Less: Financial Intermediation Services Indirectly Measured	422	19152	17965	18516	
加：税减产品补贴	Plus: Taxes less Subsidies on Products	333	38263	40371	45620	
按1984年价格计算	At Constant Prices of 1984	4783	6026	5659	5842	
农业	Agriculture, Hunting,Forestry and Fishing	255	284	277	284	
采掘业	Mining and Quarrying	867	1415	1281	1341	
制造业	Manufacturing	1036	1191	1115	1138	
电、煤气和水供应业	Electricity, Gas and Water Supply	81	106	107	110	
建筑业	Construction	236	365	304	296	
批发零售、机动车及日用品修理、饭店及旅馆业	Wholesale and Retail Trade, Repair of Motor Vehicles and Household Goods,Restaurants and Hotels	660	657	594	617	
运输、仓储和邮电业	Transport, Storage and Communication	252	329	334	362	
金融中介、租赁及房地产与商务服务业	Finance Intermediation,Renting and Real Estate and Business Services	660	742	717	733	
公共管理与国防；社会基本保障	Public Administration & Defence;Compulsory Social Security	438	439	445	459	
教育；卫生和社会工作；其他团体、社会和个人服务	Education;Health & Social Work;Other Community, Social & Personal Services	240	309	309	312	
雇人的私人住户	Private Households with Employed Persons	70	78	77	77	
小计	Subtotal	4796	5915	5560	5730	
减：间接计算的银行中介服务费	Less: Financial Intermediation Services Indirectly Measured	67	45	41	43	

4-13 续表14 continued

单位：亿本币 (100 million local currency units)

国家和地区	Country or Area	1990	1998	1999	2000	2001
委内瑞拉(续)	**Venezuela(continued)**					
加：税减产品补贴	Plus: Taxes less Subsidies on Products	54	155	139	154	
白俄罗斯	**Belarus**					
按当年价格计算⑫	In Current Prices⑫	433|	7021611	30260637	91338	
农业	Agriculture, Hunting,Forestry and Fishing	99|	846934	3843272	11049	
采掘业	Mining and Quarrying					
制造业⑤	Manufacturing ⑤	172|	2180526	9043648	26037	
电、煤气和水供应业	Electricity, Gas and Water Supply					
建筑业	Construction	34|	409215	1757339	5878	
批发零售、机动车及日用品修理、饭店及旅馆业	Wholesale and Retail Trade, Repair of Motor Vehicles and Household Goods,Restaurants and Hotels	15|	661483	2896785	8686	
运输、仓储和邮电业	Transport, Storage and Communication	28|	694744	3458851	10115	
金融中介、租赁及房地产与商务服务业	Finance Intermediation,Renting and Real Estate and Business Services	11|	486770	1926680	5490	
公共管理与国防；社会基本保障	Public Administration & Defence;Compulsory Social Security	21|	232116	906340	2902	
教育；卫生和社会工作；其他团体、社会和个人服务	Education;Health & Social Work;Other Community, Social & Personal Services	42|	696603	3044027	9551	
雇人的私人住户	Private Households with Employed Persons					
小计	Subtotal	422|	6208391	26876942	79708	
减：间接计算的银行中介服务费	Less: Financial Intermediation Services Indirectly Measured		103149	628853	1641	
加：税减产品补贴	Plus: Taxes less Subsidies on Products	10|	916369	4012548	13271	
按上年价格计算⑫	At the Prices of Preceding Year ⑫		3978068	7263759	32012	
农业	Agriculture, Hunting,Forestry and Fishing		487453	782739	4198	
采掘业	Mining and Quarrying					
制造业⑤	Manufacturing ⑤		1295628	2357466	9757	
电、煤气和水供应业	Electricity, Gas and Water Supply					
建筑业	Construction		230632	399270	1721	
批发零售、机动车及日用品修理、	Wholesale and Retail Trade,Repair of Motor Vehicles		333273	715696	3174	
饭店及旅馆业	and Household Goods,Restaurants and Hotels		403116	710003	3536	
运输、仓储和邮电业	Transport, Storage and Communication					
金融中介、租赁及房地产与商务服务业	Finance Intermediation,Renting and Real Estate and Business Services		255114	501243	2025	
公共管理与国防；社会基本保障	Public Administration & Defence;Compulsory Social Security		124436	238015	956	
教育；卫生和社会工作；其他团体、社会和个人服务	Education;Health & Social Work;Other Community, Social & Personal Services		381735	74337	3234	
雇人的私人住户	Private Households with Employed Persons					
小计	Subtotal		3511387	6447802	28601	
减：间接计算的银行中介服务费	Less: Financial Intermediation Services Indirectly Measured		55481	122416	660	
加：税减产品补贴	Plus: Taxes less Subsidies on Products		522162	938373	4071	
保加利亚	**Bulgaria**					
按当年价格计算	In Current Prices	454|	215770	227764	254536	
农业	Agriculture, Hunting,Forestry and Fishing	83|	40454	34404	32684	
采掘业	Mining and Quarrying		2940	3355	3846	
制造业	Manufacturing	200 ⑤ |	36643	33031	39281	
电、煤气和水供应业	Electricity, Gas and Water Supply		8329	9502	11305	
建筑业	Construction	32|	7176	7370	8197	
批发零售、机动车及日用品修理、饭店及旅馆业	Wholesale and Retail Trade,Repair of Motor Vehicles and Household Goods, Restaurants and Hotels	35|	18668	19285	26423	
运输、仓储和邮电业	Transport, Storage and Communication	33|	15773	17364	23570	
金融中介、租赁及房地产与商务服务业	Finance Intermediation,Renting and Real Estate and Business Services	72 ⑨ |	39026	45912	49351	
公共管理与国防；社会基本保障	Public Administration & Defence; Compulsory Social Security		8661	12112	30670	
教育；卫生和社会工作；其他团体、社会和个人服务	Education; Health & Social Work;Other Community, Social & Personal Services		14363	16574		
雇人的私人住户	Private Households with Employed Persons					
小计	Subtotal	455|	192032	198909	225326	
减：间接计算的银行中介服务费	Less: Financial Intermediation Services Indirectly Measured		3674	3102	4144	
加：税减产品补贴	Plus: Taxes less Subsidies on Products		27413	31958	33355	
按上年价格计算	At the Prices of Preceding Year	176573	220959	240925		

4-13 续表15 continued

单位：亿本币 (100 million local currency units)

国家和地区	Country or Area	1990	1998	1999	2000	2001
保加利亚(续)	**Bulgaria(continued)**					
农业	Agriculture, Hunting,Forestry and Fishing		41190	40691	30914	
采掘业	Mining and Quarrying		3552	2901	3215	
制造业	Manufacturing		30441	34491	39469	
电、煤气和水供应业	Electricity, Gas and Water Supply		6532	8372	10901	
建筑业	Construction		4493	6922	7802	
批发零售、机动车及日用品修理、饭店及旅馆业	Wholesale and Retail Trade, Repair of Motor Vehicles and Household Goods,Restaurants and Hotels		16538	18907	23256	
运输、仓储和邮电业	Transport, Storage and Communication		11184	16589	21300	
金融中介、租赁及房地产与商务服务业	Finance Intermediation,Renting and Real Estate and Business Services		28047	40664	43017	
公共管理与国防；社会基本保障	Public Administration & Defence;Compulsory Social Security		5151	11298	32376	
教育；卫生和社会工作；其他团体、社会和个人服务	Education;Health & Social Work;Other Community, Social & Personal Services		8571	14631		
雇人的私人住户	Private Households with Employed Persons					
小计	Subtotal		155698	195465	212248	
减：间接计算的银行中介服务费	Less: Financial Intermediation Services Indirectly Measured		3050	2995	4144	
加：税减产品补贴	Plus: Taxes less Subsidies on Products		23924	28488	32821	
捷　克	**Czech Republic**					
按当年价格计算	In Current Prices	6262	18294	18873	19595	21461
农业	Agriculture, Hunting,Forestry and Fishing	483	714	688	711	775
采掘业	Mining and Quarrying	161	285	268	271	300
制造业	Manufacturing	1543	4584	4585	5019	5667
电、煤气和水供应业	Electricity, Gas and Water Supply	455	686	702	644	722
建筑业	Construction	637	1172	1291	1285	1376
批发零售、机动车及日用品修理、饭店及旅馆业	Wholesale and Retail Trade, Repair of Motor Vehicles and Household Goods,Restaurants and Hotels	721	2673	2769	2945	3105
运输、仓储和邮电业	Transport, Storage and Communication	221	1434	1369	1340	1501
金融中介、租赁及房地产与商务服务业	Finance Intermediation,Renting and Real Estate and Business Services	964	3072	3062	2978	3056
公共管理与国防；社会基本保障	Public Administration & Defence;Compulsory Social Security	223	924	965		
教育；卫生和社会工作；其他团体、社会和个人服务	Education;Health & Social Work;Other Community, Social & Personal Services	488	1546	1748		
雇人的私人住户	Private Households with Employed Persons		2	2		
小计	Subtotal	5896	17092	17450	18081	19708
减：间接计算的银行中介服务费	Less: Financial Intermediation Services Indirectly Measured	157	689	662	635	495
加：税减产品补贴	Plus: Taxes less Subsidies on Products	523	1891	2085	2150	2248
按1995年价格计算	At Constant Prices of 1995	14494	14122	14067	14474	14992
农业	Agriculture, Hunting,Forestry and Fishing	460	707	762	720	703
采掘业	Mining and Quarrying	170	247	218	240	250
制造业	Manufacturing	3791	3715	3585	3827	3956
电、煤气和水供应业	Electricity, Gas and Water Supply	1458	604	591	616	612
建筑业	Construction	1503	655	631	598	584
批发零售、机动车及日用品修理、饭店及旅馆业	Wholesale and Retail Trade, Repair of Motor Vehicles and Household Goods,Restaurants and Hotels	1590	2179	2209	2365	2475
运输、仓储和邮电业	Transport, Storage and Communication	778	1143	1105	1111	1233
金融中介、租赁及房地产与商务服务业	Finance Intermediation,Renting and Real Estate and Business Services	1782	2366	2504	2491	2623
公共管理与国防；社会基本保障	Public Administration & Defence;Compulsory Social Security	493				
教育；卫生和社会工作；其他团体、社会和个人服务	Education; Health & Social Work;Other Community, Social & Personal Services	1005				
雇人的私人住户	Private Households with Employed Persons	13031	13257	13231	13580	14073
小计	Subtotal					
减：间接计算的银行中介服务费	Less: Financial Intermediation Services Indirectly Measured	122	839	900	895	944
加：税减产品补贴	Plus: Taxes less Subsidies on Products	1585	1704	1736	1790	1863
法　国	**France**					
按当年价格计算	In Current Prices	10093	13059	13551	14169	14637
农业	Agriculture, Hunting,Forestry and Fishing	345	375	367	360	378
采掘业	Mining and Quarrying	27	22	22	26	

4-13 续表16 continued

单位：亿本币 (100 million local currency units)

国家和地区	Country or Area	1990	1998	1999	2000	2001
法　国（续）	**France(continued)**					
制造业	Manufacturing	1894	2200	2239	2323	2718 ⑤
电、煤气和水供应业	Electricity, Gas and Water Supply	215	274	269	257	
建筑业	Construction	540	520	545	596	633
批发零售、机动车及日用品修理、饭店及旅馆业	Wholesale and Retail Trade, Repair of Motor Vehicles and Household Goods,Restaurants and Hotels	1282	1551	1600	1690	2600 ①
运输、仓储和邮电业	Transport, Storage and Communication	600	763	798	813	
金融中介、租赁及房地产与商务服务业	Finance Intermediation,Renting and Real Estate and Business Services	2526	3416	3630	3893	4061
公共管理与国防；社会基本保障	Public Administration & Defence;Compulsory Social Security	741	1019	1053	1090	3117 ⑨
教育；卫生和社会工作；其他团体、社会和个人服务	Education;Health & Social Work;Other Community, Social & Personal Services	1214	1747	1805	1877	
雇人的私人住户	Private Households with Employed Persons	46	84	89	95	
小计	Subtotal	9430	11971	12418	13021	13507
减：间接计算的银行中介服务费	Less: Financial Intermediation Services Indirectly Measured	418	350	352	374	402
加：税减产品补贴	Plus: Taxes less Subsidies on Products	1081	1437	1485	1522	1532
按1995年价格计算	At Constant Prices of 1995	11210	12591	12995	13487	13734
农业	Agriculture, Hunting,Forestry and Fishing	339	386	400	397	394
采掘业	Mining and Quarrying	28	20	19		
制造业	Manufacturing	1893	2205	2253	2687 ⑤	2735 ⑤
电、煤气和水供应业	Electricity, Gas and Water Supply	234	285	292		
建筑业	Construction	620	489	500	533	537
批发零售、机动车及日用品修理、饭店及旅馆业	Wholesale and Retail Trade, Repair of Motor Vehicles and Household Goods,Restaurants and Hotels	1430	1509	1541	2534 ①	2595 ①
运输、仓储和邮电业	Transport, Storage and Communication	625	813	873		
金融中介、租赁及房地产与商务服务业	Finance Intermediation,Renting and Real Estate and Business Services	2967	3198	3308	3447	3552
公共管理与国防；社会基本保障	Public Administration & Defence;Compulsory Social Security	835	978	990	2799 ⑨	2813 ⑨
教育；卫生和社会工作；其他团体、社会和个人服务	Education;Health & Social Work;Other Community, Social & Personal Services	1436	1647	1672		
雇人的私人住户	Private Households with Employed Persons	56	76	79		
小计	Subtotal	10469	11598	11946	12390	12621
减：间接计算的银行中介服务费	Less: Financial Intermediation Services Indirectly Measured	478	331	322	336	336
加：税减产品补贴	Plus: Taxes less Subsidies on Products	1218	1322	1371	1430	1447
德　国	**Germany**					
按当年价格计算	In Current Prices		19294	19743	20255	20712
农业	Agriculture, Hunting,Forestry and Fishing		226	217	220	235
采掘业	Mining and Quarrying		53	52	54	
制造业	Manufacturing		4081	4099	4373	4701 ⑤
电、煤气和水供应业	Electricity, Gas and Water Supply		411	378	346	
建筑业	Construction		1008	1006	959	916
批发零售、机动车及日用品修理、饭店及旅馆业	Wholesale and Retail Trade, Repair of Motor Vehicles and Household Goods,Restaurants and Hotels		2135	2151	2216	3598 ①
运输、仓储和邮电业	Transport, Storage and Communication		1035	1066	1115	
金融中介、租赁及房地产与商务服务业	Finance Intermediation,Renting and Real Estate and Business Services		5261	6584	5628	5723
公共管理与国防；社会基本保障	Public Administration & Defence;Compulsory Social Security		1140	1152	1153	4118 ⑨
教育；卫生和社会工作；其他团体、社会和个人服务	Education;Health & Social Work;Other Community, Social & Personal Services		2710	2767	2794	
雇人的私人住户	Private Households with Employed Persons		24	25	26	
小计	Subtotal		18085	18388	18884	19291
减：间接计算的银行中介服务费	Less: Financial Intermediation Services Indirectly Measured		684	661	668	653
加：税减产品补贴	Plus: Taxes less Subsidies on Products		1876	2021	2063	2074
加：统计误差	Plus: Statistical Discrepancy					
按1995年价格计算	At Constant Prices of 1995		18764	19111	19685	19808
农业	Agriculture, Hunting,Forestry and Fishing		235	243	242	246
采掘业	Mining and Quarrying		66	67	63	
制造业	Manufacturing		3899	3845	4080	4473 ⑤
电、煤气和水供应业	Electricity, Gas and Water Supply		388	383	387	

4–13 续表17 continued

单位：亿本币 (100 million local currency units)

国家和地区	Country or Area	1990	1998	1999	2000	2001
德　国(续)	**Germany(continued)**					
建筑业	Construction		1057	1054	1025	960
批发零售、机动车及日用品修理、饭店及旅馆业	Wholesale and Retail Trade, Repair of Motor Vehicles and Household Goods,Restaurants and Hotels		2026	2072	2129	3618 ①
运输、仓储和邮电业	Transport, Storage and Communication		1108	1253	1347	
金融中介、租赁及房地产与商务服务业	Finance Intermediation,Renting and Real Estate and Business Services		5209	5410	5661	5852
公共管理与国防；社会基本保障	Public Administration & Defence;Compulsory Social Security		1113	1105	1099	3916 ⑨
教育，卫生和社会工作；其他团体、社会和个人服务	Education;Health & Social Work;Other Community, Social & Personal Services		2632	2655	2711	
雇人的私人住户	Private Households with Employed Persons		23	23	23	
小计	Subtotal		17755	18112	18768	19065
减：间接计算的银行中介服务费	Less: Financial Intermediation Services Indirectly Measured		852	926	993	1050
加：税减产品补贴	Plus: Taxes less Subsidies on Products		1791	1848	1828	1794
意 大 利	**Italy**					
按当年价格计算	In Current Prices	6822	10730	11085	11648	12167
农业	Agriculture, Hunting,Forestry and Fishing	221	300	303	299	308
采掘业	Mining and Quarrying	33	42	45	58	51
制造业	Manufacturing	1534	2115	2128	2220	2293
电、煤气和水供应业	Electricity, Gas and Water Supply	138	226	229	231	248
建筑业	Construction	398	479	493	520	556
批发零售、机动车及日用品修理、饭店及旅馆业	Wholesale and Retail Trade, Repair of Motor Vehicles and Household Goods,Restaurants and Hotels	1292	1675	1713	1805	1912
运输、仓储和邮电业	Transport, Storage and Communication	456	745	753	782	811
金融中介、租赁及房地产与商务服务业	Finance Intermediation,Renting and Real Estate and Business Services	1368	2468	2611	2823	2990
公共管理与国防；社会基本保障	Public Administration & Defence;Compulsory Social Security	387	563	572	579	609
教育，卫生和社会工作；其他团体、社会和个人服务	Education;Health & Social Work;Other Community, Social & Personal Services	852	1286	1333	1405	1486
雇人的私人住户	Private Households with Employed Persons	43	77	79	82	84
小计	Subtotal	6529	9977	10258	10803	11348
减：间接计算的银行中介服务费	Less: Financial Intermediation Services Indirectly Measured	326	408	399	433	466
加：税减产品补贴	Plus: Taxes less Subsidies on Products	619	1162	1226	1278	1285
按1995年价格计算	At Constant Prices of 1995	8666	9691	9846	10128	10308
农业	Agriculture, Hunting,Forestry and Fishing	250	293	310	301	298
采掘业	Mining and Quarrying	40	42	40	39	36
制造业	Manufacturing	1785	1988	1983	2045	2059
电、煤气和水供应业	Electricity, Gas and Water Supply	189	199	215	215	216
建筑业	Construction	474	453	458	469	490
批发零售、机动车及日用品修理、饭店及旅馆业	Wholesale and Retail Trade, Repair of Motor Vehicles and Household Goods,Restaurants and Hotels	1370	1572	1564	1637	1669
运输、仓储和邮电业	Transport, Storage and Communication	558	682	707	736	777
金融中介、租赁及房地产与商务服务业	Finance Intermediation,Renting and Real Estate and Business Services	1900	2189	2242	2361	2431
公共管理与国防；社会基本保障	Public Administration & Defence;Compulsory Social Security	438	482	487	485	486
教育，卫生和社会工作；其他团体、社会和个人服务	Education;Health & Social Work;Other Community, Social & Personal Services	1085	1142	1154	1154	1170
雇人的私人住户	Private Households with Employed Persons	59	70	70	70	71
小计	Subtotal	8147	9113	9231	9513	9702
减：间接计算的银行中介服务费	Less: Financial Intermediation Services Indirectly Measured	367	427	427	456	487
加：税减产品补贴	Plus: Taxes less Subsidies on Products	886	1005	1041	1071	1093
荷　　兰	**Netherlands**					
按当年价格计算	In Current Prices	2432	3542	3737	4026	4292
农业	Agriculture, Hunting,Forestry and Fishing	100	100	93	97	105
采掘业	Mining and Quarrying		77	66		
制造业	Manufacturing	544 ⑤	553	570	758 ⑤	762 ⑤
电、煤气和水供应业	Electricity, Gas and Water Supply		55	59		
建筑业	Construction	135	175	195	212	231
批发零售、机动车及日用品修理、饭店及旅馆业	Wholesale and Retail Trade, Repair of Motor Vehicles and Household Goods,Restaurants and Hotels	512 ①	484	512	827 ①	864 ①

4-13 续表18 continued

单位：亿本币 (100 million local currency units)

国家和地区	Country or Area	1990	1998	1999	2000	2001
荷　兰(续)	**Netherlands(continued)**					
运输、仓储和邮电业	Transport, Storage and Communication		245	253		
金融中介、租赁及房地产与商务服务业	Finance Intermediation,Renting and Real Estate and Business Services	458	826	897	979	1040
公共管理与国防；社会基本保障	Public Administration & Defence;Compulsory Social Security	540 ⑨	249	260	835 ⑨	906 ⑨
教育；卫生和社会工作；其他团体、社会和个人服务	Education;Health & Social Work;Other Community, Social & Personal Services		473	505		
雇人的私人住户	Private Households with Employed Persons		13	14		
小计	Subtotal	2288	3258	3433	3710	3938
减：间接计算的银行中介服务费	Less: Financial Intermediation Services Indirectly Measured	58	96	111	127	144
加：税减产品补贴	Plus: Taxes less Subsidies on Products	201	380	414	443	497
加：统计误差	Plus:Statistical Discrepancy					
按1995年价格计算	At Constant Prices of 1995	2720	3374	3500	3625	3671
农业	Agriculture, Hunting,Forestry and Fishing	85	101	106	108	104
采掘业	Mining and Quarrying		75	70		
制造业	Manufacturing	575 ⑤	536	553	699 ⑤	709 ⑤
电、煤气和水供应业	Electricity, Gas and Water Supply		54	57		
建筑业	Construction	161	159	168	174	177
批发零售、机动车及日用品修理、饭店及旅馆业	Wholesale and Retail Trade, Repair of Motor Vehicles and Household Goods,Restaurants and Hotels	562 ①	493	514	846 ①	851 ①
运输、仓储和邮电业	Transport, Storage and Communication		248	269		
金融中介、租赁及房地产与商务服务业	Finance Intermediation,Renting and Real Estate and Business Services	541	766	804	828	842
公共管理与国防；社会基本保障	Public Administration & Defence;Compulsory Social Security	629 ⑨	240	243	720 ⑨	734 ⑨
教育；卫生和社会工作；其他团体、社会和个人服务	Education;Health & Social Work;Other Community, Social & Personal Services		442	449		
雇人的私人住户	Private Households with Employed Persons		12	12		
小计	Subtotal	2552	3133	3249	3370	3417
减：间接计算的银行中介服务费	Less: Financial Intermediation Services Indirectly Measured	73	99	107	109	116
加：税减产品补贴	Plus: Taxes less Subsidies on Products	241	340	357	364	371
加 ：统计误差	Plus:Statistical Discrepancy	2				
波　兰	**Poland**					
按当年价格计算	In Current Prices	560	5536	6151	6849	7216
农业	Agriculture, Hunting,Forestry and Fishing		231	213	227	211
采掘业	Mining and Quarrying		139	141	166	
制造业	Manufacturing		1043	1129	1239	1610 ⑤
电、煤气和水供应业	Electricity, Gas and Water Supply		157	182	196	
建筑业	Construction		420	471	501	480
批发零售、机动车及日用品修理、饭店及旅馆业	Wholesale and Retail Trade, Repair of Motor Vehicles and Household Goods,Restaurants and Hotels		1058	1173	1332	1920 ①
运输、仓储和邮电业	Transport, Storage and Communication		309	363	411	
金融中介、租赁及房地产与商务服务业⑩	Finance Intermediation,Renting and Real Estate and Business Services ⑩		644	749	892	1027
公共管理与国防；社会基本保障	Public Administration & Defence;Compulsory Social Security		259	269	318	1125 ⑨
教育；卫生和社会工作；其他团体、社会和个人服务	Education;Health & Social Work;Other Community, Social & Personal Services		590	668	733	
雇人的私人住户	Private Households with Employed Persons					
小计⑩	Subtotal ⑩		4852	5358	6014	6374
减：间接计算的银行中介服务费	Less: Financial Intermediation Services Indirectly Measured					
加：税减产品补贴	Plus: Taxes less Subsidies on Products		684	793	835	842
按1995年价格计算	At Constant Prices of 1995	2767	3659	3807	3961	3999
农业	Agriculture, Hunting,Forestry and Fishing		203	203	191	172
采掘业	Mining and Quarrying		99	98	102	
制造业	Manufacturing		847	883	946	1146 ⑤
电、煤气和水供应业	Electricity, Gas and Water Supply		108	107	111	
建筑业	Construction		249	258	256	238
批发零售、机动车及日用品修理、饭店及旅馆业	Wholesale and Retail Trade, Repair of Motor Vehicles and Household Goods,Restaurants and Hotels		679	730	759	1031 ①
运输、仓储和邮电业	Transport, Storage and Communication		208	230	237	

4—13 续表19 continued

单位：亿本币 (100 million local currency units)

国家和地区	Country or Area	1990	1998	1999	2000	2001
波　　兰(续)	**Poland(continued)**					
金融中介、租赁及房地产与商务服务业	Finance Intermediation,Renting and Real Estate and Business Services		261	266	282	292
公共管理与国防；社会基本保障	Public Administration & Defence;Compulsory Social Security		166	176	187	523 ⑨
教育；卫生和社会工作；其他团体、社会和个人服务	Education;Health & Social Work;Other Community, Social & Personal Services		336	327	329	
雇人的私人住户	Private Households with Employed Persons					
小计	Subtotal		3149	3267	3389	3415
减：间接计算的银行中介服务费	Less: Financial Intermediation Services Indirectly Measured					
加：税减产品补贴	Plus: Taxes less Subsidies on Products	320	511	543	572	589
加：统计误差	Plus:Statistical Discrepancy		-1	-2	-3	-5
罗马尼亚	**Romania**					
按当年价格计算	In Current Prices	8579	3711938	5393569	7965337	
农业	Agriculture, Hunting,Forestry and Fishing	1871	537638	72096	909293	
采掘业	Mining and Quarrying	278	79680			
制造业	Manufacturing	3151	852118	1460542 ⑤	2198611 ⑤	
电、煤气和水供应业	Electricity, Gas and Water Supply	48	98739			
建筑业	Construction	460	187314	262602	381273	
批发零售、机动车及日用品修理、饭店及旅馆业	Wholesale and Retail Trade,Repair of Motor Vehicles and Household Goods,Restaurants and Hotels	532	494943	706604	3709163	
运输、仓储和邮电业	Transport, Storage and Communication	493	344715	551405		
金融中介、租赁及房地产与商务服务业	Finance Intermediation,Renting and Real Estate and Business Services	493	414895	751470		
公共管理与国防；社会基本保障	Public Administration & Defence;Compulsory Social Security	239	132221	178001		
教育；卫生和社会工作；其他团体、社会和个人服务	Education;Health & Social Work;Other Community, Social & Personal Services	515	259023	249006		
雇人的私人住户	Private Households with Employed Persons					
小计	Subtotal	8080	3401286	4880590	7198340	
减：间接计算的银行中介服务费	Less: Financial Intermediation Services Indirectly Measured	199	55225	79708	96007	
加：税减产品补贴	Plus: Taxes less Subsidies on Products	697	365877	592687	863004	
按上年的价格计算	In Prices of the Preceding Year	7551	2407690	3628010	5480539	
农业	Agriculture, Hunting,Forestry and Fishing	1582	408211	556080	606748	
采掘业	Mining and Quarrying	151	61805			
制造业	Manufacturing	2851	612812	1014819 ⑤	1549997 ⑤	
电、煤气和水供应业	Electricity, Gas and Water Supply	72	65425			
建筑业	Construction	443	126404	182999	279805	
批发零售、机动车及日用品修理、饭店及旅馆业	Wholesale and Retail Trade,Repair of Motor Vehicles and Household Goods,Restaurants and Hotels	503	299435	482413	2512970	
运输、仓储和邮电业	Transport, Storage and Communication	423	203961	334546		
金融中介、租赁及房地产与商务服务业	Finance Intermediation,Renting and Real Estate and Business Services	454	258655	484780		
公共管理与国防；社会基本保障	Public Administration & Defence;Compulsory Social Security	230	65359	119867		
教育；卫生和社会工作；其他团体、社会和个人服务	Education;Health & Social Work;Other Community, Social & Personal Services	476	137904	168455		
雇人的私人住户	Private Households with Employed Persons					
小计	Subtotal	7185	2239971	3343959	4948800	
减：间接计算的银行中介服务费	Less: Financial Intermediation Services Indirectly Measured	150	37423	55494	66286	
加：税减产品补贴	Plus: Taxes less Subsidies on Products	515	205142	339545	598025	
俄罗斯联邦	**Russian Federation**					
按当年价格计算	In Current Prices	6442	27411	47668	73022	
农业	Agriculture, Hunting,Forestry and Fishing	996	1443	3280	4349	
采掘业	Mining and Quarrying					
制造业⑤	Manufacturing ⑤	2384	7788	13545	21345	
电、煤气和水供应业	Electricity, Gas and Water Supply					
建筑业	Construction	573	1770	2627	4699	
批发零售、机动车及日用品修理、饭店及旅馆业	Wholesale and Retail Trade,Repair of Motor Vehicles and Household Goods, Restaurants and Hotels	336	4875	9878	15295	
运输、仓储和邮电业	Transport, Storage and Communication	602	2735	4152	5915	

4-13 续表20 continued

单位：亿本币 (100 million local currency units)

国家和地区	Country or Area	1990	1998	1999	2000	2001
俄罗斯联邦（续）	**Russian Federation(continued)**					
金融中介、租赁及房地产与商务服务业	Finance Intermediation,Renting and Real Estate and Business Services	194	1652	3863	5756	
公共管理与国防；社会基本保障	Public Administration & Defence;Compulsory Social Security	192	1941	2183	3161	
教育；卫生和社会工作；其他团体、社会和个人服务	Education;Health & Social Work;Other Community, Social & Personal Services	750	2876	3301	4752	
雇人的私人住户	Private Households with Employed Persons					
小计	Subtotal	6027	25079	42829	65273	
减：间接计算的银行中介服务费	Less: Financial Intermediation Services Indirectly Measured	31	63	115	582	
加：税减产品补贴	Plus: Taxes less Subsidies on Products	446	2394	4954	8332	
按1995年价格计算⑧	At Constant Prices of 1995 ⑧		1429	1506	1641	
农业	Agriculture, Hunting,Forestry and Fishing		80	94	105	
采掘业	Mining and Quarrying					
制造业⑤	Manufacturing ⑤		399	440	483	
电、煤气和水供应业	Electricity, Gas and Water Supply					
建筑业	Construction		90	96	111	
批发零售、机动车及日用品修理、饭店及旅馆业	Wholesale and Retail Trade, Repair of Motor Vehicles and Household Goods,Restaurants and Hotels		283	276	313	
运输、仓储和邮电业	Transport, Storage and Communication		155	169	179	
金融中介、租赁及房地产与商务服务业	Finance Intermediation,Renting and Real Estate and Business Services		112	122	120	
公共管理与国防；社会基本保障	Public Administration & Defence;Compulsory Social Security		82	82	84	
教育；卫生和社会工作；其他团体、社会和个人服务	Education;Health & Social Work;Other Community, Social & Personal Services		140	139	143	
雇人的私人住户	Private Households with Employed Persons					
小计	Subtotal		1341	1417	1537	
减：间接计算的银行中介服务费	Less: Financial Intermediation Services Indirectly Measured		15	14	14	
加：税减产品补贴	Plus: Taxes less Subsidies on Products		106	109	117	
加：统计误差	Plus: Statistical Discrepancy		-3	-6	-2	
西 班 牙	**Spain**					
按当年价格计算	In Current Prices	3124	5280	5655	6093	6516
农业	Agriculture, Hunting,Forestry and Fishing	164	212	200	201	210
采掘业	Mining and Quarrying		23	22		
制造业	Manufacturing	753 ⑤	939	968	1181 ⑤	1227 ⑤
电、煤气和水供应业	Electricity, Gas and Water Supply		128	132		
建筑业	Construction	264	369	417	482	537
批发零售、机动车及日用品修理、饭店及旅馆业	Wholesale and Retail Trade, Repair of Motor Vehicles and Household Goods,Restaurants and Hotels	764 ①	946	1027	1572 ①	1698 ①
运输、仓储和邮电业	Transport, Storage and Communication		411	441		
金融中介、租赁及房地产与商务服务业	Finance Intermediation,Renting and Real Estate and Business Services	548	947	1002	1100	1233
公共管理与国防；社会基本保障	Public Administration & Defence;Compulsory Social Security	568 ⑨	310	326	1178 ⑨	1251 ⑨
教育；卫生和社会工作；其他团体、社会和个人服务	Education;Health & Social Work;Other Community, Social & Personal Services		660	706		
雇人的私人住户	Private Households with Employed Persons		54	59		
小计	Subtotal	3061	4999	5301	5714	6156
减：间接计算的银行中介服务费	Less: Financial Intermediation Services Indirectly Measured	193	192	190	213	260
加：税减产品补贴	Plus: Taxes less Subsidies on Products	256	473	544	592	620
按1995年价格计算	At Constant Prices of 1995	4062	4867	5068	5284	5426
农业	Agriculture, Hunting,Forestry and Fishing	193	223	212	215	209
采掘业	Mining and Quarrying		22	22		
制造业	Manufacturing	901 ⑤	890	915	1131 ⑤	1147 ⑤
电、煤气和水供应业	Electricity, Gas and Water Supply		138	145		
建筑业	Construction	332	345	375	398	420
批发零售、机动车及日用品修理、饭店及旅馆业	Wholesale and Retail Trade, Repair of Motor Vehicles and Household Goods,Restaurants and Hotels	1055 ①	866	909	1344 ①	1384 ①
运输、仓储和邮电业	Transport, Storage and Communication		381	400		
金融中介、租赁及房地产与商务服务业	Finance Intermediation,Renting and Real Estate and Business Services	777	838	858	911	976

4–13 续表21 continued

单位：亿本币 (100 million local currency units)

国家和地区	Country or Area	1990	1998	1999	2000	2001
西 班 牙(续)	**Spain(continued)**					
公共管理与国防；社会基本保障	Public Administration & Defence;Compulsory Social Security	763 ⑨	288	295	1003 ⑨	1028 ⑨
教育；卫生和社会工作；其他团体、社会和个人服务	Education;Health & Social Work;Other Community, Social & Personal Services		595	617		
雇人的私人住户	Private Households with Employed Persons		47	50		
小计	Subtotal	4021	4632	4795	5002	5163
减：间接计算的银行中介服务费	Less: Financial Intermediation Services Indirectly Measured	285	174	166	179	210
加：税减产品补贴	Plus: Taxes less Subsidies on Products	326	409	439	461	472
乌 克 兰	**Ukraine**					
按当年价格计算	In Current Prices		1026	1304	1701	
农业	Agriculture, Hunting,Forestry and Fishing		124	155	246	
采掘业	Mining and Quarrying					
制造业⑤	Manufacturing ⑤		276	377	477	
电、煤气和水供应业	Electricity, Gas and Water Supply					
建筑业	Construction		49	54	61	
批发零售、机动车及日用品修理、饭店及旅馆业	Wholesale and Retail Trade,Repair of Motor Vehicles and Household Goods,Restaurants and Hotels		76	93	152	
运输、仓储和邮电业	Transport, Storage and Communication		126	154	198	
金融中介、租赁及房地产与商务服务业	Finance Intermediation,Renting and Real Estate and Business Services		49	64	83	
公共管理与国防；社会基本保障	Public Administration & Defence;Compulsory Social Security		47	52	68	
教育；卫生和社会工作；其他团体、社会和个人服务	Education;Health & Social Work;Other Community, Social & Personal Services		132	149	175	
雇人的私人住户	Private Households with Employed Persons					
小计	Subtotal		880	1096	1460	
减：间接计算的银行中介服务费	Less: Financial Intermediation Services Indirectly Measured		10	12	17	
加：税减产品补贴	Plus: Taxes less Subsidies on Products		156	220	258	
按上年价格计算	In Prices of the Preceding Year		916	1024	1381	
农业	Agriculture, Hunting,Forestry and Fishing		104	119	174	
采掘业	Mining and Quarrying					
制造业⑤	Manufacturing ⑤		247	293	393	
电、煤气和水供应业	Electricity, Gas and Water Supply					
建筑业	Construction		48	46	51	
批发零售、机动车及日用品修理、饭店及旅馆业	Wholesale and Retail Trade,Repair of Motor Vehicles and Household Goods,Restaurants and Hotels		75	83	102	
运输、仓储和邮电业	Transport, Storage and Communication		119	117	158	
金融中介、租赁及房地产与商务服务业	Finance Intermediation,Renting and Real Estate and Business Services		41	51	65	
公共管理与国防；社会基本保障	Public Administration & Defence;Compulsory Social Security		46	43	65	
教育；卫生和社会工作；其他团体、社会和个人服务	Education;Health & Social Work;Other Community, Social & Personal Services		125	126	142	
雇人的私人住户	Private Households with Employed Persons					
小计	Subtotal		805	877	1149	
减：间接计算的银行中介服务费	Less: Financial Intermediation Services Indirectly Measured		10	10	11	
加：税减产品补贴	Plus: Taxes less Subsidies on Products					
英 国	**United Kingdom**					
按当年价格计算	In Current Prices	5573	8598	9013	9449	9877
农业	Agriculture, Hunting,Forestry and Fishing	95	96	95	90	82
采掘业	Mining and Quarrying	136	157	171	244	
制造业	Manufacturing	1164	1533	1527	1552	1945 ⑤
电、煤气和水供应业	Electricity, Gas and Water Supply	116	160	160	157	
建筑业	Construction	347	390	411	433	473
批发零售、机动车及日用品修理、饭店及旅馆业	Wholesale and Retail Trade,Repair of Motor Vehicles and Household Goods,Restaurants and Hotels	706	1177	1256	1313	2064 ①
运输、仓储和邮电业	Transport, Storage and Communication	417	621	659	686	
金融中介、租赁及房地产与商务服务业	Finance Intermediation,Renting and Real Estate and Business Services	1139	2081	2206	2345	2559
公共管理与国防；社会基本保障	Public Administration & Defence;Compulsory Social Security	339	398	398	419	2013 ⑨

4-13 续表22 continued

单位：亿本币 (100 million local currency units)

国家和地区	Country or Area	1990	1998	1999	2000	2001
英 国（续）	**United Kingdom(continued)**					
教育；卫生和社会工作；其他团体、社会和个人服务	Education;Health & Social Work;Other Community, Social & Personal Services	713	1245	1338	1407	
雇人的私人住户	Private Households with Employed Persons	18	36	38	39	
小计	Subtotal	5091	7893	8258	8684	9316
减：间接计算的银行中介服务费	Less: Financial Intermediation Services Indirectly Measured	177	280	309	374	395
加：税减产品补贴	Plus: Taxes less Subsidies on Products	559	985	1062	1125	1131
按1995年价格计算	At Constant Prices of 1995	6592	7858	8047	8295	8458
农业	Agriculture, Hunting,Forestry and Fishing	120	118	121	117	104
采掘业	Mining and Quarrying					
制造业⑤	Manufacturing ⑤	1617	1776	1789	1819	1780
电、煤气和水供应业	Electricity, Gas and Water Supply					
建筑业	Construction	365	353	356	362	375
批发零售、机动车及日用品修理、饭店及旅馆业①	Wholesale and Retail Trade, Repair of Motor Vehicles and Household Goods,Restaurants and Hotels ①	1291	1643	1712	1804	1880
运输、仓储和邮电业	Transport, Storage and Communication					
金融中介、租赁及房地产与商务服务业	Finance Intermediation,Renting and Real Estate and Business Services	1442	1889	1949	2038	2136
公共管理与国防；社会基本保障⑨	Public Administration & Defence;Compulsory Social Security ⑨	1275	1512	1540	1570	1606
教育；卫生和社会工作；其他团体、社会和个人服务	Education;Health & Social Work;Other Community, Social & Personal Services					
雇人的私人住户	Private Households with Employed Persons					
小计	Subtotal	6124	7291	7470	7713	7884
减：间接计算的银行中介服务费	Less: Financial Intermediation Services Indirectly Measured	214	285	292	312	336
加：税减产品补贴	Plus: Taxes less Subsidies on Products	758	851	889	918	952
加：统计误差	Plus: Statistical Discrepancy	-5				
澳大利亚	**Australia**					
按当年价格计算	In Current Prices	3974	5916	6292	6700	
农业	Agriculture, Hunting,Forestry and Fishing	140	181	202	216	
采掘业	Mining and Quarrying	194	245	281	316	
制造业	Manufacturing	498	717	739	783	
电、煤气和水供应业	Electricity, Gas and Water Supply	127	142	155	163	
建筑业	Construction	241	328	358	335	
批发零售、机动车及日用品修理、饭店及旅馆业	Wholesale and Retail Trade, Repair of Motor Vehicles and Household Goods,Restaurants and Hotels	502	759	797	816	
运输、仓储和邮电业	Transport, Storage and Communication	316	481	496	522	
金融中介、租赁及房地产与商务服务业	Finance Intermediation,Renting and Real Estate and Business Services	939	1514	1643	1798	
公共管理与国防；社会基本保障	Public Administration & Defence;Compulsory Social Security	161	232	241	241	
教育；卫生和社会工作；其他团体、社会和个人服务	Education;Health & Social Work;Other Community, Social & Personal Services	535	827	866	928	
雇人的私人住户	Private Households with Employed Persons					
小计⑬	Subtotal ⑬	3655	5426	5778	6119	
减:间接计算的银行中介服务费⑬	Less: Financial Intermediation Services Indirectly Measured ⑬					
加:税减产品补贴	Plus: Taxes less Subsidies on Products	319	490	514	582	
加:统计误差	Plus: Statistical Discrepancy					
按1999年价格计算	At Constant Prices of 1999	4516	6034	6292	6414	
农业	Agriculture, Hunting,Forestry and Fishing	160	189	202	194	
采掘业	Mining and Quarrying	195	255	281	297	
制造业	Manufacturing	607	719	739	742	
电、煤气和水供应业	Electricity, Gas and Water Supply	130	151	155	160	
建筑业	Construction	254	337	358	295	
批发零售、机动车及日用品修理、饭店及旅馆业	Wholesale and Retail Trade, Repair of Motor Vehicles and Household Goods,Restaurants and Hotels	541	755	797	799	
运输、仓储和邮电业	Transport, Storage and Communication	299	467	496	518	
金融中介、租赁及房地产与商务服务业	Finance Intermediation,Renting and Real Estate and Business Services	1131	1579	1643	1747	
公共管理与国防；社会基本保障	Public Administration & Defence;Compulsory Social Security	192	240	241	248	

4–13 续表23 continued

单位：亿本币 (100 million local currency units)

国家和地区	Country or Area	1990	1998	1999	2000	2001
澳大利亚（续）	**Australia(continued)**					
教育；卫生和社会工作；其他团体、社会和个人服务	Education;Health & Social Work;Other Community, Social & Personal Services	666	837	866	903	
雇人的私人住户	Private Households with Employed Persons	4173	5541	5778	5904	
小计⑬	Subtotal ⑬					
减：间接计算的银行中介服务费⑬	Less: Financial Intermediation Services Indirectly Measured ⑬					
加：税减产品补贴	Plus: Taxes less Subsidies on Products	352	494	514	508	
加：统计误差	Plus: Statistical Discrepancy	-9			2	
新 西 兰	**New Zealand**					
按当年价格计算	In Current Prices	731				
农业	Agriculture, Hunting,Forestry and Fishing	48				
采掘业	Mining and Quarrying	12				
制造业	Manufacturing	127				
电、煤气和水供应业	Electricity, Gas and Water Supply	21				
建筑业	Construction	29				
批发零售、机动车及日用品修理、饭店及旅馆业	Wholesale and Retail Trade,Repair of Motor Vehicles and Household Goods,Restaurants and Hotels	114				
运输、仓储和邮电业	Transport, Storage and Communication	58				
金融中介、租赁及房地产与商务服务业	Finance Intermediation,Renting and Real Estate and Business Services	179				
公共管理与国防；社会基本保障	Public Administration & Defence;Compulsory Social Security	42				
教育；卫生和社会工作；其他团体、社会和个人服务	Education;Health & Social Work;Other Community, Social & Personal Services	76				
雇人的私人住户	Private Households with Employed Persons					
小计	Subtotal	706				
减：间接计算的银行中介服务费	Less: Financial Intermediation Services Indirectly Measured	29				
加：税减产品补贴	Plus: Taxes less Subsidies on Products	54				
按1995年价格计算	At Constant Prices of 1995	796	977	1022	1047	
农业	Agriculture, Hunting,Forestry and Fishing	57	69	73	76	
采掘业	Mining and Quarrying	11	13	12	12	
制造业	Manufacturing	136	158	166	170	
电、煤气和水供应业	Electricity, Gas and Water Supply	21	22	21	22	
建筑业	Construction	34	37	42	38	
批发零售、机动车及日用品修理、饭店及旅馆业	Wholesale and Retail Trade,Repair of Motor Vehicles and Household Goods,Restaurants and Hotels	122	145	167	160	
运输、仓储和邮电业	Transport, Storage and Communication	49	88	97	105	
金融中介、租赁及房地产与商务服务业	Finance Intermediation,Renting and Real Estate and Business Services	205	251	254	258	
公共管理与国防；社会基本保障	Public Administration & Defence;Compulsory Social Security	43	42	42	42	
教育；卫生和社会工作；其他团体、社会和个人服务	Education; Health & Social Work;Other Community, Social & Personal Services	84	115	119	125	
雇人的私人住户	Private Households with Employed Persons					
小计	Subtotal	764	940	982	1008	
减：间接计算的银行中介服务费	Less: Financial Intermediation Services Indirectly Measured					
加：税减产品补贴	Plus: Taxes less Subsidies on Products					

注：①包括运输、仓储和邮电业。②包括税减产品补贴。③包括采掘业。④饭店和旅馆业包括在教育、卫生和社会工作、其他团体、社会和个人服务业中。⑤包括采掘业、电、煤气和水供应业。⑥进口税减估算的银行中介服务费、社会团体和个人服务业包括在金融保险、房地产和商务服务业中。⑦包括社会团体和个人服务业。⑧万亿本币。⑨包括教育、卫生和社会工作、其他团体、社会和个人服务及个体经营单位。⑩估算的银行中介服务费包括在小计中。⑪为要素价格。⑫1990年为俄罗斯卢布，其余为白俄罗斯卢布。⑬间接计算的银行中介服务费包含在各行业中（根据用途）。

Note: ① Including transport,storage and communication. ② Including less subsidies on products subsidies. ③ Including mining and quarrying. ④ Restaurants and hotels is included in item"education;health and social work,other community, social and personal services". ⑤ Including mining and quarrying,electricity, gas and water. ⑥ Import duties less imputed banks services charges measured and community,social and personal services are included in item "Finance, Insurance,Real Estate and Business Service". ⑦ Including community,social and personal services. ⑧ Thousand billion local currency units. ⑨ Including education;health and social work,other community, social and personal services. ⑩ Financial intermediation services indirectly is included in subtotal. ⑪ GDP in factor values. ⑫ The data of 1990 is in Russian ruble currency, the others is in Belarussian rubel currency. ⑬ Financial intermeiation services indirectly are already included within industries(distributed to uses).

4-14 支出法国内生产总值

Gross Domestic Product by Expenditure Approach

资料来源：世界银行《世界发展指标》数据库。
Source: World Bank "World Development Indicator" Database.
单位：亿本币 (100 million local currency units)

国家和地区	Country or Area	1990	1998	1999	2000	2001
中　国	**China**					
按当年价格计算	In Current Prices					
居民消费	Private Final Consumption Expenditure	9113	36921	39334	42896	45898
政府消费	Government Final Consumption Expenditure	2252	9485	10388	11705	13029
资本形成总额	Gross Capital Formation	6444	29546	30702	32450	37461
# 存货增加	#Increase in Stocks	1712	1915	1226	-124	648
货物和服务净出口	Net Exports of Goods and Services	510	3052	2249	2240	2205
国内生产总值	Gross Domestic Product	18320	79003	82673	89341	98593
中国香港	**Hong Kong, China**					
按当年价格计算	In Current Prices					
政府消费	Government Final Consumption Expenditure	433	1178	1215	1218	1307
个人消费	Private Final Consumption Expenditure	3305	7622	7328	7351	7390
总资本形成	Gross Capital Formation	1595	3654	3063	3492	3258
商品和服务出口	Exports of Goods and Services	7822	16284	16376	19013	18168
减:商品和服务进口	Less: Imports of Goods and Services	7329	16145	15713	18408	17497
国内生产总值	Gross Domestic Product	5825	12593	12270	12667	12626
按1990年价格计算	At Constant Prices of 1990					
政府消费	Government Final Consumption Expenditure	433	621	642	655	688
个人消费	Private Final Consumption Expenditure	3305	4637	4666	4920	5018
总资本形成	Gross Capital Formation	1595	2668	2216	2701	2589
商品和服务出口	Exports of Goods and Services	7822	15576	16189	18891	18853
减:商品和服务进口	Less: Imports of Goods and Services	7329	15651	15627	18235	18189
国内生产总值	Gross Domestic Product	5825	7851	8087	8933	8946
中国澳门	**Macao, China**					
按当年价格计算	In Current Prices					
政府消费	Government Final Consumption Expenditure	23	60	68	59	61
个人消费	Private Final Consumption Expenditure	96	207	204	204	206
总资本形成	Gross Capital Formation	65	96	88	60	53
商品和服务出口	Exports of Goods and Services	254	398	392	467	487
减:商品和服务进口	Less: Imports of Goods and Services	176	242	261	292	308
国内生产总值	Gross Domestic Product	262	519	490	497	498
按1996年价格计算	At Constant Prices of 1996					
政府消费	Government Final Consumption Expenditure	38	56	64	58	59
个人消费	Private Final Consumption Expenditure	142	203	206	208	214
总资本形成	Gross Capital Formation	89	105	99	71	66
商品和服务出口	Exports of Goods and Services	348	401	405	482	517
减:商品和服务进口	Less: Imports of Goods and Services	203	237	264	284	310
国内生产总值	Gross Domestic Product	415	526	510	534	545
孟加拉国	**Bangladesh**					
按当年价格计算	In Current Prices					
政府消费	Government Final Consumption Expenditure	421	947	1008	1084	1143
个人消费	Private Final Consumption Expenditure	8642	15586	17071	18385	19799
总资本形成	Gross Capital Formation	1711	4330	4876	5459	5854
商品和服务出口	Exports of Goods and Services	627	2668	2899	3327	3911
减:商品和服务进口	Less: Imports of Goods and Services	1368	3659	4099	4560	5658
国内生产总值	Gross Domestic Product	10033	20018	21970	23709	25355

4-14 续表1 continued

单位：亿本币 (100 million local currency units)

国家和地区	Country or Area	1990	1998	1999	2000	2001
孟加拉国(续)	**Bangladesh (continued)**					
按1996年价格计算	At Constant Prices of 1996					
政府消费	Government Final Consumption Expenditure	552	856	861	869	908
个人消费	Private Final Consumption Expenditure	11019	14229	14732	15516	16475
总资本形成	Gross Capital Formation	2172	4140	4549	4880	5162
商品和服务出口	Exports of Goods and Services	916	2412	2466	2678	3290
减:商品和服务进口	Less: Imports of Goods and Services	1836	3192	3265	3451	4261
国内生产总值	Gross Domestic Product	12824	18445	19343	20493	21574
印　　度	**India**					
按当年价格计算	In Current Prices					
政府消费	Government Final Consumption Expenditure	6603	21177	24813	27590	29894
个人消费	Private Final Consumption Expenditure	38096	120373	128594	138824	150687
总资本形成	Gross Capital Formation	13685	37202	45523	47819	51250
商品和服务出口	Exports of Goods and Services	4132	19977	23075	29130	31094
减:商品和服务进口	Less: Imports of Goods and Services	5649	24639	29045	34563	35148
国内生产总值	Gross Domestic Product	56867	174090	192960	208800	227778
按1993年价格计算	At Constant Prices of 1993					
政府消费	Government Final Consumption Expenditure	8646	13991	15670	16680	17501
个人消费	Private Final Consumption Expenditure	52597	75330	75644	76927	80710
总资本形成	Gross Capital Formation	17908	29260	33854	34532	35922
商品和服务出口	Exports of Goods and Services	6469	16102	18788	22707	24753
减:商品和服务进口	Less: Imports of Goods and Services	8490	15944	17974	19882	20849
国内生产总值	Gross Domestic Product	77130	118740	125983	130965	138037
印度尼西亚	**Indonesia**					
按当年价格计算	In Current Prices					
政府消费	Government Final Consumption Expenditure	186491	544159	726313	907797	1108367
个人消费	Private Final Consumption Expenditure	1241842	6478236	8131833	8679971	9992663
总资本形成	Gross Capital Formation	646694	1603273	1250109	1872848	2540887
商品和服务出口	Exports of Goods and Services	534093	5062448	3905601	5429924	6124822
减:商品和服务进口	Less: Imports of Goods and Services	500457	4130581	3016540	4070364	4856997
国内生产总值	Gross Domestic Product	2108663	9557535	10997320	12820180	14909740
按1993年价格计算	At Constant Prices of 1993					
政府消费	Government Final Consumption Expenditure	266888	268279	270143	287678	311381
个人消费	Private Final Consumption Expenditure	1575886	2600227	2720702	2819574	2987036
总资本形成	Gross Capital Formation	793239	872178	669508	661276	656861
商品和服务出口	Exports of Goods and Services	615651	1347072	918636	1161936	1183770
减:商品和服务进口	Less: Imports of Goods and Services	598184	1324007	785464	951121	1027727
国内生产总值	Gross Domestic Product	2632619	3763749	3793525	3979343	4111321
伊　　朗	**Iran**					
按当年价格计算	In Current Prices					
政府消费	Government Final Consumption Expenditure	40542	437920	562960	837950	876170
个人消费	Private Final Consumption Expenditure	226665	2114700	2640440	2639364	3385451
总资本形成	Gross Capital Formation	104896	694160	644900	1593918	1942668
商品和服务出口	Exports of Goods and Services	80580	505324	943493	1446729	1864511
减:商品和服务进口	Less: Imports of Goods and Services	86225	573291	750785	776165	1426483
国内生产总值	Gross Domestic Product	366446	3275960	4154990	5820503	6636661

4-14 续表2 continued

单位：亿本币 (100 million local currency units)

国家和地区	Country or Area	1990	1998	1999	2000	2001
伊　朗(续)	**Iran (continued)**					
按1982年价格计算	At Constant Prices of 1982					
政府消费	Government Final Consumption Expenditure	13370	21895	23380	22003	22360
个人消费	Private Final Consumption Expenditure	77941	101496	104780	108014	115238
总资本形成	Gross Capital Formation	22006	32456	30070	31954	32923
商品和服务出口	Exports of Goods and Services	22525	21210	22449	26535	29101
减:商品和服务进口	Less: Imports of Goods and Services	12741	5880	5440	5522	5770
国内生产总值	Gross Domestic Product	123105	170408	174610	184957	193851
以 色 列	**Israel**					
按当年价格计算	In Current Prices					
政府消费	Government Final Consumption Expenditure	317	1114	1212	1285	
个人消费	Private Final Consumption Expenditure	647	2271	2486	2658	
总资本形成	Gross Capital Formation	266	769	879	871	
商品和服务出口	Exports of Goods and Services	367	1222	1490	1800	
减:商品和服务进口	Less: Imports of Goods and Services	480	1547	1893	2113	
国内生产总值	Gross Domestic Product	1058	3828	4174	4501	4556
按1995年价格计算	At Constant Prices of 1995					
政府消费	Government Final Consumption Expenditure	686	866	890	901	
个人消费	Private Final Consumption Expenditure	1095	1833	1895	2005	
总资本形成	Gross Capital Formation	362	632	700	668	
商品和服务出口	Exports of Goods and Services	524	999	1099	1356	
减:商品和服务进口	Less: Imports of Goods and Services	713	1378	1579	1759	
国内生产总值	Gross Domestic Product	1934	2957	3022	3204	3176
日　　本	**Japan**					
按当年价格计算	In Current Prices					
政府消费	Government Final Consumption Expenditure	588089	807345	828760	857308	883121
个人消费	Private Final Consumption Expenditure	2341397	2869460	2887634	2872308	2836515
总资本形成	Gross Capital Formation	1447934	1387104	1323052	1332569	1281658
商品和服务出口	Exports of Goods and Services	458631	550510	511435	552559	525670
减:商品和服务进口	Less: Imports of Goods and Services	416899	456070	432511	479404	493928
国内生产总值	Gross Domestic Product	4419152	5158348	5118371	5135340	5033035
按1995年价格计算	At Constant Prices of 1995					
政府消费	Government Final Consumption Expenditure	636725	793398	828874	867189	893773
个人消费	Private Final Consumption Expenditure	2473437	2845964	2879654	2895566	2904032
总资本形成	Gross Capital Formation	1469505	1431278	1401862	1445621	1416249
商品和服务出口	Exports of Goods and Services	388181	523124	530385	595980	556780
减:商品和服务进口	Less: Imports of Goods and Services	325095	408600	420909	461238	458651
国内生产总值	Gross Domestic Product	4642753	5185164	5219867	5343118	5312182
哈萨克斯坦	**Kazakhstan**					
按当年价格计算	In Current Prices					
政府消费	Government Final Consumption Expenditure		1869	2327	3848	5406
个人消费	Private Final Consumption Expenditure		12700	14601	16202	19261
总资本形成	Gross Capital Formation		2739	3585	4642	8469
商品和服务出口	Exports of Goods and Services		5259	8562	15294	15220
减:商品和服务进口	Less: Imports of Goods and Services		6042	8089	12830	15993
国内生产总值	Gross Domestic Product	1	17333	20165	25999	32854

4-14 续表3 continued

单位：亿本币 (100 million local currency units)

国家和地区	Country or Area	1990	1998	1999	2000	2001
哈萨克斯坦(续)	**Kazakhstan (continued)**					
按1994年价格计算	At Constant Prices of 1994					
政府消费	Government Final Consumption Expenditure	559	278	300	410	490
个人消费	Private Final Consumption Expenditure	5162	2935	2903	3023	3595
总资本形成	Gross Capital Formation	3408	506	585	620	794
商品和服务出口	Exports of Goods and Services	2349	1499	1544	2052	1984
减:商品和服务进口	Less: Imports of Goods and Services	5147	1321	1329	1709	1888
国内生产总值	Gross Domestic Product	6331	3898	4003	4395	4976
韩　国	**Korea, Rep.**					
按现价计算	In Current Prices					
政府消费	Government Final Consumption Expenditure	187017	487821	500894	524797	568852
个人消费	Private Final Consumption Expenditure	935049	2428341	2711365	2991218	3242263
总资本形成	Gross Capital Formation	674255	940548	1287712	1471691	1454555
商品和服务出口	Exports of Goods and Services	520203	2209608	2043776	2337917	2338571
减:商品和服务进口	Less: Imports of Goods and Services	541006	1611435	1712777	2178447	2210517
国内生产总值	Gross Domestic Product	1787968	4443665	4827442	5219592	5450133
按1995年价格计算	At Constant Prices of 1995					
政府消费	Government Final Consumption Expenditure	298613	398187	403285	403827	404441
个人消费	Private Final Consumption Expenditure	1446552	2018693	2241518	2419305	2522112
总资本形成	Gross Capital Formation	937631	869373	1126052	1252188	1228169
商品和服务出口	Exports of Goods and Services	572245	1756405	2034435	2451326	2474787
减:商品和服务进口	Less: Imports of Goods and Services	602757	1097981	1414430	1697157	1648855
国内生产总值	Gross Domestic Product	2634304	3947104	4377094	4785329	4930255
马来西亚	**Malaysia**					
按当年价格计算	In Current Prices					
政府消费	Government Final Consumption Expenditure	164	277	335	370	408
个人消费	Private Final Consumption Expenditure	617	1177	1251	1447	1357
总资本形成	Gross Capital Formation	385	753	673	919	966
商品和服务出口	Exports of Goods and Services	888	3278	3649	4270	3893
减:商品和服务进口	Less: Imports of Goods and Services	862	2655	2895	3585	3278
国内生产总值	Gross Domestic Product	1191	2832	3008	3422	3346
按1987年价格计算	At Constant Prices of 1987					
政府消费	Government Final Consumption Expenditure	142	201	235	242	284
个人消费	Private Final Consumption Expenditure	554	820	844	950	976
总资本形成	Gross Capital Formation	352	549	528	673	606
商品和服务出口	Exports of Goods and Services	768	1874	2121	2462	2277
减:商品和服务进口	Less: Imports of Goods and Services	755	1622	1793	2231	2039
国内生产总值	Gross Domestic Product	1060	1822	1934	2094	2102
蒙　古	**Mongolia**					
按当年价格计算	In Current Prices					
政府消费	Government Final Consumption Expenditure	32	1555	1676	2091	2226
个人消费	Private Final Consumption Expenditure	66	5378	6183	6924	7666
总资本形成	Gross Capital Formation	37	2346	2635	3136	3449
商品和服务出口	Exports of Goods and Services	23	4538	5661	6835	7382
减:商品和服务进口	Less: Imports of Goods and Services	52	5643	6901	8548	9208
国内生产总值	Gross Domestic Product	98	8174	9253	10446	11515

4–14 续表4 continued

单位：亿本币 (100 million local currency units)

国家和地区	Country or Area	1990	1998	1999	2000	2001
蒙　古(续)	**Mongolia (continued)**					
按1998年价格计算	At Constant Prices of 1998					
政府消费	Government Final Consumption Expenditure		1555	1477	1568	1577
个人消费	Private Final Consumption Expenditure		5378	5452	5192	5432
总资本形成	Gross Capital Formation		2346	2262	2543	2659
商品和服务出口	Exports of Goods and Services		4538	4751	5361	5477
减:商品和服务进口	Less: Imports of Goods and Services		5643	5506	6134	6496
国内生产总值	Gross Domestic Product	8559	8174	8437	8530	8649
缅　甸	**Myanmar**					
按当年价格计算	In Current Prices					
政府消费	Government Final Consumption Expenditure					
个人消费	Private Final Consumption Expenditure	1350	10052			
总资本形成	Gross Capital Formation	203	1993	2943	3177	5150
商品和服务出口	Exports of Goods and Services	40	77	92		
减:商品和服务进口	Less: Imports of Goods and Services	73	169			
国内生产总值	Gross Domestic Product	1519	16098	21902	25526	34333
按1985年价格计算	At Constant Prices of 1985					
政府消费	Government Final Consumption Expenditure					
个人消费	Private Final Consumption Expenditure	422	542			
总资本形成	Gross Capital Formation	82	249	284	315	
商品和服务出口	Exports of Goods and Services	40	79	92	132	118
减:商品和服务进口	Less: Imports of Goods and Services	42	69	68	62	
国内生产总值	Gross Domestic Product	503	795	882	1003	1100
巴基斯坦	**Pakistan**					
按当年价格计算	In Current Prices					
政府消费	Government Final Consumption Expenditure	1296	3016	3044	3516	3504
个人消费	Private Final Consumption Expenditure	6314	19287	22240	23424	25673
总资本形成	Gross Capital Formation	1621	4753	4574	5040	5444
商品和服务出口	Exports of Goods and Services	1330	4414	4511	5144	6154
减:商品和服务进口	Less: Imports of Goods and Services	2000	4693	4985	5652	6612
国内生产总值	Gross Domestic Product	8559	26777	29384	31472	34163
按1981年价格计算	At Constant Prices of 1981					
政府消费	Government Final Consumption Expenditure	659	704	656	705	667
个人消费	Private Final Consumption Expenditure	3343	4779	5139	5170	5265
总资本形成	Gross Capital Formation	888	1137	1030	1083	1095
商品和服务出口	Exports of Goods and Services	657	908	882	1024	1145
减:商品和服务进口	Less: Imports of Goods and Services	806	1073	1015	992	1007
国内生产总值	Gross Domestic Product	4741	6456	6692	6976	7167
菲律宾	**Philippines**					
按当年价格计算	In Current Prices					
政府消费	Government Final Consumption Expenditure	1088	3544	3892	4224	4445
个人消费	Private Final Consumption Expenditure	7671	19801	21621	23355	25612
总资本形成	Gross Capital Formation	2602	5421	5483	5820	6553
商品和服务出口	Exports of Goods and Services	2964	13899	15322	18594	17949
减:商品和服务进口	Less: Imports of Goods and Services	3585	15666	15274	16569	17279
国内生产总值	Gross Domestic Product	10772	26651	29769	33026	36428

4-14 续表5 continued

单位：亿本币 (100 million local currency units)

国家和地区	Country or Area	1990	1998	1999	2000	2001
菲律宾(续)	**Philippines (countinued)**					
按1985年价格计算	At Constant Prices of 1985					
政府消费	Government Final Consumption Expenditure	570	703	750	742	735
个人消费	Private Final Consumption Expenditure	5318	7079	7266	7521	7780
总资本形成	Gross Capital Formation	1764	1968	1929	1973	2058
商品和服务出口	Exports of Goods and Services	2197	3674	3808	4481	4339
减:商品和服务进口	Less: Imports of Goods and Services	2691	4842	4707	4895	4918
国内生产总值	Gross Domestic Product	7207	8880	9182	9550	9874
新加坡	**Singapore**					
按当年价格计算	In Current Prices					
政府消费	Government Final Consumption Expenditure	68	139	141	168	183
个人消费	Private Final Consumption Expenditure	308	538	576	642	648
总资本形成	Gross Capital Formation	243	458	447	505	372
商品和服务出口	Exports of Goods and Services	1223	2154	2359	2859	2663
减:商品和服务进口	Less: Imports of Goods and Services	1177	1887	2094	2572	2330
国内生产总值	Gross Domestic Product	665	1376	1401	1599	1535
按1990年价格计算	At Constant Prices of 1990					
政府消费	Government Final Consumption Expenditure	68	127	135	154	164
个人消费	Private Final Consumption Expenditure	308	470	500	550	553
总资本形成	Gross Capital Formation	243	433	443	502	384
商品和服务出口	Exports of Goods and Services					
减:商品和服务进口	Less: Imports of Goods and Services					
国内生产总值	Gross Domestic Product	665	1201	1284	1416	1387
斯里兰卡	**Sri Lanka**					
按当年价格计算	In Current Prices					
政府消费	Government Final Consumption Expenditure	314	997	999	1308	1415
个人消费	Private Final Consumption Expenditure	2461	7238	7904	9077	10440
总资本形成	Gross Capital Formation	726	2557	3017	3526	3084
商品和服务出口	Exports of Goods and Services	940	3689	3927	4986	5175
减:商品和服务进口	Less: Imports of Goods and Services	1223	4301	4787	6341	6113
国内生产总值	Gross Domestic Product	3218	10180	11060	12555	14002
按1996年价格计算	At Constant Prices of 1996					
政府消费	Government Final Consumption Expenditure	508				
个人消费	Private Final Consumption Expenditure	4077				
总资本形成	Gross Capital Formation	1318	2223	2366	2602	2155
商品和服务出口	Exports of Goods and Services	1724	3029	3150	3717	3475
减:商品和服务进口	Less: Imports of Goods and Services	2133	4153	4444	5106	4588
国内生产总值	Gross Domestic Product	5690	8557	8925	9461	9323
泰国	**Thailand**					
按当年价格计算	In Current Prices					
政府消费	Government Final Consumption Expenditure	2054	5117	5335	5608	5907
个人消费	Private Final Consumption Expenditure	12350	25053	25911	27519	29035
总资本形成	Gross Capital Formation	9030	9460	9497	11145	12256
商品和服务出口	Exports of Goods and Services	7453	27240	27033	32897	33796
减:商品和服务进口	Less: Imports of Goods and Services	9095	19889	21203	28623	30705
国内生产总值	Gross Domestic Product	21835	46264	46321	49047	51007

4-14 续表6 continued

单位：亿本币 (100 million local currency units)

国家和地区	Country or Area	1990	1998	1999	2000	2001
泰　国(续)	**Thailand(countinued)**					
按1988年价格计算	At Constant Prices of 1988					
政府消费	Government Final Consumption Expenditure	1719	2630	2713	2784	2827
个人消费	Private Final Consumption Expenditure	11109	14788	15422	16180	16731
总资本形成	Gross Capital Formation	7805	5160	5609	6221	6257
商品和服务出口	Exports of Goods and Services	7096	15200	16573	19485	18657
减:商品和服务进口	Less: Imports of Goods and Services	8070	10663	11782	14999	13754
国内生产总值	Gross Domestic Product	19454	27497	28715	30047	30587
土 耳 其 ①	**Turkey ①**					
按当年价格计算	In Current Prices					
政府消费	Government Final Consumption Expenditure	4308	663277	1174774	1753895	2566065
个人消费	Private Final Consumption Expenditure	26956	3612256	5592776	8909779	13124250
总资本形成	Gross Capital Formation	9568	1262757	1807913	3053312	2991142
商品和服务出口	Exports of Goods and Services	5222	1271330	1797207	3133479	6111740
减:商品和服务进口	Less: Imports of Goods and Services	6904	1457322	2080116	3888355	5631817
国内生产总值	Gross Domestic Product	39301	5222495	7741527	12458350	18140860
按1987年价格计算	At Constant Prices of 1987					
政府消费	Government Final Consumption Expenditure	630	904	962	1031	942
个人消费	Private Final Consumption Expenditure	5780	7811	7608	8077	7352
总资本形成	Gross Capital Formation	2318	3332	3037	3636	2105
商品和服务出口	Exports of Goods and Services	1410	3538	3289	3920	4210
减:商品和服务进口	Less: Imports of Goods and Services	1801	3931	3788	4750	3570
国内生产总值	Gross Domestic Product	8358	11611	11065	11879	11001
越　　南	**Viet Nam**					
按当年价格计算	In Current Prices					
政府消费	Government Final Consumption Expenditure	51770	275230	271370	283460	301450
个人消费	Private Final Consumption Expenditure	355590	2559210	2745530	2935070	3146950
总资本形成	Gross Capital Formation	52720	1048750	1105030	1307710	1496210
商品和服务出口	Exports of Goods and Services	151200	1619100	1953568	2429305	2651755
减:商品和服务进口	Less: Imports of Goods and Services	189960	1882810	2067748	2538085	2750205
国内生产总值	Gross Domestic Product	419550	3610160	3999420	4416460	4844930
按1994年价格计算	At Constant Prices of 1994					
政府消费	Government Final Consumption Expenditure		184250	173740	182450	192480
个人消费	Private Final Consumption Expenditure		1724980	1769760	1824200	1906520
总资本形成	Gross Capital Formation	150618	749310	758300	834960	922330
商品和服务出口	Exports of Goods and Services	226324				
减:商品和服务进口	Less: Imports of Goods and Services	304946				
国内生产总值	Gross Domestic Product	1318442	2445960	2562720	2736660	2923760
埃　　及	**Egypt**					
按当年价格计算	In Current Prices					
政府消费	Government Final Consumption Expenditure	109	283	307	330	431
个人消费	Private Final Consumption Expenditure	690	2184	2348	2661	2812
总资本形成	Gross Capital Formation	277	587	620	621	560
商品和服务出口	Exports of Goods and Services	193	466	463	551	636
减:商品和服务进口	Less: Imports of Goods and Services	314	739	717	776	820
国内生产总值	Gross Domestic Product	961	2781	3021	3387	3618

4–14 续表7 continued

单位：亿本币 (100 million local currency units)

国家和地区	Country or Area	1990	1998	1999	2000	2001
埃　及(续)	**Egypt (continued)**					
按1992年价格计算	At Constant Prices of 1992					
政府消费	Government Final Consumption Expenditure	148	169	178	179	228
个人消费	Private Final Consumption Expenditure	941	1301	1364	1443	1662
总资本形成	Gross Capital Formation	330	427	448	427	265
商品和服务出口	Exports of Goods and Services	346	447	488	507	548
减:商品和服务进口	Less: Imports of Goods and Services	459	575	591	571	633
国内生产总值	Gross Domestic Product	1318	1803	1917	2015	2073
尼日利亚	**Nigeria**					
按当年价格计算	In Current Prices					
政府消费	Government Final Consumption Expenditure	393	2737	4308	8576	11601
个人消费	Private Final Consumption Expenditure	1448	20014	21655	19010	22055
总资本形成	Gross Capital Formation	384	6821	7508	9502	12679
商品和服务出口	Exports of Goods and Services	1132	9483	11848	21864	22217
减:商品和服务进口	Less: Imports of Goods and Services	751	10768	13208	17171	22532
国内生产总值	Gross Domestic Product	2606	28287	32112	41782	46020
按1987年价格计算	At Constant Prices of 1987					
政府消费	Government Final Consumption Expenditure	233	220			
个人消费	Private Final Consumption Expenditure	856	858			
总资本形成	Gross Capital Formation	223	441			
商品和服务出口	Exports of Goods and Services	397	616	540	531	561
减:商品和服务进口	Less: Imports of Goods and Services	321	425	489	567	674
国内生产总值	Gross Domestic Product	1388	1712	1731	1797	1867
南　　非	**South Africa**					
按当年价格计算	In Current Prices					
政府消费	Government Final Consumption Expenditure	570	1468	1541	1606	1855
个人消费	Private Final Consumption Expenditure	1819	4701	5108	5700	6190
总资本形成	Gross Capital Formation	343	1140	1162	1313	1462
商品和服务出口	Exports of Goods and Services	707	1902	2059	2538	2712
减:商品和服务进口	Less: Imports of Goods and Services	540	1816	1840	2279	2466
国内生产总值	Gross Domestic Product	2898	7395	8028	8878	9752
按1995年价格计算	At Constant Prices of 1995					
政府消费	Government Final Consumption Expenditure	1006	1094	1073	1047	1152
个人消费	Private Final Consumption Expenditure	3149	3748	3790	3913	4005
总资本形成	Gross Capital Formation	845	970	936	997	1033
商品和服务出口	Exports of Goods and Services	1018	1483	1501	1625	1675
减:商品和服务进口	Less: Imports of Goods and Services	767	1403	1299	1395	1523
国内生产总值	Gross Domestic Product	5251	5913	6038	6241	6380
加 拿 大	**Canada**					
按当年价格计算	In Current Prices					
政府消费	Government Final Consumption Expenditure	1510	1787	1847	1953	2037
个人消费	Private Final Consumption Expenditure	3764	5181	5471	5799	6058
总资本形成	Gross Capital Formation	1422	1865	2003	2180	2105
商品和服务出口	Exports of Goods and Services	1744	3774	4202	4827	4713
减:商品和服务进口	Less: Imports of Goods and Services	1740	3599	3872	4280	4156
国内生产总值	Gross Domestic Product	6700	9004	9654	10494	10756

4-14 续表8 continued

单位：亿本币 (100 million local currency units)

国家和地区	Country or Area	1990	1998	1999	2000	2001
加 拿 大（续）	**Canada (continued)**					
按1995年价格计算	At Constant Prices of 1995					
政府消费	Government Final Consumption Expenditure	1684	1735	1768	1809	1868
个人消费	Private Final Consumption Expenditure	4212	4964	5157	5352	5489
总资本形成	Gross Capital Formation	1461	1822	1966	2123	2021
商品和服务出口	Exports of Goods and Services	2034	3759	4138	4469	4297
减:商品和服务进口	Less: Imports of Goods and Services	2095	3482	3753	4061	3827
国内生产总值	Gross Domestic Product	7334	8801	9282	9705	9846
墨 西 哥	**Mexico**					
按当年价格计算	In Current Prices					
政府消费	Government Final Consumption Expenditure	619	4000	5065	6075	6670
个人消费	Private Final Consumption Expenditure	5141	25934	30841	36961	40448
总资本形成	Gross Capital Formation	1710	9354	10773	12887	11961
商品和服务出口	Exports of Goods and Services	1374	11804	14143	17038	15937
减:商品和服务进口	Less: Imports of Goods and Services	1456	12628	14886	18107	17298
国内生产总值	Gross Domestic Product	7389	38464	45937	54854	57719
按1993年价格计算	At Constant Prices of 1993					
政府消费	Government Final Consumption Expenditure	1260	1469	1538	1570	1547
个人消费	Private Final Consumption Expenditure	8123	9806	10228	11076	11451
总资本形成	Gross Capital Formation	2135	3291	3404	3798	3513
商品和服务出口	Exports of Goods and Services	1606	4310	4846	5638	5349
减:商品和服务进口	Less: Imports of Goods and Services	1716	4362	4976	6045	5873
国内生产总值	Gross Domestic Product	11408	14514	15039	16038	15988
美 国	**United States**					
按当年价格计算	In Current Prices					
政府消费	Government Final Consumption Expenditure	9788	12477	13174	14121	
个人消费	Private Final Consumption Expenditure	38315	58560	62502	67284	
总资本形成	Gross Capital Formation	10119	17680	18898	20334	
商品和服务出口	Exports of Goods and Services	5572	9652	9901	11031	
减:商品和服务进口	Less: Imports of Goods and Services	6286	11167	12406	14669	
国内生产总值	Gross Domestic Product	57508	87202	92069	98102	100653
按1995年价格计算	At Constant Prices of 1995					
政府消费	Government Final Consumption Expenditure	11298	11642	11928	12271	
个人消费	Private Final Consumption Expenditure	43805	55643	58430	61263	
总资本形成	Gross Capital Formation	10775	17898	19083	20251	
商品和服务出口	Exports of Goods and Services	5831	10156	10484	11480	
减:商品和服务进口	Less: Imports of Goods and Services	6438	12459	13764	15603	
国内生产总值	Gross Domestic Product	65205	82859	86267	89869	90139
阿 根 廷	**Argentina**					
按当年价格计算	In Current Prices					
政府消费	Government Final Consumption Expenditure	22	374	389	393	285
个人消费	Private Final Consumption Expenditure	532	2096	1985	2007	1988
总资本形成	Gross Capital Formation	96	596	511	460	379
商品和服务出口	Exports of Goods and Services	71	310	278	309	307
减:商品和服务进口	Less: Imports of Goods and Services	32	387	327	327	273
国内生产总值	Gross Domestic Product	689	2989	2835	2842	2686

4-14 续表9 continued

单位：亿本币 (100 million local currency units)

国家和地区	Country or Area	1990	1998	1999	2000	2001
阿 根 廷（续）	**Argentina (continued)**					
按1993年价格计算	At Constant Prices of 1993					
政府消费	Government Final Consumption Expenditure		352	362	364	356
个人消费	Private Final Consumption Expenditure		2002	1932	1935	1841
总资本形成	Gross Capital Formation	230	608	531	495	417
商品和服务出口	Exports of Goods and Services	165	308	304	313	322
减:商品和服务进口	Less: Imports of Goods and Services	64	389	345	345	297
国内生产总值	Gross Domestic Product	1771	2881	2784	2762	2639
巴　西	**Brazil**					
按当年价格计算	In Current Prices					
政府消费	Government Final Consumption Expenditure		1748	1859	2093	2363
个人消费	Private Final Consumption Expenditure		5703	5933	6587	7123
总资本形成	Gross Capital Formation		1931	1954	2362	2485
商品和服务出口	Exports of Goods and Services		669	1018	1174	1583
减:商品和服务进口	Less: Imports of Goods and Services		908	1125	1350	1706
国内生产总值	Gross Domestic Product		9142	9639	10867	11848
按1995年价格计算	At Constant Prices of 1995					
政府消费	Government Final Consumption Expenditure	1629	1533	1391	1391	1458
个人消费	Private Final Consumption Expenditure	2643	3893	4132	4285	4397
总资本形成	Gross Capital Formation	1117	1456	1412	1569	1537
商品和服务出口	Exports of Goods and Services	363	579	632	704	789
减:商品和服务进口	Less: Imports of Goods and Services	301	759	648	729	733
国内生产总值	Gross Domestic Product	5538	6862	6917	7221	7330
委内瑞拉	**Venezuela**					
按当年价格计算	In Current Prices					
政府消费	Government Final Consumption Expenditure	1920	39576	47003	59589	72064
个人消费	Private Final Consumption Expenditure	14150	376849	432369	522951	616627
总资本形成	Gross Capital Formation	2330	114764	113277	141940	169393
商品和服务出口	Exports of Goods and Services	8990	104418	135460	234570	204916
减:商品和服务进口	Less: Imports of Goods and Services	4600	110782	102339	134543	158790
国内生产总值	Gross Domestic Product	22790	524825	625770	824507	904210
按1984年价格计算	At Constant Prices of 1984					
政府消费	Government Final Consumption Expenditure	529	544	560	588	623
个人消费	Private Final Consumption Expenditure	2796	3169	3034	3147	3296
总资本形成	Gross Capital Formation	461	1088	923	1009	1048
商品和服务出口	Exports of Goods and Services	1547	2499	2230	2353	2405
减:商品和服务进口	Less: Imports of Goods and Services	550	1274	1088	1256	1374
国内生产总值	Gross Domestic Product	4783	6026	5659	5842	5998
白俄罗斯	**Belarus**					
按当年价格计算	In Current Prices					
政府消费	Government Final Consumption Expenditure		1395	5902	17791	34967
个人消费	Private Final Consumption Expenditure		4062	17746	51981	98912
总资本形成	Gross Capital Formation		1876	7174	23199	37527
商品和服务出口	Exports of Goods and Services		4146	17915	63216	114750
减:商品和服务进口	Less: Imports of Goods and Services		4487	18650	66127	120733
国内生产总值	Gross Domestic Product		7022	30261	91338	169126

4-14 续表10 continued

单位：亿本币 (100 million local currency units)

国家和地区	Country or Area	1990	1998	1999	2000	2001
白俄罗斯(续)	**Belarus(continued)**					
按1990年价格计算③	At Constant Prices of 1990 ③					
政府消费	Government Final Consumption Expenditure	103	73	78	82	84
个人消费	Private Final Consumption Expenditure	205	177	188	192	205
总资本形成	Gross Capital Formation	115	70	58	67	62
商品和服务出口	Exports of Goods and Services	199	103	110	124	138
减:商品和服务进口	Less: Imports of Goods and Services	189	72	71	81	89
国内生产总值	Gross Domestic Product	433	351	363	384	400
保加利亚	**Bulgaria**					
按当年价格计算	In Current Prices					
政府消费	Government Final Consumption Expenditure		34	39	48	48
个人消费	Private Final Consumption Expenditure		151	170	185	211
总资本形成	Gross Capital Formation		38	43	49	60
商品和服务出口	Exports of Goods and Services		106	106	149	165
减:商品和服务进口	Less: Imports of Goods and Services		105	120	163	187
国内生产总值	Gross Domestic Product		224	238	268	296
按1990年价格计算③	At Constant Prices of 1990 ③					
政府消费	Government Final Consumption Expenditure	826	345	362	404	413
个人消费	Private Final Consumption Expenditure	2716	1745	1911	1999	2098
总资本形成	Gross Capital Formation	1161	1090	1148	1202	1286
商品和服务出口	Exports of Goods and Services	1503	1345	1277	1489	1616
减:商品和服务进口	Less: Imports of Goods and Services	1667	988	1080	1281	1448
国内生产总值	Gross Domestic Product	4539	3537	3618	3813	3966
捷　克	**Czech Republic**					
按当年价格计算	In Current Prices					
政府消费	Government Final Consumption Expenditure	1435	3566	3859	4028	4295
个人消费	Private Final Consumption Expenditure	3087	9520	10066	10596	11412
总资本形成	Gross Capital Formation	1575	5526	5341	5887	6464
商品和服务出口	Exports of Goods and Services	2831	10760	11485	13815	15331
减:商品和服务进口	Less: Imports of Goods and Services	2666	10981	11728	14478	15923
国内生产总值	Gross Domestic Product	6262	18391	19023	19848	21578
按1995年价格计算	At Constant Prices of 1995					
政府消费	Government Final Consumption Expenditure	3383	2722	2768	2755	2771
个人消费	Private Final Consumption Expenditure	7160	7512	7656	7835	8137
总资本形成	Gross Capital Formation	4092	4814	4674	5113	5569
商品和服务出口	Exports of Goods and Services	5240	9551	10150	12052	12239
减:商品和服务进口	Less: Imports of Goods and Services	5381	10455	11037	13081	13566
国内生产总值	Gross Domestic Product	14494	14144	14210	14673	15151
法　国②	**France ②**					
按当年价格计算	In Current Prices					
政府消费	Government Final Consumption Expenditure	2247	3061	3157	3295	3406
个人消费	Private Final Consumption Expenditure	5586	7161	7423	7726	8058
总资本形成	Gross Capital Formation	2358	2491	2663	2964	2943
商品和服务出口	Exports of Goods and Services	2144	3410	3516	4044	4086
减:商品和服务进口	Less: Imports of Goods and Services	2243	3064	3208	3860	3856
国内生产总值	Gross Domestic Product	10093	13059	13551	14169	14637

4-14 续表11 continued

单位：亿本币 (100 million local currency units)

国家和地区	Country or Area	1990	1998	1999	2000	2001
法　国②（续）	**France ② (continued)**					
按1995年价格计算	At Constant Prices of 1995					
政府消费	Government Final Consumption Expenditure	2515	2943	2987	3068	3143
个人消费	Private Final Consumption Expenditure	6327	6884	7106	7284	7475
总资本形成	Gross Capital Formation	2426	2460	2656	2892	2854
商品和服务出口	Exports of Goods and Services	2056	3333	3476	3918	3939
减:商品和服务进口	Less: Imports of Goods and Services	2117	3026	3213	3672	3676
国内生产总值	Gross Domestic Product	11210	12591	12995	13487	13734
德　国②	**Germany ②**					
按当年价格计算	In Current Prices					
政府消费	Government Final Consumption Expenditure	2663	3695	3784	3845	3932
个人消费	Private Final Consumption Expenditure	7781	11110	11496	11828	12181
总资本形成	Gross Capital Formation	3126	4209	4295	4502	4126
商品和服务出口	Exports of Goods and Services	4015	5597	5866	6833	7214
减:商品和服务进口	Less: Imports of Goods and Services	3555	5316	5698	6753	6823
国内生产总值	Gross Domestic Product	13949	19294	19743	20255	20630
按1995年价格计算	At Constant Prices of 1995					
政府消费	Government Final Consumption Expenditure	3237	3688	3747	3793	3856
个人消费	Private Final Consumption Expenditure	9147	10595	10924	11082	11209
总资本形成	Gross Capital Formation	3556	4193	4284	4452	4067
商品和服务出口	Exports of Goods and Services	4260	5508	5818	6588	6899
减:商品和服务进口	Less: Imports of Goods and Services	3604	5220	5662	6230	6235
国内生产总值	Gross Domestic Product	16635	18764	19111	19685	19796
意 大 利②	**Italy ②**					
按当年价格计算	In Current Prices					
政府消费	Government Final Consumption Expenditure	1379	1922	1997	2122	2247
个人消费	Private Final Consumption Expenditure	3924	6373	6668	7041	7323
总资本形成	Gross Capital Formation	1516	2069	2192	2371	2403
商品和服务出口	Exports of Goods and Services	1347	2827	2831	3303	3440
减:商品和服务进口	Less: Imports of Goods and Services	1344	2462	2603	3190	3245
国内生产总值	Gross Domestic Product	6822	10730	11085	11648	12167
按1995年价格计算	At Constant Prices of 1995					
政府消费	Government Final Consumption Expenditure	1667	1672	1694	1722	1760
个人消费	Private Final Consumption Expenditure	5196	5848	5990	6152	6221
总资本形成	Gross Capital Formation	1880	1941	2057	2075	2129
商品和服务出口	Exports of Goods and Services	1750	2763	2771	3095	3119
减:商品和服务进口	Less: Imports of Goods and Services	1826	2533	2666	2917	2922
国内生产总值	Gross Domestic Product	8666	9691	9846	10128	10308
荷　兰②	**Netherlands ②**					
按当年价格计算	In Current Prices					
政府消费	Government Final Consumption Expenditure	572	804	858	912	987
个人消费	Private Final Consumption Expenditure	1205	1760	1874	1999	2107
总资本形成	Gross Capital Formation	572	786	845	905	927
商品和服务出口	Exports of Goods and Services	1314	2159	2263	2696	2764
减:商品和服务进口	Less: Imports of Goods and Services	1230	1967	2103	2501	2537
国内生产总值	Gross Domestic Product	2433	3542	3737	4011	4248

4-14 续表12 continued

单位：亿本币 (100 million local currency units)

国家和地区	Country or Area	1990	1998	1999	2000	2001
荷　兰②（续）	**Netherlands ② (continued)**					
按1995年价格计算	At Constant Prices of 1995					
政府消费	Government Final Consumption Expenditure	656	773	794	809	837
个人消费	Private Final Consumption Expenditure	1372	1665	1739	1804	1826
总资本形成	Gross Capital Formation	622	747	784	807	794
商品和服务出口	Exports of Goods and Services	1273	2122	2236	2449	2471
减:商品和服务进口	Less: Imports of Goods and Services	1198	1932	2054	2246	2265
国内生产总值	Gross Domestic Product	2721	3374	3500	3621	3662
波　兰	**Poland**					
按当年价格计算	In Current Prices					
政府消费	Government Final Consumption Expenditure	108	855	1015	1099	1197
个人消费	Private Final Consumption Expenditure	269	3521	3905	4390	4737
总资本形成	Gross Capital Formation	144	1450	1623	1786	1562
商品和服务出口	Exports of Goods and Services	161	1559	1608	2010	2102
减:商品和服务进口	Less: Imports of Goods and Services	121	1849	1999	2483	2382
国内生产总值	Gross Domestic Product	560	5536	6151	6850	7216
按1990年价格计算	At Constant Prices of 1990					
政府消费	Government Final Consumption Expenditure	83	115	116	118	119
个人消费	Private Final Consumption Expenditure	295	445	468	480	490
总资本形成	Gross Capital Formation	144	250	265	276	238
商品和服务出口	Exports of Goods and Services	161	360	351	432	483
减:商品和服务进口	Less: Imports of Goods and Services	121	458	463	535	552
国内生产总值	Gross Domestic Product	560	741	771	802	810
罗马尼亚	**Romania**					
按当年价格计算	In Current Prices					
政府消费	Government Final Consumption Expenditure	1143	265459	310535	555010	732128
个人消费	Private Final Consumption Expenditure	5652	3109227	4533080	6323777	9218051
总资本形成	Gross Capital Formation	2595	663335	877405	1576803	2526503
商品和服务出口	Exports of Goods and Services	1435	845593	1529027	2641866	3868316
减:商品和服务进口	Less: Imports of Goods and Services	2246	1145632	1792745	3094375	4803734
国内生产总值	Gross Domestic Product	8579	3737982	5457302	8003081	11541260
按1998年价格计算	At Constant Prices of 1998					
政府消费	Government Final Consumption Expenditure	215701	265459	214756	248735	278986
个人消费	Private Final Consumption Expenditure	3209724	3109227	3075025	3078135	3416079
总资本形成	Gross Capital Formation	1443891	663335	599731	722378	856111
商品和服务出口	Exports of Goods and Services	596312	845593	934042	1159372	1282171
减:商品和服务进口	Less: Imports of Goods and Services	951800	1145632	1128222	1445711	1698966
国内生产总值	Gross Domestic Product	4447052	3689221	3644951	3710560	3907219
俄罗斯联邦	**Russian Federation**					
按当年价格计算	In Current Prices					
政府消费	Government Final Consumption Expenditure	1	4081	7931	12238	12949
个人消费	Private Final Consumption Expenditure	3	17671	24867	33736	46069
总资本形成	Gross Capital Formation	2	4416	7029	12119	19941
商品和服务出口	Exports of Goods and Services	1	8468	20862	32500	33279
减:商品和服务进口	Less: Imports of Goods and Services	1	7225	13021	17571	21829
国内生产总值	Gross Domestic Product	6	27411	47668	73022	90408
按1997年价格计算	At Constant Prices of 1997					
政府消费	Government Final Consumption Expenditure	4774	3396	3498	3554	3062

4-14 续表13 continued

单位：亿本币 (100 million local currency units)

国家和地区	Country or Area	1990	1998	1999	2000	2001
俄罗斯联邦（续）	**Russian Federation(continued)**					
个人消费	Private Final Consumption Expenditure	16346	14581	13808	16463	17858
总资本形成	Gross Capital Formation	27599	3876	4237	5026	5958
商品和服务出口	Exports of Goods and Services	9026	5829	5730	5903	6059
减:商品和服务进口	Less: Imports of Goods and Services	12870	4495	3216	3866	4503
国内生产总值	Gross Domestic Product	40937	23571	24844	27080	28434
西 班 牙②	**Spain ②**					
按当年价格计算	In Current Prices					
政府消费	Government Final Consumption Expenditure	521	921	986	1060	1123
个人消费	Private Final Consumption Expenditure	1881	3130	3358	3604	3819
总资本形成	Gross Capital Formation	831	1226	1385	1560	1656
商品和服务出口	Exports of Goods and Services	509	1439	1555	1826	1945
减:商品和服务进口	Less: Imports of Goods and Services	617	1436	1628	1962	2041
国内生产总值	Gross Domestic Product	3124	5280	5655	6088	6502
按1995年价格计算	At Constant Prices of 1995					
政府消费	Government Final Consumption Expenditure	682	854	890	925	955
个人消费	Private Final Consumption Expenditure	2469	2883	3019	3140	3225
总资本形成	Gross Capital Formation	1016	1151	1254	1317	1355
商品和服务出口	Exports of Goods and Services	618	1363	1467	1608	1663
减:商品和服务进口	Less: Imports of Goods and Services	722	1383	1561	1713	1776
国内生产总值	Gross Domestic Product	4062	4867	5068	5276	5422
乌 克 兰	**Ukraine**					
按当年价格计算	In Current Prices					
政府消费	Government Final Consumption Expenditure		252	259	356	455
个人消费	Private Final Consumption Expenditure		583	746	924	1119
总资本形成	Gross Capital Formation		214	228	344	412
商品和服务出口	Exports of Goods and Services		430	701	1062	1133
减:商品和服务进口	Less: Imports of Goods and Services		453	629	986	1100
国内生产总值	Gross Domestic Product		1026	1304	1701	2019
按1990年价格计算	At Constant Prices of 1990					
政府消费	Government Final Consumption Expenditure	28	22	20	21	22
个人消费	Private Final Consumption Expenditure	95	47	46	48	53
总资本形成	Gross Capital Formation	46	7	7	8	9
商品和服务出口	Exports of Goods and Services	46	22	22	27	27
减:商品和服务进口	Less: Imports of Goods and Services	48	18	15	19	19
国内生产总值	Gross Domestic Product	167	69	69	73	79
英 国	**United Kingdom**					
按当年价格计算	In Current Prices					
政府消费	Government Final Consumption Expenditure	1103	1549	1663	1778	1897
个人消费	Private Final Consumption Expenditure	3490	5576	5902	6181	6513
总资本形成	Gross Capital Formation	1124	1564	1606	1657	1699
商品和服务出口	Exports of Goods and Services	1339	2288	2367	2656	2683
减:商品和服务进口	Less: Imports of Goods and Services	1483	2379	2526	2818	2896
国内生产总值	Gross Domestic Product	5573	8598	9013	9449	9893
按1995年价格计算	At Constant Prices of 1995					
政府消费	Government Final Consumption Expenditure	1332	1450	1491	1540	1581
个人消费	Private Final Consumption Expenditure	4276	5148	5365	5586	5802
总资本形成	Gross Capital Formation	1171	1537	1557	1593	1581
商品和服务出口	Exports of Goods and Services	1572	2458	2589	2856	2884

4-14 续表14 continued

单位：亿本币 (100 million local currency units)

国家和地区	Country or Area	1990	1998	1999	2000	2001
英　国(续)	**United Kingdom(continued)**					
减:商品和服务进口	Less: Imports of Goods and Services	1765	2729	2972	3297	3388
国内生产总值	Gross Domestic Product	6592	7863	8030	8274	8457
南斯拉夫	**Yugoslavia**					
按当年价格计算	In Current Prices					
政府消费	Government Final Consumption Expenditure			562	664	1334
个人消费	Private Final Consumption Expenditure			1405	3044	6528
总资本形成	Gross Capital Formation			224	519	976
商品和服务出口	Exports of Goods and Services			405	1130	1841
减:商品和服务进口	Less: Imports of Goods and Services			668	1776	3440
国内生产总值	Gross Domestic Product			1929	3581	7241
按1995年价格计算	At Constant Prices of 1995					
政府消费	Government Final Consumption Expenditure			386	292	307
个人消费	Private Final Consumption Expenditure			821	985	1130
总资本形成	Gross Capital Formation			118	145	145
商品和服务出口	Exports of Goods and Services			194	261	286
减:商品和服务进口	Less: Imports of Goods and Services			320	412	535
国内生产总值	Gross Domestic Product			1200	1260	1329
澳大利亚	**Australia**					
按当年价格计算	In Current Prices					
政府消费	Government Final Consumption Expenditure	747	1082	1180	1252	
个人消费	Private Final Consumption Expenditure	2337	3550	3747	4027	
总资本形成	Gross Capital Formation	889	1429	1508	1416	
商品和服务出口	Exports of Goods and Services	663	1120	1260	1531	
减:商品和服务进口	Less: Imports of Goods and Services	669	1265	1403	1524	
国内生产总值	Gross Domestic Product	3974	5916	6292	6700	7129
按1995年价格计算	At Constant Prices of 1995					
政府消费	Government Final Consumption Expenditure	826	1022	1075	1106	
个人消费	Private Final Consumption Expenditure	2600	3413	3553	3650	
总资本形成	Gross Capital Formation	884	1521	1555	1427	
商品和服务出口	Exports of Goods and Services	672	1158	1266	1356	
减:商品和服务进口	Less: Imports of Goods and Services	709	1278	1438	1417	
国内生产总值	Gross Domestic Product	4289	5732	5977	6092	6330
新 西 兰	**New Zealand**					
按当年价格计算	In Current Prices					
政府消费	Government Final Consumption Expenditure	141	190	202	203	
个人消费	Private Final Consumption Expenditure	446	615	637	661	
总资本形成	Gross Capital Formation	143	199	221	224	
商品和服务出口	Exports of Goods and Services	198	304	332	411	
减:商品和服务进口	Less: Imports of Goods and Services	196	301	344	392	
国内生产总值	Gross Domestic Product	731	1012	1059	1118	1199
按1995年价格计算	At Constant Prices of 1995					
政府消费	Government Final Consumption Expenditure	151	178	186	181	
个人消费	Private Final Consumption Expenditure	483	588	608	616	
总资本形成	Gross Capital Formation	159	204	229	226	
商品和服务出口	Exports of Goods and Services	202	301	322	343	
减:商品和服务进口	Less: Imports of Goods and Services	194	296	329	330	
国内生产总值	Gross Domestic Product	796	977	1022	1047	1081

注：①百亿本币。②货币单位为欧元。③万本币。

Note: ① Ten billion local currency units. ② The monetary unit is the euro. ③ Ten thousand local currency units.

4-15 收入法国内生产总值

Gross Domestic Product by Income Approach

资料来源： OECD《OECD成员国国民核算统计年鉴》1990-2001；UN《国民经济核算年鉴》1996-1997。
Source: OECD"Naitonal Accounts of OECD Countries"1989-2001;UN"National Account Statistics"1996-1997.

单位：亿本币 (100 million local currency units)

国家和地区	Country or Area	年份 Year	劳动者报酬 Compensation of Employees	营业盈余 Net Operating Surplus and Gross Mixed Income	固定资本折旧 Consumption of Fixed Capital	税减产品和进口补贴 Taxes Less Subsidies on Production and Imports	统计误差 Statistical Discrepancy	国内生产总值 Gross Domestic Product
中国香港	Hong Kong, China	1996	5747	5559 ①		624	-5	11926
孟加拉国	Bangladesh	1997			1101	1312		15409
印　　度	India	1996		49482	12718	12776 ②		127697
伊　　朗	Iran	1996			380260	-9090 ②		2327420
以 色 列	Israel	2000	2575	810	639	804		4189
日　　本	Japan	2000	2796171	1918579 ①		383930	36661	5135340
哈萨克斯坦	Kazakhstan	2000	8687	10927	4206	813		24425
韩　　国	Korea, Rep.	2001	2448982	2206427 ①		794724		5450133
蒙　　古	Mongolia	1996	3017	1850	545	453 ②		5865
缅　　甸	Myanmar	1997	5067	5125	215	268		10675
巴基斯坦	Pakistan	2000	9267	2744 ①				33026
菲 律 宾	Philippines	1997	6592	12838	2080	2727 ②		24236
新 加 坡	Singapore	1997	611	497	182	147 ②	-7	1430
斯里兰卡	Sri Lanka	1999	5072	4720 ①		978		10770
泰　　国	Thailand	1996	13091	21735	5567	5590 ②		45983
土 耳 其③	Turkey ③	2001	50530	105755 ①		25123		181409
尼日利亚	Nigeria	1994	810	8274	186	58		9143
南　　非	South Africa	2000	4229	3674 ①		178		8080
阿 根 廷	Argentina	1997	958	1252 ①				2669
巴　　西	Brazil	2000	4116	4405 ①		599		9673
加 拿 大	Canada	2001	5689	3788 ①		1279		10756
墨 西 哥	Mexico	2000	17144	32356 ①		5353		54854
美　　国	United States	2001	58810	35962 ①		6597	-1173	100197
委内瑞拉	Venezuela	2000	247669	532675	59236	17059		797403
捷　　克	Czech Republic	1999	8736	8255 ①		1882		19023
法　　国	France	2001	7736	4875 ①		2026		14637
德　　国	Germany	2001	11210	7321 ①		2182		20712
意 大 利	Italy	2001	4972	5552 ①		1643		12167
荷　　兰	Netherlands	2001	2205	1583 ①		504		4292
波　　兰	Poland	2000	2997	2926 ①		927		6850
俄 罗 斯	Russian Federation	2000	29364	31177 ①		12482		73022
西 班 牙	Spain	2001	3266	2601 ①		649		6516
乌 克 兰	Ukraine	2000	719	696	302	27		1443
英　　国	United Kingdom	2001	5563	2986 ①		1317	12	9877
澳大利亚	Australia	2001	3385	2856 ①		883	6	7130
新 西 兰	New Zealand	2000	468	511 ①		144		1123

注：①包括固定资本折旧。 ②间接税减补贴。③万亿本币。
Note: ① Including consumption of fixed capital. ② Refer to indirect taxes less subsidies. ③ Thousand billion local currency units.

4-16 按行业分类的资本形成总额

Gross Capital Formation by Kind of Activity

资料来源：联合国《国民经济核算年鉴》2000年。
Source:UN"National Account Statistics"2000.

单位：亿本币 (100 million local currency units)

国家和地区	Country or Area	年份 Year	资本形成总额 Gross Capital Formation	农业 Agriculture	采掘业 Mining and Quarrying	制造业 Manufacturing	电、煤气和水供应业 Electricity, Gas and Water Supply	建筑业 Construction
印　度	India	1998	37201	2872	743	8580 ①②	3389	18008
以色列①	Isarel ①	2000	921	16		199	36	23
韩　国①	Korea, Rep. ①	1999	134152		1390	344860	105190	18750
巴基斯坦①	Pakistan ①	1997	4050	282	154	840	502	151
南　非①	South Africa ①	2000	1321	41	131	304	54	12
加拿大	Canada	1997	1785	36	195	233	87	23
美　国	United States	1996	12943	376	261	1612	523	151
法　国①	France ①	1997	2246	89	6	283	91	27
德　国①	Germany ①	2000	4491	70	13	685	157	53
意大利	Italy	2000	2384	110	9	606	81	68
荷　兰	Netherlands	1999	857	31	11	104	25	15
波　兰①	Poland ①	2000	1704	25	20	257	88	97
英　国	United Kingdom	1999	1559	11	36	173	59	19

4-16 续表1 continued

单位：亿本币 (100 million local currency units)

国家和地区	Country or Area	年份 Year	批发零售、旅馆和饭店业 Wholesale and Retail Trade, Restaurants and Hotels	运输、仓储和邮电业 Transport, Storage and Communication	金融保险、房地产和商务服务业 Finance, Insurance, Real Estate and Business Services	公共管理和国防；社会基本保障 Public Administration & Defense; Compulsory Social Security	教育、卫生和社会工作；其他团体、社会和个人服务业 Education; Health & Social Work ; Other Community Social Community, Social & Personal Services	雇人的私人住户 Private Households with Employed Persons
印　度	India	1998	280	3192	4876	2270	1184	
以色列①	Isarel ①	2000	53	111	330	36	118	
韩　国①	Korea, Rep. ①	1999		151830		130930		
巴基斯坦①	Pakistan ①	1997	56	618	559	259 ③		
南　非①	South Africa ①	2000	95	180	312	179	12	
加拿大	Canada	1997	141	165	549	47 ③		
美　国	United States	1996	1431	1188	4583	682 ③		
法　国①	France ①	1997	159	161	1003	200	228	
德　国①	Germany ①	2000	259	369	2153	226	505	
意大利	Italy	2000	208	285	682	201	136	
荷　兰	Netherlands	1999	68	95	366	89	53	
波　兰①	Poland ①	2000	157	169	345	30	119	
英　国	United Kingdom	1999	175	244	617	59	137	29

注：①为固定资本形成，不包括库存增加。②1996年数据。③包括“教育；卫生和社会工作；其他团体、社会和个人服务业”。
Note: ① Data refer to "gross fixed capital formation" which does not "include changes in inventories". ② Data of 1996. ③ Including "education;health and social work;other community,social and personal services".

主要统计指标解释

增加值和国内生产总值 按生产者价格计算的各行业增加值＝总产出－按购买者价格计算的中间消耗的价值。全部国内生产者的总增加值(加上国内生产者在增加值中没有反映的进口关税和增值税,减去估算的银行服务费用),同按支出法和收入法计算的国内生产总值相等。

国内生产总值可定义为国内经济最终消费总和,或国内经济最终收入总额。原则上讲,这三种方式应产生相同的结果,但在统计实践中,还是有一定差异。

国民总收入(GNI) 为税减产品和进口补贴,减雇员报酬和支付给国外的财产收入,加来自国外的相应项目;按市场价格计算的国民总收入是各部门所有初级收入的集合。1993年前称为国民生产总值 (Gross National Product)。

按购买力平价法计算的人均国民总收入 是使用购买力平价而不是汇率作为转换因子,将各国国民总收入换算成国际元的计算结果。国际元是使各国的国民总收入在指定年具有同美元相同的购买力的计帐单位。

对GDP增长的贡献 "贡献"一词把增长率与GDP构成联系在一起。对GDP增长的贡献,即在GDP其他组成部分不变的情况下,因为该部分变化导致GDP产生多少变化(指增长率)。

政府消费 支出同一般政府为自己提供的服务相等,因为这些服务不出售,所体现的价值在国内生产总值中只能以政府消费形式反应。

个人消费支出 衡量所有常驻的非政府机构的最终消费支出。

资本形成总额 是库存增加额与固定资本形成总额之和。

劳动者报酬 包括国家非常住雇员的报酬,不包括临时在国外工作的常住职员的报酬。具体包括:(1)工资;(2)雇主的社会保障缴款;(3)雇主的个人养老金、保险金及类似的缴款。

营业盈余 在SNA生产帐户中为平衡项目,即扣除给雇员报酬、固定资本折旧、净间接税后的增加部分。

固定资本折旧 包括日用和磨损的折扣。包括可预见的无形磨损、固定资产在正常情况下可能发生的事故性毁坏(不能修复的)和目前更新成本。

间接税 是向生产成本或货物销售和服务征收的税。包括:(1)进、出口税;(2)国内消费税,营业税,娱乐税和交易税;(3)房地产税和土地税。

补贴 是政府经常项目中的拨款,给(1)私人企业和国营公司;(2)非合作性的国营公司(由于政府价格政策导致公司亏损时补偿性的赠与)。

进口补贴 是商品通过国界或经济体边界或服务被转移到居民或机构时支付给生产者的有关商品和服务的补贴。

Explanatory Notes on Main Statistical Indicators

Value added and gross domestic product: The value added of industries at producer's prices is equal to the gross output of the industries at producer's prices less the value of their intermediate consumption at purchaser's prices. Value added for the total of all domestic producers plus import duties and value added of any domestic producer, and less imputed bank service charges (which are deducted in a single line) is equal to the gross domestic product.

Gross domestic product may the defined alternatively as the sum of final expenditures in the domestic economy or as the sum of incomes received in the domestic economy. In principle, all three methods should yield the same result but in statistical practice there are likely to be small discrepancies. Such statistical discrepancies are shown where they exist"

Gross National Income (GNI): GNI is GDP less net taxes on production and imports, less compensation of employees less property income payable to the rest of the world plus the corresponding items receivable from the rest of the world; an alternative approach to measuring GNI at market prices is as the aggregate value of the balances of gross primary incomes for all sectors. It is defined as the GNP(Gross National Product) in 1993 new SNA.

GNI per capita in international dollars: It is GNI per capita converted to international dollar using purchasing power parity (PPP) rates. An international dollar has the same purchasing power over GNI as a US. dollar has in the United States.

Contribution to the Growth of GDP: The term "contribution" combines information about growth rates and percentage shares of GDP components. This form of presentation, sometimes refers to" as percentage points of GDP", shows by how much GDP would have changed if other GDP components were unchanged.

Government final consumption expenditure: It is equal to the service produced by general government for its own use. Since these services are not sold, they are valued in the gross domestic product at their cost to the government.

Private consumption expenditure: It measures the final consumption expenditure of all resident non-government units.

Gross capital formation: It is the sum of the increase in stocks and gross fixed capital formation.

Compensation of employees: It includes payments to non-resident employees working in the country but excludes payments to resident employees temporarily working abroad. Each component includes (a) wages and salaries,(b)employers contributions to social security schemes and (c)employers contributions to privates pension, insurance and similar schemes"

Operating surplus; It is the balancing item in the SNA production account. For an individual establishment it is defined as the excess of value added over the sum of compensation of employees, consumption of fixed capital, and net indirect taxes.

Consumption of fixed capital: It includes allowances for normal wear and tear, foreseen obsolescence and probable (normally expected) accidental damage to fixed capital not made good by repair, all current replacement cost.

Indirect taxes: It is defined as taxes chargeable to the cost of production or sale of goods and services. They include (a) import and export duties, (b) excise, sales, entertainment and turnover taxes, (c) real state, and land taxes.

Subsidies: It is grants on current account by the government to (a) private enterprises and public corporations, or (b) unincorporated public enterprises when clearly intended to compensate for losses resulting from the price policies of government.

Import subsidies: It consist of subsidies on goods and services that become payable to resident producers when the goods cross the frontier of the economic territory or when the services are delivered to resident institutional units.

五 人　口

Population

5-1 年中人口数

Mid-year Population Estimates

资料来源：世界银行数据库。
Source: World Bank Database.
单位：万人 (10 000 persons)

国家和地区	Country or Area	年中人口数 Mid-year Population Estimates 1990	1999	2000	2001	人口增长率（%） Population Growth Rates (%) 年均人口增长率(1991-2001年) Average Annual Population Growth Rates (1991-2001)	2001年增长率 Growth Rate in 2001
世　界	**World**	**525207**	**597773**	**605412**	**613010**	**1.4**	**1.26**
低收入国家	**Low Income**	**202169**	**241834**	**246228**	**250588**	**2.0**	**1.77**
中等收入国家	**Middle Income**	**234614**	**261610**	**264167**	**266719**	**1.2**	**0.97**
高收入国家	**High Income**	**88423**	**94329**	**95017**	**95703**	**0.7**	**0.72**
中　国①	China ①	114333	125786	126743	127627	1.0	0.70
中国香港	Hong Kong,China	570	661	667	673	1.5	0.90
中国澳门	Macao,China	37	43	44	44	1.6	0.46
阿富汗	Afghanistan	1769	2587	2655	2725	4.0	2.63
阿尔巴尼亚	Albania	328	311	313	316	-0.3	0.97
阿尔及利亚	Algeria	2502	2995	3039	3084	1.9	1.48
安哥拉	Angola	957	1276	1313	1351	3.2	2.88
安提瓜和巴布达	Antigua and Barbuda	6	7	7	7	0.6	0.72
阿根廷	Argentina	3253	3658	3703	3749	1.3	1.23
亚美尼亚	Armenia	355	380	380	381	0.7	0.16
澳大利亚	Australia	1707	1897	1918	1939	1.2	1.07
奥地利	Austria	773	809	811	813	0.5	0.27
阿塞拜疆	Azerbaijan	716	798	805	812	1.1	0.83
巴哈马	Bahamas	26	30	31	31	1.8	1.59
巴　林	Bahrain	50	65	65	65	2.4	0.41
孟加拉国	Bangladesh	11003	12880	13105	13335	1.8	1.75
巴巴多斯	Barbados	26	27	27	27	0.4	0.45
白俄罗斯	Belarus	1019	1004	1001	997	-0.2	-0.35
比利时	Belgium	997	1023	1025	1029	0.3	0.33
伯利兹	Belize	19	23	24	25	2.5	2.96
贝　宁	Benin	471	611	627	644	2.9	2.63
不　丹	Bhutan	60	78	81	83	3.0	2.86
玻利维亚	Bolivia	657	814	833	852	2.4	2.24
波　黑	Bosnia and Hercegovinia	445	387	398	406	-0.8	2.09
博茨瓦纳	Botswana	128	165	168	170	2.6	1.19
巴　西	Brazil	14796	16803	17010	17239	1.4	1.34
文　莱	Brunei Darussalam	26	33	34	34	2.7	1.78
保加利亚	Bulgaria	872	821	817	802	-0.8	-1.84
布基纳法索	Burkina Faso	888	1100	1127	1155	2.4	2.47
布隆迪	Burundi	546	668	681	694	2.2	1.92
柬埔寨	Cambodia	915	1176	1202	1227	2.7	2.03
喀麦隆	Cameroon	1161	1456	1488	1520	2.5	2.16
加拿大	Canada	2779	3050	3077	3108	1.0	1.01
佛得角	Cape Verde	34	42	43	45	2.5	2.67
中　非	Central African Rep.	295	367	372	377	2.3	1.45
乍　得	Chad	575	749	769	792	3.0	2.89
智　利	Chile	1310	1502	1521	1540	1.5	1.25
哥伦比亚	Colombia	3497	4154	4230	4304	1.9	1.74
科摩罗	Comoros	43	54	56	57	2.6	2.49
刚果(金)	Congo, Dem. Rep.	3700	4958	5095	5235	3.2	2.76
刚果(布)	Congo	223	293	302	310	3.0	2.83
哥斯达黎加	Costa Rica	305	373	381	387	2.2	1.65
科特迪瓦	Cote D'Ivoire	1180	1559	1601	1641	3.0	2.48
克罗地亚	Croatia	477	437	438	438	-0.8	0.02
古　巴	Cuba	1063	1116	1119	1123	0.5	0.38
塞浦路斯	Cyprus	68	75	76	76	1.0	0.48
捷　克	Czech Republic	1036	1028	1027	1022	-0.1	-0.48
丹　麦	Denmark	514	532	534	536	0.4	0.36

注：①年底总人口数。
Note: ① Year-end Total Population.

5-1 续表1 continued

单位：万人 (10 000 persons)

国家和地区	Country or Area	年中人口数 Mid-year Population Estimates 1990	1999	2000	2001	人口增长率（%） Population Growth Rates (%) 年均人口增长率(1991-2001年) Average Annual Population Growth Rates (1991-2001)	2001年增长率 Growth Rate in 2001
吉布提	Djibouti	47	62	63	64	2.9	1.95
多米尼加	Dominican Republic	706	824	837	851		1.58
厄瓜多尔	Ecuador	1026	1241	1265	1288	2.1	1.84
埃及	Egypt	5244	6277	6398	6518	2.0	1.88
萨尔瓦多	El Salvador	511	615	628	640	2.1	1.98
赤道几内亚	Equatorial Guinea	35	45	46	47	2.6	2.65
厄里特尼亚	Eritrea	314	399	410	420	2.7	2.59
爱沙尼亚	Estonia	157	138	137	136	-1.3	-0.40
埃塞俄比亚	Ethiopia	5118	6278	6430	6582	2.3	2.36
斐济	Fiji	74	80	81	82	1.0	0.63
芬兰	Finland	499	517	517	519	0.4	0.31
法国	France	5674	5862	5889	5919	0.4	0.51
法属波立尼西亚	French Polynesia	20	23	24	24	1.7	1.02
加蓬	Gabon	94	120	123	126	2.8	2.50
冈比亚	Gambia	93	126	130	134	3.4	2.90
格鲁吉亚	Georgia	546	545	536	528	-0.3	-1.60
德国	Germany	7943	8209	8221	8233	0.3	0.15
加纳	Ghana	1514	1887	1931	1971	2.4	2.08
希腊	Greece	1016	1054	1056	1059	0.4	0.29
格林纳达	Grenada	6	6	6	6	0.7	6.76
关岛	Guam	13	15	15	16	1.4	1.59
危地马拉	Guatemala	875	1109	1139	1168	2.7	2.61
几内亚	Guinea	576	725	742	758	2.5	2.22
几内亚比绍	Guinea-Bissau	95	117	120	123	2.4	2.22
圭亚那	Guyana	73	76	76	77	0.4	0.69
海地	Haiti	647	780	796	813	2.1	2.17
洪都拉斯	Honduras	487	625	642	658	2.8	2.61
匈牙利	Hungary	1037	1007	1012	1019	-0.2	0.64
冰岛	Iceland	25	28	28	28	0.9	0.71
印度	India	84952	99902	101592	103236	1.8	1.62
印度尼西亚	Indonesia	17823	20357	20627	20898	1.5	1.32
伊朗	Iran	5440	6276	6366	6453	1.6	1.36
伊拉克	Iraq	1808	2280	2326	2375	2.5	2.09
爱尔兰	Ireland	351	375	379	384	0.8	1.19
以色列	Israel	466	611	623	636	2.9	2.08
意大利	Italy	5672	5765	5769	5795	0.2	0.45
牙买加	Jamaica	239	256	257	259	0.7	0.66
日本	Japan	12354	12665	12687	12703	0.3	0.13
约旦	Jordan	317	474	489	503	4.3	2.95
哈萨克斯坦	Kazakhstan	1635	1529	1506	1490	-0.8	-1.09
肯尼亚	Kenya	2335	2942	3009	3074	2.5	2.14
吉里巴斯	Kiribati	7	9	9	9	2.3	2.33
朝鲜	Korea, Dem. People's Rep.	1996	2217	2227	2238	1.0	0.52
韩国	Korea, Rep.	4287	4662	4701	4734	0.9	0.71
科威特	Kuwait	213	192	198	204	-0.4	3.02
吉尔吉斯	Kyrgyzstan	442	486	492	496	1.0	0.81
老挝	Laos	413	516	528	540	2.5	2.35

5-1 续表2 continued

单位：万人 (10 000 persons)

国家和地区	Country or Area	年中人口数 Mid-year Population Estimates 1990	1999	2000	2001	人口增长率（%） Population Growth Rates (%) 年均人口增长率（1991-2001年） Average Annual Population Growth Rates (1991-2001)	2001年增长率 Growth Rate in 2001
拉脱维亚	Latvia	267	239	237	236	-1.1	-0.55
黎巴嫩	Lebanon	364	427	433	438	1.7	1.31
莱索托	Lesotho	168	201	204	206	1.9	1.31
利比里亚	Liberia	244	304	313	321	2.6	2.68
利比亚	Libyan	431	517	529	541	2.1	2.28
立陶宛	Lithuania	370	353	351	348	-0.5	-0.68
卢森堡	Luxumburg	38	43	44	44	1.3	0.68
马其顿	Macedonia	190	202	203	204	0.7	0.63
马达加斯加	Madagascar	1163	1505	1552	1598	2.9	2.92
马拉维	Malawi	851	1010	1031	1053	2.0	2.09
马来西亚	Malaysia	1820	2271	2327	2380	2.5	2.29
马尔代夫	Maldives	21	27	27	28	2.5	2.31
马里	Mali	846	1058	1084	1109	2.5	2.35
马耳他	Malta	36	39	39	40	0.8	1.28
毛里塔尼亚	Mauritania	199	258	267	275	3.0	3.16
毛里求斯	Mauritius	106	117	119	120	1.2	1.10
墨西哥	Mexico	8323	9656	9797	9942	1.6	1.48
密克罗尼西亚	Micronesia, Fed.States	10	12	12	12	2.1	1.80
摩尔多瓦	Moldova	436	429	428	427	-0.2	-0.19
蒙古	Mongolia	211	238	240	242	1.3	0.97
摩洛哥	Morocco	2404	2824	2871	2917	1.8	1.62
莫桑比克	Mozambique	1415	1730	1769	1807	2.2	2.15
缅甸	Myanmar	4052	4718	4775	4832	1.6	1.20
纳米比亚	Namibia	138	172	176	179	2.4	2.00
尼泊尔	Nepal	1814	2250	2304	2358	2.4	2.35
荷兰	Netherlands	1495	1581	1592	1604	0.6	0.75
荷属安的列斯	Netherlands Antilles	19	21	22	22	1.3	0.00
新喀里多尼亚	New Caledeonia	17	21	21	22	2.3	1.73
新西兰	New Zealand	344	381	383	385	1.0	0.48
尼加拉瓜	Nicaragua	382	494	507	521	2.8	2.64
尼日尔	Niger	771	1048	1083	1118	3.4	3.25
尼日利亚	Nigeria	9620	12390	12691	12988	2.8	2.34
挪威	Norway	424	446	449	451	0.6	0.49
阿曼	Oman	163	235	241	248	3.9	2.82
巴基斯坦	Pakistan	10798	13479	13808	14145	2.5	2.44
巴拿马	Panama	240	281	285	290	1.7	1.51
巴布亚新几内亚	Papua New Guinea	398	501	513	525	2.6	2.39
巴拉圭	Paraguay	422	536	550	564	2.7	2.54
秘鲁	Peru	2157	2556	2594	2635	1.8	1.57
菲律宾	Philippines	6104	7488	7663	7832	2.3	2.21
波兰	Poland	3812	3866	3865	3864	0.1	-0.02
葡萄牙	Portugal	990	999	1001	1002	0.1	0.16
波多黎各	Puerto Rico	354	379	382	384	0.8	0.63
卡塔尔	Qatar	49	57	58	60	1.9	2.16
罗马尼亚	Romania	2321	2246	2244	2241	-0.3	-0.12
俄罗斯联邦	Russian Federation	14829	14631	14556	14475	-0.2	-0.55
卢旺达	Rwanda	695	831	851	869	2.0	2.15
萨摩亚	Samoa	16	17	17	17	0.8	1.16

5-1 续表3 continued

单位：万人 (10 000 persons)

国家和地区	Country or Area	年中人口数 Mid-year Population Estimates 1990	1999	2000	2001	人口增长率（%）Population Growth Rates (%) 年均人口增长率（1991-2001年）Average Annual Population Growth Rates (1991-2001)	2001年增长率 Growth Rate in 2001
圣多美和普林西比	Sao Tome and Principe	12	14	15	15	2.5	2.09
沙特阿拉伯	Saudi Arabia	1580	2020	2072	2141	2.8	3.31
塞内加尔	Senegal	733	929	953	977	2.6	2.50
塞舌尔	Seychelles	7	8	8	8	1.5	1.46
塞拉利昂	Sierra Leone	400	493	503	513	2.3	2.03
新加坡	Singapore	305	395	402	413	2.8	2.81
斯洛伐克	Slovak	528	540	540	540	0.2	0.06
斯洛文尼亚	Slovenia	200	199	199	199	0.0	0.15
所罗门群岛	Solomon Islands	32	41	42	43	2.8	2.81
索马里	Somalia	716	847	878	908	2.2	3.49
南非	South Africa	3520	4211	4280	4324	1.9	1.03
西班牙	Spain	3884	4020	4050	4112	0.5	1.52
斯里兰卡	Sri Lanka	1627	1821	1847	1873	1.3	1.43
圣基茨和尼维斯	St. Kitts and Nevis	4	4	4	5	0.6	2.39
圣卢西亚	St. Lucia	13	15	16	16	1.4	0.90
圣文森特和格林纳丁斯	St. Vincent and Grens	11	11	12	12	0.7	0.77
苏丹	Sudan	2482	3056	3110	3169	2.2	1.93
苏里南	Suriname	40	41	42	42	0.4	0.64
斯威士兰	Swaziland	77	102	105	107	3.0	2.20
瑞典	Sweden	856	886	887	889	0.3	0.28
瑞士	Switzerland	671	714	718	723	0.7	0.71
叙利亚	Syrian Arab Republic	1212	1579	1619	1659	2.9	2.50
塔吉克斯坦	Tajikistan	530	616	619	624	1.5	0.84
坦桑尼亚	Tanzania	2547	3292	3370	3445	2.8	2.24
泰国	Thailand	5560	6025	6073	6118	0.9	0.75
多哥	Togo	345	439	453	465	2.7	2.79
汤加	Tonga	10	10	10	10	0.4	0.52
特立尼达和多巴哥	Trinidad And Tobago	122	129	130	131	0.7	0.66
突尼斯	Tunisia	815	946	956	967	1.6	1.15
土耳其	Turkey	5613	6434	6529	6623	1.5	1.43
土库曼斯坦	Turkmenistan	367	510	529	544	3.6	2.84
乌干达	Uganda	1633	2162	2221	2279	3.1	2.60
乌克兰	Ukraine	5189	4991	4950	4909	-0.5	-0.82
阿联酋	United Arab Emirates	184	282	291	298	4.4	2.45
英国	United Kingdom	5756	5863	5872	5880	0.2	0.14
美国	United States	24944	27867	28222	28532	1.2	1.10
乌拉圭	Uruguay	311	331	334	336	0.7	0.72
乌兹别克斯坦	Uzbekistan	2051	2441	2475	2507	1.8	1.30
瓦努阿图	Vanuatu	15	19	20	20	2.9	2.13
委内瑞拉	Venezuela	1950	2371	2417	2463	2.1	1.91
越南	Viet Nam	6620	7752	7852	7953	1.7	1.28
美属维尔京群岛	Virgin Islands (US)	10	11	11	11	0.4	0.66
约旦河西岸和加沙地带	West Bank and Gaza	197	284	297	309	4.2	4.17
也门	Yemen	1188	1702	1751	1805	3.9	3.08
南斯拉夫	Yugoslavia	1053	1063	1064	1065	0.1	0.13
赞比亚	Zambia	778	988	1009	1028	2.6	1.92
津巴布韦	Zimbabwe	1024	1239	1263	1282	2.1	1.53

5-2 人口性别和年龄构成(2001年)

Gender and Age Composition of Population(2001)

资料来源：世界银行数据库。
Source: World Bank Database.
单位：万人 (10 000 persons)

国家和地区	Country or Area	年龄构成 Age Composition 0-14岁 Age 0-14	男 Male	15-64岁 Age 15-64	男 Male	65岁以上 Age 65+	男 Male	负担系数② (%) Age Dependency Ratio ② (%)
世　界	**World**	**181026**	**92640**	**388212**	**196462**	**42902**	**18905**	**58.60**
中　国①	China ①	31560	16329	86540	44824	9009	4429	46.97
中国香港	HongKong, China	112	58	484	237	75	35	38.69
中国澳门	Macao, China	10	5	31	15	3	1	42.57
孟加拉国	Bangladesh	4932	2518	7959	3957	438	238	66.98
印　度	India	34126	17630	63791	33107	5153	2447	61.91
印度尼西亚	Indonesia	6309	3216	13611	6772	972	445	53.56
伊　朗	Iran	2107	1073	4046	2023	304	145	59.84
以色列	Israel	176	90	398	199	62	26	58.47
日　本	Japan	1836	942	8619	4328	2234	934	47.35
哈萨克斯坦	Kazakhstan	392	200	996	487	112	39	51.15
朝　鲜	Korea,Dem.People's Rep.	607	311	1505	769	130	47	48.97
韩　国	Korea, Rep.	1010	533	3411	1730	331	129	39.67
马来西亚	Malaysia	798	409	1473	745	100	46	61.02
蒙　古	Mongolia	81	41	152	75	10	4	60.25
缅　甸	Myanmar	1580	799	3030	1500	220	101	48.52
巴基斯坦	Pakistan	5821	2960	7854	4124	466	234	80.09
菲律宾	Philippines	2884	1474	4625	2328	301	135	66.56
新加坡	Singapore	88	46	291	151	30	14	41.25
斯里兰卡	Sri Lanka	485	238	1263	628	120	58	47.79
泰　国	Thailand	1444	742	4282	2096	385	172	43.46
土耳其	Turkey	1872	954	4360	2211	384	176	51.73
越　南	Viet Nam	2575	1321	4949	2437	420	167	59.77
埃　及	Egypt	2261	1162	3976	2031	273	121	62.42
尼日利亚	Nigeria	5688	2858	6941	3397	334	143	87.01
南　非	South Africa	1388	695	2717	1308	198	74	57.82
加拿大	Canada	584	300	2129	1071	391	167	45.69
墨西哥	Mexico	3340	1689	6104	2917	500	230	59.30
美　国	United States	6034	3087	18861	9352	3589	1493	50.49
阿根廷	Argentina	1029	523	2351	1165	365	149	58.76
巴　西	Brazil	4883	2482	11432	5625	898	390	50.57
委内瑞拉	Venezuela	824	421	1527	769	109	49	60.92
白俄罗斯	Belarus	180	92	680	330	136	46	45.81
保加利亚	Bulgaria	123	63	556	276	131	55	45.82
捷　克	Czech Republic	166	85	719	361	141	55	42.76
法　国	France	1108	566	3852	1917	952	389	52.07
德　国	Germany	1258	646	5615	2866	1348	525	46.48
意大利	Italy	817	420	3883	1942	1063	434	47.52
荷　兰	Netherlands	296	151	1088	551	219	91	46.87
波　兰	Poland	724	371	2665	1325	473	180	45.20
罗马尼亚	Romania	396	203	1538	765	302	126	44.89
俄罗斯联邦	Russian Federation	2535	1290	10129	4897	1817	581	43.08
西班牙	Spain	611	315	2770	1388	686	286	45.72
乌克兰	Ukraine	837	428	3369	1619	704	236	45.92
英　国	United Kingdom	1092	560	3840	1930	944	397	52.79
南斯拉夫	Yugoslavia	214	111	704	356	146	64	51.27
澳大利亚	Australia	396	203	1308	661	232	102	48.07
新西兰	New Zealand	86	44	254	125	45	20	51.35

注：①世界银行统计数据。②指0-14岁和65岁及以上人口与15-64岁人口之比，用百分数表示。
Note: ① Data from World Bank. ② Dependency ratios are the ratio of dependents-people younger than 15 and older than 64-to the working-age population-those between ages 15-64.

5-3 人口出生率、死亡率和自然增长率
Birth Rate, Death Rate and Natural Growth Rate

资料来源：世界银行数据库。
Source: World Bank Database.
单位：‰

(‰)

国家和地区	Country or Area	人口出生率 Birth Rate 1990	人口出生率 Birth Rate 2001	人口死亡率 Death Rate 1990	人口死亡率 Death Rate 2001	人口自然增长率 Natural Growth Rate 1990	人口自然增长率 Natural Growth Rate 2001
世　界	**World**	**25.5**	**21.2**	**9.2**	**9.2**	**16.3**	**12.0**
中　国	China	21.1	13.4	6.7	6.4	14.4	7.0
中国香港	Hong Kong, China	12.3	7.2	5.0	4.8	7.3	2.4
中国澳门	Macao, China	19.2	9.1	5.0	4.1	14.3	5.1
孟加拉国	Bangladesh	32.7	28.2	12.4	8.5	20.3	19.7
印　度	India	30.2	24.8	9.7	8.8	20.5	16.0
印度尼西亚	Indonesia	25.4	20.9	8.5	7.4	16.9	13.6
伊　朗	Iran	30.8	22.1	7.2	6.0	23.6	16.1
以色列	Israel	22.2	20.6	6.8	6.0	15.4	14.6
日　本	Japan	10.0	9.3	6.7	8.6	3.3	0.7
哈萨克斯坦	Kazakhstan	21.7	14.9	7.7	10.0	14.0	4.9
朝　鲜	Korea, Dem. People's Rep.	20.7	17.9	6.5	10.8	14.2	7.1
韩　国	Korea, Rep.	16.3	12.5	6.3	6.1	10.0	6.4
马来西亚	Malaysia	28.9	22.3	4.9	4.4	24.1	17.9
蒙　古	Mongolia	30.9	22.2	8.2	6.2	22.8	15.9
缅　甸	Myanmar	30.5	23.9	12.6	11.6	17.9	12.3
巴基斯坦	Pakistan	41.4	33.2	12.6	7.8	28.8	25.4
菲律宾	Philippines	32.4	26.2	6.7	5.6	25.8	20.6
新加坡	Singapore	18.4	11.9	4.8	4.4	13.6	7.5
斯里兰卡	Sri Lanka	21.2	17.8	6.1	5.8	15.1	12.0
泰　国	Thailand	20.9	15.4	6.0	7.6	14.9	7.8
土耳其	Turkey	24.8	20.1	7.4	6.5	17.4	13.6
越　南	Viet Nam	28.8	19.0	7.3	6.0	21.5	13.0
埃　及	Egypt	31.1	24.6	9.5	6.3	21.7	18.3
尼日利亚	Nigeria	43.8	39.4	14.6	16.9	29.2	22.5
南　非	South Africa	31.9	25.4	9.2	17.8	22.7	7.6
加拿大	Canada	15.0	10.8	7.3	7.4	7.7	3.4
墨西哥	Mexico	31.7	23.6	5.4	5.1	26.3	18.5
美　国	United States	16.7	14.5	8.6	8.6	8.1	5.9
阿根廷	Argentina	21.0	18.7	8.3	7.7	12.6	11.0
巴　西	Brazil	23.6	19.4	7.5	7.1	16.1	12.3
委内瑞拉	Venezuela	28.6	22.6	4.8	4.5	23.7	18.1
白俄罗斯	Belarus	13.9	9.2	10.7	14.0	3.2	-4.8
保加利亚	Bulgaria	12.1	8.9	12.4	14.3	-0.3	-5.4
捷　克	Czech Republic	12.7	8.9	12.5	10.5	0.2	-1.6
法　国	France	13.4	13.1	9.3	8.9	4.1	4.2
德　国	Germany	11.4	9.0	11.5	10.0	-0.1	-1.0
意大利	Italy	10.0	9.0	9.4	10.4	0.6	-1.5
荷　兰	Netherlands	13.2	12.6	8.6	8.8	4.6	3.8
波　兰	Poland	14.3	9.5	10.2	9.4	4.1	0.1
罗马尼亚	Romania	13.7	10.4	10.6	12.2	3.1	-1.8
俄罗斯联邦	Russian Federation	13.4	9.1	11.2	15.6	2.2	-6.5
西班牙	Spain	10.3	10.1	8.5	8.7	1.8	1.4
乌克兰	Ukraine	12.7	7.7	12.1	15.3	0.6	-7.6
英　国	United Kingdom	13.9	11.1	11.1	10.7	2.8	0.4
南斯拉夫	Yugosalvia	14.9	12.3	9.3	10.8	5.6	1.5
澳大利亚	Australia	15.4	12.6	7.0	6.6	8.4	6.0
新西兰	New Zealand	17.4	14.6	8.1	7.3	9.4	7.4

5-4 生殖健康

Reproductive Health

资料来源：世界银行《世界发展指标》2003年。
Source: World Bank"World Development Indicators" 2003.

国家和地区	Country or Area	总和生育率 Total Fertility Rate	少女生育率①（‰） Adolescent Fertility Rate ①（‰）	避孕普及率②（‰） Contraceptive Prevalence Rate ②（‰）	产妇死亡率③（1/100000） Maternal MortalityRatio ③（1/100000）
		2001	2002	1990-2001	1990-1998
世　界	**World**	**2.6**	**69**		
中　国④	China ④	1.9	15	83	55
中国香港	Hong Kong, China	0.9	6		
孟加拉国	Bangladesh	3.0	129	54	440
印　度	India	3.0	104	52	410
印度尼西亚	Indonesia	2.4	52	57	450
伊　朗	Iran	2.6	45	73	37
以色列	Israel	2.8	19		5
日　本	Japan	1.4	3		8
哈萨克斯坦	Kazakhstan	1.8	35	66	70
朝　鲜	Korea, Dem. People's Rep.	2.1	2		110
韩　国	Korea, Rep.	1.4	4		20
马来西亚	Malaysia	2.9	23		39
蒙　古	Mongolia	2.5	45	60	150
缅　甸	Myanmar	2.9	29		230
巴基斯坦	Pakistan	4.6	62	28	
菲律宾	Philippines	3.3	33	47	170
新加坡	Singapore	1.4	9		6
斯里兰卡	Sri Lanka	2.1	20		60
泰　国	Thailand	1.8	72	72	44
土耳其	Turkey	2.3	51	64	130
越　南	Viet Nam	2.2	31	75	160
埃　及	Egypt	3.2	46	56	170
尼日利亚	Nigeria	5.2	111	15	700
南　非	South Africa	2.8	43	62	
加拿大	Canada	1.5	20		
墨西哥	Mexico	2.5	64	65	55
美　国	United States	2.1	48	64	8
阿根廷	Argentina	2.5	60		38
巴　西	Brazil	2.2	68	77	160
委内瑞拉	Venezuela	2.8	90		60
白俄罗斯	Belarus	1.3	21		28
保加利亚	Bulgaria	1.3	49		15
捷　克	Czech Republic	1.2	23	69	9
法　国	France	1.9	10	71	10
德　国	Germany	1.4	14		8
意大利	Italy	1.2	8		7
荷　兰	Netherlands	1.7	5	75	15
波　兰	Poland	1.3	17		8
罗马尼亚	Romania	1.3	41	48	41
俄罗斯联邦	Russian Federation	1.2	46	34	50
西班牙	Spain	1.2	9		6
乌克兰	Ukraine	1.2	31	72	27
英　国	United Kingdom	1.7	27		7
南斯拉夫	Yugosalvia	1.7	32		10
澳大利亚	Australia	1.8	18		
新西兰	New Zealand	2.0	31		15

注：①指每千名15-19岁妇女中生育的妇女人数。②指15-49岁，本人或其性伙伴采取了避孕措施的妇女人数。③指每十万个活婴中，怀孕期间和生产时死亡的妇女人数。④世界银行统计数据。

Note: ① Adolescent fertility rate is the number of births per 10000 women ages 15-19. ② Contraceptive prevalence rate is the percentage of women who are practicing,or whose sexual partners are practicing, any form of contraception.It is usually measured for married women ages 15-49 only. ③ Maternal mortality ratio is the number of women who die during pregnancy and childbirth,per 100000 live births. ④ Data from World Bank.

5-5 婴儿死亡率和平均预期寿命
Infant Mortality Rate and Life Expectancy at Birth

资料来源：世界银行数据库。
Source: World Bank Database.

国家和地区	Country or Area	婴儿死亡率（‰） Infant Mortality Rate (‰)		平均预期寿命 （岁） Life Expectancy at Birth (years)	
		1990	2001	1990	2001
世　界	**World**	**62.7**	**56.1**	**65.3**	**66.6**
中　国	China	32.9	28.4 ①	68.6	71.4 ①
中国香港	Hong Kong,China	6.2	2.7	77.6	79.9
中国澳门	Macao,China	9.6	4.0	76.9	79.0
孟加拉国	Bangladesh	96.0	51.0	54.8	61.6
印　度	India	80.0	67.0	59.1	63.0
印度尼西亚	Indonesia	60.0	33.0	61.7	66.3
伊　朗	Iran	54.0	35.0	64.7	69.0
以色列	Israel	9.9	6.0	76.1	78.5
日　本	Japan	4.6	3.0	78.8	81.1
哈萨克斯坦	Kazakhstan	42.0	81.0	68.3	63.0
朝　鲜	Korea, Dem. People's Rep.	26.0	42.0	65.5	61.3
韩　国	Korea, Rep.	8.0	5.0	70.3	73.6
马来西亚	Malaysia	16.0	8.0	70.5	72.7
蒙　古	Mongolia	77.0	61.0	62.7	65.3
缅　甸	Myanmar	91.0	77.0	54.7	56.9
巴基斯坦	Pakistan	96.0	84.0	59.1	63.4
菲律宾	Philippines	45.0	29.0	65.6	69.5
新加坡	Singapore	6.7	3.0	74.3	78.4
斯里兰卡	Sri Lanka	19.0	17.0	70.2	73.4
泰　国	Thailand	34.0	24.0	68.5	69.0
土耳其	Turkey	61.0	36.0	66.1	69.8
越　南	Viet Nam	36.0	30.0	64.8	69.4
埃　及	Egypt	76.0	35.0	62.8	68.3
尼日利亚	Nigeria	114.0	110.0	49.1	46.1
南　非	South Africa	45.0	56.0	61.9	47.1
加拿大	Canada	6.8	5.0	77.2	79.1
墨西哥	Mexico	37.0	24.0	70.8	73.4
美　国	United States	9.4	7.0	75.2	77.5
阿根廷	Argentina	25.0	16.0	71.6	74.1
巴　西	Brazil	50.0	31.0	65.6	68.3
委内瑞拉	Venezuela	23.0	19.0	71.2	73.5
白俄罗斯	Belarus	18.0	17.0	70.8	68.1
保加利亚	Bulgaria	14.8	14.0	71.4	71.7
捷　克	Czech Republic	10.8	4.0	71.7	74.9
法　国	France	7.3	4.0	76.7	79.2
德　国	Germany	7.0	4.0	75.1	77.6
意大利	Italy	8.2	4.0	77.1	78.5
荷　兰	Netherlands	7.1	5.0	76.9	77.9
波　兰	Poland	19.3	8.0	70.9	73.5
罗马尼亚	Romania	26.9	19.0	69.7	69.9
俄罗斯联邦	Russian Federation	17.4	18.0	68.9	65.6
西班牙	Spain	7.6	4.0	76.7	78.2
乌克兰	Ukraine	18.0	17.0	70.1	68.2
英　国	United Kingdom	7.9	6.0	75.6	77.4
南斯拉夫	Yugoslavia	22.8	17.0	71.6	72.6
澳大利亚	Australia	8.0	6.0	77.0	79.1
新西兰	New Zealand	8.3	6.0	75.3	78.2

注：①2000年数据。
Note: ① Data of 2000.

5-6 结婚率与离婚率
Marriage Rate and Divorce Rate

资料来源：联合国《人口统计年鉴》1999年。
Source: UN"Demographic Yearbook"1999.
单位：‰ (‰)

国家和地区	Country or Area	结婚率 Marriage Rate				离婚率 Divorce Rate			
		1990	1997	1998	1999	1990	1997	1998	1999
中　国	China	8.4	7.4	7.1	7.0	1.4	1.9	1.9	1.9
中国香港	Hong Kong, China	8.2	5.8	4.7		1.0	1.6	2.0	2.0
中国澳门	Macao, China	5.4	4.0	3.4	3.1		0.7	0.6	0.7
孟加拉国	Bangladesh		9.5						
伊　朗	Iran	8.3	8.4			0.7	0.7		
以色列	Israel	6.8	6.5			1.4	1.6		
日　本	Japan	5.8	6.2	6.2		1.3	1.8	1.9	
哈萨克斯坦	Kazakhstan	9.9	6.5	6.4	5.7	2.6	2.3	2.4	
韩　国	Korea, Rep.	9.3	7.9	6.6		1.0	1.8	2.1	
蒙　古	Mongolia		6.1	5.8			0.4	0.4	
新加坡	Singapore	9.0	6.9	6.0	6.6	1.2	1.3	1.4	1.3
斯里兰卡	Sri Lanka	8.9							
泰　国	Thailand	7.5							
土耳其	Turkey	8.2	8.3	7.6		0.5	0.5	0.5	
埃　及	Egypt		8.2				1.2		
南　非	South Africa			3.5					
加拿大	Canada	7.1	5.1			2.9	2.3		
墨西哥	Mexico	7.5	7.5	7.5	7.4	0.5	0.4	0.5	
美　国	United States	9.8	8.9	8.3		4.7	4.3	4.2	
阿根廷	Argentina	5.7							
巴　西	Brazil	5.4				0.5			
委内瑞拉	Venezuela	5.5	3.8	3.7		1.1			
白俄罗斯	Belarus	9.7	6.8	7.0	7.2	3.4	4.6	4.6	4.7
保加利亚	Bulgaria	6.7	4.2	4.3	4.2	1.3	1.1	1.3	
捷　克	Czech Republic		5.6	5.3	5.2		3.2	3.1	2.3
法　国	France	5.1	4.9	4.8	4.8	1.9	2.0		
德　国	Germany	6.5	5.2	5.1	5.2		2.3		
意大利	Italy	5.4	4.7			0.5			
荷　兰	Netherlands	6.4	5.4	5.5	5.6	1.9	2.2	2.1	2.0
波　兰	Poland	7.2	5.3	5.4	5.7	1.1	1.1	1.2	1.1
罗马尼亚	Romania	8.3	6.5	6.5		1.4	1.5	1.8	
俄罗斯联邦	Russian Federation	8.9	6.3	5.8	6.3	3.8	3.8	3.4	3.7
西班牙	Spain	5.6	5.0				0.9		
乌克兰	Ukraine	9.3	6.8	6.2		3.7	3.7	3.6	
英　国	United Kingdom	6.5	5.3	5.1		2.9			
南斯拉夫	Yugoslavia	6.2	5.3	5.0		1.0	0.8		
澳大利亚	Australia	6.9	5.8	5.9	6.0	2.5			
新西兰	New Zealand	6.9	5.3	5.3		2.7	2.6	2.7	

5-7 城市人口比重

Urban Population as Percentage of Total Population

资料来源：世界银行数据库。
Source: World Bank Database.
单位：%

(%)

国家和地区	Country or Area	1990	1998	1999	2000	2001
世　界	**World**	**43.1**	**46.0**	**46.4**	**46.7**	**47.2**
中　国	China	26.4	33.4	34.8	36.2	37.7
中国香港	Hong Kong, China	99.9	100.0	100.0	100.0	100.0
中国澳门	Macao, China	98.7	98.8	98.8	98.8	98.9
孟加拉国	Bangladesh	19.8	23.9	24.4	25.0	25.6
印　度	India	25.5	27.2	27.4	27.7	27.9
印度尼西亚	Indonesia	30.6	38.7	39.9	41.0	42.0
伊　朗	Iran	56.3	62.5	63.2	64.0	64.7
以色列	Israel	90.3	91.3	91.5	91.6	91.8
日　本	Japan	77.4	78.5	78.6	78.8	78.9
哈萨克斯坦	Kazakhstan	57.0	56.1	56.0	55.8	55.9
朝　鲜	Korea, Dem. People's Rep.	58.4	59.8	60.0	60.2	60.5
韩　国	Korea, Rep.	73.8	80.4	81.1	81.9	82.4
马来西亚	Malaysia	49.8	55.9	56.7	57.4	58.1
蒙　古	Mongolia	57.0	56.7	56.6	56.6	56.7
缅　甸	Myanmar	24.6	26.9	27.3	27.7	28.2
巴基斯坦	Pakistan	30.6	32.6	32.8	33.1	33.4
菲律宾	Philippines	48.8	56.7	57.6	58.6	59.3
新加坡	Singapore	100.0	100.0	100.0	100.0	100.0
斯里兰卡	Sri Lanka	21.3	22.4	22.6	22.8	23.1
泰　国	Thailand	18.7	19.6	19.7	19.8	20.0
土耳其	Turkey	61.2	64.9	65.3	65.8	66.2
越　南	Viet Nam	20.3	23.3	23.7	24.1	24.5
埃　及	Egypt	43.6	42.9	42.8	42.7	42.7
尼日利亚	Nigeria	35.0	42.2	43.1	44.1	44.9
南　非	South Africa	48.8	55.1	56.0	56.9	57.6
加拿大	Canada	76.6	78.3	78.5	78.7	78.9
墨西哥	Mexico	72.5	74.0	74.2	74.4	74.6
美　国	United States	75.2	76.8	77.0	77.2	77.4
阿根廷	Argentina	86.5	87.9	88.1	88.2	88.3
巴　西	Brazil	74.8	79.9	80.5	81.2	81.7
委内瑞拉	Venezuela	84.0	86.4	86.6	86.9	87.2
白俄罗斯	Belarus	66.3	69.2	69.3	69.4	69.6
保加利亚	Bulgaria	66.5	67.6	67.5	67.5	67.5
捷　克	Czech Republic	74.8	74.5	74.5	74.5	74.6
法　国	France	74.0	75.1	75.2	75.4	75.5
德　国	Germany	85.3	87.1	87.3	87.5	87.7
意大利	Italy	66.7	66.8	66.9	66.9	67.1
荷　兰	Netherlands	88.7	89.3	89.4	89.5	89.6
波　兰	Poland	60.7	62.0	62.2	62.3	62.6
罗马尼亚	Romania	53.6	54.9	55.0	55.1	55.3
俄罗斯联邦	Russian Federation	73.3	72.9	72.9	72.9	72.9
西班牙	Spain	75.4	77.2	77.4	77.6	77.8
乌克兰	Ukraine	66.9	67.7	67.8	67.9	68.0
英　国	United Kingdom	89.1	89.4	89.4	89.5	89.5
南斯拉夫	Yugoslavia	50.9	51.5	51.5	51.6	51.7
澳大利亚	Australia	85.1	89.5	90.1	90.7	91.1
新西兰	New Zealand	84.7	85.6	85.7	85.8	85.9

5-8 农业人口比重

Agriculture Population as Percentage of Total Population

资料来源：联合国粮农组织数据库。
Source: FAO Database.
单位：%

(%)

国家和地区	Country or Area	1990	1998	1999	2000	2001
世界总计	**World**	**46.4**	**43.2**	**42.8**	**42.4**	**42.0**
亚　洲	**Asia**	**58.9**	**54.0**	**53.4**	**52.9**	**52.4**
中　　国①	China ①	71.9	67.7	67.1	66.6	66.0
孟加拉国	Bangladesh	65.2	57.6	56.6	55.6	54.7
印　　度	India	58.2	54.6	54.1	53.7	53.2
印度尼西亚	Indonesia	50.9	45.4	44.8	44.1	43.4
伊　　朗	Iran	32.1	27.4	26.9	26.4	25.9
以 色 列	Israel	4.1	2.9	2.8	2.7	2.6
日　　本	Japan	7.0	4.4	4.1	3.9	3.6
哈萨克斯坦	Kazakhstan		20.6	20.2	19.8	19.3
朝　　鲜	Korea, Dem. People's Rep.	38.0	31.6	30.9	30.1	29.4
韩　　国	Korea, Rep.	16.1	10.0	9.3	8.8	8.2
马来西亚	Malaysia	26.0	19.2	18.4	17.7	17.0
蒙　　古	Mongolia	32.0	25.7	25.0	24.3	23.6
缅　　甸	Myanmar	73.3	70.8	70.5	70.2	69.9
巴基斯坦	Pakistan	55.5	51.8	51.4	50.9	50.4
菲 律 宾	Philippines	45.6	40.6	40.0	39.3	38.7
新 加 坡	Singapore	0.4	0.2	0.2	0.1	0.1
斯里兰卡	Sri Lanka	49.2	46.9	46.6	46.3	46.0
泰　　国	Thailand	56.9	50.6	49.8	49.0	48.2
土 耳 其	Turkey	37.3	32.0	31.4	30.7	30.1
越　　南	Viet Nam	71.2	68.1	67.7	67.3	66.9
非　洲	**Africa**	**60.8**	**56.6**	**56.1**	**55.6**	**55.1**
埃　　及	Egypt	43.9	38.1	37.4	36.6	35.9
尼日利亚	Nigeria	43.0	35.2	34.2	33.3	32.4
南　　非	South Africa	19.6	15.2	14.7	14.2	13.8
北 美 洲	**North America**	**13.0**	**11.2**	**11.0**	**10.8**	**10.5**
加 拿 大	Canada	3.7	2.7	2.6	2.6	2.5
墨 西 哥	Mexico	30.3	24.8	24.2	23.6	23.0
美　　国	United States	3.0	2.4	2.3	2.2	2.2
南 美 洲	**South America**	**23.6**	**19.2**	**18.7**	**18.2**	**17.7**
阿 根 廷	Argentina	12.4	11.2	11.1	10.1	9.9
巴　　西	Brazil	23.0	17.6	17.1	16.5	15.9
委内瑞拉	Venezuela	14.0	10.3	9.9	9.5	9.1
欧　洲	**Europe**	**10.2**	**9.1**	**8.8**	**8.5**	**8.2**
白俄罗斯	Belarus		14.3	13.7	13.2	12.6
保加利亚	Bulgaria	14.3	8.6	8.1	7.6	7.1
捷　　克	Czech Republic		8.7	8.4	8.2	7.9
法　　国	France	5.5	3.7	3.5	3.4	3.2
德　　国	Germany	4.0	2.8	2.6	2.5	2.4
意 大 利	Italy	8.6	5.9	5.6	5.3	5.1
荷　　兰	Netherlands	4.6	3.6	3.5	3.4	3.3
波　　兰	Poland	25.1	20.5	20.0	20.4	18.5
罗马尼亚	Romania	22.1	15.3	14.6	13.9	13.2
俄罗斯联邦	Russian Federation		11.1	10.8	10.5	10.2
西 班 牙	Spain	11.8	8.1	7.7	7.3	7.0
英　　国	United Kingdom	2.2	1.9	1.8	1.8	1.8
乌 克 兰	Ukraine		17.0	16.4	15.9	15.4
南斯拉夫	Yugoslavia		21.7	20.8	19.9	19.1
大 洋 洲	**Oceania**	**20.6**	**20.0**	**20.0**	**19.9**	**19.8**
澳大利亚	Australia	5.5	4.7	4.7	4.6	4.5
新 西 兰	New Zealand	10.1	9.0	8.9	8.8	8.7

注：①联合国粮农组织数据。
Note: ① Data from FAO.

主要统计指标解释

人口数 指某一时点（通常为年中和年末）、某地域范围内的具有同一特征的人的集合。本年鉴中国家和地区人口数据有人口普查数、根据抽样调查得出的估算数（针对缺少人口普查的地区）、人口普查中期、后期估算和从人口登记中得出的数据。

（粗）出生率 指在一定时期（通常为一年）内所出生的人数与年中人数之比，一般用千分率表示。为估计数。

（粗）死亡率 指在一定时期（通常为一年）内死亡人数与年中人数之比，一般用千分率表示。为估计数。

总和生育率 是一个妇女活到育龄期结束，并按普遍的特定年龄生育率生育孩子的话，她可能生育的孩子数量。

结婚率 指在一定时期（通常为一年）内平均每千人口中的结婚对数，一般用千分率表示。

离婚率 指在一定时期（通常为一年）内平均每千人口中的离婚对数，一般用千分率表示。

平均预期寿命 表示一批人出生后平均一生可能存活的年数。

Explanatory Notes on Main Statistical Indicators

Total Population, that is, at a certain point of time(end-year or mid-year),those pertaining to the size, geographical distribution and demographic characteristics of the population. Data for countries or areas include population census figures, estimates based on results of sample surveys(in the absence of a census), postcensal or intercensal estimates and those derived from continuous population registers.

Crude Birth Rate refers to the ratio of the number of births to the mid-year population during a certain period of time(usually a year)which is often expressed in ‰.

Crude Death Rate refers to the ratio of the number of deaths to the mid-year population during a certain period of time(usually a year)which is often expressed in ‰.

Total Fertility Rate is the number of children that would be born to a woman if she were to live to the end of her childbearing years and bear children in accordance with current age-specific fertility rates.

Marriage Rate are the number of legal(recognized)marriages performed and registered per 1000 mid-year population which is often expressed in ‰.

Divorce Rate are the number of legal(recognized)divorce performed and registered per 1000 mid-year population which is often expressed in ‰.

Life Expectancy at Birth Average number of years of life remaining to persons surviving to exact age, if subject to mortality conditions of the period indicated.

六　就业和工资

Employment and Wages

6-1 经济活动人口

Economically Active Population

资料来源：联合国粮农组织数据库。
Source: FAO Database.
单位：万人　　(10 000 persons)

国家和地区	Country or Area	1990	1998	1999	2000	2001
世界总计	**World**	**249761**	**285774**	**290295**	**294812**	**299307**
亚　洲	**Asia**	**152679**	**178839**	**181739**	**184628**	**187544**
中　国①	China ①	68564	75211	75965	76689	77353
孟加拉国	Bangladesh	5360	6623	6790	6961	7140
印　度	India	35863	42515	43364	44216	45138
印度尼西亚	Indonesia	8016	9791	10023	10256	10478
伊　朗	Iran	1774	2279	2348	2417	2506
以色列	Israel	178	243	251	259	266
日　本	Japan	6413	6757	6798	6837	6832
哈萨克斯坦	Kazakhstan		801	800	800	801
朝　鲜	Korea, Dem. People's	1028	1127	1135	1142	1151
韩　国	Korea, Rep.	1963	2309	2353	2397	2426
马来西亚	Malaysia	726	898	921	943	967
蒙　古	Mongolia	102	124	127	130	132
缅　甸	Myanmar	2094	2479	2524	2568	2616
巴基斯坦	Pakistan	4003	4912	5059	5208	5374
菲律宾	Philippines	2403	2983	3059	3136	3222
新加坡	Singapore	154	192	197	201	205
斯里兰卡	Sri Lanka	708	824	839	854	866
泰　国	Thailand	3138	3615	3677	3738	3786
土耳其	Turkey	2429	2979	3050	3121	3185
越　南	Viet Nam	3358	3959	4023	4088	4166
非　洲	**Africa**	**26200**	**32519**	**33379**	**34256**	**35166**
埃　及	Egypt	1960	2445	2511	2579	2657
尼日利亚	Nigeria	3395	4273	4392	4513	4645
南　非	South Africa	1419	1731	1768	1803	1825
北美洲	**North America**	**19814**	**22642**	**23012**	**23380**	**23716**
加拿大	Canada	1465	1621	1639	1656	1669
墨西哥	Mexico	3066	3858	3965	4072	4169
美　国	United States	12835	14171	14342	14511	14664
南美洲	**South America**	**12078**	**14448**	**14759**	**15073**	**15359**
阿根廷	Argentina	1220	1439	1469	1500	1534
巴　西	Brazil	6554	7648	7786	7925	8030
委内瑞拉	Venezuela	727	933	960	988	1017
欧　洲	**Europe**	**23367**	**35856**	**35913**	**35959**	**35984**
白俄罗斯	Belarus		542	542	541	543
保加利亚	Bulgaria	444	418	414	410	407
捷　克	Czech Republic		571	574	577	575
法　国	France	2470	2643	2663	2684	2689
德　国	Germany	3986	4048	4039	4030	4029
意大利	Italy	2443	2529	2537	2544	2538
荷　兰	Netherlands	690	728	732	736	737
波　兰	Poland	1873	1979	1988	1998	2005
罗马尼亚	Romania	1065	1067	1069	1072	1073
俄罗斯联邦	Russian Federation		7829	7820	7804	7807
西班牙	Spain	1595	1727	1742	1758	1761
英　国	United Kingdom	2869	2969	2979	2989	2996
乌克兰	Ukraine		2565	2547	2527	2521
南斯拉夫	Yugoslavia		504	505	505	507
大洋洲	**Oceania**	**1278**	**1470**	**1494**	**1517**	**1538**
澳大利亚	Australia	840	951	964	977	987
新西兰	New Zealand	162	184	186	188	190

注：①粮农组织数据。
Note: ① Data from FAO.

6-2 就业人数

Employment

资料来源：国际劳工组织《劳工统计年鉴》2002。
Source: International Labour Office"Yearbook of labour statistics"2002.
单位：万人 (10 000 persons)

国家和地区	Country or Area	1990	1998	1999	2000	2001
中　　国	China	64749.0	70637.0	71394.0	72085.0	73025.0
中国香港	Hong Kong, China	271.2	312.2	311.2	320.7	324.9
中国澳门①	Macao,China ①	16.3	19.7	19.6	19.5	20.3
孟加拉国	Bangladesh	5015.9 ②			5176.4	
印　　度③	India ③	2635.3	2816.6	2811.3	2796.0	
印度尼西亚	Indonesia	7585.1 ③	8767.4	8881.7	8982.4	
以 色 列	Israel	149.2	207.2	213.7	222.1	227.1
日　　本	Japan	6249.0	6514.0	6462.0	6446.0	6412.0
哈萨克斯坦	Kazakhstan		612.7			
韩　　国	Korea Rep.	1808.5	1999.4	2028.1	2106.1	
马来西亚④	Malaysia ④	668.5	860.0	883.8	932.2	945.1
蒙　　古	Mongolia		79.3			
缅　　甸	Myanmar	1522.1	1835.9			
巴基斯坦②	Pakistan ②	2979.7	3641.9	3729.6	3684.7	
菲 律 宾	Philippines	2253.2	2826.2	2776.2	2777.5	3008.5
新 加 坡	Singapore	153.7	187.0	188.6	209.5	204.7
斯里兰卡②	Sri Lanka ②	596.4	594.6	615.9	630.8	
泰　　国⑤	Thailand ⑤	3084.2	3213.8	3208.7	3300.1	
土 耳 其	Turkey	1994.6 ⑥	2087.2 ⑥	2141.3 ⑥	2057.9	2036.7
越　　南	Viet Nam	3028.6				
埃　　及④	Egypt ④	1436.1	1618.3	1675.0		
加 拿 大	Canada	1316.5	1432.6	1453.1	1491.0	1507.7
墨 西 哥⑥	Mexico ⑥		3861.8	3906.9	3898.4	3900.4
美　　国⑦	United States ⑦	11879.3	13146.3	13348.8	13520.8	13507.3
阿 根 廷②	Argentina ②	437.3	827.9	828.5	826.2	
巴　　西②	Brazil ②	6210.0	6996.3	7167.6		
委内瑞拉	Venezuela	640.4	871.1	871.7		
白俄罗斯	Belarus	515.1	441.7	444.2	444.1	
保加利亚	Bulgaria	409.7	315.3	308.8	298.0	294.0
捷　　克	Czech Republic		486.6	476.4	473.2	475.0
法　　国	France		2247.9	2267.2	2326.2	2375.9
德　　国	Germany		3586.0	3640.2	3660.4	3681.6
意 大 利	Italy	2145.4	2061.8	2086.4	2122.5	2163.4
荷　　兰④	Netherlands ④	635.6	739.8	760.1	773.1	786.5
波　　兰	Poland		1535.4	1474.7	1452.6	1420.7
罗马尼亚	Romania		1084.5	1077.6	1076.4	1069.7
俄罗斯联邦⑧	Russian federation ⑧		5786.0	6040.8		
西 班 牙⑦	Spain ⑦	1257.9	1320.5	1381.7	1537.0	1594.6
乌 克 兰⑨	Ukraine ⑨		2299.8	2004.8	2042.0	
英　　国⑦	United Kingdom ⑦	2693.5	2711.6	2744.2	2799.3	2822.5
澳大利亚	Australia	783.7	855.3	874.7	900.9	912.4
新 西 兰	New Zealand	148.1	172.5	175.0	177.9	182.3

注：①14岁及以上。②10岁及以上。③指在10人及10人以上公共企业和私营非农企业就业人数。④15至64岁。⑤13岁及以上。⑥12岁及以上。⑦16岁及以上。⑧15岁至72岁。⑨15岁至70岁。

Note: ① Persons aged 14 years and over. ② Persons aged 10 years and over. ③ Public sector and establishments of non-agricultural private sector with 10 or more persons employed. ④ Persons aged 15 to 64 years. ⑤ Persons aged 13 years and over. ⑥ Persons aged 12 years and over. ⑦ Persons aged 16 years and over. ⑧ Persons aged 15 to 72. ⑨ Persons aged 15 to 70.

6-3 按行业分类的就业人口

Employment by Economic Activity

资料来源：国际劳工组织《劳工统计年鉴》2002。
Source: International Labour Office"Yearbook of Labour Statistics"2002.
单位：万人　(10 000 persons)

国家和地区	Country or Area	1990	1998	1999	2000	2001
中　国	**China**					
农、林、牧、渔业	Farming, Forestry, Animal Husbandry and Fishery	34117.0	33232.0	33493.0	33355.0	32973.0
采掘业	Mining and Quarrying	882.0	721.0	667.0	597.0	562.0
制造业	Manufacturing	8624.0	8319.0	8109.0	8043.0	8083.0
电力、煤气及水的生产和供应业	Production and Supply of Electricity, Gas and Water	192.0	283.0	285.0	284.0	287.0
建筑业	Construction	2424.0	3327.0	3412.0	3552.0	3669.0
地质勘查、水利管理业	Geological Prospecting and Water Conservancy	197.0	116.0	111.0	110.0	106.0
交通运输、仓储和邮电通信业	Transport, Storage Post & Communications Services	1566.0	2000.0	2022.0	2029.0	2036.0
批发零售贸易和餐饮业	Wholesale and Retail Trade & Catering Services	2839.0	4645.0	4751.0	4686.0	4736.0
金融保险业	Financing and Insurance	218.0	314.0	328.0	327.0	336.0
房地产业	Real Estate	44.0	94.0	96.0	100.0	107.0
社会服务业	Social Services	594.0	868.0	923.0	921.0	977.0
卫生体育和社会福利业	Health Care,Sports & Social Welfare	536.0	478.0	482.0	488.0	493.0
教育、文化艺术和广播电影电视业	Education Culture and Arts,Radios, Film and Television	1457.0	1573.0	1568.0	1565.0	1568.0
科学研究和综合技术服务业	Scientific Research and Polytechnic Services	173.0	178.0	173.0	174.0	165.0
国家机关、政党机关和社会团体	Government Agencies,Party Agencies and Social Organisations	1079.0	1097.0	1102.0	1104.0	1101.0
其　他	Other	1798.0	5118.0	4969.0	5643.0	5854.0
合　计	Total	64749.0	70637.0	71394.0	72085.0	73025.0
中国香港	**Hong Kong, China**					
按第二版ISIC分类	ISIC - Rev. 2					
农业、狩猎业、林业和渔业	Agriculture, Hunting, Forestry and Fishing	2.3	0.9	0.9	0.9	0.7
采掘业	Mining and Quarrying	0.1	-	-	-	-
制造业	Manufacturing	75.1	38.0	35.4	33.4	32.6
电、煤气和水	Electricity, Gas and Water	1.9	1.8	1.7	1.7	1.6
建筑业	Construction	22.6	30.7	28.7	30.2	29.1
批发、零售业、旅馆和饭店业	Wholesale and Retail Trade and Restaurants and Hotels	70.3	95.4	93.5	98.2	98.0
运输、仓储和通讯	Transport, Storage and Communication	26.8	34.9	33.9	35.7	35.3
金融保险、房地产和商务服务	Financing, Insurance, Real Estate and Business Services	20.9	41.0	43.8	45.3	47.8
社会和个人服务	Community, Social and Personal Services	51.2	69.6	73.3	75.5	79.8
行业不明确	Activities not Adequately Defined					
合　计	Total	271.2	312.2	311.2	320.7	324.9
印度尼西亚①	**Indonesia ①**					
按第二版ISIC分类	ISIC - Rev. 2					
农业、狩猎业、林业和渔业	Agriculture, Hunting, Forestry and Fishing	4237.8	3941.5	3837.8		
采掘业	Mining and Quarrying	52.8	67.5	72.6		
制造业	Manufacturing	769.3	993.4	1151.6		
电、煤气和水	Electricity, Gas and Water	13.5	14.8	18.8		
建筑业	Construction	206.0	352.2	341.5		
批发、零售业、旅馆和饭店业	Wholesale and Retail Trade and Restaurants and Hotels	1106.7	1681.5	1752.9		
运输、仓储和通讯	Transport, Storage and Communication	231.3	415.4	420.7		
金融保险、房地产和商务服务	Financing, Insurance, Real Estate and Business Severces	47.8	61.8	63.4		
社会和个人服务	Community, Social and Personal Services	907.0	1239.4	1222.4		
行业不明确	Activities not Adequately Defined	12.8				
合　计	Total	7585.1	8767.4	8881.7	8982.4	

注：①1990年为10岁及以上。
Note: ① Persons aged 10 years and over in 1990.

6-3 续表1 continued

单位：万人 (10 000 persons)

国家和地区	Country or Area	1990	1998	1999	2000	2001
以 色 列①	**Israel ①**					
按第二版ISIC分类	ISIC - Rev. 2					
农业、狩猎业、林业和渔业	Agricultur, Hunting, Forestry and Fishing	6.2				
采掘业	Mining and Quarrying	0.5				
制造业	Manufacturing	31.7				
电、煤气和水	Electricity, Gas and Water	1.7				
建筑业	Construction	7.6				
批发、零售业、旅馆和饭店业	Wholesale and Retail Trade and Restaurants and Hotels	21.6				
运输、仓储和通讯	Transport, Storage and Communication	9.3				
金融保险、房地产和商务服务	Financing, Insurance, Real Estate and Business Services	14.8				
社会和个人服务	Community, Social and Personal Services	54.9				
行业不明确	Activities not Adequately Defined	0.9				
合　计	Total	149.2				
按第三版ISIC分类	ISIC - Rev. 3					
农业、狩猎业和林业；渔业	Agriculture, Hunting and Forestry; Fishing		4.8	5.0	4.8	4.3
采掘业和制造业	Mining and Quarrying and Manufacturing		38.6	39.0	39.7	39.4
电、煤气和水供应	Electricity, Gas and Water		2.0	1.9	1.9	2.0
建筑业	Construction		13.1	12.0	11.6	11.7
批发、零售贸易；机动车及个人、家庭用品修理业	Wholesale and Retail Trade; Repair of Motor Vehicles, Motorcycles and Personal and Household Goods		27.2	28.2	29.6	30.0
旅馆和饭店业	Hotels and Restaurants		8.1	9.0	10.2	9.7
运输、仓储和通讯	Transport, Storage and Communications		12.2	13.6	14.5	14.9
金融中介	Financial Intermediation		7.3	7.4	7.3	7.5
房地产、租赁及商业活动	Real Estate, Renting and Business Activities		21.7	22.5	25.9	27.7
公共管理和国防；社会基本保障	Public Administration and Defence; Compulsory Social Security		11.2	11.6	12.0	12.7
教育	Education		26.2	26.8	27.2	28.4
卫生和社会工作	Health and Social Work		20.3	21.2	21.4	22.5
其他社区、社会和个人服务活动	Other Community, Social and Personal Service Activities		9.9	9.9	10.6	10.8
雇人的私人住户	Private Households with Employed Persons		3.2	4.0	3.5	3.8
域外组织和机构	Extra-Territorial Organizations and Bodies		0.2	0.2	0.1	0.2
行业不明确者	Not Classifiable by Economic Activity		1.2	1.5	1.9	1.6
合　计	Total		207.2	213.7	222.1	227.1
日　　本	**Japan**					
按第二版ISIC分类	ISIC - Rev. 2					
农业、狩猎业、林业和渔业	Agricultur, Hunting, Forestry and Fishing	451.0	343.0	335.0	326.0	313.0
采矿和采石业	Mining and Quarrying	6.0	6.0	6.0	5.0	5.0
制造业	Manufacturing	1505.0	1382.0	1345.0	1321.0	1284.0
电、煤气和水	Electricity, Gas and Water	30.0	37.0	38.0	34.0	34.0
建筑业	Construction	588.0	662.0	657.0	653.0	632.0
批发、零售业、旅馆和饭店业②	Wholesale and Retail Trade and Restaurants and Hotels ②	1415.0	1483.0	1483.0	1474.0	1473.0
运输、仓储和通讯	Transport, Storage and Communication	375.0	405.0	406.0	414.0	407.0
金融保险、房地产和商务服务	Financing, Insurance, Real Estate and Business Services	516.0	593.0	599.0	616.0	629.0
社会和个人服务③	Community, Social and Personal Services ③	1332.0	1566.0	1552.0	1564.0	1591.0

注：①包括东耶路撒冷地区。②不包括饭店业。③包括饭店业。

Note: ① Including workers from the Judea,Samaria and Gaza areas. ② Excluding hotels. ③ Including hotels.

6–3 续表 2 continued

单位：万人 (10 000 persons)

国家和地区	Country or Area	1990	1998	1999	2000	2001
日　本(续)	**Japan (continued)**					
行业不明确	Activities not Adequately Defined	30.0	36.0	41.0	39.0	44.0
合　计	Total	6249.0	6514.0	6462.0	6446.0	6412.0
韩　国	**Korea, Rep.**					
按第二版 ISIC 分类	ISIC - Rev. 2					
农业、狩猎业、林业和渔业	Agriculturing, Hunting, Forestry and Fishing	323.7				
采掘业	Mining and Quarrying	7.9				
制造业	Manufacturing	491.1				
电、煤气和水	Electricity, Gas and Water	7.0				
建筑业	Construction	134.6				
批发、零售业、旅馆和饭店业	Wholesale and Retail Trade and Restaurants and Hotels	39.5				
运输、仓储和通讯	Transport, Storage and Communication	92.3				
金融保险、房地产和商务服务	Financing, Insurance, Real Estate and Business Services	94.5				
社会和个人服务	Community, Social and Personal Services	263.8				
行业不明确	Activities not Adequately Defined					
合　计	Total	1808.5				
按第三版 ISIC 分类	ISIC - Rev. 3					
农业、狩猎业和林业	Agriculturing, Hunting and Forestry		239.9	226.4	220.3	
渔业	Fishing		8.2	8.5	8.5	
采掘业	Mining and Quarrying		2.1	2.0	1.8	
制造业	Manufacturing		389.8	400.6	424.3	
电、煤气和水供应	Electricity, Gas and Water		6.1	6.1	6.3	
建筑业	Construction		157.8	147.6	158.1	
批发、零售贸易；机动车及个人、家庭用品修理业	Wholesale and Retail Trade; Repair of Motor Vehicles, Motorcycles and Personal and Household Goods		381.8	390.4	380.5	
旅馆和饭店业	Hotels and Restaurants		175.3	182.0	192.4	
运输、仓储和通讯	Transport, Storage and Communication		116.9	120.2	126.5	
金融中介	Financial Intermediation		76.2	72.3	72.9	
房地产、租赁及商务活动	Real Estate, Renting and Business Activities		109.4	120.2	135.6	
公共管理和国防；社会基本保障	Public Administration and Defence; Compulsory Social Security		74.5	87.0	75.3	
教育	Education		114.4	112.2	116.3	
卫生和社会工作	Health and Social Work		36.0	38.0	41.2	
其他社区、社会和私人服务活动	Other Community, Social and Personal Services Activities		88.8	92.6	124.6	
雇人的私人住户	Private Households with Employed Persons		20.2	20.1	19.4	
域外组织和机构	Extra-Territorial Organizations and Bodies		2.0	1.8	2.0	
行业不明确者	Not Classifiable by Economic Activity					
合　计	Total		1999.4	2028.1	2106.1	
马来西亚①	**Malaysia ①**					
按第二版 ISIC 分类	ISIC - Rev. 2					
农业、狩猎业、林业和渔业	Agriculturing, Hunting, Forestry and Fishing	173.8	161.7	162.4	171.2	
采掘业	Mining and Quarrying	3.7	2.8	3.8	2.7	
制造业	Manufacturing	133.3	190.8	199.1	212.6	
电、煤气和水	Electricity, Gas and Water	4.7	5.0	5.0	4.8	
建筑业	Construction	42.4	74.6	72.3	79.9	

注：①15 至 64 岁。
Note: ① Persons aged 15 to 64 years.

6–3 续表 3　continued

单位：万人 (10 000 persons)

国家和地区	Country or Area	1990	1998	1999	2000	2001
马来西亚（续）	**Mylaysia (continued)**					
批发、零售业、旅馆和饭店业	Wholesale and Retail Trade and Restaurants and Hotels	121.8	161.6	166.1	179.0	
运输、仓储和通讯	Transport, Storage and Communication	30.2	42.2	42.0	42.3	
金融保险、房地产和商务服务	Financing, Insurance, Real Estate and Bussiness Services	25.8	42.6	46.6	46.2	
社会和个人服务	Community, Social and Personal Services	132.9	178.8	186.5	193.5	
行业不明确	Activities not Adequately Defined		-	-	-	
合　计	Total	668.5	860.0	883.8	932.2	
缅　甸	**Myanmar**					
按第二版 ISIC 分类	ISIC - Rev. 2					
农业、狩猎业、林业和渔业	Agriculture, Hunting, Forestry and Fishing	1061.4	1150.7			
采掘业	Mining and Quarrying	7.8	12.1			
制造业	Manufacturing	113.7	166.6			
电、煤气和水	Electricity, Gas and Water	1.7	4.8			
建筑业	Construction	17.4	40.0			
批发、零售业、旅馆和饭店业	Wholesale and Retail Trade and Restaurants and Hotels	140.9	178.1			
运输、仓储和通讯	Transport, Storage and Communication	38.5	49.5			
金融保险、房地产和商务服务	Financing, Insurance, Real Estate and Bussiness Services	45.5	59.7			
社会和个人服务①	Community, Social and Personal Services	95.6	174.4			
行业不明确	Activities not Adequately Defined					
合　计	Total	1522.1	1835.9			
巴基斯坦②	**Pakistan ②**					
按第二版 ISIC 分类	ISIC - Rev. 2					
农业、狩猎业、林业和渔业	Agriculture, Hunting, Forestry and Fishing	1524.1	1720.9	1762.3	1784.1	
采掘业	Mining and Quarrying	4.4	7.0	7.2	2.5	
制造业	Manufacturing	378.4	362.7	371.4	423.0	
电、煤气和水	Electricity, Gas and Water	17.6	25.4	26.0	25.9	
建筑业	Construction	190.0	228.1	233.6	213.0	
批发、零售业、旅馆和饭店业	Wholesale and Retail Trade and Restaurants and Hotels	355.2	505.1	517.3	497.6	
运输、仓储和通讯	Transport, Storage and Communication	145.8	199.7	204.5	185.3	
金融保险、房地产和商务服务	Financing, Insurance, Real Estate and Bussiness Services	21.2	31.6	32.4	30.1	
社会和个人服务	Community, Social and Personal Services	339.4	559.7	573.2	523.1	
行业不明确	Activities not Adequately Defined	3.6	1.7	1.7	-	
合　计	Total	2979.7	3641.9	3729.6	3684.7	
菲 律 宾	**Philippines**					
按第二版 ISIC 分类	ISIC - Rev. 2					
农业、狩猎业、林业和渔业	Agriculture, Hunting, Forestry and Fishing	1018.5	1127.2	1050.3	1040.1	
采掘业	Mining and Quarrying	13.3	10.4	8.8	10.6	
制造业	Manufacturing	218.8	268.7	279.6	279.2	
电、煤气和水	Electricity, Gas and Water	9.1	14.0	14.1	11.6	
建筑业	Construction	97.4	151.1	147.6	143.0	
批发、零售业、旅馆和饭店业③	Wholesale and Retail Trade and Restaurants and Hotels ③	314.5	432.8	446.6	458.7	
运输、仓储和通讯	Transport, Storage and Communication	113.7	188.5	196.8	202.4	
金融保险、房地产和商务服务	Financing, Insurance, Real Estate and Bussiness Services	44.4	69.5	71.2	67.8	
社会和个人服务③	Community, Social and Personal Services ③	422.0	563.1	560.3	563.6	
行业不明确	Activities not Adequately Defined	1.5	0.8	0.9	0.4	
合　计	Total	2253.2	2826.2	2776.2	2777.5	

注：①包括行业不明确者。②10岁及以上。③旅馆、饭店业包括在社会和个人服务业内。
Note: ① Including activities not adequately defined. ② Persons aged 10 years and over. ③ Restaurants and Hotels includes in community, social and personal service.

6-3 续表4 continued

单位：万人 (10 000 persons)

国家和地区	Country or Area	1990	1998	1999	2000	2001
菲律宾（续）	**Philippines (continued)**					
按第三版ISIC分类	ISIC - Rev. 3					
农业、狩猎业和林业	Agriculturing, Hunting and Forestry					1010.2
渔业	Fishing					115.1
采掘业	Mining and Quarrying					10.3
制造业	Manufacturing					289.2
电、煤气和水供应	Electricity, Gas and Water					11.6
建筑业	Construction					157.1
批发、零售贸易；机动车及个人、家庭用品修理业	Wholesale and Retail Trade; Repair of Motor Vehicles, Motorcycles and Personal and Household Goods					552.6
旅馆和饭店业	Hotels and Restaurants					70.0
运输、仓储和通讯	Transport, Storage and Communication					217.1
金融中介	Financial Intermediation					31.4
房地产、租赁及商务活动	Real Estate, Renting and Business Activities					53.4
公共管理和国防；社会基本保障	Public Administration and Defence; Compulsory Social Security					138.5
教育	Education					95.5
卫生和社会工作	Health and Social Work					33.9
社区、社会和个人服务活动	Other Community, Social and Personal Services Activities					89
雇人的私人住户	Private Households with Employed Persons					133.4
域外组织和机构	Extra-Territorial Organizations and Bodies					0.3
行业不明确者	Not Classifiable by Economic Activity					
合 计	Total					3008.5
新 加 坡	**Singapore**					
按第三版ISIC分类	ISIC - Rev. 3					
农业、狩猎业和林业；渔业	Agriculture, Hunting and Forestry; Fishing		0.4	0.6	0.5	0.6
采掘业	Mining and Quarrying		0.2	0.1	0.1	0.1
制造业	Manufacturing		40.4	39.6	43.5	38.4
电、煤气和水供应	Electricity, Gas and Water Supply		0.8	0.9	0.7	1.0
建筑业	Construction		13.1	13.1	27.4	12.5
批发、零售贸易；机动车及个人、家庭用品修理业	Wholesale and Retail Trade; Repair of Motor Vehicles, Motorcycles and Personal and Household Goods		28.1	27.9	28.7	30.4
饭店和餐饮业	Hotels and Restaurants		11.9	12.1	11.5	12.8
运输、仓储和通讯	Transport, Storage and Communications		20.6	20.4	19.7	22.8
金融中介	Financial Intermediation		10.9	10.5	9.6	10.9
房地产、租赁及商务活动	Real Estate, Renting and Business Activities		18.4	19.7	22.6	24.3
公共管理和国防；社会基本保障	Public Administration and Defence; Compulsory Social Security		11.9	12.2	10.6	13.4
教育；卫生和社会工作	Education; Health and Social Work		13.8	14.2	12.7	16.0
其他社区、社会和个人服务活动；雇人的私人住户	Community, Social and Personal Services;Private Households with Employed Persons		16.2	17.2	21.7	21.2
域外组织和机构；行业不明确者	Extra-Territorial Organizations and Bodies		0.3	0.2	0.2	0.2
合 计	Total	153.7	187.0	188.6	209.5	204.7

6-3 续表 5 continued

单位：万人 (10 000 persons)

国家和地区	Country or Area	1990	1998	1999	2000	2001
斯里兰卡①	**Sri Lanka ①**					
按第二版 ISIC 分类	ISIC - Rev. 2					
农业、狩猎业、林业和渔业	Agriculture, Hunting, Forestry and Fishing	285.1	247.2			
采掘业	Mining and Quarry	16.1	7.8			
制造业	Manufacturing	86.9	91.5			
电、煤气和水	Electricity, Gas and Water	1.3	3.5			
建筑业	Construction	18.3	30.9			
批发、零售业、旅馆和饭店业	Wholesale and Retail Trade and Restaurants and Hotels	51.1	59.4			
运输、仓储和通讯	Transport, Storage and Communication	24.7	26.8			
金融保险、房地产和商务服务	Financing, Insurance, Real Estate and Business Services	5.0	11.7			
社会和个人服务	Community, Social and Personal Services	98.0	100.7			
行业不明确	Activites not Adequately Defined	9.9	15.0			
合 计	Total	596.4	594.6			
泰 国②	**Thailand ②**					
按第二版 ISIC 分类	ISIC - Rev. 2					
农业、狩猎业、林业和渔业	Agriculture, Hunting, Forestry and Fishing	1972.6	1647.2	1556.4	1609.6	
采掘业	Mining and Quarry	5.4	4.1	5.2	3.9	
制造业	Manufacturing	313.3	418.9	439.5	478.5	
电、煤气和水	Electricity, Gas and Water	10.9	17.7	15.8	17.3	
建筑业	Construction	102.6	128.0	128.6	128.0	
批发、零售业、旅馆和饭店业③	Wholesale and Retail Trade and Restaurants and Hotels ③	297.6	446.4	473.6	480.2	
运输、仓储和通讯	Transport, Storage and Communication	73.3	92.3	98.9	95.1	
金融保险、房地产和商务服务③	Financing, Insurance, Real Estate and Business Services ③					
社会和个人服务③	Community, Social and Personal Services ③	306.5	458.4	489.2	486.5	
行业不明确	Activites not Adequately Defined	2.2	0.8	1.5	1.0	
合 计	Total	3084.2	3213.8	3208.7	3300.1	
土 耳 其④	**Turkey ④**					
按第二版 ISIC 分类	ISIC - Rev. 2					
农业、狩猎业、林业和渔业	Agriculture, Hunting, Forestry and Fishing	935.6	846.1	887.2		
采掘业	Mining and Quarry	21.4	14.0	11.1		
制造业	Manufacturing	295.8	338.8	338.6		
电、煤气和水	Electricity, Gas and Water	1.3	11.0	8.3		
建筑业	Construction	93.7	129.0	129.4		
批发、零售业、旅馆和饭店业	Wholesale and Retail Trade and Restaurants and Hotels	227.8	292.0	307.4		
运输、仓储和通讯	Transport, Storage and Communication	85.1	94.6	89.3		
金融保险、房地产和商务服务	Financing, Insurance, Real Estate and Business Services	43.6	52.9	56.6		
社会和个人服务	Community, Social and Personal Services	290.4	308.8	313.6		
行业不明确	Activites not Adequately Defined					
合 计	Total	1994.6	2087.2	2141.3		
按第三版 ISIC 分类	ISIC - Rev. 3					
农业、狩猎业和林业	Agricuturing, Hunting and Forestry				708.0	718.4
渔业	Fishing				2.3	3.3
采掘业	Mining and Quarrying				7.8	9.3
制造业	Manufacturing				357.0	354.8
电、煤气和水供应	Electricity, Gas and Water Supply				9.0	9.3
建筑业	Construction				131.3	107.3
批发、零售贸易；机动车及个人、家庭用品修理业	Wholesale and Retail Trade; Repai of Motor Vehicles, Motorcycles and Personal and Household Goods				298.9	288.3

注：①10岁及以上，不包括北部省和东部省。②13岁及以上。③金融保险、不动产业包括在批发、零售业中；饭店和旅馆业包括在社会和个人服务业中。④2000年之前为12岁及以上。

Note: ① Persons aged 10 years and over,excl.Northern and Eastern provinces. ② Persons aged 13 years and over. ③ Financing,insurance and real estate includes in wholesale and retail trade; Restaurants and hotels includes in community,social and personal services. ④ Prior to 2000: Persons aged 12 years and over.

6-3 续表6 continued

单位：万人 (10 000 persons)

国家和地区	Country or Area	1990	1998	1999	2000	2001
土 耳 其（续）	**Turkey(continued)**					
旅馆和饭店业	Hotels and Restaurants				75.9	78.2
运输、仓储和通讯	Transport, Storage and Communication				103.9	100.8
金融中介	Financial Intermediation				27.2	25.3
房地产、租赁及商务活动	Real Estate, Renting and Business Activities				41.9	42.9
公共管理和国防；社会基本保障	Public Administration and Defence; Compulsory Social Security				113.3	111.8
教育	Education				72.4	76.7
卫生和社会工作	Health and Social Work				46.4	45.0
其他社区、社会和个人服务活动	Other Community, Social and Personal Services Activities				48.6	50.3
雇人的私人住户	Private Households with Employed Persons				13.6	14.6
域外组织和机构	Extra-Territorial Organizations and Bodies				0.4	0.4
行业不明确者	Not Classifiable by Economic Activity					
合　计	Total				2057.9	2036.7
埃　　及①	**Egypt ①**					
按第二版 ISIC 分类	ISIC - Rev. 2					
农业、狩猎业、林业和渔业	Agriculture, Hunting, Forestry and Fishing	559.9				
采掘业	Mining and Quarry	4.4				
制造业	Manufacturing	186.8				
电、煤气和水	Electricity, Gas and Water	10.3				
建筑业	Construction	95.5				
批发、零售业、旅馆和饭店业	Wholesale and Retail Trade and Restaurants and Hotels	138.1				
运输、仓储和通讯	Transport, Storage and Communication	91.3				
金融保险、房地产和商务服务	Financing, Insurance, Real Estate and Business Services	28.0				
社会和个人服务	Community, Social and Personal Services	318.3				
行业不明确	Activites not Adequately Defined	3.7				
合　计	Total	1436.1				
按第三版 ISIC 分类	ISIC - Rev. 3					
农业、狩猎业和林业	Agricuturing, Hunting and Forestry		472.3	468.4		
渔业	Fishing		10.0	12.3		
采掘业	Mining and Quarrying		6.9	0.4		
制造业	Manufacturing		204.2	220.8		
电、煤气和水供应	Electricity, Gas and Water Supply		20.3	20.7		
建筑业	Construction		128.7	132.0		
批发、零售贸易；机动车及个人、家庭用品修理业	Wholesale and Retail Trade; Repai of Motor Vehicles, Motorcycles and Personal and Household Goods		195.0	202.0		
旅馆和饭店业	Hotels and Restaurants		27.7	30.0		
运输、仓储和通讯	Transport, Storage and Communication		95.4	106.0		
金融中介	Financial Intermediation		17.4	18.5		
房地产、租赁及商务活动	Real Estate, Renting and Business Activities		26.6	27.3		
公共管理和国防；社会基本保障	Public Administration and Defence; Compulsory Social Security		162.9	163.2		
教育	Education		166.5	176.5		
卫生和社会工作	Health and Social Work		48.6	53.1		
其他社区、社会和个人服务活动	Other Community, Social and Personal Services Activities		31.6	35.7		
雇人的私人住户	Private Households with Employed Persons		4.0	3.8		
域外组织和机构	Extra-Territorial Organizations and Bodies					
行业不明确者	Not Classifiable by Economic Activity		0.1	0.1		
合　计	Total		1618.3	1675.0		

注：①1997年之前为12至64岁。

Note: ① Prior to 1997: Persons aged 12 to 64 years.

6-3 续表7 continued

单位：万人 (10 000 persons)

国家和地区	Country or Area	1990	1998	1999	2000	2001
阿 根 廷①	**Argentina ①**					
按第三版 ISIC 分类	ISIC - Rev. 3					
农业、狩猎业和林业	Agricuturing, Hunting and Forestry		5.7	5.7	5.0	
渔业	Fishing		0.6	0.5	0.6	
采掘业	Mining and Quarrying		1.9	1.5	1.6	
制造业	Manufacturing		128.0	119.9	115.5	
电、煤气和水供应	Electricity, Gas and Water Supply		5.6	5.1	4.8	
建筑业	Construction		69.9	69.0	65.4	
批发、零售贸易；机动车及个人、家庭用品修理业	Wholesale and Retail Trade; Repai of Motor Vehicles, Motorcycles and Personal and Household Goods		166.8	164.0	168.3	
旅馆和饭店业	Hotels and Restaurants		23.0	23.6	25.5	
运输、仓储和通讯	Transport, Storage and Communication		63.5	68.8	67.4	
金融中介	Financial Intermediation		20.2	20.1	20.7	
房地产、租赁及商务活动	Real Estate, Renting and Business Activities		57.2	63.5	60.0	
公共管理和国防；社会基本保障	Public Administration and Defence; Compulsory Social Security		65.4	64.3	63.4	
教育	Education		60.4	60.7	62.6	
卫生和社会工作	Health and Social Work		49.7	48.7	47.5	
其他社区、社会和个人服务活动	Other Community, Social and Personal Services Activities		44.8	48.3	48.5	
雇人的私人住户	Private Households with Employed Persons		62.2	63.9	65.5	
域外组织和机构	Extra-Territorial Organizations and Bodies		0.2	0.2	0.3	
行业不明确者	Not Classifiable by Economic Activity		3.0	2.7	3.7	
合　计	Total	437.3	827.9	828.5	826.2	
巴　西①	**Brazil ①**					
按第二版 ISIC 分类	ISIC - Rev. 2					
农业、狩猎业、林业和渔业	Agriculture, Hunting, Forestry and Fishing	1418.1|	1633.8	1737.2		
采掘业②	Mining and Quarry ②	86.0|	86.2	78.3		
制造业	Manufacturing	941.0|	823.0	827.9		
电、煤气和水	Electricity, Gas and Water					
建筑业	Construction	382.3|	498.0	474.3		
批发、零售业、旅馆和饭店业③	Wholesale and Retail Trade and Restaurants and Hotels ③	797.6|	941.7	961.8		
运输、仓储和通讯③	Transport, Storage and Communication ③	244.0|	278.7	281.5		
金融保险、不动产和产业服务	Financing, Insurance, Real Estate and Business Services	171.6|	130.9	134.4		
社会和个人服务③	Community, Social and Personal Services ③	2169.4|	2604.0	2672.1		
行业不明确	Activites not Adequately Defined					
合　计	Total	6210.0|	6996.3	7167.6		
加 拿 大④	**Canada ④**					
按第三版 ISIC 分类	ISIC - Rev. 3					
农业、狩猎业和林业	Agriculture, Hunting, Forestry	49.8	50.0|	48.8	45.7	40.3
渔业	Fishing	4.1	3.4|	3.3	3.5	3.2
采掘业	Mining and Quarrying	20.0	18.2|	15.6	16.3	18.7
制造业	Manufacturing	202.1	214.7|	221.7	228.0	227.5
电、煤气和水供应	Electricity, Gas and Water Supply	12.2	11.7|	11.6	11.6	12.3
建筑业	Construction	82.1	75.7|	76.9	80.9	84.0
批发、零售贸易；机动车及个人、家庭用品修理业	Wholesale and Retail Trade; Repai of Motor Vehicles, Motorcycles and Personal and Household Goods	238.3	245.3|	251.4	257.8	265.0

注：①10岁及以上。②包括电、煤气和水业。③旅馆和饭店业、仓储业包括在社会和个人服务业中。④不包括全职军人。

Note: ① Persons aged 10 years and over. ② Including electricity,gas and water. ③ Hotels,restaurants and storage includes in community, social and personal Services. ④ Excluding full-time members of the armed forces.

6–3 续表8 continued

单位：万人 (10 000 persons)

国家和地区	Country or Area	1990	1998	1999	2000	2001
加 拿 大①（续）	**Canada ① (continued)**					
旅馆和饭店业	Hotels and Restaurants	80.1	91.6	92.5	96.1	97.6
运输、仓储和通讯	Transport, Storage and Communications	97.5	108.1	110.4	114.5	116.2
金融中介	Financial Intermediation	58.3	59.6	61.9	61.5	63.6
房地产、租赁及商务活动	Real Estate, Renting and Business	118.7	163.4	165.3	174.4	177.7
公共管理和国防；社会基本保障	Public Administration and Defence; Compulsory Social Security	81.7	78.8	77.2	75.9	76.4
教育	Education	83.4	94.3	98.3	97.5	96.6
卫生和社会工作	Health and Social Work	126.2	146.5	144.4	152.6	154.2
其他社区、社会和个人服务活动	Other Community, Social and Personal Service Activities	52.3	62.1	63.8	66.5	678.2
雇人的私人住户	Private Households with Employed Persons	9.6	9.2	9.8	8.0	6.5
域外组织和机构	Extra-Territorial Organizations and Bodies	0.2	0.2	0.2	0.3	0.2
合　计	Total	1316.5	1432.6	1453.1	1491.0	1507.7
墨 西 哥②	**Mexico ②**					
按第三版ISIC分类	ISIO - Rev. 3					
农业、狩猎业和林业	Agricuturing, Hunting and Forestry		764.2	804.9	690.2	692.1
渔业	Fishing		17.6	16.0	15.9	15.4
采掘业	Mining and Quarrying		15.3	13.3	15.6	12.7
制造业	Manufacturing		698.4	734.5	754.7	737.3
电、煤气和水供应	Electricity, Gas and Water		18.3	19.3	18.9	19.5
建筑业	Construction		212.6	215.8	252.8	239.7
批发、零售贸易；机动车及个人、家庭用品修理业	Wholesale and Retail Trade; Repai of Motor Vehicles, Motorcycles and Personal and Household Goods		680.4	658.2	852.5	883.9
旅馆和饭店	Hotels and Restaurants		182.5	180.8	184.5	198.2
运输、仓储和通讯	Transport, Storage and Communication		169.3	173.9	173.1	177.7
金融中介	Financial Intermediation		31.6	30.3	29.3	28.0
房地产、租赁及商务活动	Real Estate, Renting and Business Activities		115.6	115.7	117.8	122.4
公共管理和国防；社会基本保障	Public Administration and Defence; Compulsory Social Security		160.7	172.8	173.9	168.2
教育	Education		189.3	172.3	187.8	197.2
卫生和社会工作	Health and Social Work		101.0	102.5	106.3	103.9
其他社区、社会和个人服务活动	Other Community, Social and Personal Services Activities		311.0	309.5	132.3	122.6
雇人的私人住户	Private Households with Employed Persons		177.1	170.7	177.1	167.3
域外组织和机构	Extra-Territorial Organizations and Bodies		14.4	15.1	16.0	14.2
行业不明确者	Not Classifiable By Economic Activity		2.5	1.5	0.2	0.1
合　计	Total		3861.8	3906.9	3998.4	3900.4
美　　国③	**United States ③**					
按第二版ISIC分类	ISIO - Rev. 2					
农业、狩猎业、林业和渔业	Agriculture, Hunting, Forestry and Fishing	339.4	350.9	341.6	345.7	327.7
采掘业	Mining and Quarrying	72.4	62.0	56.5	52.1	56.7
制造业	Manufacturing	2134.6	2073.3	2007.0	1994.0	1897.0
电、煤气和水	Electricity, Gas and Water	158.2	149.6	146.8	144.7	140.8
建筑业	Construction	776.4	851.8	898.7	943.3	958.1
批发、零售业、旅馆和饭店业④	Wholesale and Retail Trade and Restaurants and Hotels ④	2462.2	2720.3	2757.2	2783.2	2767.2
运输、仓储和通讯	Transport, Storage and Communication	658.6	781.1	808.6	829.4	833.0
金融保险、房地产和商务服务	Financing, Insurance, Real Estate and Business Services	1342.2	1545.2	1605.4	1651.5	1666.9
社会和个人服务④	Community, Social and Personal Services ④	3935.2	4612.1	4727.1	4777.0	4859.9

注：①不包括全职军人。②12岁及以上。③16岁及以上。④旅馆业包括在社会和个人服务业内。

Note: ① Excluding full-time members of the armed forces. ② Persons aged 12 years and over. ③ Persons aged 16 years and over. ④ Hotels includes in community, social and personal services.

6-3 续表9 continued

单位：万人 (10 000 persons)

国家和地区	Country or Area	1990	1998	1999	2000	2001
美　国①(续)	**United States ① (continued)**					
行业不明确	Activities not Adequately Defined					
合　计	Total	11879.3	13146.3	13348.8	13520.8	13507.3
委内瑞拉	**Venezuela**					
按第二版 ISIC 分类	ISIO - Rev. 2					
农业、狩猎业、林业和渔业	Agriculture, Hunting, Forestry and Fishing	86.0				
采掘业	Mining and Quarry	6.7				
制造业	Manufacturing	99.3				
电、煤气和水	Electricity, Gas and Water	6.4				
建筑业	Construction	49.3				
批发、零售业、旅馆和饭店业	Wholesale and Retail Trade and Restaurants and Hotels	134.9				
运输、仓储和通讯	Transport, Storage and Communication	39.0				
金融保险、房地产和商务服务	Financing, Insurance, Real Estate and Business Services	35.8				
社会和个人服务	Community, Social and Personal Services	182.4				
行业不明确	Activities not Adequately Defined	0.6				
合　计	Total	640.4	871.1			
保加利亚	**Bulgaria**					
按第二版 ISIC 分类	ISIO - Rev. 2					
农业、狩猎业、林业和渔业	Agriculture, Hunting, Forestry and Fishing	75.8				
采掘业	Mining and Quarry	11.4				
制造业	Manufacturing	134.7				
电、煤气和水	Electricity, Gas and Water	3.8				
建筑业	Construction	31.2				
批发、零售业、旅馆和饭店业	Wholesale and Retail Trade and Restaurants and Hotels	39.3				
运输、仓储和通讯	Transport, Storage and Communication	28.6				
金融保险、房地产和商务服务	Financing, Insurance, Real Estate and Business Services	6.0				
社会和个人服务	Community, Social and Personal Services	79.0				
合　计	Total	409.7				
按第三版 ISIC 分类	ISIO - Rev. 3					
农业、狩猎业和林业；渔业	Agriculture, Hunting and Forestry; Fishing		82.5	79.6	78.2	77.4
采掘业	Mining and Quarrying		5.6	4.9	4.1	3.6
制造业	Manufacturing		72.3	65.2	61.6	59.2
电、煤气和水供应	Electricity, Gas and Water		5.8	5.9	6.0	5.9
建筑业	Construction		12.9	13.2	12.7	12.7
批发、零售贸易；机动车及个人、家庭用品修理业	Wholesale and Retail Trade; Repair of Motor Vehicles, Motorcycles and Personal and Household Goods		33.7	35.5	35.2	35.5
旅馆和饭店业	Hotels and Restaurants		7.1	8.0	8.5	9.5
运输、仓储和通讯	Transport, Storage and Communication		23.7	23.3	22.0	21.4
金融中介	Financial Intermediation		3.8	3.5	3.3	3.4
房地产、租赁及商务活动	Real Estate, Renting and Business Activities		10.3	11.4	12.1	13.2
公共管理和国防；社会基本保障	Public Administration and Defence; Compulsory Social Security		8.1	9.0	9.2	9.7
教育	Education		23.3	23.1	21.8	20.4
卫生和社会工作	Health and Social Work		16.7	16.4	14.8	13.8
其他社区、社会和个人服务活动	Other Community, Social and Personal Services Activities		9.6	10.0	8.6	8.4
合　计	Total		315.3	308.8	298.0	294.0

注：①16岁及以上。
Note: ① Persons aged 16 years and over.

6-3 续表 10 continued

单位：万人 (10 000 persons)

国家和地区	Country or Area	1990	1998	1999	2000	2001
捷　克	**Czech Republic**					
按第三版 ISIC 分类	ISIO - Rev. 3					
农业、狩猎业和林业；渔业	Agriculturing, Hunting and Forestry;Fishing		26.7	24.7	24.1	22.5
采掘业	Mining and Quarrying		8.6	7.7	7.0	6.8
制造业	Manufacturing		134.2	130.8	128.2	131.5
电、煤气和水供应	Electricity, Gas and Water		9.3	8.4	7.7	8.8
建筑业	Construction		47.2	44.3	43.9	43.0
批发、零售贸易；机动车及个人、家庭用品修理业	Wholesale and Retail Trade; Repair of Motor Vehicles, Motorcycles and Personal and Household Goods		64.6	64.1	61.3	60.8
旅馆和饭店业	Hotels and Restaurants		16.9	15.7	15.6	15.9
运输、仓储和通讯	Transport, Storage and Communication		37.8	37.1	37.3	36.4
金融中介	Financial Intermediation		10.0	9.9	10.0	10.2
房地产、租赁及商务活动	Real Estate, Renting and Business Activities		24.8	25.7	26.6	25.8
公共管理和国防；社会基本保障	Public Administration and Defence; Compulsory Social Security		32.3	33.6	34.3	34.1
教育	Education		28.9	28.7	29.9	30.2
卫生和社会工作	Health and Social Work		26.8	27.7	29.1	30.6
其他社区、社会和个人服务活动	Other Community, Social and Personal Services Activities		18.3	17.6	17.6	17.9
雇人的私人住户	Private Households with Employed Persons		0.1	0.2	0.2	0.1
域外组织和机构	Extra-Territorial Organizations and Bodies		0.2	0.2	0.2	0.1
行业不明确者	Not Classifiable by Economic Activity		0.1	0.1	0.2	0.3
合　计	Total		486.6	476.4	473.2	475.0
法　　国①	**France ①**					
按第二版 ISIC 分类	ISIO - Rev. 2					
农业、狩猎业、林业和渔业	Agriculture, Hunting, Forestry and Fishing	124.8				
采矿和采石业	Mining and Quarry	8.3				
制造业	Manufacturing	470.6				
电、煤气和水	Electricity, Gas and Water	20.5				
建筑业	Construction	163.4				
批发、零售业、旅馆和饭店业	Wholesale and Retail Trade and Restaurants and Hotels	375.0				
运输、仓储和通讯	Transport, Storage and Communication	140.4				
金融保险、不动产和产业服务	Financing, Insurance, Real Estate and Business Services	228.4				
社会和个人服务	Community, Social and Personal Services	708.2				
行业不明确	Activities not Adequately Defined					
合　计	Total	2239.6				

注：①包括职业军人。
Note: ① Includes the professional soldier.

6-3 续表11 continued

单位：万人 (10 000 persons)

国家和地区	Country or Area	1990	1998	1999	2000	2001
德　国	**Germany**					
按第三版 ISIC 分类	ISIO - Rev. 3					
农业、狩猎业和林业	Agriculturing, Hunting and Forestry		101.6	102.0	98.2	93.7
渔业	Fishing		0.8	0.6	0.6	0.5
采掘业	Mining and Quarrying		18.2	16.1	15.2	13.9
制造业	Manufacturing		846.1	853.2	854.2	860.9
电、煤气和水供应	Electricity, Gas and Water		30.5	31.1	29.0	28.2
建筑业	Construction		318.3	314.6	311.8	290.4
批发、零售贸易；机动车及个人、家庭用品修理业	Wholesale and Retail Trade; Repair of Motor Vehicles, Motorcycles and Personal and Household Goods		515.4	520.8	519.0	524.8
旅馆和饭店业	Hotels and Restaurants		113.0	118.8	121.9	122.8
运输、仓储和通讯	Transport, Storage and Communication		192.0	195.3	200.8	205.5
金融中介	Financial Intermediation		127.3	129.1	133.3	134.6
房地产、租赁及商务活动	Real Estate, Renting and Business Activities		258.1	273.8	292.3	300.5
公共管理和国防；社会基本保障	Public Administration and Defence; Compulsory Social Security		317.4	317.8	310.3	306.5
教育	Education		192.7	194.8	192.8	199.6
卫生和社会工作	Health and Social Work		353.4	366.5	369.6	379.7
其他社区、社会和个人服务活动	Other Community, Social and Personal Services Activities		182.6	187.9	194.4	202.8
雇人的私人住户	Private Households with Employed Persons		15.0	14.1	13.7	14.2
域外组织和机构	Extra-Territorial Organizations and Bodies		3.6	3.7	3.3	3.0
合　计	Total		3586.0	3640.2	3660.4	3681.6
意 大 利①	**Italy ①**					
按第二版 ISIC 分类	ISIO - Rev. 2					
农业、狩猎业、林业和渔业	Agriculture, Hunting, Forestry and Fishing	189.5				
采掘业②	Mining and Quarrying ②	22.9				
制造业	Manufacturing	475.7				
电、煤气和水	Electricity, Gas and Water					
建筑业	Construction	185.9				
批发、零售业、旅馆和饭店业	Wholesale and Retail Trade and Restaurants and Hotels	453.7				
运输、仓储和通讯	Transport, Storage and Communication	114.6				
金融保险、房地产和商务服务	Financing, Insurance, Real Estate and Business Services	89.5				
社会和个人服务	Community, Social and Personal Services	613.6				
行业不明确	Activities not Adequately Defined					
合　计	Total	2145.4				
按第三版 ISIC 分类	ISIO - Rev. 3					
农业、狩猎业和林业	Agriculturing, Hunting and Forestry		115.6	108.9	107.1	108.4
渔业	Fishing		4.5	4.5	4.9	4.2
采掘业	Mining and Quarrying		7.4	7.0	6.4	6.4
制造业	Manufacturing		492.1	492.8	491.8	490.7
电、煤气和水供应	Electricity, Gas and Water		19.1	17.6	16.7	16.2
建筑业	Construction		154.4	157.5	161.8	170.7
批发、零售贸易；机动车及个人、家庭用品修理业	Wholesale and Retail Trade; Repair of Motor Vehicles, Motorcycles and Personal and Household Goods		326.6	330.8	337.7	341.6
旅馆和饭店业	Hotels and Restaurants		67.6	73.9	81.4	88.0
运输、仓储和通讯	Transport, Storage and Communication		109.7	113.3	119.0	118.0
金融中介	Financial Intermediation		67.3	67.1	66.2	65.9

注：①14岁及以上。②包括电、煤气和水业。

Note: ① Persons aged 14 years and over. ② Including electricity, gas and water.

6-3 续表 12 continued

单位：万人 (10 000 persons)

国家和地区	Country or Area	1990	1998	1999	2000	2001
意 大 利①(续)	**Italy ① (continued)**					
房地产、租赁及商务活动	Real Estate, Renting and Business Activities		121.7	133.6	147.8	155.0
公共管理和国防；社会基本保障	Public Administration and Defence; Compulsory Social Security		193.9	194.3	194.2	198.7
教育	Education		142.6	144.5	146.7	152.0
卫生和社会工作	Health and Social Work		128.1	128.9	128.8	132.1
其他社区、社会和个人服务活动	Other Community, Social and Personal Services Activities		87.8	89.8	90.5	93.9
雇人的私人住户	Private Households with Employed Persons		21.5	20.1	19.6	19.3
域外组织和机构	Extra-Territorial Organizations and Bodies		1.8	1.7	2.0	2.0
合　计	Total		2061.8	2086.4	2122.5	2163.4
荷　　兰②	**Netherlands ②**					
按第二版 ISIC 分类	ISIO - Rev. 2					
农业、狩猎业、林业和渔业	Agriculture, Hunting, Forestry and Fishing	28.9				
采掘业	Mining and Quarry	1.1				
制造业	Manufacturing	118.5				
电、煤气和水	Electricity, Gas and Water	4.1				
建筑业	Construction	40.9				
批发、零售业、旅馆和饭店业	Wholesale and Retail Trade and Restaurants and Hotels	110.4				
运输、仓储和通讯	Transport, Storage and Communication	38.2				
金融保险、房地产和商务服务	Financing, Insurance, Real Estate and Business Services	64.6				
社会和个人服务	Community, Social and Personal Services	222.9				
行业不明确	Activities not Adequately Defined	5.8				
合　计	Total	635.6				
按第三版 ISIC 分类	ISIO - Rev. 3					
农业、狩猎业和林业	Agriculturing, Hunting and Forestry		23.6	22.7	24.4	22.1
渔业	Fishing		-	0.3	0.4	0.3
采掘业	Mining and Quarrying		1.1	0.9	1.2	0.9
制造业	Manufacturing		110.4	111.1	112.1	111.5
电、煤气和水供应	Electricity, Gas and Water		4.7	3.7	3.5	3.4
建筑业	Construction		45.1	47.1	46.6	50.8
批发、零售贸易；机动车及个人、家庭用品修理业	Wholesale and Retail Trade; Repair of Motor Vehicles, Motorcycles and Personal and Household Goods		122.0	123.8	129.1	125.4
旅馆和饭店业	Hotels and Restaurants		26.7	28.1	28.9	29.1
运输、仓储和通讯	Transport, Storage and Communication		44.2	46.5	47.3	48.6
金融中介	Financial Intermediation		26.4	28.8	27.6	30.7
房地产、租赁及商务活动	Real Estate, Renting and Business Activities		83.3	89.1	94.5	94.4
公共管理和国防；社会基本保障	Public Administration and Defence; Compulsory Social Security		52.5	51.7	48.8	54.1
教育	Education		46.5	48.1	45.8	47.9
卫生和社会工作	Health and Social Work		102.8	104.8	107.1	113.4
其他社区、社会和个人服务活动	Other Community, Social and Personal Services Activities		31.8	30.9	35.6	34.7
雇人的私人住户	Private Households with Employed Persons		2.2	1.7	0.5	0.3
域外组织和机构	Extra-Territorial Organisation and Bodies		-	0.2	0.2	0.2
行业不明确	Not Classifiable by Economic Activity		16.1	20.5	19.7	18.6
合　计	Total		739.8	760.1	773.1	786.5
波　　兰	**Poland**					
按第三版 ISIC 分类	ISIO - Rev. 3					
农业、林业、狩猎业	Agriculturing, Hunting and Forestry		293.4	265.7	271.5	271.1
渔业	Fishing		1.2	1.0	1.1	0.9

注：①14 岁及以上。②15 至 64 岁。
Note: ① Persons aged 14 years and over. ② Persons aged 15 to 64 years.

6-3 续表13 continued

单位：万人 (10 000 persons)

国家和地区	Country or Area	1990	1998	1999	2000	2001
波　　兰（续）	**Poland (continued)**					
采掘业	Mining and Quarrying		38.1	31.5	29.3	27.4
制造业	Manufacturing		320.5	304.9	290.1	283.0
电、煤气、水供应	Electricity, Gas and Water		26.5	24.6	26.3	26.9
建筑业	Construction		107.1	101.2	102.4	95.8
批发零售贸易；机动车及个人、家用批发、零售品修理业	Wholesale and Retail Trade; Repair of Motor Vehicles, Motorcycles and Personal and Household Goods		211.7	209.5	204.3	200.7
旅馆和饭店业	Hotels and Restaurants		21.9	22.2	24.1	25.3
运输、仓储和通讯	Transport, Storage and Communication		95.8	89.5	89.3	85.2
金融中介	Financial Intermediation		35.4	38.7	38.0	34.0
房地产业、租赁业及商务活动	Real Estate, Renting and Business Activities		46.4	50.6	53.1	62.7
公共管理和国防；社会基本保障	Public Administration and Defence; Compulsory Social Security		77.9	77.2	76.4	74.9
教育	Education		97.2	102.9	101.3	95.5
卫生和社会工作	Health and Social Work		105.6	102.8	93.8	90.3
其他社区、社会和个人服务活动	Other Community, Social and Personal Services Activities		55.8	52.7	50.7	45.9
雇人的私人住户	Private Households with Employed Persons		0.8	0.5	0.8	1.1
域外组织和机构	Extra-Territorial Organizations and Bodies		0.1	-	-	-
行业不明确	Not Classifiable by Economic Activity		-	-	-	-
合　计	Total		1535.4	1475.7	1452.6	1420.7
罗马尼亚	**Romania**					
按第三版ISIC分类	ISIO - Rev. 3					
农业、狩猎业和林业	Agricuturing, Hunting and Forestry		433.5	449.2	459.9	452.3
渔业	Fishing		0.8	0.8	0.8	0.4
采掘业	Mining and Quarrying		20.2	18.6	16.3	15.0
制造业	Manufacturing		231.4	216.5	205.4	202.5
电、煤气和水供应	Electricity, Gas and Water		23.5	22.4	19.6	19.9
建筑业	Construction		43.4	39.7	40.3	43.0
批发、零售贸易；机动车及个人、家用批发、零售品修理业	Wholesale and Retail Trade; Repair of Motor Vehicles, Motorcycles and Personal and Household Goods		92.6	92.6	92.8	95.2
旅馆和饭店业	Hotels and Restaurants		14.2	12.4	12.3	13.1
运输、仓储和通讯	Transport, Storage and Communication		52.9	50.0	51.1	51.9
金融中介	Financial Intermediation		8.2	8.7	9.3	7.6
房地产、租赁及商务活动	Real Estate, Renting and Business Activities		15.4	14.1	13.2	12.4
公共管理和国防；社会基本保障	Public Administration and Defence; Compulsory Social Security		50.5	53.3	56.3	58.1
教育	Education		42.8	42.3	41.5	40.9
卫生和社会工作	Health and Social Work		33.5	34.1	34.6	35.1
其他社区、社会和个人服务活动	Other Community, Social and Personal Services Activities		21.8	23.0	23.0	22.3
合　计	Total		1084.5	1077.6	1076.4	1069.7
俄罗斯联邦①	**Russian Federation ①**					
按第三版ISIC分类	ISIO - Rev. 3					
农业、狩猎业和林业	Agricuturing, Hunting and Forestry		650.2	698.7		
渔业	Fishing		15.4	15.8		
采掘业	Mining and Quarrying		104.9	121.0		
制造业	Manufacturing		1088.9	1151.4		
电、煤气和水供应	Electricity, Gas and Water		163.2	157.7		

注：①15至72岁。
Note: ① Persons aged 15 to 72 years.

6–3 续表 14　continued

单位：万人　　　　　　　　　　　　　　　　　　　　　　　　　　(10 000 persons)

国家和地区	Country or Area	1990	1998	1999	2000	2001
俄罗斯联邦①（续）	**Russian Federation ① (continued)**					
建筑业	Construction		341.9	344.5		
批发、零售贸易；机动车及个人、家庭用品修理业	Wholesale and Retail Trade; Repair of Motor Vehicles, Motorcycles and Personal and Household Goods		702.6	720.8		
旅馆和饭店	Hotels and Restaurants		68.9	83.8		
运输、仓储和通讯	Transport, Storage and Communication		533.2	548.7		
金融媒介	Financial Intermediation		81.2	80.4		
房地产、租赁及商务活动	Real Estate, Renting and Business Activities		187.7	179.0		
公共管理和国防；社会基本保障	Public Administration and Defence; Compulsory Social Security		425.7	458.9		
教育	Education		562.1	588.3		
卫生和社会工作	Health and Social Work		413.4	433.3		
社区、社会和个人服务活动	Other Community, Social and Personal Services Activities		446.7	458.5		
合　计	Total		5786.0	6040.8		
西　班　牙②	**Spain ②**					
按第二版 ISIC 分类	ISIO - Rev. 2					
农业、狩猎业、林业和渔业	Agriculture, Hunting, Forestry and Fishing	148.6				
采掘业	Mining and Quarry	7.8				
制造业	Manufacturing	280.7				
电、煤气和水	Electricity, Gas and Water	9.4				
建筑业	Construction	122.0				
批发、零售业、旅馆和饭店业	Wholesale and Retail Trade and Restaurants and Hotels	254.0				
运输、仓储和通讯	Transport, Storage and Communication	72.7				
金融保险、房地产和商务服务	Financing, Insurance, Real Estate and Business Services	67.8				
社会和个人服务	Community, Social and Personal Services	295.0				
行业不明确	Activites not Adequately Defined					
合　计	Total	1257.9				
按第三版 ISIC 分类	ISIO - Rev. 3					
农业、狩猎业和林业	Agricuturing, Hunting and Forestry		100.5	95.9	94.7	95.5
渔业	Fishing		5.5	5.6	6.5	6.5
采掘业	Mining and Quarrying		6.0	6.3	6.6	6.3
制造业	Manufacturing		256.3	263.5	290.9	300.6
电、煤气和水供应	Electricity, Gas and Water		8.5	8.6	9.9	9.9
建筑业	Construction		130.7	146.4	171.6	185.0
批发、零售贸易；机动车及个人、家庭用品修理业	Wholesale and Retail Trade; Repair of Motor Vehicles, Motorcycles and Personal and Household Goods		217.9	226.6	250.2	255.6
饭店和餐馆	Hotels and Restaurants		79.8	84.9	96.7	97.1
运输、仓储和通讯	Transport, Storage and Communication		77.2	80.6	92.3	96.5
金融媒介	Financial Intermediation		33.3	36.3	41.1	39.2
房地产、租赁及商务活动	Real Estate, Renting and Business Activities		85.9	93.1	112.1	123.8
公共管理和国防；社会基本保障	Public Administration and Defence; Compulsory Social Security		82.6	88.8	97.6	100.8
教育	Education		78.7	80.2	83.7	88.9
卫生和社会工作	Health and Social Work		71.4	74.4	83.0	85.3
其他社区、社会和个人服务活动	Other Community, Social and Personal Services Activities		49.7	51.6	59.4	61.6
雇人的私人住户	Private Households with Employed Persons		26.2	39.0	40.5	41.8
域外组织和机构	Extra-Territorial Organizations and Bodies		0.3	0.2	0.2	0.3
合　计	Total		1320.5	1381.7	1537.0	1594.6

注：①15至72岁。②16岁及以上。
Note: ① Persons aged 15 to 72 years. ② Persons aged 16 years and over.

6-3 续表 15　continued

单位：万人。　　　　　　　　　　　　　　　　　　(10 000 persons)

国家和地区	Country or Area	1990	1998	1999	2000	2001
乌克兰	**Ukraine**					
按第二版 ISIC 分类	ISIO - Rev. 2					
农业、狩猎业、林业和渔业	Agriculture, Hunting, Forestry and Fishing	502.3	506.0	496.1	497.7	
采掘业	Mining and Quarry		68.7	63.9	61.8	
制造业	Manufacturing		354.0	331.9	291.4	
电、煤气和水	Electricity, Gas and Water					
建筑业	Construction	242.2	109.7	97.4	89.5	
批发、零售业、旅馆和饭店业	Wholesale and Retail Trade and Restaurants and Hotels	186.7	151.4	160.4	140.6	
运输、仓储和通讯	Transport, Storage and Communication	192.3	140.0	132.9	122.8	
金融保险、房地产和商务服务	Financing, Insurance, Real Estate and Business Services	12.9	21.3	19.7	19.6	
社会和个人服务	Community, Social and Personal Services					
行业不明确	Activites not Adequately Defined					
合　计	Total	2540.1	1941.5	1879.0	1806.3	
英　国①	**United Kingdom ①**					
按第三版 ISIC 分类	ISIO - Rev. 3					
农业、狩猎业和林业	Agricuturing, Hunting and Forestry	55.4	44.6	40.9	41.1	37.5
渔业	Fishing	1.9	1.9	1.6	1.4	1.6
采掘业	Mining and Quarrying	23.3	10.0	10.1	10.1	11.5
制造业	Manufacturing	299.1	501.1	488.6	474.0	461.9
电、煤气和水供应	Electricity, Gas and Water	33.3	18.1	18.8	20.0	20.3
建筑业	Construction	214.1	190.7	192.9	199.6	205.7
批发、零售贸易;机动车及个人、家庭用品修理业	Wholesale and Retail Trade; Repair of Motor Vehicles, Motorcycles and Personal and Household Goods	419.9	414.1	426.3	429.9	425.4
饭店和餐馆	Hotels and Restaurants	118.5	124.4	116.5	114.9	118.5
运输、仓储和通讯	Transport, Storage and Communication	170.3	176.9	181.3	190.5	200.6
金融中介	Financial Intermediation	116.8	119.8	117.2	120.0	123.0
房地产、租赁及商务活动	Real Estate, Renting and Business Activities	215.6	279.1	299.3	307.2	321.1
公共管理和国防；社会基本保障	Public Administration and Defence; Compulsory Social Security	162.5	157.5	163.7	171.7	187.2
教育	Education	182.9	205.2	218.2	221.1	224.9
卫生和社会工作	Health and Social Work	220.8	298.2	301.5	300.2	312.3
其他社区、社会和个人服务活动	Other Community, Social and Personal Services Activities	116.4	146.1	144.0	154.4	149.3
雇人的私人住户	Private Households with Employed Persons	20.6	14.5	13.8	13.4	11.6
域外组织和机构	Extra-Territorial Organizations and Bodies	3.2	2.1	1.8	2.5	2.0
行业不明确	Not Classifiable by Economic Activity	18.9	7.3	7.9	7.3	8.2
合　计	Total	2693.5	2711.6	2744.2	2779.3	2822.5
澳大利亚	**Australia**					
按第三版 ISIC 分类	ISIO - Rev. 3					
农业、狩猎业和林业	Agricuturing, Hunting and Forestry	42.4|	40.7	41.8	42.1	41.5
渔业	Fishing	1.4|	1.3	1.4	1.8	1.9
采掘业	Mining and Quarrying	8.9|	7.7	7.0	6.8	6.8
制造业	Manufacturing	117.9|	109.8	107.5	114.1	110.9
电、煤气和水供应	Electricity, Gas and Water	10.6|	6.5	6.4	6.5	6.7
建筑业	Construction	59.3|	62.2	66.3	70.1	67.8
批发、零售贸易；机动车及个人、家庭用品修理业	Wholesale and Retail Trade; Repair of Motor Vehicles, Motorcycles and Personal and Household Goods	162.6|	177.5	184.1	177.9	179.2
饭店和餐馆	Hotels and Restaurants	31.8|	40.8	41.9	45.7	46.2

注：①16 岁及以上。
Note: ① Persons aged 16 years and over.

6-3 续表16 continued

单位：万人 (10 000 persons)

国家和地区	Country or Area	1990	1998	1999	2000	2001
澳大利亚(续)	**Australia (continued)**					
运输、仓储和通讯	Transport, Storage and Communication	53.2	54.5	57.0	59.2	60.1
金融中介	Financial Intermediation	36.7	32.3	31.5	33.6	34.8
房地产、租赁及商务活动	Real Estate, Renting and Business Activities	62.5	95.3	98.3	106.8	108.5
公共管理和国防；社会基本保障	Public Administration and Defence; Compulsory Social Security	44.3	42.8	45.1	45.7	48.0
教育	Education	52.8	59.3	61.4	61.2	63.4
卫生和社会工作	Health and Social Work	66.2	81.1	81.6	84.9	89.8
其他社区、社会和个人服务活动	Other Community, Social and Personal Services Activities	31.9	42.3	42.5	43.8	46.0
雇人的私人住户	Private Households with Employed Persons	1.2	1.1	1.0	0.7	0.6
域外组织和机构	Extra-Territorial Organizations and Bodies	0.1	0.1	0.1	0.2	0.2
合　计	Total	783.7	855.3	874.7	900.9	912.4
新 西 兰	**New Zealand**					
按第二版ISIC分类	ISIO - Rev. 2					
农业、狩猎业、林业和渔业	Agriculture, Hunting, Forestry and Fishing	15.7				
采掘业	Mining and Quarrying	0.6				
制造业	Manufacturing	25.3				
电、煤气和水	Electricity, Gas and Water	1.4				
建筑业	Construction	9.2				
批发、零售业、旅馆和饭店业	Wholesale and Retail Trade and Restaurants and Hotels	31.2				
运输、仓储和通讯	Transport, Storage and Communication	9.3				
金融保险、房地产和商务服务	Financing, Insurance, Real Estate and Business Services	14.6				
社会和个人服务	Community, Social and Personal Services	40.4				
行业不明确	Activities not Adequately Defined	0.6				
合　计	Total	148.1				
按第三版ISIC分类	ISIO - Rev. 3					
农业、狩猎业和林业	Agriculturing, Hunting and Forestry		14.3	16.1	15.1	16.2
渔业	Fishing		0.4	0.4	0.4	0.4
采掘业	Mining and Quarrying		0.4	0.4	0.4	0.4
制造业	Manufacturing		29.0	27.8	28.1	28.9
电、煤气和水供应	Electricity, Gas and Water		1.0	0.9	0.9	1.0
建筑业	Construction		11.1	11.0	11.8	11.2
批发、零售贸易；机动车及个人、家庭用品修理业	Wholesale and Retail Trade; Repair of Motor Vehicles, Motorcycles and Personal and Household Goods		28.2	28.5	29.6	29.9
饭店和餐馆	Hotels and Restaurants		8.9	8.7	9.3	9.5
运输、仓储和通讯	Transport, Storage and Communication		10.3	11.0	11.1	11.2
金融中介	Financial Intermediation		5.4	5.4	5.5	5.2
房地产、租赁及商务活动	Real Estate, Renting and Business Activities		16.8	17.5	17.4	18.0
公共管理和国防；社会基本保障	Public Administration and Defence; Compulsory Social Security		9.7	9.9	9.1	9.3
教育	Education		12.7	12.5	13.0	13.7
卫生和社会工作	Health and Social Work		13.4	14.1	14.2	15.8
其他社区、社会和个人服务活动	Other Community, Social and Personal Services Activities		9.7	9.7	10.2	10.4
雇人的私人住户	Private Households with Employed Persons		0.8	0.8	0.9	0.7
域外组织和机构	Extra-Territorial Organizations and Bodies		0.1	0.1	0.1	0.1
行业不明确	Not Classifiable by Economic Activity		0.5	0.4	0.8	0.4
合　计	Total		172.5	175.0	177.9	182.3

6-4 失业人数

Unemployment

资料来源：国际劳工组织《劳工统计年鉴》2002。
Source: International Labour Office"Yearbook of Labour Statistics"2002.
单位：万人 (10 000 persons)

国家和地区	Country or Area	1990	1998	1999	2000	2001
中　　国①	China ①	383.2	571.0	575.0	595.0	681.0
中国香港	Hong Kong, China	3.7|	15.4	20.8	16.7	17.4
中国澳门③	Macao, China ③	-	1.0	1.3	1.4	1.4
孟加拉国	Bangladesh	99.7 ②			175.0	
印　　度③④	India ③④	3463.2	4009.0	4037.1	4134.4	4199.6
印度尼西亚②	Indonesia ②	195.2	506.3	603.0	587.2	
以 色 列	Israel	15.8|	19.3	20.9	21.4	23.3
日　　本	Japan	134.0	279.0	317.0	320.0	340.0
哈萨克斯坦	Kazakhstan		38.2	26.4		
韩　　国	Korea, Rep.	45.4	146.1	135.3	88.9	
马来西亚⑤	Malaysia ⑤	31.5	28.4	31.4	29.4	37.4
蒙　　古⑫	Mongolia ⑫		4.8			
缅　　甸⑥⑫	Myanmar ⑥⑫	55.5	45.2	42.5	38.2	39.8
巴基斯坦②	Pakistan ②	96.3|	227.9	233.4	312.7	
菲 律 宾	Philippines	199.3	301.6	293.1	313.3	326.9
新 加 坡	Singapore	2.6|	6.2	9.0	9.8	7.3
斯里兰卡②	Sri Lanka ②	100.5	70.1	61.3	49.7	56.6
泰　　国⑦	Thailand ⑦	71.0	113.8	98.6	81.3	
土 耳 其	Turkey	161.5 ⑧	152.8 ⑧	177.4 ⑧ |	145.3	190.1
埃　　及⑤	Egypt ⑤	134.6|	144.8	148.1		
南　　非⑫	South Africa ⑫	11.1				
加 拿 大	Canada	116.4	130.5|	119.0	109.0	117.0
墨 西 哥⑧	Mexico ⑧		89.0	68.2	65.0	67.9
美　　国⑨	United States ⑨	704.7|	621.0	588.0	565.5	674.2
阿 根 廷②	Argentina ②	33.2|	121.9	136.0	146.1	
巴　　西②	Brazil ②	236.8|	692.3	763.9		
委内瑞拉	Venezuela	74.3	109.3	152.6		
白俄罗斯⑫	Belarus ⑫		10.6	9.5	9.6	10.3
保加利亚	Bulgaria		43.9	48.7	55.9	66.1
捷　　克	Czech Republic		33.6	45.4	45.5	42.1
法　　国	France		300.7	301.4	259.0	228.5
德　　国	Germany		384.9	350.3	312.7	315.0
意 大 利	Italy	262.1|	274.5	266.9	249.5	226.7
荷　　兰⑤	Netherlands ⑤	51.6|	33.7	27.7	26.2	22.0
波　　兰	Poland		180.8	239.1	278.5	317.0
罗马尼亚	Romania		73.2	79.0	82.1	75.0
俄罗斯联邦⑩	Russian Federation ⑩		887.6	932.3		
西 班 牙⑨	Spain ⑨	244.1	306.0	260.5|	248.7	186.9
乌 克 兰⑪	Ukraine ⑪		293.7	269.9	270.8	
英　　国⑨	United Kingdom ⑨	197.4	177.6	175.2	161.9	141.3
南斯拉夫	Yugoslavia		83.8	81.1	80.6	
澳大利亚	Australia	58.5|	72.8	66.1	61.6	66.7
新 西 兰	New Zealand	12.5	13.9	12.8	11.3	10.2

注：①城镇登记失业人数。②10岁及以上。③14岁及以上。④申请工作者。⑤15至64岁。⑥18岁及以上。⑦13岁及以上。⑧12岁及以上。⑨16岁及以上。⑩15至72岁。⑪15至70岁。⑫登记失业人数。

Note: ① Registered unemployment persons in urban areas. ② Persons aged 10 years and over. ③ Persons aged 14 years and over. ④ Work applicants. ⑤ Persons aged 15 to 64 years. ⑥ Persons aged 18 years and over. ⑦ Persons aged 13 years and over. ⑧ Persons aged 12 years and over. ⑨ Persons aged 16 years and over. ⑩ Persons aged 15 to 72 years. ⑪ Persons aged 15 to 70 years. ⑫ Registered unemployment persons.

6-5 失业率

Unemployment Rate

资料来源：国际劳工组织《劳工统计年鉴》2002。
Source: International Labour Office"Yearbook of Labour Statistics"2002.
单位：% (%)

国家和地区	Country or Area	1990	1998	1999	2000	2001
中　　国①	China ①	2.5	3.1	3.1	3.1	3.6
中国香港	Hong Kong, China	1.3	4.7	6.2	4.9	5.1
中国澳门②	Macao,China ②	3.2	4.6	6.3	6.8	6.4
阿塞拜疆	Azerbaijan		1.1	1.2	1.2	1.3
孟加拉国	Bangladesh	1.9			3.3	
塞浦路斯③	Cyprus ③	1.8 ②	3.3	3.6	3.4	3.0
格鲁吉亚	Georgia		14.5	13.8	10.8	11.0
印度尼西亚	Indonesia		5.5			
以 色 列	Israel	9.6|	8.5	8.9	8.8	9.3
日　　本	Japan	2.1	4.1	4.7	4.7	5.0
哈萨克斯坦③	Kazakhstan ③		3.7	3.9		
韩　　国	Korea, Rep.	2.4|	6.8	6.3	4.1	
马来西亚⑤	Malaysia ⑤	5.1	3.2	3.4	3.1	3.9
蒙　　古	Mongolia		5.7			
巴基斯坦④	Pakistan ④	3.1	5.9	5.9	7.8	
菲 律 宾	Philippines	8.1	9.6	9.6	10.1	9.8
新 加 坡	Singapore	1.7	3.2	4.6	4.4	3.4
斯里兰卡④	Sri Lanka ④	14.4	10.6	9.1	7.4	8.2
叙 利 亚	Syrian Arab Republic					11.2
泰　　国⑥	Thailand ⑥	2.2	3.4	3.0	2.4	
土 耳 其	Turkey	7.5| ⑦	6.8 ⑦	7.7| ⑦	6.6	8.5
阿　联　酋	United Arab Emirates				2.3	
约旦河西岸和加沙地带	West Bank and Gaza		14.4	11.8	14.2	25.5
阿尔及利亚	Algeria	19.8			29.8	
埃　　及⑤	Egypt ⑤	8.6|	8.2	8.1		
摩 洛 哥⑲	Morocco ⑲	15.8	19.1	22.0		
阿 根 廷④⑲	Argentina ④⑲	7.3|	12.8	14.1	15.0	
巴 哈 马	Bahamas		7.7			
巴巴多斯	Barbados	15.0	12.3	10.5	9.4	9.9
玻利维亚④⑲	Bolivia ④⑲	7.3|		7.2	7.4	
巴　　西④	Brazil ④	3.7|	9.0	9.6		
加 拿 大	Canada	8.1	8.3|	7.6	6.8	7.2
哥伦比亚⑦	Colombia ⑦	10.2|	15.0	20.1	20.5|	14.7
哥斯达黎加⑦	Costa Rica ⑦	4.6	5.6	6.0	5.2	6.1
智　　利	Chile	5.7|	7.2	8.9	8.3	7.9
厄瓜多尔④	Ecuador ④	6.1	11.5	14.0	9.0	11.0
洪都拉斯④	Honduras ④	4.8	3.9	3.7		4.2
萨尔瓦多④	Salvador ④	10.0 ⑲	7.3	7.0		
牙 买 加②	Jamaica ②	15.7				
墨 西 哥⑦	Mexico ⑦		2.3	1.7	1.6	1.7
荷属安的列斯	Netherlands Antilles	17.0	16.6		14.0	
尼加拉瓜④	Nicaragua ④	11.1	13.3	10.9	9.8	
巴 拿 马	Panama		13.6	11.8		
巴 拉 圭④⑲	Paraguay ④⑲	6.6|				
秘　　鲁②⑲	Peru ②⑲		7.8	8.0	7.4	7.9
波多黎各⑧	Puerto Rico ⑧	14.1	13.3	11.8	10.1	11.4
苏 里 南②	Suriname ②	15.8	10.6	14.0		
特立尼达和多巴哥	Trinidad and Tobago	20.0	14.2	13.1		

6-5 续表1 continued

单位：% (%)

国家和地区	Country or Area	1990	1998	1999	2000	2001
美　　国⑧	United States ⑧	5.6|	4.5	4.2	4.0	4.8
乌 拉 圭②(19)	Uruguay ②(19)	8.5	10.1	11.3	13.6	15.3
委内瑞拉	Venezuela	10.4	11.2	14.9		
美属维尔京群岛③⑨	Virgin Islands(US) ③⑨	2.8				
阿尔巴尼亚	Albania	9.5				
奥 地 利	Austria	3.2 ③	4.2	3.8	3.6	3.6
白俄罗斯③	Belarus ③		2.3	2.1	2.1	2.3
比 利 时	Belgium	7.2	9.1	8.6	7.0	
保加利亚	Bulgaria		12.2	14.1	16.3	19.4
克罗地亚	Croatia		11.4	13.5	16.1	15.8
捷　　克	Czech Republic		6.5	8.7	8.8	8.1
丹　　麦⑩	Denmark ⑩		5.5		4.6	
爱沙尼亚(12)	Estonia (12)	0.6 (11) |	9.8	12.2	13.6	12.6
芬　　兰(12)	Finland (12)	3.1	11.3	10.1	9.7	9.1
法　　国	France	8.9|	11.8	11.7	10.0	8.8
德　　国	Germany		9.7	8.8	7.9	7.9
希　　腊	Greece	7 ②	10.8	11.7	11.1	10.2
匈 牙 利(12)	Hungary (12)		7.8	7.0	6.4	5.7
冰　　岛(13)	Iceland (13)		2.7	2.0	2.3	2.3
爱 尔 兰	Ireland	12.9	7.8	5.7	4.3	3.7
意 大 利	Italy	11.0 ② |	11.7	11.4	10.5	9.5
拉脱维亚	Latvia		13.8	14.5	14.6|	12.8
立 陶 宛	Lithuania		13.3 ②	14.1 ② |	15.4	17.0
卢 森 堡③(14)	Luxemburg ③(14)	1.3|	3.1	2.9	2.7	2.7
马 其 顿(15)	Macedonia (15)	23.6|				30.5
马 尔 他③(16)	Malta ③(16)	3.9	5.1	5.3	4.5	
摩尔多瓦③	Moldova ③		1.9	2.1	2.1	2.0
荷　　兰⑤	Netherlands ⑤	7.5|	4.4	3.5	3.3	2.7
挪　　威(13)	Norway (13)	5.2	3.2	3.2	3.4	3.6
波　　兰	Poland		10.5	13.9	16.1	18.2
葡 萄 牙	Portugal	4.7 ④ |	5.0	4.4	4.0	4.1
罗马尼亚	Romania		6.3	6.8	7.1	6.6
俄罗斯联邦(17)	Russian Federation (17)		13.3	13.4		
圣马力诺③	San Marino ③	5.5 ② |	4.1	3.0		
斯洛伐克	Slovakia		12.5	16.2	18.6	19.2
斯洛文尼亚	Slovenia		7.7	7.4	7.2	5.9
西 班 牙⑧	Spain ⑧	16.3	18.8	15.9|	13.9	10.5
瑞　　士	Switzerland		3.6	3.1	2.7	2.5
瑞　　典(14)	Sweden (14)	1.6|	6.5	5.6	4.7	4.0
乌 克 兰(18)	Ukraine (18)		11.3	11.9	11.7	
英　　国⑧	United Kingdom ⑧	6.8	6.1	6.0	5.5	4.8
南斯拉夫	Yugoslavia		18.6	21.1	21.2	
澳大利亚	Australia	6.9|	7.9	7.0	6.4	6.8
斐　　济	Fiji	6.4				
关　　岛⑧	Guam ⑧	2.8				
新 西 兰	New Zealand	7.8	7.5	6.8	6.0	5.3

注：①城镇登记失业率。②14岁及以上。③登记失业率。④10岁及以上。⑤15岁至64岁。⑥13岁及以上。⑦12岁及以上。⑧16岁及以上。⑨16至65岁。⑩15至66岁。(11)15至69岁。(12)15至74岁。(13)16至74岁。(14)16至64岁。(15)申请失业率。(16)16至61岁。(17)15至72岁。(18)15至70岁。(19)城镇失业率。

Note: ① Registered unemployment rate in urban areas. ② Persons aged 14 years and over. ③ Registered unemployment rate. ④ Persons aged 10 years and over. ⑤ Persons aged 15 to 64 years. ⑥ Persons aged 13 years and over. ⑦ Persons aged 12 years and over. ⑧ Persons aged 16 years and over. ⑨ Persons aged 16 to 65 years. ⑩ Persons aged 15 to 66 years. (11) Persons aged 15 to 69 years. (12) Persons aged 15 to 74 years. (13) Persons aged 16 to 74 years. (14) Persons aged 16 to 64 years. (15) Work applicants rate. (16) Persons aged 16 to 61 years. (17) Persons aged 15 to 72 years. (18) Persons aged 15 to 70 years. (19) Unemployment rate in urban areas.

6-6 非农部门雇员工资及工时数

Wages and Hours of Work in Non-Agriculture

资料来源：国际劳工组织《劳工统计年鉴》2002。
Source: International Labour Office"Yearbook of Labour Statistics"2002.

国家和地区	Country or Area	非农部门雇员平均月工资（本币） Wages per month in Non-Agriculture (local currency units)		非农部门雇员平均每周工时数 Hours of Work per Week in Non-Agriculture	
		1990	2001	1990	2001
中　　国	China	2140 ①②	10870 ①②		
中国香港	Hong Kong, China	5865.3 ③	412.5 ③④	45.6	46.5
中国澳门	Macao,China	2585.0	4653.0	47.9	48.1
以 色 列	Israel	2299.0	7153.0	35.9	36.8
日　　本	Japan	370169.0	305800.0	46.1	42.4
哈萨克斯坦	Kazakhstan	259.0	11729 ⑤		
韩　　国	Korea, Rep.	642310.0	1824800.0	48.2	47.0
缅　　甸	Myanmar			7.3 ⑥⑦	8.0 ⑥
菲 律 宾	Philippines	4539.0	7700.0 ⑧	47.6	44.3
新 加 坡	Singapore	1527.8	3134.0 ②	46.5 ②	
斯里兰卡	Sri Lanka	9.23 ④	22.34 ④		
泰　　国	Thailand	3737 ③	6972 ③⑤	49.1	50.0 ⑤
土 耳 其	Turkey	28585.0 ⑥		48.8	45.9 ⑤
埃　　及	Egypt	55.0 ⑥	143.0 ⑥⑤	55.0	52.0 ⑨
加 拿 大	Canada		16.8 ⑩②		31.6 ②
墨 西 哥	Mexico	812.1 ⑦	3479.6	42.7 ⑦	43.4
美　　国	United States	10.0 ④	14.3 ④	34.5	34.2
巴　　西	Brazil	27610.0	850.2		40.2 ②⑤
白俄罗斯	Belarus	265.0	123012.0 ②		
保加利亚	Bulgaria	352.3	251.0		
捷　　克	Czech Republic	3241.0	14815.0		
德　　国	Germany			39.7	
意 大 利	Italy	100.0 ⑩⑪	114.9 ⑩⑪		39.1
荷　　兰	Netherlands	20.6 ⑩	34.6 ⑩⑧	40.1	38.4 ⑧
波　　兰	Poland	1036000.0	2069220.0		39.9
罗马尼亚	Romania	3273.0	2875155.0		38.3
俄罗斯联邦	Russian Federation		1113.0 ⑨		32.9 ⑤
西 班 牙	Spain	876.0 ⑩	1429.0 ⑩⑧	36.7	35.5
乌 克 兰	Ukraine	247.8	257.1 ⑧		128.0 ⑫
英　　国	United Kingdom	6.36 ⑩	11.2 ⑩②	40.5	39.9 ⑤
澳大利亚	Australia	13.5 ⑥	18.6 ⑩⑨	34.8	34.9
新 西 兰	New Zealand	14.1 ⑩	18.1 ⑩	38.8 ②	38.0

注：①以年计。②全部行业。③工资率。④以日计。⑤1999年数据。⑥以周计。⑦1991年数据。⑧2000年数据。⑨1998年数据。⑩以小时计。⑪工资率指数，1990年=100。⑫以月计。

Note: ① Per year. ② Total economic activity. ③ Wage Rate. ④ Per day. ⑤ Data of 1999. ⑥ Per week. ⑦ Data of 1991. ⑧ Data of 2000. ⑨ Data of 1998. ⑩ Per hour. ⑪ Wage Rate,1990=100. ⑫ Per month.

6-7 制造业雇员工资及工时数

Wages and Hours of Work in Manufacturing

资料来源：国际劳工组织《劳工统计年鉴》2002。
Source: International Labour Office"Yearbook of Labour Statistics"2002.

国家和地区	Country or Area	制造业雇员平均月工资（本币） Wages per month in Manufacturing (Local Currency Units)		制造业雇员平均每周工时数 Hours of Work per Week in Manufacturing	
		1990	2001	1990	2001
中　国	China	2073.0 ①	9774.0 ①		
中国香港	HongKong, China	179.5 ②(16)	342.6 ②(16)	44.2	45.4
中国澳门	Macao,China	2058.0	4102.0		48.0
孟加拉国	Bangladesh	55.9 ②		31.0	45.0 (13)
印　度	India	988.4	1211.1 (15)	46.4	46.3 (15)
以色列	Israel	2669.0	9051.0	38.9	41.6
日　本	Japan	352020.0	297500.0	40.8	37.6
哈萨克斯坦	Kazakhstan	277.0|	13434.0 (14)	148.2 ③	
韩　国	Korea, Rep.	590876.0	1702400.0	49.8	48.3
马来西亚	Malaysia	885.0	1531.0		
巴基斯坦	Pakistan	1735.0	2981.0 (13)		
菲律宾	Philippines	4108.0 ④	7300.0 (13)	44.9	43.2
新加坡	Singapore	1395.0	3117.0	48.5	48.6
泰　国	Thailand	3357.0 (16)	5907.0 ⑥(14)(16)	48.3	50.1 (14)
土耳其	Turkey	30582.0 ②		48.8	48.7 (14)
埃　及④	Egypt ④	54.0 ⑦	121.0 ⑦(14)	56.0	57.0 (14)
南　非	South Africa	1660.0		45.4	
阿根廷	Argentina	1.0 ⑤	4.3 ⑤	44.3	47.6
加拿大	Canada	14.2 ⑤	18.6 ⑤	38.2 (12)	39.0 (12)
墨西哥	Mexico	947.8 (17)	3363.5	44.2 (17)	43.9
美　国	United States	10.8 ⑤⑧	14.8 ⑤⑧	40.8	40.7
巴　西	Brazil	26076.0|	846.0 ③		42.5 (14)
保加利亚	Bulgaria	336.0	219.0 (13)		
捷　克	Czech Republic		11779.0		40.7 (13)
法　国	France	45.5 ⑤		38.7	37.9
德　国	Germany		14.4 ⑤		37.8
荷　兰	Netherlands	21.5 ⑤	34.4 ⑤(13)		38.6 (13)
波　兰	Poland		1827.6 (13)		41.2
罗马尼亚	Romania	3146.0	2535223.0 (13)		40.3
俄罗斯联邦	Russian Federation		1026.0 (14)		33.3 (14)
西班牙	Spain	902.0 ⑤|	1499.0 ⑤(13)		36.3
乌克兰	Ukraine	263000.0 ⑨	289.0 ⑩(14)		126.0 ③(13)
英　国	United Kingdom	6.1 ⑤(11)	10.5 ⑤(11)	42.3	41.4 (13)
澳大利亚	Australia	12.9 ⑤	17.4 ⑤(15)	38.1	38.6
新西兰	New Zealand	13.3 ⑤	16.9 ⑤(14)	41.1	41.2

注：①以年计。②以日计。③以月计。④10人及以上企业。⑤以小时计。⑥不包括公共企业。⑦以周计。⑧指私营部门的生产工人。⑨卢布。⑩格里夫尼亚。(11)不包括北爱尔兰。(12)指计时付酬工人。(13)2000年数据。(14)1999年数据。(15)1998年数据。(16)工资率。(17)1991年数据。

Note: ① Average wage of staff and workers by manufacturing. ② Per day. ③ Per month. ④ Establishments with 10 or more persons employed. ⑤ Per hour. ⑥ Exceluding public entreprises. ⑦ Per week. ⑧ Private sector;production workers. ⑨ Roubles. ⑩ Hrivna. (11) Exceluding Northern Ireland. (12) Employees paid by hour. (13) Data refer to 2000. (14) Data refer to 1999. (15) Data refer to 1998. (16) Wage Rate. (17) Data refer to 1991.

6-8 劳动生产率

Productivity

资料来源：《世界发展指标》2003；世界银行数据库。
Source: "World Development Indicator"2003,World Bank Database.

国家和地区	Country or Area	全员劳动生产率 ①（美元／人） Gross Productivity ① (USD/person)		制造业人均增加值 （美元） Value Added Per Worker in Manufacturing(USD)	
		1990	2001	1980-1984	1990-1994
世　界	**World**	**8797**	**10432**		
中　国②	China ②	528	1519	3061	2885
中国香港	HongKong, China	25760	45508	7886	32611 ③
孟加拉国	Bangladesh	593	660	1820	1711
印　度	India	879	1036	2108	3118
印度尼西亚	Indonesia	1462	1425	3807	5139
伊　朗	Iran	7637	5604	17679	89787
以色列	Israel	28582	38975	23459	35526
日　本	Japan	47593	60766	34456	92582
哈萨克斯坦	Kazakhstan	5237	3057		
韩　国	Korea, Rep.	12867	17366	11617	40916
马来西亚	Malaysia	6173	8847	8454	12661
蒙　古	Mongolia		857		
巴基斯坦	Pakistan	1040	1097	6214	
菲律宾	Philippines	1805	2148	5266	10781
新加坡	Singapore	23538	41927	16442	40674
斯里兰卡	Sri Lanka	1229	1926	2057	3405
泰　国	Thailand	2692	3086	11072	19946
土耳其	Turkey	6200	4628	13994	32961
越　南	Viet Nam	193	796		
埃　及	Egypt	2355	3915	3691	5976
尼日利亚	Nigeria	740	801	20000	
南　非	South Africa	8236	6580	12705	16612
加拿大	Canada	39058	41608	36903	60712
墨西哥	Mexico	8566	14953	17448	25931
美　国	United States	45762	68606	47276	81353
阿根廷	Argentina	11585	17495	33694	37480
巴　西	Brazil	7102	6229	43232	61595
委内瑞拉	Venezuela	6682	12285	37063	24867
白俄罗斯	Belarus	6653	2317		
保加利亚	Bulgaria	4673	3321		
捷　克	Czech Republic	6395	9907	5782	5094
法　国	France	49233	48784	26751	61019
德　国	Germany	42363	45024	34945	79616
意大利	Italy	45244	42183	24580	50760
荷　兰	Netherlands	42665	51123	27491	56801
波　兰	Poland	3148	8855	6242	7637
罗马尼亚	Romania	3597	3601		3482
俄罗斯联邦	Russian Federation	7502	3993		
西班牙	Spain	32224	31986	18936	47016
乌克兰	Ukraine	3507	1503		
英　国	United Kingdom	34619	48410	24716	55060
澳大利亚	Australia	36531	37293	27801	57857
新西兰	New Zealand	26341	26149	16835	32723

注：①为GDP除以劳动力总数。②世界银行统计数据。③指1995－1999。
Note: ① GDP divided by total labor force. ② Data from World Bank. ③ Refer to 1995-1999.

6-9 罢工和停工（2001 年）

Strikes and Lockouts(2001)

资料来源：国际劳工组织《劳工统计年鉴》2002。
Source:International Labour Office "Yearbook of Labour Statistics"2002.

国家和地区	Country or Area	罢工次数（次） Strikes and Lockouts (Number)	罢工人数（人） Workers Involved (Persons)	罢工工日数（天） Days not Worked .(days)
中国香港①②	HongKong, China ①②	1	130 ⑩	780
孟加拉国⒁	Bangladesh ⒁	4	1698	2284
韩　国	Korea, Rep.	235	88548 ⑩	1083079
印　度⑦⑿⒁	India ⑦⑿⒁	656	689592	16720762
以色列⑿	Israel ⑿	62	426560	2039973
日　本⑧⒁	Japan ⑧⒁	118	15322 ⑿	35050
马来西亚④⒁	Malaysia ④⒁	11	2969 ⑩	6068
缅　甸	Myanmar	18	7726	7226
巴基斯坦	Pakistan	4	711	7078
菲律宾③	Philippines ③	43	7919 ⑩	206493
斯里兰卡⒄	Sri Lanka ⒄	92 ⑦	42344	69997
泰　国⒁	Thailand ⒁	13	5969	225788
土耳其④⒁	Turkey ④⒁	52	18705	368475
埃　及	Egypt	1	2 ⑩	2
南　非⒂	South Africa ⒂	560	323093 ⑩	747926
加拿大⑤	Canada ⑤	379	223761 ⑩	2231145
墨西哥④	Mexico ④	35	23234 ⑩	414449
美　国⑥	United States ⑥	29	99100	1151300
阿根廷⒁	Argentina ⒁	613	6760850	12392241
巴　西④⒃	Brazil ④⒃	508	1319826	5934657
法　国⒃	France ⒃	2319	14908	705120 ②
德　国②⑾⒁	Germany ②⑾⒁		7428 ⑩	10776
意大利⒁	Italy ⒁	966	687000	884100 ⒀
荷　兰	Netherlands	16	37400	45100
波　兰	Poland	11	1383	4201
罗马尼亚④	Romania ④	5	1848	1114
俄罗斯联邦③	Russian Federation ③	291	13000	47100
西班牙	Spain	737	1244634 ⑩	1923758
乌克兰⒁	Ukraine ⒁	76	20649	280534
英　国①⑦	United Kingdom ①⑦	194	179900	525100
澳大利亚⑿	Australia ⑿	675	225700	393100
新西兰⒅	New Zealand ⒅	42 ⑨	22022	54440

注：①也包括 10 人以下或持续时间小于 1 天、但累计超过 100 个工作日的停工。②不包括公共部门。③不包括持续时间少于 1 天或 1 个轮班的停工。④仅指罢工。⑤指至少持续半天时间，误工 10 个工作日以上的罢工。⑥不包括涉及人数少于 1000 人，持续时间少于 1 天或 1 个轮班的停工。⑦不包括政治性罢工。⑧不包括持续时间少于半天的罢工。⑨包括局部罢工和关闭工厂停工。⑩ 不包括间接涉及的工人。⑾也包括持续时间小于 1 天、但累计超过 100 个工作日的停工。⑿不包括少于 10 个工作日的停工。⒀每个工作日按 7 小时计算。⒁2000 年数据。⒂1998 年数据。⒃1999 年数据。⒄也包括停工少于 1 天、但累计超过 50 个工作日的停工，不包括涉及人数少于 5 人的停工。⒅不包括少于 5 个工作日的停工。

Note: ① Including stoppages involving fewer than 10 workers or lasting less than one day if 100 or more workdays not worked. ② Excluding public sector. ③ Excluding work stoppages lasting less than a full day or shift. ④ Strikes only. ⑤ Strikes lasting at least half a day with more than 10 days lost. ⑥ Excluding work stoppages involving fewer than 1000 workers and lasting less than a full day or shift. ⑦ Excluding political strikes. ⑧ Excluding work stoppages in which less than 10 workdays not worked. ⑨ Including partial strikes and lockouts. ⑩ Excluding workers indirectly involved. ⑾ Lasting less than one day if 100 or more workdays not worked. ⑿ Excluding work stoppages in which less than 10 workdays not worked. ⒀ Computed on the basis of a seven-hour working day. ⒁ Data refer to 2000. ⒂ Data refer to 1998. ⒃ Data refer to 1999. ⒄ Including stoppages lasting less than one day if 50 or more workdays not worked,excluding stoppages involving fewer than 5 workers. ⒅ Excluding stoppages in which less than 5 workdays not worked.

主要统计指标解释

经济活动人口　指在特定参考期内，所有为产品和服务生产提供了劳动力的人员，无论其性别如何。根据1993年版的国民帐户体系(SNA)，生产包括：个人或集体提供或准备提供给除生产者自己之外的单位的所有产品和服务，包括在生产这些产品或服务过程中消耗掉的产品或服务的生产；生产者所有留给自己最终使用的产品生产；由自有住房使用者提供的住房服务的生产以及通过雇佣家庭有酬雇工而提供的家庭和个人服务的生产。

对于经济活动人口有用的量度有两种。一种是针对一个较长参考期（如一年）的经常活动人口，另一种是针对一个较短参考期（如一天或一周）的当前活动人口，或劳动力。

除非特别注明，本书中的经济活动人口、就业人口和失业人口均为15岁及以上人口。

就业人员　为一定年龄以上，在参考期内（一周或一天）属于下列类型的所有人：

(1)有酬的从业人员，包括两类：①　正在工作的人，指在参考期内做某些工作以得到现金或实物形式的薪金的人员；②有工作岗位但目前不工作的人，指现在有工作，却在短期内暂时未上班，但同时也未辞职的人。

(2) 自营就业者，也包括两类：　①正在工作，指在短期时间内以利润或家庭收入为目的，做某些工作得到现金或实物的人；　②拥有企业而不工作的人，指自己拥有企业(如商业企业，农场，服务性的企业)，在一定时期内暂不工作的人。

失业　适龄劳动人口中的失业者分为：

(1)没有工作，即没有得到有报酬的工作，又没有自营就业的人；

(2)目前有工作能力，即在调查期内可从事有酬工作和自营就业的人；

(3)正在寻找工作，在最近特定时期已采取具体步骤寻求有酬工作或自营就业的人。

失业率　反映了失业的严重程度。失业率是参考期内（一般是特定的一天或一周）特定分组的失业人数和同一时间该组就业、失业人数之和相比得出的。对其他来源的失业人员比例的解释应考虑到其代表性。

非农业部门　涉及以下主要经济活动部门：矿业，制造业，电、煤气和水供应，建筑业，批发零售、仓储，饭店，交通、通信，金融、保险、房地产、产业服务，社区、社会和个人服务业。在某些情况下，仅用一些代表性的部门表示。

工资　为每隔一段固定时间以现金或以实物形式支付给雇员的报酬，包括对雇员工作时间、完成的工作量和带薪休假（如定期休假，法定假日）支付的劳动报酬。工资应扣除雇主为其雇员支付的社会保险和养老基金缴款，扣除雇员因此而得到的收益，还应扣除解雇和辞职时加发的工资。

工资率　包括基础工资、生活补贴和其他有保证的津贴和经常性的补助，但不包括加班费、奖金和赏金、家庭补助和其他由雇主支付的社会保障费用。优惠性实物报酬、正常工资率以外的补充报酬也都不包括在内。

收入　同雇员的总报酬相联系，即雇主付给的扣除各项费用(税收、雇员社会保险和养老基金的捐助，人寿保险费，工会费和其他义务费用)以前的总数。

罢工　是由于受一组或多组工人的影响，为了坚持或抵制某些要求，表达不满以及对其他工人的要求和不满表示支持而采取的暂时停止工作的行为。

停工　是一个或多个雇主为了坚持或抵制某些要求，表达不满以及对其他雇主的要求和不满表示支持而采取的暂时关闭一处或多处工作场所，或阻碍雇员正常工作的行为。

Explanatory Notes on Main Statistical Indicators

The Economically Active Population comprises all persons of either sex who furnish the supply of labor for the production of goods and services during a specified time-reference period. According to the 1993 version of the system of National Accounts production includes all individual or collective goods or services that are supplied to units other than their producers, or intended to be so supplied, including the production of goods or services used up in the process of producing such goods or services; the production of all goods that are retained by their producers for their own final use; the production of housing services by owner-occupiers and of domestic and personal services produced by employing paid domestic staff.

Two useful measures of the economically active population are the usually active population measured in relation to a long reference period such as a year, and the currently active population, or, equivalently, the labor force measured in relation to a short reference period such as one day or one week.

Unless otherwise specified, in this yearbook, economically active population, employment population and unemployment population are all above 15 years old.

Employed comprise all persons above a specific age who during a specified brief period, either one week or one day, were in the following categories:

(1)Paid employment: ① At work. Persons who, during the reference period performed some work for wage or salary, in cash or in kind; ② With a job but not at work.. Persons who, having already worked in their present job, were temporarily not at work during the reference period and had a formal attachment to their job.

(2)Self-employment: ① At work. Person who during the reference period performed some work for profit or family gain, in cash or in kind; ② With an enterprise but not at work. Persons with an enterprise, which may be a business enterprise, a farm or a service undertaking ,who were temporarily not at work during the reference period for any specific reason..

Unemployment comprise all persons above a specified age who during the reference period were:(1) Without work were not in paid employment or self-employment;(2)Currently available for work were available for paid employment or self-employment during the reference period;(3)Seeking work had taken specific steps in a specified reference period to seek paid employment or self-employment.

Unemployment Rate is calculated by relating the number of persons in the given group who are unemployed during the reference period(usually a particular day or a given week) to the total of employed and unemployed persons in the group at the same date. The percentages for series from other sources should be interpreted with due regard to the representative.

Non-agriculture industries The indicator comprise mainly economically active industries as follows: mining and quarrying, manufacturing, electricity, gas and water, construction, wholesale and retail trade and restaurants and hotels, transport, storage and communication, financing, insurance, real estate and business services, community, social and personal services. In some cases, these industries are shown in only some parts of the industries i.e. representatives industries.

Wages The concept of earnings, as applied in wages statistics, relates to remuneration in cash and in kind paid to employees, as a rule at regular intervals, for time worked or work done together with remuneration for time not worked, such as for annual vacation, other paid leave or holiday. Earnings exclude employers' contribution in respect of their employees paid to social security and pension schemes and also the benefits received by employees under these schemes. Earnings also exclude severance and termination pay.

Wage rates should include basic wages, cost-of-living allowances and other guaranteed and regularly paid allowances, but exclude overtime payments, bonuses and gratuities, family allowances and other social security payments made by employers. Ex gratia payments in kind, supplementary to normal wage rates, are also excluded.

Remuneration Statistics of earnings should relate to employees' gross remuneration, i.e., the total before any deductions are made by the employer in respect of taxes, contribution of employees to social security and pension schemes, life insurance premiums, union dues and other obligations of employees

Strike A strike is a temporary work stoppage effected by one or more groups of workers with a view to enforcing demands or expressing grievance, or supporting other workers in their demands or grievances.

Lockout A lockout is a total or partial temporary closure of one or more places of employment, or the hindering of the normal work activities of employees, by one or more employers with a view to enforcing or resisting demands or expressing grievances, or supporting other employers in their demands or grievances.

七　财政和金融

Government Finance and Banking

7-1 中央政府财政收入及预算盈余／赤字占国内生产总值比重
Central Government Revenue and Budgetary Surplus/Deficit as Percentage of GDP

资料来源：世界银行数据库。
Source:World Bank Database.
单位：% (%)

国家和地区	Country or Area	中央政府财政收入占国内生产总值的比重① Current revenue, excluding grants (% of GDP) ①			中央政府预算盈余／赤字占国内生产总值的比重② Overall budget balance, including grants (% of GDP) ②		
		1990	2000	2001	1990	2000	2001
世界总计	**World**	**22.7**			**-2.8**		
高收入国家	**High income**	**23.8**			**-2.8**		
中等收入国家	**Middle income**	**17.3**	**17.7 ③**		**-2.7**	**-3.3 ③**	
低收入国家	**Low income**	**15.5**		**16.9**	**-4.8**		**-3.1**
中　国	China	5.4	7.8	8.8	-1.9 ④	-2.9 ③④	
孟加拉国	Bangladesh		9.3 ③			-2.8 ③	
印　度	India	12.6	12.8	13.0	-7.6	-5.2	-4.7
印度尼西亚	Indonesia	18.8		20.6	0.4		-1.2
伊　朗	Iran	18.1	21.0		-1.8	-0.6	
以色列	Israel	39.4	43.3	42.9	-5.3	0.9	-3.8
日　本	Japan	14.0			-1.5		
哈萨克斯坦	Kazakhstan		11.3	11.3		-0.6	-0.4
韩　国	Korea, Rep.	17.5			-0.7		
马来西亚	Malaysia	26.4			-2.0		
蒙　古	Mongolia		28.5	30.7		-6.1	-4.0
缅　甸	Myanmar	10.5	5.3		-5.1	-3.4	
巴基斯坦	Pakistan	19.1	16.9	15.7	-5.4	-5.5	-4.7
菲律宾	Philippines	16.2	15.4	15.4	-3.5	-4.1	-4.0
新加坡	Singapore	26.9	26.1	24.7	10.8	10.0	5.1
斯里兰卡	Sri Lanka	21.0	16.8	16.5	-7.8	-9.5	-9.9
泰　国	Thailand	18.5	16.0	17.6	4.6	-3.0	-2.8
土耳其	Turkey	13.7	28.1	28.6	-3.0	-11.4	-19.3
越　南	Vietnam		19.9	20.0		-2.8	-2.9
埃　及	Egypt	23.0			-5.7		
南　非	South Africa	26.3	26.7	27.9	-4.1	-2.2	-1.0
加拿大	Canada	21.5	21.8	21.1	-4.8	1.3	1.3
墨西哥	Mexico	15.3	14.8		-2.5	-1.3	
美　国	United States	18.9	21.5	20.7	-3.8	2.4	1.3
阿根廷	Argentina	10.4	14.2	13.8	-0.4	-2.3	-3.3
巴　西	Brazil	22.8			-5.8		
委内瑞拉	Venezuela	23.7	20.5	21.4	0.0	-1.7	-4.4
白俄罗斯	Belarus		28.7	28.9		0.1	-1.4
保加利亚	Bulgaria	47.1	33.7	33.1	-8.3	0.6	1.9
捷　克	Czech Republic		32.7	33.8		-3.0	-1.9
法　国	France	39.7			-2.1		
德　国	Germany	25.6			-1.4		
意大利	Italy	38.2	41.3 ③		-10.2	-1.6 ③	
荷　兰	Netherlands	45.3			-4.3		
波　兰	Poland		31.1	30.8		0.3	-4.4
罗马尼亚	Romania	34.4	29.6	27.0	0.9	-4.0	-3.1
俄罗斯联邦	Russian Federation		24.6	26.8		3.9	3.4
西班牙	Spain	29.3			-3.1		
乌克兰	Ukraine		26.8	26.9		-0.6	-0.9
英　国	United Kingdom	36.0	36.0 ③		0.6		
澳大利亚	Australia	24.9	23.9 ③		2.0	-1.4 ③	
新西兰	New Zealand	42.1	30.6	30.3	4.0	-0.3	0.3

注：①不包括捐赠。②包括捐赠。③1999年数据。④世界银行数据库。
Note: ① Excluding grants. ② Including grants. ③ Data refer to 1999. ④ Data from World Bank Database.

7-2 中央政府财政收入
Revenue of Central Government

国外资料来源：国际货币基金组织《政府财政统计年鉴》2002 年。
Source:IMF “Government Finance Statistics Yearbook”2002.

		印　度 India 2001(亿卢比) (100 million Rupee)	印度尼西亚 Indonesia 2001(亿卢比) (100 million Rupiah)	日　本 Japan 1993(亿日元) (100 million Yen)	韩　国 Korea, Rep. 1997(亿韩圆) (100 million Won)
总收入及捐赠	**Total Revenue & Grants**	**31007**	**3079270**	**1033640**	**919790**
总收入	**Total Revenue**	**30937**	**3078760**	**998660**	**919790**
经常收入	Current Revenue	29683	3078410	992770	907400
税收收入	Tax Revenue	22665	1967200	838480	784340
公司、利润和资本所得税	Tax on Inc.,Profits, Cap.Gains	8480	944620	361150	242920
社会保障缴款	Social Security Contributions		61060	264400	85060
雇员支付	Paid by Employees				41780
雇主支付	Paid by Employers				43280
工资税	Taxes on Payroll and Work Force				
财产税	Taxes on Properts	17	81910	40420	15900
货物和服务税	Dom. Taxes on Goods & Serv.	8653	782540	144090	306500
国际贸易税	Taxes-International Trade,Transac.	5482	95680	12430	57980
其他税	Other Taxes	33	1390	15990	75980
非税收收入	Nontax Revenue	7018	1111210	154290	123060
资本收入	Capital Revenue	1254	350	5890	12390
捐赠	**Grants**	**70**	**520**	**34980**	

7-2续表1　continued

		巴基斯坦 Pakistan 2002(亿卢比) (100 million Rupee)	泰　国 Thailand 2001(亿铢) (100 million Baht)	土耳其 Turkey 2001(亿里拉) (100 million Lira)	埃　及 Egypt 1997(亿埃镑) (100 million Pound)
总收入及捐赠	**Total Revenue & Grants**	**7212**	**9009**	**544325000**	**742**
总收入	**Total Revenue**	**6328**	**8971**	**544325000**	**728**
经常收入	Current Revenue	6328	8970	519117000	673
税收收入	Tax Revenue	4681	7400	431265000	425
公司、利润和资本所得税	Tax on Inc.,Profits, Cap.Gains	1454	2536	182176000	146
社会保障缴款	Social Security Contributions		271		
雇员支付	Paid by Employees		137		
雇主支付	Paid by Employers		134		
工资税	Taxes on Payroll and Work Force				
财产税	Taxes on Properts	11	3	18428000	5
货物和服务税	Dom. Taxes on Goods & Serv.	2172	3628	206414000	116
国际贸易税	Taxes-International Trade,Transac.	505	929	4755000	85
其他税	Other Taxes	539	34	19492000	73
非税收收入	Nontax Revenue	1647	1570	87852000	249
资本收入	Capital Revenue		1	25207000	55
捐赠	**Grants**	**884**	**38**		**14**

7-2 续表 2　continued

		南　非 South Africa 2001(亿兰特) (100 million Rand)	加拿大 Canada 2001(亿加元) (100 million Dollar)	墨 西 哥 Mexico 2000(亿比索) (100 million Peso)	美　国 United States 2001(亿美元) (100 million US Dollar)
总收入及捐赠	**Total Revenue & Grants**	**2737**	**2274**	**8114**	**20831**
总收入	**Total Revenue**	**2727**	**2268**	**8114**	**20831**
经常收入	Current Revenue	2721	2267	8106	20815
税收收入	Tax Revenue	2586	2072	7257	19488
公司、利润和资本所得税	Tax on Inc.,Profits, Cap.Gains	1473	1187	2765	11457
社会保障缴款	Social Security Contributions	50	480	849	6893
雇员支付	Paid by Employees	50	217		3104
雇主支付	Paid by Employers		247		3426
工资税	Taxes on Payroll and Work Force	27			
财产税	Taxes on Properts	50			284
货物和服务税	Dom. Taxes on Goods & Serv.	888	375	5036	643
国际贸易税	Taxes-International Trade,Transac.	80	30	329	211
其他税	Other Taxes	18		59	
非税收收入	Nontax Revenue	135	195	849	1327
资本收入	Capital Revenue	5	1	8	16
捐赠	**Grants**	**10**	**6**		**10**

7-2 续表 3　continued

		阿 根 廷 Argentina 2001(亿比索) (100 million Peso)	巴　西 Brazil 1998(亿雷亚尔) (100 million Reai)	法　国 France 1997(亿法郎) (100 million Francs)	德　国 Germany 1998(亿马克) (100 million Mark)
总收入及捐赠	**Total Revenue & Grants**	**371**	**2372**	**34905**	**11945**
总收入	**Total Revenue**	**371**	**2371**	**34387**	**11881**
经常收入	Current Revenue	371	2272	33978	11829
税收收入	Tax Revenue	335	1886	31889	9935
公司、利润和资本所得税	Tax on Inc.,Profits, Cap.Gains	67	461	6649	1723
社会保障缴款	Social Security Contributions	85	775	14153	5654
雇员支付	Paid by Employees	11	155	4492	2498
雇主支付	Paid by Employers	74	618	8404	2778
工资税	Taxes on Payroll and Work Force		99	485	
财产税	Taxes on Properts	34	2	678	4
货物和服务税	Dom. Taxes on Goods & Serv.	133	483	9709	2381
国际贸易税	Taxes-International Trade,Transac.	16	66		
其他税	Other Taxes	0.4		215	
非税收收入	Nontax Revenue	35	386	2089	1894
资本收入	Capital Revenue	0.5	156	409	52
捐赠	**Grants**		**1**	**518**	**63**

7-2续表4 continued

		意大利 Italy 1999(亿里拉) (100 million Lire)	荷兰 Netherlands 1997 (亿荷兰盾) (100 million Guilder)	波兰 Poland 2001 (亿兹罗提) (100 million Zloty)	罗马尼亚 Romania 2001 (亿列伊) (100 million Lei)	俄罗斯联邦 Russian Federation 2001 (亿卢布) (100 million Ruble)
总收入及捐赠	**Total Revenue & Grants**	**8813880**	**3245**	**2242**	**3126650**	**24381**
总收入	**Total Revenue**	**8677880**	**3244**	**2238**	**311320**	**24354**
经常收入	Current Revenue	8861050	3237	2224	3111890	24270
税收收入	Tax Revenue	8262890	3024	1967	2661180	20313
公司、利润和资本所得税	Tax on Inc.,Profits, Cap.Gains	3206500	805	370	320550	2190
社会保障缴款	Social Security Contributions	2678080	1333	695	1289180	6201
雇员支付	Paid by Employees		1078	695	609850	
雇主支付	Paid by Employers		256		674300	
工资税	Taxes on Payroll and Work Force			14		
财产税	Taxes on Properts	144290	97	0.1		57
货物和服务税	Dom. Taxes on Goods & Serv.	2151390	736	831	937960	8493
国际贸易税	Taxes-International Trade,Transac.	930		41	95620	3331
其他税	Other Taxes	81700	54	16	17870	42
非税收收入	Nontax Revenue	152430	213	257	450710	3957
资本收入	Capital Revenue	10070	7	14	1310	485
捐赠	**Grants**	**136000**	**2**	**4**	**13450**	**27**

7-2续表5 continued

		西班牙 Spain 1997(亿比塞塔) (100 million Peseta)	乌克兰 Ukraine 2001 (亿格里夫尼亚) (100 million Hryvnia)	英国 United Kingdom 1999 (亿英镑) (100 million Pound)	澳大利亚 Australia 1999(亿澳元) (100 million Dollar)
总收入及捐赠	**Total Revenue & Grants**	**240213**	**574**	**3283**	**1420**
总收入	**Total Revenue**	**236213**	**546**	**3251**	**1420**
经常收入	Current Revenue	235389	542	3246	1400
税收收入	Tax Revenue	220371	443	3087	1310
公司、利润和资本所得税	Tax on Inc.,Profits, Cap.Gains	70099	63	1291	954
社会保障缴款	Social Security Contributions	92089	196	553	708
雇员支付	Paid by Employees	15976	13	232	
雇主支付	Paid by Employers	63112	172	313	
工资税	Taxes on Payroll and Work Force		0.2		32
财产税	Taxes on Properts	453		235	
货物和服务税	Dom. Taxes on Goods & Serv.	57721	159	1008	288
国际贸易税	Taxes-International Trade,Transac.	9	24		36
其他税	Other Taxes				
非税收收入	Nontax Revenue	15018	100	159	90
资本收入	Capital Revenue	824	3	5	21
捐赠	**Grants**	**4000**	**28**	**32**	

7-3 中央政府财政支出及盈余／赤字

Expenditure and Overall Surplus/Deficit of Central Government

国外资料来源：国际货币基金组织《政府财政统计年鉴》2002年。
Source: IMF "Government Finance Statistics Yearbook" 2002.

		印度 India 2001（亿卢比）(100 million Rupee)	印度尼西亚 Indonesia 2001（亿卢比）(100 million Rupiah)	日本 Japan 1993（亿日元）(100 million Yen)	韩国 Korea, Rep. 1997（亿韩圆）(100 million Won)
总支出	**Total Expenditure**	**39531**	**3590380**	**1126550**	**790040**
一般公务支出	General Public Services	2423	166070	26920	39970
国防	Defence	6168	106730	46260	131600
公共秩序和安全	Public Order &Safety		74000	13940	47890
教育	Education	879	134330	67900	162030
卫生	Health	710	45420	18010	6160
社会福利	Social Security & Welfare		307660	414560	85270
住房和通讯	Housing & Commun. Amenities	1759	47260	155000	17820
文化、娱乐和宗教	Recr.,cultr.,Relig.,Affrs		22570	1590	6730
能源	Fuel and Energy		23820		5600
农业	Agriculture,Foresty,Fishing,Hunt	1990	46520	12280	62980
工业	Mining,Manufacture,& Construct	683	11460	18460	20310
交通运输	Transportation	509	37090	3340	82220
其他经济活动	Other Econo.Affairs. & Serv.	2573	8580	3570	15950
其他支出	Other Expenditure	21836	2558860	344720	105510
财政赤字	**Overall Deficit/Surplus**	**-10792**	**-173400**	**-73180**	**-57470**

7-3续表1 continued

		巴基斯坦 Pakistan 2002（亿卢比）(100 million Rupee)	泰国 Thailand 2001（亿铢）(100 million Baht)	土耳其 Turkey 2001（亿里拉）(100 million Lira)	埃及 Egypt 1997（亿埃镑）(100 million Pound)
总支出	**Total Expenditure**	**8431**	**10130**	**884030000**	**785**
一般公务支出	General Public Services		868	22488000	24
国防	Defence		749	54569000	74
公共秩序和安全	Public Order &Safety		592	30637000	38
教育	Education		2011	70067000	116
卫生	Health		723	27353000	26
社会福利	Social Security & Welfare		603	52391000	4
住房和通讯	Housing & Commun. Amenities		512	15519000	42
文化、娱乐和宗教	Recr.,cultr.,Relig.,Affrs		69	6806000	63
能源	Fuel and Energy		98	7222000	3
农业	Agriculture,Foresty,Fishing,Hunt		768	20448000	41
工业	Mining,Manufacture,& Construct		133	2199000	1
交通运输	Transportation		862	22235000	36
其他经济活动	Other Econo.Affairs. & Serv.		844	12291000	4
其他支出	Other Expenditure		1298	539806000	314
财政赤字	**Overall Deficit/Surplus**	**-1723**	**-1434**	**-349631000**	**-52**

7–3 续表 2　continued

		南　非 South Africa 2001 （亿兰特） (100 million Rand)	加拿大 Canada 2001（亿加元） (100 million Dollar)	墨西哥 Mexico 2000（亿比索） (100 million Peso)	美　国 United States 2001（亿美元） (100 million US Dollar)
总支出	**Total Expenditure**	**2832**	**2126**	**8758**	**19578**
一般公务支出	General Public Services		129	575	1984
国防	Defence		127	266	3027
公共秩序和安全	Public Order &Safety		72	238	360
教育	Education		47	2165	380
卫生	Health		22	434	4281
社会福利	Social Security & Welfare		986	1762	5531
住房和通讯	Housing & Commun. Amenities		30	606	539
文化、娱乐和宗教	Recr.,cultr.,Relig.,Affrs		32	49	88
能源	Fuel and Energy		6	120	11
农业	Agriculture,Foresty,Fishing,Hunt		32	237	359
工业	Mining,Manufacture,& Construct			20	13
交通运输	Transportation		21	203	572
其他经济活动	Other Econo.Affairs. & Serv.		67	130	334
其他支出	Other Expenditure		561	2784	2141
财政赤字	**Overall Deficit/Surplus**	**-95**	**144**	**-689**	**-1650**

7–3 续表 3　continued

		阿根廷 Argentina 2001 （亿比索） (100 million Peso)	巴　西 Brazil 1998（亿雷亚尔） (100 million Reai)	法　国 France 1993（亿法郎） (100 million Francs)	德　国 Germany 1996（亿马克） (100 million Mark)
总支出	**Total Expenditure**	**460**	**2450**	**33369**	**12132**
一般公务支出	General Public Services	40	347	2170	326
国防	Defence	18	85	1785	472
公共秩序和安全	Public Order &Safety	14	78	4202	42
教育	Education	26	150	2352	66
卫生	Health	8	152	7246	2292
社会福利	Social Security & Welfare	220	1158	12956	6070
住房和通讯	Housing & Commun. Amenities	8	16	382	57
文化、娱乐和宗教	Recr.,cultr.,Relig.,Affrs	1	2	205	13
能源	Fuel and Energy	3	8	70	13
农业	Agriculture,Foresty,Fishing,Hunt	3	61	91	33
工业	Mining,Manufacture,& Construct	1	3	73	128
交通运输	Transportation	11	30	352	367
其他经济活动	Other Econo.Affairs. & Serv.	4	16	2165	354
其他支出	Other Expenditure	104	350	3100	1900
财政赤字	**Overall Deficit/Surplus**	**-89**	**-709**	**-2844**	**-351**

7-3 续表 4 continued

		意大利 Italy 1999 (亿里拉) (100 million Lire)	荷兰 Netherlands 1997 (亿荷兰盾) (100 million Guilder)	波兰 Poland 2001 (亿兹罗提) (100 million Zloty)	罗马尼亚 Romania 2001 (亿列伊) (100 million Lei)	俄罗斯 Russian Federation 2001 (亿卢布) (100 million Ruble)
总支出	**Total Expenditure**	**8997090**	**3376**	**2636**	**3548370**	**22029**
一般公务支出	General Public Services		217	99	145110	1805
国防	Defence		130	91	180560	2767
公共秩序和安全	Public Order &Safety		96	86	252390	1299
教育	Education		337	127	208620	484
卫生	Health		499	22	548390	202
社会福利	Social Security & Welfare		1262	1356	1113960	7414
住房和通讯	Housing & Commun. Amenities		51	53	66260	69
文化、娱乐和宗教	Recr.,cultr.,Relig.,Affrs		12	19	40070	146
能源	Fuel and Energy		5	16	71690	213
农业	Agriculture,Foresty,Fishing,Hunt		34	47	118180	277
工业	Mining,Manufacture,& Construct		11	6	16710	372
交通运输	Transportation		117	41	253320	369
其他经济活动	Other Econo.Affairs. & Serv.		40	10	32960	77
其他支出	Other Expenditure		567	714	500150	6534
财政赤字	**Overall Deficit/Surplus**	**-341300**	**-119**	**-320**	**-67620**	**3090**

7-3 续表 5 continued

		西班牙 Spain 1997 (亿比塞塔) (100 million Peseta)	乌克兰 Ukraine 2001 (亿格里夫尼亚) (100 million Hryvnia)	英国 United Kingdom 1999 (亿英镑) (100 million Pound)	澳大利亚 Australia 1998 (亿澳元) (100 million Dollar)
总支出	**Total Expenditure**	**269144**	**590**	**3244**	**1409**
一般公务支出	General Public Services	6854	43	136	99
国防	Defence	8587	34	230	99
公共秩序和安全	Public Order &Safety	7935	36	113	12
教育	Education	9500	37	121	108
卫生	Health	15752	11	500	209
社会福利	Social Security & Welfare	106670	255	1184	500
住房和通讯	Housing & Commun. Amenities	1030	3	73	17
文化、娱乐和宗教	Recr.,Cultr.,Relig.,Affrs	1414	4	9	14
能源	Fuel and Energy	274	22	4	10
农业	Agriculture,Foresty,Fishing,Hunt	1755	10	12	20
工业	Mining,Manufacture,& Construct	664	6	5	4
交通运输	Transportation	5676	6	28	20
其他经济活动	Other Econo.Affairs. & Serv.	4313	4	92	32
其他支出	Other Expenditure	98720	118	737	266
财政赤字	**Overall Deficit/Surplus**	**-23680**	**-18**	**3**	**164**

7-4 社会保障和福利

Social Security and Welfare

资料来源：世界银行《世界发展指标》2003 年。
Source: World Bank "World Development Indicators" 2003.

国家和地区	Country or Area	社会保障和福利支出占国内生产总值比重(%) Social Security and Welfare as Percentage of GDP			社会保障税占中央政府经常性收入比重(%) Social Security Taxes as Percentage of total Current Revenue	
		1970-1975	1980-1985	1994-2000	1990	2001
世界总计	**World**				**3.8**	**5.1 ①**
高收入国家	**High Income**				**17.1**	**19.5 ①**
中等收入国家	**Middle Income**				**4.0**	**9.7 ②**
印度尼西亚	Indonesia			1.1		2.0
伊　朗	Iran	1.5	2.6	3.9	8.1	8.6 ②
以色列	Israel	11.5	11.0	12.5	9.0	14.9
韩　国	Korea, Rep.				4.6	
马来西亚	Malaysia	0.7	1.0	1.4	0.8	
蒙　古	Mongolia			7.2		17.3
巴基斯坦	Pakistan	0.3	0.9	0.2		
新加坡	Singapore	0.3	0.4	0.7		
斯里兰卡	Sri Lanka	6.1	3.0	2.9		
泰　国	Thailand	0.7	0.6	1.1	0.1	3.0
土耳其	Turkey	0.3	0.2	2.7		
埃　及	Egypt	4.7	5.2	0.1	15.5	
南　非	South Africa		1.7	1.1	1.8	1.8
加拿大	Canada	7.4	8.2	9.2	16.0	21.2
墨西哥	Mexico	3.6	2.2	3.3	12.5	10.5 ②
美　国	United States	7.5	6.8	5.4	34.6	33.1
阿根廷	Argentina		5.8	8.2	43.6	22.8
巴　西	Brazil		5.9	12.7	30.8	
委内瑞拉	Venezuela	1.3	1.2	3.0	3.7	3.5
白俄罗斯	Belarus			11.0		38.1
保加利亚	Bulgaria			13.6	22.6	23.6
捷　克	Czech Republic			13.9		44.4
法　国	France	14.5	16.5		43.9	
德　国	Germany	12.7	13.1	16.9	53.4	
意大利	Italy	11.7	14.4		29.0	30.2 ①
荷　兰	Netherlands				35.5	
波　兰	Poland			17.4		31.3
罗马尼亚	Romania	6.1	6.9	10.6	22.9	41.4
俄罗斯联邦	Russian Federation			7.5		25.5
西班牙	Spain	10.3	12.8	13.0	38.3	
乌克兰	Ukraine			12.3		36.2
英　国	United Kingdom				17.1	17.0 ①
澳大利亚	Australia	4.7	7.2	8.4		

注：①1999 年数据。②2000 年数据。
Note: ① Data refer to 1999. ② Data refer to 2000.

7-5 公共养老金支出

Public Expenditure on Pensions

资料来源：世界银行《世界发展指标》2003年。

Source:World Bank "World Development Indicators" 2003.

国家和地区	Country or Area	年份 Year	公共养老金支出占国内生产总值比重(%) Public Expenditure on Pensions as percentage of GDP (%)	年份 Year	人均养老金支出占人均收入比重(%) Average Public Expenditure on Pensions as percentage of per Capita Income (%)
中　　国①	China ①	1996	2.7		
伊　　朗	Iran	1994	1.5		
以 色 列	Israel	1996	5.9	1992	48.1
日　　本	Japan	1997	6.9	1989	33.9
韩　　国	Korea, Rep.	1997	1.3		
马来西亚	Malaysia	1999	6.5		
巴基斯坦	Pakistan	1993	0.9		
菲 律 宾	Philippines	1993	1.0		
新 加 坡	Singapore	1996	1.4		
斯里兰卡	Sri Lanka	1996	2.4		
土 耳 其	Turkey	1997	4.5	1993	56.0
越　　南	Viet Nam	1998	1.6		
埃　　及	Egypt	1994	2.5	1994	45.0
尼日利亚	Nigeria	1991	0.1	1991	40.5
加 拿 大	Canada	1997	5.4	1994	54.3
墨 西 哥	Mexico	2000	0.3		
美　　国	United States	1997	7.5	1989	33.0
阿 根 廷	Argentina	1994	6.2		
巴　　西	Brazil	1997	9.8		
委内瑞拉	Venezuela	2001	2.7		
白俄罗斯	Belarus	1997	7.7	1995	31.2
保加利亚	Bulgaria	1996	7.3	1995	39.3
捷　　克	Czech Republic	1999	9.8	1996	37.0
法　　国	France	1997	13.4		
德　　国	Germany	1997	12.1	1995	62.8
意 大 利	Italy	1997	17.6		
荷　　兰	Netherlands	1997	11.1	1989	48.5
波　　兰	Poland	1997	15.5	1995	61.2
罗马尼亚	Romania	1996	5.1	1994	34.1
俄罗斯联邦	Russian Federation	1996	5.7	1995	18.3
西 班 牙	Spain	1997	10.9	1995	54.1
乌 克 兰	Ukraine	1996	8.6	1995	30.9
英　　国	United Kingdom	1997	10.3		
澳大利亚	Australia	1997	5.9	1989	37.3
新 西 兰	New Zealand	1997	6.5		

注：①中国数据来源于世界银行。

Note: ① The data of China are from World Bank.

7-6 货币供应量
Money Supply

资料来源：世界银行数据库。
Source:World Bank Database.
单位：亿本币 (100 million local currency unit)

国家和地区	Country or Area	1990	1999	2000	2001
中　国	**China**				
广义货币	Quasi-Money and Money	15293.4	119897.9	134610.3	158301.9
货币	Money	6950.7	45837.2	53147.2	59871.6
准货币	Quasi-Money	8342.7	74060.7	81463.1	98430.3
中国香港	**Hong Kong, China**				
广义货币	Quasi-Money and Money		27450.9	30011.5	29928.4
货币	Money		1846.2	1845.6	2108.8
准货币	Quasi-Money		25604.7	28165.9	27819.6
孟加拉国	**Bangladesh**				
广义货币	Quasi-Money and Money	2345.9	6898.9	8228.3	9436.3
货币	Money	657.4	1849.3	2189.5	2424.4
准货币	Quasi-Money	1688.5	5049.7	6038.8	7012.0
印　度	**India**				
广义货币	Quasi-Money and Money	24302.5	101530.4	116934.3	133680.0
货币	Money	8535.6	31611.8	34958.9	38459.9
准货币	Quasi-Money	15766.9	69918.6	81975.4	95220.1
印度尼西亚	**Indonesia**				
广义货币	Quasi-Money and Money	846295.0	6421070.0	7488453.0	8450257.0
货币	Money	238190.0	1168800.0	1609231.0	1751099.0
准货币	Quasi-Money	608105.0	5252270.0	5879222.0	6699158.0
伊　朗	**Iran**				
广义货币	Quasi-Money and Money	203920.0	1723866.0	2110536.0	2693560.0
货币	Money	97293.0	819516.0	1021698.0	1256670.0
准货币	Quasi-Money	106627.0	904350.0	1088838.0	1436890.0
以色列	**Israel**				
广义货币	Quasi-Money and Money	743.0	4062.8	4388.6	4803.6
货币	Money	70.2	302.6	310.3	378.0
准货币	Quasi-Money	672.8	3760.1	4078.3	4425.7
日　本	**Japan**				
广义货币	Quasi-Money and Money	4950080.0	6228020.0	6296200.0	6433130.0
货币	Money	1196280.0	2395370.0	2478580.0	2817850.0
准货币	Quasi-Money	3753800.0	3832650.0	3817620.0	3615280.0
韩　国	**Korea, Rep.**				
广义货币	Quasi-Money and Money	687075.0	3293174.0	4130489.0	4675772.0
货币	Money	159052.0	443745.0	469970.0	535055.2
准货币	Quasi-Money	528023.0	2849429.0	3660519.0	4140717.0
马来西亚	**Malaysia**				
广义货币	Quasi-Money and Money	766.6	3168.5	3483.5	3569.7
货币	Money	254.1	756.0	806.6	838.8
准货币	Quasi-Money	512.6	2412.5	2676.9	2730.9
蒙　古	**Mongolia**				
广义货币	Quasi-Money and Money		2201.7	2588.2	3310.3
货币	Money		1148.3	1307.5	1561.3
准货币	Quasi-Money		1053.4	1280.7	1749.1

7-6续表 1　continued

单位：亿本币　(100 million local currency unit)

国家和地区	Country or Area	1990	1999	2000	2001
缅　甸	**Myanmar**				
广义货币	Quasi-Money and Money	423.8	5622.2	8005.4	11517.1
货币	Money	305.9	3457.7	4649.7	7011.5
准货币	Quasi-Money	117.9	2164.6	3355.7	4505.6
巴基斯坦	**Pakistan**				
广义货币	Quasi-Money and Money	3349.9	13169.9	14766.8	16501.3
货币	Money	2546.2	7953.7	8760.1	9649.2
准货币	Quasi-Money	803.7	5216.2	6006.6	6852.1
菲律宾	**Philippines**				
广义货币	Quasi-Money and Money	3689.2	19100.9	20652.1	21390.5
货币	Money	929.4	3955.6	3905.5	3922.5
准货币	Quasi-Money	2759.8	15145.3	16746.6	17468.0
新加坡	**Singapore**				
广义货币	Quasi-Money and Money	618.5	1744.7	1709.0	1809.1
货币	Money	152.6	311.1	332.6	360.8
准货币	Quasi-Money	465.8	1433.7	1376.4	1448.3
斯里兰卡	**Sri Lanka**				
广义货币	Quasi-Money and Money	909.3	4255.5	4801.6	5491.6
货币	Money	396.0	1085.5	1184.8	1222.1
准货币	Quasi-Money	513.4	3169.9	3616.9	4269.5
泰　国	**Thailand**				
广义货币	Quasi-Money and Money	15291.2	50187.8	51900.7	53026.0
货币	Money	1954.1	7396.6	6842.6	6399.5
准货币	Quasi-Money	13337.0	42791.2	45058.1	46626.5
土耳其	**Turkey**				
广义货币	Quasi-Money and Money	938027.0	410132400.0	576326800.0	1072961000.0
货币	Money	302367.0	47098150.0	74069140.0	108395600.0
准货币	Quasi-Money	635660.0	363034200.0	502257600.0	964565200.0
越　南	**Vietnam**				
广义货币	Quasi-Money and Money		1454699.0	1969944.0	2508457.0
货币	Money		683601.4	909890.4	1124083.0
准货币	Quasi-Money		771098.0	1060054.0	1384374.0
埃　及	**Egypt**				
广义货币	Quasi-Money and Money	825.1	2339.1	2610.0	2954.9
货币	Money	262.1	590.7	621.9	670.8
准货币	Quasi-Money	563.0	1748.4	1988.0	2284.1
尼日利亚	**Nigeria**				
广义货币	Quasi-Money and Money	575.5	6997.3	10360.8	13158.7
货币	Money	345.4	4008.3	6496.8	8167.1
准货币	Quasi-Money	230.1	2989.1	3864.0	4991.6
南　非	**South Africa**				
广义货币	Quasi-Money and Money	1559.3	4652.4	4988.1	5819.3
货币	Money	503.5	2599.4	2661.9	3123.6
准货币	Quasi-Money	1055.8	2053.1	2326.3	2695.6
加拿大	**Canada**				
广义货币	Quasi-Money and Money	3273.6	5920.3	6742.4	7184.0
货币	Money	970.6	1992.4	2251.9	2537.5
准货币	Quasi-Money	2303.0	3927.9	4490.5	4646.4
墨西哥	**Mexico**				
广义货币	Quasi-Money and Money	1602.3	12004.5	11319.4	12919.0
货币	Money	474.4	3954.8	4507.4	5276.7
准货币	Quasi-Money	1128.0	8049.8	6812.1	7642.2

7–6 续表 2　continued

单位：亿本币　　(100 million local currency unit)

国家和地区	Country or Area	1990	1999	2000	2001
美　国	**United States**				
广义货币	Quasi-Money and Money	37674.4	57122.2	61088.9	69660.2
货币	Money	9250.6	14618.1	14363.9	15976.9
准货币	Quasi-Money	28423.8	42504.1	46725.0	53683.2
阿 根 廷	**Argentina**				
广义货币	Quasi-Money and Money	79.1	891.5	905.1	729.2
货币	Money	30.7	218.4	198.4	158.4
准货币	Quasi-Money	48.5	673.1	706.8	570.8
巴　西	**Brazil**				
广义货币	Quasi-Money and Money		3011.4	3142.0	3520.7
货币	Money		622.9	740.8	835.5
准货币	Quasi-Money		2388.5	2401.2	2685.2
委内瑞拉	**Venezuela**				
广义货币	Quasi-Money and Money	6848.1	116730.2	143740.5	165686.9
货币	Money	2145.1	64126.4	80372.2	92870.1
准货币	Quasi-Money	4703.0	52603.8	63368.3	72816.8
白俄罗斯	**Belarus**				
广义货币	Quasi-Money and Money		5054.4	16137.1	25635.9
货币	Money		2334.2	5084.3	8895.5
准货币	Quasi-Money		2720.3	11052.8	16740.4
保加利亚	**Bulgaria**				
广义货币	Quasi-Money and Money		72.2	95.5	121.0
货币	Money		33.0	39.8	48.8
准货币	Quasi-Money		39.2	55.7	72.2
捷　克	**Czech Republic**				
广义货币	Quasi-Money and Money		12462.0	14456.0	16072.7
货币	Money		4478.1	4989.6	5835.5
准货币	Quasi-Money		7983.9	9466.4	10237.2
波　兰	**Poland**				
广义货币	Quasi-Money and Money	190.6	2635.1	2945.0	3388.0
货币	Money	94.3	882.0	825.7	941.6
准货币	Quasi-Money	96.3	1753.1	2119.3	2446.5
罗马尼亚	**Romania**				
广义货币	Quasi-Money and Money	5184.9	1341143.0	1850601.0	2705119.0
货币	Money	2381.6	284307.0	443204.0	616029.0
准货币	Quasi-Money	2803.3	1056836.0	1407397.0	2089090.0
俄罗斯联邦	**Russian Federation**				
广义货币	Quasi-Money and Money		9848.7	15599.6	21227.3
货币	Money		5267.7	8793.1	11926.3
准货币	Quasi-Money		4581.0	6806.5	9301.1
乌 克 兰	**Ukraine**				
广义货币	Quasi-Money and Money		218.7	316.1	451.9
货币	Money		141.6	208.3	298.0
准货币	Quasi-Money		77.1	107.8	153.9
澳大利亚	**Australia**				
广义货币	Quasi-Money and Money	2187.6	4310.0	4473.5	5065.6
货币	Money	467.0	1259.4	1377.2	1670.3
准货币	Quasi-Money	1720.6	3050.5	3096.3	3395.3
新 西 兰	**New Zealand**				
广义货币	Quasi-Money and Money	563.1	956.9	978.6	1045.2
货币	Money	95.0	146.5	155.7	177.5
准货币	Quasi-Money	468.1	810.4	823.0	867.7

7-7 年平均存款利率和贷款利率

Deposit Rates & Lending Rates
(Period Averages in Percent per Annum)

资料来源：世界银行数据库。
Source:World Bank Database.
单位：%　(%)

国家和地区	Country or Area	存款利率 Deposit Rates			贷款利率 Lending Rates		
		1990	2000	2001	1990	2000	2001
中　国①	China ①	8.6	2.3	2.3	9.4	5.9	5.9
中国香港	Hong Kong China	6.7	4.8	2.4	10.0	9.5	5.1
孟加拉国	Bangladesh	12.0	8.6	8.5	16.0	15.5	15.8
印　度	India				16.5	12.3	12.1
印度尼西亚	Indonesia	17.5	12.5	15.5	20.8	18.5	18.5
日　本	Japan	3.6	0.1	0.1	7.0	2.1	2.0
韩　国	Korea	10.0	7.9	5.8	10.0	8.5	7.7
马来西亚	Malaysia	5.9	3.4	3.4	7.2	6.8	6.7
蒙　古	Mongolia		16.8	14.3		32.7	30.2
缅　甸	Myanmar	5.9	9.8	9.5	8.0	15.3	15.0
菲律宾	Philippines	19.5	8.3	8.7	24.1	10.9	12.4
新加坡	Singapore	4.7	1.7	1.5	7.4	5.8	5.7
斯里兰卡	Sri Lanka	19.4	9.2	11.0	13.0	16.2	19.4
泰　国	Thailand	12.3	3.3	2.5	14.4	7.8	7.3
越　南	Viet Nam		3.7	5.3		10.6	9.4
埃　及	Egypt	12.0	9.5	9.5	19.0	13.2	13.3
尼日利亚	Nigeria	19.8	11.7	15.3	25.3	21.3	23.4
南　非	South Africa	18.9	9.2	9.4	21.0	14.5	13.8
加拿大	Canada	12.8	5.7	3.9	14.1	7.3	5.8
墨西哥	Mexico		6.3	4.7		18.2	13.9
美　国	United States				10.0	9.2	6.9
阿根廷	Argentina		8.3	16.2		11.1	27.7
巴　西	Brazil		17.2	17.9		56.8	57.6
委内瑞拉	Venezuela	27.8	16.3	15.5	35.5	25.2	22.5
白俄罗斯	Belarus		37.6	34.2		67.7	47.0
保加利亚	Bulgaria		3.1	2.9		11.5	11.1
捷　克	Czech Republic		3.4	3.0		7.2	7.1
法　国	France	4.5	2.6	3.0	10.6	6.7	7.0
德　国	Germany	7.1	3.4	3.6	11.6	9.6	10.0
意大利	Italy	6.8	1.8	2.0	14.1	6.3	6.5
荷　兰	Netherlands	3.3	2.9	3.1	11.8	4.8	5.0
波　兰	Poland	41.7	14.2	11.8	504.2	20.0	18.4
俄罗斯联邦	Russian Federation		6.5	4.9		24.4	17.9
西班牙	Spain	10.7	3.0	3.1	16.0	5.2	5.2
英　国	United Kingdom	12.5			14.8	6.0	5.1
澳大利亚	Australia	13.7	4.1	3.3	18.2	8.8	8.1
新西兰	New Zealand	11.7	6.4	5.3	16.0	10.2	9.9

注：①来源于世界银行。
Note: ① Data from World Bank.

7-8 国库券利率和政府债券收益率

Treasury Bill Rates & Government Bond Yields

资料来源:《国际金融统计年鉴》2002 年。
Source: "International Finance Statistics Yearbook" 2002.
单位：%

(%)

国家和地区	Country or Area	国库券利率 Treasury Bill Rates			政府债券收益率 Government Bond Yields		
		1990	2000	2001	1990	2000	2001
中国香港	Hong Kong,China		5.7	1.7			
日　本	Japan				7.4	1.7	1.3
韩　国	Korea				15.0	8.5	6.7
马来西亚	Malaysia	6.1	2.9	2.8		9.0	9.0
巴基斯坦	Pakistan		8.4	10.7	8.1		
菲律宾	Philippines	23.7	9.9	9.7			
新加坡	Singapore	1.6	2.5	0.9			
斯里兰卡	Sri Lanka	14.1	14.0	17.6			
泰　国	Thailand				10.6	7.0	5.8
土耳其	Turkey	43.5	33.3	64.6			
越　南	Viet Nam		5.4	5.5			
埃　及	Egypt		9.1	7.2			
尼日利亚	Nigeria		15.5				
南　非	South Africa	17.8	10.1	9.7	16.2	13.8	11.4
加拿大	Canada	12.8	5.5	3.8	10.9	5.9	5.8
墨西哥	Mexico	34.8	15.2	11.3			
美　国	United States	7.5	5.8	3.5	8.6	6.0	5.0
巴　西	Brazil		18.5	20.1			
委内瑞拉	Venezuela				20.1	21.0	22.1
保加利亚	Bulgaria		4.2	4.6		7.4	6.7
法　国	France	10.2	4.2	4.3	9.9	5.5	5.0
德　国	Germany	8.1	4.3	3.7	8.9	5.2	4.7
意大利	Italy	12.4	4.5	4.1	11.5	5.6	5.2
波　兰	Poland		16.6				
罗马尼亚	Romania		51.9	42.2			
俄罗斯联邦	Russian Federation		12.1	12.5			
西班牙	Spain	14.2	4.6	3.9	14.7	5.4	4.9
英　国	United Kingdom	14.1	5.8	4.8	11.1	4.7	4.8
澳大利亚	Australia	14.2	6.0	4.8	13.2	6.3	5.6
新西兰	New Zealand	13.8	6.4	5.6	12.5	6.8	6.1

7-9 货币汇率（年末中间价）

Exchange Rates(Mid-Point Prices in the Year-end)

资料来源：联合国数据库。
Source:United Nations Database.
单位：1美元合本币数 (local currency per US dollar)

国家和地区	Country or Area	1990年	2000年	2001年	2002年
中　　国	China	4.78	8.28	8.28	8.28
中国香港	Hong Kong , China		7.80	7.80	7.80
孟加拉国	Bangladesh	35.79	54.00	57.00	57.90
印　　度	India	18.07	46.75	48.18	48.03
印度尼西亚	Indonesia	1901.00	9595.00	10400.00	8940.00
伊　　朗	Iran	65.30	2262.93	1750.95	7951.98
以 色 列	Israel	2.05	4.04	4.42	4.74
日　　本	Japan	134.40	114.90	131.80	119.90
马来西亚	Malaysia	2.70	3.80	3.80	3.80
缅　　甸	Myanmar	6.08	6.60	6.85	6.34
韩　　国	Korea Rep.	716.40	1264.50	1313.50	1186.20
巴基斯坦	Pakistan	21.90	58.03	60.86	58.53
菲 律 宾	Philippines	28.00	50.00	51.40	53.10
新 加 坡	Singapore	1.74	1.73	1.85	1.74
斯里兰卡	Sri Lanka	40.24	82.56	93.16	96.73
泰　　国	Thailand	25.29	42.27	44.22	43.15
土 耳 其	Turkey	2930.10	673385.00	1450130.00	1643700.00
埃　　及	Egypt	2.00	3.69	4.49	4.50
尼日利亚	Nigeria	9.00	109.55		126.40
南　　非	South Africa	2.56	7.57	12.13	8.64
加 拿 大	Canada	1.16	1.50	1.59	1.58
墨 西 哥	Mexico	2.95	9.57	9.14	10.31
阿 根 廷	Argentina	0.56	1.00	1.00	3.32
巴　　西	Brazil	64.39	1.96	2.32	3.53
委内瑞拉	Venezuela	50.38	699.75	763.00	1401.25
捷　　克	Czech Republic	28.00	37.81	36.26	30.14
法　　国①	France ①	5.13	1.07	1.13	
德　　国①	Germany ①	1.49	1.07	1.13	
意 大 利①	Italy ①	1130.20	1.07	1.13	
荷　　兰①	Netherlands ①	1.69	1.07	1.13	
波　　兰	Poland	0.95	4.14	3.99	3.84
罗马尼亚	Romania	34.71	25926.00	31597.00	33500.00
俄罗斯联邦	Russian Federation		28.16	30.14	31.78
西 班 牙①	Spain ①	96.91	1.07	1.13	
英　　国	United Kingdom	0.52	0.67	0.69	0.62
南斯拉夫	Yugoslavia	10.66	70.00	68.26	
澳大利亚	Australia	1.29	1.81	1.96	1.77
新 西 兰	New Zealand	1.70	2.27	2.41	1.90

注：①1999年1月1日欧元启动，此后为1美元兑欧元汇率。
Note: ① The Euro was launched on Jan.1,1999,so the data for 1999 and after refer to the Euro per US dollars.

7-10 道琼斯世界股票指数①

Dow Jones World Stock Index by Country and Industry ①

资料来源：美国《美国统计摘要》2002 年。
Source:United States "Statistical Abstract" 2002.

国家和地区	Country or Area	1995 年	2000年	2001 年
世界总计	**World**	**132.4**	**210.9**	**175.7**
美　洲	**Americas**	**145.3**	**299.1**	**259.5**
美　国	United States	147.5	306.9	266.7
加拿大	Canada	112.9	225.4	180.1
墨西哥	Mexico	79.0	132.2	157.4
欧　洲	**Europe**	**131.0**	**241.1**	**189.2**
奥地利	Austria	103.5	86.1	86.2
比利时	Belgium	144.0	196.7	170.5
丹　麦	Denmark	113.0	243.9	187.3
芬　兰	Finland	267.1	1536.0	955.0
法　国	France	117.9	252.6	193.4
德　国	Germany	133.9	218.8	165.8
爱尔兰	Ireland	155.6	312.0	301.0
意大利	Italy	80.3	192.0	137.8
荷　兰	Netherlands	176.0	335.3	257.2
挪　威	Norway	129.8	167.4	125.0
西班牙	Spain	111.2	193.3	167.3
瑞　典	Sweden	157.0	338.9	236.1
瑞　士	Switzerland	225.7	415.5	293.9
英　国	United Kingdom	122.5	199.8	166.7

国家和地区	Country or Area	1995 年	2000年	2001 年
亚太地区	**Asia/Pacific Area**	**118.5**	**93.0**	**73.2**
澳大利亚	Australia	132.9	156.2	154.1
中国香港	Hongkong,China	201.9	245.6	195.2
印度尼西亚	Indonesia	174.7	31.2	25.4
日　本	Japan	111.3	88.3	62.3
马来西亚	Malaysia	224.3	88.5	91.6
新西兰	New Zealand	178.8	96.7	102.7
新加坡	Singapore	187.8	135.3	108.4
泰　国	Thailand	196.6	27.2	28.4
(按行业分)	**By Industry**			
基本原材料	Basic materials	128.1	117.7	109.8
循环消费	Consumer,cyclical	131.7	188.0	171.4
非循环消费	Consumer, noncyclical	125.5	180.8	173.2
能　源	Energy	132.7	230.7	206.4
金　融	Financial	134.9	207.1	175.5
医疗保健	Health care	133.3	329.8	281.7
工　业	Industrial	124.0	167.1	138.5
技　术	Technology	188.1	552.4	377.3
电　讯	Telecommunications	146.8	273.3	208.6
公用事业	Utilities	118.8	156.0	123.3

注：①指数截止到 12 月 31 日。美国的股票指数以 1982 年 6 月 30 日为 100；其它国家以 1991 年 12 月 31 日＝100。每股以美元计价。
Notes: ① Index figures shown are as of December 31.Indexes based on June 30,1982=100 for United States;December 31,1991=100 for other countries.Based on share prices denominated in U.S.dollars.

7-11 上市公司数和上市公司总市值占国内生产总值比重
Listed Domestic Companies and Capitalization of Listed Companies as Percentage of GDP

资料来源:世界银行数据库。
Source:World Bank Database.

国家和地区	Country or Area	上市公司数（个） List Domestic Companies (number)		上市公司总市值占国内生产总值的比重(%) Market Capitalization of Listed Companies as percentage of GDP(%)	
		1990年	2001年	1990年	2001年
世界总计	**World**	**25424**	**43319**	**47.9**	**90.7**
高收入国家	**High Income**	**17733**	**26035**	**51.6**	**103.9**
中等收入国家	**Middle Income**	**4245**	**9442**		**35.7**
低收入国家	**low Income**	**3446**	**7842**	**9.8**	**18.3**
中　　国①	China ①		1154		45.2
中国香港	Hong Kong, China	284	857	111.5	312.6
孟加拉国	Bangladesh	134	230	1.1	2.5
印　　度	India	2435	5795	12.2	23.1
印度尼西亚	Indonesia	125	316	7.1	15.8
伊　　朗	Iran		316		8.5
以 色 列	Israel	216	647	6.3	53.2
日　　本	Japan	2071	2471	95.6	54.4
韩　　国	Korea, Rep.	669	1390	43.8	55.0
马来西亚	Malaysia	282	804	110.4	135.1
巴基斯坦	Pakistan	487	747	7.1	8.4
菲 律 宾	Philippines	153	230	13.4	29.9
新 加 坡	Singapore	150	386	93.6	137.0
斯里兰卡	Sri Lanka	175	238	11.4	8.4
泰　　国	Thailand	214	382	28.0	31.7
土 耳 其	Turkey	110	310	12.7	32.3
埃　　及	Egypt	573	1109	4.1	24.5
尼日利亚	Nigeria	131	194	4.8	11.3
南　　非	South Africa	732	519	122.8	78.0
加 拿 大	Canada	1144	4004	42.1	100.9
墨 西 哥	Mexico	199	167	12.5	20.5
美　　国	United States	6599	6355	53.2	137.2
巴　　西	Brazil	581	428	3.5	37.1
阿 根 廷	Argentina	179	113	2.3	71.7
委内瑞拉	Venezuela	76	62	17.2	4.9
保加利亚	Bulgaria		399		3.7
捷　　克	Czech Republic		94		16.1
法　　国	France	578	791	25.9	89.7
德　　国	Germany	413	988	21.0	58.1
意 大 利	Italy	220	288	13.5	48.4
荷　　兰	Netherlands	260	180	40.7	120.5
波　　兰	Poland		230		14.7
罗马尼亚	Romania		60		2.9
俄罗斯联邦	Russian Federation		236		24.6
西 班 牙	Spain	427	1458	21.8	80.5
乌 克 兰	Ukraine		286		4.0
英　　国	United Kingdom	1701	1923	85.8	155.7
澳大利亚	Australia	1089	1334	35.1	101.5
新 西 兰	New Zealand	171	145	20.3	35.3

注:①来源于世界银行。
Note: ① The data from World Bank.

7-12 股票交易额占国内生产总值的比重及股票交易周转率

Stocks Traded Value as Percentage of GDP and Turnover Ratio of Stocks Traded

资料来源:世界银行数据库。
Source:World Bank Database.

国家和地区	Country or Area	股票交易额占国内生产总值的比重（%） Stocks Traded Value as percentage of GDP(%)		股票交易周转率（%） Stocks Traded Turnover ratio(%)	
		1990 年	2001 年	1990 年	2001 年
世界总计	**World**	**28.5**	**138.6**	**57.2**	**123.6**
高收入国家	**High Income**	**31.4**	**165.8**	**59.5**	**138.5**
中等收入国家	**Middle Income**		**17.6**		**44.4**
低收入国家	**Low Income**	**4.7**	**32.0**	**53.8**	**133.8**
中　　国①	China ①		38.7		81.3
孟加拉国	Bangladesh	0.0	1.6	1.5	64.8
中国香港	Hong Kong, China	46.3	121.3	43.1	34.8
印　　度	India	6.9	2.0	65.9	191.4
印度尼西亚	Indonesia	3.5	171.6	75.8	39.3
伊　　朗	Iran		1.0		12.7
以 色 列	Israel	10.5	27.5	95.8	44.7
日　　本	Japan	52.5	44.1	43.8	67.9
韩　　国	Korea, Rep.	30.1	166.7	61.3	380.3
马来西亚	Malaysia	24.7	23.6	24.6	17.5
巴基斯坦	Pakistan	0.6	21.2	8.7	226.8
新 加 坡	Singapore	55.3	74.0		46.9
斯里兰卡	Sri Lanka	0.5	1.0	5.8	13.2
泰　　国	Thailand	26.8	31.1	92.6	109.3
土 耳 其	Turkey	3.9	52.8	42.5	161.5
埃　　及	Egypt	0.3	4.0		14.2
南　　非	South Africa	7.3	61.5		37.4
尼日利亚	Nigeria	0.0	1.2	0.9	10.2
加 拿 大	Canada	12.4	66.5	26.7	60.3
墨 西 哥	Mexico	4.6	6.5	44.1	31.6
美　　国	United States	30.5	288.5	53.4	201.3
阿 根 廷	Argentina	0.6	1.6	33.6	2.3
巴　　西	Brazil	1.2	13.0	23.6	34.5
委内瑞拉	Venezuela	4.6	0.3	43.0	5.5
保加利亚	Bulgaria		0.5		12.9
捷　　克	Czech Republic		5.9		34.1
法　　国	France	9.6	82.3		84.6
德　　国	Germany	29.7	76.9	139.3	124.7
意 大 利	Italy	3.9	50.7	26.8	87.9
荷　　兰	Netherlands	13.7	271.9	29.0	191.8
波　　兰	Poland		4.2		26.1
罗马尼亚	Romania		0.7		15.7
俄罗斯联邦	Russian Federation		7.4		39.1
西 班 牙	Spain	8.0	144.1		177.2
乌 克 兰	Ukraine		0.6		13.9
英　　国	United Kingdom	28.2	131.4	33.4	78.4
南斯拉夫	Yugoslavia		0.0		
澳大利亚	Australia	12.9	65.3	31.6	67.0
新 西 兰	New Zealand	4.4	16.7	17.3	47.7

注：①中国数来源于世界银行数据库。
Notes: ① Data of China are from World Bank.

主要统计指标解释

中央政府　是全国范围内代表中央政府行使领土管辖权的所有单位。

财政收入　包括除了捐赠之外的所有无须偿还的政府收入。

捐赠　从其他政府和国际组织得到的无报酬的、无须偿还的非强制性的收入。

财政支出　包括政府无须偿还的支出－不论是资本支出，还是经常项目支出；不论是有偿的，还是无偿的。

赤字／盈余＝财政总收入＋捐赠－（财政支出＋借款）－偿还款

货币供应量　货币(Money)指流通中现金和除中央政府以外的常住机构活期存款构成；准货币(Quasi-Money)指除中央政府以外的外汇现汇与期汇存款和外汇现汇储蓄与期汇存款之和，即由常住居民的现汇、储蓄、与外汇存款构成。货币(Money)通称为M1，而货币和准货币之和通称为广义货币，相当于M2。

上市公司总市值　所有上市股价×总股数。

上市公司数　是指年末国内公司在股票交易所上市公司的数量。不包括投资公司、共存基金或其它集体投资工具。

股票交易额　是指在一定时期内股票交易总额。

股票交易周转率　是指一定时期内股票交易总额除以该时期上市公司平均市值。

Explanatory Notes on Main Statistical Indicators

Central government includes all units representing the territorial jurisdiction of the central authority throughout a country.

Revenue covers all nonrepayable government receipts other than grants.

Grants are defined as unrequited, nonrepayable, noncompulsory receipts from other governments or international organizations.

Expenditure covers all nonrepayable payments-whether capital or current, requited or not-by government.

Deficit or surplus represents the total of revenue and grants minus the total of expenditure and lending minus repayments.

Money Supply equals the sum of currency outside deposit money banks and demand deposits other than those of the central government. Quasi-Money equals the sum of time & foreign currency outside banks and time, savings & foreign currency deposit, comprising time, savings, and foreign currency deposits of resident sectors other than central government. The data of Money is commonly called M1,while the sum of Money and Quasi-Money gives a broader measure of money which is commonly called M2.

Market capitalization is the share price times the number of shares outstanding.

Listed domestic companies are the domestically incorporated companies listed on the country's stock exchanges at the end of the year. This indicator does not include investment companies, mutual funds, or other collective investment vehicles.

Stocks traded refers to the total value of shares traded during the period.

Turnover ratio is the total value of shares traded during the period divided by the average market capitalization for the period.

八 价格指数

Price Indices

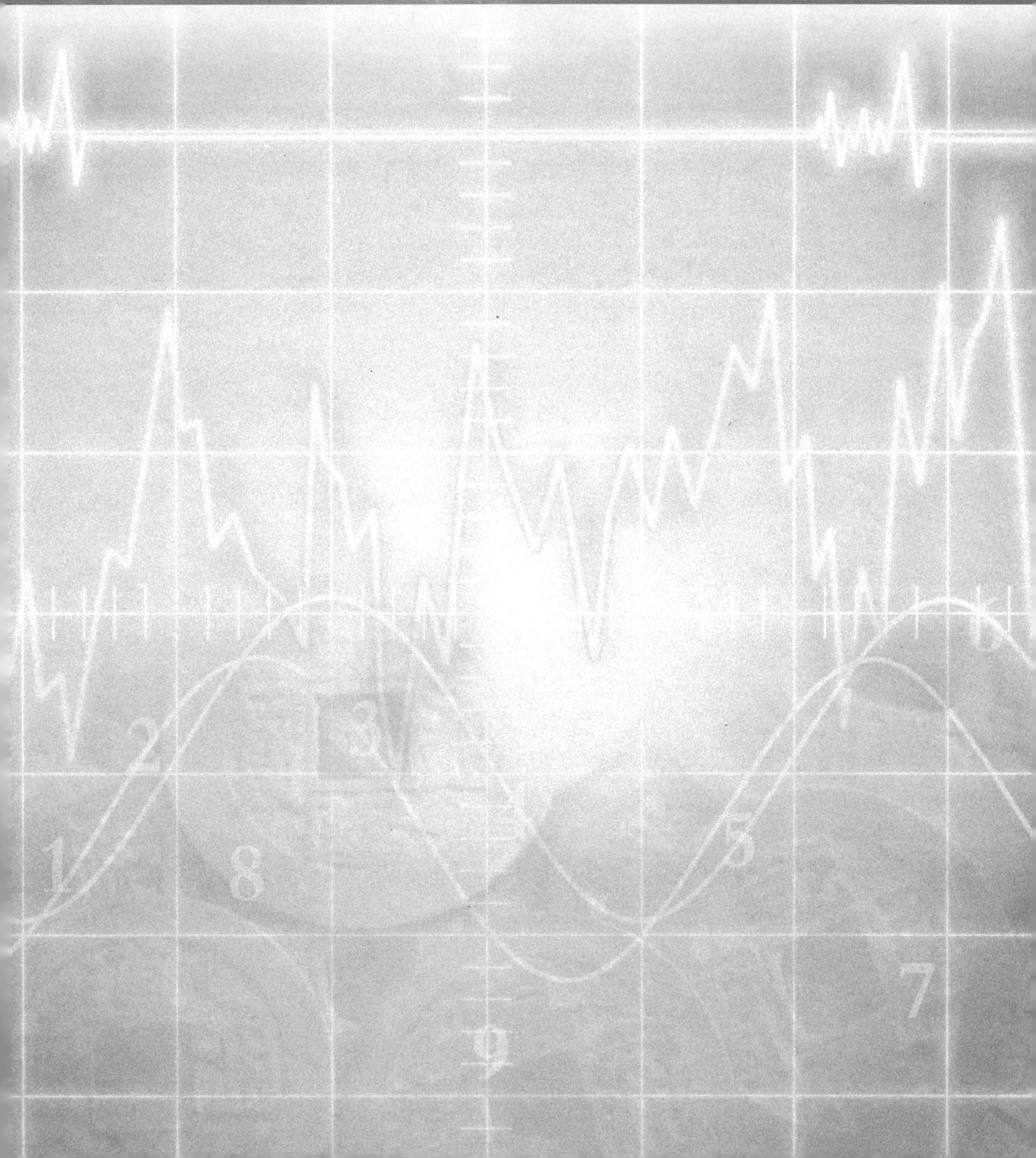

8-1 国内生产总值缩减指数

Gross Domestic Product Deflator

资料来源：世界银行《世界发展指标》2003年。
Source:World Bank "World Development Indicators" 2003.
单位：% (%)

国家和地区	Country or Area	基 期 Base Year	1990	1999	2000	2001
中　国①	China ①	1990	100	182	184	184
中国香港	Hong Kong, China	1990	100	152	142	141
孟加拉国	Bangladesh	1996	78	114	116	118
印　度	India	1993	74	153	159	165
印度尼西亚	Indonesia	1993	80	290	322	363
伊　朗	Iran	1982	298	2380	3147	3424
以色列	Israel	1995	55	138	140	143
日　本	Japan	1995	95	98	96	95
韩　国	Korea, Rep.	1995	68	110	109	111
马来西亚	Malaysia	1987	112	155	163	159
蒙　古	Mongolia	1998	1	110	122	133
缅　甸	Myanmar	1985	302	2484	2546	3121
巴基斯坦	Pakistan	1981	181	439	451	477
菲律宾	Philippines	1985	149	324	346	369
新加坡	Singapore	1990	100	109	113	111
斯里兰卡	Sri Lanka	1996	57	124	133	150
泰　国	Thailand	1988	112	161	163	167
土耳其	Turkey	1987	470	69967	104879	164897
越　南	Viet Nam	1994	32	156	161	166
埃　及	Egypt	1992	73	158	168	175
尼日利亚	Nigeria	1987	188	1855	2326	2465
南　非	South Africa	1995	55	133	142	153
加拿大	Canada	1995	91	104	108	109
墨西哥	Mexico	1993	65	305	342	361
美　国	United States	1995	88	107	109	112
阿根廷	Argentina	1993	39	102	103	102
巴　西	Brazil	1995	0	139	150	162
委内瑞拉	Venezuela	1984	476	11058	14114	15076
白俄罗斯	Belarus	1990	100	83386540	237894100	423147400
保加利亚	Bulgaria	1990	100	65757	70157	74683
捷　克	Czech Republic	1995	43	134	135	142
法　国	France	1995	90	104	105	107
德　国	Germany	1995	84	103	103	104
意大利	Italy	1995	79	113	115	118
荷　兰	Netherlands	1995	89	107	111	116
波　兰	Poland	1990	100	797	854	890
罗马尼亚	Romania	1993	0	150	216	295
俄罗斯联邦	Russian Federation	1997	0	192	270	318
乌克兰	Ukraine	1990	100	19028760	23449580	25519780
英　国	United Kingdom	1995	85	112	114	117
南斯拉夫	Yugoslavia	1998		161	284	545
澳大利亚	Australia	1996	93	105	110	113
新西兰	New Zealand	1995	92	104	107	111

注：①中国数据来源于世界银行。
Note: ① The data of China are from World Bank.

8-2 生产者价格和批发价格指数

Producers'or Wholesale Price Indices

国外资料来源:联合国《统计月报》在线数据。
Sources: United Nations "Monthly Bulletin of Statistics" online data.
1990 年 =100 (1990=100)

国家和地区	Country or Area	1995	1999	2000	2001
中　国①	**China ①**				
全部工业品	Total Industrial Products	115	98	103	99
生产资料	Means of Production	114	98	105	99
生活资料	Consumer Goods	117	96	98	99
中国香港	**Hong Kong,China**				
工业产品	Industrial Products		107	107	106
孟加拉国	**Bangladesh**				
按生产地组成分	by Origin of Supply				
国内供应	Domestic Supply	121	144	141	141
农业产品	Agricultural Products	119	146	142	141
工业产品	Industrial Products	125	128	138	140
按生产阶段分	by Stage of Processing				
原材料	Raw Materials	117	134	131	132
成　品	Finished Goods	130	126		
印　度	**India**				
按生产地组成分	by Origin of Supply				
国内供应	Domestic Supply	165	203	210	220
农业产品	Agricultural Products	173	237	249	240
工业产品②	Industrial Products ②	162	188	188	192
按生产阶段分	by Stage of Processing				
原材料	Raw Materials	170	219	223	224
印度尼西亚	**Indonesia**				
按生产地组成分	by Origin of Supply				
国内供应③	Domestic Supply ③	135	355	404	462
国内生产	Domestic Production	157	326	406	469
农业产品	Agricultural Products	186	533	604	746
工业产品②	Industrial Products ②	146	325	344	383
进口产品③	Imported Goods ③	120	325	349	393
出口产品	Exported Goods	112	346		
以色列	**Israel**				
按生产地组成分	by Origin of Supply				
工业产品	Industrial Products	166	214	218	219
伊　朗	**Iran**				
按生产地组成分	by Origin of Supply				
国内供应	Domestic Supply	483	860	1013	1111
国内生产	Domestic Production	423	868	1015	
农业产品	Agricultural Products	409	822	943	1021
工业产品	Industrial Products	415	663	882	820
进口产品	Imported Goods	477	910	1067	1587
出口产品	Exported Goods	356	600		
按生产阶段分	by Stage of Processing				
原材料	Raw Materials	410	691	832	934

8-2 续表 1 continued

1990 年 =100 (1990=100)

国家和地区	Country or Area	1995	1999	2000	2001
日 本	**Japan**				
按生产地组成分	by Origin of Supply				
国内供应	Domestic Supply	94	91	91	91
国内生产	Domestic Production	96	92	93	92
农业产品	Agricultural Products	90	88	86	86
工业产品	Industrial Products	96	92	93	92
进口产品	Imported Goods	104	93	102	98
出口产品	Exported Goods	108	93		
按生产阶段分	by Stage of Processing				
原材料	Raw Materials	80	78	89	92
半成品	Intermediate Goods	93	90	91	91
成 品	Finished Goods	96	93		
按最终用途分	By End-Use				
生产用原料	Producers'Goods	92	89		
消费品	Consumers'Goods	97	95	94	94
投资用品	Captital Goods	95	90	88	87
韩 国	**Korea, Republic of**				
按生产地组成分	by Origin of Supply				
国内供应	Domestic Supply	117	107	140	143
农业产品	Agricultural Products	134	157	151	154
按生产阶段分	by Stage of Processing				
原材料	Raw Materials	118	157	192	199
半成品	Intermediate Goods	116	139	145	150
成 品	Finished Goods	118	142		
按最终用途分	By End-Use				
生产用原料	Producers'Goods	116	141		
消费品	Consumers'Goods	121	147	147	150
投资用品	Captital Goods	112	132	128	131
巴基斯坦	**Pakistan**				
按生产地组成分	by Origin of Supply				
国内供应	Domestic Supply		229	238	250
农业产品	Agricultural Products	184	237	241	249
工业产品	Industrial Products	165	201	204	211
按生产阶段分	by Stage of Processing				
原材料	Raw Materials	179	245	236	247
新加坡	**Singapore**				
按生产地组成分	by Origin of Supply				
国内供应	Domestic Supply	87	80	88	87
国内生产②	Domestic Production ②	81	67	72	70
进口商品	Imported Goods	91	85	92	92
出口商品	Exported Goods	81	73		
斯里兰卡	**Sri lanka**				
按生产地组成分	by Origin of Supply				
国内供应	Domestic Supply	146	198	212	
国内生产	Domestic Production	151	194	212	
进口商品	Imported Goods	134	161	189	
出口商品	Exported Goods	148	237		
按最终用途分	By End-Use				
消费品	Consumers'Goods	138	203	201	

8-2续表2 continued

1990年=100 (1990=100)

国家和地区	Country or Area	1995	1999	2000	2001
泰　国	**Thailand**				
按生产地组成分	by Origin of Supply				
国内供应	Domestic Supply	119	138	157	145
农业产品	Agricultural Products	133	147	145	152
工业产品②	Industrial Products ②	117	136	141	144
出口商品	Exported Goods	131	139		
按生产阶段分	by Stage of Processing				
原材料	Raw Materials	134	138	139	149
半成品	Intermediate Goods	118	144	142	144
成　品	Finished Goods	121	156		
按最终用途分	By End-Use				
消费品	Consumers'Goods	123	148	151	159
土耳其	**Turkey**				
按生产地组成分	by Origin of Supply				
国内供应	Domestic Supply	1638	13776	20861	33718
农业产品	Agricultural Products	1638	15117	20860	29678
工业产品	Industrial Products	1611	12991	20282	33807
埃　及	**Egypt**				
按生产地组成分	by Origin of Supply				
国内供应	Domestic Supply	163	188	185	181
按生产阶段分	by Stage of Processing				
原材料	Raw Materials	113	132	129	126
半成品	Intermediate Goods	151	163	162	159
成　品	Finished Goods	154	180		
按最终用途分	By End-Use				
投资用品	Captital Goods	153	159	158	157
南　非	**South Africa**				
按生产地组成分	by Origin of Supply				
国内供应	Domestic Supply	152	190	209	226
国内生产	Domestic Production	157	197	212	229
农业产品	Agricultural Products	166	194	202	228
工业产品②	Industrial Products ②	156	195	210	226
进口商品	Imported Goods	134	164	189	208
加拿大	**Canada**				
按生产阶段分	by Stage of Processing				
原材料	Raw Materials	117	111	136	134
墨西哥④	**Mexico ④**				
按生产地组成分	by Origin of Supply				
国内供应	Domestic Supply	214	438	474	500
农业产品	Agricultural Products	206	434	514	496
出口商品	Exported Goods	213	372		
按生产阶段分	by Stage of Processing				
原材料	Raw Materials	211	400	447	
按最终用途分	By End-Use				
消费品	Consumers' Goods	222	455	503	536
投资用品	Captital Goods	207	418	457	479

8-2续表3 continued

1990年=100 (1990=100)

国家和地区	Country or Area	1995	1999	2000	2001
美　国	**United States**				
按生产地组成分	by Origin of Supply				
国内供应	Domestic Supply	107	108	114	115
农业产品	Agricultural Products	96	88	89	93
工业产品	Industrial Products	109	109	116	117
按生产阶段分	by Stage of Processing				
原材料	Raw Materials	94	90	110	110
半成品	Intermediate Goods	109	108	113	113
成品	Finished Goods	107	112		
按最终用途分	By End-Use				
消费品	Consumers'Goods	106	111	202	120
投资用品	Captital Goods	111	112	113	114
阿根廷	**Argentina**				
按生产地组成分	by Origin of Supply				
国内供应	Domestic Supply	241	232	241	234
国内生产	Domestic Production	243	236	246	241
农业产品	Agricultural Products	245	189	184	180
工业产品②	Industrial Products ②	247	241	244	233
进口商品②	Imported Goods ②	211	177	177	172
巴　西⑤	**Brazil ⑤**				
按生产地组成分	by Origin of Supply				
国内供应	Domestic Supply	159	220	261	293
农业产品	Agricultural Products	163	252	306	358
工业产品	Industrial Products	155	203	237	262
按生产阶段分	by Stage of Processing				
原材料	Raw Materials	150	212	251	284
按最终用途分	By End-Use				
生产用原料	Producers'Goods	153	209		
消费品	Consumers'Goods	169	243	288	314
投资用品	Captital Goods	155	198	220	239
委内瑞拉	**Venezuela**				
按生产地组成分	by Origin of Supply				
国内供应	Domestic Supply	573	2145	2427	2801
国内生产	Domestic Production	597	2313	2703	3109
农业产品	Agricultural Products	500	2265	3682	5186
工业产品	Industrial Products	579	2136	2438	2722
进口商品	Imported Goods	514	1727	1894	2043
法　国	**France**				
按生产地组成分	by Origin of Supply				
农业产品	Agricultural Products	89	86	88	91
德国⑥	**Germany ⑥**				
按生产地组成分	by Origin of Supply				
国内供应	Domestic Supply	104	102	106	110
进口商品	Imported Goods	97	97	108	109
出口商品	Exported Goods	103	104		

8-2续表4　continued

1990年=100　　　　(1990=100)

国家和地区	Country or Area	1995	1999	2000	2001
意大利	**Italy**				
按生产地组成分	by Origin of Supply				
国内供应	Domestic Supply	130	134	142	145
农业产品	Agricultural Products	122			
工业产品	Industrial Products	130			
按最终用途分	By End-Use				
生产用原料	Producers'Goods	122			
消费品	Consumers'Goods	129	137	139	143
投资用品	Capital Goods	130	141	142	144
荷　兰	**Netherlands**				
按生产地组成分	by Origin of Supply				
国内供应	Domestic Supply				
工业产品	Industrial Products	100	102	110	113
进口商品	Imported Goods	98	106	132	128
出口商品	Exported Goods	100	100		
按生产阶段分	by Stage of Processing				
原材料	Raw Materials	100	97	115	115
半成品	Intermediate Goods	100	103	114	118
按最终用途分	By End-Use				
生产用原料	Producers'Goods	100	102		
消费品	Consumers'Goods	100	110	121	114
投资用品	Capital Goods	100	113	114	115
西班牙	**Spain**				
按生产地组成分	by Origin of Supply				
国内供应	Domestic Supply	118	121	128	130
按最终用途分	By End-Use				
生产用原料	Producers'Goods	117	115		
消费品	Consumers'Goods	121	129	131	135
投资用品	Capital Goods	113	120	121	123
英　国	**United Kingdom**				
按生产地组成分	by Origin of Supply				
国内供应	Domestic Supply		127	130	130
农业产品	Agricultural Products	130	76	75	80
工业产品②	Industrial Products ②	120	122	123	124
按生产阶段分	by Stage of Processing				
原材料	Raw Materials	103	87	97	96
成品	Finished Products	125	132		
澳大利亚	**Australia**				
按生产地组成分	by Origin of Supply				
国内供应	Domestic Supply		104	108	110
工业产品②	Industrial Products ②	110	114	118	122
出口商品	Exported Goods	101	97		
按生产阶段分	by Stage of Processing				
原材料	Raw Materials	106	106	110	117
新西兰⑦	**New Zealand ⑦**				
按生产地组成分	by Origin of Supply				
农业产品	Agricultural Products	101	99	110	137
工业产品	Industrial Products	102	102	109	114

注:①中国指工业品出厂价格指数，并以上年为100。②仅包括制造业。③不包括电、气和水。④墨西哥城。⑤1994年为100。⑥1991年为100。⑦以1997年为100。

Notes: ① The Data of China refer to ex-factory price indices of industrial products,preceding year=100. ② Only including manufacturing industry. ③ Excluding electricity,gas and water. ④ Data refer to Mexico city. ⑤ 1994=100. ⑥ 1991=100. ⑦ 1997=100.

8-3 消费者价格指数

Consumer Price Indices

国外资料来源：联合国《统计月报》在线数据。
Sources: United Nations "Monthly Bulletin of Statistics" online data.
1990 年 =100 (1990=100)

国家和地区	Country or Area	1990	2000	2001	2002
中　　国①	**China ①**				
总指数	Total Index		100	101	99
食　品	Food		97	100	99
中国香港	**Hong Kong,China**				
总指数	Total Index		169	166	161
食　品	Food		158	156	153
孟加拉国②	**Bangladesh ②**				
总指数	Total Index			142	
食　品	Food			145	
印　　度③	**India ③**				
总指数	Total Index	100	237	246	257
食　品	Food	100	237	242	248
印度尼西亚	**Indonesia**				
总指数	Total Index	100	348	387	434
食　品	Food	100	426	462	512
伊　　朗	**Iran**				
总指数	Total Index	100	882	981	1122
食　品	Food	100	958	1021	1186
以 色 列	**Israel**				
总指数	Total Index	100	249	251	266
食　品	Food	100	223	229	235
日　　本	**Japan**				
总指数	Total Index	100	109	108	107
食　品	Food	100	107	106	105
马来西亚	**Malaysia**				
总指数	Total Index	100	142	144	146
食　品	Food	100	161	163	164
缅　　甸(仰光)④	**Myanmar(Yangon) ④**				
总指数	Total Index	100	152	184	289
食　品	Food	100	148	253	299
韩　　国	**Korea Rep.**				
总指数	Total Index	100	164	171	176
食　品	Food	100	170	176	183
巴基斯坦	**Pakistan**				
总指数	Total Index	100	241	249	259
食　品	Food	100	246	250	
菲 律 宾	**Philippines**				
总指数	Total Index	100	227	241	248
食　品	Food	100	205	213	218
新 加 坡	**Singapore**				
总指数	Total Index	100	119	120	120
食　品	Food	100	116	117	117
斯里兰卡(科伦坡)	**Sri Lanka(Colombo)**				
总指数	Total Index	100	252	288	315
食　品	Food	100	258	297	329

8-3续表1 continued

1990年=100 (1990=100)

国家和地区	Country or Area	1990	2000	2001	2002
泰　　国(曼谷)	**Thailand (Bangkok)**				
总指数	Total Index	100	155	158	
食　品	Food	100	164	166	
土 耳 其②	**Turkey ②**				
总指数	Total Index	455	2970	4586	6649
食　品	Food	510	2587	3887	
越　　南	**Viet Nam**				
总指数	Total Index		419	418	
食　品	Food		450	443	
埃　　及	**Egypt**				
总指数	Total Index	100	224	229	236
食　品	Food	100	209	211	220
南　　非	**South Africa**				
总指数	Total Index	100	236	249	
食　品	Food	100	276	291	
加 拿 大	**Canada**				
总指数	Total Index	100	122	125	128
食　品	Food	100	117	122	126
墨 西 哥	**Mexico**				
总指数	Total Index	100	539	573	
食　品	Food	100	503	531	
美　　国	**United States**				
总指数	Total Index	100	132	136	138
食　品	Food	100	128	131	133
阿 根 廷	**Argentina**				
(布宜诺斯艾利斯)	**(Buenos Aires)**				
总指数	Total Index		402	398	501
食　品	Food		369	362	487
巴　　西②	**Brazil ②**				
总指数	Total Index		238	254	276
食　品	Food		189	202	221
白俄罗斯⑤	**Belarus ⑤**				
总指数	Total Index		11094570	17877800	25490200
食　品	Food		13945720	21869300	30381100
保加利亚⑥	**Bulgaria ⑥**				
总指数	Total Index		3447	3701	3916
食　品	Food		3004	3199	3199
捷　　克②	Czech Repulic ②				
总指数	Total Index		350	367	373
食　品	Food		120	125	125

8-3续表2 continued

1990年=100 (1990=100)

国家和地区	Country or Area	1990	2000	2001	2002
法　国	**France**				
总指数	Total Index	100	119	121	123
食　品	Food	100	114	119	123
德　国⑥	**Germany ⑥**				
总指数	Total Index		123	126	127
食　品	Food		101	112	112
意大利	**Italy**				
总指数	Total Index	100	144	148	152
食　品	Food	100	135	141	146
荷　兰	**Netherlands**				
总指数	Total Index	100	127	133	138
食　品⑧	Food ⑧	100	116	113	118
波　兰⑨	**Poland ⑨**				
总指数	Total Index		118	125	127
食　品	Food		112	117	116
罗马尼亚⑦	**Romania ⑦**				
总指数	Total Index		41361	55617	68152
食　品	Food		34188	46391	54880
西班牙	**Spain**				
总指数	Total Index	100	146	152	156
食　品	Food	100	121	128	132
英　国	**United Kingdom**				
总指数	Total Index	100	135	138	140
食　品	Food	100	120	124	125
俄罗斯联邦⑦	**Russian Federation ⑦**				
总指数	Total Index		934450	1135160	
食　品	Food		952100	1148070	
澳大利亚	**Australia**				
总指数	Total Index	100	124	130	134
食　品	Food	100	130	138	143
新西兰	**New Zealand**				
总指数	Total Index	100	119	122	125
食　品	Food	100	114	120	124

注:①上年为100。②1994年为100。③指产业工人。④1997年为100。⑤1992年为100。⑥1995年为100。⑦1991年为100。⑧1996年为100。⑨1998年为100。

Notes: ① Preceding year=100. ② 1994=100. ③ Industrial workers. ④ 1997=100. ⑤ 1992=100. ⑥ 1995=100. ⑦ 1991=100. ⑧ 1996=100. ⑨ 1998=100.

8-4 世界初级品和基本金属出口价格指数

Export Price Indices of Primary Commodities and Non-ferrous Base Metals

国外资料来源：联合国《统计月报》2002 年 4 月。
Sources: United Nations "Monthly Bulletin of Statistics"April 2002.
1980 年 =100 (1980=100)

地区／项目	Territary/ Item	1995 年	1999 年	2000 年	2001 年
初级品	**Primary Commodities**				
世界	**World Total**	**71**	**63**	**81**	**73**
发达国家	**Developed Countries**	**94**	**76**	**80**	**79**
发展中国家	**Developing Countries**	**61**	**57**	**82**	**70**
食品	**Food**				
世界	**World Total**	**90**	**74**	**69**	**69**
发达国家	**Developed Countries**	**96**	**80**	**75**	**77**
发展中国家	**Developing Countries**	**77**	**60**	**55**	**52**
肉类	**Meat**	**98**	**97**	**89**	**94**
牛肉	Beef	92	66	60	63
羊肉	Mutton	94	108	96	103
猪肉	Pork	111	127	119	129
家禽肉	Poultry	104	172	152	164
咸肉	Bacon	94	89	94	96
奶产品	**Dairy products**	**105**	**87**	**79**	**77**
牛奶	Milk	85	64	58	56
黄油	Butter	110	100	90	86
奶酪	Cheese	132	111	100	99
蛋	**Eggs**	**80**	**63**	**57**	**56**
谷物	**Cereals**	**84**	**65**	**63**	**65**
小麦	Wheat	94	64	67	72
稻谷	Rice	84	93	74	62
大麦	Barley	47	58	59	61
玉米	Maize	80	58	54	59
燕麦	Oats	71	54	54	56
蔬菜	**Vegetables**	**100**	**63**	**59**	**60**
土豆	Potatoes	74	50	41	46
木薯	Cassava	85	36	36	36
干菜豆	Beans	100	100	109	109
干豌豆	Peas	141	115	107	102
西红柿	Tomatoes	111	55	43	45
洋葱	Onions	100	36	34	33
饮品	**Beverage Crops**	**76**	**56**	**46**	**36**
咖啡	Coffee	83	53	44	30
可可	Cocoa	55	47	35	40
茶	Tea	67	88	84	70
水果	**Fruits**	**147**	**126**	**105**	**140**
柑橘类	Citrus fruits	143	132	93	134
柑橘	Oranges	149	147	97	155
柠檬	Lemons	147	118	99	100
葡萄柚	Grapefruit	90	54	53	51

8-4续表1　continued

1990年=100 (1990=100)

地区／项目	Territary/ Item	1995年	1999年	2000年	2001年
食品(续)	**Food (continued)**				
水果(续)	**Fruits (continued)**				
其它水果	other fruits	151	119	116	146
香蕉	Bananas	111	111	122	162
苹果	Apples	190	128	111	129
动物饲料	**Animal Feed**	**83**	**64**	**73**	**70**
油粕	Oilseed cake	81	68	80	77
鱼饲料	Fishmeal	90	48	43	43
胡椒	**Pepper**	**143**	**289**	**249**	**120**
鱼	**Fishmeal**	**111**	**118**	**116**	**110**
糖	**Sugar**	**48**	**23**	**28**	**30**
葡萄酒	**Wine**	**173**	**156**	**138**	**134**
非食用农产品	**Agriculture Non-food**				
世界	**Total**	**106**	**73**	**72**	**66**
发达国家	**Developed Countries**	**105**	**75**	**77**	**70**
发展中国家	**Developing Countries**	**109**	**70**	**66**	**60**
油料、油及脂肪	**Oilseeds,oils and fats**	**95**	**74**	**66**	**62**
花生	Groundnuts	92	57	58	59
大豆	Soya beans	86	67	70	65
亚麻籽	linseeds	80	54	42	39
椰子仁干	Copra	97	102	68	45
豆油	Soya bean oil	107	72	57	59
棉籽油	Cottonseed oil	126	113	99	83
花生油	Ground nut oil	116	93	84	80
橄榄油	Olive oil	89	98	94	90
棕榈油	Palm oil	107	74	53	49
椰子油	Coconut oil	96	105	64	46
油棕油	Palm kernel oil	99	102	65	45
亚麻籽油	Linseed oil	139	111	81	74
葵花籽油	Sunflower oil	110	81	62	77
动物油脂	Animal fats	82	76	67	74
林产品	**Forest products**	**109**	**72**	**74**	**67**
木材	Lumber	103	73	69	67
木材制纸浆	Wood pulp	112	71	88	70
原木	Logs	115	71	62	64
纺织原料	**Textiles fibres**	**95**	**59**	**58**	**48**
羊毛	Wool	80	51	47	37
棉花	Cottonseed oil	103	61	62	51
黄麻	Jute	105	76	72	94
亚麻	Flax	113	105	99	93
西沙尔麻	Sisal	91	106	94	101
烟草	**Tobacco**	**132**	**141**	**141**	**141**
兽皮	**Hides and Skins**	**178**	**138**	**149**	**153**
天然橡胶	**Natural Rubber**	**112**	**44**	**48**	**41**

8-4 续表 2　continued

1990 年 =100　　(1990=100)

地区 / 项目	Territary/ Item	1995 年	1999 年	2000 年	2001 年
矿产品	**Minerals**				
世界	**World Total**	**58**	**57**	**87**	**76**
发达国家	**Developed Countries**	**79**	**69**	**92**	**92**
发展中国家	**Developing Countries**	**55**	**55**	**86**	**74**
铁矿石	**Iron ore**	**140**	**133**	**115**	**111**
铬矿	**Chrome ore**	**131**	**222**	**222**	**222**
锰矿	**Manganese ore**	**125**	**117**	**114**	**122**
燃料	**Fuels**	**56**	**55**	**86**	**75**
煤	Coal	110	86	74	83
原油	Crude Petroleum	54	54	86	72
天然气	Natural gas	75	53	114	132
原肥	**Crude Fertilizers**	**73**	**85**	**85**	**81**
基本金属	**Non-ferrous Base Metals**				
世界	**World Total**	**114**	**77**	**88**	**75**
发达国家	**Developed Countries**	**118**	**81**	**93**	**80**
发展中国家	**Developing Countries**	**104**	**67**	**77**	**65**
铜	Copper	135	75	86	75
镍	Nickel	156	116	153	95
铝	Aluminum	104	77	88	82
铅	Lead	69	55	50	51
锌	Zinc	156	164	166	125
锡	Tin	37	29	29	23
除原油以外的初级品	**Primary Commodities excluding Crude Petroleum**				
世界	**World Total**	**96**	**75**	**75**	**75**
发达国家	**Developed Countries**	**99**	**78**	**79**	**80**
发展中国家	**Developing Countries**	**90**	**67**	**65**	**62**
除原油以外的矿产品	**Minerals excluding Crude Petroleum**				
世界	**World Total**	**100**	**83**	**100**	**110**
发达国家	**Developed Countries**	**100**	**80**	**97**	**108**
发展中国家	**Developing Countries**	**103**	**94**	**111**	**116**

主要统计指标解释

国内生产总值缩减指数 衡量在一定时期内整体经济中价格年度变化情况的指标

生产者价格指数和批发价格指数 生产者价格指生产者从购买者那里可得到的某一单位货物和服务的价值，具体为总产出减去可扣减税，由购买者支付的税。它包括生产者单独要求购买者支付的运费。生产者或批发价格指数是用来衡量在第一阶段最重要的商业交易中各种项目价格变化的指标，这里可能有两种选择，但生产者价格指数受到重视，其理由是这个概念对于衡量用的权数和范围与国民经济核算和工业生产核算更为接近。在原则上，生产者价格指数应当包括服务业，但在实际计算时仅包括国内农业和工业部门。农业部门采用“出农场价格”，工业部门采用出厂价格。批发价格指数包括生产和流通各阶段的全部农业和工业产品的价格的混合，包括进口和进口税。该指标的优点在于能反映更广泛经济活动的变化情况，采用拉氏公式计算。

消费者价格指数 是反映报告经济体作为消费目的而获取，使用和支付的货物和服务 的价格总体水平随时间变化的指标。消费者价格指数作为一个系列，用来衡量报告经济体人口获取、使用和支付固定数量和特征的一揽子货物和服务消费品价格随时间变化的比例。每个总指数是通过将大量要素加总指数加权平均而得到，每个要素加总指数是基于某一地区或其居民从某一指定出处或其他消费源获取指定货物和服务的价格的抽样调查数而进行的估算。

世界初级品和基本金属出口价格指数 是单个商品价格指数加权平均数。单个商品价格指数基于重要商品各主要出口国家(地区)、该商品具有代表性等级商品价格指数的加权平均数，权数由1980年初级品的出口额决定，各指数以美元计价。这个指数使用各种不同类别的价格计算，出口离岸价格、进口到岸价格、批发价格、商品交换价格、生产者价格和拍卖价格。

Explanatory Notes on Main Statistical Indicators

Gross Domestic Product Deflator Measures the average annual rate of price change in the economy as whole for the periods shown.

Producers' or Wholesale Price Indices The Amount receivable by the producer from the purchaser for a unit of a good or service produced as output minus any value-added tax, or similar deductible tax, invoiced to the purchaser. It includes any transport charges invoiced separately by the producer. Indices shown for producer or wholesale prices are designed to monitor changes in prices of items at the first import commercial transaction, where a choice is available, preference is given to the PPI because the concept, weighing pattern, and coverage are likely to be more consistent with national accounts and industrial production statistics. In principle, the PPI should include service industries, but in practice it is limited to the domestic agriculture and industrial sectors. the prices should be farm-gate prices for the agriculture and industrial goods at various stages of production and distribution, inclusive of imports and import duties, Preference is given to indices that provide broad coverage of the economy, and the indices are computed using the Laspeyres formula.

Consumer Price Indices Measures changes over time in the general level of prices of goods and services that a reference population acquires, uses or pays for consumption. A consumer prices index is estimated as a series of summary measures of the period-to-period proportional change in the prices of a fixed set of consumer goods and services of constant quantity and characteristics, acquired, used or paid for by the reference population. Each summary measure is constructed as a weighted average of a large number of elementary aggregate indices. Each of the elementary aggregate indices is estimated using a sample of prices for a defined set of goods and services obtained in, or by residents of, a specific region from a given set of outlets or other sources of consumption goods and services.

Export Price Indices for primary commodities and non-ferrous base metals are weighted averages of prices indices of individual commodities, each of which is based on specific prices quotations for representative grades of that commodity in countries that are major traders of the commodity. The weights are determined by the patterns of primary commodities exports in the base year 1980.All indexes are calculated in terms of United States dollars. The indexes are calculated using various categories of prices such as export prices FOB, import prices CIF, wholesale prices, commodity exchange prices, producer's prices and auction prices.

九　住户收支和贫困

Household Income and Expenditure and Poverty

9-1 住户最终消费支出及增长率

Household Final Consumption Expenditure and Its Growth Rate

资料来源：世界银行数据库。
Source: World Bank Database.

国家和地区	Country or Area	住户最终消费支出（亿美元） Household Final Consumption Expenditure (current USD)		人均住户最终消费支出（1995年价格，美元） Household Final Consumption Expenditure per Capita (constant 1995 USD)		1991-2001年均住户最终消费支出增长率(%) Average Annual Growth Rate of Household Final Consumption Expenditure of 1991-2001 (%)	1991-2001年均人均住户最终消费支出增长率(%) Average Annual Growth Rate of Household Final Consumption Expenditure per Capita of 1991-2001 (%)
		1990	2001	1990	2001		
世　　界	**World**	**129149.3**	**188773.9**	**2976.9**	**3393.0 ①**	**3.5**	**1.3 ②**
高收入国家	**High Income**	**104567.7**	**156113.5 ①**	**14590.3**	**17556.3 ①**	**4.1 ②**	**1.9 ②**
中等收入国家	**Middle Income**	**18906.7**	**30305.0**	**908.7**	**1186.1**	**4.4**	**2.5**
低收入国家	**Low Income**	**5726.7**	**7277.2**	**285.2**	**329.0**	**2.2**	**1.3**
中　　国③	China	1742.5	5544.1	174.6	398.9	11.1	7.8
中国香港	Hong Kong, China	424.2	947.6	10880.4	14015.3	7.6	2.3
中国澳门	Macao, China	11.9	25.7	4603.6	5835.7	7.2	2.2
孟加拉国	Bangladesh	259.5	364.7	237.5	293.0	3.1	1.9
印　　度	India	2123.2	3157.9	233.0	294.3	3.7	2.1
印度尼西亚	Indonesia	673.9	973.9	469.8	759.5	3.4	4.5
伊　　朗	Iran	744.8	581.8	773.2	963.7	-2.2	2.0
以 色 列	Israel	321.1	651.9 ①	7802.4	10683.9 ①	7.3 ②	3.2 ②
日　　本	Japan	16170.7	23340.3	21283.7	24306.3	3.4	1.2
哈萨克斯坦	Kazakhstan		131.3	1688.1	1005.9	-0.8	-4.6
韩　　国	Korea, Rep.	1321.1	2511.5	4375.1	6907.2	6.0	4.2
马来西亚	Malaysia	228.1	357.1	1579.2	2128.6	4.2	2.8
巴基斯坦	Pakistan	295.1	440.9	322.4	387.6	3.7	1.7
菲 律 宾	Philippines	315.7	502.3	767.8	875.5	4.3	1.2
新 加 坡	Singapore	170.2	361.6	8139.2	10754.8	7.1	2.6
斯里兰卡	Sri Lanka	61.4	118.6	441.8	574.0 ④	6.2	4.5 ⑤
泰　　国	Thailand	482.7	652.8	1113.7	1524.1	2.8	2.9
土 耳 其	Turkey	1033.2	1068.4	1857.2	2002.1	0.3	0.7
越　　南	Viet Nam	54.9	212.5	198.6 ⑥	256.1	13.1	3.7 ⑦
埃　　及	Egypt	309.3	765.4	712.5	1012.7	8.6	3.2
尼日利亚	Nigeria	158.2	198.3	243.5	194.3 ⑧	2.1	-2.8 ⑨
南　　非	South Africa	702.8	719.0	2466.5	2553.6	0.2	0.3
加 拿 大	Canada	3225.6	3911.6	11041.9	12866.3	1.8	1.4
墨 西 哥	Mexico	1827.9	4329.6	2191.7	2586.4	8.2	1.5
美　　国	United States	38315.0	67284.0 ①	17561.3	21707.2 ①	5.8 ②	2.1 ②
阿 根 廷	Argentina	1090.4	1988.0	5203.5 ⑩	5236.2	5.6	0.1 ⑾
巴　　西	Brazil	2757.5	3021.0	1946.4	2779.5	0.8	3.3
委内瑞拉	Venezuela	301.7	852.1	2441.4	2278.5	9.9	-0.6
白俄罗斯	Belarus	166.7	71.5	953.5	1134.4	-7.4	1.6
保加利亚	Bulgaria	124.0	96.4	1458.9	1225.2	-2.3	-1.6
捷　　克	Czech Republic	171.9	300.3	2603.2	2998.7	5.2	1.3
法　　国	France	6729.6	7210.8	14654.7	16595.5	0.6	1.1
德　　国	Germany	9419.2	10900.2	15715.9	18579.7	1.3	1.5
意 大 利	Italy	6341.9	6552.6	10888.9	12761.2	0.3	1.5
荷　　兰	Netherlands	1458.7	1885.9	12593.8	15626.4	2.4	2.0
波　　兰	Poland	282.8	1157.2	1436.1	2352.9	13.7	4.6
罗马尼亚	Romania	252.3	309.2	1004.2	1106.9	1.9	0.9
俄罗斯联邦	Russian Federation	2829.8	1579.4	1445.2	1617.5	-5.2	1.0
西 班 牙	Spain	3069.5	3417.3	8483.0	10467.2	1.0	1.9
乌 克 兰	Ukraine	521.3	208.4	958.1	558.2	-8.0	-4.8
英　　国	United Kingdom	6197.8	9376.6	11724.2	15572.5	3.8	2.6
澳大利亚	Australia	1824.5	2334.6 ①	11296.0	14105.4 ①	2.5 ②	2.2 ②
新 西 兰	New Zealand	266.3	300.1 ①	9227.6	10547.6 ①	1.2 ②	1.3 ②

注：①2000年数据。②1991－2000年均增长率。③世界银行统计数据。④1996年数据。⑤1991－1996年均增长率。⑥1994年数据。⑦1995－2001年均增长率。⑧1998年数据。⑨1991－1998年均增长率。⑩1993年数据。⑾1994－2001年均增长率。

Note: ① Data refer to 2000. ② Average growth rate of 1991-2000. ③ Data from World Bank. ④ Data refer to 1996. ⑤ Average growth rate of 1991-1996. ⑥ Data refer to 1994. ⑦ Average growth rate of 1995-2001. ⑧ Data refer to 1998. ⑨ Average growth rate of 1991-1998. ⑩ Data refer to 1993. ⑾ Average growth rate of 1994-2001.

9-2 个人收入分配

Personal Income Distribution

资料来源：世界银行数据库。
Source: World Bank Database.

国家和地区	Country or Area	年份 Year	基尼系数 GINI Index	各组占全部收入或消费的比重(%) As Percentage of Total Income or Consumption (%)				
				最低的20% Lowest 20%	第二个20% Second 20%	第三个20% Third 20%	第四个20% Fourth 20%	最高的20% Highest 20%
中　　国①	China ①	1998	40.3	5.9	10.2	15.1	22.2	46.6
中国香港	Hong Kong, China	1996	43.4	5.3	9.4	13.9	20.7	50.7
孟加拉国	Bangladesh	2000	31.8	9.0	12.5	15.9	21.2	41.3
印　　度	India	1997	37.8	8.1	11.6	15.0	19.3	46.1
印度尼西亚	Indonesia	2000	30.3	8.4	11.9	15.4	21.0	43.3
伊　　朗	Iran	1998	43.0	5.1	9.4	14.1	21.5	49.9
以 色 列	Israel	1997	35.5	6.9	11.4	16.3	22.9	44.3
日　　本	Japan	1993	24.9	10.6	14.2	17.6	22.0	35.7
哈萨克斯坦	Kazakhstan	2001	31.2	8.2	12.5	16.8	22.9	39.6
韩　　国	Korea, Rep.	1998	31.6	7.9	13.6	18.0	23.1	37.5
马来西亚	Malaysia	1997	49.2	4.4	8.1	12.9	20.3	54.3
蒙　　古	Mongolia	1998	44.0	5.6	10.0	13.8	19.4	51.2
巴基斯坦	Pakistan	1999	33.0	8.8	12.5	15.9	20.6	42.3
菲 律 宾	Philippines	2000	46.1	5.4	8.8	13.1	20.5	52.3
新 加 坡	Singapore	1998	42.5	5.0	9.4	14.6	22.0	49.0
斯里兰卡	Sri Lanka	1995	34.4	8.0	11.8	15.8	21.5	42.8
泰　　国	Thailand	2000	43.2	6.1	9.5	13.5	20.9	50.0
土 耳 其	Turkey	2000	40.0	6.1	10.6	14.9	21.8	46.7
越　　南	Viet Nam	1998	36.1	8.0	11.4	15.2	20.9	44.5
埃　　及	Egypt	1999	34.4	8.6	12.1	15.4	20.4	43.6
尼日利亚	Nigeria	1997	50.6	4.4	8.2	12.5	19.3	55.7
南　　非	South Africa	1995	59.3	2.0	4.3	8.3	18.9	66.5
加 拿 大	Canada	1997	31.5	7.3	12.9	17.4	23.1	39.3
墨 西 哥	Mexico	1998	51.9	3.4	7.4	12.1	19.5	57.6
美　　国	United States	1997	40.8	5.2	10.5	15.6	22.4	46.4
巴　　西	Brazil	1998	59.1	2.0	5.7	10.0	18.0	64.4
委内瑞拉	Venezuela	1998	49.1	3.0	8.4	13.7	21.6	53.4
白俄罗斯	Belarus	2000	30.4	8.4	13.0	17.0	22.5	39.1
保加利亚	Bulgaria	2001	31.9	6.7	13.1	17.9	23.4	38.9
捷　　克	Czech Republic	1996	25.4	10.3	14.5	17.7	21.7	35.9
法　　国	France	1995	32.7	7.2	12.6	17.2	22.8	40.2
德　　国	Germany	1998	38.2	5.7	10.5	15.7	23.4	44.7
意 大 利	Italy	1998	36.0	6.0	12.0	16.8	22.6	42.6
荷　　兰	Netherlands	1994	32.6	7.3	12.7	17.2	22.8	40.1
波　　兰	Poland	1998	31.6	7.8	12.8	17.1	22.6	39.7
罗马尼亚	Romania	2000	30.3	8.2	13.1	17.4	22.9	38.4
俄罗斯联邦	Russian Federation	2000	45.6	4.9	9.5	14.1	20.3	51.3
西 班 牙	Spain	1990	32.5	7.5	12.6	17.0	22.6	40.3
乌 克 兰	Ukraine	1999	29.0	8.8	13.3	17.4	22.7	37.8
英　　国	United Kingdom	1995	36.0	6.1	11.7	16.3	43.2	22.7
澳大利亚	Australia	1994	35.2	5.9	12.0	17.2	23.6	41.3
新西兰	New Zealand	1997	36.2	6.4	11.4	15.8	22.6	43.8

注：①世界银行统计数据。
Note: ① Data from World Bank.

9-3 贫困线和贫困人口比重

Poverty Line and Population below Poverty Lines

资料来源：世界银行《世界发展指标》2003年。

Source: World Bank "World Development Indicator" 2003.

单位:% (%)

国家和地区	Country or Area	低于国家贫困线人口所占比重① Population below the Poverty Line ①				国际贫困线② International Poverty Line ②				
		调查年份 Survey Year	全国 National	乡村 Rural	城市 Urban	调查年份 Survey Year	日均1国际元以下人口所占比重 Population below PPP$1 a Day	日均1国际元以下人口贫困度 Poverty Gap at PPP$1 a Day	日均2国际元以下人口所占比重 Population below PPP$2 a Day	日均2国际元以下人口贫困度 Poverty Gap at PPP$2 a Day
中国③	China ③	1998	4.6	4.6	<2.0	2000	16.1	3.7	47.3	18.3
孟加拉国	Bangladesh	2000	33.7	37.4	19.1	2000	36.0	8.1	82.8	36.3
印度	India	1999-2000	28.6	30.2	24.7	1999-2000	34.7	8.2	79.9	35.3
印度尼西亚	Indonesia	1999	27.1			2000	7.2	1.0	55.4	16.4
哈萨克斯坦	Kazakhstan	1996	34.6	39.0	30.0	1996	1.5	0.3	15.3	3.9
韩国	Korea, Rep.					1998	<2.0	<0.5	<2.0	<0.5
马来西亚	Malaysia	1989	15.5			1997	<2.0	<0.5	9.3	2.0
蒙古	Mongolia	1995	36.3	33.1	38.5	1995	13.9	3.1	50.0	17.5
巴基斯坦	Pakistan	1998-1999	32.6	35.9	24.2	1998	13.4	2.4	65.6	22.0
菲律宾	Philippines	1997	36.8	50.7	21.5	2000	14.6	2.7	46.4	17.2
斯里兰卡	Sri Lanka	1995-96	25.0	27.0	15.0	1995-1996	6.6	1.0	45.4	13.5
泰国	Thailand	1992	13.1	15.5	10.2	2000	<2.0	<0.5	32.5	9.0
土耳其	Turkey					2000	<2.0	<0.5	10.3	2.5
越南	Viet Nam	1993	50.9	57.2	25.9	1998	17.7	3.3	63.7	22.9
埃及	Egypt	1999-2000	16.7			2000	3.1	<0.5	43.9	11.3
尼日利亚	Nigeria	1992-93	34.1	36.4	30.4	1997	70.2	34.9	90.8	59.0
南非	South Africa					1995	<2.0	<0.5	14.5	2.8
墨西哥	Mexico	1988	10.1			1998	8.0	2.1	24.3	9.2
阿根廷	Argentina	1998			29.9					
巴西	Brazil	1990	17.4	32.6	13.1	1998	9.9	3.2	23.7	10.1
委内瑞拉	Venezuela	1989	31.3			1998	15.0	6.9	32.0	15.2
白俄罗斯	Belarus	2000	41.9			2000	<2.0	<0.5	<2.0	0.1
保加利亚	Bulgaria					2001	4.7	1.4	23.7	10.1
捷克	Czech Republic					1996	<2.0	<0.5	<2.0	<0.5
波兰	Poland	1993	23.8			1998	<2.0	<0.5	<2.0	<0.5
罗马尼亚	Romania	1994	21.5	27.9	20.4	2000	2.1	0.6	20.5	5.2
俄罗斯联邦	Russian Federation	1994	30.9			2000	6.1	1.2	23.8	8.0
乌克兰	Ukraine	1995	31.7			1999	2.9	0.6	45.7	16.3

注：①即贫困率。乡村和城市贫困率分别为乡村和城市贫困线以下人口占乡村和城市人口比重。②为世界银行划分标准，即人均日消费支出不足1国际元和2国际元。国际元为按购买力平价法计算，1985年价格。贫困度指贫困线以下人口人均消费距贫困线的差距(即假定贫困线以上人口为零短缺时贫困人口的平均短缺程度)。③世界银行统计数据。

Note: ① Rural poverty rate is the percentage of the rural population living below the national rural povertay line. Urban poverty rate is the percentage of the urban population living below the national urban poverty line. ② Polulation below PPP$1 a day and PPP$2 a day are the percentages of the population living on less than PPP$1.08 a day and PPP$2.15 a day (equivalent to PPP$1 and PPP$2 in 1985 prices). Poverty gap is the mean shortfall below the poverty line (counting the nonpoor as having zero shortfall), expressed as a percentage of the poverty line. This measure reflects the depth of poverty as well as its incidence. ③ Data from World Bank.

9-4 贫困人口社会指标
Social Indicators of Poverty

资料来源：世界银行《世界发展指标》2003年。
Source: World Bank "World Development Indicators" 2003.

国家和地区	Country or Area	调查年份 Survey year	婴儿死亡率(‰) Infant Mortality Rate (per 1000 live births)		调查前五年由经过培训的专业医护人员接生所占比例(%) Delivery Attendance by a Medically Trained Person (five years prior to the survey, %)		5岁以内儿童营养不良发生率(%) Prevalence of Child Malnutrition (% of children under five)		总和生育率(每名妇女生育孩子数) Total Fertility Rate (births per woman)	
			最贫穷的20% Poorest Quintile	最富裕的20% Richest Quintile	最贫穷的20% Poorest Quintile	最富裕的20% Richest Quintile	最贫穷的20% Poorest Quintile	最富裕的20% Richest Quintile	最贫穷的20% Poorest Quintile	最富裕的20% Richest Quintile
孟加拉国	Bangladesh	1996-97	96	57	2	30	60	28	3.8	2.2
印　　度	India	1992-93	109	44	12	79	60	34	4.1	2.1
印度尼西亚	Indonesia	1997	78	23	21	89			3.3	2.0
哈萨克斯坦	Kazakhstan	1995	35	29	99	100	11	3	3.2	1.3
巴基斯坦	Pakistan	1990-91	89	63	5	55	54	26	5.1	4.0
菲 律 宾	Philippines	1998	49	21	21	92			6.5	2.1
土 耳 其	Turkey	1993	100	25	43	99	22	3	3.7	1.5
越　　南	Viet Nam	1997	43	17	49	99			3.1	1.6
埃　　及	Egypt	1995-96	110	32	21	86	17	8	4.4	2.7
尼日利亚	Nigeria	1990	102	69	12	70	40	22	6.6	4.7
巴　　西	Brazil	1996	83	29	72	99	12	3	4.8	1.7

9-5 住户收入及构成
Household Income and Its Structure

资料来源：日本《世界统计》2003年。
Source: Japan "World Statistics" 2003.

国家和地区	Country or Area	年份 year	月平均收入(本币) Average Monthly Earning (LCU)	平均家庭成员数 Average Family Members	收入构成(%) Structure of Income (%)				
					工资和薪金收入 Wages and Salary	经营收入 Operating Income	财产收益 Property Income	转移收入 Transfer Income	其他收入 Others Income
中　　国①	China ①	1986	75.8	3.8	81.2	2.4	0.6	9.8	5.9
孟加拉国	Bangladesh	1983~84		6.9	66.5		9.3		24.3
以 色 列	Israel	1986~87	594.0	3.5	57.5	12.6	14.5	10.9	4.6
日　　本	Japan	1990	521757.0	3.7	94.0	1.0	0.3	3.8	0.8
韩　　国	Korea, Rep.	1990	943272.0	4.0	85.8	2.6	2.7	3.0	5.9
巴基斯坦	Pakistan	1986~87	2062.0	6.5	21.9	54.7	12.6	1.7	9.2
菲 律 宾	Philippines	1988~89	8478.0	5.3	44.8	38.8	3.7	12.7	-
新 加 坡	Singapore	1987~88	501.7	4.4	77.4	15.9			6.7
斯里兰卡	Sri Lanka	1985~86	386.0	5.2	52.0		4.8	6.0	37.2
泰　　国	Thailand	1988~89	4106.0	4.0	34.4	31.6	0.9	7.0	26.1
土 耳 其	Turkey	1987	64109.0	5.0	24.1	51.5	13.7	9.8	1.0
埃　　及	Egypt	1980		5.0	54.5	8.0	36.0		1.5
尼日利亚	Nigeria	1985~86	53.0	4.9	30.2	46.3	8.2	0.9	14.5
加 拿 大	Canada	1986	1093.0	2.7	71.7	7.1	5.5	11.4	4.3
墨 西 哥	Mexico	1983~84	193553.0	5.1	49.0	21.0	3.1	5.6	21.3
美　　国	United States	1989	2708.0	2.5	70.8	7.6	8.9	12.6	0.2
阿 根 廷	Argentina	1985~86	111.3	3.6	53.9	31.5	1.5	12.7	0.4
巴　　西	Brazil	1987~88	9517.0	3.7	63.1	12.6	2.0	13.9	8.3
匈 牙 利	Hungary	1989	6495.0	2.8	59.4	4.4		28.4	7.8
原联邦德国	Former Federal Germany	1983	1419.0	2.4	58.1	9.1	9.7	21.7	1.4
荷　　兰	Netherlands	1988	42100.0	2.5	61.9	7.5	3.3	26.4	0.9
波　　兰	Poland	1990	554900.0	3.1	57.0	18.4		25.4	1.2
西 班 牙	Spain	1989	43949.0	3.5	52.4	13.6	12.6	20.6	0.9
英　　国	United Kingdom	1989	1316.7	2.5	62.3	10.7	10.1	16.5	0.4
原 苏 联	Former Soviet Union	1989	150.0		73.3	6.5		12.4	7.8
澳大利亚	Australia	1988~89	994.2	2.8	72.3	9.2		10.1	8.5
新 西 兰	New Zealand	1989~90	1214.0	2.7	66.0	8.0	6.0	16.0	4.0

注：①为日本《世界统计》统计数据。
Note: ① Data from Japan "World Statistics".

9-6 住户最终消费支出构成
Composition of Household Final Consumption Expenditure

资料来源：韩国《韩国社会指标》2002 年。
Source: Republic of Korea"Social Indicators in Korea" 2002.
单位:% (%)

国家和地区	Country or Area	年份 year	食品、饮料和烟草 Food, Beverages and Tobacco	服装和鞋类 Clothing and Footware	住房、水、电力、气和其他燃料 Housing, Water, Electricity, Gas & Other Fuels	家具、家用设备及住房日常维护支出 Furnishings, Households Equipment & Routine Mainte-nance of the House	医疗保健 Health	交通和通讯 Transport and Communi-cations	教育、休闲与文化 Recreation, Culture & Education	饭店和旅馆 Restaurants & Hotels	其他 Others
韩国	Korea, Rep.	2001	16.9	3.8	17.6	4.4	8.0	16.6	12.7	7.1	12.8
日本	Japan	2000	17.3	6.0	25.4	4.6	3.5	12.7	11.9	7.4	11.1
加拿大	Canada	2001	13.8	5.4	23.5	6.6	4.4	17.2	12.0	7.8	9.4
墨西哥	Mexico	2000	26.3	3.6	13.2	8.4	4.2	19.5	6.1	8.1	10.6
美国	Unitd States	2000	9.3	5.3	16.8	5.1	16.4	13.3	11.4	6.3	16.1
法国	France	2001	17.9	4.8	23.5	6.2	3.5	17.4	9.5	7.5	9.6
德国	Germany	2000	15.6	6.4	24.5	7.2	4.0	16.9	10.4	5.0	9.9
意大利	Italy	2001	16.9	9.5	19.6	9.2	2.9	15.2	8.6	9.7	8.3
荷兰	Netherlands	1999	14.8	6.2	20.8	7.4	4.0	15.6	11.7	5.9	13.6
西班牙	Spain	2000	18.5	6.5	14.1	6.0	3.4	15.4	10.4	19.0	6.7
英国	United Kingdom	2001	14.1	5.8	18.0	6.1	1.6	16.9	13.8	11.6	12.1
澳大利亚	Australia	2000	14.7	3.8	20.8	5.3	4.6	14.7	14.5	7.6	13.8
新西兰	New Zealand	2000	16.3	4.7	19.7	10.8	3.1	14.8	11.5	8.2	10.9

9-7 电视机、有线电视用户及个人计算机普及率

Television Sets, Cable Television Subscribers and Personal Computers per 1000 People

资料来源：世界银行数据库。
Source: World Bank Database.
单位：每千人 (per 1000 people)

国家和地区	Country or Area	电视机 Television Sets		有线电视用户 Cable Television Subscribers		个人计算机 Personal Computers	
		1990	2001	1990	2001	1990	2001
世　界	**World**	**185.0**	**242.7**		**67.6 ①**	**25.1**	**86.2**
高收入国家	**High Income**	**552.7**	**676.6 ①**	**131.5**	**181.0**	**111.3**	**416.3**
中等收入国家	**Middle Income**	**169.3**	**293.9**		**58.8**	**2.5**	**35.4**
低收入国家	**Low Income**	**41.6**	**91.6**				**6.2**
中　国②	China ②	155.8	312.3	9.6	68.6	0.4	19.0
中国香港	Hong Kong, China	281.9	504.1	6.2 ③	83.8	47.3	386.6
中国澳门	Macao, China	285.7	282.6		6.2		178.6
孟加拉国	Bangladesh	4.9	16.8				1.9
印　度	India	31.9	82.8	8.1 ④	38.9	0.3	5.8
印度尼西亚	Indonesia	61.3	153.0	0.1 ⑤	0.3	1.1	11.0
伊　朗	Iran	66.4	162.5				69.7
以色列	Israel	258.5	334.9 ①	134.2 ⑥	185 ①	63.3	245.9
日　本	Japan	610.8	730.6	54.7	147.4 ①	59.9	348.8
哈萨克斯坦	Kazakhstan	216.0	241.0 ①		4.1 ①		
韩　国	Korea, Rep.	209.9	363.3	101.1 ④	182.5 ①	37.2	256.5
马来西亚	Malaysia	148.6	200.5	3.3 ⑦	5.2 ⑧	8.4	126.1
蒙　古	Mongolia	66.3	72.1	2.9 ⑨	16.5		14.6
缅　甸	Myanmar	2.8	7.5				1.1
巴基斯坦	Pakistan	25.8	147.5			1.3	4.1
菲律宾	Philippines	49.4	172.6	3.8 ④	13.1 ①	3.5	21.7
新加坡	Singapore	339.8	300.2	7.6 ③	73.1	66.3	508.3
斯里兰卡	Sri Lanka	35.3	117.4		0.3	0.2	9.3
泰　国	Thailand	108.2	300.4	1.6 ⑥	2.5	4.2	27.8
土耳其	Turkey	230.0	319.2	0.3 ⑩	13.7	5.3	40.7
越　南	Vietnam	39.3	186.3				11.7
埃　及	Egypt	107.1	216.9				15.5
尼日利亚	Nigeria	36.4	67.6		0.4 ①		6.8
南　非	South Africa	104.3	152.4			7.0	68.5
加拿大	Canada	627.9	700.3 ①	261.9	267.9 ①	107.1	459.9
墨西哥	Mexico	149.5	283.2 ①	7.4	24.8	8.2	68.7
美　国	United States	772.2	835.0 ①	219.5	256.8	216.8	625.0
阿根廷	Argentina	249.0	325.8	106.3 ④	162.9	7.2	91.1
巴　西	Brazil	212.8	349.2	2.6 ③	13.8	3.1	62.9
委内瑞拉	Venezuela	164.1	185.0 ①	4.6 ⑨	40.2 ①	10.3	52.8
白俄罗斯	Belarus	268.0	341.9 ①		33.2 ①		
保加利亚	Bulgaria	250.3	453.0 ①	16.7 ⑦	131.3 ①		44.3 ①
捷　克	Czech Republic	330.0	534.3	25.2 ⑥	93.8	11.6	145.7
法　国	France	539.1	631.9	9.1	54.6	70.5	337.0
德　国	Germany	525.3	585.9	111.4	264.5	89.9	382.2
意大利	Italy	419.7	493.9 ①	0.3 ⑦	1.4	36.4	194.8
荷　兰	Netherlands	481.6	552.6	291.8	392.4	93.6	428.4
波　兰	Poland	265.0	401.1 ①	5.2 ⑩	92.9 ①	7.9	85.4
罗马尼亚	Romania	193.9	379.0 ①	35.2 ③	120.6	2.2	35.7
俄罗斯联邦	Russian Federation	365.1	537.7 ①	45.1 ③	76.7 ①	3.4	49.7
西班牙	Spain	388.6	598.2 ①	2.8	14.2	27.6	168.2
乌克兰	Ukraine	327.0	455.8 ①	15.7 ⑧	52.3 ①	1.9	18.3
英　国	United Kingdom	432.6	950.5	2.6	64.1	107.7	366.2
南斯拉夫	Yugoslavia	177.2	282.0 ①				23.4
澳大利亚	Australia	521.5	730.8	17.3 ⑦	72.2	149.8	515.8
新西兰	New Zealand	442.8	557.5	0.3 ③	7.1		392.6

注：①2000年数据。②世界银行统计数据。③1994年数据。④1993年数据。⑤1998年数据。⑥1992年数据。⑦1996年数据。⑧1997年数据。⑨1995年数据。⑩1991年数据。

Note: ① Data refer to2000. ② Data from World Bank. ③ Data refer to 1994. ④ Data refer to 1993. ⑤ Data refer to 1998. ⑥ Data refer to 1992. ⑦ Data refer to 1996. ⑧ Data refer to 1997. ⑨ Data refer to 1995. ⑩ Data refer to 1991.

9-8 人均每天食物热值、蛋白质和脂肪含量

Calories, Proteins and Fat Per Capita Per Day

资料来源：联合国粮农组织数据库，《食物平衡表》1994—1996 年。
Source: FAO Database, "Food Balance Sheet " 1994/1996.

国家和地区	Country or Area	食物热值(大卡) Calories Per Capita Per Day			蛋白质含量(克) Proteins Per Capita Per Day (G)			脂肪含量(克) Fat Per Capita Per Day(G)		
		1989-1991	1994-1996	2000	1989-1991	1994-1996	2000	1989-1991	1994-1996	2000
世　界	**World**	**2709 ②**	**2748 ③**	**2804**	**71.6 ②**	**73.7 ③**	**75.7**	**68.2 ②**	**70.8 ③**	**76.3**
发达国家	**Developed Countries**	**3319 ②**	**3186 ③**	**3266**	**102.9 ②**	**97.8 ③**	**98.7**	**121.9 ②**	**115.2 ③**	**120.0**
发展中国家	**Developing Countries**	**2517 ②**	**2619 ③**	**2676**	**61.7 ②**	**66.6 ③**	**69.3**	**51.2 ②**	**57.6 ③**	**64.1**
中　国①	China ①	2652	2766	2979	53.9	63.9	85.0	31.5	50.5	83.0
中国香港	Hong Kong, China	3240	3261	3102	88.1	92.9	96.0	104.5	139.7	130.8
孟加拉国	Bangladesh	2063	2063	2158	42.3	44.3	45.8	14.1	18.6	26.3
印　度	India	2337	2394	2489	50.8	56.8	58.0	32.7	39.7	54.2
印度尼西亚	Indonesia	2615	2880	2913	46.4	58.3	65.6	35.0	50.9	58.8
伊　朗	Iran	2712	2885	2935	68.9	71.7	79.1	62.9	63.3	59.3
以色列	Israel	3244	3254	3510	101.0	104.8	112.8	104.9	123.5	129.8
日　本	Japan	2899	2898	2753	86.8	94.6	91.1	68.9	79.7	83.0
哈萨克斯坦	Kazakhstan			2386			76.0			70.9
韩　国	Korea, Rep.	3238	3302	3093	82.6	82.0	89.9	41.5	64.7	76.7
马来西亚	Malaysia	2751	2848	2917	58.0	64.2	76.8	77.4	94.3	83.5
蒙　古	Mongolia	2211	2011	2083	81.3	74.3	78.1	85.5	79.2	81.6
缅　甸	Myanmar	2572	2711	2806	59.8	63.8	72.7	35.3	41.3	46.1
巴基斯坦	Pakistan	2392	2393	2456	52.6	58.4	62.6	43.6	58.5	67.8
菲律宾	Philippines	2376	2366	2375	51.0	55.8	55.3	35.7	40.4	48.9
斯里兰卡	Sri Lanka	2220	2262	2345	45.1	46.2	52.7	47.3	44.8	46.1
泰　国	Thailand	2245	2330	2459	48.5	50.5	55.5	31.4	43.5	49.2
土耳其	Turkey	3555	3562	3374	96.8	101.7	96.2	80.9	94.4	91.9
越　南	Viet Nam	2202	2449	2498	47.1	50.4	60.2	19.9	27.3	39.2
埃　及	Egypt	3156	3277	3376	73.0	83.6	96.2	65.5	58.8	62.5
尼日利亚	Nigeria	2310	2553	2742	42.9	51.3	64.0	51.9	55.2	63.7
南　非	South Africa	2880	2881	2908	74.5	74.1	76.6	68.1	71.6	73.0
加拿大	Canada	3014	3104	3178	91.7	95.4	104.4	119.7	128.6	126.8
墨西哥	Mexico	3081	3137	3154	83.4	79.6	89.2	79.3	80.8	86.1
美　国	United States	3462	3624	3814	98.2	107.0	114.9	128.4	139.2	154.3
阿根廷	Argentina	2965	3118	3180	106.7	94.3	104.5	116.0	103.2	108.5
巴　西	Brazil	2774	2878	3002	62.2	66.4	79.9	65.1	80.9	88.8
委内瑞拉	Venezuela	2395	2398	2360	70.3	58.7	62.5	77.5	69.0	61.1
白俄罗斯	Belarus			2895			86.7			96.2
保加利亚	Bulgaria	3440	2827	2544	104.2	104.5	79.5	107.2	114.6	95.2
捷　克	Czech Republic	3519	3084	3028	99.0	102.0	89.0	122.7	130.7	111.1
法　国	France	3548	3550	3597	112.3	116.9	117.2	148.2	163.6	167.4
德　国	Germany	3396	3296	3505	95.1	99.1	96.5	136.0	142.6	152.9
意大利	Italy	3575	3476	3663	106.3	110.0	113.3	128.6	150.0	154.7
荷　兰	Netherlands	3262	3193	3336	93.3	94.9	107.9	130.2	138.0	144.7
波　兰	Poland	3365	3309	3401	111.1	101.9	100.2	116.8	114.1	112.6
罗马尼亚	Romania	2949	2927	3329	97.5	89.1	100.8	94.2	91.1	91.0
俄罗斯联邦	Russian Federation	3248	2814	2918	102.9	104.6	86.1	94.3	100.2	77.5
西班牙	Spain	3281	3291	3387	95.3	104.3	111.4	112.5	138.4	151.6
乌克兰	Ukraine			2898			79.9			73.9
英　国	United Kingdom	3206	3210	3312	88.1	92.2	98.0	135.0	135.3	139.8
澳大利亚	Australia	3036	2975	3110	100.3	104.0	106.1	107.3	113.9	134.8
新西兰	New Zealand	3222	3411	3210	98.1	96.1	101.1	128.2	131.4	117.1

注：①联合国粮农组织统计数据。②1990 年数据。③1995 年数据。
Note: ① Data from FAO. ② Data refer to 1990. ③ Data refer to 1995.

9–9 人均食物供应量(2000 年)

Food Supply per Capita (2000)

资料来源：联合国粮农组织数据库。
Source: FAO Database.
单位:千克 (kg)

国家和地区	Country or Area	谷物 Cereals-Excluding Beer	薯类 Starchy Roots	糖料作物 Sugarcrops	杂豆 Pulses	坚果 Treenuts	油料 Oilcrops	植物油 Vegetable Oils	蔬菜 Vegetables
世　界	**World**	**155.0**	**64.8**	**6.2**	**5.8**	**1.3**	**8.2**	**10.8**	**108.2**
发达国家	**Developed Countries**	**129.3**	**75.8**	**0.0**	**3.0**	**2.4**	**3.7**	**17.7**	**114.5**
发展中国家	**Developing Countries**	**162.2**	**61.8**	**7.9**	**6.6**	**1.0**	**9.4**	**8.9**	**106.5**
中　国①	China ①	182.7	74.2	0.1	1.4	0.9	10.7	7.5	224.5
孟加拉国	Bangladesh	179.3	20.1	3.4	3.9	0.3	0.5	6.1	12.1
印　度	India	159.0	25.4	13.3	11.3	0.9	7.1	10.5	66.4
印度尼西亚	Indonesia	202.3	69.1		1.3	0.4	47.0	9.6	32.0
伊　朗	Iran	191.8	44.0		6.1	4.7	0.6	8.6	138.9
以色列	Israel	144.0	41.3		5.6	4.9	8.3	24.8	236.3
日　本	Japan	116.7	34.5		2.0	1.5	9.6	13.5	111.5
哈萨克斯坦	Kazakhstan	137.3	66.0		0.1	0.0	0.4	8.6	87.4
韩　国	Korea, Rep.	160.4	18.3	0.0	1.7	2.3	10.5	12.1	232.0
马来西亚	Malaysia	151.5	22.8	3.7	2.7	1.1	17.0	14.4	35.2
蒙　古	Mongolia	110.0	19.5		0.4			2.8	21.5
缅　甸	Myanmar	215.2	7.1	1.1	12.1	0.8	8.4	7.8	63.8
巴基斯坦	Pakistan	148.9	13.8	57.0	6.6	0.7	0.8	11.0	34.3
菲律宾	Philippines	134.7	34.1	1.9	1.6	0.3	4.7	5.6	61.7
斯里兰卡	Sri Lanka	137.3	19.0	25.2	7.9	0.2	69.6	2.7	34.9
泰　国	Thailand	125.8	18.4	75.7	3.3	0.6	18.9	5.7	37.2
土耳其	Turkey	213.7	64.5		11.4	4.8	8.4	17.9	238.7
越　南	Viet Nam	183.3	26.2	17.4	2.8	1.1	3.0	2.4	78.8
埃　及	Egypt	233.8	23.0	52.2	8.2	0.6	7.8	6.4	192.5
尼日利亚	Nigeria	150.3	230.9	0.4	10.0	2.3	7.7	14.0	61.8
南　非	South Africa	189.6	28.2		3.2	0.3	2.1	12.3	42.7
加拿大	Canada	104.0	60.4		10.6	2.9	6.8	16.9	120.1
墨西哥	Mexico	177.1	17.1	0.5	12.9	1.2	2.7	9.4	56.9
美　国	United States	117.7	65.4		4.3	2.0	5.0	27.1	129.7
阿根廷	Argentina	138.5	63.0		1.1	0.4	1.4	11.4	74.9
巴　西	Brazil	101.1	61.5	11.7	17.1	0.4	13.8	13.5	38.4
委内瑞拉	Venezuela	117.2	39.7	0.7	5.5	0.2	0.4	11.8	47.2
白俄罗斯	Belarus	141.5	174.3		0.0	1.5	0.5	8.7	94.1
保加利亚	Bulgaria	110.9	32.2		3.0	0.9	2.6	13.4	141.0
捷　克	Czech Republic	105.5	79.6		1.4	1.4	2.6	16.3	75.9
法　国	France	115.4	67.4		2.1	4.0	2.7	17.1	132.0
德　国	Germany	101.4	77.2		1.5	4.7	3.4	20.8	90.9
意大利	Italy	160.1	40.7		5.4	6.0	3.1	26.9	185.1
荷　兰	Netherlands	75.3	85.8		1.6	5.1	3.4	16.9	88.1
波　兰	Poland	158.2	133.4		2.2	0.5	1.4	12.4	127.0
罗马尼亚	Romania	199.4	87.1		1.1	0.9	1.1	12.7	134.5
俄罗斯联邦	Russian Federation	149.0	118.8		1.1	0.4	0.9	9.7	88.4
西班牙	Spain	100.7	82.5		5.9	6.9	6.0	27.6	159.8
乌克兰	Ukraine	157.2	135.0		2.4	1.0	0.3	8.7	102.3
英　国	United Kingdom	100.2	119.8		5.7	1.6	3.7	18.0	84.0
澳大利亚	Australia	82.8	53.6		3.4	3.8	4.4	19.5	99.7
新西兰	New Zealand	87.1	83.8		5.2	1.7	5.4	9.1	141.6

9-9 续表 1 continued

单位：千克 (kg)

国家和地区	Country or Area	水果(不包括葡萄酒) Fruit - Excluding Wine	调味剂 Spices	含酒精饮品 Alcoholic Beverages	肉类 Meat	动物脂肪 Animal Fats	奶类－不包括黄油 Milk-excl. Butter	禽蛋 Eggs	鱼和海鲜 Fish, Seafood
世　界	**World**	**61.6**	**0.8**	**32.3**	**38.2**	**3.3**	**78.5**	**8.1**	**16.0**
发达国家	**Developed Countries**	**86.4**	**0.5**	**84.0**	**77.0**	**8.3**	**195.9**	**12.5**	**23.4**
发展中国家	**Developing Countries**	**54.6**	**0.9**	**17.9**	**27.4**	**1.9**	**45.8**	**6.9**	**13.9**
中　国①	China ①	43.0	0.3	24.4	50.1	2.2	9.7	16.2	25.0
孟加拉国	Bangladesh	9.6	1.2	0.0	3.1	0.2	13.8	1.0	10.9
印　度	India	37.8	2.0	1.7	5.0	2.0	66.2	1.5	4.5
印度尼西亚	Indonesia	34.8	0.9	0.9	8.3	0.4	7.2	3.1	19.5
伊　朗	Iran	147.1	0.1		22.4	2.4	55.5	6.3	4.3
以色列	Israel	134.3	0.3	16.4	71.5	5.7	206.8	10.5	21.0
日　本	Japan	51.0	1.1	59.8	43.6	1.8	67.1	19.4	63.2
哈萨克斯坦	Kazakhstan	15.1	0.0	13.9	40.5	1.8	219.3	5.8	2.2
韩　国	Korea, Rep.	68.5	0.5	63.2	46.1	2.8	27.3	9.5	51.4
马来西亚	Malaysia	47.6	3.2	4.7	49.1	1.2	53.1	12.7	57.9
蒙　古	Mongolia	7.6	0.0	9.8	97.7	3.2	151.8	0.5	0.4
缅　甸	Myanmar	26.0	0.9	0.6	9.3	0.6	14.7	1.6	15.1
巴基斯坦	Pakistan	35.1	1.5	0.2	12.3	4.7	160.3	2.0	2.4
菲律宾	Philippines	99.3	0.4	15.2	26.8	2.6	22.6	6.3	29.6
斯里兰卡	Sri Lanka	40.7	3.6	1.2	5.5	0.4	41.0	2.4	21.1
泰　国	Thailand	89.5	0.9	31.5	24.6	0.7	21.8	9.8	28.7
土耳其	Turkey	110.3	0.7	11.5	20.9	1.9	119.9	9.0	7.3
越　南	Viet Nam	47.1	1.0	8.1	24.4	0.9	4.7	2.2	18.9
埃　及	Egypt	91.9	0.9	1.2	26.8	2.7	49.9	2.2	14.8
尼日利亚	Nigeria	70.7	1.2	71.4	9.0	0.3	6.7	3.4	10.6
南　非	South Africa	40.6	0.4	60.5	39.2	0.6	57.4	5.9	7.0
加拿大	Canada	126.1	0.6	100.2	100.3	16.3	210.0	11.2	24.5
墨西哥	Mexico	112.9	0.9	49.8	55.7	3.2	111.3	15.6	8.9
美　国	United States	126.4	0.6	101.9	122.2	6.2	258.4	14.6	21.4
阿根廷	Argentina	103.7	0.3	68.5	98.0	4.0	222.0	7.6	8.7
巴　西	Brazil	141.0	0.1	43.8	76.5	2.7	115.2	7.1	6.1
委内瑞拉	Venezuela	101.9	0.1	83.5	48.5	1.6	86.9	6.0	16.0
白俄罗斯	Belarus	25.0	0.2	37.3	58.2	8.4	180.8	12.5	6.4
保加利亚	Bulgaria	53.9	0.3	74.7	66.8	3.6	174.2	11.4	4.4
捷　克	Czech Repulic	69.5	0.5	171.9	76.0	9.0	203.9	16.3	12.7
法　国	France	96.4	0.2	95.1	100.5	18.9	263.0	16.0	31.2
德　国	Germany	132.2	0.5	150.8	84.6	21.6	230.0	12.5	14.5
意大利	Italy	144.3	0.1	82.2	90.8	10.8	250.1	12.4	24.6
荷　兰	Netherlands	124.3	1.4	132.8	90.2	8.5	335.1	19.7	20.6
波　兰	Poland	48.7	0.2	82.4	70.5	13.8	184.7	10.4	13.1
罗马尼亚	Romania	51.3	1.5	78.7	47.1	3.3	191.2	10.7	2.4
俄罗斯联邦	Russian Federation	37.2	0.1	47.6	40.2	6.5	151.9	12.9	19.4
西班牙	Spain	115.1	0.2	107.8	115.4	4.7	165.9	12.1	44.7
乌克兰	Ukraine	30.5	0.1	27.2	30.9	5.9	147.9	9.4	13.1
英　国	United Kingdom	83.9	0.6	112.4	76.3	7.2	220.2	9.5	21.6
澳大利亚	Australia	90.4	0.2	114.4	110.1	6.3	259.4	5.9	21.6
新西兰	New Zealand	113.0	0.5	95.5	105.0	11.2	202.5	9.7	29.3

注：①联合国粮农组织数据。
Note: ① Data from FAO.

主要统计指标解释

住户最终消费支出(或称个人消费) 是指由家庭购买的包括耐用消费品(比如小汽车、洗衣机和家用电脑)在内的各种产品和服务的市场价值。它不包括购买的住房，但包括自有住房的虚拟房租。

基尼系数 反映个人或家庭收入分配（或消费）与完全平均收入分配之间差异程度的指标，介于“0”和“1”之间。“0”表示收入分配绝对平均，即每个家庭或每个人都得到同样份额的收入；“1”表示收入分配极端不平等，一个家庭或个人拥有全社会的收入。

人均日食物热值、蛋白质含量、脂肪含量和人均食物供应量 前者为热值、蛋白质含量及脂肪含量形式表示报告期内(三年平均数)可供人类消费的人均食品供应量的估计数。热值以大卡(即千卡或卡路里)为单位，在千焦耳（1卡路里=4.19千焦耳）获得广泛的接受和理解之前，热值的传统单位(大卡)仍被暂时保留。人均供应量是由可供人类消费的总供应量（即“食用”）推算而来，即用在报告期内实际分享供应食物的总人口数去除食用总量，这里的人口数指某一国家当前地理区域内的实际现有人口数。换而言之，在报告期内，生活在国外的本国居民未包括在内，但生活在本国的外国人包括在内。关于暂时在国内和不在国内的情况，人口总数有必要进行调整，比如暂时迁移、外国游客以及由特殊计划支持的难民（如果不能将此计划所提供的总量考虑为进口的话）。几乎在所有的场合，所采用的人口数均为联合国人口司出版的年中人口估计数。因此，人均供应量仅表示平均可供总人口消费的供应量，而不必然表示实际个人消费的数量。尽管它被看作是人均消费量的近似值，重要得是，切记个人消费之间的差距是相当大的。

Explanatory Notes on Main Statistical Indicators

Household final consumption expenditure (private consumption) is the market value of all goods and services, including durable products (such as cars, washing machines, and home computers), purchased by households.

Gini index measures the extent to which the distribution of income (or, in some cases, consumption expenditure) among individuals or households within an economy deviates from a perfectly equal distribution. Thus a Gini index of zero represents perfect equality, while an index of 100 implies perfect inequality.

Calories, proteins, fat per capita per day and food supply per capita The former three are the estimates of per capita food supplies available for human consumption during the reference period in terms of caloric value, protein and fat content. Calorie supplies are reported in kilocalories. The traditional unit of calories is being retained for the time being until the proposed kilojoule gains wider acceptance and understanding (1 calorie = 4.19 kilojoules). Per capita supplies in terms of product weight are derived from the total supplies available for human consumption (i.e. "Food") by dividing the quantities of food by the total population actually partaking of the food supplies during the reference period, i.e. the present in-area (de facto) population within the present geographical boundaries of the country. In other words, nationals living abroad during the reference period are excluded, but foreigners are made wherever possible for part-time presence or absence, such as temporary migrants, tourists and refugees supported by special schemes (if it has not been possible to allow for the amount provided by such schemes under imports). In almost all cases, the population figures used are the mid-year estimates published by the United Nations Population Division.

十 农　业

Agriculture

10-1 农业生产指数(2002 年)

Agricultural Production Indices(2002)

资料来源：联合国粮农组织数据库。
Source: FAO Database.
1989-1991 年 = 100　　　　(1989-1991 = 100)

国家和地区	Country or Area	农业 Agriculture	种植业 Crops	畜牧业 Livestock	食品 Food	非食品 Non Food
世　界	**World**	**126.6**	**124.1**	**125.6**	**128.4**	**96.7**
发达国家	**Developed Countries**	**99.0**	**100.2**	**96.6**	**100.0**	**75.8**
发展中国家	**Developing Countries**	**149.3**	**138.6**	**170.8**	**152.7**	**106.5**
亚　洲	**Asia**	**155.7**	**141.3**	**187.6**	**158.8**	**116.0**
中　国①	China ①	209.9	165.8	289.5		
孟加拉国	Bangladesh	138.2	137.8	141.1	140.1	102.4
印　度	India	128.2	120.5	151.5	129.3	109.1
印度尼西亚	Indonesia	119.5	118.8	127.6	119.9	114.4
伊　朗	Iran	154.7	152.0	157.8	155.5	136.9
以色列	Israel	112.0	98.6	127.2	114.4	58.4
日　本	Japan	90.9	87.2	92.8	91.5	65.3
哈萨克斯坦	Kazakhstan	74.2	93.7	48.2	76.4	45.6
朝　鲜	Korea, Dem.People's Rep.	87.0	80.5	68.9	87.3	81.0
韩　国	Korea, Rep.	135.1	116.2	167.2	136.6	71.9
马来西亚	Malaysia	131.6	121.7	156.0	150.7	43.7
蒙　古	Mongolia	93.7	30.4	98.7	93.8	92.9
缅　甸	Myanmar	175.5	175.8	181.7	176.3	151.3
巴基斯坦	Pakistan	148.9	118.4	189.0	159.4	96.6
菲律宾	Philippines	134.7	122.8	179.7	137.1	81.0
新加坡	Singapore	27.4	48.2	27.3	27.4	
斯里兰卡	Sri Lanka	117.1	112.4	151.9	116.2	119.9
泰　国	Thailand	127.2	123.8	140.6	125.6	143.4
土耳其	Turkey	115.2	120.8	101.9	115.4	112.9
越　南	Viet Nam	178.5	178.2	186.4	167.4	517.2
非　洲	**Africa**	**130.1**	**131.8**	**126.1**	**131.5**	**111.4**
埃　及	Egypt	146.6	153.1	142.2	150.0	90.5
尼日利亚	Nigeria	161.5	164.2	141.0	162.2	132.9
南　非	South Africa	106.9	108.9	104.6	109.9	62.6
北美洲	**North America**	**120.0**	**109.8**	**129.0**	**120.9**	**100.9**
加拿大	Canada	113.7	86.7	143.8	114.0	99.7
墨西哥	Mexico	136.2	125.4	150.9	139.8	62.2
美　国	United States	119.9	112.1	125.4	120.6	106.4
南美洲	**South America**	**147.0**	**145.9**	**147.4**	**151.1**	**98.4**
阿根廷	Argentina	140.2	169.9	108.3	146.2	44.4
巴　西	Brazil	158.9	142.5	177.5	160.7	135.3
委内瑞拉	Venezuela	120.1	116.9	120.1	122.6	67.9
欧　洲	**Europe**	**87.6**	**96.1**	**82.4**	**87.9**	**66.8**
白俄罗斯	Belarus	61.6	93.4	57.4	61.9	45.0
保加利亚	Bulgaria	63.4	63.0	59.4	64.2	49.6
捷　克	Czech Republic	79.9	84.8	74.4	80.0	64.2
法　国	France	105.8	110.1	106.2	105.9	101.2
德　国	Germany	95.7	111.6	88.6	95.8	78.0
意大利	Italy	100.8	101.7	103.9	101.4	66.5
荷　兰	Netherlands	96.3	114.8	94.4	96.4	71.0
波　兰	Poland	87.8	84.9	84.9	88.4	30.8
罗马尼亚	Romania	84.1	88.7	77.9	85.2	44.0
俄罗斯联邦	Russian Federation	68.3	90.7	53.9	69.1	26.3
西班牙	Spain	117.9	114.5	133.1	117.6	138.2
乌克兰	Ukraine	53.2	75.4	47.9	53.6	12.1
英　国	United Kingdom	92.4	98.2	93.1	92.8	74.4
大洋洲	**Oceania**	**117.9**	**118.1**	**120.0**	**130.6**	**70.2**
澳大利亚	Australia	113.6	115.9	115.5	127.6	67.4
新西兰	New Zealand	129.8	149.6	129.0	140.8	77.4

注：① 1990 年为基期的总产值指数。
Note: ① Indices of gross output,1990=100.

10-2 人均农业生产指数(2002年)

Per Capital Agricultural Production Indices(2002)

资料来源：联合国粮农组织数据库。
Source: FAO Database.
1989-1991年＝100 (1989-1991 ＝ 100)

国家和地区	Country or Area	农业 Agriculture	种植业 Crops	畜牧业 Livestock	食品 Food	非食品 Non Food
世　界	**World**	**107.0**	**105.0**	**106.3**	**108.7**	**81.8**
发达国家	**Developed Countries**	**94.0**	**95.2**	**91.8**	**95.0**	**72.0**
发展中国家	**Developing Countries**	**122.1**	**113.4**	**139.7**	**124.9**	**87.2**
亚　洲	**Asia**	**128.0**	**116.2**	**154.3**	**130.5**	**95.4**
中　国①	China ①					
孟加拉国	Bangladesh	106.1	105.7	108.4	107.5	78.6
印　度	India	104.0	97.8	122.9	104.9	88.5
印度尼西亚	Indonesia	100.3	99.7	107.1	100.6	96.0
伊　朗	Iran	124.9	122.8	127.3	125.5	110.4
以色列	Israel	80.3	70.6	91.3	82.0	41.6
日　本	Japan	88.0	84.5	89.9	88.6	63.2
哈萨克斯坦	Kazakhstan	77.4	97.7	50.2	79.7	47.5
朝　鲜	Korea, Dem.People's Rep.	76.9	71.2	60.9	77.2	71.6
韩　国	Korea, Rep.	122.2	105.1	151.3	123.5	65.0
马来西亚	Malaysia	101.9	94.2	121.1	116.8	33.8
蒙　古	Mongolia	80.2	25.9	84.5	80.3	79.5
缅　甸	Myanmar	145.3	145.5	150.4	145.9	125.2
巴基斯坦	Pakistan	110.0	87.5	139.6	117.7	71.5
菲律宾	Philippines	104.6	95.4	139.6	106.4	62.9
新加坡	Singapore	19.7	34.6	19.6	19.7	
斯里兰卡	Sri Lanka	103.4	99.2	134.1	102.5	105.8
泰　国	Thailand	108.2	105.2	119.7	106.8	122.0
土耳其	Turkey	94.2	98.9	83.3	94.4	92.3
越　南	Viet Nam	147.0	146.8	153.5	137.8	427.0
非　洲	**Africa**	**96.9**	**98.2**	**93.9**	**97.9**	**83.0**
埃　及	Egypt	117.3	122.5	113.8	120.0	72.3
尼日利亚	Nigeria	115.8	117.7	100.9	116.2	95.4
南　非	South Africa	87.9	89.5	86.1	90.4	51.5
北美洲	**North America**	**103.0**	**94.3**	**110.7**	**103.8**	**86.7**
加拿大	Canada	100.7	76.9	127.4	101.0	88.4
墨西哥	Mexico	111.4	102.5	123.4	114.3	50.8
美　国	United States	105.9	99.0	110.7	106.5	94.0
南美洲	**South America**	**121.9**	**121.0**	**122.2**	**125.3**	**81.6**
阿根廷	Argentina	120.2	145.8	92.9	125.4	38.0
巴　西	Brazil	134.5	120.6	150.4	136.0	114.5
委内瑞拉	Venezuela	93.4	90.8	93.3	95.2	52.7
欧　洲	**Europe**	**87.2**	**95.7**	**82.0**	**87.5**	**66.5**
白俄罗斯	Belarus	62.5	94.8	58.2	62.8	45.7
保加利亚	Bulgaria	71.0	70.5	66.6	71.9	55.5
捷　克	Czech Republic	80.4	85.3	74.8	80.5	64.6
法　国	France	100.6	104.7	101.0	100.7	96.2
德　国	Germany	92.7	108.1	85.9	92.8	75.5
意大利	Italy	99.5	100.5	102.6	100.1	65.7
荷　兰	Netherlands	90.0	107.4	88.3	90.1	66.4
波　兰	Poland	86.8	83.9	84.0	87.4	30.5
罗马尼亚	Romania	87.3	92.1	80.9	88.4	45.6
俄罗斯联邦	Russian Federation	70.4	93.5	55.6	71.2	27.2
西班牙	Spain	116.1	112.7	131.0	115.8	136.0
乌克兰	Ukraine	56.7	80.3	51.1	57.1	12.9
英　国	United Kingdom	89.2	94.7	89.9	89.5	71.7
大洋洲	**Oceania**	**99.2**	**99.4**	**100.9**	**109.9**	**59.0**
澳大利亚	Australia	98.2	100.2	99.9	110.3	58.3
新西兰	New Zealand	113.8	131.2	113.1	123.3	67.8

注：① FAO统计数据。
Note: ① Data from FAO.

10-3 主要农作物收获面积（2002年）

Total Harvest Areas of Farm Crops(2002)

资料来源：联合国粮农组织数据库。
Source:FAO Database.
单位：万公顷 (10 000 hectares)

国家和地区	Country or Area	谷物总计 Cereals, Total	稻谷 Rice, Paddy	小麦 Wheat	玉米 Maize	大豆 Soybeans
世　界	**World**	**65822.0**	**14714.4**	**21059.9**	**13875.5**	**7941.0**
发达国家	**Developed Countries**	**23489.9**	**390.7**	**11366.5**	**4666.9**	**3146.8**
发展中国家	**Developing Countries**	**42332.1**	**14323.7**	**9693.4**	**9208.6**	**4794.2**
亚　洲	**Asia**	**30721.2**	**13082.0**	**9607.5**	**4271.5**	**1712.4**
中　国①	China ①	8099.3	2817.7	2350.0	2452.8	942.0
孟加拉国	Bangladesh	1189.1	1105.9	74.2	0.5	-
印　度	India	9128.9	4000.0	2592.3	620.0	567.0
印度尼西亚	Indonesia	1493.3	1164.1	-	329.2	81.6
伊　朗	Iran	846.0	55.0	630.0	20.0	8.5
以色列	Israel	8.7	-	7.5	0.5	-
日　本	Japan	200.1	168.8	20.7	0.0	15.0
哈萨克斯坦	Kazakhstan	1394.7	6.6	1165.7	10.5	1.7
朝　鲜	Korea, Dem.People's Rep.	130.4	58.3	6.3	49.6	31.5
韩　国	Korea, Rep.	116.7	105.3	0.1	1.4	7.6
马来西亚	Malaysia	70.0	67.7	-	2.3	-
蒙　古	Mongolia	22.1	-	21.8	-	-
缅　甸	Myanmar	690.8	620.0	10.5	30.9	11.4
巴基斯坦	Pakistan	1212.4	220.1	805.8	95.5	0.8
菲律宾	Philippines	644.2	404.6	-	239.5	0.1
斯里兰卡	Sri Lanka	76.2	73.0	-	2.6	0.1
泰　国	Thailand	1132.3	999.0	0.1	113.4	21.2
土耳其	Turkey	1398.1	8.5	940.0	60.0	2.3
越　南	Viet Nam	829.6	748.5	-	81.0	15.8
非　洲	**Africa**	**9404.9**	**855.5**	**799.2**	**2693.6**	**109.0**
埃　及	Egypt	272.3	61.3	103.0	87.3	0.5
尼日利亚	Nigeria	2105.3	311.6	6.7	449.0	62.4
南　非	South Africa	451.9	0.1	94.1	335.0	12.4
北美洲	**North America**	**8198.3**	**190.7**	**2808.1**	**3835.1**	**3024.6**
加拿大	Canada	1550.9	-	889.7	119.9	97.1
墨西哥	Mexico	999.3	5.1	63.5	718.0	5.7
美　国	United States	5363.6	129.8	1854.2	2805.0	2920.2
南美洲	**South America**	**3465.7**	**512.2**	**905.3**	**1713.9**	**2994.9**
阿根廷	Argentina	972.5	12.4	590.0	241.9	1140.5
巴　西	Brazil	1799.0	317.5	204.4	1187.1	1634.5
委内瑞拉	Venezuela	93.8	15.5	0.1	51.6	0.2
欧　洲	**Europe**	**12387.3**	**58.2**	**5831.1**	**1350.2**	**96.9**
白俄罗斯	Belarus	238.1		43.0	0.5	
保加利亚	Bulgaria	198.5	0.3	120.0	32.1	0.2
捷　克	Czech Republic	156.5		84.9	7.1	0.3
法　国	France	930.7	1.9	523.4	181.7	7.6
德　国	Germany	694.1		301.5	39.9	0.1
意大利	Italy	430.5	22.3	240.2	114.4	15.0
荷　兰	Netherlands	22.6		13.6	2.2	
波　兰	Poland	829.5		242.2	32.0	
罗马尼亚	Romania	563.4	0.2	219.9	290.0	7.0
俄罗斯联邦	Russian Federation	4166.4	15.4	2240.0	58.0	38.0
西班牙	Spain	671.7	11.3	240.2	45.7	0.1
乌克兰	Ukraine	1383.8	1.8	687.2	109.1	7.5
英　国	United Kingdom	324.6		199.6	-	
南斯拉夫	Yugoslavia	209.4		69.5	120.0	10.0
大洋洲	**Oceania**	**1644.6**	**15.8**	**1108.7**	**11.2**	**3.3**
澳大利亚	Australia	1628.3	15.0	1103.1	9.3	3.3
新西兰	New Zealand	15.1	-	5.6	1.5	-

10-3续表1 continued

单位：万公顷 (10 000 hectares)

国家和地区	Country or Area	根茎类作物 Roots and Tubers	花生 Groundnuts in Shell	油菜籽 Rapeseed	芝麻 Sesame Seed	纤维植物 Fibre Crops Primary
世　界	**World**	**5314.7**	**2467.2**	**2232.5**	**728.0**	**3360.4**
发达国家	**Developed Countries**	**985.9**	**67.7**	**962.7**	**2.6**	**878.0**
发展中国家	**Developing Countries**	**4328.8**	**2399.4**	**1269.8**	**725.4**	**2482.4**
亚　洲	**Asia**	**1840.7**	**1359.9**	**1261.9**	**445.8**	**2014.2**
中　国①	China ①	1073.9	502.5	700.0	72.6	403.4
孟加拉国	Bangladesh	28.7	2.6	30.3	8.0	51.0
印　度	India	181.5	680.0	504.0	180.0	839.6
印度尼西亚	Indonesia	159.1	65.0			20.4
伊　朗	Iran	17.5	0.1		3.9	16.0
以色列	Israel	1.2	0.5		-	1.1
日　本	Japan	17.1	1.0	-	-	-
哈萨克斯坦	Kazakhstan	16.3	-	0.3		16.8
朝　鲜	Korea, Dem.People's Rep.	22.8				3.9
韩　国	Korea, Rep.	3.7	0.5	0.1	4.4	-
马来西亚	Malaysia	5.0	0.2			-
蒙　古	Mongolia	0.9				
缅　甸	Myanmar	4.7	53.0		131.1	34.5
巴基斯坦	Pakistan	13.2	9.9	26.9	13.6	270.3
菲律宾	Philippines	40.6	2.7			11.5
斯里兰卡	Sri Lanka	4.0	1.0		0.7	-
泰　国	Thailand	105.5	8.3		6.3	11.6
土耳其	Turkey	20.0	3.0	-	6.0	70.0
越　南	Viet Nam	60.2	24.7		3.4	5.4
非　洲	**Africa**	**2124.9**	**997.5**	**4.4**	**255.4**	**548.0**
埃　及	Egypt	9.3	6.3		2.9	31.8
尼日利亚	Nigeria	788.6	278.2		16.6	61.2
南　非	South Africa	6.6	9.4			6.5
北美洲	**North America**	**123.5**	**68.2**	**369.0**	**15.5**	**520.9**
加拿大	Canada	17.0		316.3		4.9
墨西哥	Mexico	7.0	9.1	1.0	7.2	7.4
美　国	United States	55.0	52.5	51.7	-	502.6
南美洲	**South America**	**359.1**	**37.9**	**3.0**	**11.3**	**158.7**
阿根廷	Argentina	11.9	22.2	0.5		16.8
巴　西	Brazil	190.8	9.4	2.4	2.5	98.9
委内瑞拉	Venezuela	8.8	0.1		5.2	2.0
欧　洲	**Europe**	**839.5**	**1.2**	**475.0**	**-**	**98.7**
白俄罗斯	Belarus	54.0		15.0		8.0
保加利亚	Bulgaria	5.3	1.1	1.7	-	0.9
捷　克	Czech Republic	4.7		31.3		0.7
法　国	France	16.2		103.5		7.5
德　国	Germany	28.4		129.7		-
意大利	Italy	8.1	-	1.1	-	0.3
荷　兰	Netherlands	16.1		0.1		0.4
波　兰	Poland	81.2		43.6		0.5
罗马尼亚	Romania	27.0		7.7		-
俄罗斯联邦	Russian Federation	322.9		17.0		16.1
西班牙	Spain	11.5	-	0.6		18.2
乌克兰	Ukraine	160.0		11.1		2.6
英　国	United Kingdom	15.9		43.2		1.8
南斯拉夫	Yugoslavia	10.2		0.4		-
大洋洲	**Oceania**	**27.0**	**2.6**	**119.2**		**19.8**
澳大利亚	Australia	4.2	2.2	119.0		19.2
新西兰	New Zealand	1.1		0.2		0.6

10-3续表 2　continued

单位：万公顷　　　　　　　　　　　　　　　　　　　　　　　　　　　　　　　　　　　　(10 000 hectares)

国家和地区	Country or Area	籽棉 Seed Cotton	麻及麻类纤维 Jute & Jute-like Fibres	甘蔗 Sugar Cane	甜菜 Sugar Beets	茶叶 Tea	水果（不包括瓜类） Fruit excl Melons
世　界	**World**	**3005.1**	**169.4**	**1958**	**604.1**	**235.3**	**5043.1**
发达国家	**Developed Countries**	**821.3**	**2.5**	**118.3**	**480.5**	**8.6**	**1204.1**
发展中国家	**Developing Countries**	**2183.8**	**166.9**	**1839.7**	**123.7**	**226.7**	**3839.0**
亚　洲	**Asia**	**1789.2**	**161.9**	**872.6**	**117.8**	**208.4**	**2334.1**
中　国①	China ①	371.0	5.2	124.0	40.0	90.8	1005.0
孟加拉国	Bangladesh	5.0	45.8	16.3		4.9	18.3
印　度	India	740.0	99.6	410.0		43.0	388.7
印度尼西亚	Indonesia	2.2	0.6	34.5		12.1	90.7
伊　朗	Iran	16.0	-	3.8	19.0	3.1	113.3
以色列	Israel	1.1			-		5.9
日　本	Japan		-	2.4	6.7	5.0	22.4
哈萨克斯坦	Kazakhstan	16.8			1.8		6.8
朝　鲜	Korea, Dem.People's Rep.	2.1					16.6
韩　国	Korea, Rep.	-				0.2	17.7
马来西亚	Malaysia			2.1		0.3	9.0
蒙　古	Mongolia						-
缅　甸	Myanmar	30.0	4.4	14.0		6.7	28.5
巴基斯坦	Pakistan	270.0	0.3	100.0	0.9		62.6
菲律宾	Philippines	0.2		39.0			99.3
斯里兰卡	Sri Lanka	-		1.8		18.9	10.4
泰　国	Thailand	4.2	3.5	85.0		1.9	80.5
土耳其	Turkey	70.0			43.5	7.7	102.3
越　南	Viet Nam	3.5	1.0	31.7		9.8	46.3
非　洲	**Africa**	**510.8**	**2.3**	**140.9**	**12.4**	**21.2**	**913.3**
埃　及	Egypt	30.9	0.1	13.1	6.5		44.3
尼日利亚	Nigeria	61.1	0.1	4.0			156.3
南　非	South Africa	5.8	0.1	32.5		0.7	29.5
北美洲	**North America**	**507.4**	**1.4**	**272.9**	**56.2**	**0.1**	**345.7**
加拿大	Canada				1.2		7.0
墨西哥	Mexico	4.0		61.5	-		107.5
美　国	United States	502.6		41.5	55.1		128.1
南美洲	**South America**	**130.0**	**1.7**	**622.1**	**4.9**	**4.8**	**502.4**
阿根廷	Argentina	16.4		26.0		4.0	47.9
巴　西	Brazil	76.4	0.7	506.2		0.5	240.2
委内瑞拉	Venezuela	1.6		13.0	0.1		19.5
欧　洲	**Europe**	**48.4**	**2.2**	**0.1**	**412.8**	**0.2**	**901.8**
白俄罗斯	Belarus				4.7		10.6
保加利亚	Bulgaria	0.9			0.2		18.1
捷　克	Czech Republic				7.7		7.1
法　国	France				43.8		103.3
德　国	Germany				45.9		36.0
意大利	Italy	-			24.2		132.3
荷　兰	Netherlands				11.0		2.5
波　兰	Poland				30.0		36.0
罗马尼亚	Romania	-			4.0		42.1
俄罗斯联邦	Russian Federation		2.2		71.1	0.2	85.2
西班牙	Spain	8.6	-	0.1	11.5		174.9
乌克兰	Ukraine				76.4		50.6
英　国	United Kingdom				16.9		2.2
南斯拉夫	Yugoslavia				5.2		27.8
大洋洲	**Oceania**	**19.2**		**49.4**		**0.7**	**45.7**
澳大利亚	Australia	19.2		41.7			26.5
新西兰	New Zealand						5.2

注：①FAO统计数据。
Note: ① Data from FAO.

10-4 主要农产品产量(2002年)

Total Production of Major Farm Crops(2002)

资料来源：联合国粮农组织数据库。
Source:FAO Database.
单位：万吨 (10 000 tons)

国家和地区	Country or Area	谷物总计 Cereals, Total	稻谷 Rice, Paddy	小麦 Wheat	玉米 Maize	大豆 Soybeans
世　界	**World**	**202938.6**	**57628.0**	**57287.9**	**60258.9**	**17991.7**
发达国家	**Developed Countries**	**84354.3**	**2560.4**	**30947.9**	**32578.0**	**7901.9**
发展中国家	**Developing Countries**	**118584.3**	**55067.6**	**26340.0**	**27680.9**	**10089.8**
亚　洲	**Asia**	**98585.8**	**52303.0**	**25261.5**	**16591.5**	**2372.0**
中　国	China	39799.0	17454.0	9029.0	12131.0	1690.0 ①
孟加拉国	Bangladesh	3981.1	3813.4	160.6	1.0	
印　度	India	21359.0	11658.0	7181.4	1057.0	427.0
印度尼西亚	Indonesia	6088.1	5160.4		927.7	93.0
伊　朗	Iran	1732.3	211.5	1200.0	120.0	11.4
以色列	Israel	25.5		17.5	5.8	
日　本	Japan	1218.4	1111.1	82.8	0.2	27.0
哈萨克斯坦	Kazakhstan	1595.2	19.9	1270.0	43.5	2.5
朝　鲜	Korea, Dem.People's Rep.	418.1	219.0	13.0	165.1	36.0
韩　国	Korea, Rep.	710.6	665.0	0.3	6.0	11.0
马来西亚	Malaysia	216.1	209.1		7.0	-
蒙　古	Mongolia	15.1		14.9		
缅　甸	Myanmar	2284.9	2190.0	10.3	66.0	11.5
巴基斯坦	Pakistan	2676.8	634.3	1822.6	168.9	1.0
菲律宾	Philippines	1759.0	1327.1		431.9	0.1
斯里兰卡	Sri Lanka	282.7	279.4		2.9	0.1
泰　国	Thailand	3048.4	2594.5	0.1	417.0	30.0
土耳其	Turkey	3194.0	40.0	2100.0	250.0	6.0
越　南	Viet Nam	3637.8	3406.4		231.5	20.1
非　洲	**Africa**	**11575.7**	**1703.4**	**1628.7**	**4256.1**	**98.9**
埃　及	Egypt	1946.4	560.0	618.3	680.0	1.5
尼日利亚	Nigeria	2208.9	319.2	7.7	493.4	43.7
南　非	South Africa	1195.5	0.3	240.0	912.3	20.2
北美洲	**North America**	**36761.2**	**1188.0**	**6296.5**	**25853.5**	**7676.1**
加拿大	Canada	3544.0		1569.0	906.5	233.5
墨西哥	Mexico	2773.4	22.6	327.3	1750.0	9.5
美　国	United States	29874.5	956.9	4399.2	22880.5	7429.0
南美洲	**South America**	**10434.1**	**1984.6**	**1824.3**	**5840.8**	**7655.3**
阿根廷	Argentina	3202.3	71.3	1250.0	1471.0	3000.0
巴　西	Brazil	5043.6	1048.9	292.6	3547.9	4190.3
委内瑞拉	Venezuela	314.8	79.0	0.1	180.5	0.5
欧　洲	**Europe**	**43717.1**	**319.4**	**21302.9**	**7647.9**	**182.4**
白俄罗斯	Belarus	552.4		115.2	1.6	
保加利亚	Bulgaria	740.0	1.0	488.9	120.6	0.2
捷　克	Czech Republic	677.7		386.6	61.6	0.6
法　国	France	6915.8	10.5	3898.6	1601.3	20.7
德　国	Germany	4339.1		2081.8	373.8	0.1
意大利	Italy	2188.7	137.1	776.5	1093.7	54.9
荷　兰	Netherlands	158.4		105.7	15.8	
波　兰	Poland	2683.3		929.7	196.8	
罗马尼亚	Romania	1400.7	0.2	438.0	850.0	11.2
俄罗斯联邦	Russian Federation	8472.9	48.3	5055.7	154.1	37.0
西班牙	Spain	2156.7	81.6	678.3	439.5	0.1
乌克兰	Ukraine	3797.3	8.0	2055.0	417.1	8.0
英　国	United Kingdom	2311.5		1605.3	-	
南斯拉夫	Yugoslavia	832.6		224.5	559.7	24.4
大洋洲	**Oceania**	**1864.8**	**129.6**	**974.0**	**69.1**	**7.0**
澳大利亚	Australia	1765.6	127.5	938.5	52.1	7.0
新西兰	New Zealand	95.5		35.5	15.7	-

10-4 续表 1 continued

单位：万吨 (10 000 tons)

国家和地区	Country or Area	根茎类作物 Roots and Tubers	花生 Groundnuts in Shell	油菜籽 Rapeseed	芝麻 Sesame Seed	纤维植物 Fibre Crops Primary
世　界	**World**	**68472.9**	**3407.5**	**3317.0**	**282.1**	**2370.2**
发达国家	**Developed Countries**	**17123.5**	**176.0**	**1694.7**	**1.5**	**647.1**
发展中国家	**Developing Countries**	**51349.4**	**3231.5**	**1622.4**	**280.5**	**1723.2**
亚　洲	**Asia**	**29708.2**	**2302.2**	**1604.2**	**194.9**	**1528.4**
中　国	China	18475.5 ①	1481.8	1055.2	89.5	560.2 ①
孟加拉国	Bangladesh	356.2	3.0	23.3	4.9	87.5
印　度	India	3210.0	540.0	504.0	58.0	384.4
印度尼西亚	Indonesia	1967.0	100.0			10.6
伊　朗	Iran, Islamic Rep.	350.0	0.3		2.7	10.0
以色列	Israel	38.8	3.2		0.4	1.7
日　本	Japan	449.6	2.4	-	-	-
哈萨克斯坦	Kazakhstan	225.7	-	0.2		9.2
朝　鲜	Korea, Dem.People's Rep.	222.4				2.5
韩　国	Korea, Rep.	100.0	1.0	0.5	3.1	-
马来西亚	Malaysia	45.5	0.6			-
蒙　古	Mongolia	6.6				
缅　甸	Myanmar	47.3	70.0		22.5	9.3
巴基斯坦	Pakistan	217.1	10.1	23.0	7.0	168.2
菲律宾	Philippines	257.6	2.6			7.9
斯里兰卡	Sri Lanka	34.0	0.6		0.4	-
泰　国	Thailand	1717.0	12.9		3.9	12.6
土耳其	Turkey	500.0	7.0	-	2.4	85.1
越　南	Viet Nam	626.0	39.7		1.2	9.5
非　洲	**Africa**	**17421.7**	**848.6**	**11.8**	**70.1**	**198.1**
埃　及	Egypt	226.2	20.5		3.5	32.2
尼日利亚	Nigeria	6838.6	269.9		3.8	15.1
南　非	South Africa	164.0	13.4			3.9
北美洲	**North America**	**3108.9**	**174.5**	**429.7**	**8.8**	**396.1**
加拿大	Canada	464.6		357.7		5.9
墨西哥	Mexico	170.2	13.6	1.4	4.0	12.1
美　国	United States	2158.1	150.6	70.6	-	373.3
南美洲	**South America**	**4830.6**	**77.0**	**5.4**	**8.3**	**130.7**
阿根廷	Argentina	260.8	51.7	0.9		6.8
巴　西	Brazil	2668.6	19.2	4.1	1.6	100.5
委内瑞拉	Venezuela	115.7	0.2		2.7	1.1
欧　洲	**Europe**	**13056.0**	**1.0**	**1203.5**	**-**	**90.2**
白俄罗斯	Belarus	742.0		7.2		3.2
保加利亚	Bulgaria	53.0	0.8	1.9	-	0.2
捷　克	Czech Republic	110.6		71.0		1.8
法　国	France	676.3		320.9		7.5
德　国	Germany	1149.2		384.7		-
意大利	Italy	209.6	-	1.5	-	-
荷　兰	Netherlands	736.3		0.2		2.5
波　兰	Poland	1544.2		99.5		1.1
罗马尼亚	Romania	400.0		9.0		0.1
俄罗斯联邦	Russian Federation	3190.0		12.0		11.4
西班牙	Spain	313.1	-	1.0		18.6
乌克兰	Ukraine	1610.0		9.0		1.4
英　国	United Kingdom	637.5		143.7		2.8
南斯拉夫	Yugoslavia Fed Rep of	103.0		0.6		-
大洋洲	**Oceania**	**347.5**	**4.2**	**62.5**		**26.6**
澳大利亚	Australia	126.6	3.8	62.1		26.2
新西兰	New Zealand	51.6		0.4		0.3

10-4 续表2 continued

单位：万吨 (10 000 tons)

国家和地区	Country or Area	籽棉 Seed Cotton	麻及麻类纤维 Jute & Jute-like Fibres	甘蔗 Sugar Cane	甜菜 Sugar Beets	茶叶 Tea	水果（不包括瓜类） Fruit excl Melons
世　界	**World**	**5373.2**	**322.2**	**128840.3**	**24647.6**	**310.0**	**47550.4**
发达国家	**Developed Countries**	**1656.9**	**6.7**	**8872.0**	**20512.9**	**12.1**	**12226.1**
发展中国家	**Developing Countries**	**3716.3**	**315.5**	**119968.3**	**4134.6**	**297.9**	**35324.3**
亚　洲	**Asia**	**3427.9**	**312.2**	**56095.1**	**3674.3**	**254.8**	**20464.1**
中　国	China	1476.0 ①	10.6 ①	9011.0	1282.0	74.5	7038.9 ①
孟加拉国	Bangladesh	4.5	86.0	650.2		5.2	141.2
印　度	India	558.0	198.5	27900.0		82.6	4664.1
印度尼西亚	Indonesia	3.0	0.8	2340.0		16.3	820.5
伊　朗	Iran	32.0	-	359.0	525.0	5.1	1269.9
以色列	Israel	4.3			-		115.1
日　本	Japan		-	140.0	409.8	8.5	410.5
哈萨克斯坦	Kazakhstan	36.1			37.2		21.2
朝　鲜	Korea, Dem.People's Rep.	3.6					138.5
韩　国	Korea, Rep.	-				0.2	281.4
马来西亚	Malaysia			160.0		0.5	98.3
蒙　古	Mongolia						0.1
缅　甸	Myanmar	15.3	4.2	633.3		1.9	136.5
巴基斯坦	Pakistan	504.0	0.2	4804.2	31.7		537.6
菲律宾	Philippines	0.2		2583.5			1144.4
斯里兰卡	Sri Lanka	-		105.0		31.0	84.2
泰　国	Thailand	6.1	6.1	6235.0		0.6	767.1
土耳其	Turkey	240.0			1300.0	15.0	1099.6
越　南	Viet Nam	3.7	2.1	1682.4		9.0	427.5
非　洲	**Africa**	**488.0**	**2.1**	**8583.3**	**615.4**	**46.2**	**6193.4**
埃　及	Egypt	82.0	0.2	1570.6	316.8		740.5
尼日利亚	Nigeria	40.3	0.1	74.7			900.8
南　非	South Africa	9.5	0.1	2234.9		1.3	476.6
北美洲	**North America**	**968.7**	**1.3**	**15843.4**	**2553.3**	**0.1**	**5978.1**
加拿大	Canada				54.0		72.6
墨西哥	Mexico	11.9		4600.0	-		1363.9
美　国	United States	955.6		3259.7	2499.3		3040.6
南美洲	**South America**	**286.7**	**2.0**	**44708.3**	**355.9**	**7.8**	**6986.2**
阿根廷	Argentina	21.8		1650.0		6.3	715.8
巴　西	Brazil	217.2	1.0	36055.6		0.9	3451.6
委内瑞拉	Venezuela	1.7		691.0	1.7		270.6
欧　洲	**Europe**	**138.7**	**4.6**	**11.4**	**17448.6**	**0.2**	**7343.6**
白俄罗斯	Belarus				114.9		22.6
保加利亚	Bulgaria	0.6			2.1		68.8
捷　克	Czech Republic				383.2		51.2
法　国	France				3333.1		1067.9
德　国	Germany				2678.6		462.7
意大利	Italy	-			1150.0		1697.8
荷　兰	Netherlands				625.0		57.5
波　兰	Poland				1165.2		299.7
罗马尼亚	Romania	-			87.0		216.3
俄罗斯联邦	Russian Federation		4.6		1550.0	0.2	345.0
西班牙	Spain	30.0	-	11.0	787.7		1543.2
乌克兰	Ukraine				1440.0		159.6
英　国	United Kingdom				943.5		29.5
南斯拉夫	Yugoslavia				209.8		104.7
大洋洲	**Oceania**	**63.3**		**3598.8**		**0.9**	**585.1**
澳大利亚	Australia	63.3		3226.0			340.1
新西兰	New Zealand						103.7

注：① FAO 数据。
Note: ① Data from FAO.

10-5 主要林产品产量(2002 年)

Output of Major Forest Products(2002)

资料来源：联合国粮农组织数据库。
Source:FAO Database.
单位：吨 (tons)

国家和地区	Country or Area	栗子 Chestnuts	榛子 Hazelnuts	天然树脂 Natural Gums	天然橡胶 Natural Rubber	桐籽 Tung Nuts	核桃 Walnuts
世　界	**World**	**954188**	**842981**	**23550**	**6965163**	**490376**	**1300578**
发达国家	**Developed Countries**	**167008**	**194791**			**-**	**583000**
发展中国家	**Developing Countries**	**787180**	**648190**	**23550**	**6965163**	**490376**	**717578**
亚　洲	**Asia**	**782007**	**668932**		**6341940**	**406716**	**670225**
中　国①	China ①	599077	11000		477437	406716	285000
孟加拉国	Bangladesh				5200		
印　度	India				650000		32000
印度尼西亚	Indonesia				1600000		
伊　朗	Iran		12000				160000
日　本	Japan	30100					
朝　鲜	Korea, Dem.People's Rep.	8700					
韩　国	Korea, Rep.	94130					1064
马来西亚	Malaysia				589366		
缅　甸	Myanmar				35662		
巴基斯坦	Pakistan						19584
菲律宾	Philippines				73300		
斯里兰卡	Sri Lanka				87000		
泰　国	Thailand				2460000		
土耳其	Turkey	50000	625000				136000
越　南	Viet Nam				331400		
非　洲	**Africa**	**140**	**140**		**431200**	**4500**	**28680**
尼日利亚	Nigeria				112000		
北美洲	**North America**		**16000**	**23000**	**72323**	**-**	**274826**
墨西哥	Mexico			23000	22500		19000
美　国	United States		16000			-	255826
南美洲	**South America**	**35133**		**550**	**112400**	**79160**	**25900**
阿根廷	Argentina					33000	9000
巴　西	Brazil	-		50	95900	660	2500
欧　洲	**Europe**	**136908**	**157909**				**300862**
白俄罗斯	Belarus		1800				12000
保加利亚	Bulgaria	300	-				6500
捷　克	Czech Republic						4036
法　国	France	14075	5064				32995
德　国	Germany		-				16900
匈牙利	Hungary	1000	150				6000
意大利	Italy	50000	122565				15000
波　兰	Poland						1600
罗马尼亚	Romania	1000					33000
俄罗斯联邦	Russian Federation	16000	2000				12000
西班牙	Spain	10000	22400				10000
乌克兰	Ukraine		30				55000
大洋洲	**Oceania**				**7300**		**85**
澳大利亚	Australia						85

注：① FAO 数据。
Note: ① Data from FAO.

10-6 牲畜饲养量(2002年)

Number of Livestock (2002)

资料来源：联合国粮农组织数据库。
Source:FAO Database.
单位：万头（只）　　(10 000 heads)

国家和地区	Country or Area	牛 Cattle	水牛 Buffaloes	马 Horses	驴 Asses	骡子 Mules
世　界	**World**	**136666.4**	**16712.6**	**5632.4**	**4044.7**	**1332.5**
发达国家	**Developed Countries**	**32696.6**	**59.0**	**1477.4**	**138.1**	**31.0**
发展中国家	**Developing Countries**	**103969.7**	**16653.6**	**4155.0**	**3906.6**	**1301.5**
亚　洲	**Asia**	**47474.1**	**16212.6**	**1592.1**	**1815.3**	**522.1**
中　国	China	13084.8		808.8	849.9	419.4
孟加拉国	Bangladesh	2400.0	83.0			
印　度	India	22190.0	9510.0	80.0	75.0	30.0
印度尼西亚	Indonesia	1120.0	230.0	45.0		
伊　朗	Iran	873.8	52.4	15.0	160.0	17.5
以色列	Israel	39.0		0.4	0.5	0.2
日　本	Japan	456.4		2.0		
哈萨克斯坦	Kazakhstan	428.2	0.9	98.6	3.0	
朝　鲜	Korea, Dem.People's Rep.	57.5		4.8		
韩　国	Korea, Rep.	195.1		1.1	-	-
马来西亚	Malaysia	74.8	15.4	0.5		
蒙　古	Mongolia	205.4		310.0		
缅　甸	Myanmar	1155.1	255.2	12.0		0.8
巴基斯坦	Pakistan	2285.7	2400.0	30.0	390.0	20.0
菲律宾	Philippines	254.8	312.2	23.0		
新加坡	Singapore	-	-			
斯里兰卡	Sri Lanka	156.5	66.1	0.2		
泰　国	Thailand	464.0	180.0	0.8	-	-
土耳其	Turkey	1054.8	13.8	27.1	46.2	9.7
越　南	Viet Nam	406.3	281.4	12.4		
非　洲	**Africa**	**23739.8**	**355.0**	**338.3**	**1367.8**	**132.2**
埃　及	Egypt	381.0	355.0	4.6	305.0	0.1
尼日利亚	Nigeria	2000.0		20.5	100.0	
南　非	South Africa	1372.2		27.0	15.0	1.4
北美洲	**North America**	**16163.0**	**0.6**	**1415.8**	**377.3**	**376.7**
加拿大	Canada	1370.0		38.5		0.4
墨西哥	Mexico	3060.0		625.5	326.0	328.0
美　国	United States	9670.0		530.0	5.2	2.8
南美洲	**South America**	**31065.6**	**120.0**	**1567.3**	**405.9**	**275.2**
阿根廷	Argentina	5066.9		365.0	9.5	18.0
巴　西	Brazil	17600.0	120.0	590.0	125.0	135.0
委内瑞拉	Venezuela	1450.0		50.0	44.0	7.2
欧　洲	**Europe**	**14134.0**	**24.4**	**681.4**	**77.6**	**26.2**
白俄罗斯	Belarus	408.5		20.9	0.9	
保加利亚	Bulgaria	63.5	0.8	15.1	19.7	1.5
捷　克	Czech Republic	152.0		2.7		
法　国	France	2028.1		35.0	1.6	1.5
德　国	Germany	1422.7		50.6		
意大利	Italy	706.8	17.8	28.5	2.3	1.0
荷　兰	Netherlands	405.0		12.2		
波　兰	Poland	550.1		55.0		
罗马尼亚	Romania	280.0	-	86.0	2.8	
俄罗斯联邦	Russian Federation	2710.7	1.6	157.8	2.0	-
西班牙	Spain	641.1		24.8	14.0	11.5
乌克兰	Ukraine	942.1		70.0	1.1	
英　国	United Kingdom	1034.3		18.4		
南斯拉夫	Yugoslavia	135.5	2.9	4.9		
大洋洲	**Oceania**	**4089.9**	**-**	**37.5**	**0.9**	
澳大利亚	Australia	3050.0		22.0	0.2	
新西兰	New Zealand	963.3		7.8		

10-6 续表 1　continued

单位：万头（只）　　　　(10 000 heads)

国家和地区	Country or Area	山羊 Goats	绵羊 Sheep	猪 Pigs	骆驼 Camels
世　界	**World**	**74337.4**	**103400.8**	**94102.2**	**1848.3**
发达国家	**Developed Countries**	**3145.1**	**36955.7**	**28590.5**	**26.9**
发展中国家	**Developing Countries**	**71192.4**	**66445.1**	**65511.7**	**1821.5**
亚　洲	**Asia**	**46985.1**	**40680.7**	**56577.5**	**408.2**
中　国	China	17275.9	14379.3	46291.5	26.4
孟加拉国	Bangladesh	3440.0	114.3		
印　度	India	12400.0	5880.0	1800.0	90.0
印度尼西亚	Indonesia	1240.0	735.0	600.0	
伊　朗	Iran	2575.7	5390.0	-	14.6
以色列	Israel	6.5	39.2	15.5	0.5
日　本	Japan	3.5	1.1	961.2	
哈萨克斯坦	Kazakhstan	127.1	920.8	112.4	9.8
朝　鲜	Korea, Dem.People's Rep.	269.3	17.0	315.2	
韩　国	Korea, Rep.	43.5	0.1	881.1	
马来西亚	Malaysia	24.8	11.8	182.4	
蒙　古	Mongolia	885.8	1193.7	1.5	35.2
缅　甸	Myanmar	154.2	43.2	449.9	
巴基斯坦	Pakistan	5090.0	2439.8		80.0
菲律宾	Philippines	625.0	3.0	1165.3	
新加坡	Singapore	-		19.0	
斯里兰卡	Sri Lanka	49.0	1.2	6.7	
泰　国	Thailand	15.0	4.3	668.9	
土耳其	Turkey	702.2	2697.2	0.3	0.1
越　南	Viet Nam	62.2		2317.0	
非　洲	**Africa**	**21722.7**	**23955.7**	**2076.5**	**1438.9**
埃　及	Egypt	347.0	467.2	3.0	12.0
尼日利亚	Nigeria	2700.0	2200.0	550.0	1.8
南　非	South Africa	684.9	2909.0	160.0	
北美洲	**North America**	**1396.3**	**1614.2**	**9650.3**	
加拿大	Canada	3.0	99.4	1436.7	
墨西哥	Mexico	940.0	670.0	1700.0	
美　国	United States	125.0	668.5	5907.4	
南美洲	**South America**	**2338.6**	**7424.9**	**5641.0**	
阿根廷	Argentina	355.0	1400.0	425.0	
巴　西	Brazil	980.0	1500.0	3000.0	
委内瑞拉	Venezuela	400.0	82.0	565.5	
欧　洲	**Europe**	**1815.4**	**14109.7**	**19591.3**	**1.2**
白俄罗斯	Belarus	6.2	8.3	337.3	
保加利亚	Bulgaria	89.9	241.8	101.4	
捷　克	Czech Republic	2.4	9.6	344.1	
法　国	France	123.1	932.7	1529.0	
德　国	Germany	16.0	270.2	2595.8	
意大利	Italy	132.7	1095.2	841.0	
荷　兰	Netherlands	21.5	130.0	1300.0	
波　兰	Poland		33.3	1870.7	
罗马尼亚	Romania	52.5	725.1	444.7	
俄罗斯联邦	Russian Federation	229.2	1303.5	1604.8	1.2
西班牙	Spain	311.4	2430.1	2385.8	
乌克兰	Ukraine	91.2	96.3	837.0	
英　国	United Kingdom		3583.2	558.8	
南斯拉夫	Yugoslavia	22.6	169.1	360.8	
大洋洲	**Oceania**	**79.5**	**15615.6**	**565.5**	
澳大利亚	Australia	31.0	11300.0	291.2	
新西兰	New Zealand	18.3	4314.2	35.8	

10-7 畜产品产量(2002年)
Output of Livestock Products (2002)

资料来源：联合国粮农组织数据库。
Source:FAO Ddatabase.
单位：万吨 (10 000 tons)

国家和地区	Country or Area	肉类总产量 Meat, Total	牛肉 Beef and Buffalo Meat	羊肉 Sheep and Goat Meat	猪肉 Pigmeat	禽肉 Poultry Meat
世　界	**World**	**24504.7**	**6097.8**	**1154.9**	**9418.6**	**7386.9**
发达国家	**Developed Countries**	**10716.0**	**3012.8**	**320.3**	**3783.7**	**3438.4**
发展中国家	**Developing Countries**	**13788.7**	**3085.0**	**834.6**	**5634.8**	**3948.5**
亚　洲	**Asia**	**9927.1**	**1414.6**	**651.8**	**5243.1**	**2473.6**
中　国	China	6586.5	584.6	316.7	4326.6	1250.0
孟加拉国	Bangladesh	43.3	17.7	13.3		11.5
印　度	India	574.3	289.0	70.0	61.3	140.1
印度尼西亚	Indonesia	180.3	38.1	7.8	47.1	87.1
伊　朗	Iran	157.2	29.6	45.0	-	81.2
以色列	Israel	37.8	5.3	0.6	1.2	30.6
日　本	Japan	300.1	53.5	-	123.6	122.1
哈萨克斯坦	Kazakhstan	68.7	29.7	10.1	18.7	3.6
朝　鲜	Korea, Dem.People's Rep.	21.4	2.2	1.2	14.6	3.4
韩　国	Korea, Rep.	167.1	18.0	0.3	103.0	45.1
马来西亚	Malaysia	106.8	2.5	0.1	20.7	83.6
蒙　古	Mongolia	28.6	8.4	16.0	0.1	-
缅　甸	Myanmar	51.9	12.9	1.0	12.3	25.7
巴基斯坦	Pakistan	183.9	93.1	53.2		36.0
菲律宾	Philippines	229.0	25.9	3.4	133.2	65.1
新加坡	Singapore	12.0	-	-	5.0	7.0
斯里兰卡	Sri Lanka	11.9	3.4	0.2	0.2	8.2
泰　国	Thailand	216.1	22.5	0.1	48.6	145.0
土耳其	Turkey	131.4	35.2	33.3	-	62.7
越　南	Viet Nam	226.2	20.1	0.5	165.4	38.4
非　洲	**Africa**	**1136.9**	**441.0**	**189.6**	**73.9**	**311.5**
埃　及	Egypt	143.6	55.0	10.8	0.3	64.3
尼日利亚	Nigeria	107.8	37.6	23.9	17.3	19.0
南　非	South Africa	157.7	57.9	14.0	11.8	72.2
北美洲	**North America**	**5002.6**	**1576.0**	**21.0**	**1220.8**	**2151.1**
加拿大	Canada	429.0	129.0	1.3	183.5	113.3
墨西哥	Mexico	475.9	145.1	8.0	108.6	205.9
美　国	United States	3902.7	1243.8	10.0	893.7	1733.1
南美洲	**South America**	**2721.6**	**1243.2**	**33.7**	**331.4**	**1092.1**
阿根廷	Argentina	405.8	270.0	6.0	21.5	97.3
巴　西	Brazil	1660.5	713.6	11.7	210.0	722.9
委内瑞拉	Venezuela	130.4	45.0	1.0	11.4	73.0
欧　洲	**Europe**	**5193.8**	**1159.8**	**142.3**	**2498.7**	**1273.8**
白俄罗斯	Belarus	63.1	28.5	0.3	27.0	6.7
保加利亚	Bulgaria	49.8	6.5	6.0	24.8	12.0
捷　克	Czech Republic	87.5	10.6	0.1	41.6	31.3
法　国	France	656.4	164.0	13.9	235.0	213.8
德　国	Germany	650.3	131.6	4.4	412.3	89.2
意大利	Italy	408.7	106.1	6.3	151.0	115.6
荷　兰	Netherlands	266.4	46.4	2.2	142.0	75.7
波　兰	Poland	279.0	31.5	0.1	171.0	73.9
罗马尼亚	Romania	91.2	14.5	4.8	42.0	28.2
俄罗斯联邦	Russian Federation	464.8	185.8	12.7	159.5	98.7
西班牙	Spain	507.2	66.0	25.1	298.5	104.2
乌克兰	Ukraine	160.2	68.0	2.0	62.3	25.0
英　国	United Kingdom	330.7	69.2	29.9	77.4	153.3
南斯拉夫	Yugoslavia	78.8	9.4	1.8	59.0	8.4
大洋洲	**Oceania**	**522.7**	**263.2**	**116.5**	**50.7**	**84.9**
澳大利亚	Australia	379.4	203.4	64.2	39.5	70.2
新西兰	New Zealand	130.8	57.6	52.2	4.7	12.9

10-7 续表 1　continued

单位：万吨 (10 000 tons)

国家和地区	Country or Area	蛋类 Eggs Primary	鸡蛋 Hen Eggs	奶类总产量 Milk, Total	牛奶 Cow Milk	羊毛 Wool, Greasy	蜂蜜 Honey	蜂蜡 Beeswax
世　界	**World**	**5810.2**	**5375.8**	**59868.7**	**50232.5**	**221.1**	**127.0**	**5.7**
发达国家	**Developed Countries**	**1889.9**	**1881.1**	**35331.4**	**34773.2**	**126.8**	**47.8**	**0.6**
发展中国家	**Developing Countries**	**3920.3**	**3494.7**	**24537.2**	**15459.3**	**94.3**	**79.2**	**5.1**
亚　洲	**Asia**	**3499.6**	**3081.2**	**18200.0**	**9890.5**	**71.0**	**47.2**	**2.6**
中　国	China	2462.7		1400.4	1299.8	30.8	26.5	
孟加拉国	Bangladesh	15.95	13.35	213.922	78.2	0.1		
印　度	India	200.0	200.0	8500.0	3570.0	5.4	5.2	2.0
印度尼西亚	Indonesia	80.9	65.5	83.8	55.0	2.2		
伊　朗	Iran	58.0	58.0	587.7	497.5	7.5	2.8	
以色列	Israel	8.6	8.6	128.5	125.1	0.1	0.3	
日　本	Japan	251.2	251.2	838.0	838.0	-	0.3	
哈萨克斯坦	Kazakhstan	11.8	11.7	411.4	406.8	2.4	0.1	
朝　鲜	Korea, Dem.People's Rep.	13.0	13.0	9.2	9.2			
韩　国	Korea, Rep.	53.4	51.0	239.4	239.0		2.1	0.3
马来西亚	Malaysia	44.3	43.2	4.4	3.7	-		
蒙　古	Mongolia	-	-	24.2	17.6	1.9	-	
缅　甸	Myanmar	11.3	10.2	65.1	52.5	-	-	
巴基斯坦	Pakistan	35.3	34.6	2999.9	684.0	3.9	0.1	-
菲律宾	Philippines	56.3	49.5	1.1	1.1			
新加坡	Singapore	1.6	1.6					
斯里兰卡	Sri Lanka	5.4	5.4	29.8	22.5			
泰　国	Thailand	80.2	50.4	58.0	58.0		0.4	
土耳其	Turkey	53.0	53.0	949.6	848.9	4.1	6.0	0.3
越　南	Viet Nam	20.1	20.1	10.8	7.8		1.8	
非　洲	**Africa**	**209.8**	**209.1**	**2814.6**	**2064.3**	**21.1**	**14.4**	**1.4**
埃　及	Egypt	20.0	20.0	405.9	190.0	0.8	0.9	-
尼日利亚	Nigeria	45.0	45.0	43.2	43.2			
南　非	South Africa	36.6	36.6	264.6	264.6	5.7	0.1	
北美洲	**North America**	**787.1**	**787.0**	**9902.6**	**9885.3**	**2.5**	**19.3**	**0.5**
加拿大	Canada	39.0	39.0	813.0	813.0	0.2	3.3	
墨西哥	Mexico	189.6	189.6	974.5	959.8	0.4	5.5	0.2
美　国	United States	512.8	512.8	7702.1	7702.1	2.0	9.0	0.2
南美洲	**South America**	**300.6**	**293.8**	**4610.8**	**4589.0**	**16.3**	**12.9**	**0.8**
阿根廷	Argentina	33.0	33.0	820.0	820.0	5.6	8.5	0.5
巴　西	Brazil	161.7	155.0	2277.3	2263.5	1.3	2.2	0.2
委内瑞拉	Venezuela	18.2	18.2	145.0	145.0		-	-
欧　洲	**Europe**	**990.1**	**981.9**	**21764.9**	**21227.7**	**26.3**	**30.3**	**0.4**
白俄罗斯	Belarus	16.5	16.3	490.7	490.7	-	0.3	
保加利亚	Bulgaria	9.1	9.0	156.9	130.0	0.7	0.5	-
捷　克	Czech Republic	17.8	17.8	274.0	272.9	-	0.8	-
法　国	France	101.0	101.0	2597.8	2519.7	2.2	1.5	-
德　国	Germany	87.0	87.0	2803.7	2801.2	1.5	2.2	
意大利	Italy	71.7	71.7	1240.7	1136.5	1.1	1.0	-
荷　兰	Netherlands	65.3	65.3	1084.2	1084.2	0.3	-	
波　兰	Poland	45.1	45.1	1220.1	1220.0	0.1	0.9	
罗马尼亚	Romania	29.9	27.5	475.0	445.0	1.7	1.3	
俄罗斯联邦	Russian Federation	202.8	201.7	3346.8	3310.0	4.0	5.5	
西班牙	Spain	68.1	67.8	705.6	640.0	3.1	3.2	0.2
乌克兰	Ukraine	63.4	62.5	1442.8	1413.8	0.3	6.0	
英　国	United Kingdom	68.3	66.5	1491.8	1491.8	6.0	0.3	
南斯拉夫	Yugoslavia	6.8	6.8	162.7	160.8	0.2	0.2	
大洋洲	**Oceania**	**23.1**	**22.8**	**2575.7**	**2575.7**	**83.9**	**2.9**	**0.1**
澳大利亚	Australia	17.1	17.1	1161.0	1161.0	60.7	2.2	-
新西兰	New Zealand	4.7	4.4	1407.9	1407.9	23.2	0.6	-

10-8 渔类捕获量（1999年）
Fishery Catch (1999)

资料来源：联合国粮农组织数据库。
Source: FAO Database.
单位：万吨 (10 000 tons)

国家和地区	Country or Area	渔类总计 Total Fish Catch	海洋类 Total Marine Fish	淡水类 Freshwater Aquatic Products
世　界	**World**	**12617.9**	**7109.9**	**5508.0**
发达国家	**Developed Countries**	**3204.5**	**2343.3**	**861.3**
发展中国家	**Developing Countries**	**9388.6**	**4742.0**	**4646.7**
亚　洲	**Asia**	**7488.5**	**3137.7**	**4350.8**
中　国	China	3601.8	2176.4	1425.4
孟加拉国	Bangladesh	154.4	16.8	137.7
印　度	India	535.2	224.8	310.4
印度尼西亚	Indonesia	479.7	342.3	137.4
伊　朗	Iran	41.9	23.8	18.1
以色列	Israel	2.5	0.8	1.7
日　本	Japan	593.7	396.2	197.5
哈萨克斯坦	Kazakhstan	2.7	0.002	2.7
朝　鲜	Korea, Dem.People's Rep.	27.9	16.4	11.5
韩　国	Korea, Rep.	242.3	137.3	105.0
马来西亚	Malaysia	140.7	105.7	35.0
缅　甸	Myanmar	94.6	69.6	25.0
巴基斯坦	Pakistan	67.5	43.2	24.3
菲律宾	Philippines	219.9	159.7	60.2
新加坡	Singapore	0.9	0.4	0.5
斯里兰卡	Sri Lanka	28.0	24.1	3.9
泰　国	Thailand	360.8	234.0	126.7
土耳其	Turkey	63.8	55.5	8.3
越　南	Viet Nam	179.5	77.7	101.8
非　洲	**Africa**	**629.8**	**376.2**	**253.7**
埃　及	Egypt	60.7	20.6	40.1
尼日利亚	Nigeria	47.7	28.1	19.6
南　非	South Africa	59.2	57.7	1.6
北美洲	**North America**	**827.7**	**515.2**	**312.4**
加拿大	Canada	113.6	57.0	56.6
墨西哥	Mexico	125.1	88.2	36.8
美　国	United States	522.8	333.0	189.9
南美洲	**South America**	**1703.1**	**1524.6**	**178.5**
阿根廷	Argentina	102.6	63.4	39.2
巴　西	Brazil	77.5	42.0	35.5
委内瑞拉	Venezuela	42.3	31.5	10.7
欧　洲	**Europe**	**1813.9**	**1429.8**	**384.1**
白俄罗斯	Belarus	0.6		
保加利亚	Bulgaria	1.8	0.4	1.4
捷　克	Czech Republic	2.3		
法　国	France	84.6	49.9	34.7
德　国	Germany	31.2	19.5	11.8
意大利	Italy	54.1	18.2	35.8
荷　兰	Netherlands	62.3	44.7	17.7
波　兰	Poland	26.9	19.2	7.7
罗马尼亚	Romania	1.7	0.2	1.4
俄罗斯联邦	Russian Federation	421.0	346.7	74.2
西班牙	Spain	148.5	101.7	46.8
乌克兰	Ukraine	44.2	38.6	5.6
英　国	United Kingdom	99.9	71.3	28.6
南斯拉夫	Yugoslavia	1.0	0.04	1.0
大洋洲	**Oceania**	**130.1**	**101.6**	**28.5**
澳大利亚	Australia	25.0	13.5	11.5
新西兰	New Zealand	68.6	55.3	13.3

10-9 农业机械拥有量(2000年)
Ownership of Agricultural Machinery (2000)

资料来源：联合国粮农组织数据库。
Source:FAO Database.
单位：万部 (10 000)

国家和地区	Country or Area	农用拖拉机 Agriculture Tractors	收割－脱粒机 Harvesters-Threshers	挤奶机 Milking Machines
世　界	**World**	**2641.0**	**413.4**	**206.0**
发达国家	**Developed Countries**	**1950.6**	**297.6**	**196.7**
发展中国家	**Developing Countries**	**690.4**	**115.9**	**9.3**
亚　洲	**Asia**	**728.0**	**206.4**	**24.2**
中　国	China	97.5		
孟加拉国	Bangladesh	0.6		
印　度	India	152.5	0.4	
印度尼西亚	Indonesia	7.0	33.0	-
伊　朗	Iran	23.7	0.6	
以色列	Israel	2.5	-	0.2
日　本	Japan	202.8	104.2	16.0
哈萨克斯坦	Kazakhstan	5.0	2.1	0.1
朝　鲜	Korea, Dem.People's Rep.	7.0		
韩　国	Korea, Rep.	19.2	8.7	
马来西亚	Malaysia	4.3		
蒙　古	Mongolia	0.5	0.1	
缅　甸	Myanmar	1.1	1.2	
巴基斯坦	Pakistan	32.1	0.2	
菲律宾	Philippines	1.2	0.1	
斯里兰卡	Sri Lanka	0.8	-	
泰　国	Thailand	22.0	7.0	0.1
土耳其	Turkey	90.5	1.3	7.5
越　南	Viet Nam	16.3	23.2	
非　洲	**Africa**	**52.6**	**3.8**	**-**
埃　及	Egypt	8.6	0.2	
尼日利亚	Nigeria	3.0		
南　非	South Africa	7.2	1.1	
北美洲	**North America**	**582.0**	**83.0**	**0.1**
加拿大	Canada	71.1	13.2	
墨西哥	Mexico	18.5	2.3	
美　国	United States	480.0	66.2	
南美洲	**South America**	**129.3**	**12.8**	**1.2**
阿根廷	Argentina	28.0	5.0	0.8
巴　西	Brazil	80.6	5.4	
委内瑞拉	Venezuela	4.9	0.6	
欧　洲	**Europe**	**1108.9**	**101.4**	**158.3**
白俄罗斯	Belarus	7.3	1.7	
保加利亚	Bulgaria	2.5	0.6	0.4
捷　克	Czech Republic	9.7	1.3	0.7
法　国	France	126.4	9.1	20.0
德　国	Germany	103.1	13.5	25.0
意大利	Italy	175.0	5.1	15.0
荷　兰	Netherlands	15.0	0.6	3.8
波　兰	Poland	130.7	9.7	29.4
罗马尼亚	Romania	16.0	3.0	
俄罗斯联邦	Russian Federation	78.5	20.0	
西班牙	Spain	88.5	5.2	13.2
乌克兰	Ukraine	31.9	6.5	3.4
英　国	United Kingdom	50.0	4.7	15.7
南斯拉夫	Yugoslavia	39.7	0.3	
大洋洲	**Oceania**	**40.2**	**6.0**	**22.1**
澳大利亚	Australia	31.5	5.7	20.0
新西兰	New Zealand	7.6	0.3	2.0

10-10 化肥施用量(2000年)
Consumption of Chemical Fertilizers (2000)

资料来源：联合国粮农组织数据库。
Source: FAO Database.
单位：万吨 (10 000 tons)

国家和地区	Country or Area	化肥总计 Total Fertilizers	氮肥 Nitrogenous Fertilizers	磷肥 Phosphate Fertilizers	钾肥 Potash Fertilizers
世　界	**World**	**13643.5**	**8162.5**	**3265.5**	**2215.6**
发达国家	**Developed Countries**	**4978.1**	**2816.8**	**1104.5**	**1056.9**
发展中国家	**Developing Countries**	**8665.4**	**5345.7**	**2161.0**	**1158.7**
亚　洲	**Asia**	**7285.5**	**4728.7**	**1768.6**	**788.2**
中　国	China	4146.4	2161.6	690.5	376.5
孟加拉国	Bangladesh	132.6	99.4	23.1	10.1
印　度	India	1672.6	1091.1	425.1	156.5
印度尼西亚	Indonesia	247.5	195.5	25.2	26.8
伊　朗	Iran	132.0	82.0	39.3	10.7
以色列	Israel	10.7	5.5	2.2	3.0
日　本	Japan	145.4	48.7	58.4	38.3
哈萨克斯坦	Kazakhstan	3.7	3.0	0.5	0.2
朝　鲜	Korea, Dem.People's Rep.	35.1	22.8	7.6	4.7
韩　国	Korea, Rep.	78.2	42.1	16.2	19.9
马来西亚	Malaysia	142.8	52.5	25.3	65.0
蒙　古	Mongolia	0.3	0.3	-	-
缅　甸	Myanmar	21.0	16.5	3.5	1.0
巴基斯坦	Pakistan	296.6	226.6	67.8	2.3
菲律宾	Philippines	73.4	48.8	12.4	12.2
新加坡	Singapore	0.3	0.2	0.1	0.1
斯里兰卡	Sri Lanka	24.6	15.7	3.0	5.9
泰　国	Thailand	155.0	89.6	40.1	25.3
土耳其	Turkey	208.9	137.9	62.9	8.2
越　南	Viet Nam	209.7	115.8	50.6	43.3
非　洲	**Africa**	**388.1**	**244.4**	**95.5**	**48.2**
埃　及	Egypt	127.0	107.3	15.1	4.5
尼日利亚	Nigeria	18.7	10.6	4.4	3.7
南　非	South Africa	75.8	41.1	21.8	12.9
北美洲	**North America**	**2386.8**	**1374.9**	**494.4**	**517.5**
加拿大	Canada	247.7	155.4	61.4	30.9
墨西哥	Mexico	183.2	134.2	31.5	17.5
美　国	United States	1850.7	1025.1	381.0	444.5
南美洲	**South America**	**1028.4**	**353.4**	**339.3**	**335.7**
阿根廷	Argentina	82.4	48.1	31.5	2.8
巴　西	Brazil	743.4	199.9	254.4	289.0
委内瑞拉	Venezuela	25.2	14.5	5.3	5.4
欧　洲	**Europe**	**2238.2**	**1335.5**	**411.5**	**491.1**
白俄罗斯	Belarus	80.5	28.0	7.5	45.0
保加利亚	Bulgaria	14.6	13.8	0.7	0.1
捷　克	Czech Republic	30.0	23.6	4.3	2.1
法　国	France	414.5	231.6	79.5	103.4
德　国	Germany	274.3	184.8	35.1	54.4
意大利	Italy	172.6	82.8	50.4	39.4
荷　兰	Netherlands	42.5	30.0	5.5	7.0
波　兰	Poland	151.8	87.8	27.0	37.0
罗马尼亚	Romania	36.5	30.0	5.6	0.9
俄罗斯联邦	Russian Federation	142.0	96.0	28.0	18.0
西班牙	Spain	214.9	111.4	56.8	46.8
乌克兰	Ukraine	44.0	35.0	6.2	2.8
英　国	United Kingdom	169.4	103.0	28.4	38.0
南斯拉夫	Yugoslavia	19.9	15.3	1.7	2.9
大洋洲	**Oceania**	**316.6**	**125.5**	**156.2**	**34.8**
澳大利亚	Australia	230.1	100.2	109.7	20.3
新西兰	New Zealand	83.8	24.2	45.8	13.8

10-11 农业集约化经营程度（2000 年）
Intensivism Management in Agriculture (2000)

资料来源：联合国粮农组织数据库。
Source:FAO Database.

国家和地区	Country or Area	农业经济活动人口（万人） Population of Agriculture Economic Activity (10 000)	平均每个农业经济活动人口耕地面积（公顷／人） Cultivated Areas per Agriculture Economic Activity Population (Hectares)	平均每千公顷耕地上拖拉机使用量（台／千公顷） Tractors Used per Thousand Hectares Cultivated Areas (Numbers)	平均每千公顷耕地上收割机使用量（台／千公顷） Harvest Machines Used per Thousand Hectares Cultivated Areas (Numbers)	平均每千公顷耕地上化肥施用量（吨／千公顷） Consumption of chemical Fertilizers per thousand hectares cultivated Areas (Tons)
世　界	**World**	**131862.9**	**1.0**	**19.4**	**3.0**	**100.0**
亚　洲	**Asia**	**104003.7**	**0.5**	**15.0**	**4.2**	**149.8**
中　国①	China ①	51079.7	0.2	6.8	1.6	279.1
孟加拉国	Bangladesh	3873.2	0.2	0.7		162.9
印　度	India	26369.1	0.6	9.4	-	103.4
印度尼西亚	Indonesia	4959.6	0.4	3.4	16.1	120.7
伊　朗	Iran	640.2	2.2	16.5	0.4	92.1
日　本	Japan	276.9	1.6	453.3	232.9	325.0
韩　国	Korea, Rep.	238.6	0.7	111.5	50.6	454.7
马来西亚	Malaysia	176.1	1.0	23.8		784.7
蒙　古	Mongolia	31.4	3.7	4.0	0.9	2.9
缅　甸	Myanmar	1803.3	0.5	1.1	1.2	21.2
巴基斯坦	Pakistan	2452.1	0.9	15.0	0.1	139.2
菲律宾	Philippines	1239.6	0.4	2.1	0.1	132.3
斯里兰卡	Sri Lanka	388.6	0.2	9.0	-	276.6
泰　国	Thailand	2110.3	0.7	15.0	4.7	105.5
土耳其	Turkey	1442.6	1.7	37.5	0.5	86.6
越　南	Viet Nam	2752.7	0.2	28.3	40.3	364.7
非　洲	**Africa**	**19711.6**	**0.9**	**2.9**	**0.2**	**21.6**
埃　及	Egypt	859.1	0.3	30.4	0.8	449.5
尼日利亚	Nigeria	1503.0	1.9	1.1		6.6
南　非	South Africa	172.8	8.5	4.9	0.8	51.4
北美洲	**North America**	**2065.2**	**12.6**	**22.5**	**3.2**	**92.1**
加拿大	Canada	39.0	116.8	15.6	2.9	54.4
墨西哥	Mexico	874.1	2.8	7.5	0.9	73.9
美　国	United States	302.7	58.5	27.1	3.7	104.6
南美洲	**South America**	**2689.8**	**3.6**	**13.4**	**1.3**	**106.2**
阿根廷	Argentina	146.3	17.1	11.2	2.0	33.0
巴　西	Brazil	1322.5	4.0	15.2	1.0	139.7
委内瑞拉	Venezuela	80.1	3.0	20.1	2.4	103.3
欧　洲	**Europe**	**3109.1**	**9.3**	**38.3**	**3.5**	**77.2**
保加利亚	Bulgaria	29.0	15.3	5.7	1.2	32.9
捷　克	Czech Republic	47.2	6.5	31.4	4.2	97.3
法　国	France	89.9	20.5	68.5	4.9	224.8
德　国	Germany	101.3	11.7	87.3	11.4	232.4
意大利	Italy	135.2	5.9	219.2	6.4	216.2
波　兰	Poland	433.1	3.2	93.4	6.9	108.5
俄罗斯联邦	Russian Federation	818.5	15.3	6.3	1.6	11.4
罗马尼亚	Romania	162.2	5.8	17.1	3.2	39.0
英　国	United Kingdom	53.7	10.9	85.1	8.0	288.3
南斯拉夫	Yugoslavia	100.8	6.0	65.2	0.5	32.7
大洋洲	**Oceania**	**283.5**	**18.5**	**7.7**	**1.1**	**60.3**
澳大利亚	Australia	44.7	112.5	6.3	1.1	45.7
新西兰	New Zealand	17.0	9.1	48.9	2.0	538.9

注：① FAO 统计数据。
Note: ① Data is from FAO.

主要统计指标解释

联合国粮农组织农业生产指数 表明每年的农业生产总量与基期（1989–91年）相比的相对水平。它们是根据不同农产品扣除种子和饲料用量后的价格加权数量之和计算得出的,其中各种种子和饲料也采用同样的加权汇总办法。因此,最后形成的总量代表的是用于各种用途（种子和饲料除外）的可支配产量。

国家、地区和世界水平的指数用拉氏公式计算。各年份每种商品的生产量均以1989–91年的国际平均商品价格作为权数进行加总，然后将某年得到的加总量除以基期（1989–91年）三年的加总量的简单平均数，从而求得指数。

由于各个国家有关产量、范围、权数、参考时间等数据概念不同,所用的计算方法也不同,因此FAO的指数可能与各国计算的不完全一致。

谷物 谷物面积和产量数据仅指收获用做干粒粮食的作物，因此，收获后用作干草或未成熟时收割用作食物、饲料或青贮饲料或作牧草用的农作物除外。面积数据是指收获面积。有些国家仅报告播种或耕作面积，但是在正常年份，这些国家的播种或耕作面积和实际的收获面积没有什么大的差别，或者是因为全部播种面积实际都得以收获，或者是因为面积调查在收获季节前后进行。

块根和块茎总计 包括其他的块根作物，如箭叶黄体芋和竹芋。主要用作饲料的根用作物，如芜菁、甜菜和洋大头菜不包括在内。

油菜籽 瑞典的产量包括18%的水分含量，一些国家的数字，如印度和巴基斯坦也包括芥菜籽。

甘蔗和甜菜 甘蔗和甜菜的面积和产量数据一般包括所有的收获作物，已确定用于饲料而种植的作物除外。多数作物用于离心糖和非离心糖的生产，然而在一些国家里大量的甘蔗也被用作种子、饲料、新鲜消费、酒精生产和其他用途；一部分甜菜被用作饲料和生产酒精。

除瓜类外的水果总计 数据是指新鲜水果的总产量，无论它们最终是被当作食物或饲料直接消费，还是被加工成干果、果汁、果酱、酒精等各种产品。许多国家没有水果，尤其是热带水果的统计数据，并且它们的数据常常缺乏一致性。一般来说，产量数据指主要用于销售的种植园作物和果园作物，一般不收集主要用于家庭消费的分散种植的果树的产量数据。一般国家统计机构不考虑来自野生植物的产量，特别是在某些国家有一定重要性的浆果。因此，各种水果和浆果的数据是相当不全面的，尤其是在除欧洲、北美、澳大利亚和新西兰以外的地区。表中所示的总数虽然仅指所列出的有限几个国家，仍可认为它们可靠地表明了对国际贸易的影响。无论如何，可以依据这些总数来了解这些作物的年度规模变化。

产量数据包括表中分别列出的水果和浆果的公布数据，也包括所有其他种类水果和浆果的数据。枣、大蕉和全部的葡萄也包括在水果总量数据中，但油橄榄除外。总量数据比那些单个商品公布的数据更全面，因为它们勿需分类说明便把对大多数无报告数字国家的估计量和有报告总数的国家的数据包括在同一个数字里。

茶 产量数字是指成品茶，然而，在印度尼西亚，所给产量的大约1/3是以新鲜茶叶的重量给出的。缅甸每年生产的约45000吨茶叶未被包括在内，因为大多数的这种作物被当作蔬菜消费掉。

烟叶 产量数字是指能够确定的农场销售重量，因此，对所得到的按干重表示的数据已按照约90比100的比例转换成农场销售重量。

黄麻纤维和同类纤维 黄麻纤维从黄麻和长蒴黄麻中得到，同类纤维包括许多黄麻纤维的替代品，主要是洋麻纤维和玫瑰茄纤维（木槿属）以及刚果黄麻纤维。

家畜数量 有关家畜数量的数据包括所有的家养动物，不管年龄、饲养地点和饲养目的。对没有报告数据的国家和报告数据不完整的国家作了估计。然而，在某些国家，有关鸡、鸭和火鸡的数据似乎不能代表这些家禽的总数。其他一些国家只对全部家禽给出一个数字，这些国家的数据列在"鸡"这一项下。

肉 数据仅指在一国境内屠宰的动物，而不管原产地；类似地，有关马肉、禽肉和总的肉类产量的数据，指在该国家屠宰的动物，而不管这些动物的原产地。

肉产品的国内产量概念各不相同。此处产量数据仅指原产于国内的动物，也就是说，它们包括出口活畜的肉当量，排除进口活畜的肉当量。

牛奶 关于牛奶产量的数据是指全部鲜奶的总产量，不包括被幼畜吸吮的奶，但包括用来饲喂家畜的奶。然而，奥地利、捷克共和国、意大利、斯洛伐克报告的产量中包括被幼畜吸吮的奶。澳大利亚的牛奶产量数据指结束于6月30日的一个年度的数据，新西兰的是指结束于5月31日的一个年度的数据，一些其他的次要生产国也以不同于日历年度的时间段报告数据。

蛋 有些国家没有有关蛋产量的统计数据，只得以母鸡或所有家禽的数量和报告的或推测的产蛋率来估计这些数据。

大多数有统计数字的国家按重量或产蛋总数来记录产量。在可能的地方，有关数量的数据已经运用官方的转换比率转换成重量数据。数据一般指农业和非农业方面的总产量，包括用于孵化的蛋。

蜂蜜 所提供的数据是不完整的，尤其是非洲和亚洲国家。

羊毛 羊毛产量统计数字一般以带脂羊毛给出，它包含了30–65%的杂质。为了便于数字比较，数据也按脱脂羊毛表示。

拖拉机 数据一般指的是农业中应用的所有轮胎式和履带式拖拉机，园艺用拖拉机除外。

收割－脱粒机 数据指的是收割和打谷可一次操作完成的自动机械。

挤奶机 数据指的是由几部分组成的机械的数量，每个都由一个提捅，一个搅拌器和四个奶杯等组成。

Explanatory Notes on Main Statistical Indicators

FAO Indices of Agricultural Production The FAO indices of agricultural production show the relative level of the aggregate volume of agricultural production for each year in comparison with the base period 1989-91. They are based on the sum of price-weighted quantities of different agricultural commodities produced after deductions of quantities used as seed and feed weighted in a similar manner. The resulting aggregate represents, therefore, disposable production for any use except as seed and feed.

All the indices at the country, regional and world levels are calculated by the Laspeyres formula. Production quantities of each commodity are weighted by 1989-91 average international commodity prices and summed for each year. To obtain the index, the aggregate for a given year is divided by the average aggregate for the base period 1989-91.

The FAO indices may differ from those produced by the countries themselves because of differences in concepts of production, coverage, weights, time reference of data and methods of calculation.

Cereals Area and production data on cereals relate to crops harvested for dry grain only. Cereal crops harvested for hay or harvested green for food, feed or silage or used for grazing are therefore excluded. Area data relate to harvested area. Some countries report sown or cultivated area only; however, in these countries the sown or cultivated area does not differ significantly in normal years from the area actually harvested, either because practically the whole area sown is harvested or because the area surveys are conducted around the harvest period.

Roots and Tubers, Total This includes other root crops such as yautia and arrowroot. Root crops grown principally for feed such as turnips, mangels and swedes are not included.

Rapeseed Sweden's production is given with an 18 percent water content. Figures for a few countries, such as India and Pakistan, also include mustard seed.

Sugar Cane and Sugar Beets Area and production data on sugar cane and sugar beets generally cover all crops harvested, except the crops grown explicitly for feed. Most of the crop is used for the production of centrifugal and non-centrifugal sugar; however, in several countries important quantities of sugar cane are used also for seed, feed, fresh consumption, the manufacture of alcohol and other uses; some sugar-beet production is used for feed and alcohol.

Fruit excl. Melons, Total Data refer to total production of fresh fruit, whether finally used for direct consumption for food or feed, or processed into different products: dry fruit, juice, jam, alcohol, etc.

Statistics on fruit, especially tropical fruit, are unavailable in many countries, and where reported they often lack uniformity. Generally, production data relate to plantation crops or orchard crops grown mainly for sale. Data on production from scattered trees used mainly for home consumption are not usually collected. Production from wild plants, particularly berries, which is of some importance in certain countries, is generally disregarded by national statistical services. Therefore, the data for the various fruits and berries are rather incomplete, particularly for regions other than Europe, North America, Australia and New Zealand. The totals shown - although relating to the limited number of countries listed - are nevertheless believed to give a reliable indication of these crops insofar as they influence international trade. The totals, in any case, provide an indication of annual changes in the size of the crops.

Production data include data published on individual fruits and berries shown separately, as well as data on all other kinds of fruits and berries. Dates, plantains and total grapes are also included in the total fruit figures, while olives are excluded. Total figures are more complete than those published for the single commodities because they include estimates for most of the non-reporting countries as well as data for countries reporting total production of fruits in a single figure without specification by kind.

Tea Production figures relate to made tea. For Indonesia, however, about one-third of the production shown is given in green-leaf weight. Myanmar each year produces about 45000 tonnes of tea leaves which are not included since most of the crop is consumed fresh as a vegetable.

Tobacco The production figures refer to farm sales weight as far as this could be determined. Data available on a dry weight basis have therefore been converted into farm sales weight at about 90 parts to 100.

Jute and Allied Flbres Jute fibres are obtained from Corchorus capsularis and Corchorus olitorius. Allied fibres include a number of jute substitutes, the main ones being kenaf or mesta and roselle (Hibiscus spp.) and Congo jute or paka (Urena lobata).

Livestock Numbers The data on livestock numbers are intended to cover all domestic animals irrespective of their age and the place or purpose of their breeding. Estimates have been made for non-reporting countries as well as for countries reporting incomplete data. However, in certain countries, data for chickens, ducks and turkeys do not yet seem to represent the total number of these birds. Certain other countries give a single figure for all poultry; data for these countries are shown under Chickens.

Meat Data relate to animals slaughtered within national boundaries, irrespective of their origin. Similarly, the data on production of horse meat, poultry meat and total meat refer to animals slaughtered in the country concerned, regardless of the origin of the animal.

The concept of indigenous production of meat is different. Here, the production figures relate to indigenous animals, i.e. they include the meat equivalent of exported live animals and exclude the meat equivalent of imported live animals.

Cow Milk Data on cow milk production relate to total production of whole fresh milk, excluding the milk sucked by young animals but including amounts fed to livestock. However, Austria, the Czech Republic, Italy and Slovakia report production including milk sucked by young animals. Milk production data shown for Australia refer to years ending 30 June; and for New Zealand, to years ending 31 May. Also, a few other minor producing countries report data for periods other than the calendar year.

Eggs Some countries have no statistics on egg production, and estimates had to be derived from such related data as chicken or total poultry numbers and reported or assumed rates of egg laying.

Most of the countries that have statistics on egg production report either the total weight of eggs or the numbers of eggs produced; data on numbers have been converted into weight, using official conversion factors wherever possible. Data generally refer to total production, including eggs for hatching, in both agricultural and nonagricultural sectors.

Honey The data presented are incomplete, particularly with regard to African and Asian countries.

Wool Wool production statistics are generally given for greasy wool, which contains from 30 to 65 percent impurities. In order to make figures comparable, data are given also on a degreased (scoured) basis.

Tractors Data generally refer to total wheel and crawler tractors (excluding garden tractors) used in agriculture.

Harvester-Threshers Data refer to self-propelled machines that reap and thresh in one operation.

Milking Machines Data refer to the number of installations consisting of several units, each composed of a pail, a pulsator and four teat cups and liners.

十一　工业、能源和建筑业

Industry, Energy and Construction

11-1 按行业划分的工业生产指数

World Industrial Production Indices by Branches of Industry

资料来源：联合国《统计月报》。
Source: UN"Monthly Bulletin of Statistics".
单位：% (%)

		权数 (%) Weight (%)	1998	1999	2000	2001
世界	**World**					
工业	Industry	100.0	110.0	113.2	121.0	118.5
采掘业	Minging	7.4	105.1	103.0	106.7	107.4
煤炭	Coal	0.7	99.1	100.4	100.8	103.1
石油、天然气	Crude Petroleum and Natrual Gas	5.0	104.0	100.8	105.0	105.5
金属矿	Metals Ores	0.7	115.4	115.4	121.1	124.1
制造业	Manufacturing	82.6	110.7	114.4	123.0	119.8
食品、饮料、烟草	Food, Beverages Tobacco	10.3	103.5	104.9	106.9	106.8
纺织	Texitiles	2.4	96.6	94.9	95.2	90.3
服装、皮革、制鞋	Wearing Apparel,Leather and Footwear	2.7	91.6	88.0	85.6	81.0
木制品	Wood and Wood Products	1.9	101.8	103.4	104.1	98.8
造纸、出版、印刷及录音介质	Paper, Printing, Publishing and Recorded Media	7.1	105.0	99.1	108.3	106.6
化学、石油、塑料、橡胶制品	Chemicals,Petroleum,Plastic and Rubber Products	14.0	110.0	113.5	116.9	116.6
非金属矿制品	Non-Metallic Mineral Products	3.4	102.0	104.5	108.0	105.2
基本金属	Basic Metals	4.7	103.1	103.9	109.9	106.8
金属及机械制造	Fabricated Metal Products and Machinery, N.E.C.	11.7	106.5	106.7	113.2	110.1
办公机械、计算机、收音机、电视及其他电子设备	Office, Computing,Radio, TV and Other Electrical Equipment	12.7	139.2	158.8	192.9	183.2
运输设备	Transport Equipment	8.0	113.8	119.2	124.5	123.3
电、煤气、水	Electricity, Gas and Water	10.0	107.4	110.8	114.8	115.7
发达国家	**Developed countries**					
工业	Industry	100.0	110.2	113.0	120.5	117.1
采掘业	Minging	4.6	102.3	99.9	102.1	102.1
煤炭	Coal	0.6	94.6	93.5	91.5	91.6
石油、天然气	Crude Petroleum and Natrual Gas	2.7	102.7	99.3	102.8	103.2
金属矿	Metals Ores	0.4	104.9	99.4	100.2	97.8
制造业	Manufacturing	84.9	111.2	114.4	122.6	118.6
食品、饮料、烟草	Food, Beverages Tobacco	9.5	102.7	103.9	105.8	105.3
纺织	Texitiles	1.8	96.0	92.4	90.8	84.9
服装、皮革、制鞋	Wearing Apparel,Leather and Footwear	2.4	89.3	84.9	80.1	75.2
木制品	Wood and Wood Products	2.0	103.3	105.7	106.4	100.6
造纸、出版、印刷及录音介质	Paper, Printing, Publishing and Recorded Media	8.1	104.9	98.0	107.3	103.9
化学、石油、塑料、橡胶制品	Chemicals,Petroleum,Plastic and Rubber Products	13.7	108.6	111.7	114.7	114.5
非金属矿制品	Non-Metallic Mineral Products	3.2	101.1	103.3	106.6	102.8
基本金属	Basic Metals	4.7	101.8	101.3	107.5	103.5
金属及机械制造	Fabricated Metal Products and Machinery, N.E.C.	12.7	108.0	107.4	112.6	108.9
办公机械、计算机、收音机、电视及其他电子设备	Office, Computing,Radio, TV and Other Electrical Equipment	14.0	140.2	158.2	190.8	180.5
运输设备	Transport Equipment	8.7	114.4	119.1	122.9	120.9
电、煤气、水	Electricity, Gas and Water	10.5	105.4	108.2	111.6	111.6

11-1 续表 1 continued

单位：% (%)

		权数 (%) Weight (%)	1998	1999	2000	2001
发展中国家	**Developing countries**					
工业	Industry	100.0	109.0	114.0	123.0	123.8
采掘业	Minging	18.3	107.9	106.0	111.3	112.8
煤炭	Coal	1.2	107.6	113.2	118.0	124.7
石油、天然气	Crude Petroleum and Natrual Gas	14.3	104.9	101.9	106.7	107.2
金属矿	Metals Ores	1.7	126.0	131.5	142.2	150.7
制造业	Manufacturing	73.7	108.4	114.8	125.0	125.2
食品、饮料、烟草	Food, Beverages Tobacco	13.3	105.6	107.9	110.3	111.3
纺织	Texitiles	4.8	97.7	98.6	102.1	98.4
服装、皮革、制鞋	Wearing Apparel,Leather and Footwear	3.6	97.8	96.5	100.4	96.8
木制品	Wood and Wood Products	1.5	93.8	90.2	91.3	88.4
造纸、出版、印刷及录音介质	Paper, Printing, Publishing and Recorded Media	3.2	105.7	110.5	118.5	133.5
化学、石油、塑料、橡胶制品	Chemicals,Petroleum,Plastic and Rubber Products	15.0	115.0	119.9	124.7	124.4
非金属矿制品	Non-Metallic Mineral Products	4.2	104.7	108.3	112.3	112.4
基本金属	Basic Metals	4.7	108.1	114.1	119.5	119.9
金属及机械制造	Fabricated Metal Products and Machinery, N.E.C.	7.9	97.2	102.1	117.5	117.6
办公机械、计算机、收音机、电视及其他电子设备	Office, Computing,Radio, TV and Other Electrical Equipment	7.3	131.3	163.5	208.9	204.2
运输设备	Transport Equipment	5.2	110.0	119.6	134.9	138.8
电、煤气、水	Electricity, Gas and Water	8.0	117.7	124.4	131.5	136.8

11-2 按国家和地区划分的工业生产指数
Indices of Industrial Production by Country or Area

资料来源：联合国《统计月报》2002 年 4 月。
Source: UN "Monthly Bulletin of Statistics" April 2002.
1995 年 =100 (1995=100)

国家和地区	Country or Area	1997	1998	1999	2000	2001
世　　界	**World**	**108.2**	**109.9**	**113.6**	**120.9**	
中　　国①	China ①	125.2	136.4	148.0	162.5	176.6
中国香港	Hong Kong,China	96.6	90.2	84.7	85.1	
孟加拉国②	Bangladesh ②	110.3	112.5	121.4	131.5	138.9
印　　度③	India ③	113.1	117.8	125.6	132.0	135.5
日　　本	Japan	106.0	99.0	99.9	105.5	97.8
马来西亚	Malaysia	122.8	114.0	124.3	148.0	142.1
韩　　国	Korea, Rep.	113.6	106.2	131.9	154.0	156.7
蒙　　古	Mongolia	101.9	106.2	106.7	108.9	121.9
巴基斯坦②	Pakistan ②	105.7	109.2	109.0	114.4	
新加坡④	Singapore ④	108.2	107.7	122.6	141.4	125.1
土耳其	Turkey	117.2	118.3	112.3	118.4	107.9
南　　非	South Africa	104.4	101.7	101.3	104.5	106.5
加拿大	Canada	106.2	110.1	116.3	122.7	119.3
墨西哥⑤	Mexico ⑤	120.3	127.8	133.3	141.5	136.4
美　　国	United States	111.8	117.6	121.9	127.4	122.5
阿根廷④	Argentina ④	116.3	118.7	108.8	107.5	
巴　　西	Brazil	105.7	103.4	102.9	109.7	111.3
法　　国	France	104.7	110.2	112.4	116.3	117.3
德　　国	Germany	104.1	108.5	110.2	117.6	117.6
意大利	Italy	102.4	104.3	104.4	107.7	107.0
捷　　克	Czech Republic	106.5	108.2	104.8	110.4	
罗马尼亚	Romania	98.7	81.9	77.7	83.2	90.3
英　　国	United Kingdom	102.4	103.3	104.1	106.0	103.6
南斯拉夫	Yugoslavia	117.2	121.2	91.7	102.2	
澳大利亚②	Australia ②	104.9	108.3	111.8	117.1	119.1
新西兰	New Zealand	104.0	105.1	100.8	104.1	106.8

注：①工业增加值指数。②7 月 1 日开始的 12 个月的平均数。③4 月 1 日开始的 12 个月的平均数。④制造业生产指数。⑤包括建筑业。
Note: ① Indice of industrial value added. ② Average of 12 monthly ending 30 June of the year stated.
③ Average of 12 monthly ending 1 April of the year stated. ④ Manufaturing production indices. ⑤ Including construction.

11-3 制造业主要指标

Main Indicators of Manufacturing

资料来源：联合国工发组织《国际工业统计年鉴》2003 年。
Source: United Nations Industrial Development Organization "International Yearbook of Industrial Statistics" 2003.

国家和地区	Country or Area	年份 Year	机构数（个） Number of Establishments (numbers)	雇员数（人） Number of Employees (person)	雇员工资和薪金（亿本币） Wages and Salaries Paid to Employees (100 million local currency units)	产值（亿本币） Output in Producers Prices(100 million local currency units)
中国香港	Hong Kong, China	2000	18958	197500	330	2258
中国澳门	Macao, China	2000	1212	41387	22	155
孟加拉国	Bangladesh	1999	28968	1892100	410	5658
印度	India	1999	123820	7903700	4422	86646
印度尼西亚	Indonesia	2000	22174	4350500	340414	6288080
伊朗	Iran	1996	14263	832300	71569	686172
以色列	Israel	1999	8799	333600	409	1708
日本	Japan	2000	341361	9089000	302240	3004100
韩国	Korea, Rep.	1999	91156	24323	389997	4797330
蒙古	Mongolia	2000	2313	38221	249	2237
菲律宾	Philippines	1999	15678	1145200	1071	16433
新加坡	Singapore	2000	4077	346967	126	1642
斯里兰卡	Sri Lanka	1999	12132	453543	260	3272
泰国	Thailand	2000	20550	2299200	2545	38102
尼日利亚	Nigeria	1996	3814	490867	141	4167
加拿大	Canada	1999	29822	1910000	761	5591
墨西哥	Mexico	1999		1454700	954	13593
美国	United States	1999	488277 ①	17343000 ②	5430 ②	35730 ②
阿根廷	Argentina	1999		823304	118	896
巴西	Brazil	1999	129185	4807500	488	4388
委内瑞拉	Venezuela	1998	11113	449253	10161	227938
保加利亚	Bulgaria	2000	24836	562331	15	158
捷克	Czech Republic	1999	136194	1255000	1790	15891
法国	France	1998	21792	2733000	4827	34399
德国	Germany	1999	38205	6402500	2200	10926
意大利	Italy	1998	563893	4034200	768	7038
荷兰	Netherlands	1999			547	3906
波兰	Poland	1999	367500	2609000	517	3748
罗马尼亚	Romania	2000	42582	1559700	368291	3437042 ③
俄罗斯联邦	Russian Federation	2000	130788	10656000	2863	25251
西班牙	Spain	1999	160721	2320400	426	3255
乌克兰	Ukraine	1999	90170	3096000	70	741
英国	United Kingdom	1999	170196		774	4254
南斯拉夫	Yugoslavia	2000	28575	625900	193	2812
澳大利亚	Australia	1997	55373	945386	326	2083

11-3 续表1 continued

国家和地区	Country or Area	年份 Year	生产者价格增加值（亿本币） Value Added in Producers' Prices (100 million local currency units)	固定资本形成（亿本币） Fixed Capital Formation (100 million local currency units)	制造业生产指数（1990年=100） Index Numbers of Industrial Production(1990=100)		
					1998	1999	2000
中国香港	Hong Kong,China	2000	698	59			
中国澳门	Macao,China	2000	37	3			
孟加拉国	Bangladesh	1999	2042	161	181	187	
印度	India	1999	18613	4763	160	171	181
印度尼西亚	Indonesia	2000	2253740	2453760	142	145	150
伊朗	Iran	1996	281400		180		
以色列	Israel	1999	644	138	158	161	177
日本	Japan	2000	1102050	110850 ③	94	94	100
韩国	Korea, Rep.	1999	2009350	482180	159	199	
蒙古	Mongolia	2000	666	2589	30	29	27
菲律宾	Philippines	1998	6706	865			
新加坡	Singapore	2000	547	113	159	181	209
斯里兰卡	Sri Lanka	1999	1488	119	131	126	136
泰国	Thailand	2000	7633	1673	146	164	169
尼日利亚	Nigeria	1996	1714	233			
加拿大	Canada	1999	2186		126	136	143
墨西哥	Mexico	1999	5028	710	139	144	
美国	United States	1999	17040 ②	1276 ②	140	147	
阿根廷	Argentina	1999	278		149	136	134
巴西	Brazil	1999	1981		113	111	117
委内瑞拉	Venezuela	1998	115264	47027			
保加利亚	Bulgaria	2000	35	10			
捷克	Czech Republic	1999	4234	1362	68	66	
法国	France	1998	9839	1346	111	114	
德国	Germany	1999	3548	504			
意大利	Italy	1998	1918	348	111	110	114
荷兰	Netherlands	1999	1134	173	115	118	
波兰	Poland	1999	1129	284	178	188	
罗马尼亚	Romania	2000	1034263 ③	457699 ③	52	49	53
俄罗斯联邦	Russian Federation	2000			34	39	44
西班牙	Spain	1999	917	160	117	120	124
乌克兰	Ukraine	1999		7			
英国	United Kingdom	1999	1491	205	105	105	
南斯拉夫	Yugoslavia	2000	1114	79	48	37	41
澳大利亚	Australia	1997			111	115	

注：① 1992 年数据。② 1995 年数据。③ 1999 年数据。
Note: ① Data refer to 1992. ② Data refer to 1995. ③ Data refer to 1999.

11-4 制造业增加值及构成

Composition of Value Added in Manufacturing

资料来源：世界银行《世界发展指标》2003。
Source: World Bank "World Development Indicators" 2003.
单位：%

(%)

国家和地区	Country or Area	制造业增加值(亿美元) Value added in manufacturing (100 millions USD)		食品、饮料和烟草 Food, Beverage and Tobacco		纺织和服装 Textiles and Clothing	
		1990	2000	1990	2000	1990	2000
中　国①	China ①	1165.73	3728.36	15	16	15	11
中国香港	Hong Kong,China	126.25	89.53	8	8	36	32
孟加拉国	Bangladesh	38.39	69.22	24	22	38	33
印　度	India	488.08	656.14	12	13	15	11
印度尼西亚	Indonesia	209.47	398.18	27	20	15	20
以色列	Israel			14	19	9	15
日　本	Japan	8102.32	10293.36	9	11	5	3
韩　国	Korea, Rep.	728.37	1443.76	11	8	12	8
马来西亚	Malaysia	106.65	296.72	13	8	6	4
蒙　古	Mongolia		0.58	33	23 ②	37	63 ②
巴基斯坦	Pakistan	61.84	86.37	24	16	27	33
菲律宾	Philippines	110.08	168.78	39	38	11	9
新加坡	Singapore	99.37	248.96	4	3	3	1
斯里兰卡	Sri Lanka	10.77	24.59	51	39	24	30
泰　国	Thailand	232.17	386.5	24	26	30	17
土耳其	Turkey	268.82	269.94	16	13	15	18
埃　及	Egypt	72.96	179.69	19	12	15	39
南　非	South Africa	240.4	214.52	14	14	8	7
加拿大	Canada	912.43	1049.87	15	13	6	3
墨西哥	Mexico	499.92	1071.66	22	25	5	4
美　国	United States	10406	15666	12	9 ③	5	3 ③
阿根廷	Argentina	378.68	468.77	20	30 ③	10	7 ③
巴　西	Brazil	900.52	799.84	14	17 ②	12	7 ②
委内瑞拉	Venezuela	98.09	234.3	17	21	5	10
法　国	France	2281.05	2140.34	13	13	6	12
意大利	Italy	2479.3	2045.42	8	10	13	12
荷　兰	Netherlands		607.07	21	23	3	2
波　兰	Poland		285.14	21	26	9	6
罗马尼亚	Romania			19		18	
西班牙	Spain		1031.28	18	14	8	7
英　国	United Kingdom	2067.27	2348.57	13	12 ③	5	5 ③
澳大利亚	Australia	388.68	453.76	18		6	
新西兰	New Zealand	75.74		28	22	8	13

11-4 续表 1　continued

单位：%　　(%)

国家和地区	Country or Area	机器和运输设备 Machinery and Transport Equipment		化工 Chemicals		其他 Other Manufacturing	
		1990	2000	1990	2000	1990	2000
中国①	China ①	24	29	13	12	34	32
中国香港	Hong Kong,China	21	29	2	3	33	37
孟加拉国	Bangladesh	7	16	17	10	15	19
印度	India	25	22	14	25	34	29
印度尼西亚	Indonesia	12	17	9	11	37	32
以色列	Israel	32	18	9	7	37	41
日本	Japan	40	39	10	10	37	41
韩国	Korea, Rep.	32	45	9	9	36	30
马来西亚	Malaysia	31	47	11	7	39	33
蒙古	Mongolia	1		1	1 ②	27	12 ②
巴基斯坦	Pakistan	9	6	15	6	25	38
菲律宾	Philippines	13	9	12	11	26	33
新加坡	Singapore	53	62	10	15	29	20
斯里兰卡	Sri Lanka	4	6	4	7	17	19
泰国	Thailand	19	10	2	8	26	40
土耳其	Turkey	16	17	10	11	43	41
埃及	Egypt	9	6	14	14 ③	43	43
南非	South Africa	18	20	9	9	50	50
加拿大	Canada	26	36	10	8	44	39
墨西哥	Mexico	24	28	18	15	32	28
美国	United States	31	46 ③	12	10 ③	40	32 ③
阿根廷	Argentina	13	15 ③	12	12 ③	46	36 ③
巴西	Brazil	27	27 ②			48	49 ②
委内瑞拉	Venezuela	5	21	9	9	64	39
法国	France	31	22	9	7	41	46
意大利	Italy	34	26	7	8	37	44
荷兰	Netherlands	25	25	16	14	35	35
波兰	Poland	26	23	7	6	37	38
罗马尼亚	Romania	14		4		45	
西班牙	Spain	25	23	10	10	39	47
英国	United Kingdom	32	29 ③	11	11 ③	38	43 ③
澳大利亚	Australia	20		7		49	
新西兰	New Zealand	13	14	7	4	44	47

注：①世界银行统计数据。②1995年数据。③1999年数据。
Note: ① Data from World Bank. ② Data of 1995. ③ Data of 1999.

11-5 能源平衡表

Production, Trade and Consumption of Commercial Energy

资料来源：联合国《能源统计年鉴》1998年。
Source:UN "Energy Statisticas Yearbook"1998.
单位:标准煤万吨 (10 000 TCE)

国家和地区	Country or Area	年份 Year	一次能源生产量 Primary Energy Production 总计 Total	固体 Solids	液体 Liquids	气体 Gas	电能 Electricity	库存变化 Changes in Stocks	进口 Imports	出口 Exports
世界总计	World	1990	1149119	326131	459073	258680	105235	15088	355757	352904
		1995	1220132	327539	477666	291564	123363	1933	437186	433489
		1996	1253509	332841	486768	306789	127110	137	452412	452040
		1997	1270931	335113	501645	307455	126718	6708	479872	471432
		1998	1274560	324861	510734	309959	129008	7354	486422	487205
亚洲	Asia	1990	325057	108370	168171	31225	17291	6601	104198	135714
		1995	419436	143355	195847	56396	23839	1185	141642	162758
		1996	432930	148055	198936	61099	24840	-70	152242	166611
		1997	442172	147020	206780	62525	25847	2826	161725	173992
		1998	446572	138606	216903	63830	27233	105	157151	183157
中国①	China ①	1990	103922	77110	19745	2078	4988	-322	131	588
		1995	124013	97098	21441	2653	2822	718	5073	6320
		1996	127961	99686	22483	2973	2819	-643	6223	6652
		1997	127233	97961	22970	3356	2947	1490	9061	7352
		1998	118727	89196	23007	3441	3083	-991	7838	6892
孟加拉国	Bangladesh	1990	554		18	526	11	-21	340	
		1995	910		1	904	5	-3	400	
		1996	955		10	936	9	-39	389	
		1997	935		7	920	9	-4	468	
		1998	1014		5	998	11	36	434	
印度	India	1990	24536	17219	4883	1326	1109	118	4457	62
		1995	31416	22734	5035	2451	1196	-153	7390	9
		1996	34307	24393	5233	3484	1197	-147	8703	85
		1997	34473	25307	5368	2497	1301	67	9206	127
		1998	35657	25449	5332	3399	1476	141	10100	176
印度尼西亚	Indonesia	1990	22270	733	13271	8003	264	754	1299	10485
		1995	27275	4152	14380	8338	406	320	2155	13635
		1996	29942	4734	14620	10178	410	-140	2590	14514
		1997	30573	5207	14768	10178	420	-162	2986	15508
		1998	30097	6032	13549	10022	494	950	2577	15779
伊朗	Iran	1990	26430	130	23008	3217	75	1109	1058	16277
		1995	32024	114	26681	5139	90	38	422	18839
		1996	32414	121	26824	5379	91	292	346	18741
		1997	33146	102	26360	6599	85	1484	352	17104
		1998	33473	117	26613	6657	86	1648	469	16792
以色列	Israel	1990	6		2	4		-77	1640	146
		1995	19	15	1	3	0	-15	2589	269
		1996	16	13	1	2	0	-115	2423	266
		1997	17	15		2	0	36	2822	352
		1998	16	14		2	0	-36	3002	411
日本	Japan	1990	9997	727	79	286	8905	209	50702	1142
		1995	13278	520	103	309	12347	42	56008	1367
		1996	13743	538	96	312	12793	477	57371	1216
		1997	14343	355	100	319	13569	513	57878	1340
		1998	14779	305	94	322	14059	-658	55372	1065
哈萨克斯坦	Kazakhstan	1995	9062	5235	2963	761	103		1697	3199
		1996	9192	4823	3440	839	90		1038	3887
		1997	9427	4573	3731	1044	80		967	4156
		1998	9257	4401	3758	1022	76		1002	4598
马来西亚	Malaysia	1990	6117	11	4343	1714	49	14	1350	4882
		1995	9828	11	5074	4667	76	14	1448	5070
		1996	9813	8	5045	4696	63	82	1649	5256
		1997	10359	10	4970	5313	66	100	1864	5511
		1998	10303	35	5100	5109	59	125	1643	5652
蒙古	Mongolia	1990	307	307					107	21
		1995	247	247					70	10
		1996	261	261					62	11
		1997	241	241					68	10
		1998	233	233					67	1
缅甸	Myanmar	1990	267	5	118	130	15	0	19	2
		1995	287	4	69	194	20	-23	95	
		1996	292	4	58	210	20	-35	98	
		1997	310	4	57	227	22	-42	134	
		1998	290	4	56	219	12	2	176	
朝鲜	Korea,Dem. People's Rep.	1990	8120			390		922	51	
		1995	8943	8660			283		790	41
		1996	8847	8570			277		777	40
		1997	8245	7987			258		724	37
		1998	7833	7588			245		688	35

11-5 续表 1 continued

单位:标准煤万吨 (10 000 TCE)

国家和地区	Country or Area	年份 Year	国际运输燃料 Bunkers 空运 Air	海运 Sea	平衡差额 Balance	人均消费量(千克) Consumption per Capita (kilograms per capita)	能源消费量 Consumption 总计 Total	固体 Solids	液体 Liquids	气体 Gas	电能 Electricity
世界总计	**World**	**1990**	**5324**	**13752**	**31345**	**205**	**1086462**	**323854**	**401079**	**256318**	**105213**
		1995	**7502**	**17282**	**44487**	**204**	**1152626**	**329614**	**409303**	**290380**	**123328**
		1996	**7916**	**17786**	**47350**	**207**	**1190692**	**339529**	**418073**	**305984**	**127105**
		1997	**8223**	**18306**	**53288**	**205**	**1192847**	**333985**	**423428**	**308788**	**126646**
		1998	**8396**	**18941**	**52361**	**201**	**1186725**	**326357**	**424969**	**306443**	**128956**
亚洲	**Asia**	**1990**	**1202**	**4349**	**15475**	**84**	**265914**	**121467**	**95048**	**32117**	**17282**
		1995	**2259**	**5575**	**23278**	**107**	**366023**	**158968**	**127094**	**56068**	**23894**
		1996	**2430**	**5810**	**25479**	**111**	**384911**	**165563**	**133002**	**61434**	**24912**
		1997	**2492**	**6297**	**28924**	**110**	**389367**	**162929**	**135589**	**64963**	**25887**
		1998	**2385**	**6722**	**28797**	**106**	**382558**	**155717**	**133736**	**65757**	**27347**
中国①	China ①	1990					98703	75212	16385	2073	5034
		1995		151	4307	98	117590	93977	18210	2649	2755
		1996		140	5398	101	122636	97712	19412	2738	2775
		1997		141	6506	99	120806	94021	20937	2989	2860
		1998		295	6445	91	113923	86549	21333	2994	3047
孟加拉国	Bangladesh	1990	1	1	65	8	849	40	272	526	11
		1995		2	95	10	1216	46	262	904	5
		1996		2	111	11	1270	26	300	936	9
		1997		1	89	11	1317	46	342	920	9
		1998		1	32	11	1380	12	359	998	11
印度	India	1990	93	33	1766	32	26921	17938	6532	1326	1126
		1995	95		2856	39	35998	23707	8626	2451	1215
		1996	96		2885	42	40091	25502	9890	3484	1215
		1997	97		2739	42	40650	26708	10126	2497	1320
		1998	97		3076	43	42267	26913	10460	3399	1495
印度尼西亚	Indonesia	1990	34	29	3109	50	9158	296	4311	4287	264
		1995	74	23	4297	56	11083	1932	5241	3505	406
		1996	88	24	4510	68	13535	1584	5717	5824	410
		1997	92	25	4570	67	13525	1043	6380	5683	420
		1998	103	26	4366	56	11449	1412	6115	3428	494
伊朗	Iran	1990	1	51	747	160	9303	175	6035	3018	75
		1995	1	121	1258	196	12190	155	6807	5139	90
		1996	1	79	1215	214	12433	153	6810	5379	91
		1997	1	62	1051	217	13796	137	6923	6652	85
		1998	1	99	1105		14298	154	7150	6907	86
以色列	Israel	1990	51	25	46	312	1455	370	1085	4	-5
		1995	1	30	143	392	2180	716	1473	3	-11
		1996	1	13	126	376	2148	794	1364	2	-12
		1997	1	26	178	384	2248	879	1381	2	-14
		1998	1	22	202	404	2419	942	1487	2	-13
日本	Japan	1990	82	748	2099	457	56419	11483	29163	6869	8905
		1995	795	890	2338	509	63853	12499	30748	8259	12347
		1996	844	619	2436	521	65522	12856	30972	8900	12793
		1997	898	741	2962	519	65768	13222	29888	9088	13569
		1998	880	861	2091	522	65966	12960	29490	9458	14059
哈萨克斯坦	Kazakhstan	1995	51		296	437	7212	4062	1356	1602	193
		1996	49		170	373	6125	3622	1087	1245	171
		1997	31		699	336	5508	3108	1145	1117	138
		1998	36		306	326	5321	3035	1045	1118	122
马来西亚	Malaysia	1990		13	-107	149	2666	204	1940	474	48
		1995		36	322	290	5835	239	2607	2914	76
		1996		23	468	274	5633	292	2764	2514	63
		1997		22	473	292	6117	275	2965	2811	66
		1998		58	556	260	5555	265	2685	2547	59
蒙古	Mongolia	1990				180	392	286	104		3
		1995				125	307	253	49		5
		1996				125	313	253	55		5
		1997				118	299	241	54		4
		1998				116	299	237	58		4
缅甸	Myanmar	1990			50	6	235	6	85	130	15
		1995	1	-	13	9	391	5	172	194	20
		1996	2	1	10	10	413	5	179	210	20
		1997	2	1	19	11	465	5	212	227	22
		1998	2	-	19	10	443	5	208	219	12
朝鲜	Korea,Dem. People's Rep.	1990			-30	432	9411	8357	664		390
		1995			-96	440	9788	8875	630		283
		1996			-100	428	9684	8783	624		277
		1997			-93	393	9025	8186	581		258
		1998			-88	367	8574	7777	552		245

11-5 续表 2 continued

单位：标准煤万吨 (10 000 TCE)

国家和地区	Country or Area	年份 Year	一次能源生产量 Primary Energy Production 总计 Total	固体 Solids	液体 Liquids	气体 Gas	电能 Electricity	库存变化 Changes in Stocks	进口 Imports	出口 Exports
韩国	Korea, Rep.	1990	3150	1107			2043	-35	10257	486
		1995	2929	368			2561	306	20157	2024
		1996	3132	318			2814	284	22639	2529
		1997	3224	290			2934	333	25676	3767
		1998	3692	280			3411	178	23904	4838
巴基斯坦	Pakistan	1990	2263	212	388	1444	219	47	1374	39
		1995	2900	206	395	2000	300		1911	44
		1996	3097	246	423	2125	303		2154	41
		1997	3159	240	425	2224	269		2114	67
		1998	3136	213	413	2225	285		2251	32
菲律宾	Philippines	1990	864	84	35		745	46	1963	59
		1995	919	89	19		811	93	2861	49
		1996	951	75	7		870	199	3129	89
		1997	995	73	6		916	6	3381	84
		1998	1011	68	6	-	937	-	3270	24
新加坡	Singapore	1990						87	8577	4713
		1995						-685	10915	5937
		1996						-653	11963	6143
		1997						-719	12221	5896
		1998						-1397	11974	6006
斯里兰卡	Sri Lanka	1990	39				39	4	271	14
		1995	56				56	-2	355	14
		1996	40				40	-2	414	11
		1997	42				42	4	432	11
		1998	48				48	2	440	3
泰国	Thailand	1990	1699	463	403	771	61	12	2688	106
		1995	3119	1158	526	1352	83	-91	4806	161
		1996	3567	1350	603	1533	90	171	5944	612
		1997	4194	1470	723	1913	89	33	5897	810
		1998	4067	1267	752	1984	64	-151	5201	721
土耳其	Turkey	1990	2534	1682	530	28	294	-113	4131	302
		1995	2691	1718	502	24	448	162	5513	220
		1996	2800	1765	500	27	508	81	6128	179
		1997	2898	1872	493	33	500	-61	6363	143
		1998	3134	2070	461	74	530	-19	6539	242
越南	Viet Nam	1990	914	463	385	0	66	-27	433	458
		1995	2129	835	1089	1	205	77	704	1376
		1996	2465	982	1258	1	224	70	833	1609
		1997	2803	1139	1442	2	221	235	878	1723
		1998	3170	1167	1786	2	215	288	997	2052
非洲	**Africa**	**1990**	**70344**	**13949**	**46157**	**9218**	**1021**	**312**	**7237**	**46083**
		1995	**79325**	**16418**	**49722**	**12031**	**1154**	**1055**	**8063**	**50175**
		1996	**81263**	**16352**	**50722**	**12976**	**1214**	**1117**	**7958**	**51786**
		1997	**84907**	**17378**	**51898**	**14348**	**1284**	**909**	**7847**	**54719**
		1998	**86545**	**17717**	**52763**	**14658**	**1406**	**1135**	**8268**	**55862**
埃及	Egypt	1990	7552		6527	903	123	71	227	3502
		1995	8624		6681	1807	136	1252	153	2245
		1996	8549		6490	1922	137	1094	285	1973
		1997	8483		6355	1983	144	911	267	1906
		1998	7960		6168	1645	147	1171	313	1374
尼日利亚	Nigeria	1990	12914	9	12332	534	39	-457	254	11207
		1995	13884	14	13169	634	66		320	12005
		1996	14069	14	13262	727	66		320	12248
		1997	14241	14	13381	779	67		318	12685
		1998	14714	6	13856	786	67		272	12828
南非	South Africa	1990	13651	13329			322	-	2246	4279
		1995	17435	15721	1039	245	430	-204	2385	6017
		1996	17468	15710	1056	245	457		2146	6091
		1997	18506	16740	1058	219	490		1920	6561
		1998	18882	17130	1043	184	525		2368	6760
北美洲	**North America**	**1990**	**297979**	**83021**	**96388**	**84095**	**34475**	**5851**	**77851**	**43517**
		1995	**316140**	**81905**	**97451**	**94589**	**42195**	**-1579**	**93099**	**50651**
		1996	**321823**	**84283**	**96507**	**98200**	**42833**	**-982**	**98244**	**52605**
		1997	**325703**	**86497**	**99230**	**99720**	**40256**	**2835**	**105373**	**54836**
		1998	**323722**	**87526**	**97016**	**98188**	**40992**	**5635**	**111202**	**56324**

单位:标准煤万吨 (10 000 TCE)

国家和地区	Country or Area	年份 Year	国际运输燃料 Bunkers 空运 Air	海运 Sea	平衡差额 Balance	人均消费量(千克) Consumption per Capita (kilograms per capita)	能源消费量 Consumption 总计 Total	固体 Solids	液体 Liquids	气体 Gas	电能 Electricity
韩国	Korea, Rep.	1990	77	234	748	278	11912	3549	5888	432	2043
		1995	98	675	1476	412	18507	4343	10287	1316	2561
		1996	108	770	1959	444	20122	4703	10899	1706	2814
		1997	109	855	2797	460	21040	4966	11061	2080	2934
		1998	74	890	2862	407	18754	5137	8259	1947	3411
巴基斯坦	Pakistan	1990	15	5	86	29	3446	318	1466	1444	219
		1995	20	2	121	34	4624	314	2010	2000	300
		1996	18	2	129	36	5066	353	2285	2125	303
		1997	19	3	102	35	5082	323	2265	2224	269
		1998	20	2	101	35	5232	308	2413	2225	285
菲律宾	Philippines	1990	54	10	173	40	2484	216	1524		745
		1995	63	15	325	47	3235	277	2148		811
		1996	75	23	208	50	3485	399	2217		870
		1997	90	18	420	53	3758	509	2333		916
		1998	64	25	274	53	3894	513	2444		937
新加坡	Singapore	1990	100	1025	796	685	1856	3	1853		
		1995	129	1621	1001	877	2912	3	2909		
		1996	170	2029	1026	963	3249		3249		
		1997	147	2303	1057	1032	3537		3537		
		1998	147	2446	1146	1043	3626		3626		
斯里兰卡	Sri Lanka	1990	8	55	9	13	218	-	180		39
		1995	11	48	23	18	316	-	261		56
		1996	14	54	18	20	359	-	319		40
		1997	15	39	15	21	390	-	348		42
		1998	13	37	20	23	415	4	363		48
泰国	Thailand	1990			88	75	4181	487	2854	771	69
		1995			382	128	7473	1381	4650	1352	90
		1996			445	140	8294	1675	4986	1533	99
		1997			560	146	8689	1717	4963	1913	97
		1998			739	132	7959	1440	4451	1987	82
土耳其	Turkey	1990		17	570	105	5879	2256	2885	453	285
		1995	38	27	395	120	7362	2349	3655	919	439
		1996	47	18	459	131	8146	2712	3818	1109	507
		1997	64	23	530	135	8562	3012	3699	1324	527
		1998	71	23	626	135	8730	3214	3529	1420	567
越南	Viet Nam	1990			-	14	916	417	433	-	66
		1995			-	19	1380	473	702	1	205
		1996			-	22	1620	556	839	1	224
		1997			-	23	1723	617	883	2	221
		1998			-	24	1828	616	995	2	215
非洲	**Africa**	**1990**	**327**	**569**	**2102**	**45**	**28189**	**10115**	**12054**	**5015**	**1005**
		1995	**360**	**994**	**3182**	**45**	**31623**	**10892**	**12539**	**7055**	**1137**
		1996	**390**	**1068**	**2359**	**46**	**32500**	**10871**	**12866**	**7586**	**1177**
		1997	**375**	**1035**	**2429**	**46**	**33288**	**11415**	**12845**	**7789**	**1240**
		1998	**333**	**951**	**2569**	**45**	**33962**	**11554**	**13405**	**7664**	**1339**
埃及	Egypt	1990	21	215	309	65	3660	122	2513	903	123
		1995	37	355	310	74	4578	92	2545	1804	136
		1996	52	437	343	78	4936	129	2748	1922	137
		1997	44	430	346	79	5112	107	2878	1983	144
		1998	48	318	306	77	5057	95	3169	1645	147
尼日利亚	Nigeria	1990	52	57	9	21	2301	6	1722	534	38
		1995	52	54	447	17	1646	15	930	634	66
		1996	54	54	294	17	1740	15	932	727	66
		1997	53	53	-14	17	1783	15	922	779	67
		1998	54	51	159	18	1894	7	1035	786	67
南非	South Africa	1990			102	273	11516	9069	2141		306
		1995		328	655	301	13024	9801	2584	245	395
		1996		329	199	295	12995	9744	2618	245	389
		1997		316	228	297	13320	10316	2378	219	408
		1998		334	542	299	13615	10481	2451	184	499
北美洲	**North America**	**1990**	**211**	**3100**	**3548**	**753**	**319603**	**70801**	**132065**	**82260**	**34477**
		1995	**215**	**4723**	**8062**	**761**	**347167**	**72948**	**135649**	**96364**	**42205**
		1996	**253**	**4481**	**8663**	**769**	**355047**	**76311**	**137722**	**98175**	**42840**
		1997	**261**	**3956**	**11091**	**767**	**358096**	**77072**	**141077**	**99688**	**40259**
		1998	**251**	**3982**	**9874**	**760**	**358857**	**79145**	**143175**	**95535**	**41003**

11-5 续表 4 continued

单位:标准煤万吨 (10 000 TCE)

国家和地区	Country or Area	年份 Year	一次能源生产量 Primary Energy Production 总计 Total	固体 Solids	液体 Liquids	气体 Gas	电能 Electricity	库存变化 Changes in Stocks	进口 Imports	出口 Exports
加拿大	Canada	1990	38664	5278	12994	14037	6355	683	6203	15070
		1995	50618	5557	16106	21181	7774	-409	5968	22971
		1996	51561	5675	16172	21887	7828	6	6807	23933
		1997	53153	5872	17615	22280	7386	296	7869	24947
		1998	51558	5564	16345	22905	6745	286	8326	26373
墨西哥	Mexico	1990	26194	556	21352	3259	1027	46	844	10200
		1995	26833	410	22923	2029	1470	-54	1299	10933
		1996	28753	450	23679	3237	1387	60	1325	12006
		1997	30473	460	25008	3616	1389	48	2166	13494
		1998	31482	500	25445	4191	1346	-68	2454	13694
美国	United States	1990	230894	77187	60775	66101	26832	5004	60871	12967
		1995	236148	75937	57143	70474	32594	-1061	75556	11789
		1996	238788	78158	55351	72053	33226	-1061	79525	11536
		1997	239325	80166	55341	72735	31083	2499	84617	11421
		1998	237748	81463	53853	69955	32478	5336	88675	10836
南美洲	**South America**	**1990**	**46653**	**2700**	**31579**	**7679**	**4695**	**445**	**8250**	**20467**
		1995	**61450**	**3285**	**40885**	**11338**	**5942**	**-85**	**10637**	**29348**
		1996	**66007**	**3552**	**45294**	**11099**	**6063**	**904**	**11587**	**32398**
		1997	**70367**	**4029**	**47877**	**11950**	**6511**	**-136**	**12193**	**35942**
		1998	**71731**	**4345**	**48611**	**12151**	**6624**	**200**	**12690**	**36381**
阿根廷	Argentina	1990	6935	23	3713	2706	493	-24	403	650
		1995	9568	26	5323	3625	595	-2	880	2477
		1996	10069	26	5962	3521	560	-10	698	2780
		1997	11142	21	6333	4145	643	34	647	3068
		1998	11135	24	6247	4259	604	45	783	3201
巴西	Brazil	1990	8042	292	4615	514	2622	257	5833	551
		1995	9330	330	5126	657	3217	-354	6565	381
		1996	10171	305	5770	737	3359	139	7411	246
		1997	10968	358	6242	818	3549	30	7482	261
		1998	12133	350	7219	858	3705	75	7291	567
委内瑞拉	Venezuela	1990	20466	219	16530	3263	454	109	69	13594
		1995	28518	406	21929	5549	633	41	12	18861
		1996	30979	364	24846	5230	539	645	11	21026
		1997	32927	514	26293	5416	704	-82	67	23448
		1998	32478	745	25564	5456	722	-31	163	22891
欧洲	**Europe**	**1990**	**151137**	**54949**	**30673**	**29194**	**36321**	**669**	**152757**	**57911**
		1995	**314308**	**63502**	**88749**	**112628**	**49428**	**1038**	**179658**	**124317**
		1996	**321644**	**61200**	**90439**	**118643**	**51361**	**-721**	**187839**	**132107**
		1997	**316546**	**59460**	**90959**	**114109**	**52018**	**-11**	**188060**	**134452**
		1998	**312950**	**54617**	**90157**	**116249**	**51928**	**526**	**192456**	**136321**
保加利亚	Bulgaria	1990	1358	780	9	2	568	-148	2666	128
		1995	1417	735	6	6	671	30	2209	288
		1996	1388	670	5	5	709	69	2168	260
		1997	1344	639	4	5	697	-2	1810	271
		1998	1388	710	5	4	670	9	1684	236
捷克	Czech Republic	1995	4447	3912	21	31	483	-35	2590	1244
		1996	4491	3933	22	29	508	91	2871	1213
		1997	4338	3798	23	26	490	82	2792	1132
		1998	4110	3544	26	27	514	32	2801	1131
法国②	France ②	1990	14233	1114	486	264	12369	293	19446	2530
		1995	16822	864	533	443	14981	29	19776	2857
		1996	17280	766	472	382	15660	-262	21408	3243
		1997	16996	643	457	338	15558	99	21135	3383
		1998	16503	541	409	292	15261	-170	22692	3696
德国	Germany	1990	18422	10349	513	1863	5697	-143	23104	2381
		1995	19924	11192	418	2278	6035	-295	30609	2882
		1996	19709	10501	411	2477	6321	-499	32778	3074
		1997	19466	10020	401	2450	6595	219	32647	3082
		1998	18230	9145	419	2408	6258	-101	33198	3069
意大利③	Italy ③	1990	3760	40	667	2227	826	202	21560	2685
		1995	4293	13	749	2595	938	44	21824	2304
		1996	4428	10	779	2597	1041	278	21947	2514
		1997	4412	3	850	2505	1054	-142	22312	2815
		1998	4345	6	804	2471	1064	-54	23389	3037

11-5 续表 5 continued

单位:标准煤万吨 (10 000 TCE)

国家和地区	Country or Area	年份 Year	国际运输燃料 Bunkers 空运 Air	海运 Sea	平衡差额 Balance	人均消费量(千克) Consumption per Capita(kilograms per capita)	能源消费量 Consumption 总计 Total	固体 Solids	液体 Liquids	气体 Gas	电能 Electricity
加拿大	Canada	1990	133	91	-299	1096	29188	3358	10814	8666	6350
		1995	121	90	928	1110	32885	3352	11125	11078	7331
		1996	142	91	523	1124	33673	3443	11252	11613	7365
		1997	139	78	626	1155	34937	3665	12630	11696	6947
		1998	133	166	-1042	1111	33968	3821	12582	11156	6408
墨西哥	Mexico	1990	11	6	991	187	15785	572	10882	3321	1010
		1995		88	1270	174	15895	580	11627	2228	1460
		1996		82	1323	179	16607	663	11258	3299	1388
		1997		114	1489	186	17494	691	11693	3708	1403
		1998		112	1432	196	18765	705	12355	4342	1364
美国	United States	1990		2683	2425	1075	268687	66811	105453	69567	26856
		1995		4193	4922	1093	291861	68947	107712	82146	33056
		1996		3946	5927	1106	297968	72133	109911	82231	33694
		1997		3400	7986	1099	298635	72644	111301	83188	31502
		1998		3333	8223	1090	298696	74553	112444	78890	32808
南美洲	**South America**	**1990**	**134**	**360**	**2193**	**107**	**31304**	**2480**	**16459**	**7687**	**4678**
		1995	**112**	**361**	**2378**	**125**	**39972**	**2801**	**19897**	**11332**	**5942**
		1996	**128**	**403**	**3136**	**125**	**40626**	**2969**	**20561**	**11035**	**6060**
		1997	**140**	**455**	**3168**	**130**	**42991**	**3132**	**21506**	**11840**	**6513**
		1998	**159**	**442**	**3407**	**131**	**43832**	**3132**	**22020**	**12088**	**6593**
阿根廷	Argentina	1990		105	482	190	6125	116	2509	2997	504
		1995		68	267	220	7638	140	2970	3907	621
		1996		83	638	207	7276	117	2777	3780	602
		1997		101	806	218	7780	105	2714	4255	707
		1998	-	100	819	215	7753	118	2758	4207	670
巴西	Brazil	1990	67	79	1224	79	11698	1333	6923	515	2927
		1995	97	167	1060	91	14544	1673	8563	657	3652
		1996	111	192	1294	97	15600	1766	9288	737	3809
		1997	123	245	1293	101	16498	1796	9838	818	4047
		1998	138	243	1360	103	17042	1759	10234	858	4190
委内瑞拉	Venezuela	1990	53	114	191	335	6476	46	2713	3263	454
		1995		10	481	418	9136	12	2942	5549	633
		1996		10	625	389	8685	13	2903	5230	539
		1997		11	467	402	9149	16	3013	5416	704
		1998		9	460	401	9313	143	3001	5456	713
欧洲	**Europe**	**1990**	**3106**	**5188**	**2366**	**406**	**234606**	**67173**	**85297**	**45372**	**36764**
		1995	**4142**	**5416**	**7735**	**483**	**351318**	**77621**	**108063**	**116289**	**49345**
		1996	**4275**	**5813**	**7736**	**495**	**360272**	**76909**	**107661**	**124386**	**51316**
		1997	**4501**	**6359**	**7415**	**483**	**351890**	**72263**	**106606**	**121077**	**51945**
		1998	**4783**	**6656**	**7408**	**480**	**349712**	**69153**	**106787**	**121923**	**51849**
保加利亚	Bulgaria	1990		47	248	417	3749	1297	1067	771	614
		1995		39	186	363	3082	1031	728	655	669
		1996		34	156	360	3038	971	622	742	703
		1997		1	128	328	2756	1012	504	587	653
		1998		10	132	322	2684	1027	536	497	625
捷克	Czech Republic	1995	27		226	540	5576	3180	868	1040	488
		1996	19		238	562	5801	3195	901	1197	508
		1997	18		184	555	5715	3143	879	1217	476
		1998	17		185	540	5547	2916	928	1220	483
法国②	France ②	1990	551	365	483	519	29457	2871	10949	3828	11807
		1995	554	364	1143	545	31650	2322	10278	4928	14122
		1996	591	393	1280	574	33443	2393	10672	5565	14813
		1997	607	428	1256	553	32359	2110	10390	5106	14753
		1998	647	414	983	573	33625	2458	10901	5713	14553
德国	Germany	1990	560	294	159	624	38275	10789	14123	7662	5701
		1995	800	294	802	564	46049	13016	16468	10470	6094
		1996	839	292	752	586	48031	12947	16991	11836	6256
		1997	866	309	897	570	46739	12326	16643	11204	6566
		1998	891	239	1193	563	46082	11978	16390	11464	6250
意大利③	Italy ③	1990	269	407	-617	388	22373	1929	12894	6298	1252
		1995	347	347	-522	411	23597	1764	13348	7088	1398
		1996	376	328	-192	402	23071	1613	12645	7312	1501
		1997	389	342	-485	415	23806	1604	13133	7538	1531
		1998	413	376	76	416	23886	1604	12602	8115	1565

11-5 续表 6 continued

单位:标准煤万吨 (10 000 TCE)

国家和地区	Country or Area	年份 Year	一次能源生产量 Primary Energy Production 总计 Total	固体 Solids	液体 Liquids	气体 Gas	电能 Electricity	库存变化 Changes in Stocks	进口 Imports	出口 Exports
荷兰	Netherlands	1990			573	8669	132	-105	13383	10982
		1995	10233		506	9572	155	-222	13617	11440
		1996	11426		444	10821	161	29	14318	12459
		1997	10126		428	9601	97	158	15124	11972
		1998	9672		391	9130	151	-63	15512	12176
波兰	Poland	1990	13655	13256	24	334	41	165	3421	2808
		1995	13512	12925	42	498	48	-170	3469	3143
		1996	13652	13044	45	515	48	62	3930	2824
		1997	13613	13016	41	509	47	581	4251	3008
		1998	11837	11216	51	516	53	-81	4363	2931
罗马尼亚	Romania	1990	5682	1142	1133	3273	135	65	3945	1254
		1995	4317	1052	996	2064	205	3	2754	670
		1996	4269	1076	982	1966	245	-9	2676	544
		1997	3975	890	967	1701	416	156	2511	410
		1998	3654	692	939	1593	430	-64	2115	475
俄罗斯联邦	Russian Federation	1995	140150	15761	43600	74903	5887	1915	3529	50823
		1996	139656	15306	42798	75542	6009	48	3204	52994
		1997	136505	14609	43423	72474	6000	-1836	3307	54154
		1998	137763	13812	43071	75057	5824	374	3221	54980
西班牙	Spain	1990	4452	1744	167	202	2338	50	9782	1441
		1995	3930	1362	134	60	2374	207	11544	894
		1996	4125	1336	114	67	2608	-87	11361	788
		1997	3958	1328	96	25	2509	-207	12137	776
		1998	4041	1248	125	16	2652	283	13402	972
乌克兰	Ukraine	1995	12076	6316	580	2418	2760		13148	548
		1996	11678	5573	586	2451	3069		13112	749
		1997	11742	5659	591	2414	3078		11284	708
		1998	11618	5674	557	2392	2995		10238	642
英国	United Kingdom	1990	30080	7928	13127	6496	2529	31	11578	10397
		1995	37493	4696	19001	10403	3393	-677	10041	14706
		1996	39246	4321	18953	12384	3588	-337	10386	14566
		1997	39270	4174	18744	12624	3728	380	10524	14793
		1998	40038	3565	19343	13311	3819	205	10708	15343
南斯拉夫	Yugoslavia	1990	3653	2415	526	293	419	113	2733	123
		1995	1622	1218	152	114	138		84	
		1996	1545	1170	147	86	142		516	-
		1997	1604	1238	140	89	137		643	-
		1998	1718	1343	131	94	151		573	3
大洋洲	**Oceania**	**1990**	**22717**	**14470**	**4222**	**3334**	**692**	**465**	**2930**	**10275**
		1995	**29473**	**19074**	**5011**	**4582**	**806**	**317**	**4088**	**16240**
		1996	**29843**	**19400**	**4870**	**4773**	**800**	**-112**	**4543**	**16533**
		1997	**31236**	**20729**	**4902**	**4803**	**802**	**284**	**4675**	**17492**
		1998	**33041**	**22050**	**5283**	**4882**	**825**	**-248**	**4656**	**19160**
澳大利亚	Australia	1990	21130	14277	3950	2721	183	492	1924	10030
		1995	27029	18795	4066	3968	200	344	2813	15261
		1996	27380	19114	3995	4073	198	-80	3210	15622
		1997	28666	20459	3938	4057	212	302	3321	16557
		1998	30617	21787	4405	4224	201	-240	3237	18257
新西兰	New Zealand	1990	1570	193	272	613	492	-22	506	230
		1995	1700	279	231	603	587	-27	656	251
		1996	1861	286	303	689	582	-32	713	327
		1997	1973	270	398	735	571	-18	733	357
		1998	1836	264	321	647	605	-8	804	334

11-5 续表 7 continued

单位:标准煤万吨 (10 000 TCE)

国家和地区	Country or Area	年份 Year	国际运输燃料 Bunkers 空运 Air	海运 Sea	平衡差额 Balance	人均消费量(千克) Consumption per Capita (kilograms per capita)	能源消费量 Consumption 总计 Total	固体 Solids	液体 Liquids	气体 Gas	电能 Electricity
荷兰	Netherlands	1990	209	1579	-796	729	10888	1527	4224	4892	245
		1995	362	1635	-948	749	11583	1290	4612	5387	295
		1996	386	1664	-1317	806	12523	1320	4995	5917	291
		1997	419	1765	-904	758	11841	1271	4726	5592	252
		1998	456	1778	-1067	759	11905	1268	4808	5532	296
波兰	Poland	1990		62	333	359	13708	10785	1624	1272	28
		1995	53	28	52	359	13875	10245	2203	1414	13
		1996	55	32	112	375	14498	10588	2385	1516	10
		1997	37	22	73	366	14143	10135	2493	1495	20
		1998	28	113	79	339	13130	9150	2459	1510	11
罗马尼亚	Romania	1990		-	313	345	7994	1766	1871	4105	252
		1995	26		406	262	5966	1439	1569	2749	209
		1996	2		396	266	6013	1413	1571	2774	255
		1997	18		322	247	5580	1306	1578	2277	419
		1998	15		255	226	5088	1046	1475	2132	435
俄罗斯联邦	Russian Federation	1995			3473	591	87523	15702	17402	48773	5645
		1996			2997	587	86820	16102	15947	49002	5769
		1997			2911	573	84583	14599	15454	48773	5757
		1998			2646	563	82984	13730	14975	48677	5602
西班牙	Spain	1990	161	559	486	296	11537	2818	5597	789	2333
		1995	291	463	1087	317	12531	2711	6165	1225	2430
		1996	307	675	1133	320	12669	2620	6058	1371	2621
		1997	332	833	1061	336	13300	2567	6468	1795	2471
		1998	350	877	925	354	14036	2465	7034	1843	2694
乌克兰	Ukraine	1995	131		292	472	24252	7502	3157	10871	2723
		1996	110		156	464	23775	6451	2456	11824	3044
		1997	94		147	432	22077	6216	2256	10529	3076
		1998	98		149	412	20968	6244	2294	9443	2986
英国	United Kingdom	1990	606	363	-482	534	30742	9056	11549	7461	2676
		1995	664	353	809	541	31680	6946	10617	10523	3594
		1996	679	382	892	570	33452	6386	10873	12400	3793
		1997	727	423	756	557	32715	5702	10627	12453	3932
		1998	0	0	0	0	0	0	0	0	0
		1998	805	441	731	566	33221	5479	10743	13027	3973
南斯拉夫	Yugoslavia	1995	6		51	156	1649	1224	147	140	138
		1996	8		116	183	1938	1177	263	357	142
		1997	14		100	201	2132	1244	397	354	137
		1998	14		129	202	2145	1348	314	335	147
大洋洲	**Oceania**	**1990**	**345**	**177**	**-554**	**560**	**14939**	**5612**	**5675**	**2961**	**692**
		1995	**416**	**212**	**-147**	**589**	**16524**	**6386**	**6061**	**3272**	**806**
		1996	**441**	**211**	**-23**	**609**	**17336**	**6907**	**6261**	**3368**	**800**
		1997	**455**	**204**	**262**	**597**	**17215**	**7175**	**5806**	**3431**	**802**
		1998	**485**	**188**	**307**	**610**	**17804**	**7657**	**5846**	**3476**	**825**
澳大利亚	Australia	1990	200	94	-476	744	12715	5433	4752	2348	183
		1995	269	122	-114	778	13960	6186	4916	2658	200
		1996	290	124	-5	807	14638	6692	5080	2668	198
		1997	300	115	279	787	14434	6949	4589	2685	212
		1998	332	101	328	814	15076	7456	4601	2818	201
新西兰	New Zealand	1990	64	46	-78	541	1835	160	570	613	492
		1995	74	50	-34	556	2041	181	671	603	587
		1996	77	48	-19	584	2174	195	707	689	582
		1997	81	50	-19	600	2256	207	742	735	571
		1998	80	48	-21	581	2207	182	774	647	605

注:①为联合国统计数据。②包括摩纳哥。③包括圣马力诺。

Note: ① Data from United Nations. ② Including Monaco. ③ Including San Marino.

11-6 能源利用效率

Energy Efficiency

资料来源：世界银行数据库。
Source: World Bank Database.

国家和地区	Country or Area	单位能源生产的GDP（国际元／千克标准油） GDP per Unit of Energy Use (PPP$ per kg of oil equivalent)				
		1990	1997	1998	1999	2000
世　　界	**World**	**3.5**	**4.0**	**4.1**	**4.2**	**4.5**
中　　国①	China ①	1.7	3.2	3.5	3.8	4.1
中国香港	Hong Kong, China	8.7	10.8	8.4	8.2	10.9
孟加拉国	Bangladesh	8.1	9.8	9.8	10.3	10.8
印　　度	India	3.8	4.9	5.0	5.3	5.5
印度尼西亚	Indonesia	3.5	4.6	4.1	4.1	4.2
伊　　朗	Iran	3.0	3.2	3.1	3.2	3.2
以 色 列	Israel	5.3	6.0	6.0	6.3	6.5
日　　本	Japan	5.3	5.8	5.7	5.9	6.1
哈萨克斯坦	Kazakhstan		1.8	1.8	2.0	2.2
韩　　国	Korea, Rep.	3.4	3.3	3.3	3.4	3.6
马来西亚	Malaysia	3.7	3.8	3.7	4.2	4.3
巴基斯坦	Pakistan	3.4	3.8	3.8	3.8	4.0
菲 律 宾	Philippines	6.8	6.5	6.6	6.7	6.8
新 加 坡	Singapore	2.7	2.9	3.3	3.7	3.9
斯里兰卡	Sri Lanka	5.7	7.3	7.5	7.5	7.8
泰　　国	Thailand	4.7	5.2	5.0	5.0	5.1
土 耳 其	Turkey	4.6	5.2	5.2	5.2	5.3
越　　南	Viet Nam	2.7	3.7	3.8	4.0	4.2
埃　　及	Egypt	3.9	4.6	4.5	4.6	4.8
尼日利亚	Nigeria	1.0	1.1	1.1	1.2	1.2
南　　非	South Africa	3.7	3.9	3.8	4.0	4.4
加 拿 大	Canada	2.5	2.9	3.0	3.2	3.3
墨 西 哥	Mexico	4.0	4.9	4.9	5.1	5.5
美　　国	United States	3.0	3.8	3.9	4.0	4.2
阿 根 廷	Argentina	5.3	7.2	7.3	6.9	7.2
巴　　西	Brazil	5.9	6.5	6.2	6.4	6.7
委内瑞拉	Venezuela	2.1	2.5	2.2	2.3	2.3
白俄罗斯	Belarus		2.3	2.6	2.8	3.0
保加利亚	Bulgaria	1.9	2.2	2.3	2.6	2.8
捷　　克	Czech Republic		3.1	3.2	3.5	3.6
法　　国	France	4.3	4.9	4.8	5.0	5.4
德　　国	Germany	4.0	5.3	5.4	5.7	6.1
意 大 利	Italy	6.6	7.8	7.6	7.8	8.2
荷　　兰	Netherlands	4.1	4.9	5.2	5.4	5.7
波　　兰	Poland	2.2	2.9	3.2	3.6	4.0
罗马尼亚	Romania	1.9	2.8	2.9	3.2	3.4
俄罗斯联邦	Russian Federation		1.4	1.4	1.5	1.6
西 班 牙	Spain	5.6	6.2	6.2	6.3	6.4
乌 克 兰	Ukraine		1.2	1.2	1.3	1.4
英　　国	United Kingdom	4.4	5.4	5.4	5.6	6.0
澳大利亚	Australia	3.2	3.9	4.0	4.1	4.3
新 西 兰	New Zealand	3.2	3.6	3.6	3.8	3.7

注：①世界银行统计数据。
Note: ① Data from World Bank.

11-7 电力装机容量

Net Installed Capacity of Electricity Generating Plants

资料来源：联合国《能源统计年鉴》1998 年。
Source:UN "Energy Statistics Yearbook" 1998.
单位：万千瓦 (10 000 kilowatts)

国家和地区	Country or Area	年份 Year	总装机容量 Self-producers and Public Utilities 总计 Total	热电 Thermal	水电 Hydro	核电 Nuclear	地热 Geother-mal	发电厂自用装机容量 Self-producers 总计 Total	热电 Thermal	水电 Hydro	核电 Nuclear	地热 Geother-mal
世界总计	**World**	**1990**	**276179**	**177906**	**64418**	**33030**	**825**	**20750**	**18256**	**2088**	**96**	**311**
		1995	**306384**	**199082**	**71097**	**35067**	**1138**	**23483**	**20706**	**2331**	**70**	**376**
		1996	**313225**	**204388**	**71802**	**35624**	**1412**	**25096**	**22361**	**2295**	**70**	**370**
		1997	**319900**	**209628**	**72608**	**36136**	**1528**	**25896**	**23146**	**2317**	**70**	**364**
		1998	**324232**	**212290**	**73746**	**36522**	**1673**	**26551**	**24046**	**2365**	**70**	**370**
亚洲	**Asia**	**1990**	**61265**	**43589**	**12927**	**4611**	**139**	**5155**	**4879**	**256**	**17**	**4**
		1995	**85640**	**61876**	**17490**	**6046**	**228**	**6835**	**6519**	**278**	**17**	**22**
		1996	**89465**	**64800**	**17935**	**6243**	**488**	**6916**	**6605**	**283**	**17**	**12**
		1997	**93612**	**98280**	**18249**	**6567**	**516**	**7475**	**7163**	**285**	**17**	**11**
		1998	**96392**	**70435**	**18566**	**6848**	**543**	**8223**	**7898**	**298**	**17**	**11**
孟加拉国	Bangladesh	1990	252	229	23			17	17			
		1995	328	305	23			38	38			
		1996	330	307	23			39	39			
		1997	331	308	23			40	40			
		1998	349	326	23			40	40			
印度	India	1990	7470	5435	1876	157	3	861	861	-		
		1995	9508	7166	2099	223	21	1179	1162	-		17
		1996	9790	7604	2166	223	97	1210	1204	-		7
		1997	10196	7681	2190	223	103	1287	1281	-		7
		1998	10745	8170	2245	223	109	1420	1413	-		7
印度尼西亚	Indonesia	1990	1292	963	315		14	380	275	105		
		1995	1915	1550	334		31	417	300	117		
		1996	1956	1589	336		31	423	305	118		
		1997	2134	1740	364		31	430	311	120		
		1998	2287	1816	434		36	449	316	134		
伊朗	Iran	1990	1795	1600	195			315	315			
		1995	2657	2462	195			466	466			
		1996	2708	2511	197			466	466			
		1997	2945	2745	200			619	619			
		1998	3063	2863	200			619	619			
以色列	Israel	1990	414	414	1			8	8	1		
		1995	693	692	1			8	8	1		
		1996	774	774	1			8	8	1		
		1997	781	780	1			8	8	1		
		1998	786	786	1			8	8	1		
日本	Japan	1990	19476	12502	3783	3165	27	1969	1811	138	17	4
		1995	22700	14167	4346	4136	52	2405	2246	137	17	5
		1996	23374	14607	4441	4271	54	2440	2283	135	17	5
		1997	24245	15220	4446	4525	54	2585	2428	136	17	4
		1998	24526	15350	4486	4637	54	2656	2500	136	17	4
哈萨克斯坦	Kazakhstan	1995	1896	1675	214	7		258	248	10		
		1996	1896	1676	214	7		258	248	10		
		1997	1896	1676	214	7		258	248	10		
		1998	1896	1676	214	7		258	248	10		
马来西亚	Malaysia	1990	504	358	146			54	48	6		
		1995	1060	884	176			56	50	6		
		1996	1180	994	186			56	50	6		
		1997	1284	1088	196			56	50	6		
		1998	1360	1150	210			438	434	4		
蒙古	Mongolia	1990	90	90				13	13			
		1995	90	90				13	13			
		1996	90	90				13	13			
		1997	90	90				13	13			
		1998	90	90				13	13			
缅甸	Myanmar	1990	199	110	84	26		29	29			
		1995	132	101	32			34	34			
		1996	139	107	33			36	36			
		1997	140	108	34			37	37			
		1998	140	106	34			37	37			
朝鲜	Korea,Dem. People's Rep.	1990	950	450	500							
		1995	950	450	500							
		1996	950	450	500							
		1997	950	450	500							
		1998	950	450	500							

11-7 续表 1 continued

单位:万千瓦 (10 000 kilowatts)

国家和地区	Country or Area	年份 Year	总装机容量 Self-producers and Public Utilities					发电厂自用装机容量 Self-producers				
			总计 Total	热电 Thermal	水电 Hydro	核电 Nuclear	地热 Geothermal	总计 Total	热电 Thermal	水电 Hydro	核电 Nuclear	地热 Geothermal
韩国	Korea, Rep.	1990	2308	1312	234	762		205	205			
		1995	3536	2365	309	862		317	317			
		1996	3924	2653	309	962		352	352			
		1997	4533	3190	312	1032		429	429			
		1998	4798	3284	313	1202		458	458			
巴基斯坦	Pakistan	1990	935	631	290	14		132	132			
		1995	1210	714	483	14						
		1996	1297	801	483	14						
		1997	1469	973	483	14						
		1998	1566	1070	483	14						
菲律宾	Philippines	1990	702	398	215		89	56	55	2		
		1995	831	463	252		116	54	53	2		
		1996	1052	483	272		297	55	53	2		
		1997	1115	503	292		320	55	53	2		
		1998	1160	524	302		335	55	54	2		
新加坡	Singapore	1990	340	340								
		1995	451	451								
		1996	560	560								
		1997	564	564								
		1998	567	567								
斯里兰卡	Sri Lanka	1990	129	27	102							
		1995	153	40	114			15	15			
		1996	158	44	114			15	15			
		1997	185	71	114			15	15			
		1998	175	61	114			9	9			
泰国	Thailand	1990	972	745	227			100	100			
		1995	1754	1481	274			263	263			
		1996	1851	1560	291			200	200			
		1997	2036	1744	292			255	255			
		1998	2150	1858	292			308	308			
土耳其	Turkey	1990	1632	954	677		2	119	118	1		
		1995	2095	1107	986		2	135	134	1		
		1996	2125	1130	994		2	143	142	1		
		1997	2189	1177	1010		2	178	176	1		
		1998	2335	1302	1037		2	231	229	1		
越南	Viet Nam	1990	213	140	68		5					
		1995	450	155	288		7					
		1996	459	157	295		7					
		1997	464	157	300		7					
		1998	498	202	289		7					
非洲	**Africa**	**1990**	**7420**	**5348**	**1880**	**184**	**8**	**438**	**358**	**80**		
		1995	**9324**	**7056**	**2079**	**184**	**5**	**415**	**338**	**77**		
		1996	**9396**	**7125**	**2083**	**184**	**5**	**415**	**338**	**77**		
		1997	**9450**	**7154**	**2108**	**184**	**5**	**415**	**338**	**77**		
		1998	**9574**	**7270**	**2113**	**184**	**7**	**416**	**339**	**77**		
埃及	Egytp	1990	1145	871	275			28	28			
		1995	1586	1314	272			30	30			
		1996	1662	1390	272			30	30			
		1997	1678	1397	281			30	30			
		1998	1750	1472	278			30	30			
尼日利亚	Nigeria	1990	457	327	130			4	4			
		1995	588	354	234			4	4			
		1996	588	354	234			4	4			
		1997	588	354	234			4	4			
		1998	588	354	234			4	4			
南非	South Africa	1990	2673	2430	59	184		110	109	1		
		1995	3590	3339	67	184		111	110	1		
		1996	3590	3339	67	184		111	110	1		
		1997	3590	3339	67	184		111	110	1		
		1998	3590	3339	67	184		111	110	1		
北美洲	**North America**	**1990**	**88351**	**60191**	**16244**	**11386**	**530**	**5443**	**4576**	**585**	**2**	**280**
		1995	**94539**	**64342**	**17854**	**11726**	**617**	**7222**	**6077**	**803**		**338**
		1996	**96076**	**65938**	**17676**	**11852**	**611**	**8589**	**7484**	**766**		**339**
		1997	**97217**	**66989**	**17877**	**11746**	**604**	**8680**	**7582**	**766**		**332**
		1998	**97538**	**67139**	**18022**	**11767**	**611**	**8725**	**7624**	**768**		**333**

11-7 续表 2 continued

单位:万千瓦 (10 000 kilowatts)

国家和地区	Country or Area	年份 Year	总装机容量 Self-producers and Public Utilities 总计 Total	热电 Thermal	水电 Hydro	核电 Nuclear	地热 Geothermal	发电厂自用装机容量 Self-producers 总计 Total	热电 Thermal	水电 Hydro	核电 Nuclear	地热 Geothermal
加拿大	Canada	1990	10414	3120	5938	1354	2	613	184	429		
		1995	11664	3484	6537	1640	4	693	241	452		
		1996	11361	3131	6588	1638	4	676	264	412		
		1997	11398	3164	6590	1640	5	677	265	412		
		1998	11504	3164	6696	1640	5	677	265	412		
墨西哥	Mexico	1990	2848	1923	788	68	70	318	311	7		
		1995	4426	3214	1001	135	76	318	311	7		
		1996	4426	3214	1001	135	76	319	311	7		
		1997	4634	3403	1020	135	76	319	311	7		
		1998	4562	3331	1020	135	76	319	311	7		
美国	United States	1990	73333	53691	9236	9964	441	4287	3858	148	2	280
		1995	76488	56017	10006	9952	513	5933	5256	340		337
		1996	78317	57969	9766	10078	504	7319	6640	342		337
		1997	79166	58754	9943	9972	497	7402	6738	335		329
		1998	78284	58849	9943	9993	499	7420	6754	335		331
南美洲	**South America**	**1990**	**11666**	**3268**	**8230**	**168**		**969**	**828**	**140**		
		1995	**13236**	**3669**	**9400**	**168**		**933**	**792**	**142**		
		1996	**13735**	**3790**	**9777**	**168**		**937**	**789**	**148**		
		1997	**14373**	**4170**	**10036**	**168**		**943**	**790**	**153**		
		1998	**14985**	**4496**	**10322**	**168**		**961**	**808**	**153**		
阿根廷	Argentina	1990	1721	957	662	102		180	178	2		
		1995	2014	1088	824	102		162	160	2		
		1996	2087	1107	878	102		163	161	2		
		1997	2179	1159	918	102		164	162	2		
		1998	2303	1267	935	102		175	173	2		
巴西	Brazil	1990	5305	684	4556	66		329	267	62		
		1995	5904	707	5131	66		352	290	62		
		1996	6119	707	5346	66		361	290	69		
		1997	6297	743	5489	66		382	290	90		
		1998	6521	779	5676	66		390	300	90		
委内瑞拉	Venezuela	1990	1852	852	1000			120	120			
		1995	1998	930	1068			120	120			
		1996	1998	930	1068			120	120			
		1997	2128	978	1150			125	125			
		1998	2128	978	1150			125	125			
欧洲	**Europe**	**1990**	**68608**	**38179**	**17415**	**12894**	**120**	**5907**	**4849**	**954**	**77**	**27**
		1995	**98731**	**58543**	**22989**	**16943**	**256**	**7852**	**6755**	**1030**	**54**	**14**
		1996	**99638**	**59140**	**23044**	**17177**	**277**	**8009**	**6918**	**1020**	**54**	**17**
		1997	**100334**	**59440**	**23051**	**17471**	**371**	**8153**	**7046**	**1034**	**54**	**19**
		1998	**100828**	**59355**	**23437**	**17555**	**481**	**8296**	**7151**	**1068**	**54**	**23**
保加利亚	Bulgaria	1990	1113	640	197	276		104	104			
		1995	1209	715	140	354		75	75			
		1996	1209	715	140	354		75	75			
		1997	1209	715	140	354		75	75			
		1998	1209	715	140	354		76	75	-		
捷克	Czech Republic	1995	1385	1070	140	176		164	161	3		
		1996	1385	1070	140	176		164	161	3		
		1997	1385	1070	140	176		164	161	3		
		1998	1385	1070	140	176		164	161	3		
法国 ①	France ①	1990	10341	2267	2475	5575	24	823	651	172		
		1995	10782	2387	2515	5852	28	820	632	188		
		1996	10962	2416	2520	5997	29	840	648	193		
		1997	11242	2417	2509	6288	29	840	648	193		
		1998	11244	2417	2510	6288	30	840	648	193		
德国	Germany	1990	9975	6950	710	2315		1375	1300	60	15	
		1995	11543	8336	888	2283	36	1538	1470	53	15	-
		1996	11544	8337	888	2284	36	1539	1471	53	15	-
		1997	11544	8337	888	2284	36	1539	1471	53	15	-
		1998	11544	8337	888	2284	36	1539	1471	53	15	-
意大利②	Italy ②	1990	5655	3728	1877		50	742	569	173		
		1995	6582	4548	1984		49	873	691	182		
		1996	6815	4775	1988		52	976	792	184		
		1997	6824	4784	1988		52	985	801	184		
		1998	6842	4784	2006		52	985	801	184		

11-7 续表 3 continued

单位:万千瓦 (10 000 kilowatts)

国家和地区	Country or Area	年份 Year	总装机容量 Self-producers and Public Utilities 总计 Total	热电 Thermal	水电 Hydro	核电 Nuclear	地热 Geothermal	发电厂自用装机容量 Self-producers 总计 Total	热电 Thermal	水电 Hydro	核电 Nuclear	地热 Geothermal
荷兰	Netherlands	1990	1744	1685	4	51	5	224	224			
		1995	1901	1821	4	51	26	255	252			3
		1996	1901	1821	4	51	26	255	252			3
		1997	2007	1932	4	45	26	221	272			3
		1998	2016	1931	4	45	37	279	275			4
波兰	Poland	1990	3070	2885	185			317	317			
		1995	2947	2742	205			224	223	-		
		1996	2947	2742	205			224	223	-		
		1997	2947	2742	205			224	223	-		
		1998	2947	2742	205			224	223	-		
罗马尼亚	Romania	1990	2248	1681	567		-	183	179	3		-
		1995	2228	1628	600	71		139	136	2		
		1996	2286	1611	604	71		126	122	3		
		1997	2284	1606	607	71		125	122	3		
		1998	2256	1577	608	71		131	128	3		
俄罗斯联邦	Russian Federation	1995	21086	14584	4376	2124	1	1292	1280	12		
		1996	21086	14584	4376	2124	1	1292	1280	12		
		1997	21096	14594	4376	2124	1	1292	1280	12		
		1998	21096	14594	4376	2124	1	1292	1280	12		
西班牙	Spain	1990	4341	2021	1623	697		132	75	57		
		1995	4578	2188	1678	707	5	222	194	28		
		1996	4685	2273	1689	709	14	251	223	28		
		1997	4868	2419	1676	725	48	341	313	28		
		1998	5008	2524	1668	730	86	436	413	23		
乌克兰	Ukraine	1995	5424	3672	471	1282		423	422	1		
		1996	5401	3649	471	1282		430	429	1		
		1997	5387	3635	471	1282		426	425	1		
		1998	5387	3635	471	1282		426	425	1		
英国	United Kingdom	1990	7301	5748	172	1135	1	369	299	8	62	
		1995	7020	5313	422	1276	10	430	371	11	39	9
		1996	7327	5599	425	1292	13	453	388	14	39	11
		1997	7260	5524	423	1298	15	465	399	14	39	14
		1998	7341	5566	426	1333	15	501	434	14	39	14
南斯拉夫	Yugoslavia	1995	1178	797	381			36	36			
		1996	1178	797	381			36	36			
		1997	1178	797	381			36	36			
		1998	1178	797	381			36	36			
大洋洲	**Oceania**	**1990**	**4500**	**3248**	**1226**		**26**	**189**	**187**	**2**		
		1995	**4915**	**3596**	**1287**		**32**	**229**	**225**	**2**		**2**
		1996	**4915**	**3596**	**1287**		**32**	**229**	**225**	**2**		**2**
		1997	**4915**	**3596**	**1287**		**32**	**229**	**225**	**2**		**2**
		1998	**4915**	**3596**	**1287**		**32**	**229**	**225**	**2**		**2**
澳大利亚	Australia	1990	3601	2874	727			158	157	1		
		1995	3969	3222	747		-	158	157	1		
		1996	3969	3222	747		-	158	157	1		
		1997	3969	3222	747		-	158	157	1		
		1998	3969	3222	747		-	158	157	1		
新西兰	New Zealand	1990	750	259	465		26					
		1995	796	259	505		32	40	38			2
		1996	796	259	505		32	40	38			2
		1997	796	259	505		32	40	38			2
		1998	796	259	505		32	40	38			2

注：①为联合国统计数据。②包括摩纳哥。③包括圣马力诺。

Note: ① Data from United Nations. ② Including Monaco. ③ Including San Marino.

11-8 主要工业产品产量

Output of Major Industrial Products

资料来源：联合国《统计月报》、数据库；《工业产品统计年鉴》2000年；联合国粮农组织数据库。
Source: UN"Monthly Bulletin of Statistics", Database;"Industrial Commodity Statistics Yearbook"2000;FAO Database.

国家和地区	Country or Area	钢（万吨）Steel(10 000 tons)		国家和地区	Country or Area	煤炭（万吨）① Coal(10 000 tons) ①	
		1990	2001			1990	2001
世界总计	**World**	**77294**	**72143 ④**	**世界总计**	**World**	**470651**	**493020 ④**
中国	China	6635	15163	中国	China	107988	116100
印度	India	1303	1855 ④	印度	India	2168	34247
日本	Japan	11033	8571	印度尼西亚②	Indonesia ②	733	9065
韩国	Korea, Rep.	2312	4305	日本②	Japan ②	826	320
南非	South Africa	863	849 ⑥	韩国②	Korea, Rep. ②	1954	382
加拿大	Canada	2168	1375 ⒂	马来西亚②	Malaysia ②		54
墨西哥	Mexico	822	1139 ⒂	巴基斯坦②	Pakistan ②	275	314 ⒂
美国	United States	8972	10740 ⑤	菲律宾②	Philippines ②	124	124
阿根廷	Argentina	362	382	摩洛哥②	Morocco ②		2 ⒂
巴西	Brazil	2058	2496 ⑤	南非②	South Africa ②	17478	22290
委内瑞拉	Venezuela	318	370 ⑥	加拿大	Canada	6833	7046
保加利亚	Bulgaria	218	235 ⑥	墨西哥②	Mexico ②		719
俄罗斯联邦	Russian Federation		4367 ⑥	美国②	United States ②	93625	101725
奥地利	Austria	455	572 ⒂	阿根廷②	Argentina ②	26	34 ⑤
捷克	Czech Republic		562 ⑤	巴西	Brazil	460	428 ⑤
比利时	Belgium	1146	895	委内瑞拉②	Venezuela ②	218	659 ⑤
丹麦	Denmark	61	62	奥地利③	Austria ③		126 ⒂
芬兰	Finland	286	273	保加利亚②	Bulgaria ②	3167	2696 ⒂
法国	France	1920	1635	捷克	Czech Republic		6588
德国	Germany		3731	哈萨克斯坦	Kazakhstan		7891
匈牙利	Hungary	281	197	法国	France	1280	347 ⒂
意大利	Italy	2545	2211	德国	Germany		20413
荷兰	Netherlands	541	503	匈牙利③	Hungary ③	1758	1384 ⒂
波兰	Poland	1362	1053 ⒂	波兰	Poland	21526	16344
罗马尼亚	Romania	622	478 ⒂	罗马尼亚	Romania	3734	3329
西班牙	Spain	1271	1371	西班牙②	Spain ②	3581	1330 ⒂
瑞典	Sweden	445	460	土耳其	Turkey	4660	6088
土耳其	Turkey	941	1360 ⒂	俄罗斯联邦	Russian Federation		26929
英国	United Kingdom	4616	1136	英国②	United Kingdom ②	8930	3212
澳大利亚	Australia	668	674 ⒂	澳大利亚②	Australia ②		32891

11-8 续表 1 continued

国家和地区	Country or Area	原油（万吨） Crude Oil (10 000 tons) 1990	2001	国家和地区	Country or Area	发电量（亿千瓦小时）⑦ Electricity (100million kwh) ⑦ 1990	2001
世界总计	**World**	**301120**	**493020 ④**	**世界总计**	**World**	**117088**	**148326 ④**
中国	China	13831	16396	中国	China	6212	14808
印度	India	3331	3197	印度⑧	India ⑧	2643	5092
印度尼西亚	Indonesia	7152	6806	日本	Japan	8573	9407 ⒂
伊朗	Iran	15708	18137	韩国⑧	Korea,Rep. ⑧	1077	2852
伊拉克	Iraq	10050	11490	缅甸⑧	Myanmar ⑧	25	50 ⒂
日本	Japan	53	62 ⒂	巴基斯坦⑧	Pakistan ⑧	381	677
哈萨克斯坦	Kazakhstan		3662	菲律宾	Philippines	263	463
科威特	Kuwait	5954	10124	泰国	Thailand	441	671
马来西亚	Malaysia	3002	3234	南非	South Africa	1654	2107
沙特阿拉伯	Saudi Arabia	32038	39379	加拿大	Canada	4820	5641
阿联酋	United Arab Emirates	10196	10285 ⒂	墨西哥	Mexico	1224	1819
阿尔及利亚	Algeria	3702	3851	美国	United States	30117	37785
埃及	Egypt	4403	3788 ⑤	阿根廷	Argentina	470	845
利比亚	Liberia	6716	6524	巴西	Brazil	2228	3323 ⑤
尼日利亚	Nigeria	8634	13056	奥地利	Austria	504	618
加拿大	Canada	7622	9856 ⒂	比利时	Belgium	706	839
墨西哥	Mexico	13247	16258	保加利亚	Bulgaria	421	409
美国	United States	37103	29492	捷克	Czech Republic		736
阿根廷	Argentina	2478	3876	芬兰	Finland	544	676
巴西	Brazil	3161	6571	法国	France	4201	5070 ⒂
哥伦比亚	Colombia		3433 ⒂	德国	Germany		5570 ⒂
委内瑞拉	Venezuela	11201	14132	匈牙利	Hungary	283	340
法国	France	302	150	意大利	Italy	2169	2789
德国	Germany		296	荷兰	Netherlands	719	942
匈牙利	Hungary	198	107	波兰	Poland	1363	1426
意大利	Italy	464	404	罗马尼亚	Romania	641	536
荷兰	Netherlands	353	137	西班牙	Spain	1518	2067 ⒂
挪威	Norway	7967	16309	瑞典	Sweden	1464	1578
罗马尼亚	Romania	793	601	土耳其	Turkey	575	1231
土耳其	Turkey	290	254	俄罗斯联邦	Russian Federation		8884
俄罗斯联邦	Russian Federation		34780	英国	United Kingdom	3190	3418 ⒂
英国	United Kingdom	8801	11784	南斯拉夫	Yugoslavia	825	344 ⒂
南斯拉夫	Yugoslavia	356	80 ⒂	澳大利亚	Australia	1551	1885 ⒂
澳大利亚	Australia	2749	3236	新西兰	New Zealand	302	350

11-8 续表 2 continued

国家和地区	Country or Area	水泥产量（万吨） Cement(10 000 tons) 1990	2001
世界总计	**World**	**114125**	**150228 ④**
中国	China	20971	66104
中国香港	Hong Kong, China	180	128
孟加拉国 ⑨	Bangladesh ⑨	34	164
印度	India	4572	10404
印度尼西亚	Indonesia	1478	3110
以色列	Israel	287	650 ⑮
日本	Japan	8444	7655
韩国	Korea, Rep.	3391	5306
马来西亚	Malaysia	588	1400
缅甸	Myanmar	42	34
巴基斯坦 ⑨	Pakistan ⑨	749	979
菲律宾	Philippines	636	1250 ⑮
新加坡	Singapore	185	
斯里兰卡	Sri Lanka	58	212
泰国	Thailand	1804	2794
土耳其	Turkey	2464	3012
埃及	Egypt	1411	2450
南非	South Africa	656	871
加拿大	Canada	1108	1298
墨西哥	Mexico	2450	3214
美国	United States	7094	9256
阿根廷	Argentina	361	476
巴西	Brazil	749	3950
保加利亚	Bulgaria	472	209
法国	France	2651	1984
德国	Germany		2803
匈牙利	Hungary	394	346
意大利	Italy	4055	3980
荷兰	Netherlands	371	320 ⑮
波兰	Poland	1252	1192
罗马尼亚	Romania	947	863
西班牙	Spain	2809	4050
俄罗斯联邦	Russian Federation		3528
英国	United Kingdom	1474	1186
南斯拉夫	Yugoslavia	796	212 ⑮
澳大利亚 ⑨	Australia ⑨	707	667

国家和地区	Country or Area	化肥产量（万吨） Chemical Fertilizer (10 000 tons) 1990	2000
世界总计	**World**	**12475**	**14186**
中国	China	1880	3186
孟加拉国	Bangladesh	19	119
印度	India	302	1468
印度尼西亚	Indonesia	118	305
伊朗	Iran	10	87
以色列	Israel	92	214
日本	Japan	185	100
哈萨克斯坦	Kazakhstan		1
马来西亚	Malaysia	4	57
缅甸	Myanmar	6	7
朝鲜	Korea, Dem. People's Rep.	68	10
韩国	Korea, Rep.	118	89
巴基斯坦	Pakistan	64	230
菲律宾	Philippines	7	22
斯里兰卡	Sri Lanka	1	1
越南	Viet Nam	4	23
埃及	Egypt	51	146
尼日利亚	Nigeria	1	9 ⑤
南非	South Africa	92	51
加拿大	Canada	982	1300
墨西哥	Mexico	94	113
美国	United States	2338	1647
阿根廷	Argentina	3	9
巴西	Brazil	197	262
捷克	Czech Republic		33
法国 ⑩	France ⑩	492	162
德国 ⑩	Germany ⑩	956	432
意大利 ⑩	Italy ⑩	188	54
荷兰 ⑩	Netherlands ⑩	195	116
波兰	Poland	213	192
罗马尼亚	Romania	239	97
俄罗斯联邦	Russian Federation		1150
西班牙 ⑩	Spain ⑩	215	146
英国	United Kingdom	180	103
南斯拉夫	Yugoslavia		10
澳大利亚	Australia	104	82

11-8 续表 3 continued

国家和地区	Country or Area	棉布产量（万平方米）Woven Cotton Fabrics (10 000 m²)		国家和地区	Country or Area	汽车产量（万辆）Motor Vehicles (10 000 vehicles)	
		1990	2001			1990	2001
中国(11)	China (11)	1082000	1539800	**世界总计**	**World**	**4835**	**5072 (15)**
印度	India	1517700	1938360	中国	China	51	234
缅甸(11)	Myanmar (11)	4700	2160	印度	India	36	101
日本	Japan	176500	60360	日本	Japan	1349	969
韩国	Korea, Rep.	62000	25440 (15)	韩国	Korea, Rep.	132	241
巴基斯坦	Pakistan	29500	50520	加拿大	Canada	193	127
埃及	Egypt	60300		墨西哥	Mexico	82	180
南非	South Africa	17500	21500	美国	United States	978	1145
美国	United States	373200		阿根廷	Argentina	10	24
捷克	Czech Republic		31320 (15)	巴西	Brazil	91	183
波兰(11)	Poland (11)	47400	17520 ⑤	捷克	Czech Republic	24	265 ④
土耳其(11)	Turkey (11)	71500	49560	法国	France	377	363
匈牙利	Hungary	20600	3720	德国	Germany	498	569
罗马尼亚	Romania	53600	1200	意大利	Italy	212	158
俄罗斯联邦	Russian Federation		208900	荷兰	Netherlands	15	24
奥地利	Austria	10800 (11)	6000	波兰	Poland	33	39
比利时(12)	Belgium (12)		4	罗马尼亚	Romania		6
法国(12)	France (12)	8	9 ⑤	西班牙	Spain	205	288
德国(12)	Germany (12)		152 (15)	瑞典	Sweden	41	
意大利	Italy	178000	21 (12)	俄罗斯联邦	Russian Federation		102
英国(11)	United Kingdom (11)	19800		英国	United Kingdom	157	169
澳大利亚	Australia	3800		澳大利亚	Australia	38	32

11-8 续表 4 continued

国家和地区	Country or Area	天然气(万亿焦耳) Natural Gas(terajoule)		国家和地区	Country or Area	新闻纸（万吨） Newsprint (10 000 tons)	
		1990	2001			1990	2001
世界总计	**World**	**74772000**	**98549000 ④**	**世界总计**	**World**	**3020**	**3770 ④**
中国(14)	China (14)	153	303	中国(13)	China (13)	48	153
印度	India	389000	1092756	孟加拉国	Bangladesh	5	1
印度尼西亚	Indonesia	2345000	3097464	印度	India	31	64
哈萨克斯坦	Kazakhstan		354036	印度尼西亚	Indonesia	16	48
马来西亚	Malaysia	502000	1809744	日本	Japan	348	346
沙特阿拉伯	Saudi Arabia	1195000	1264080 (15)	韩国	Korea, Rep.	52	164
泰国	Thailand	226000	765228	土耳其	Turkey	15	9
加拿大	Canada	4114000	7061364 (15)	南非	South Africa	36	145750
墨西哥	Mexico	955000	2063280	加拿大	Canada	907	838
美国	United States	18255000	21110832	墨西哥	Mexico	40	17
阿根廷	Argentina	793000	1852116	美国	United States	600	577
玻利维亚	Bolivia	101000	196548	阿根廷	Argentina	21	19
巴西	Brazil	151000	612312	巴西	Brazil	25	23
奥地利	Austria	45000	71400 (15)	智利	Chile	17	24
丹麦	Denmark	122000	3085678 (15)	奥地利	Austria	33	38
法国	France	77000	67008 (15)	芬兰	Finland	143	130
德国	Germany		725556	法国	France	42	103
匈牙利	Hungary	16000	123948	德国	Germany		205
爱尔兰	Ireland	88000	38352	意大利	Italy	23	19
意大利	Italy	653000	576096	挪威	Norway		89
荷兰	Netherlands	2541000	2306160	波兰	Poland	3	21
挪威	Norway		2330712	罗马尼亚	Romania	7	6
波兰	Poland	100000	162444	俄罗斯联邦	Russian Federation		388
罗马尼亚	Romania	959000	485064	西班牙	Spain	17	29
俄罗斯联邦	Russian Federation		22655436	瑞典	Sweden	227	246
乌克兰	Ukraine		622536	乌克兰	Ukraine		3
英国	United Kingdom	1904000	4442844	英国	United Kingdom	70	109
澳大利亚	Australia	797000	1158276	澳大利亚	Australia	37	39
新西兰	New Zealand	180000	258012	新西兰	New Zealand	30	34

11-8 续表 5 continued

国家和地区	Country or Area	家用冰箱（万台） Refrigerators for Household Use(10 000 units)		国家和地区	Country or Area	家用电视机(万台) Television Sets (10 000 units)	
		1990	2000			1990	2000
世界总计	**World**	**5245**	**7073**	**世界总计**	**World**	**12731**	**13586**
中国	China	463	1279	中国	China	2685	4051
印度	India	122	201	中国香港	Hong Kong, China	118	
印度尼西亚	Indonesia	20	24⑤	孟加拉国	Bangladesh	14	13
日本	Japan	505	422	印度	India	132	240
韩国	Korea, Rep.	283	522	印度尼西亚	Indonesia	67	
马来西亚	Malaysia	21	22	伊朗	Iran	60	75⑥
泰国	Thailand	86	163④	日本	Japan	1513	338
土耳其	Turkey	99	240	韩国	Korea, Rep.	324	1695
阿尔及利亚	Algeria	39	12	马来西亚	Malaysia	1620	1055
埃及	Egypt	25	-	巴基斯坦	Pakistan	20	12
南非	South Africa	35	51	泰国	Thailand	235	
墨西哥	Mexico	40	205	土耳其	Turkey	199	879
美国	United States	702	1253	埃及	Egypt	33	3
阿根廷	Argentina	27	33	南非	South Africa	37	29
巴西	Brazil	244	292	突尼斯	Tunisia	12	10
白俄罗斯	Belarus		81	墨西哥	Mexico	63	
保加利亚	Bulgaria	8	2	美国	United States	1398	958
丹麦	Denmark	28	27④	阿根廷	Argentina	31	156
法国	France	17		巴西	Brazil	320	608
匈牙利	Hungary	44	100	白俄罗斯	Belarus		53
意大利	Italy	420	699	保加利亚	Bulgaria	22	-
波兰	Poland	60	69	捷克	Czech Republic		114
罗马尼亚	Romania	39	34	法国	France	284	
西班牙	Spain	129	215	德国	Germany		127④
瑞典	Sweden	58	62	意大利	Italy	231	135
俄罗斯联邦	Russian Federation		115	波兰	Poland	75	629
英国	United Kingdom	131	91⑤	罗马尼亚	Romania	40	3
乌克兰	Ukraine		45	俄罗斯联邦	Russian Federation	1054	112
澳大利亚	Australia	33	43⑤	西班牙	Spain	247	

11-8 续表 6 continued

国家和地区	Country or Area	家用洗衣机（万台） Washing machines for household use(10 000 units) 1990	2000	国家和地区	Country or Area	电话（万台） Telephones(10 000 units) 1990	2000
世界总计	**World**	**4262**	**5752**	**世界总计**	**World**	**7616**	**19528**
中国	China	663	1443	中国	China	880	9598
印度尼西亚	Indonesia	2		印度	India	162	846
日本	Japan	558	418	印度尼西亚	Indonesia	13	392⑤
哈萨克斯坦	Kazakhstan		1	日本	Japan	1572	1305
韩国	Korea, Rep.	216	327	韩国	Korea, Rep.	1144	622
土耳其	Turkey	74	135	土耳其	Turkey	60	32
埃及	Egypt	18	25⑤	阿尔及利亚	Algeria	7	17
南非	South Africa	11	4	墨西哥	Mexico	120	205
墨西哥	Mexico	56	172	阿根廷	Argentina		34
美国	United States	643	804	巴西	Brazil	134	463
巴西	Brazil	55	230	白俄罗斯	Belarus		8
白俄罗斯	Belarus		9	保加利亚	Bulgaria	92	1
意大利	Italy	437	819	波兰	Poland	159	36
波兰	Poland	48	46	罗马尼亚	Romania	24	47
罗马尼亚	Romania	21	3	俄罗斯联邦	Russian Federation		87
俄罗斯联邦	Russian Federation		95	斯洛文尼亚	Slovenia		31
斯洛文尼亚	Slovenia		49	西班牙	Spain	242	487
瑞典	Sweden	11	12	乌克兰	Ukraine		8
乌克兰	Ukraine		13	英国	United Kingdom		2323
澳大利亚	Australia	34	35⑤	南斯拉夫	Yugoslavia		1

注：①煤炭产量包括硬煤和褐煤产量。②仅指硬煤产量。③仅指褐煤产量。④1998年数据。⑤1999年数据。⑥ 1997年数据。⑦包括电力企业和自备电厂的发电量。⑧不包括电力企业和自备电厂的发电量。⑨当年6月30日为止的一年。⑩包括氮肥、磷肥和钾肥。⑾万米。⑿万吨。⒀联合国统计数据。⒁亿立方米。⒂2000年数据。⒃单位：万兰特（南非货币单位）。⒄亿平方米。

Note: ① Coal production and lignite production. ② Coal production only. ③ Lignite production only. ④ Data of 1998. ⑤ Data of 1999. ⑥ Data of 1997. ⑦ Total gross generation of electricity,including generation by industrial establishments generating primarily for own use. ⑧ Excluding generation by industrial establishments generation primarily for own use. ⑨ Averages of twelve months ending 30 June of year stated. ⑩ Including nitrogen fertilizers,phosphate and potash fertilizer. ⑾ 10000 metres. ⑿ 10000 metric tons. ⒀ Data from UN. ⒁ 100 million cu.m. ⒂ Data of 2000. ⒃ Unit:10000 Rands. ⒄ 100 million sq.m.

11-9 竣工住宅

Construction of New Buildings

资料来源：联合国《统计月报》2002年8月；联合国数据库。
Source: UN "Monthly Bulletin of Statistics" August 2002;UN Database.

国家和地区	Country or Area	单位(unit)		1997	1998	1999	2000	2001
中国	China	万平方米	10000sq.m	10091	12552	16033	13146	11654
中国香港①②	Hong Kong, China ①②	万平方米	10000sq.m	71	88	130	106	96
以色列③	Israel ③	万平方米	10000sq.m	875	719		644	571
日本④⑤	Japan ④⑤	万平方米	10000sq.m	13075	12048	12540	12708	11693
韩国⑤⑥	Korea, Rep. ⑤⑥	万平方米	10000sq.m	6419	3115	1981	4128	4786
新加坡④	Singapore ④	万平方米	10000sq.m			173	172	116
南非①④	South Africa ①④	套	Number			58308	47304	38196
美国⑦	United States ⑦	套	Number	1476000	1620000	1668000	1596000	1608000
丹麦④	Denmark ④	万平方米	10000sq.m	234	252	246	218	216
芬兰④	Finland ④	套	Number	26196	29844	28944	31140	30600
法国⑤⑥⑧	France ⑤⑥⑧	套	Number	270084¢ß	380820	293352	353256	
德国⑤⑥	Germany ⑤⑥	套	Number	570600	500688	472644	423060	290976
荷兰⑤⑦	Netherlands ⑤⑦	套	Number	98004	85872	83400		
罗马尼亚	Romania	套	Number	5220			2724	
西班牙④⑤	Spain ④⑤	套	Number	272328	275592	321180	366780	365664
瑞典④	Sweden ④	套	Number	12996	11496	11712	12996	19404
土耳其④	Turkey ④	万平方米	10000sq.m		2621		2904	3055
俄罗斯联邦④	Russian Federation ④	万平方米	10000sq.m	3260			3030	
英国④⑨	United Kingdom ④⑨	套	Number	191040	179724	182136	178632	175452
南斯拉夫④⑤	Yugoslavia ④⑤	套	Number			2952	6180	
澳大利亚④	Australia ④	套	Number	126564	136836	100200	110088	125172
新西兰⑥	New Zealand ⑥	万平方米	10000sq.m	382	325	430	349	366

注：①私人建筑。②使用面积。③包括管辖的犹太人居住区。④完工数。⑤包括修复和改建。⑥批准开工数。⑦开工数。⑧不包括不含厨房的一居室。⑨不包括北爱尔兰。

Note: ① Private construction. ② Usable floor space. ③ Buildings constructed in Jewish localities in the adm,inistered territories are included. ④ Construction completed. ⑤ Including restoration and conversion. ⑥ Construction authorized. ⑦ Construction started. ⑧ Excluding single rooms without kitchens. ⑨ Excluding Northern Ireland.

11-10 住宅及其设备
Dwellings and Dwelling Facilities

资料来源：日本《世界统计》2003年。
Source: Japan"World statistics"2003.

国家和地区	Country or Area	年份 Year	住宅 Dwellings			住宅设备普及率(%) Dwelling Facilities(%)			
			住宅总计（万套） Total Dwell-ings(10000 numbers)	自有住宅比例（%） Proportion of Owned Houses(%)	平均每户居室数（间） Rooms per Dwelling	自来水 Running Water	浴盆和淋浴 Bath	抽水马桶 Flush Toilet	集中供暖 Central Heating
亚洲	**Asia**								
以色列	Israel	1990			4.4				
		1996			4.4				
日本	Japan	1993	4077.3	59.8	4.9		93.5	75.6	3.9
		1998	4392.2	60.3	4.8		95.4	83.0	
土耳其	Turkey	1990	826.2		4.0				
		1994	1334.1	70.5	4.0	84.0	84.8		8.1
北美洲	**North America**								
加拿大	Canada	1990	1001.3			96.0	94.0		94.6
		1993	1050.4						
美国	United States	1991	10459.2	64.7		99.3	99.1	98.1	83.0
		1997	10919.1	65.8		99.2	99.5	99.5	87.8
欧洲	**Europe**								
奥地利	Austria	1990	292.3		4.5	98.8	90.8	94.4	61.2
		1998	319.1	55.7	4.2	99.7	96.6	95.5	72.2
比利时	Belgium	1990	388.2	64.5	5.7	99.6	87.7	91.9	60.1
		1996	397.4		5.7				
保加利亚	Bulgaria	1990	338.7		2.5	80.4		48.8	16.8
		1998	343.8	92.6	2.7	83.6		57.9	17.1
丹麦	Denmark	1990	237.5			97.5	89.1	96.6	95.3
		1998	247.6	51.3			92.9	97.7	97.8
芬兰	Finland	1990	221.0		3.8	95.3	87.7	92.9	99.9
		1998	245.0	61.2	3.7	96.7	90.9	94.9	91.5
法国	France	1990	2649.4			99.7	92.4		77.4
		1998	2874.9	53.1		99.9	97.0	97.3	81.8
德国	Germany	1997	3705.0	37.8	4.4				86.9
匈牙利	Hungary	1990	385.3	70.8	3.6	83.6	78.3	74.1	41.2
		1998	404.8	89.3	4.2	84.7	80.1	76.0	48.2
爱尔兰	Ireland	1990	102.6	79.3	5.6	96.0	91.0		50.0
		1998	121.2	80.0	5.0	97.0	94.0	96.0	59.0
意大利	Italy	1997			3.9				
卢森堡	Luxembourg	1997			4.7				
荷兰	Netherlands	1990	589.2		3.6	100.0	94.4		78.0
		1998	652.2	47.0	3.8				
挪威	Norway	1990	175.1	78.2	4.6		95.8	96.1	12.8
		1998	190.1		5.1				
波兰	Poland	1990	1102.2		4.2	84.8	72.4	73.6	62.6
		1998	1168.8	61.3	4.3	90.6	79.4	79.4	78.7
罗马尼亚	Romania	1990	800.6	72.4	2.5	58.9	51.6	44.9	42.2
		1998	786.1		4.1				
俄罗斯联邦	Russian Federation	1990	242.5		4.1	60.4	53.5		59.9
		1997	271.5			68.4	59.4	63.7	66.0
西班牙	Spain	1991	1173.6	78.3					
		1998				5.1			
瑞典	Sweden	1990	404.4	38.5	4.2	100.0			100.0
		1998			3.7				
瑞士	Switzerland	1990	314.0	27.7	3.7				
		1998	350.8		4.2				
英国	United Kingdom	1990	2338.3	65.9	4.6		99.5		80.0
		1996	2459.8		5.0				

主要统计指标解释

工业生产指数 按国际标准产业分类的大类，包括矿业，制造业，电力、煤气、水，不包括建筑业，工业生产指数体现按美元不变价计算的增加值的变化趋势，采用拉氏公式计算，基期为1995年。

机构数 这里所用的“机构”的概念大部分情况下指的是“经济活动单位”，即能够单独核算的、在一个地点经营的、主要从事一种经济活动的单位。

从业人员数 指所有在企业中工作的人，包括企业主本人、合伙人、不领工资的家庭成员和所有雇员，但不包括家务劳动者。

雇员工资和薪金 指在统计期间内支付给雇员的各种形式的报酬，包括工资、奖金、由企业直接支付的津贴、实物工资等，不包括企业为雇员支付的社会保险缴款。

产值 指企业的工业活动所产出的价值。

增加值 在国民核算中为平衡项，等于总产出减去中间消耗。

固定资本形成 指期间内所购买或自建的固定资产减去相应的卖出的固定资产的价值。

一次能源生产量 固体能源指硬煤、褐煤、泥炭和油岩；液体能源指原油和液化天然气；气体能源指天然气；电能指水电、核电、地热发电、潮汐发电和太阳能发电。

库存变化、进口和出口 包括所有的一次能源和商业能源。

国际运输燃料 指供给国际运输的飞机或轮船的燃料，空运燃料包括航空汽油和喷气发动机燃料，海运燃料，包括硬煤、柴油等。

能源消费量 固体能源消费量指一次形式的固体燃料消费、二次形式的燃料的净进口和库存变化；液体能源消费量指各种形式的液体能源的消费；气体能源消费量指天然气的消费、煤气的净进口和库存变化。电能消费指一次形式的电能的消费和电能的净进口。

消费量＝产量＋进口－出口－国际运输燃料－库存变化

平衡差额 在“能源平衡表”中的“平衡差额”一项是为了使能源的生产和消费总量平衡，它一般是由于排除非能源用石油和无法取得的库存数据引起的。

Explanatory Notes on Main Statistical Indicators

Industrial Production Indices are classified according to tabulation categories, division and combination of division of the revised version of the international Standard Industrial Classification of All Economic Activities (ISIC) for mining, manufacturing and electricity, gas and water, excluding construction. The indices indicate trends in value added in constant US dollars. Each series is compiled by use of the Laspeyres. The weight base year is 1995.

Establishment is ideally a unit that engages, under a single ownership or control, in one, or predominantly one, kind of activity at a single location.

Number of Employees is defined as the total number of persons who worked in or for the establishment during the reference year. However, home workers are excluded.

Wages and Salaries include all payments in cash or in kind made to employees during the reference year in relation to work done for the establishment. Payments including: direct wages and salaries; bonuses and gratuities; housing allowances and family allowances paid directly by the employer; and payments in kind.

Output The measure of output normally used in the tables is the census concept that covers only activities of an industrial nature.

Value Added The measure of value added normally used in the tables is the census concept, which is defined as the value of census output less the value of census input.

Gross Fixed Capital Formation Estimates refer to the value of purchases and own account construction of fixed assets during the reference year less the value of corresponding sales.

Primary Energy Production Including in the production of commercial primary energy for solids are hard coal, lignite, peat and oil shale; liquids are comprised of crude petroleum and natural gas liquids; gas comprises natural gas and natural gas liquids; electricity is comprised of primary electricity generation from hydro, nuclear, geothermal, wind, tide wave and solar sources.

Changes in Stocks, Imports and Exports refer to all primary and secondary forms of commercial energy.

Bunkers Airs bunkers refer to bunkers of aviation gasolene and jet fuel. Sea bunkers refer to bunkers of hard coal, gas-diesel oil and residual fuel oil.

Energy Consumption Including in the consumption of commercial energy for solids are consumption of primary forms of solid fuels, net imports and changes in stocks of secondary fuels; liquids are comprised of consumption of energy petroleum products including feed stocks, natural gasolene, condensate, refinery gas and input of crude petroleum to thermal power plants; gases including the consumption of natural gas, net imports and changes in stocks of gasworks and coke-oven gas; and Electricity is comprised of production of primary electricity and net imports of electricity.

Consumption=Production +Imports-Exports-Bunkers-Changes in stocks

Balance An unallocated has been created in order to balance out the difference between the results of the above formula for consumption and the total consumption. This inequality occurs primarily because of the exclusion of non-energy petroleum products as well as inadequate or unavailable stock data.

十二　运输和通讯

Transportation and Communication

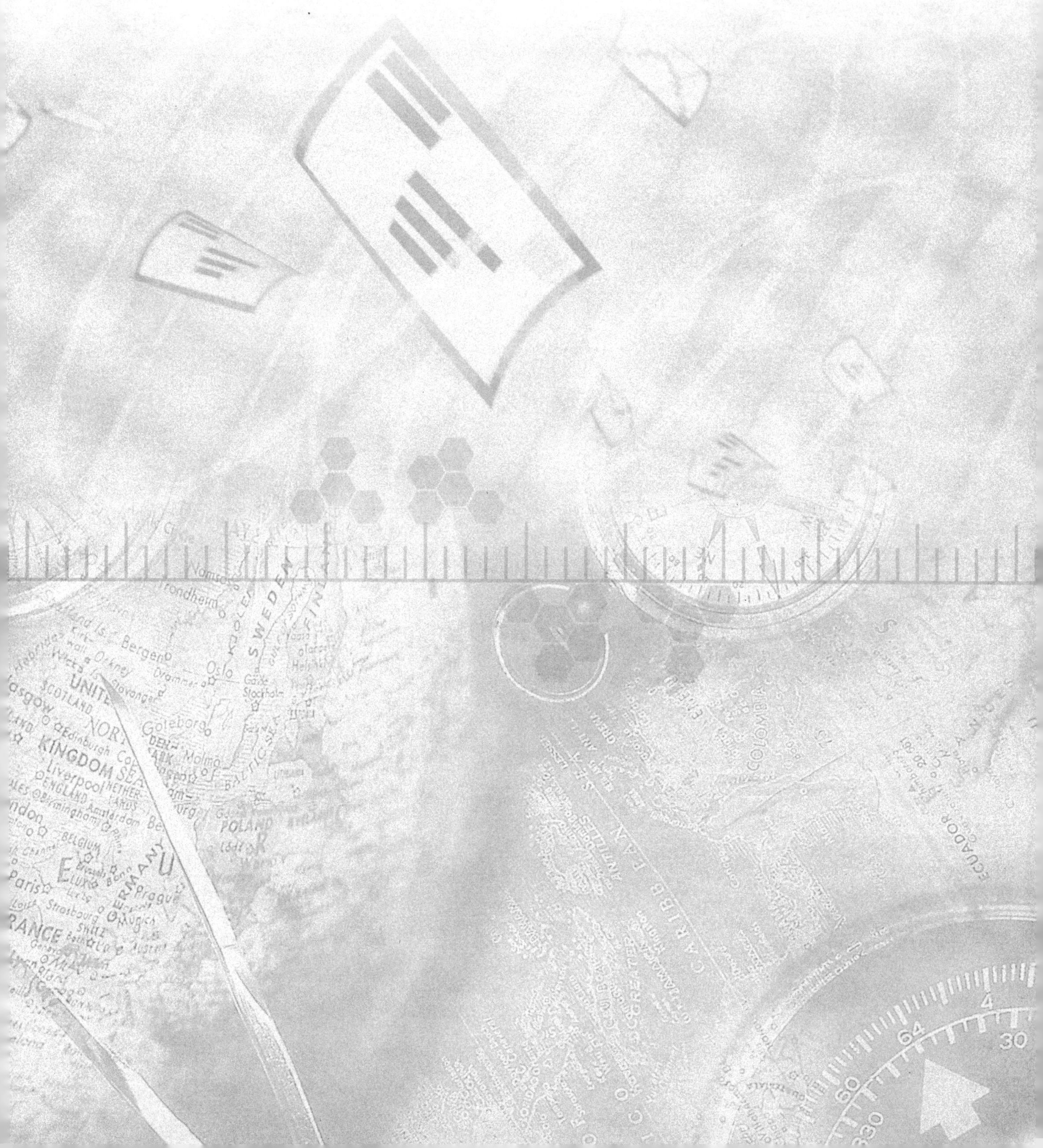

12-1 公路货物周转量
Freight Ton-km of Road

资料来源：世界银行数据库。
Sources: World Bank Database.
单位：亿吨公里 (100 million ton-km)

国家和地区	Country or Area	1990	1997	1998	1999	2000
中国	China	3358.1	5271.5	5483.4	5724.3	6129.4
印度	India		7.9	8.7	9.6	
日本	Japan	2744.4	3062.6	3006.7	3071.5	
哈萨克斯坦	Kazakhstan	447.8	64.8	46.4	45.1	
韩国	Korea, Rep.	318.4	745.0			
蒙古	Mongolia	18.7	1.3	1.2	1.2	1.3
巴基斯坦	Pakistan	3.5	841.7	902.7	968.0	
斯里兰卡	Sri Lanka		0.3 ①			
土耳其	Turkey		1397.9	1522.1	1509.7	
埃及	Egypt	314.0	315.0 ①			
加拿大	Canada	547.0	722.4	766.9		825.0
墨西哥	Mexico	1088.8	1540.8	1790.9	1979.6	
美国	United States	10731.0	15344.3			
白俄罗斯	Belarus		90.7	97.5	92.3	89.8
保加利亚	Bulgaria	138.2	4.8	3.1	1.7	
捷克	Czech Republic		406.4	339.1	369.6	390.4
法国	France	1905.0	2372.0	2454.0		
德国	Germany	1828.0	2031.2	2104.0	2269.8	
匈牙利	Hungary	18.4	0.1	0.1	0.1	
意大利	Italy	1779.0	2072.0	2198.0		
荷兰	Netherlands	318.0	216.0	292.0	327.0	
波兰	Poland	498.0	955.0	695.4	704.5	728.4
罗马尼亚	Romania	138.0	224.0 ①	157.9	134.6	
俄罗斯联邦	Russian Federation		1.4	1.2	1.3	1.4
乌克兰	Ukraine	796.7	205.3	182.7	182.1	
英国	United Kingdom	1330.0	1571.0	1595.0	1507.0	
澳大利亚	Australia	914.0				

注：①1996年数据。
Note: ① Data refer to 1996.

12-2 铁路运输（2000年）
Railway Traffic (2000)

资料来源：世界银行数据库。
Sources: World Bank Database.

国家和地区	Country or Area	铁路总长度（公里）Rail lines total (km)	电气化铁路长度（公里）Rail lines Electric (km)	运输密度（运输单位／公里）Traffic density (traffic units per km)	员工生产率（运输单位／人）Employee productivity (traffic units per employee)	客运与货运收费之比 Ratio of passenger tariffs to freight tariffs
中国	China	68700	14864	30262 ①	1155 ①	1.19 ①②
孟加拉国	Bangladesh	2768 ②		1704 ②	126 ②	0.24 ②
印度	India	62759	14261	11725	467	0.31 ②
印度尼西亚	Indonesia	5324 ③	131 ③	3974 ③	610 ③	0.95 ③
伊朗	Iran	6688	148	3185	758	0.02 ④
以色列	Israel	925		2112	1628	
日本	Japan	20165	12080	13048	1528	2.17 ④
哈萨克斯坦	Kazakhstan	13545	3725	9981	1069	
韩国	Korea, Rep.	3123	668	12456	1323	1.43 ③
马来西亚	Malaysia	1622	152	1368	370	0.87 ⑤
蒙古	Mongolia	1810		2963	394	
巴基斯坦	Pakistan	7791	293	2838	232	0.28 ⑥
菲律宾	Philippines	491 ②		505 ③	112 ③	0.09 ③
斯里兰卡	Sri Lanka	1447 ②		2271 ②	189 ②	0.11 ②
泰国	Thailand	4044		3342	660	0.75
土耳其	Turkey	8671	1752	1798	330	1.20
越南	Vietnam	3142		1624	154	0.88
埃及	Egypt	5024	59	14308	753	0.20 ②
尼日利亚	Nigeria	3557		287	65 ⑥	0.10 ⑥
南非	South Africa	22657	10430	5018	2933	0.67 ④
加拿大	Canada	39400 ⑤		7479 ⑤	7600	6.63 ⑤
墨西哥	Mexico	17697 ②	250 ②	2660 ②	3925 ③	
美国	United States	160000	484	13800	13476 ⑥	9.28
阿根廷	Argentina	28291 ②	179 ②	318 ②	1209	1.28 ②
巴西	Brazil	25652 ②	1220 ②	1805 ②	3970	
委内瑞拉	Venezuela	336		161	180	0.21 ⑦
白俄罗斯	Belarus	5512	874	7857 ⑤	630	0.35 ④
保加利亚	Bulgaria	4290 ⑥	2708 ⑥	1846 ⑥	216 ⑥	0.89 ⑥
捷克	Czech Republic	9365	2843	2615	284	0.42 ④
法国	France	32515	14104	3854	715	1.54 ③
德国	Germany	36652	19079	4128	681	2.77 ⑦
意大利	Italy	16499	10937	4102	618	1.42
荷兰	Netherlands	2802	2061	6631	752	2.56 ②
波兰	Poland	22560	11826	3537	415 ⑥	0.79 ⑥
罗马尼亚	Romania	11364	3929	2467	267	1.24
俄罗斯联邦	Russian Federation	86075	40962	15854	1054	0.97 ③
西班牙	Spain	13866	7523	2295	842	1.30 ④
乌克兰	Ukraine	22302	9170	9535 ⑤	598	
英国	United Kingdom	17067	5225	3500	2678	
南斯拉夫	Yugoslavia	4058	1103	522 ②	94	
新西兰	New Zealand	3913 ②	519 ②	938 ②	1120	1.46 ⑤

注：①世界银行统计数据。②1999年数据。③1998年数据。④1995年数据。⑤1997年数据。⑥2001年数据。⑦1996年数据。
Note: ① Data from World Bank. ② Data refer to 1999. ③ Data refer to 1998. ④ Data refer to 1995. ⑤ Data refer to 1997. ⑥ Data refer to 2001. ⑦ Data refer to 1996.

12-3 国际海运装货量和卸货量
International Maritime Freight Loaded and Unloaded

资料来源：联合国数据库。
Sources: United Nations Database.
单位：万吨 (10 000 tons)

国家和地区	Country or Area	国际海运装货量 International Maritime Goods Loaded			国际海运卸货量 International Maritime Goods Unloaded		
		1990	2000	2001	1990	2000	2001
中　　国①	China ①		114608 ②				
中国香港	Hong Kong, China	2692	6770	6774	6272	10693	11053
中国澳门	Macao, China		7754	7276		15853	14624
孟加拉国	Bangladesh		53 ③	86	78	361 ③	1363
印度尼西亚	Indonesia		24 ③			6496 ③	
伊　　朗	Iran		3065	2870		4486	4753
以色列	Israel	952	1576 ④	1328 ④	1182	2222 ④	1871 ④
日　　本	Japan	10117	13010	14009	85393	80654	77783
韩　　国	Korea, Rep.		15078			41882	
马来西亚	Malaysia	2245	4255		3516	5653	
缅　　甸	Myanmar	70	320		73	546	
巴基斯坦	Pakistan	569	617	809	2366	3080	3115
菲律宾	Philippines	1693			3799		
新加坡	Singapore	9787	32618 ②	31349 ②	12746		
斯里兰卡	Sri Lanka	503	929 ③		805	1770 ③	
泰　　国	Thailand	2720			4296		
土耳其	Turkey	7601	2548 ⑤		6612	7792	
埃　　及	Egypt	1036	1501 ③⑥		2155	2204 ③⑥	
南　　非	South Africa		13361	13338		2598	2333
墨西哥	Mexico	15881	10711		5383	4982	
美　　国	United States	44646	34334		59429	83352	
阿根廷	Argentina	4420	6937 ⑦⑧		704	1550 ⑦⑧	1654
法　　国	France	7417	6470 ③	8620	21245	18950 ③	21109
德　　国	Germany		9032			15221	
意大利	Italy	5020			27203		
荷　　兰	Netherlands	11021	9940		33751	32507	
波　　兰	Poland	3688	3152	3152	1500	1582	1469
罗马尼亚	Romania	1457	1265	1379	4040	1283	1512
俄罗斯联邦	Russian Federation		828	898		84	66
西班牙	Spain	4840	5627	5929	14624	19343	19870
乌克兰	Ukraine		7700 ③			712 ③	
英　　国	United Kingdom	14926			20411		
南斯拉夫	Yugoslavia	1049	19		1907	113	
澳大利亚	Australia		48750	49744		5418	5632
新西兰	New Zealand	1464	2214	2359	998	1379	1464

注：①数据来源于联合国数据库。②包括装货量和卸货量。③1999年数字。④不包括石油。⑤不包括牲畜和木材。⑥包括船储。⑦1998年数字。⑧不包括再出口，不包括包装物的重量。
Note: ① The data from United Nations Database. ② Including both goods loaded and unloaded. ③ Data refer to 1999. ④ Excluding petroleum. ⑤ Excluding livestock and timber. ⑥ Including ships stores. ⑦ Data refer to 1998. ⑧ Excluding re-exports, Excluding packing.

12-4 空运货物周转量和旅客周转量
Freight and Passengers Carried by Air

资料来源：世界银行数据库，联合国数据库。
Sources: World Bank Database;UN Database.

国家和地区	Country or Area	空运货物周转量(亿吨公里) Air Transport, Freight (100 million ton-km)			空运旅客周转量（亿人公里） Air Transport,Passengers Carried (100 million passenger kilometres)		
		1990	2000	2001	1990	2000	2001
中　　国	China	8.18	50.30	43.70	230	971	1091
中国香港	Hong Kong, China		51.12	50.51			
中国澳门	Macao, China		0.22	0.23			
孟加拉国	Bangladesh	0.70	1.94	1.70		40	44
印　　度	India	6.63	5.48	5.18	165	259	204
印度尼西亚	Indonesia	4.59	4.13	4.15	139	151	
伊　　朗	Iran	1.14	0.74	0.77		72 ①	
以 色 列	Israel	8.32	8.86	7.34			
日　　本	Japan	50.69	86.72	76.27	614	1628 ①	1443
哈萨克斯坦	Kazakhstan		0.12	0.12			
韩　　国	Korea, Rep.	24.59	76.51	69.57	187	628	
马来西亚	Malaysia	5.74	18.64	15.33	119	379	
蒙　　古	Mongolia		0.08	0.07			
缅　　甸	Myanmar	0.01	0.01	0.01			
巴基斯坦	Pakistan	4.21	3.40	3.71	94	121	117
菲 律 宾	Philippines	3.16	2.90	2.64	104		
新 加 坡	Singapore	16.53	60.05	57.74	316	718	703
斯里兰卡	Sri Lanka	0.93	2.56	2.18	34		
泰　　国	Thailand	6.61	17.13	16.69	198		
土 耳 其	Turkey	1.01	3.75	3.39			
越　　南	Vietnam		1.17	1.34			
埃　　及	Egypt	1.44	2.78	2.39	60	78	
尼日利亚	Nigeria	0.24	0.09	0.03			
南　　非	South Africa	1.79	6.88	7.47			
加 拿 大	Canada	13.85	18.00	16.05	461	690 ②	668 ②
墨 西 哥	Mexico	1.43	3.10	2.69	184	272	276
美　　国	United States	147.91	301.66	280.42	6255	11100	10434
阿 根 廷	Argentina	2.14	2.97	1.24	84	111 ③	
巴　　西	Brazil	10.82	15.35	14.67	278	293 ①④	
委内瑞拉	Venezuela	1.13	0.33	0.31			
白俄罗斯	Belarus		0.02	0.02			
保加利亚	Bulgaria	0.08	0.06	0.02		8	
捷　　克	Czech Republic	0.15	0.32	0.26	20	33	36
法　　国	France	39.96	52.24	48.68	434	918 ⑤	932 ⑤
德　　国	Germany	39.94	71.28	70.26	421	952	807
意 大 利	Italy	11.71	17.48	15.21	228		
荷　　兰	Netherlands	21.29	43.67	41.16	284	607 ⑥	579 ⑥
罗马尼亚	Romania	0.13	0.12	0.10	18	21	19
俄罗斯联邦	Russian Federation		10.41	8.95		430	738
西 班 牙	Spain	7.60	8.80	8.79		523	371
乌 克 兰	Ukraine		0.12	0.12		14	15
英　　国	United Kingdom	38.25	51.61	45.49	817	1573 ①	1572
南斯拉夫	Yugoslavia	1.35		0.04			
澳大利亚	Australia	12.22	17.31	16.78	277		
新 西 兰	New Zealand	3.25	8.17	7.63	106		

注：①1999年数据。②仅指 Air Canada和Canadian航空公司。③仅指 Aerolineas Argentinas航空公司。④包括 Varig，Transbrasil 和 Vasp航空公司。⑤仅指 Air France航空公司。⑥仅指 KLM航空公司。

Note: ① Data refer to 1999. ② Air Canada and Canadian only. ③ Aerolineas Argentinas only. ④ Including Varig, Transbrasil and Vasp. ⑤ Air France only. ⑥ KLM only.

12-5　机动车使用量

Vehicles in Use

资料来源：国际公路协会《世界公路统计》2002 年。
Source:International Road Federation "World Road Statistics"2002.

国家和地区	Country or Area	年份 Year	汽车总计（万辆）Total (10 000)	乘用车（万辆）Passenger Cars (10 000)	大轿车（万辆）Buses & Coaches (10 000)	卡车和货车（万辆）Lorries & Vans (10 000)	公路牵引车（万辆）Road Tractors (10 000)
中　　国	China	2000	1576.1	853.7		716.3	
中国香港	Hong kong, China	1999	52.5	39.0	1.9	11.6	1.5
印　　度	India	1998	812.0	505.6	53.5	252.9	231.0
印度尼西亚	Indonesia	1998	499.3	277.3	62.8	159.3	
伊　　朗	Iran	1998			5.2	17.8	
以 色 列	Israel	2000	175.0	142.2	1.8	31.0	0.4
日　　本	Japan	2000	7265.3	6243.8	23.5	1997.9	13.4
哈萨克斯坦	Kazakhstan	2000	127.9	100.0	4.6	23.3	
韩　　国	Korea, Rep.	2000	1204.0	808.4	142.8	252.9	2.0
马来西亚	Malaysia	2000	492.7	421.3	4.9	66.5	31.6
蒙　　古	Mongolia	2000	7.5	4.4	0.6	2.5	0.8
缅　　甸	Myanmar	1996	6.9	2.7		4.2	
巴基斯坦	Pakistan	1999	114.3	66.9	16.2	31.2	52.0
菲 律 宾	Philippines	2000	243.8	76.8	142.2	24.8	2.7
新 加 坡	Singapore	1999	52.4	38.3	1.2	13.0	
斯里兰卡	Sri Lanka	1999	69.6	21.9	6.3	32.4	12.4
泰　　国	Thailand	1996	623.4	166.1	172.1	285.3	
土 耳 其	Turkey	1999	547.9	407.3	33.4	107.2	
埃　　及	Egypt	1996	178.7	135.4	3.8	39.7	6.1
尼日利亚	Nigeria	1996	270.1	88.5	90.3	91.3	
南　　非	South Africa	1999	603.6	396.6	16.5	190.5	17.9
加 拿 大	Canada	1998	1758.1	1388.7	6.8	362.6	
墨 西 哥	Mexico	2000	1548.7	1044.3	11.2	793.2	
美　　国	United States	1999	21477.5	13243.2	72.9	8161.4	153.4
阿 根 廷	Argentina	1998	654.4	504.8	4.3	145.3	
巴　　西	Brazil	2000	2897.5	2324.2	42.7	530.6	
委内瑞拉	Venezuela	1996	195.4	152.0		43.4	
白俄罗斯	Belarus	2000	145.7	144.8	0.8		1.9
保加利亚	Bulgaria	2000	222.2	190.8	4.2	27.1	2.1
捷　　克	Czech Republic	2000	373.3	343.9	1.8	27.6	2.3
法　　国	France	2000	3381.3	2806.0	8.0	567.3	21.7
德　　国	Germany	1999	4487.4	4232.4	8.5	246.6	191.6
意 大 利	Italy	1999	3514.3	3141.7	8.7	363.9	10.5
荷　　兰	Netherlands	1999	674.6	605.1	1.1	68.4	5.1
波　　兰	Poland	2000	1185.7	999.1	8.2	178.3	9.7
罗马尼亚	Romania	2000	359.0	312.9	4.8	41.3	3.5
俄罗斯联邦	Russian Federation	2000	2539.4	2035.3	64.0	440.1	
西 班 牙	Spain	1998	1954.5	1610.0	5.2	339.3	
乌 克 兰	Ukraine	2000		525.0			
英　　国	United Kingdom	1999	2315.9	2278.5	8.4	29.0	
南斯拉夫	Yugoslavia	1999	173.4	159.3	1.1	13.0	32.6
澳大利亚	Australia	1998	1173.8	956.1	6.4	211.3	6.2
新 西 兰	New Zealand	2000	267.5	222.2	1.4	44.0	2.6

12–5 续表1 continued

国家和地区	Country or Area	年份 Year	摩托车和机动脚踏两用车（万辆） Motorcycles & Mopeds (10 000)	每千人拥有汽车数量（辆／千人） Total Vehicles per 1000 Inhabitants	每千人拥有乘用车（辆／千人） Passenger Cars per 1000 Inhabitants	每公里道路汽车数量(辆／公里) Total Vehicles per km of Road
中 国	China	2000	3317.1	12.4	6.7	11.2
中国香港	Hong kong, China	1999	3.3	76.7	57.0	278.5
印 度	India	1998	2834.2	8.1	5.1	
印度尼西亚	Indonesia	1998	1265.2			
伊 朗	Iran	1998				
以 色 列	Israel	2000	7.7	274.8	233.3	107.5
日 本	Japan	2000	1397.4	572.4	413.2	
哈萨克斯坦	Kazakhstan	2000	11.3	86.0	67.0	15.7
韩 国	Korea, Rep.	2000		255.1	171.0	
马来西亚	Malaysia	2000	535.7			
蒙 古	Mongolia	2000	2.4	30.9	18.3	1.5
缅 甸	Myanmar	1996		1.4	0.6	2.4
巴基斯坦	Pakistan	1999	198.7	8.5	5.0	4.5
菲 律 宾	Philippines	2000	123.6	32.0	10.0	12.0
新 加 坡	Singapore	1999	13.3			
斯里兰卡	Sri Lanka	1999	79.5	36.54	11.5	7.2
泰 国	Thailand	1996	1023.9	103.0	27.4	96.5
土 耳 其	Turkey	1999	97.6	85.0	63.3	14.2
埃 及	Egypt	1996	41.8	29.7	22.5	27.9
尼日利亚	Nigeria	1996	44.2	26.2	8.6	13.9
南 非	South Africa	1999	15.8			
加 拿 大	Canada	1998	33.4	580.0	458.0	19.5
墨 西 哥	Mexico	2000		158.9	107.1	
美 国	United States	1999	411.1	779.4	480.6	34.1
阿 根 廷	Argentina	1998		181.1	139.7	37.1
巴 西	Brazil	2000	473.2			
委内瑞拉	Venezuela	1996		89.1	69.3	23.2
白俄罗斯	Belarus	2000	52.4		145.0	
保加利亚	Bulgaria	2000	51.9	273.0	234.0	60.0
捷 克	Czech Republic	2000	74.8	364.0	335.0	67.0
法 国	France	2000		575.0	477.0	38.0
德 国	Germany	1999			516.0	
意 大 利	Italy	1999	722.5	605.9	541.7	73.6
荷 兰	Netherlands	1999	38.8	428.0	384.0	57.9
波 兰	Poland	2000	80.3	306.7	258.5	31.9
罗马尼亚	Romania	2000	31.6	160.0	139.0	18.1
俄罗斯联邦	Russian Federation	2000		176.1	132.4	48.0
西 班 牙	Spain	1998	359.3		408.0	
乌 克 兰	Ukraine	2000	225.2		104.0	
英 国	United Kingdom	1999	16.8			62.3
南斯拉夫	Yugoslavia	1999	3.6	163.0	15.0	39.0
澳大利亚	Australia	1998	32.9			
新 西 兰	New Zealand	2000	7.9	696.0	578.0	

12-6 汽车燃料消费

Consumption of Motor Fuels

资料来源：国际公路协会《世界公路统计》2002 年。
Source:International Road Federation "World Road Statistics",2002.

国家和地区	Country or Area	年份 Year	汽油 Petrol			
			总消费量（万吨） Total Consumption (10000 tons)	用于公路汽车消费的比例（%） Percentage of Consumption Used in Road Vehicles (%)	普通级别每升最低价格(1/100 特别提款权) Minimum Price per Litre Ordinary Grade (1/100 SDR)	汽油税率（%） Percentage of Taxation Content of Consumption (%)
中国香港	Hong kong, China	1999	37.3	100.0	98	61.2
伊朗	Iran	1996	904.2			
以色列	Israel	2000	198.5	100.0	78	63.6
日本	Japan	1997	4073.9	99.7	53	60.9
韩国	Korea, Rep.	1998	720.9	94.5	61	59.4
蒙古	Mongolia	2000	20.2		25	32.3
巴基斯坦	Pakistan	1999	134.8		41	
菲律宾	Philippines	1998	869.0		18	
中国台湾	Taiwan,China	1998	1366.1	58.2	16	
泰国	Thailand	1996	386.0			
土耳其	Turkey	1999	460.7	99.0	71	71.0
喀麦隆	Cameroon	1996	426.0			
佛得角	Cape Verde	1996	744.0			
乍得	Chad	1996	527.0			
尼日利亚	Nigeria	1996	366.0		40	
南非	South Africa	1999	1086.1	100.0	32	42.6
加拿大	Canada	2000	3833.6			
墨西哥	Mexico	1996	2070.0			
美国	United States	1997	3499.0	96.7	23	32.0
阿根廷	Argentina	1999	520.9		59	52.7
巴西	Brazil	1999	7973.0			
哥伦比亚	Colombia	1999	670.5			
厄瓜多尔	Ecuador	1999	1061.8	97.0	17	10.5
白俄罗斯	Belarus	2000	95.8	96.8		
法国	France	2000	1381.3	98.0	81	73.0
德国	Germany	1999	2910.0 ①		50	67.0
意大利	Italy	1999	1810.0	100.0	83	64.0
哈萨克斯坦	Kazakhstan	2000	244.1	92.1	29	20.0
荷兰	Netherlands	1999	414.0	96.0	90	55.0
波兰	Romania	1999	105.4		41	
俄罗斯联邦	Russian Federation	1999	1493.6	62.9		
瑞典	Sweden	2000	537.3		77	67.0
乌克兰	Ukraine	2000	294.1	46.9		
英国	United Kingdom	1999	2158.0	99.0	60	82.0
南斯拉夫	Yugoslavia	1998	80.6	98.0		
澳大利亚	Australia	1996	1730.0			
新西兰	New Zealand	1996	209.0	95.0		

12–6 续表1 continued

国家和地区	Country or Area	年份 Year	柴油 Diesel 总消费量(万吨) Total Consumption (10000 tons)	用于公路汽车消费的比例(%) Percentage of Consumption Used in Road Vehicles (%)	每升最低价格(1/100特别提款权) Minimum Price per Litter (1/100 SDR)	柴油税率 (%) Percentage of Taxation Content of Consumption (%)
中国香港	Hong kong, China	1999	810.4	10.1	95	33.4
伊朗	Iran	1996	1700.0			
以色列	Israel	2000	219.0	94.6	42	20.7
日本	Japan	1997	3691.5	95.0	43	45.2
韩国	Korea, Rep.	1998	1600.9	53.9	28	35.3
蒙古	Mongolia	2000	46.7		21	18.1
巴基斯坦	Pakistan	1999			14	
菲律宾	Philippines	1998	1583.2	1.6	14	
中国台湾	Taiwan, China	1998	357.0	26.0	11	
泰国	Thailand	1996	905.0			
土耳其	Turkey	1999	1008.0	64.0	53	63.0
喀麦隆	Cameroon	1996	267.0			
佛得角	Cape Verde	1996	3660.0			
乍得	Chad	1996	2490.0			
尼日利亚	Nigeria	1996	217.0		40	
南非	South Africa	1999	599.3	75.0	25	46.0
加拿大	Canada	2000	2337.6			
墨西哥	Mexico	1996	1090.0			
美国	United States	1997	9651.4		23	36.0
阿根廷	Argentina	1999	1166.3		31	0.12
巴西	Brazil	2000	2665.2	80.1		
哥伦比亚	Colombia	1999	310.9			
厄瓜多尔	Ecuador	1999	1381.8	88.0	15	10.5
白俄罗斯	Belarus	2000	167.3	40.8		
法国	France	2000	2730.7	98.0	59	50.0
德国	Germany	1999	2680.0 ①		37	63.0
意大利	Italy	1999	1800.0	100.0	70	54.0
哈萨克斯坦	Kazakhstan	2000	256.1	40.5		20.0
荷兰	Netherlands	1999	672.6	98.0	65	64.0
波兰	Romania	1999	114.3		28	
俄罗斯联邦	Russian Federation	1999	2177.0	38.3		
瑞典	Sweden	2000	351.3		68	55.0
乌克兰	Ukraine	2000	488.3	42.7		
英国	United Kingdom	1999	1656.0	92.0	62	83.0
南斯拉夫	Yugoslavia	1998	120.6	68.0		55.0
澳大利亚	Australia	1996	977.0			
新西兰	New Zealand	1996	155.0	57.0		

注：①1996年数据。

Note: ① Data refer to 1996.

12-7 商船吨位

Merchandise Shipping Fleet

资料来源：联合国《统计年鉴》1999年。
Source: United Nation "Statistaical Yearbook" 1999.
单位：万吨 (10 000 tons)

国家和地区	Country or Area	1990	1997	1998	1999	2000
世界总计	**World**	**42363**	**52220**	**53189**	**54361**	**55805**
中国①	China ①	1390	1634	1650	1632	1650
中国香港	Hong Kong, China	657	577	617	797	1024
孟加拉国	Bangladesh	46	42	41	38	37
印度	India	648	693	678	692	666
印度尼西亚	Indonesia	218	320	325	324	338
伊朗	Iran	474	355	335	355	423
以色列	Israel	53	79	75	73	61
日本	Japan	2708	1852	1778	1706	1526
马来西亚	Malaysia	172	484	521	525	533
缅甸	Myanmar	83	57	49	54	45
朝鲜	Korea, Dem.People's Rep.	44	67	63	66	65
韩国	Korea, Rep.	778	743	569	574	620
巴基斯坦	Pakistan	35	44	40	31	26
菲律宾	Philippines	852	885	851	765	700
新加坡	Singapore	793	1888	2037	2178	2149
斯里兰卡	Sri Lanka	35	22	19	20	15
泰国	Thailand	62	216	200	196	195
土耳其	Turkey	372	657	625	633	583
越南	Viet Nam	47	77	78	87	100
埃及	Egypt	126	129	137	137	135
利比里亚	Liberia	5470	6006	6049	5411	5145
尼日利亚	Nigeria	50	45	45	43	44
南非	South Africa	35	38	38	38	38
加拿大	Canada	274	253	250	250	266
墨西哥	Mexico	132	115	109	92	88
巴拿马	Panama	3930	9113	9822	10525	11438
美国	United States	1974	1179	1185	1203	1111
阿根廷	Argentina	189	58	50	48	46
巴西	Brazil	602	437	417	393	381
委内瑞拉	Venezuela	94	71	67	66	67
保加利亚	Bulgaria	136	113	109	104	99
捷克	Czech Republic		2			
法国	France	372	457	474	477	468
德国	Germany		695	808	651	655
意大利	Italy	799	619	682	805	905
荷兰	Netherlands	333	388	426	481	517
挪威	Norway	2343	2284	2314	2345	2260
波兰	Poland	337	188	142	132	112
罗马尼亚	Romania	401	235	209	122	77
俄罗斯联邦	Russian Federation		1228	1109	1065	1049
西班牙	Spain	381	169	184	190	203
英国	United Kingdom	489	349	409	433	553
南斯拉夫	Yugoslavia		0.2	0.5	0.4	0.4
澳大利亚	Australia	251	261	219	208	191
新西兰	New Zealand	25	37	34	27	18

注：①联合国统计数据。
Note: ① Data from UN.

12-8 公路线路长度
Length of Road

资料来源：国际公路协会《世界公路统计》2002 年。
Source: International Road Federation "Word Road Statistics"2002.

国家和地区	Country or Area	年份 Year	公路网长度合计(公里) Total Road Network (km)	高速公路(公里) Motorways (km)	公路，主路或国道(公里) Highways, Main or National Roads(km)	次级公路或地区级公路(公里) Secondary or Regional Roads(km)
中国①	China ①	2000	1402698	16314	20088	152672
孟加拉国	Bangladesh	1999	207486		19775	17297
中国香港	Hong Kong, China	1999	1831			
印度	India	1999	3319644			
印度尼西亚	Indonesia	1999	342700			
伊朗	Iran	1998	167157	890	24940	68238
以色列	Israel	2000	16281	56	5322	
日本	Japan	1999	1161894	6455	53685	127916
哈萨克斯坦	Kazakhstan	2000	81331		22063	59268
朝鲜	Korea,Dem.People's Rep.	1999	31200			
韩国	Korea, Rep.	1999	86990	1996	12447	17155
马来西亚	Malaysia	1999	65877		16206	31777
蒙古	Mongolia	2000	49250		11063	38187
缅甸	Myanmar	1996	28200			
巴基斯坦	Pakistan	1999	254410	339	6587	211846
菲律宾	Philippines	2000	201994		30013	49992
新加坡	Singapore	1999	3066	150	569	358
斯里兰卡	Sri Lanka	1999	96695		11462	10404
泰国	Thailand	1999	64600			
土耳其	Turkey	1999	385960	1749	31388	29535
越南	Viet Nam	1999	93300			
埃及	Egypt	1999	64000			
尼日利亚	Nigeria	1999	194394	1194		
南非	South Africa	2000	362099	2032		
加拿大	Canada	1999	901903			
墨西哥	Mexico	1999	329532	6429	41765	62344
美国	United States	1999	6304193	89232	1885465	4329496
阿根廷	Argentina	1999	215471	734	38407	176330
巴西	Brazil	2000	1724929		94754	1630175
委内瑞拉	Venezuela	1999	96155			
白俄罗斯	Belarus	2000	74385		15345	59040
保加利亚	Bulgaria	2000	37286	324	3011	3818
捷克	Czech Republic	2000	55408	499	6031	14688
法国	France	2000	894000	11500	27500	355000
德国	Germany	1999	230735	11515	41321	86823
意大利	Italy	1999	479688	6621	46009	114909
荷兰	Netherlands	1999	116500	2235	6650	57500
波兰	Poland	2000	364656	358	17709	28381
罗马尼亚	Romania	2000	198603	113	14711	63791
俄罗斯联邦	Russian Federation	2000	532393		45978	486415
西班牙	Spain	1999	663795	10317	24124	139656
乌克兰	Ukraine	2000	169491		13081	156410
英国	United Kingdom	1999	371913	3358	48194	113105
南斯拉夫	Yugoslavia	2000	49805	560	6308	12682
澳大利亚	Australia	1999	811603	18619	107234	685748
新西兰	New Zealand	2000	92053	190	10570	16009

12-8 续表 1 continued

国家和地区	Country or Area	年份 Year	公路网长度合计(公里) Total Road Network(km)	有路面公路所占比重(%)	公路密度
			其他道路（公里） Other Roads (km)	Paved (%)	(公里／平方公里) Density of Total Network (km/sq.km)
中　　国①	China ①	2000	1213624		0.15
孟加拉国	Bangladesh	1999	170413	9.5	1.41
中国香港	Hong Kong, China	1999		100.0	
印　　度	India	1999		45.7	
印度尼西亚	Indonesia	1999		46.3	
伊　　朗	Iran	1998	73089	56.3	0.103
以色列	Israel	2000	10903	100.0	0.79
日　　本	Japan	1999	973838	46.0	3.07
哈萨克斯坦	Kazakhstan	2000		94.7	
朝　　鲜	Korea,Dem.People's Rep.	1999		6.4	
韩　　国	Korea, Rep.	1999	55392	74.5	0.88
马来西亚	Malaysia	1999	17894	75.8	0.20
蒙　　古	Mongolia	2000		3.5	0.04
缅　　甸	Myanmar	1996		12.2	0.05
巴基斯坦	Pakistan	1999	35638	43.0	0.32
菲律宾	Philippines	2000	121989	21.0	0.60
新加坡	Singapore	1999	1989	100.0	
斯里兰卡	Sri Lanka	1999	74828	95.0	1.47
泰　　国	Thailand	1999		97.5	0.13
土耳其	Turkey	1999	323288	34.0	0.50
越　　南	Viet Nam	1999		25.1	0.33
埃　　及	Egypt	1999		78.1	0.07
尼日利亚	Nigeria	1999		30.9	0.21
南　　非	South Africa	2000		20.3	0.30
加拿大	Canada	1999			
墨西哥	Mexico	1999	218994	32.8	0.17
美　　国	United States	1999		58.8	0.65
阿根廷	Argentina	1999		29.4	0.08
巴　　西	Brazil	2000		5.5	0.20
委内瑞拉	Venezuela	1999		33.6	
白俄罗斯	Belarus	2000		89.0	0.36
澳大利亚	Australia	1999			
保加利亚	Bulgaria	2000	30133	94.0	0.34
捷　　克	Czech Republic	2000	34190	100.0	0.70
法　　国	France	2000	500000	100.0	1.62
德　　国	Germany	1999	91076		
意大利	Italy	1999	312149	100.0	1.59
荷　　兰	Netherlands	1999	59400	90.0	4.00
新西兰	New Zealand	2000	65283	62.8	
波　　兰	Poland	2000	318208	68.3	1.17
罗马尼亚	Romania	2000	119988	49.5	0.83
俄罗斯联邦	Russian Federation	2000			0.31
西班牙	Spain	1999	489698	99.0	1.31
乌克兰	Ukraine	2000		96.7	0.28
英　　国	United Kingdom	1999	207256	100.0	1.62
南斯拉夫	Yugoslavia	2000	30815	62.3	0.49

注：①世界公路协会统计数据。
Note: ① Data from IRF.

12-9 公路交通事故
Road Accidents

资料来源：国际公路协会《世界公路统计》2002 年。
Source: International Road Federation "Word Road Statistics" 2002.

国家和地区	Country or Area	年份 Year	事故发生数量 Total Number of 事故发生数 Accidents (Number)	事故中受伤数 Injuries (Number)	事故中死亡人数 Deaths (Number)
中　　国①	China ①	1999	412860	286280	83529
中国香港	Hong kong, China	1999	14714	19422	217
孟加拉国	Bangladesh	1999	6205	5777	3598
印　　度	India	1998	298052	296719	62721
伊　　朗	Iran	1999	16858	26930	2313
以 色 列	Israel	2000	19925	40278	461
日　　本	Japan	1999	850363	1050397	9006
韩　　国	Korea, Rep.	2000	290481	426984	10236
马来西亚	Malaysia	2000	50194	44165	6029
蒙　　古	Mongolia	2000	5991	3548	338
巴基斯坦	Pakistan	1997	12336	11186	5127
菲 律 宾	Philippines	2000	14196	3902	859
斯里兰卡	Sri Lanka	1999		17174	2121
土 耳 其	Turkey	1999	66763	113656	4606
南　　非	South Africa	1998	80622	120604	9068
尼日利亚	Nigeria	1996	16793	21654	6364
加 拿 大	Canada	1999	151099	222275	2969
美　　国	United States	1999	2054000	3236000	41611
巴　　西	Brazil	1998	120442	31492	5305
委内瑞拉	Venezuela	1996	28198	2439	2900
白俄罗斯	Belarus	2000	6410	6494	1594
保加利亚	Bulgaria	2000	6886	8030	1012
捷　　克	Czech Republic	2000	25445	32439	1486
法　　国	France	2000	121200	162117	7543
德　　国	Germany	1999	395689	521127	7772
意 大 利	Italy	1999	219032	316698	6633
荷　　兰	Netherlands	1999		12388	1090
波　　兰	Poland	2000	57391	71638	6294
罗马尼亚	Romania	2000	7555	6315	2499
俄罗斯联邦	Russian Federation	2000	157596	179401	29594
西 班 牙	Spain	1999	97811	148632	5738
乌 克 兰	Ukraine	2000	33339	36636	5185
英　　国	United Kingdom	1999	235000	317000	3423
澳大利亚	Australia	2000			1824
新 西 兰	New Zealand	2000	7830	10962	462

12-9 续表1 continued

国家和地区	Country or Area	年份 Year	事故发生情况 Accidents 每百万公里车程事故发生数（件） Injury Accidents (per 100 million vehicle-km)	每百万公里车程受伤人数（人） Persons Injured (per 100 million vehiclekm) Vehicles (%)	每百万公里车程死亡人数（人） Persons Killed (per 100 million vehicle-km)	伤亡发生的环境 Percentage of Injury Accidents 在建地段 In Built-up Areas (%)	夜间 At Night (%)
中　　国①	China ①	1999					
中国香港	Hong kong, China	1999	133.00	176.00	2.00	60.9	30.6
孟加拉国	Bangladesh	1999					
印　　度	India	1998					
伊　　朗	Iran	1999					
以色列	Israel	2000	54.60	110.00	1.30	74.5	34.9
日　　本	Japan	1999				73.3	30.6
韩　　国	Korea, Rep.	2000					
马来西亚	Malaysia	2000					
蒙　　古	Mongolia	2000	81.30	89.70	22.30	50.3	34.0
巴基斯坦	Pakistan	1997					
菲律宾	Philippines	2000					
斯里兰卡	Sri Lanka	1999					
土耳其	Turkey	1999	133.88	227.92	9.24	67.0	
南　　非	South Africa	1998		99.64	6.97	80.3	37.0
尼日利亚	Nigeria	1996					
加拿大	Canada	1999		120.90	1.60	71.0	
美　　国	United States	1999	47.00	74.00	0.95		
巴　　西	Brazil	1998					
委内瑞拉	Venezuela	1996					
白俄罗斯	Belarus	2000					
保加利亚	Bulgaria	2000				72.5	22.0
捷　　克	Czech Republic	2000				64.6	
法　　国	France	2000	23.17	31.00	1.44	67.0	33.0
德　　国	Germany	1999	61.83	81.43	1.27	63.7	23.2
意大利	Italy	1999					
荷　　兰	Netherlands	1999		9.40	0.90	55.9	
波　　兰	Poland	2000				72.0	27.4
罗马尼亚	Romania	2000	18.9	15.8	6.3	88.2	25.2
俄罗斯联邦	Russian Federation	2000					
西班牙	Spain	1999	48.00	73.00	2.80		
乌克兰	Ukraine	2000				75.9	46.6
英　　国	United Kingdom	1999					
澳大利亚	Australia	2000					
新西兰	New Zealand	2000	21.00	29.50	1.20	58.0	28.0

注：①世界公路协会统计数据。
Note: ① Data from IRF.

12-10 公路税收收入
Annual Receipts from Road User Taxation

资料来源：国际公路协会《世界公路统计》2002年。
Source: International Road Federation "Word Road Statistics"2002.
单位：万特别提款权 (10 000 SDRs)

国家和地区	Country or Area	年份 Year	公路使用税总计 Total Road User Taxation	购置税 Taxes on Acquisition	所有权税 Taxes on Ownership	使用税 Taxes on Use
中国香港	Hong kong, China	1999		22400	22900	38400
印度	India	1996	21000	5000	3000	14000
日本	Japan	1998	4877700	409800	1769300	2701700
韩国	Korea, Rep.	1998				
蒙古	Mongolia	2000	140		140	2
缅甸	Netherlands	1999	600800	161800	192500	276000
新加坡	Singapore	1996	140000	95000	40000	
斯里兰卡	Sri Lanka	1996	29000	7000	3000	20000
墨西哥	Mexico	1997	619700	3600	48100	488000
美国	United States	1997	6682300	124000	1692400	4350800
法国	France	2000	4200000	500000	570000	2800000
德国	Germany	1999			515600	
意大利	Italy	1999	3812200	530600	389700	593300
荷兰	New Zealand	2000			6360	18850
罗马尼亚	Romania	2000	19050			100
俄罗斯联邦	Russian Federation	1996	53900	15	92	1600
西班牙	Spain	1997	1021200	305300	98600	617500
乌克兰	Ukraine	2000	19700		5820	6350
英国	United Kingdom	1999	3010400	441000	398600	1831700
南斯拉夫	Yugoslavia	1996	38400			14900
澳大利亚	Australia	1996	1350000		310500	1012500

12—10 续表 1 continued

单位：万特别提款权 (10 000 SDRs)

国家和地区	Country or Area	年份 Year	公路使用税总计 Total Road User Taxation 通行税 Tolls	其他特殊税 Other Special Taxes	公路税收占GDP比重(%) Total Road User Taxation as % of GDP (%)	公路税收占政府财政收入比重(%) Total Road User Taxation as % of Total Government Revenue (%)
中国香港	Hong kong, China	1999		2230		
印度	India	1996				
日本	Japan	1998			153	910
韩国	Korea, Rep.	1998	74300			
蒙古	Mongolia	2000			14	
缅甸	Netherlands	1999			220	220
新加坡	Singapore	1996		6000	160	460
斯里兰卡	Sri Lanka	1996		700	210	1120
墨西哥	Mexico	1997	29200	50800	54	
美国	United States	1997			111	348
法国	France	2000	380000		420	1810
德国	Germany	1999				
意大利	Italy	1999	44800	2179000		
荷兰	New Zealand	2000		14110		
罗马尼亚	Romania	2000	40			
俄罗斯联邦	Russian Federation	1996	46600	5610	20	130
西班牙	Spain	1997			270	1500
乌克兰	Ukraine	2000		7490	76	
英国	United Kingdom	1999		339200	420	1060
南斯拉夫	Yugoslavia	1996	20900	2470	240	500
澳大利亚	Australia	1996	13500	13500		

12-11 公路支出

Road Expenditure

资料来源：国际公路协会《世界公路统计》2002 年。
Source: International Road Federation "Word Road Statistics"2002.

单位：万特别提款权 (10 000 SDRs)

国家和地区	Country or Area	年份 Year	支出总计 Grand Total of All Expenses	公路支出构成－按行政管理级别分 Road Expenditure-Administration Levels		
				中央政府 Central Gov't	地区政府 Regional Gov't	地方政府 Local Gov't
中　国①	China ①	2000		1631400	2008800	15267200
中国香港	Hong kong, China	1999				
印　度	India	1998		1990	6770	
日　本	Japan	1996	6433200	1990700	2620000	4442500
蒙　古	Mongolia	2000	492			
巴基斯坦	Pakistan	1996	39000	13000	24000	2000
菲律宾	Philippines	1998	26300			
新加坡	Singapore	1999	11100			
斯里兰卡	Sri Lanka	1999	7170			
土耳其	Turkey	1999	87100			
加拿大	Canada	2000		15000		
美　国	United States	1997	7516400	97300	4558100	2861000
阿根廷	Argentina	1998		40900	75900	
巴　西	Brazil	1996	59000	49000		
白俄罗斯	Belarus	2000	18560			
捷　克	Czech Republic	2000	159500	159500		
法　国	France	2000	1090000			
德　国	Germany	1996	1501400	414400	234300	763000
意大利	Italy	1996	913200	446400	120400	346400
荷　兰	Netherlands	1999	97000	91200	15800	
波　兰	Poland	2000	128400	61400	21300	45700
罗马尼亚	Romania	2000				
西班牙	Spain	1999	389700	161600	92300	38900
乌克兰	Ukraine	2000	19960	5700		9080
英　国	United Kingdom	1999	477800	175500		302400
澳大利亚	Australia	1999		81500		
新西兰	New Zealand	2000		35700		

12-11 续表1 continued

单位：万特别提款权 (10 000 SDRs)

国家和地区	Country or Area	年份 Year	公路支出构成－按支出性质分 Road Expenditure-By Nature 管理、调查及其它 Administration, Research and Other	维护 Maintenance	新建 New Construction
中国①	China ①	2000	121362400	140269800	
中国香港	Hong kong, China	1999	600	9030	27900
印度	India	1998			
日本	Japan	1996	401100	1186000	5111000
蒙古	Mongolia	2000	321	70	101
巴基斯坦	Pakistan	1996	2000	9000	29000
菲律宾	Philippines	1998		6420	19900
新加坡	Singapore	1999		3140	7970
斯里兰卡	Sri Lanka	1999	14	312	6850
土耳其	Turkey	1999	25000	9220	53100
加拿大	Canada	2000			
美国	United States	1997	598600	1950100	3625100
阿根廷	Argentina	1998			
巴西	Brazil	1996	46000	5000	9000
白俄罗斯	Belarus	2000			1710
捷克	Czech Republic	2000		80100	79300
法国	France	2000			
德国	Germany	1996	89600		954000
意大利	Italy	1996	248000	415000	797000
荷兰	Netherlands	1999		52300	37500
波兰	Poland	2000	9000	80900	38500
罗马尼亚	Romania	2000	12		
西班牙	Spain	1999		82000	210900
乌克兰	Ukraine	2000	530	14780	4880
英国	United Kingdom	1999			
澳大利亚	Australia	1999			
新西兰	New Zealand	2000			

注：①世界公路协会统计数据。
Note: ① Data from IRF.

12-12 电话主线和移动电话普及率

Telephone Mainlines and Mobile Phones

资料来源：世界银行数据库。
Sources:World Bank Database.

国家和地区	Country or Area	电话主线（条／千人） Telephone Mainlines (per 1 000 people)			移动电话(部／千人) Mobile Phones (per 1 000 people)		
		1990	2000	2001	1990	2000	2001
世界	**World**	**99.6**	**161.8**	**171.4**		**123.8**	**157.3**
高收入国家	**High Income**	**457.7**	**589.4**	**593.0**	**12.5**	**531.7**	**608.8**
中等收入国家	**Middle Income**	**41.3**	**133.8**	**152.0**	**0.2**	**84.0**	**129.4**
低收入国家	**Low Income**	**10.5**	**26.8**	**29.8**		**5.6**	**10.4**
中国	China	5.9 ①	133.3 ①	145.0 ①	0.4	67.7	114.0
中国香港	Hong Kong, China	450.1	589.0	579.6	24.4	817.3	859.0
中国澳门	Macao, China	255.1	401.9	393.9	6.1	320.6	434.1
孟加拉国	Bangladesh	2.2	3.6	4.3		2.2	4.0
印度	India	5.9	32.0	37.5		3.5	6.3
印度尼西亚	Indonesia	5.9	32.3	34.5	0.1	17.8	31.2
伊朗	Iran	40.3	149.0	168.7		15.1	32.3
以色列	Israel	343.2	481.8	476.3	3.2	701.8	808.2
日本	Japan	441.1	585.8	597.1	7.0	526.2	587.8
哈萨克斯坦	Kazakhstan	79.9	113.1			12.2	36.2
韩国	Korea, Rep.	309.6	476.9	485.7	1.9	583.2	620.8
马来西亚	Malaysia	89.2	199.2	195.8	4.9	213.2	314.2
蒙古	Mongolia	32.0	49.5	51.8		65.1	81.2
缅甸	Myanmar	1.6	5.7	6.1		0.3	0.3
巴基斯坦	Pakistan	7.5	21.6	23.3	0.02	2.5	5.6
菲律宾	Philippines	10.0	40.0	42.4		84.4	149.6
新加坡	Singapore	349.4	484.5	471.4	17.1	683.8	724.1
斯里兰卡	Sri Lanka	7.1	41.4	44.3	0.1	23.2	35.6
泰国	Thailand	24.2	92.3	98.7	1.2	50.4	123.3
土耳其	Turkey	121.4	281.7	285.2	0.6	247.1	301.8
越南	Vietnam	1.4	31.9	37.6		9.9	15.4
埃及	Egypt	30.1	86.4	103.6	0.1	21.4	43.3
尼日利亚	Nigeria	3.0	4.4	4.6		0.3	4.3
南非	South Africa	93.4	113.6	112.5	0.2	190.2	251.9
加拿大	Canada	564.9	698.8	675.8	21.6	294.0	361.9
墨西哥	Mexico	64.8	124.7	137.2	0.8	142.4	216.8
美国	United States	544.5	664.5	667.1	21.1	389.0	450.8
阿根廷	Argentina	93.0	220.2	223.8	0.4	168.8	192.6
巴西	Brazil	65.0	182.1	217.8	-	136.6	167.3
委内瑞拉	Venezuela	76.2	104.9	109.3	0.4	225.4	263.5
白俄罗斯	Belarus	153.4	268.8	278.8		4.8	13.5
保加利亚	Bulgaria	241.9	353.6	359.4		90.6	191.2
捷克	Czech Republic	157.5	376.1	375.1		422.2	674.9
法国	France	495.2	577.1	573.5	5.0	493.3	605.3
德国	Germany	440.8	610.6	634.2	3.8	586.1	682.3
意大利	Italy	387.6	473.9	471.5	4.6	737.3	839.4
荷兰	Netherlands	464.1	618.6	621.1	5.3	672.7	767.0
波兰	Poland	86.3	283.2	295.1		174.6	260.2
罗马尼亚	Romania	101.9	173.8	183.8		111.4	172.4
俄罗斯联邦	Russian Federation	139.9	218.3	243.3		22.2	37.9
西班牙	Spain	315.9	426.2	431.1	1.4	616.5	655.3
乌克兰	Ukraine	135.5	206.5	212.1		16.2	44.2
英国	United Kingdom	440.7	588.6	588.0	19.4	727.0	770.4
南斯拉夫	Yugoslavia	165.6	226.1	228.8		122.5	187.1
澳大利亚	Australia	456.3	524.6	518.9	10.8	446.9	576.1
新西兰	New Zealand	433.6	485.0	477.1	16.0	408.4	598.8

注：①电话机数。
Note: ① Telephone number.

12-13 国际互联网用户
Internet Users

资料来源：世界银行数据库。
Sources: World Bank Database.

单位：万人 (10 000 persons)

国家和地区	Country or Area	1995	1997	1998	1999	2000	2001
世界	**World**	**3430**	**9584**	**15564**	**24194**	**39942**	**50148**
高收入国家	**High Income**	**3194**	**8601**	**13495**	**20109**	**32149**	**38889**
中等收入国家	**Middle Income**	**203**	**850**	**1832**	**3606**	**6794**	**9666**
低收入国家	**Low Income**	**33**	**133**	**237**	**478**	**999**	**1593**
中国①	China ①		62	210	890	2250	**3370**
中国香港	Hong Kong, China	20	68	95	243	186	**260**
中国澳门	Macao, China	0.1	1	3	4	6	**10**
孟加拉国	Bangladesh		0.1	1	5	10	**25**
印度	India	25	70	140	280	550	**700**
印度尼西亚	Indonesia	5	38	51	90	200	**400**
伊朗	Iran	0.3	3	7	10	63	**101**
以色列	Israel	5	25	60	80	127	**180**
日本	Japan	200	1155	1694	2706	4708	**5593**
哈萨克斯坦	Kazakhstan	0.2	1	2	7	10	
韩国	Korea, Rep.	37	163	310	1086	1904	**2438**
马来西亚	Malaysia	4	60	150	250	400	**650**
蒙古	Mongolia	0.02	0.3	0.3	1	3	**4**
缅甸	Myanmar				0.1	1	**1**
巴基斯坦	Pakistan	0.02	4	6	8	30	**50**
菲律宾	Philippines	2	10	15	132	154	**200**
新加坡	Singapore	10	50	75	95	130	**150**
斯里兰卡	Sri Lanka	0.1	3	6	7	12	**15**
泰国	Thailand	6	38	50	130	230	**354**
土耳其	Turkey	5	30	45	150	200	**250**
越南	Vietnam		0.3	1	10	20	**101**
埃及	Egypt	2	6	10	20	45	**60**
尼日利亚	Nigeria		2	3	10	8	**12**
南非	South Africa	46	80	127	182	240	**307**
加拿大	Canada	122	450	750	1100	1270	**1350**
墨西哥	Mexico	9	60	122	182	271	**364**
美国	United States	2000	4000	6000	7410	12400	**14282**
阿根廷	Argentina	3	10	20	50	260	**330**
巴西	Brazil	17	131	250	350	500	**800**
委内瑞拉	Venezuela	3	9	19	53	82	**126**
白俄罗斯	Belarus	0.03	1	1	5	18	**42**
保加利亚	Bulgaria	1	10	15	23	43	**61**
捷克	Czech Republic	15	30	40	70	100	**140**
法国	France	95	250	370	537	850	**1565**
德国	Germany	150	550	810	1440	2480	**3080**
意大利	Italy	30	130	260	820	1320	**1640**
荷兰	Netherlands	60	100	160	300	700	**790**
波兰	Poland	25	80	158	210	280	**380**
罗马尼亚	Romania	2	10	50	60	80	**100**
俄罗斯联邦	Russian Federation	22	70	120	150	310	**430**
西班牙	Spain	15	110	173	283	549	**739**
乌克兰	Ukraine	2	10	15	20	35	**60**
英国	United Kingdom	110	431	800	1250	1800	**2400**
南斯拉夫	Yugoslavia		5	7	8	40	**60**
澳大利亚	Australia	50	160	420	560	660	**720**
新西兰	New Zealand	18	55	60	70	83	**109**

注：①中国互联网信息中心数据。
Note: ① Data from China Internet Information Center.

主要统计指标解释

航空货物周转量　指承载的每个航班的货物、快递和邮包重量之和乘以飞机从起飞到降落的飞行距离。该指标按航空承运商登记国统计。

航空旅客　指承载的国内或国际旅客人数。该指标按航空承运商登记国统计。

移动电话　指手提式电话用户。利用蜂窝技术，这些用户被接入公共交换电话网的自动公共移动电话服务系统。

电话主线　是指将客户的设备接入公共交换电话网的电话线。

公路货物周转量　指利用公路交通工具进行货物运输。用重量乘以里程，以亿吨公里来衡量。

互联网用户　指进入国际互联网的使用者。

特别提款权(SDRs)　国际货币基金组织创设的一种储备资产和记帐单位，用来补充其会员国已有的储备资产。它赋予每个持有者无条件无限制地获取其他储备资产，特别是外汇的权利。国际货币基金组织不可以赋予自己SDRs，只可通过各种金融交易和操作接受成员国的SDRs。SDRs在金融交易和操作的应用相当广泛，包括换取其它成员国的资金、结算金融义务、作为捐赠或贷款延期等，而且现货交易和期货交易也可用此结算。特别提款权每天的实际值是由基金组织根据“一篮子”货币按照给定的权数来决定的。

Explanatory Notes on Main Statistical Indicators

Air freight is the sum of the metric tons of freight, express, and diplomatic bags carried on each flight stage (the operation of an aircraft from takeoff to its next landing) multiplied by the stage distance of air carriers registered in the country.

Air transport, passengers carried Air passengers carried include both domestic and international aircraft passengers of air carriers registered in the country.

Mobile phones Mobile phones refers to users of portable telephones subscribing to an automatic public mobile telephone service using cellular technology that provides access to the public switched telephone network.

Telephone mainlines Telephone mainlines are telephone lines connecting a customer's equipment to the public switched telephone network..

Roads, goods transported Goods transported by road are the volume of goods transported by road vehicles, measured in 100 millions of metric tons times kilometers traveled.

Internet users are people with access to the worldwide network.

Special Drawing Rights (SDRs) International reserve assets created by the International Monetary Fund and allocated to its members to supplement existing reserve assets. They represent each holder's assured and unconditional right to obtain other reserve assets, especially foreign exchange. IMF cannot allocate SDRs to itself but receives them from members through various financial transactions and operations. The SDR can be used for a wide range of transactions and operations, including the acquisition of other members' currencies, the settlement of financial obligations, the making of donations, and the extension of loans. Forward as well as spot transactions may be conducted in SDRs. The SDR is the unit of account for the Fund. The value of the SDR is determined daily by IMF on the basis of a basket of currencies with each currency assigned a weight in the determination of that value.

十三　对外贸易和旅游

External Trade and Tourism

13-1 世界货物进出口总额

World Imports and Exports

资料来源：世界贸易组织数据库。
Sources: World Trade Organization Database.
单位：亿美元 (USD 100 million)

年份 Year	世界总计 World	北美洲 North America	拉丁美洲 Latin America	西欧 Western Europe	中东欧① Central and Eastern Europe ①	非洲 Africa	中东 Middle East	亚洲 Asia
出口 Exports								
1980	20340	2936	1097	8155	1574	1215	2128	3237
1985	19540	3100	1085	7763	1561	837	1027	4163
1990	34480	5218	1468	16371	1054	1055	1393	7922
1991	35150	5493	1452	16193	929	998	1226	8856
1992	37660	5831	1530	17191	1001	967	1344	9802
1993	37770	6103	1623	16145	1072	929	1262	10637
1994	43250	6784	1883	18422	1559	967	1368	12270
1995	51600	7774	2293	22477	1974	1114	1516	14454
1996	53900	8271	2565	23291	2149	1249	1748	14630
1997	55760	9035	2851	23128	2237	1272	1822	15414
1998	54920	8968	2818	24024	2163	1055	1425	14465
1999	57030	9316	3003	24107	2154	1165	1846	15439
2000	64310	10581	3605	25066	2719	1465	2590	18282
2001	61760	9893	3488	25112	2859	1375	2397	16642
2002	64240	9464	3515	26484	3094	1389	2360	17937
进口 Imports								
1980	20750	3202	1234	9256	1540	975	1028	3517
1985	20150	4338	845	7954	1481	756	889	3889
1990	35510	6414	1304	17003	1137	992	1038	7617
1991	36340	6341	1483	17112	975	947	1176	8305
1992	38840	6843	1769	17900	999	1006	1323	9004
1993	38770	7434	1938	16189	1096	984	1272	9854
1994	44280	8453	2258	18293	1539	1061	1202	11479
1995	52800	9403	2544	22257	1971	1265	1333	14031
1996	55370	9983	2786	22901	2307	1251	1426	14716
1997	57260	11010	3299	22825	2470	1323	1495	14841
1998	56700	11515	3467	24092	2427	1328	1488	12385
1999	59130	12808	3355	24496	2127	1276	1519	13545
2000	67110	15052	3889	26101	2420	1293	1723	16630
2001	64660	14075	3806	25520	2694	1321	1793	15450
2002	66850	14312	3551	26443	2972	1330	1831	16414

注：①包括波罗的海国家和独联体。
Note: ① Including Baltic Countries and Commonwealth of Independent States.

13-2 货物出口总额
Merchandise Exports

资料来源：世界贸易组织数据库。
Sources: World Trade Organization Database.

单位：亿美元 (USD 100 million)

国家和地区	Country or Area	1990	1999	2000	2001	2002
世界	**World**	**34480**	**57030**	**64310**	**61760**	**64240**
发达国家	**Developed Countries**	**24952**	**38297**	**41206**	**39804**	**40895**
发展中国家	**Developing Countries**	**7937**	**15055**	**18587**	**17388**	**18409**
中国	China	621	1949	2492	2661	3256
中国香港	Hong Kong, China	824	1744	2027	1911	2006
孟加拉国	Bangladesh	17	55	64	61	57
印度	India	180	357	424	433	500
印度尼西亚	Indonesia	257	487	621	521	520
伊朗	Iran	193	210	283		
以色列	Israel	121	258	314	290	295
日本	Japan	2876	4194	4792	4035	4160
哈萨克斯坦	Kazakhstan		56	91	86	96
朝鲜	Korea, Dem.People's Rep.	19	6	7	8	7
韩国	Korea, Rep.	650	1437	1723	1504	1625
马来西亚	Malaysia	295	845	982	880	957
蒙古	Mongolia	7	5	5	5	5
缅甸	Myanmar	3	11	16	24	28
巴基斯坦	Pakistan	56	85	90	92	99
菲律宾	Philippines	81	366	398	327	356
新加坡	Singapore	527	1147	1378	1218	1256
斯里兰卡	Sri Lanka	19	46	54	48	47
泰国	Thailand	231	584	691	651	686
土耳其	Turkey	130	266	275	313	348
越南	Viet Nam	24	115	144	151	165
埃及	Egypt	35	36	47	41	47
尼日利亚	Nigeria	136	139	210	173	151
南非	South Africa	235	267	300	293	297
美国	United States	3936	6928	7811	7291	6935
加拿大	Canada	1276	2384	2766	2599	2525
墨西哥	Mexico	407	1364	1664	1585	1608
阿根廷	Argentina	124	233	264	266	254
巴西	Brazil	314	480	551	582	604
委内瑞拉	Venezuela	175	202	318	274	269
保加利亚	Bulgaria	50	40	48	51	54
捷克	Czech Republic		262	290	334	368
法国	France	2166	3255	3276	3234	3295
德国	Germany	4211	5435	5518	5717	6122
意大利	Italy	1703	2356	2405	2411	2520
荷兰	Netherlands	1318	2186	2331	2309	2434
波兰	Poland	143	274	316	361	404
罗马尼亚	Romania	50	85	104	114	137
俄罗斯联邦	Russian Federation		757	1056	1031	1069
西班牙	Spain	556	1044	1153	1167	1189
乌克兰	Ukraine		116	146	163	175
英国	United Kingdom	1852	2722	2854	2727	2759
澳大利亚	Australia	398	561	639	634	650
新西兰	New Zealand	94	125	133	137	144

13-3 货物进口总额
Merchandise Imports

资料来源：世界贸易组织数据库。
Sources: World Trade Organization Database.

单位：亿美元 (USD 100 million)

国家和地区	Country or Area	1990	1999	2000	2001	2002
世 界	**World**	**35510**	**59130**	**67110**	**64660**	**66850**
发达国家	**Developed Countries**	**26282**	**41247**	**45798**	**43852**	**44991**
发展中国家	**Developing Countries**	**7549**	**14227**	**17094**	**16399**	**17046**
中 国	China	533	1657	2251	2436	2952
中国香港	Hong Kong, China	847	1807	2140	2020	2086
孟加拉国	Bangladesh	36	77	84	84	75
印 度	India	236	470	515	504	563
印度尼西亚	Indonesia	218	240	335	310	313
伊 朗	Iran	203	127	143	179	214
以色列	Israel	168	332	377	354	352
日 本	Japan	2354	3113	3795	3491	3364
哈萨克斯坦	Kazakhstan		37	51	64	65
朝 鲜	Korea, Dem.People's Rep.	29	12	17	18	18
韩 国	Korea, Rep.	698	1198	1605	1411	1521
马来西亚	Malaysia	293	650	820	739	802
蒙 古	Mongolia	9	5	6	6	7
缅 甸	Myanmar	3	23	24	28	28
巴基斯坦	Pakistan	74	103	113	102	111
菲律宾	Philippines	130	326	338	314	355
新加坡	Singapore	608	1111	1345	1160	1162
斯里兰卡	Sri Lanka	27	60	72	59	61
泰 国	Thailand	330	503	619	621	645
土耳其	Turkey	223	407	542	414	488
越 南	Viet Nam	28	117	156	160	194
埃 及	Egypt	124	160	140	128	124
尼日利亚	Nigeria	56	86	87	116	75
南 非	South Africa	184	267	297	284	294
美 国	United States	5170	10594	12593	11792	12025
加拿大	Canada	1232	2202	2448	2272	2276
墨西哥	Mexico	435	1486	1827	1762	1765
阿根廷	Argentina	41	255	252	203	90
巴 西	Brazil	225	517	585	583	495
委内瑞拉	Venezuela	73	141	162	180	127
保加利亚	Bulgaria	51	55	65	72	73
白俄罗斯	Belarus		67	86	81	88
捷克共和国	Czech Republic		282	322	365	406
法 国	France	2344	3157	3389	3286	3264
德 国	Germany	3557	4740	4972	4861	4933
意大利	Italy	1820	2206	2388	2329	2411
荷 兰	Netherlands	1261	2062	2183	2086	2177
波 兰	Poland	116	459	489	502	548
罗马尼亚	Romania	76	104	131	156	179
俄罗斯联邦	Russian Federation		396	447	536	600
西班牙	Spain	877	1353	1561	1547	1537
乌克兰	Ukraine		118	140	158	167
英 国	United Kingdom	2230	3249	3438	3330	3398
澳大利亚	Australia	420	692	715	639	727
新西兰	New Zealand	95	143	139	133	150

13-4 出口和进口单位价格指数

Indices of Export Unit Value and Import Unit Value

资料来源：国际货币基金组织数据库。
Source:International Monetary Fund Database.

1995年=100 (1995=100)

国家和地区	Country or Area	出口单位价格 Export Unit Values/Export Prices			进口单位价格 Import Unit Values/Import Prices		
		1999	2000	2001	1999	2000	2001
世界	**World**	**85.9**	**85.8**	**83.0**	**85.1**	**86.2**	**83.3**
工业国家	**Industrial Countries**	**85.7**	**83.4**	**81.6**	**85.7**	**86.0**	**83.1**
发展中国家	**Developing Countries**	**86.5**	**93.5**	**87.3**	**83.2**	**86.5**	**84.1**
中国香港	Hong Kong, China	91.6	91.1	88.9	89.6	90.0	87.1
印度	India	94.0	93.0		96.6	100.1	
以色列	Israel	97.3	97.3	93.9	87.0	89.7	88.4
日本	Japan	85.2	89.2	83.6	83.8	92.6	86.3
韩国	Korea, Rep.	57.0	57.3	49.8	78.1	89.5	81.4
巴基斯坦	Pakistan	93.3	86.7	79.4	42.1	46.4	42.3
菲律宾	Philippines	86.0	71.6	59.3	67.6	57.6	48.1
新加坡	Singapore	80.2	83.4	77.2	81.2	87.0	84.0
斯里兰卡	Sri Lanka	101.0	101.4	97.4			
泰国	Thailand	87.7	85.9	84.7	95.3	100.2	108.7
巴西	Brazil	90.7	97.2	92.2	111.5	116.4	116.1
加拿大	Canada	93.0	100.6	96.5	95.7	98.0	94.0
美国	United States	94.7	96.2	95.4	93.4	99.4	95.9
法国	France	81.6	71.7		82.4	75.5	
德国	Germany	75.1	67.3	66.6	75.4	72.4	70.3
意大利	Italy	94.6	86.3	87.4	87.6	86.4	85.7
荷兰	Netherlands	77.9	76.9	77.3	80.9	78.4	78.1
波兰	Poland	85.8	79.6	81.2	91.3	85.9	88.4
西班牙	Spain	82.6	75.8	75.6	81.0	79.1	76.4
英国	United Kingdom	92.1	89.2	85.0	88.9	86.5	82.0
澳大利亚	Australia	80.6	81.2	81.8	87.2	85.5	80.7
新西兰	New Zealand	82.7	86.0	84.4	82.4	82.4	77.4

13-5 出口和进口数量指数

Indices of Export Quantum and Import Quantum

资料来源：国际货币基金组织数据库。
Source:International Monetary Fund Database.

1990年=100 (1990=100)

国家和地区	Country or Area	出口数量指数 Export Quantum/Export Prices			进口数量指数 Import Quantum/Import Prices		
		2000	2001	2002	2000	2001	2002
世　界	**World**	**184**			**192**		
发达国家	**Developed Countries**	**180**	**178**		**189**	**191**	
发展中国家	**Developing Countries**	**196**			**200**		
中国香港	Hong Kong, China	255	246		262	256	
印　度	India	287			346		
以色列	Israel	256	245		257	238	240
日　本	Japan	129	116	126	166	164	167
韩　国	Korea, Rep.	394	396		253	247	
巴基斯坦	Pakistan	153	153		147	155	
菲律宾	Philippines	107	95		49	48	
新加坡	Singapore	302	288	303	220	196	
斯里兰卡	Sri Lanka	205	188		244	221	
泰　国	Thailand	346	327	372	150	134	149
土耳其	Turkey	224	274		262	197	
阿根廷	Argentina	221	222	221	231	605	275
巴　西	Brazil	146	163	177	163	164	159
加拿大	Canada	229	229	220	226	226	216
美　国	United States	190	179	171	230	224	234
法　国	France	185			168		
德　国	Germany	182	188		172	173	
意大利	Italy	167	168		158	158	
荷　兰	Netherlands	194	195		189	188	
波　兰	Poland	226	257		526	562	
英　国	United Kingdom	173	175	171	178	182	185
澳大利亚	Australia	205	211		233	223	
新西兰	New Zealand	157	165		157	160	

13-6 货物和服务进出口占国内生产总值比重

Export and Import of Goods and Services as Percentage of GDP

资料来源：世界银行数据库。
Source: World Bank Database.

单位：% (%)

国家和地区	Country or Area	出口 Exports			进口 Imports		
		1990	2000	2001	1990	2000	2001
世界	**World**	**19.9**	**25.6**	**29.9**	**19.7**	**25.3**	**28.3**
高收入国家	**High Income**	**19.9**	**24.5**		**19.8**	**24.6**	
中等收入国家	**Middle Income**	**20.6**	**30.1**	**29.7**	**19.4**	**27.8**	**28.0**
低收入国家	**Low Income**	**17.8**	**28.7**	**27.9**	**20.7**	**28.0**	**28.0**
中国①	China ①	17.5	25.9	25.8	14.3	23.2	23.4
中国香港	Hong Kong, China	134.3	150.1	143.9	125.8	145.3	138.6
孟加拉国	Bangladesh	6.2	14.0	15.4	13.6	19.2	22.3
印度	India	7.3	14.0	13.7	9.9	16.6	15.4
印度尼西亚	Indonesia	25.3	42.4	41.1	23.7	31.7	32.6
伊朗	Iran	22.0	24.9	28.1	23.5	13.3	21.5
以色列	Israel	34.7	40.0		45.4	46.9	
日本	Japan	10.4	10.8	10.4	9.4	9.3	9.8
哈萨克斯坦	Kazakhstan		58.8	46.3		49.3	48.7
韩国	Korea, Rep.	29.1	44.8	42.9	30.3	41.7	40.6
马来西亚	Malaysia	74.5	124.8	116.3	72.4	104.8	98.0
蒙古	Mongolia	24.0	65.4	64.1	52.9	81.8	80.0
缅甸	Myanmar	2.6			4.8		
巴基斯坦	Pakistan	15.5	16.3	18.0	23.4	18.0	19.4
菲律宾	Philippines	27.5	56.3	49.3	33.3	50.2	47.4
新加坡	Singapore	184.0	178.8	173.6	177.1	160.8	151.8
斯里兰卡	Sri Lanka	29.2	39.7	37.0	38.0	50.5	43.7
泰国	Thailand	34.1	67.1	66.3	41.7	58.4	60.2
埃及	Egypt	20.0	16.3	17.6	32.7	22.9	22.7
尼日利亚	Nigeria	43.4	52.3	48.3	28.8	41.1	49.0
南非	South Africa	24.4	28.6	27.8	18.6	25.7	25.3
阿根廷	Argentina	10.4	10.9	11.4	4.6	11.5	10.2
巴西	Brazil	8.2	10.8	13.4	7.0	12.4	14.4
委内瑞拉	Venezuela	39.4	28.4	22.7	20.2	16.3	17.6
加拿大	Canada	26.0	46.0	43.8	26.0	40.8	38.6
墨西哥	Mexico	18.6	31.1	27.6	19.7	33.0	30.0
美国	United States	9.7	11.2		10.9	15.0	
白俄罗斯	Belarus	46.0	69.2	67.8	43.6	72.4	71.4
保加利亚	Bulgaria	33.1	55.7	55.7	36.7	61.1	63.2
捷克	Czech Republic	45.2	69.6	71.0	42.6	72.9	73.8
法国	France	21.2	28.5	27.9	22.2	27.2	26.3
德国	Germany	28.8	33.7	35.0	25.5	33.3	33.1
意大利	Italy	19.7	28.4	28.3	19.7	27.4	26.7
荷兰	Netherlands	54.0	67.2	65.1	50.6	62.4	59.7
波兰	Poland	28.6	29.3	29.1	21.5	36.3	33.0
罗马尼亚	Romania	16.7	33.0	33.5	26.2	38.7	41.6
俄罗斯联邦	Russian Federation	18.2	44.5	36.8	17.9	24.1	24.1
乌克兰	Ukraine	27.6	62.4	56.1	28.7	57.9	54.5
英国	United Kingdom	24.0	28.1	27.1	26.6	29.8	29.3
澳大利亚	Australia	16.7	22.9		16.8	22.7	
新西兰	New Zealand	27.0	36.7		26.8	35.1	

注：①世界银行数据。
Note: ① Data from World Bank.

13-7 出口货物构成（2001年）
Exports by Commodity Groups(2001)

资料来源：世界银行数据库。
Sources: World Bank Database.

单位：% (%)

国家和地区	Country or Area	农业原材料 Agricultural Raw Materials	食品 Food	燃料 Fuel	矿物和金属 Ores and Metals	制成品 Manufactures
世界	**World**	**1.7**	**7.1**	**7.4**	**2.7**	**78.0**
高收入国家	**High Income**	**1.6**	**6.4**	**4.5**	**2.3**	**82.0**
中等收入国家	**Middle Income**	**2.1**	**9.9**	**20.8**	**4.1**	**60.8**
低收入国家①	**Low Income ①**	**4.0**	**14.5**	**23.7**	**5.6**	**51.7**
中国②	China ②	0.9	5.3	3.2	1.8	88.6
中国香港	Hong Kong, China	0.4	1.7	0.6	1.6	95.4
印度①	India ①	1.2	12.9	4.3	2.8	76.5
印度尼西亚	Indonesia	3.6	8.9	25.5	5.5	56.4
伊朗	Iran	0.5	3.9	84.5	1.1	10.0
以色列①	Israel ①	1.1	2.6	0.7	1.3	94.1
日本	Japan	0.5	0.8	0.4	1.4	92.9
哈萨克斯坦①	Kazakhstan ①	1.3	6.8	53.9	18.1	19.8
韩国	Korea, Rep.	1.0	1.7	5.3	1.3	90.7
马来西亚	Malaysia	2.1	6.1	9.7	1.0	80.1
巴基斯坦	Pakistan	1.7	10.9	2.1	0.2	84.9
菲律宾	Philippines	0.5	5.6	0.8	1.9	91.1
新加坡	Singapore	0.4	2.3	7.6	1.2	84.7
斯里兰卡①	Sri Lanka ①	1.6	21.5	0.0	0.3	76.6
泰国	Thailand	3.1	15.4	2.5	1.1	74.5
土耳其	Turkey	1.1	12.7	1.4	2.2	81.8
埃及①	Egypt ①	5.3	9.9	40.5	4.6	32.7
尼日利亚①	Nigeria ①	0.01	0.1	99.6	0.01	0.2
南非	South Africa	2.4	8.4	8.2	9.3	59.4
加拿大	Canada	5.5	7.4	14.2	4.3	62.4
墨西哥	Mexico	0.5	5.2	8.0	1.3	85.0
美国	United States	2.3	7.9	1.9	2.0	82.1
阿根廷	Argentina	1.6	44.4	17.1	3.1	32.6
巴西	Brazil	4.1	27.6	3.6	8.3	54.3
委内瑞拉	Venezuela	0.2	1.7	83.2	3.6	11.2
白俄罗斯	Belarus	3.4	8.0	17.5	0.9	69.3
保加利亚①	Bulgaria ①	2.7	9.8	11.7	12.7	56.8
捷克	Czech Republic	2.0	3.8	2.9	1.7	89.5
法国	France	1.0	10.6	2.6	1.9	81.9
德国	Germany	0.8	4.2	1.4	2.4	85.7
意大利	Italy	0.7	6.3	1.9	1.3	88.3
荷兰	Netherlands	3.4	16.3	7.7	2.1	70.3
波兰	Poland	1.4	7.7	5.5	4.0	79.2
罗马尼亚	Romania	3.7	3.7	6.2	4.9	81.0
俄罗斯联邦	Russian Federation	3.1	1.4	53.9	8.0	21.9
西班牙	Spain	1.3	14.6	2.8	2.1	77.6
英国	United Kingdom	0.5	5.5	8.6	2.4	80.0
澳大利亚	Australia	5.9	21.0	21.7	16.5	28.4
新西兰	New Zealand	13.0	47.4	2.3	4.2	28.8

注：① 2000年数据。②世界银行数据。
Note: ① Data refer to 2000. ② Data from World Bank.

13-8 进口货物构成(2001年)

Imports by Commodity Groups (2001)

资料来源：世界银行数据库。
Sources: World Bank Database.

单位：% (%)

国家和地区	Country or Area	农业原材料 Agricultural Raw Materials	食品 Food	燃料 Fuel	矿物和金属 Ores and Metals	制成品 Manufactures
世界	**World**	**1.9**	**7.4**	**10.1**	**3.1**	**74.6**
高收入国家	**High Income**	**1.8**	**7.1**	**10.2**	**3.1**	**74.6**
中等收入国家	**Middle Income**	**2.2**	**8.2**	**8.7**	**3.0**	**75.7**
低收入国家①	**Low Income ①**	**4.2**	**10.8**	**24.5**	**3.3**	**56.3**
中国②	China ②	4.4	3.8	7.2	5.7	78.2
中国香港	Hong Kong, China	1.1	4.3	2.0	1.7	90.7
印度①	India ①	3.5	4.8	36.7	5.2	47.9
印度尼西亚	Indonesia	7.4	9.9	18.1	3.4	61.1
伊朗	Iran	2.3	16.1	3.5	2.2	75.9
以色列	Israel	1.0	5.4	9.8	2.0	81.4
日本	Japan	2.8	13.0	20.1	5.1	57.3
哈萨克斯坦	Kazakhstan	0.9	9.2	11.5	3.1	75.1
韩国	Korea, Rep.	3.2	5.7	24.2	5.8	60.9
马来西亚	Malaysia	1.3	5.4	5.3	3.0	83.1
巴基斯坦	Pakistan	4.4	12.5	29.3	2.8	50.5
菲律宾	Philippines	1.3	8.5	11.5	2.9	75.8
新加坡	Singapore	0.4	3.7	12.6	1.7	80.6
斯里兰卡①	Sri Lanka ①	1.3	14.4	9.5	1.1	73.7
泰国	Thailand	2.8	5.0	12.2	3.2	76.1
土耳其	Turkey	3.9	3.7	15.3	3.8	67.0
埃及①	Egypt ①	4.5	25.9	4.9	2.3	55.3
尼日利亚	Nigeria	0.9	20.2	0.5	2.4	75.9
南非	South Africa	1.4	4.6	15.5	1.1	68.4
加拿大	Canada	1.3	5.7	5.6	2.2	82.9
墨西哥	Mexico	1.3	5.4	3.0	1.9	87.9
美国	United States	1.4	4.4	10.9	2.1	77.0
阿根廷	Argentina	1.5	5.7	4.0	2.2	86.2
巴西	Brazil	1.4	5.8	14.4	3.0	75.3
委内瑞拉	Venezuela	1.3	11.5	3.6	1.6	82.0
白俄罗斯	Belarus	2.3	11.8	27.4	3.5	54.3
保加利亚	Bulgaria	1.3	5.2	25.9	5.7	58.9
捷克	Czech Republic	1.9	4.7	9.0	3.5	80.9
法国	France	1.7	8.2	9.5	2.8	77.8
德国	Germany	1.6	6.8	8.5	3.3	70.2
意大利	Italy	3.7	8.8	9.4	4.3	69.6
荷兰	Netherlands	1.9	10.5	11.4	2.3	74.0
波兰	Poland	1.9	6.2	10.1	2.6	77.4
罗马尼亚	Romania	1.3	7.6	12.7	3.0	75.1
俄罗斯联邦	Russian Federation	1.6	20.5	2.4	2.6	62.9
西班牙	Spain	1.8	10.0	11.2	3.1	73.1
英国	United Kingdom	1.5	8.0	4.3	2.7	78.7
澳大利亚	Australia	1.1	5.0	8.7	1.2	83.5
新西兰	New Zealand	1.1	8.7	8.4	2.0	79.6

注：①2000年数据。②世界银行数据。
Note: ① Data refer to 2000. ② Data from World Bank.

13-9 农产品进出口额

Imports and Exports of Agriculture Products

资料来源：联合国粮农组织数据库。
Source:FAO Database.

单位：亿美元 (USD 100 million)

国家和地区	Country or Area	进口额 Imports			出口额 Exports		
		1999	2000	2001	1999	2000	2001
世　　界	**World**	**4423.8**	**4348.5**	**4357.2**	**4173.6**	**4131.4**	**4121.8**
发达国家	**Developed Countries**	**3166.5**	**3026.1**	**3043.9**	**2944.7**	**2911.3**	**2900.3**
中　　国①	China ①	128.6	153.5	163.9	117.8	130.8	129.9
中国香港	Hong Kong, China	84.4	84.9	82.7	37.2	44.7	37.8
孟加拉国	Bangladesh	20.5	15.9	12.0	1.3	1.0	0.7
印　　度	India	39.7	28.7	40.6	46.4	49.5	52.8
印度尼西亚	Indonesia	47.4	40.5	40.9	51.4	49.5	43.7
伊　　朗	Iran	28.3	29.2	24.6	11.1	10.2	9.7
以 色 列	Israel	18.4	18.1	18.6	12.0	9.1	9.4
日　　本	Japan	352.8	361.5	345.7	16.6	15.6	24.8
哈萨克斯坦	Kazakhstan	3.6	4.5	5.0	5.1	7.0	4.4
朝　　鲜	Korea, Dem.People's Rep.	3.4	4.2	3.8	0.2	0.3	0.2
韩　　国	Korea, Rep.	73.2	83.0	82.7	16.9	15.3	16.0
马来西亚	Malaysia	37.3	37.9	40.3	71.2	58.2	55.2
蒙　　古	Mongolia	0.6	0.9	0.8	0.9	0.9	1.0
缅　　甸	Myanmar	3.6	3.4	3.3	2.7	3.6	4.5
巴基斯坦	Pakistan	23.7	17.2	15.2	11.9	10.7	10.2
菲 律 宾	Philippines	26.5	26.3	24.3	13.6	15.4	14.4
新 加 坡	Singapore	42.0	40.9	39.2	29.7	28.1	27.0
斯里兰卡	Sri Lanka	7.7	7.7	7.2	9.5	10.0	9.5
泰　　国	Thailand	23.2	26.9	29.2	71.6	72.8	74.2
土 耳 其	Turkey	26.5	32.3	24.2	42.1	36.2	40.9
越　　南	Viet Nam	11.4	13.7	10.7	24.3	21.9	20.4
埃　　及	Egypt	35.1	36.1	32.2	5.9	5.0	6.3
尼日利亚	Nigeria	14.5	12.0	14.6	5.1	3.5	3.2
南　　非	South Africa	13.6	14.3	12.2	21.9	22.1	22.6
加 拿 大	Canada	108.5	114.4	120.4	146.8	156.8	172.7
墨 西 哥	Mexico	87.5	95.6	108.3	69.9	76.2	76.3
美　　国	United States	432.5	449.5	449.4	526.9	564.8	567.1
阿 根 廷	Argentina	13.3	13.4	12.1	108.9	107.8	109.9
巴　　西	Brazil	41.1	42.8	32.1	138.2	127.6	160.6
委内瑞拉	Venezuela	14.3	17.1	19.0	4.1	3.1	3.1
白俄罗斯	Belarus	8.5	9.4	9.4	4.6	5.4	6.0
保加利亚	Bulgaria	3.5	3.7	3.3	6.3	4.8	5.0
捷　　克	Czech Republic	18.4	17.9	19.4	11.6	12.5	13.1
法　　国	France	252.4	232.2	232.2	368.1	333.9	310.0
德　　国	Germany	372.2	344.9	321.6	236.1	241.5	235.8
匈 牙 利	Hungary	9.9	10.3	10.6	22.6	21.8	23.9
意 大 利	Italy	220.1	216.1	209.2	159.2	156.0	156.9
荷　　兰	Netherlands	201.2	162.2	169.8	343.9	278.8	277.8
波　　兰	Poland	32.9	30.5	31.7	24.8	23.9	28.1
罗马尼亚	Romania	8.4	9.5	12.2	4.9	3.6	4.5
俄罗斯联邦	Russian Federation	79.1	72.3	87.1	6.1	10.8	11.2
西 班 牙	Spain	118.6	105.4	112.3	140.3	140.0	145.0
乌 克 兰	Ukraine	8.5	9.5	10.6	19.2	17.4	18.8
英　　国	United Kingdom	284.5	258.8	268.4	157.3	166.8	133.5
澳大利亚	Australia	30.8	29.9	28.7	146.1	153.8	157.8
新 西 兰	New Zealand	11.2	11.0	11.3	53.9	59.6	65.9

注：①来源于粮农组织数据库。
Note: ① Data from FAO Database.

13-10 主要国家(地区)出口去向构成(2001年)

Exports by Destination(2001)

资料来源：UNCTAD 数据库。
Source:UNCTAD Database.
单位：%

(%)

国家和地区	Country or Area	世界 World	发达国家 Developed Countries						东欧国家 Countries in Eastern Europe
				欧洲 Europe	欧盟 European Union	美国和加拿大 United States and Canada	日本 Japan	其他 other	
中国①	China ①	100	56.6	15.8	15.4	21.7	16.9	2.2	2.4
中国香港	Hong Kong, China	100	46.9	15.1	14.5	23.9	5.9	1.9	0.6
孟加拉国	Bangladesh	100	74.5	41.9	41.3	31.2	1.1	0.3	0.4
印度	India	100	55.7	25.2	24.1	22.8	4.5	3.2	2.2
印度尼西亚	Indonesia	100	54.9	14.1	13.8	16.3	20.9	3.6	0.8
伊朗	Iran	100	39.8	21.1	20.6	0.6	18.0	0.1	0.4
以色列	Israel	100	72.8	29.2	27.1	39.2	2.7	1.8	2.3
日本	Japan	100	51.6	16.8	16.0	32.0	-	2.8	0.6
哈萨克斯坦	Kazakhstan	100	33.6	29.0	23.9	3.5	0.9	0.1	21.1
朝鲜	Korea,Dem.People's Rep.	100	30.9	7.2	7.1	1.0	21.9	0.7	5.2
韩国	Korea, Rep.	100	49.4	13.9	13.1	22.3	11.0	2.2	1.3
马来西亚	Malaysia	100	51.1	13.9	13.6	20.8	13.3	3.0	0.6
蒙古	Mongolia	100	40.9	8.0	7.9	30.6	2.1	0.0	8.0
缅甸	Myanmar	100	36.1	14.5	14.4	17.8	3.3	0.5	0.1
巴基斯坦	Pakistan	100	57.9	27.7	27.1	26.0	2.0	2.2	0.6
菲律宾	Philippines	100	63.7	17.5	17.3	29.5	15.7	1.1	0.4
新加坡	Singapore	100	41.0	14.3	13.4	15.7	7.7	3.3	0.4
斯里兰卡	Sri Lanka	100	76.5	28.2	27.3	41.7	3.9	2.7	2.1
泰国	Thailand	100	57.7	17.3	16.1	21.6	15.3	3.5	0.6
土耳其	Turkey	100	64.9	50.8	49.5	10.6	0.4	3.1	8.5
越南	Vietnam	100	62.7	27.7	26.7	8.8	17.5	8.7	2.8
埃及	Egypt	100	62.6	45.9	45.6	15.0	1.2	0.6	1.2
尼日利亚	Nigeria	100	72.2	27.7	26.0	42.0	1.2	1.3	0.1
南非	South Africa	100	65.2	40.6	39.7	13.5	7.2	3.9	0.7
加拿大	Canada	100	94.8	4.7	4.4	87.6	2.0	0.4	0.2
墨西哥	Mexico	100	93.4	4.4	4.0	87.4	1.2	0.3	0.1
美国	United States	100	57.0	23.5	21.8	22.4	7.9	3.2	0.8
阿根廷	Argentina	100	30.8	16.5	16.2	11.1	1.3	1.9	0.8
巴西	Brazil	100	56.2	26.8	25.3	24.6	3.7	1.2	2.8
委内瑞拉	Venezuela	100	52.2	6.5	6.4	45.0	0.6		0.1
白俄罗斯	Belarus	100	12.7	11.5	11.1	1.1		0.1	77.0
保加利亚	Bulgaria	100	58.7	51.7	50.2	6.0	0.3	0.7	9.4
捷克	Czech Republic	100	74.6	69.8	67.9	3.9	0.5	0.4	18.8
法国	France	100	76.9	64.6	60.5	9.5	1.5	1.2	3.6
德国	Germany	100	75.7	60.5	55.2	11.4	2.1	1.8	10.1
意大利	Italy	100	72.6	58.2	53.8	10.7	1.8	1.9	7.5
荷兰	Netherlands	100	87.7	81.0	78.6	4.6	1.0	1.1	3.5
波兰	Poland	100	76.2	71.8	69.8	3.6	0.3	0.6	16.9
罗马尼亚	Romania	100	75.3	69.1	67.3	4.9	0.4	0.9	8.1
俄罗斯联邦	Russian Federation	100	52.0	41.3	38.7	7.3	3.0	0.5	23.8
西班牙②	Spain ②	100	78.8	71.0	69.1	5.5	1.0	1.3	2.9
乌克兰	Ukraine	100	28.1	21.5	20.2	5.0	0.9	0.8	37.9
英国	United Kingdom	100	80.3	57.7	54.4	17.7	2.0	3.0	2.8
澳大利亚	Australia	100	48.9	11.4	11.1	11.1	19.3	7.0	0.4
新西兰	New Zealand	100	63.4	14.6	14.2	17.0	12.5	19.2	0.4

13-10 续表 1 continued

单位：% (%)

国家和地区	Country or Area	发展中国家 Developing Countries	石油输出国组织国家 OPEC	美洲 America	非洲 Africa	西亚 West Asia	其他亚洲地区 Other Asia	未分类 Unallocated
中　　国①	China ①	41.0	3.6	3.1	1.8	2.6	33.3	0.0
中国香港	Hong Kong, China	52.5	1.5	2.3	0.5	1.1	48.6	0.0
孟加拉国	Bangladesh	9.1	2.0	0.3	0.5	2.7	5.5	15.9
印　　度	India	40.1	8.0	2.7	4.3	8.1	24.8	2.0
印度尼西亚	Indonesia	44.3	2.6	1.4	1.4	2.9	38.3	0.0
伊　　朗	Iran	45.4	8.3	0.2	1.5	11.1	32.6	14.4
以色列	Israel	18.3	0.3	3.2	0.7	2.3	11.8	6.6
日　　本	Japan	47.8	3.9	4.0	0.7	2.6	40.3	0.0
哈萨克斯坦	Kazakhstan	33.6	2.3	15.5	0.2	3.1	14.7	11.8
朝　　鲜	Korea, Dem.People's Rep.	64.0	1.2	20.1	3.7	3.4	36.2	0.0
韩　　国	Korea, Rep.	49.0	6.3	6.2	2.4	4.5	35.7	0.3
马来西亚	Malaysia	48.3	3.6	1.3	0.6	2.5	43.8	0.0
蒙　　古	Mongolia	51.1	0.0	0.0	0.2	0.1	50.8	0.0
缅　　甸	Myanmar	54.9	1.4	0.5	0.2	0.6	53.6	8.9
巴基斯坦	Pakistan	39.8	14.1	1.9	3.5	15.2	19.2	1.7
菲律宾	Philippines	35.8	0.9	0.9	0.1	0.4	34.3	0.0
新加坡	Singapore	58.5	1.7	2.1	0.9	1.9	53.1	0.1
斯里兰卡	Sri Lanka	17.6	4.2	1.6	1.7	5.8	8.5	3.8
泰　　国	Thailand	41.6	4.7	1.7	1.8	2.6	35.5	0.1
土耳其	Turkey	18.6	6.2	1.1	4.2	7.3	5.0	8.0
越　　南	Vietnam	33.4	2.7	0.8	1.1	0.7	30.7	1.1
埃　　及	Egypt	24.6	5.8	1.2	4.0	10.2	9.0	11.6
尼日利亚	Nigeria	27.2	1.9	6.0	8.6	1.0	11.5	0.6
南　　非	South Africa	34.0	2.4	2.3	16.8	2.3	12.5	0.0
加拿大	Canada	5.0	0.7	1.6	0.3	0.4	2.7	0.0
墨西哥	Mexico	6.1	0.4	4.5	0.0	0.0	1.5	0.4
美　　国	United States	42.1	2.8	21.8	1.3	2.1	16.9	0.1
阿根廷	Argentina	65.3	3.1	47.1	3.7	2.6	11.7	3.1
巴　　西	Brazil	38.2	4.2	24.6				
委内瑞拉	Venezuela	29.0	-	28.0	0.1	0.0	0.9	18.7
白俄罗斯	Belarus	9.4	1.8	1.4	0.9	1.8	5.0	0.9
保加利亚	Bulgaria	22.9	1.4	0.8	1.8	10.6	2.6	9.0
捷　　克	Czech Republic	6.3	0.9	0.5	0.5	1.4	2.3	0.3
法　　国	France	18.1	3.7	3.0	5.3	3.4	5.5	1.4
德　　国	Germany	13.9	2.1	2.6	1.2	2.8	6.5	0.2
意大利	Italy	19.6	3.8	3.7	3.3	4.5	6.1	0.4
荷　　兰	Netherlands	7.9	1.5	1.1	1.1	1.8	3.6	0.8
波　　兰	Poland	6.8	0.9	1.2	1.2	1.1	2.2	0.1
罗马尼亚	Romania	16.1	2.1	0.8	3.4	6.1	3.3	0.5
俄罗斯联邦	Russian Federation	23.7	2.0	1.1	1.1	7.4	13.4	0.6
西班牙②	Spain ②	16.0	2.5	6.2	3.1	3.5	2.5	2.3
乌克兰	Ukraine	32.8	4.0	1.8	5.7	9.4	15.3	1.2
英　　国	United Kingdom	14.2	3.1	1.7	1.7	3.5	7.1	2.7
澳大利亚	Australia	47.4	7.7	1.2	1.4	5.7	37.1	3.4
新西兰	New Zealand	34.5	4.7	4.7	1.2	2.3	23.7	1.7

注：①联合国贸易与发展会议数据。②2000年数据。
Note: ① Data from UNCTAD. ② Data refer to 2000.

13-11 主要国家(地区)进口来源构成(2001年)
Imports by Origin(2001)

资料来源：UNCTAD 数据库。
Source:UNCTAD Database.
单位：% (%)

国家和地区 Country or Area	世界 World	发达国家 Developed Countries						东欧国家 Countries in Eastern Europe
			欧洲 Europe	欧盟 European Union	美国和加拿大 United States and Canada	日本 Japan	其他 other	
中国① China①	100	38.0	19.0	17.8	15.1	0.2	3.7	4.6
中国香港 Hong Kong, China	100	31.2	11.0	9.7	7.3	11.3	1.6	0.2
孟加拉国 Bangladesh	100	25.6	11.1	9.5	3.8	8.0	2.6	0.7
印度 India	100	44.6	25.7	24.7	9.4	4.4	5.1	2.8
印度尼西亚 Indonesia	100	44.5	12.1	11.5	8.1	18.5	5.9	0.5
伊朗 Iran	100	47.9	37.9	36.4	2.0	4.9	3.1	7.5
以色列 Israel	100	70.6	44.5	38.9	21.8	2.9	1.4	2.2
日本 Japan	100	40.3	14.0	12.8	20.5	-	5.7	1.4
哈萨克斯坦 Kazakhstan	100	31.2	26.2	25.1	3.3	1.3	0.3	51.3
朝鲜 Korea,Dem.People's Rep.	100	51.6	9.6	9.3	0.5	41.4	0.2	3.0
韩国 Korea, Rep.	100	52.8	11.5	10.6	17.2	18.9	5.2	1.7
马来西亚 Malaysia	100	52.8	14.2	12.9	16.4	19.2	2.9	0.4
蒙古 Mongolia	100	19.3	10.8	10.3	2.1	6.2	0.2	38.2
缅甸 Myanmar	100	12.3	3.1	3.0	0.5	7.7	1.1	1.0
巴基斯坦 Pakistan	100	33.3	18.6	16.5	6.3	5.2	3.2	1.5
菲律宾 Philippines	100	52.8	10.0	9.5	18.8	20.5	3.6	0.5
新加坡 Singapore	100	47.5	14.0	11.8	16.9	13.9	2.7	0.6
斯里兰卡 Sri Lanka	100	30.8	17.3	15.3	3.5	4.6	5.4	0.4
泰国 Thailand	100	51.8	13.8	12.2	12.2	22.4	3.5	1.2
土耳其 Turkey	100	59.4	45.4	41.8	8.2	3.2	2.7	13.8
越南 Vietnam	100	28.9	10.8	10.5	3.3	11.9	2.9	2.1
埃及 Egypt	100	60.1	34.5	32.6	20.0	3.0	2.6	5.8
尼日利亚 Nigeria	100	61.2	44.8	43.7	10.1	4.4	1.9	3.0
南非 South Africa	100	67.3	45.6	44.0	12.0	5.8	3.8	0.4
加拿大 Canada	100	81.6	12.6	11.2	63.7	4.3	0.9	0.4
墨西哥 Mexico	100	88.8	10.9	10.2	74.4	3.0	0.5	0.3
美国 United States	100	52.4	20.5	19.2	18.7	11.0	2.2	1.2
阿根廷 Argentina	100	45.6	23.0	21.8	19.0	2.4	1.2	0.4
巴西 Brazil	100	60.9	28.6	26.2	26.2	4.5	1.6	1.2
委内瑞拉 Venezuela	100	55.1	17.8	17.2	32.7	3.9	0.7	0.1
白俄罗斯 Belarus	100	18.5	16.3	15.4	1.7	0.3	0.3	74.8
保加利亚 Bulgaria	100	54.0	49.5	48.2	3.0	1.1	0.5	30.6
捷克 Czech Republic	100	76.5	73.3	71.2	2.1	0.7	0.4	16.9
法国 France	100	80.3	69.5	64.8	8.0	2.0	0.8	3.5
德国 Germany	100	72.3	58.0	52.1	8.9	4.1	1.3	11.7
意大利 Italy	100	70.4	60.7	56.5	5.5	2.4	1.8	8.2
荷兰 Netherlands	100	69.1	52.8	50.4	10.4	4.5	1.5	4.0
波兰 Poland	100	74.2	70.9	68.8	2.0	0.7	0.5	17.4
罗马尼亚 Romania	100	68.2	64.4	63.2	2.7	0.1	1.0	16.4
俄罗斯联邦 Russian Federation	100	54.4	41.9	40.3	9.3	2.2	1.0	18.3
乌克兰 Ukraine	100	34.7	32.3	30.0	1.5	0.3	0.6	44.8
英国 United Kingdom	100	74.8	52.1	47.1	15.6	4.2	2.8	3.1
澳大利亚 Australia	100	61.1	23.1	21.8	19.8	13.0	5.2	0.2
新西兰 New Zealand	100	70.8	19.7	18.7	17.6	11.0	22.5	0.3

13-11 续表1 continued

单位：% (%)

国家和地区	Country or Area	发展中国家 Developing Countries	石油输出国组织国家 OPEC	美洲 America	非洲 Africa	西亚 West Asia	其他亚洲地区 Other Asia	未分类 Unallocated
中　　国①	China ①	53.1	3.3	1.8	4.4	5.4	43.4	4.4
中国香港	Hong Kong, China	68.6	0.7	0.1	0.6	1.2	67.2	
孟加拉国	Bangladesh	59.2	1.0	0.7	4.8	6.4	52.6	14.5
印　　度	India	52.3	2.5	5.6	16.9	18.3	27.2	0.4
印度尼西亚	Indonesia	54.2	1.4	1.8	5.1	6.0	45.8	0.8
伊　　朗	Iran	34.0	3.9	0.5	7.7	6.3	21.6	10.6
以 色 列	Israel	14.8	1.0	0.3	2.4	0.1	11.0	12.4
日　　本	Japan	58.3	2.7	0.5	12.5	16.1	42.4	
哈萨克斯坦	Kazakhstan	17.2	1.6	0.3	2.8	0.7	12.3	0.4
朝　　鲜	Korea, Dem.People's Rep.	45.4	4.6	0.1	3.7	4.1	37.0	
韩　　国	Korea, Rep.	45.4	2.4	1.0	16.1	17.3	25.8	0.1
马来西亚	Malaysia	45.6	1.1	0.1	2.5	4.5	41.9	1.2
蒙　　古	Mongolia	42.5		-	0.1	0.5	42.4	
缅　　甸	Myanmar	86.6	0.1	0.1	0.2	2.8	86.2	0.1
巴基斯坦	Pakistan	63.5	1.5	2.9	35.8	36.2	23.2	1.7
菲 律 宾	Philippines	46.7	0.8	0.1	9.1	10.4	36.6	
新 加 坡	Singapore	51.7	0.9	0.3	8.2	7.2	42.3	0.2
斯里兰卡	Sri Lanka	61.9	0.8	0.2	9.6	11.1	51.2	6.9
泰　　国	Thailand	44.3	1.7	0.8	9.2	8.1	32.5	2.7
土 耳 其	Turkey	21.9	1.1	6.0	5.5	9.9	9.1	4.9
越　　南	Vietnam	68.7	0.3	0.2	0.6	2.9	67.5	0.3
埃　　及	Egypt	26.6	2.6	1.7	7.8	6.4	14.2	7.5
尼日利亚	Nigeria	35.7	3.7	2.9	1.0	2.8	27.9	0.2
南　　非	South Africa	32.2	2.7	3.9	9.8	11.0	15.7	0.2
加 拿 大	Canada	15.9	5.5	0.5	0.6	1.6	9.3	2.1
墨 西 哥	Mexico	10.2	3.2	0.2	0.2	1.0	6.5	0.8
美　　国	United States	46.4	17.3	1.9	2.5	5.4	24.6	
阿 根 廷	Argentina	50.9	41.5	0.4	0.3	0.8	8.7	3.1
巴　　西	Brazil	37.6	20.7			8.5		
委内瑞拉	Venezuela	30.4	22.6	0.0	-	0.1	7.8	14.4
白俄罗斯	Belarus	4.8	1.8	0.2	0.4	0.1	2.1	1.9
保加利亚	Bulgaria	13.3	2.4	0.5	4.1	1.6	5.2	2.1
捷　　克	Czech Republic	6.4	0.6	0.5	0.4	0.6	4.3	0.2
法　　国	France	15.4	2.2	4.3	2.7	3.5	6.0	0.8
德　　国	Germany	15.9	1.8	1.4	1.8	1.5	10.1	0.1
意 大 利	Italy	21.3	2.4	6.4	3.8	7.0	7.5	0.1
荷　　兰	Netherlands	23.6	3.4	2.0	2.6	3.8	15.5	3.2
波　　兰	Poland	8.4	1.3	0.3	0.6	0.5	5.5	0.1
罗马尼亚	Romania	12.2	1.9	0.3	2.9	0.4	6.0	3.3
俄罗斯联邦	Russian Federation	27.0	5.4	0.9	1.6	0.5	18.1	0.3
乌 克 兰	Ukraine	20.2	1.0	0.7	2.3	0.2	15.8	0.3
英　　国	United Kingdom	19.1	1.9	1.9	1.9	1.7	13.3	3.0
澳大利亚	Australia	37.6	1.3	0.2	2.3	5.3	32.2	1.1
新 西 兰	New Zealand	28.5	1.2	0.8	4.5	4.6	21.4	0.5

注：①联合国贸易与发展会议数据。
Note: ① Data from UNCTAD.

13-12 世界主要货物出口占全部货物出口的比重

Main Commodity Exports of the World as percentage of all products exports

单位：% (%)

商品组代码及含义	Group Code and Description	占全部货物出口的比重 Percentage of all products exports					
		世界总计 World		发达国家 Developed countries		发展中国家 Developing countries	
		1990	2000	1990	2000	1990	2000
001 活动物，主要用于食品	Live animals chiefly for food	0.31	0.14	0.24	0.17	0.26	0.07
011 肉及可食的内脏，新鲜、急冻或冷藏	Meat and edible meat offals, fresh, chilled or frozen	0.86	0.61	0.98	0.77	0.51	0.32
012 其他肉及可食的内脏，新鲜、急冻或冷藏	Meat and edible meat offals (except poultry liver), salted, in brine, dried or smoked	0.05	0.03	0.06	0.04		
014 其他肉及可食的脏，新鲜、加工的或腌制的	Meat and edible meat offals, prepared or preserved	0.12	0.09	0.12	0.09	0.13	0.09
022 奶及奶油	Milk and cream	0.26	0.21	0.33	0.28	0.04	0.06
023 黄油	Butter	0.09	0.04	0.12	0.06	0.01	0.01
024 乳酪（芝士）及凝乳	Cheese and curd	0.24	0.16	0.32	0.24	0.02	0.01
025 蛋或蛋黄，鲜的，干的或腌的	Eggs and yolks, fresh, dried or otherwise preserved, sweetened or not	0.04	0.02	0.04	0.03	0.02	0.01
034 鱼，新鲜(活或死)、急冻或冷藏	Fish, fresh (live or dead), chilled or frozen	0.43	0.35	0.40	0.31	0.56	0.46
035 鱼，干的、腌的或熏的	Fish, dried, salted or in brine; smoked fish	0.07	0.04	0.08	0.05	0.04	0.03
036 甲壳类或软体类，鲜的，急冻或冷藏	Crustaceans and molluscs, fresh, chilled, frozen, salted, in brine or dried	0.33	0.27	0.14	0.14	1.00	0.60
037 鱼，甲壳类或软体类，加工的或腌的	Fish, crustaceans and molluscs, prepared or preserved, n.e.s.	0.19	0.16	0.12	0.09	0.41	0.31
041 小麦(包括裂壳小麦）及混合麦，未碾磨	Wheat (including spelt) and meslin, unmilled	0.46	0.23	0.57	0.30	0.16	0.11
042 稻谷	Rice	0.12	0.11	0.07	0.05	0.32	0.25
043 大麦，未碾磨	Barley, unmilled	0.09	0.05	0.12	0.07	0.00	0.00
044 玉米，未碾磨	Maize (corn), unmilled	0.30	0.14	0.35	0.16	0.16	0.12
045 谷物，未碾磨（小麦、米、大麦及玉蜀黍除外）	Cereals, unmilled (other than wheat, rice, barley and maize)	0.05	0.02	0.05	0.03	0.03	0.01
046 精制面粉	Meal and flour of wheat and flour of meslin	0.05	0.03	0.06	0.03	0.03	0.03
047 其他谷物粗粉及幼粉	Other cereal meals and flours	0.01	0.01	0.01	0.01	0.01	0.01
048 谷物制品和果菜淀粉	Cereal preparations and preparations of flour or starch of fruits or vegetables	0.29	0.29	0.35	0.37	0.11	0.14

13-12 续表1 continued

单位：%　　　　　　　　　　　　　　　　　　　　　　　　　　　　　　　(%)

商品组代码及含义	Group Code and Description	占全部货物出口的比重 Percentage of all products exports					
		世界总计 World		发达国家 Developed countries		发展中国家 Developing countries	
		1990	2000	1990	2000	1990	2000
054 蔬菜，新鲜、急冻、冷藏或经简单保藏；根、茎及其他可食的蔬菜产品，新鲜或干	Vegetables, fresh, chilled, frozen or simply preserved; roots, tubers	0.52	0.38	0.48	0.39	0.72	0.37
056 蔬菜，根块类，加工的或腌制的	Vegetables, roots and tubers, prepared or preserved, n.e.s.	0.13	0.09	0.11	0.09	0.22	0.11
057 水果和坚果（不包括油坚果），新的或干的	Fruit and nuts (not including oil nuts), fresh or dried	0.56	0.44	0.46	0.38	1.01	0.61
058 水果，腌的或水果制品	Fruit, preserved, and fruit preparations	0.26	0.20	0.20	0.17	0.50	0.26
061 糖、糖蜜及蜜糖	Sugar and honey	0.36	0.17	0.19	0.11	1.00	0.29
062 离心糖和其它糖制品	Sugar confectionery and other sugar preparations	0.06	0.07	0.07	0.07	0.04	0.06
071 咖啡及咖啡代替品	Coffee and coffee substitutes	0.26	0.20	0.07	0.07	0.95	0.47
072 可可	Cocoa	0.13	0.06	0.04	0.03	0.42	0.12
073 巧克力及其他含可可的配制食品	Chocolate and other food preparations containing cocoa	0.13	0.11	0.16	0.15	0.03	0.03
074 茶	Tea and mat	0.08	0.05	0.02	0.01	0.31	0.14
075 香料	Spices	0.04	0.04	0.01	0.01	0.14	0.12
081 动物饲料（不包括未碾磨谷物）	Feeding stuff for animals (not including unmilled cereals)	0.47	0.33	0.39	0.31	0.82	0.39
091 人造牛油及松脆油脂	Margarine and shortening	0.03	0.02	0.03	0.02	0.02	0.03
098 其它可食用品	Edible products and preparations, n.e.s.	0.23	0.25	0.27	0.30	0.11	0.16
111 无酒精饮料，未列明在其他编号	Non-alcoholic beverages, n.e.s.	0.07	0.08	0.08	0.10	0.06	0.06
112 酒精饮料	Alcoholic beverages	0.57	0.47	0.72	0.62	0.15	0.20
121 未制成的烟草；烟草费料	Tobacco, unmanufactured; tobacco refuse	0.15	0.09	0.09	0.06	0.35	0.17
122 制成的烟草（无论是否含烟草代替品）	Tobacco, manufactured	0.35	0.25	0.41	0.30	0.21	0.17
211 未处理的兽皮（毛皮除外）	Hides and skins (except fur skins), raw	0.17	0.08	0.19	0.10	0.09	0.03
212 毛皮，未处理（包括适合毛皮商使用的头、尾、爪及其他块或片）	Fur skins, raw (including astrakhan, caracul and similar skins)	0.03	0.02	0.03	0.03	0.01	0.00
222 油子及含油果实，用作榨取"软性"的定性植物油（幼粉及粗粉除外）	Oil-seeds and oleaginous fruit, whole or broken (excluding flours and meals)	0.31	0.22	0.27	0.21	0.44	0.25
223 油子及含油果实，完整或破碎，用作榨取其他定性植物油（包括油子及含油果实的幼粉及粗粉）	Oil-seeds and oleaginous fruit, whole or broken (non-defatted flours and meals)	0.02	0.01	0.01	0.01	0.03	0.02
232 天然橡胶和天然胶	Natural rubber latex; natural rubber and similar natural gums	0.13	0.06	0.00	0.00	0.56	0.20
233 合成橡胶；再生橡胶；非硬质橡胶的废料、削皮及碎料	Synthetic rubber latex; synthetic rubber and reclaimed rubber; waste and scrap	0.20	0.10	0.16	0.11	0.05	0.07

13-12 续表 2 continued

单位：% (%)

商品组代码及含义	Group Code and Description	占全部货物出口的比重 Percentage of all products exports					
		世界总计 World		发达国家 Developed countries		发展中国家 Developing countries	
		1990	2000	1990	2000	1990	2000
244 天然软木，未处理及废料（包括块状或片状天然软木）	Cork, natural, raw and waste (including in blocks or sheets)	0.00	0.00	0.00	0.01	0.00	0.00
245 薪柴（木废料除外）及木炭	Fuel wood (excluding wood waste) and wood charcoal	0.01	0.00	0.00	0.00	0.01	0.01
246 木片或木粒及木废料	Pulpwood (including chips and wood waste)	0.04	0.03	0.03	0.03	0.03	0.02
247 原木或略成方形	Other wood in the rough or roughly squared	0.24	0.13	0.17	0.09	0.39	0.12
248 经简单加工的木及铁路枕木	Wood, simply worked, and railway sleepers of wood	0.56	0.40	0.55	0.43	0.48	0.25
251 浆及纸废料	Pulp and waste paper	0.54	0.37	0.64	0.44	0.19	0.23
261 丝	Silk	0.02	0.01	0.00	0.00	0.07	0.02
263 棉	Cotton	0.28	0.13	0.16	0.09	0.55	0.25
264 黄麻及其他纺织用韧皮纤维，未列明在其他编号，未处理或经加工但未纺制	Jute and other textile bast fibres, n.e.s., raw or processed	0.00	0.00	0.00	0.00	0.02	0.00
265 植物纺织纤维（棉及黄麻除外），未处理或经加工但未纺制	Vegetable textile fibres and waste of such fibres	0.01	0.01	0.01	0.01	0.02	0.01
266 适合纺织用的合成纤维	Synthetic fibres suitable for spinning	0.12	0.08	0.11	0.05	0.14	0.12
267 其他适合作纺织用的人造纤维及人造纤维废料	Other man-made fibres suitable for spinning and waste	0.08	0.04	0.09	0.05	0.05	0.02
268 羊毛及其他动物毛(包括羊毛条)	Wool and other animal hair (excluding wool tops)	0.18	0.06	0.18	0.07	0.17	0.04
269 旧衣服及其他旧纺织品；碎织物	Old clothing and other old textile articles; rags	0.02	0.02	0.03	0.03	0.01	0.02
271 肥料，天然的	Fertilizers, crude	0.11	0.02	0.01	0.00	0.16	0.05
273 石、沙及砾石	Stone, sand and gravel	0.08	0.06	0.08	0.07	0.07	0.06

13-12 续表3 continued

单位：% (%)

商品组代码及含义		Group Code and Description	占全部货物出口的比重 Percentage of all products exports					
			世界总计 World		发达国家 Developed countries		发展中国家 Developing countries	
			1990	2000	1990	2000	1990	2000
274	硫磺及未焙烧的黄铁矿	Sulphur and unroasted iron pyrites	0.04	0.01	0.04	0.01	0.04	0.01
277	天然磨料，未列明在其他编号（包括工业用钻石）	Natural abrasives, n.e.s. (including industrial diamonds)	0.04	0.02	0.02	0.02	0.05	0.02
278	其他未加工的矿产	Other crude minerals	0.23	0.11	0.19	0.11	0.19	0.11
281	铁矿砂及其精矿	Iron ore and concentrates	0.23	0.15	0.13	0.11	0.54	0.23
282	铁废料及碎料；再熔钢铁锭	Waste and scrap metal of iron or steel	0.16	0.12	0.18	0.13	0.07	0.04
286	铀或钍矿砂及其精矿	Ores and concentrates of uranium and thorium	0.01	0.01	0.00	0.01	0.00	0.01
287	贱金属矿砂及其精矿，未列明在其他编号	Ores and concentrates of base metals, n.e.s.	0.46	0.33	0.33	0.24	0.94	0.56
288	非亚铁贱金属废料及碎料，未列明在其他编号	Non-ferrous base metal waste and scrap, n.e.s.	0.18	0.14	0.22	0.15	0.10	0.10
289	贵金属矿砂及其精矿；贵金属（黄金除外）废料、碎料及碎屑	Ores and concentrates of precious metals; waste and scrap	0.04	0.06	0.04	0.05	0.04	0.07
291	未加工的动物材料，未列明在其他编号	Crude animal materials, n.e.s.	0.08	0.06	0.06	0.05	0.14	0.07
292	未加工的植物材料，未列明在其他编号	Crude vegetable materials, n.e.s.	0.33	0.23	0.34	0.26	0.34	0.20
322	煤砖、褐煤及泥煤	Coal, lignite and peat	0.55	0.29	0.55	0.28	0.22	0.22
323	煤饼	Briquettes; coke and semi-coke of coal, lignite or peat	0.06	0.04	0.05	0.02	0.02	0.05
333	石油原油及从沥青矿物提取的原油	Petroleum oils, crude, and crude oils obtained from bituminous minerals	5.87	6.18	1.17	1.66	20.57	15.26
334	石油制品，精制	Petroleum products, refined	2.50	2.68	1.73	1.75	4.25	4.14
335	石油产品渣滓，未列明在其他编号及有关物质	Residual petroleum products, n.e.s., and related	0.16	0.18	0.17	0.15	0.13	0.24
341	气，天然的和人造的	Gas, natural and manufactured	1.00	1.36	0.43	0.86	1.59	1.68
351	电流	Electric current	0.20	0.16	0.18	0.20	0.04	0.08
411	动物油及脂肪	Animal oils and fats	0.04	0.02	0.04	0.03	0.01	0.01
423	不挥发蔬菜油	Fixed vegetable oils, soft, crude, refined or purified	0.19	0.13	0.16	0.12	0.29	0.15
424	其它不挥发蔬菜油	Other fixed vegetable oils, fluid or solid, crude, refined or purified	0.11	0.11	0.03	0.03	0.41	0.31

13—12 续表 4 continued

单位：% (%)

商品组代码及含义		Group Code and Description	占全部货物出口的比重 Percentage of all products exports					
			世界总计 World		发达国家 Developed countries		发展中国家 Developing countries	
			1990	2000	1990	2000	1990	2000
431	经处理的动物或植物脂肪及油；加工的和蜡	Animal and vegetable oils and fats, processed and waxes	0.06	0.05	0.05	0.04	0.12	0.07
511	烃类，未列明在其他编号及其卤化、硫化、硝化或亚硝化衍生物	Hydrocarbons, n.e.s., and their halogenated or derivatives	0.48	0.38	0.55	0.41	0.28	0.34
512	乙醇、酚、酚醇及其卤化、硫化、硝化或亚硝化衍生物	Alcohols,phenols,phenol-alcohols, and their derivatives	0.24	0.22	0.25	0.22	0.21	0.23
513	羧酸及其酐、卤化物、过氧化物及过氧酸；这些产品的卤化、硫化、硝化或亚硝化衍生物	Carboxylic acids, and their anhydrides, halides, and derivatives	0.30	0.27	0.36	0.29	0.13	0.23
514	氮基化合物	Nitrogen-function compounds	0.52	0.57	0.65	0.77	0.16	0.20
515	有机—无机化合物、杂环化合物	Organo-inorganic and heterocyclic compounds	0.35	0.51	0.42	0.70	0.16	0.13
516	其他有机化学品	Other organic chemicals	0.21	0.23	0.26	0.26	0.07	0.16
522	无机化学元素，氧化物及卤化盐	Inorganic chemical elements, oxides and halogen salts	0.38	0.27	0.37	0.25	0.37	0.27
523	无机酸的金属盐及过氧盐	Other inorganic chemicals	0.24	0.20	0.27	0.23	0.16	0.14
524	其他无机化学品；贵金属的有机及无机化合物	Radioactive and associated materials	0.14	0.08	0.19	0.10	0.03	0.03
531	合成有机色料及天然染料，及以其为主的制品	Synthetic organic dyestuffs, etc., natural indigo and colour lakes	0.23	0.14	0.27	0.16	0.12	0.12
532	染料及鞣料提炼物，及合成鞣料物	Dyeing and tanning extracts; synthetic tanning materials	0.02	0.01	0.02	0.02	0.02	0.01
533	颜料、油漆、清漆及有关物质	Pigments, paints, varnishes and related materials	0.35	0.39	0.44	0.49	0.13	0.19
541	医疗及药用产品	Medicinal and pharmaceutical products	1.12	1.76	1.36	2.46	0.44	0.44
551	精油，芳香及芬芳材料	Essential oils, perfume and flavour materials	0.11	0.13	0.13	0.17	0.07	0.05

13–12 续表 5 continued

单位：% (%)

商品组代码及含义		Group Code and Description	占全部货物出口的比重 Percentage of all products exports					
			世界总计 World		发达国家 Developed countries		发展中国家 Developing countries	
			1990	2000	1990	2000	1990	2000
553	香水、化装品或梳洗用品	Perfumery, cosmetics and toilet preparations	0.30	0.38	0.36	0.50	0.19	0.15
554	肥皂、清洁及磨光用品	Soap, cleansing and polishing preparations	0.21	0.21	0.25	0.25	0.12	0.13
562	肥料（第272组内的货物除外）	Fertilizers, manufactured	0.46	0.24	0.35	0.21	0.31	0.16
572	初级形状的苯乙烯聚合物	Explosives and pyrotechnic products	0.06	0.02	0.04	0.02	0.04	0.02
582	板、片、膜、箔及带，塑胶制品	Condensation, polycondensation and polyaddition products	0.49	0.50	0.61	0.60	0.18	0.34
583	聚合和共聚合制品	Polymerization and copolymerization products	1.43	1.39	1.66	1.59	0.82	1.02
584	再生纤维素	Regenerated cellulose; cellulose nitrate and other cellulose esters	0.06	0.04	0.08	0.05	0.02	0.01
585	其它人造树脂和塑料	Other artificial resins and plastic materials	0.01	0.01	0.01	0.01	0.01	0.01
591	消毒剂、杀虫剂、杀鼠剂、杀菌剂、除草剂	Disinfectants, insecticides, fungicides, weedkillers	0.22	0.17	0.27	0.22	0.08	0.10
592	淀粉、菊粉及小麦麸质(面筋)；硬朊物质；胶浆	Starches, inulin and wheat gluten, albuminoidal substances	0.14	0.15	0.17	0.18	0.05	0.07
598	杂项化学产品，未列明在其他编号	Miscellaneous chemical products, n.e.s.	0.64	0.70	0.80	0.94	0.20	0.28
611	皮革	Leather	0.29	0.24	0.25	0.19	0.44	0.34
612	皮革或合成皮革的制成品，未列明在其他编号；鞍具及马具	Manufactures of leather or of composition leather, n.e.s.	0.12	0.11	0.06	0.07	0.30	0.16
613	毛皮，经鞣制或处理，未并合或经并合(无加其他材料)	Fur skins, tanned or dressed, pieces or cuttings of fur skin	0.03	0.01	0.03	0.01	0.01	0.01
621	橡胶材料(例如橡胶糊、板、片、杆、线、管)	Materials of rubber (pastes, plates, sheets)	0.12	0.12	0.15	0.15	0.05	0.05
625	用于各类车辆使用的橡胶轮胎，可互换的胎面、轮胎衬带及内胎	Rubber tyres, tyre cases, for wheels of all kinds	0.47	0.41	0.53	0.44	0.33	0.33
628	其它橡胶制品	Articles of rubber, n.e.s.	0.14	0.18	0.17	0.22	0.08	0.10

13−12 续表6 continued

单位：% (%)

商品组代码及含义	Group Code and Description	占全部货物出口的比重 Percentage of all products exports					
		世界总计 World		发达国家 Developed countries		发展中国家 Developing countries	
		1990	2000	1990	2000	1990	2000
633 软木制成品	Cork manufactures	0.02	0.02	0.03	0.03	0.00	0.00
634 饰面板、胶合板、碎料板、及其他木料，经加工，未列明在其他编号	Veneers, plywood, improved or reconstituted wood	0.28	0.23	0.20	0.19	0.59	0.28
635 木制成品，未列明在其他编号	Wood manufactures, n.e.s.	0.24	0.27	0.23	0.26	0.28	0.26
641 纸及纸板	Paper and paperboard	1.52	1.26	1.93	1.65	0.36	0.44
642 纸及纸板，切成一定尺寸或形状	Paper and paperboard, cut to size or shape	0.39	0.40	0.47	0.47	0.22	0.26
651 纺织纱	Textile yarn	0.70	0.53	0.63	0.39	1.07	0.81
652 棉织物，梭织(窄条或特种织物除外)	Cotton fabrics, woven	0.46	0.33	0.34	0.23	0.86	0.55
653 人造纺织原料的梭织物	Fabrics, woven, of man-made fibres	0.65	0.48	0.53	0.32	1.20	0.85
654 其他纺织物，梭织	Textile fabrics, woven, other than cotton man-made fibres	0.25	0.14	0.23	0.15	0.30	0.13
655 针织或钩织物	Knitted or crocheted fabrics	0.18	0.22	0.13	0.14	0.38	0.42
656 网眼薄纱、花边、刺绣品、丝带、边条料及其他细物品	Tulle, lace, embroidery, and small wares	0.09	0.09	0.08	0.07	0.12	0.13
657 特种纱、特种纺织物及有关产品	Special textile fabrics and related products	0.34	0.33	0.36	0.33	0.32	0.36
658 完全或主要用纺织原料制的制成品，未列明在其他编号	Made-up articles, wholly or chiefly of textile materials	0.26	0.27	0.16	0.13	0.56	0.55
659 铺地制成品	Floor coverings	0.25	0.15	0.23	0.14	0.35	0.19
661 石灰、水泥、及装配式建筑材料(玻璃及黏土材料除外)	Lime, cement, and fabricated construction materials	0.23	0.18	0.21	0.15	0.28	0.22
662 黏土建筑材料及耐火建筑材料	Clay construction materials and refractory construction materials	0.22	0.17	0.28	0.20	0.08	0.08
663 矿物制成品，未列明在其他编号	Mineral manufactures, n.e.s.	0.26	0.22	0.31	0.28	0.12	0.10
664 玻璃	Glass	0.28	0.33	0.34	0.39	0.12	0.20
665 玻璃制成品	Glassware	0.20	0.17	0.22	0.17	0.14	0.12
666 陶器	Pottery	0.12	0.09	0.12	0.06	0.14	0.13
667 珍珠、宝石及半宝石，未加工或经加工	Pearls, precious and semi-precious stones, unworked or worked	0.74	0.85	0.80	0.91	0.70	0.85
671 生铁、镜铁、海绵铁、铁或钢颗粒及粉末及铁合金	Pig iron, spiegeleisen, sponge iron, iron or steel	0.21	0.16	0.12	0.09	0.36	0.24
672 铁或钢，成锭或其他初级形状；铁或钢的半制成品	Ingots and other primary forms, of iron or steel	0.60	0.45	0.52	0.36	0.53	0.40
673 平板轧材，铁或非合金钢制，未经包、镀或涂层	Iron and steel bars, rods, angles, shapes and sections	0.59	0.38	0.61	0.39	0.49	0.25

13-12 续表 7 continued

单位：% (%)

商品组代码及含义	Group Code and Description	占全部货物出口的比重 Percentage of all products exports					
		世界总计 World		发达国家 Developed countries		发展中国家 Developing countries	
		1990	2000	1990	2000	1990	2000
674 铁或非合金钢平板轧材，经包、镀或涂层	Universals, plates and sheets, of iron or steel	1.11	0.86	1.29	0.93	0.58	0.61
675 合金钢平板轧材	Hoop and strip, of iron or steel, hot-rolled or cold-rolled	0.00	0.00	0.00	0.00	0.00	0.00
676 铁及钢棒、杆、角材、型材及节材	Rails and railway track construction material	0.03	0.02	0.03	0.02	0.01	0.00
677 路轨及铁路用建造材料，铁或钢制	Iron or steel wire, whether or not coated	0.10	0.06	0.11	0.06	0.06	0.05
678 铁线或钢线	Tubes, pipes and fittings, of iron or steel	0.58	0.37	0.66	0.41	0.36	0.24
679 管、筒及空心型材，及管或筒装设，铁或钢制	Iron and steel castings, forgings and stampings; rough	0.08	0.08	0.08	0.07	0.07	0.07
681 银、白金及其他白金族金属	Silver, platinum and other metals of the platinum group	0.16	0.19	0.18	0.25	0.08	0.08
682 铜	Copper	0.73	0.51	0.55	0.41	1.04	0.68
683 镍	Nickel	0.09	0.12	0.11	0.13	0.03	0.02
684 铝	Aluminium	0.87	0.79	0.93	0.82	0.69	0.48
685 铅	Lead	0.04	0.02	0.04	0.02	0.05	0.03
686 锌	Zinc	0.14	0.09	0.12	0.08	0.12	0.10
687 锡	Tin	0.04	0.03	0.01	0.01	0.17	0.07
688 铀235U，钍和合金	Uranium depleted in 235 U, thorium and alloys	0.00	0.00	0.00	0.00	0.00	0.00
689 冶金用的杂项非铁贱金属，及金属陶瓷	Miscellaneous non-ferrous base metals employed in metallurgy	0.05	0.06	0.06	0.06	0.04	0.05
691 结构物及结构物部件，铁、钢或铝制	Structures and parts of structures; iron, steel and aluminium	0.28	0.22	0.32	0.24	0.14	0.13
692 储存或运输用的金属容器	Metal containers for storage and transport	0.14	0.11	0.17	0.12	0.07	0.07
693 线材产品（绝缘电线除外）及围离格	Wire products and fencing grills	0.11	0.08	0.11	0.08	0.09	0.07

13-12 续表 8 continued

单位：% (%)

商品组代码及含义		Group Code and Description	占全部货物出口的比重 Percentage of all products exports					
			世界总计 World		发达国家 Developed countries		发展中国家 Developing countries	
			1990	2000	1990	2000	1990	2000
694	钉、螺丝钉、螺丝帽、螺丝栓、钉及类似物，铁、钢、铜或铝制	Nails, screws, nuts and bolts of iron, steel or copper	0.20	0.20	0.22	0.21	0.18	0.18
695	手用或机用工具	Tools for use in hand or in machines	0.37	0.33	0.43	0.38	0.22	0.22
696	刃具	Cutlery	0.08	0.08	0.07	0.07	0.10	0.10
697	贱金属制的家用设备，未列明在其他编号	Household equipment of base metal, n.e.s.	0.18	0.18	0.17	0.14	0.23	0.27
699	贱金属制成品，未列明在其他编号	Manufactures of base metal, n.e.s.	0.72	0.80	0.82	0.89	0.49	0.59
711	水蒸汽或其他蒸汽发动锅炉，过热热水锅炉，及与其一起使用的辅助装置；及其零件	Steam and other vapour generating boilers, and parts	0.06	0.04	0.07	0.04	0.02	0.03
712	水蒸汽过轮机及其他蒸汽过轮机，及其零件	Steam and other vapour power units, steam engines	0.10	0.04	0.06	0.05	0.01	0.01
713	活塞内燃引擎，及其零件	Internal combustion piston engines, and parts	1.10	1.12	1.33	1.42	0.46	0.41
714	引擎及马达，非电力	Engines and motors, non-electric	0.66	0.79	0.87	1.15	0.09	0.09
716	旋转式电力装置及其零件	Rotating electric plant and parts	0.40	0.47	0.46	0.47	0.23	0.47
718	其他动力发动机械及其零件	Other power generating machinery and parts	0.12	0.08	0.12	0.10	0.01	0.02
721	农业机械（拖拉机除外）及其零件	Agricultural machinery and parts	0.28	0.18	0.33	0.25	0.04	0.03
722	拖拉机（744 14及744 15条目内的除外）	Tractors fitted or not with power take-offs	0.23	0.13	0.25	0.18	0.03	0.02
723	土木工程及建筑用装置及设备	Civil engineering and contractors plant and parts	0.58	0.42	0.68	0.55	0.14	0.17
724	纺织及皮革用机械，及其零件	Textile and leather machinery and parts	0.66	0.32	0.78	0.39	0.27	0.19
725	纸厂及纸浆厂机械、切纸机及其他制造纸品的机械；该等机械的零件	Paper and pulp mill machinery, machinery for manufacture of paper	0.21	0.11	0.27	0.16	0.04	0.02

13-12 续表9 continued

单位：% (%)

商品组代码及含义	Group Code and Description	占全部货物出口的比重 Percentage of all products exports 世界总计 World 1990	2000	发达国家 Developed countries 1990	2000	发展中国家 Developing countries 1990	2000
726 印刷及书本钉装机械；及其零件	Printing and bookbinding machinery, and parts	0.33	0.23	0.44	0.33	0.03	0.03
727 食品加工机器（家用的除外）	Food processing machines and parts	0.16	0.09	0.19	0.13	0.03	0.02
728 其他特种工业专用机器及设备，及其零件	Machinery and equipment specialized for particular industries	1.16	1.23	1.39	1.66	0.45	0.43
736 金属工具母机或金属碳化物	Machine tools for working metal or metal carbides, and parts	0.74	0.51	0.88	0.67	0.26	0.20
737 金工机械（工作母机除外），及其零件	Metalworking machinery, and parts	0.21	0.15	0.24	0.20	0.04	0.05
741 加热及冷却设备及其零件	Heating and cooling equipment, and parts	0.69	0.67	0.87	0.80	0.20	0.44
742 液体泵，无论是否装有计量装置；液体提升机；该等泵及液体提升机的零件	Pumps for liquids, liquid elevators, and parts	0.34	0.32	0.44	0.43	0.06	0.09
743 泵（液体泵除外），空气或其他气体压缩机及风扇；离心机；过滤或净化器具；及其零件	Pumps, compressors, fans and blowers	0.59	0.64	0.75	0.85	0.19	0.26
744 机械搬运设备，及其零件	Mechanical handling equipment, and parts	0.71	0.59	0.88	0.79	0.19	0.19
745 其他非电动机械、工具及机械器具，及其零件	Other non-electrical machinery, tools, apparatus, and parts	0.48	0.37	0.61	0.51	0.08	0.12
749 机械的非电力零件及附件	Non-electric accessories of machinery	1.11	1.07	1.35	1.32	0.42	0.56
751 办公室机器	Office machines	0.34	0.21	0.39	0.23	0.22	0.19
752 自动资料处理机及其部件	Automatic data processing machines and units thereof	2.03	3.11	2.16	2.67	2.00	4.31
759 只适宜或主要用于第751及752组机器的零件及附件	Parts of and accessories suitable for 751, 752	1.45	2.48	1.62	1.99	1.17	3.74
761 电视接收机	Television receivers	0.51	0.46	0.42	0.29	0.84	0.79
762 无线电广播接收机	Radio-broadcast receivers	0.34	0.26	0.19	0.13	0.91	0.54

13-12 续表 10 continued

单位：%　　　　(%)

商品组代码及含义	Group Code and Description	占全部货物出口的比重 Percentage of all products exports 世界总计 World 1990	2000	发达国家 Developed countries 1990	2000	发展中国家 Developing countries 1990	2000
763 声音收录或重播机；电视图像及声音收录或重播机	Gramophones, dictating and sound recorders	0.47	0.41	0.47	0.35	0.54	0.55
764 电讯设备及零件	Telecommunications equipment, and parts	1.75	3.41	1.84	3.65	1.60	3.16
771 电力机械，及其零件	Electric power machinery, and parts thereof	0.32	0.53	0.32	0.45	0.34	0.72
772 电力器具，开关或保护电路或作连接电路用	Electrical apparatus such as switches, relays, fuses and plugs	1.06	1.50	1.29	1.56	0.51	1.47
773 分布电力设备，未列明在其他编号	Equipment for distributing electricity	0.40	0.62	0.43	0.51	0.33	0.75
774 供内科、外科、牙科或兽医科学用的电诊断器具及辐射线器具	Electric and radiological apparatus, for medical purposes	0.23	0.24	0.31	0.34	0.01	0.04
775 家用型，电动及非电动设备，未列明在其他编号	Household type, electrical and non-electrical equipment	0.62	0.57	0.67	0.54	0.50	0.65
776 热离子管、冷阴极管或光阴极管及其零件	Thermionic, cold and photo-cathode valves, tubes, and parts	1.77	4.70	1.66	3.76	2.50	7.23
778 电动机械及器具，未列明在其他编号	Electrical machinery and apparatus, n.e.s.	1.11	1.61	1.31	1.73	0.62	1.40
781 汽车及其他主要用作载客的汽车（公共运输车辆除外），包括旅行汽车及跑车	Passenger motor cars, for transport of passengers and goods	5.04	4.94	6.55	6.52	0.79	1.84
782 运贷汽车及特殊用途汽车	Motor vehicles for transport of goods materials	1.14	0.94	1.46	1.18	0.12	0.49
783 陆路汽车，未列明在其他编号	Road motor vehicles, n.e.s.	0.20	0.27	0.26	0.35	0.03	0.10
784 第 722、781、782 及 783 组内汽车零件及附件	Parts and accessories of 722, 781, 782, 783	2.55	2.33	3.10	3.06	0.91	0.88
785 电单车(包括机动和脚踏两用车)及脚踏车，无论是否装有马达；伤残人士用车	Motorcycles, motor scooters and invalid carriages	0.30	0.34	0.29	0.33	0.34	0.39
786 拖车及半拖车 ；其他车辆，非机动推动	Trailers and other vehicles, not motorized	0.21	0.18	0.20	0.16	0.28	0.21
791 铁路车辆（包括气垫火车)及有关设备	Railway vehicles and associated equipment	0.15	0.14	0.13	0.16	0.03	0.05
792 航空器及有关设备；太空船（包括人造卫星）及太空船发射工具；及其零件	Aircraft and associated equipment, and parts	1.91	1.79	2.46	2.53	0.26	0.43
793 船、艇（包括气垫船）及浮动结构物	Ships, boats and floating structures	0.82	0.65	0.87	0.61	0.69	0.70
812 卫生、管道及发热装备及装配，未列明在其他编号	Sanitary, plumbing, heating and lighting fixtures	0.26	0.27	0.30	0.28	0.20	0.25
821 家具及其零件	Furniture and parts thereof	0.90	1.03	0.99	1.02	0.57	0.92
831 皮箱、旅行袋、化妆袋、钱包及类似容器	Travel goods, handbags, briefcases, purses and sheaths	0.19	0.20	0.13	0.13	0.44	0.36

13-12 续表11 continued

单位：% (%)

商品组代码及含义	Group Code and Description	占全部货物出口的比重 Percentage of all products exports					
		世界总计 World		发达国家 Developed countries		发展中国家 Developing countries	
		1990	2000	1990	2000	1990	2000
842 男装或针织衫	Outergarments, men's, of textile fabrics	0.51	0.56	0.33	0.24	1.17	1.17
843 女装或针织衫	Outergarments, women's, of textile fabrics	0.77	0.75	0.52	0.35	1.73	1.52
844 内衣、睡衣及类似织物制成品	Undergarments of textile fabrics	0.21	0.23	0.08	0.09	0.70	0.54
845 织物服装，无论是否针织	Outergarments and other articles, knitted	0.76	0.71	0.44	0.35	1.94	1.49
846 织物制的衣服配件，无论是否针织	Undergarments, knitted or crocheted	0.36	0.52	0.23	0.28	0.87	1.03
847 衣服配件	Clothing accessories of textile fabrics	0.14	0.14	0.11	0.09	0.28	0.25
848 服装及衣服配件，织物制的除外；各种材料制的帽子头饰	Articles of apparel and clothing accessories, non textile	0.29	0.21	0.13	0.09	0.89	0.46
851 鞋履	Footwear	0.84	0.60	0.55	0.40	1.77	1.02
871 光学仪器及器具，未列明在其他编号	Optical instruments and apparatus	0.12	0.36	0.14	0.42	0.06	0.29
872 仪器及用具，供 科、外科、牙科或兽医用	Medical instruments and appliances	0.30	0.39	0.38	0.50	0.09	0.21
873 计量器及计数器，未列明在其他编号	Meters and counters, n.e.s.	0.04	0.04	0.05	0.05	0.01	0.03
874 量度 、检验 、分析及控制的仪器及器具	Measuring, checking, analysing instruments	1.11	1.19	1.42	1.64	0.21	0.35
881 摄影器具及设备，未列明在其他编号	Photographic apparatus and equipment, n.e.s.	0.22	0.27	0.25	0.30	0.17	0.24

13-12 续表 12 continued

单位：% (%)

商品组代码及含义	Group Code and Description	占全部货物出口的比重 Percentage of all products exports					
		世界总计 World		发达国家 Developed countries		发展中国家 Developing countries	
		1990	2000	1990	2000	1990	2000
882 摄影或电影摄影用品	Photographic and cinematographic supplies	0.37	0.30	0.48	0.39	0.08	0.13
883 电影软片，经暴光及显影，无论是否附有声带或只具声带	Cinematograph film, exposed and developed, negative or positive	0.01	0.01	0.01	0.01	0.01	0.01
884 光学货品，未列明在其他编号	Optical goods, n.e.s.	0.14	0.15	0.16	0.18	0.10	0.11
885 钟表	Watches and clocks	0.43	0.23	0.39	0.25	0.64	0.21
892 印刷品	Printed matter	0.55	0.43	0.68	0.54	0.20	0.19
893 塑胶制成品，未列明在 58 项	Articles of materials described in division 58	0.87	1.03	0.96	1.13	0.72	0.85
894 婴儿车、玩具、游戏及运动货品	Baby carriages and toys	0.59	0.58	0.43	0.46	1.21	0.88
895 办公室及文具用品，未列明在其他编号	Office and stationery supplies, n.e.s.	0.13	0.13	0.15	0.13	0.10	0.13
896 艺术品、珍藏品及古董	Works of art, collectors' pieces and antiques	0.36	0.13	0.47	0.19	0.05	0.01
897 首饰、金器及银器，及其他宝石或半宝石制成品	Jewellery, goldsmiths and other articles of precious materials	0.40	0.35	0.40	0.34	0.48	0.43
898 乐器及其零件及附件	Musical instruments, parts and accessories	0.56	0.55	0.65	0.62	0.37	0.45
899 杂项制品，未列明在其他编号	Other miscellaneous manufactured articles	0.32	0.35	0.28	0.35	0.48	0.36
911 无须按产品类型而分类的邮包	Postal packages not classified to kind	0.04	0.00	0.05	0.00	0.02	0.00
931 无须按产品类型而分类的特别交易及货物	Special transactions and commodities, not classified to kind	2.07	3.00	2.50	3.48	0.88	1.65
941 其他动物，活的，包括动物园的动物	Animals, live, n.e.s., including zoo-animals	0.01	0.01	0.01	0.01	0.01	0.01
951 军车，战斗车和弹药车	Armoured fighting vehicles, arms of war and ammunition	0.17	0.09	0.21	0.11	0.01	0.01
961 钱币(金币除外)，非法定货币	Coins (other than gold), not being legal tender	0.01	0.01	0.00	0.02	0.01	0.00
971 非货币黄金(金矿砂及精矿除外)	Gold, non-monetary	0.76	0.35	0.39	0.35	0.23	0.38

13-13 按部门划分的服务出口额
Exports of Services by Sector

资料来源：联合国贸易和发展会议数据库。
Source:UNCTAD Database.
单位：亿美元　(USD 100 million)

国家和地区	Country or Area	年份 Year	服务总额 Total Services	交通运输 Transport	旅游 Travel	其他服务 Other Services	通讯 Communica-tions	建筑 Construction	计算机和信息服务 Computer and Information Services
中国①	China ①	2000	304.31	36.71	162.31	105.29	13.45	6.02	3.56
中国香港	Hong Kong , China	2001	424.26	-	-	-	-	-	-
孟加拉国	Bangladesh	2000	8.15	0.91	0.50	6.73	0.22	-	0.03
印度	India	2000	183.31	18.82	31.68	132.81	-	-	-
印度尼西亚	Indonesia	2000	52.13	0.00	49.74	2.39	0.86	-	-
伊朗	Iran	2000	13.82	6.71	5.01	2.10	-	-	-
以色列	Israel	2001	119.91	21.22	24.60	74.09	1.32	2.33	-
日本	Japan	2001	645.15	240.06	33.06	372.03	7.19	47.93	14.13
哈萨克斯坦	Kazakhstan	2001	12.74	6.25	3.96	2.53	0.36	0.02	0.01
马来西亚	Malaysia	2000	137.75	29.26	46.81	61.68	1.81	3.14	0.82
蒙古	Mongolia	1999	0.76	0.29	0.36	0.11	0.08	-	-
缅甸	Myanmar	2000	5.26	0.85	1.70	2.72	-	-	-
巴基斯坦	Pakistan	2000	13.80	8.40	0.81	4.59	1.90	-	0.22
菲律宾	Philippines	2001	31.51	6.59	17.23	7.69	3.30	0.64	0.22
新加坡	Singapore	2000	270.40	53.36	57.72	159.33	-	-	-
斯里兰卡	Sri Lanka	2000	9.39	4.00	2.48	2.91	-	-	-
泰国	Thailand	2001	130.24	30.57	70.75	28.92	1.09	2.96	-
土耳其	Turkey	2001	160.28	28.54	80.90	50.84	0.00	6.85	-
埃及	Egypt	2001	90.42	27.38	38.00	25.04	2.32	1.41	0.22
尼日利亚	Nigeria	1999	9.80	1.18	0.54	8.08	-	-	-
南非	South Africa	2001	46.62	11.85	25.01	9.75	0.54	-	-
加拿大	Canada	2001	365.76	67.97	107.83	189.96	12.08	1.93	14.41
墨西哥	Mexico	2001	126.99	12.82	84.00	30.17	7.87	-	-
美国	United States	2001	2762.80	463.30	900.90	1398.60	50.50	26.10	51.40
阿根廷	Argentina	2000	45.36	10.00	29.04	6.32	1.31	0.07	1.13
巴西	Brazil	2001	93.23	14.23	17.32	61.68	2.41	0.17	0.28
委内瑞拉	Venezuela	2001	12.40	3.59	6.43	2.38	0.07	-	-
白俄罗斯	Belarus	2001	10.44	6.27	0.82	3.35	0.54	0.46	0.07
保加利亚	Bulgaria	2000	21.75	6.32	10.74	4.69	0.45	0.50	0.05
捷克	Czech Republic	2001	70.92	15.12	31.04	24.77	2.11	1.57	1.23
法国	France	2001	803.86	180.68	304.54	318.64	16.09	26.88	11.67
德国	Germany	2001	875.02	205.19	171.96	497.86	16.11	35.61	46.49
意大利	Italy	2001	575.48	82.15	258.15	235.17	14.30	16.43	3.51
荷兰	Netherlands	2001	526.28	196.30	68.25	261.73	18.35	31.82	8.63
波兰	Poland	2000	103.92	24.40	56.78	22.74	2.34	2.96	0.60
罗马尼亚	Romania	2000	17.67	6.52	3.59	7.56	1.45	0.30	0.44
俄罗斯联邦	Russian Federation	2001	109.03	46.55	37.50	24.98	3.65	0.93	1.28
西班牙	Spain	2001	577.75	82.75	327.18	167.82	7.91	6.98	21.89
乌克兰	Ukraine	2001	39.95	29.61	5.73	4.61	0.93	0.27	0.07
英国	United Kingdom	2001	1105.54	175.83	181.78	747.93	18.37	1.64	34.66
澳大利亚	Australia	2001	161.23	41.24	76.93	43.06	5.79	0.45	4.35
新西兰	New Zealand	2001	42.30	11.50	22.62	8.18	1.59	0.12	0.72

13–13 续表 1 continued

单位：亿美元 (USD 100 million)

国家和地区	Country or Area	年份 Year	金融 Insurance	保险服务 Financial Services	版税和许可证费用 Royalties and License Fees	其他商业服务 Other Business Services	个人、文化和休闲服务 Personal, Cultural and Recreational Services	政府服务及其他 Government Services n.i.e.
中国①	China ①	2000	1.08	0.78	0.80	76.63	0.11	2.85
中国香港	Hong Kong , China	2001						
孟加拉国	Bangladesh	2000	0.04	0.13	-	0.99	0.01	5.32
印度	India	2000	2.49		0.83	122.89		6.60
印度尼西亚	Indonesia	2000						1.53
伊朗	Iran	2000	1.18	0.27		0.40		0.25
以色列	Israel	2001	0.13		4.32	65.57		0.41
日本	Japan	2001	1.02	27.11	104.62	162.45	1.18	8.45
哈萨克斯坦	Kazakhstan	2001	0.06	0.05		0.44		1.60
马来西亚	Malaysia	2000	1.56	1.60	0.18	50.98	0.33	1.26
蒙古	Mongolia	1999	-		0.01			0.03
缅甸	Myanmar	2000			-	2.54		0.17
巴基斯坦	Pakistan	2000	0.05	0.10		1.36		0.96
菲律宾	Philippines	2001	0.48	0.34	0.01	2.19	0.15	0.36
新加坡	Singapore	2000	7.79			150.74		0.80
斯里兰卡	Sri Lanka	2000	0.41			2.27		0.24
泰国	Thailand	2001	0.88		0.09	22.98		0.93
土耳其	Turkey	2001	0.25	3.31		28.56	10.41	1.46
埃及	Egypt	2001	0.09	0.70	0.46	17.37	0.19	2.27
尼日利亚	Nigeria	1999	0.08			8.00		
南非	South Africa	2001	3.70		0.51	3.83		1.17
加拿大	Canada	2001	19.80	15.15	14.99	88.63	13.64	9.33
墨西哥	Mexico	2001	13.51		0.40	3.70	3.17	1.52
美国	United States	2001	-	152.10	386.60	496.70	66.20	169.00
阿根廷	Argentina	2000	0.13	0.06	0.13	1.82	0.05	1.62
巴西	Brazil	2001	1.80	3.16	1.12	46.12	0.58	6.04
委内瑞拉	Venezuela	2001	0.03			0.47		1.81
白俄罗斯	Belarus	2001	0.03	0.04	0.01	2.00	0.01	0.19
保加利亚	Bulgaria	2000	0.17	0.13	0.04	2.66	0.22	0.46
捷克	Czech Republic	2001	0.07	1.96	0.36	15.26	1.61	0.58
法国	France	2001	8.90	10.74	25.04	199.63	14.32	5.38
德国	Germany	2001	16.08	40.84	31.49	265.11	3.35	42.77
意大利	Italy	2001	10.96	4.09	4.43	170.24	5.43	5.78
荷兰	Netherlands	2001	2.31	8.03	16.97	160.72	5.35	9.56
波兰	Poland	2000	2.07	1.04	0.34	12.86	0.51	0.02
罗马尼亚	Romania	2000	0.21	1.10	0.03	3.00	0.76	0.27
俄罗斯联邦	Russian Federation	2001	0.59	0.82	0.60	16.26	0.85	
西班牙	Spain	2001	9.08	13.94	3.65	94.59	6.19	3.59
乌克兰	Ukraine	2001	0.06	0.18	0.05	1.90	0.17	0.98
英国	United Kingdom	2001	55.20	186.91	81.55	332.31	15.40	21.88
澳大利亚	Australia	2001	3.51	3.96	2.98	15.56	2.48	3.99
新西兰	New Zealand	2001	0.18	0.24	0.63	3.57	0.47	0.65

注：①联合国贸易与发展会议数据。
Note: ① Data from UNCTAD.

13-14 国际旅游收支

International Tourism, Expenditures and Receipts

资料来源：世界银行数据库。
Sources: World Bank Database.

单位：亿美元 (USD 100 million)

国家和地区	Country or Area	国际旅游支出 International Tourism,Expenditures			国际旅游收入 International Tourism,Receipts		
		1990	2000	2001	1990	2000	2001
世界	**World**	**2692.0**	**4352.6**	**4183.4**	**2653.2**	**4729.5**	**4578.9**
高收入国家	**High Income**	**2320.9**	**3519.9**	**3367.9**	**2121.2**	**3364.4**	**3195.9**
中等收入国家	**Middle Income**	**287.6**	**709.9**		**438.2**	**1227.8**	**1256.1**
低收入国家	**Low Income**		**131.0**			**162.2**	**177.9**
中国①	China ①	4.7	131.1		22.2	162.2	177.9
中国香港	Hong Kong , China		124.8	124.9	50.3	78.9	82.4
孟加拉国	Bangladesh	0.8	3.0	1.6	0.1	0.5	0.5
印度	India	3.9	25.7		15.1	31.7	30.4
印度尼西亚	Indonesia	8.4	32.0		21.1	57.5	54.1
伊朗	Iran	3.4	13.5		0.6	6.7	11.2
以色列	Israel	14.4	28.0	29.0	14.0	38.2	21.7
日本	Japan	249.3	318.9	265.3	35.8	33.7	33.0
哈萨克斯坦	Kazakhstan		4.1	4.7		3.6	0.0
韩国	Korea, Rep.	31.7	61.7	68.9	35.6	68.1	62.8
马来西亚	Malaysia	14.5			16.7	49.4	
蒙古	Mongolia	0.0			0.1		
缅甸	Myanmar	0.2	0.3		0.1	0.4	0.5
巴基斯坦	Pakistan	4.4	2.5	2.6	1.6	0.8	0.9
菲律宾	Philippines	1.1	10.1		13.1	21.3	17.2
新加坡	Singapore	18.9	49.7	46.5	49.4	60.2	
斯里兰卡	Sri Lanka	0.7	2.4	2.5	1.3	2.5	2.1
泰国	Thailand	8.5	20.7	21.8	43.3	71.5	67.3
土耳其	Turkey	5.2	17.1	17.4	32.3	76.4	89.3
埃及	Egypt	1.3	10.7	11.3	11.0	43.5	38.0
尼日利亚	Nigeria	5.8	7.3		0.3	1.5	1.6
南非	South Africa	11.2	20.0		9.9	27.1	
加拿大	Canada	109.3	123.3	116.2	63.4	107.0	107.7
墨西哥	Mexico	55.2	55.0	57.0	54.7	83.0	84.0
美国	United States	373.5	647.9	601.2	430.1	820.4	723.0
阿根廷	Argentina	15.1	43.4	38.9	11.3	28.2	25.3
巴西	Brazil	15.6	38.9	32.0	14.4	42.3	37.0
委内瑞拉	Venezuela	10.2	18.2	18.0	5.0	5.6	
白俄罗斯	Belarus		1.3			0.2	
保加利亚	Bulgaria	1.9	5.4	5.7	3.2	10.7	12.0
捷克	Czech Republic	4.6	12.8	13.9	4.2	28.7	29.8
法国	France	124.2	177.6	177.2	201.8	307.5	299.8
德国	Germany	337.7	476.5	462.2	142.9	184.8	172.3
意大利	Italy	103.0	156.9	142.2	164.6	275.0	257.9
荷兰	Netherlands	73.8	122.3	120.2	0.0	0.0	67.2
波兰	Poland	4.2	36.0	35.0	3.6	61.0	48.2
罗马尼亚	Romania	1.0	4.2	4.5	1.1	3.6	3.6
俄罗斯联邦	Russian Federation						
西班牙	Spain	42.5	55.7	59.7	185.9	314.5	328.7
乌克兰	Ukraine		20.2	21.8		22.1	27.3
英国	United Kingdom	175.6	362.7	364.8	137.6	195.4	162.8
澳大利亚	Australia	45.4	61.3	58.1	40.9	84.5	76.3
新西兰	New Zealand	9.6	14.2	13.4	10.3	20.6	22.5

注：①国际旅游支出为世界银行数据。
Note: ① International tourism expenditures data from World Bank.

13-15 国际旅游人数

International Tourism, Number of Arrivals and Departures

资料来源：世界银行数据库。
Sources: World Bank Database.
单位：万人 (10000 people)

国家和地区	Country or Area	国外游客到达人数 Number of Arrivals			出国旅游人数 Number of Departures		
		1990	1999	2000	1990	1999	2000
世界	**World**	**48127**	**65645**	**70099**	**50875**	**64480**	
高收入国家	**High Income**	**31196**	**41356**	**43623**	**27579**	**33129**	
中等收入国家	**Middle Income**		**20794**	**22809**	**14930**	**23601**	
低收入国家	**Low Income**	**1344**	**2550**	**2672**			
中国	China		7280	8344		923 ①	1047 ①
中国香港	Hong Kong, China	658	1133	1306	204	418	
孟加拉国	Bangladesh	12	17	20	39	110	
印度	India	171	248	265	228		
印度尼西亚	Indonesia	218	473	506	69		
伊朗	Iran	15	132	134	79		
以色列	Israel	106	231	242	88	320	
日本	Japan	324	444	476	1100	1636	
哈萨克斯坦	Kazakhstan			147			
韩国	Korea, Rep.	296	466	532	156	434	551
马来西亚	Malaysia	745	793	1022	1492	2607	
蒙古	Mongolia	15	16	16			
缅甸	Myanmar	2	20	21			
巴基斯坦	Pakistan	42	43	56			
菲律宾	Philippines	103	217	199	114	176	
新加坡	Singapore	484	626	692	124	397	
斯里兰卡	Sri Lanka	30	44	40	30	50	52
泰国	Thailand	530	865	958	88	169	191
土耳其	Turkey	480	689	959	292	476	
埃及	Egypt	241	449	512	201	289	
尼日利亚	Nigeria	19	78	81	6		
南非	South Africa	103	603	600	62		
加拿大	Canada	1521	1937	1966	2042	1837	
墨西哥	Mexico	1718	1904	2064	736	1035	1108
美国	United States	3936	4850	5094	4462	5839	
阿根廷	Argentina	193	290	291	240	479	
巴西	Brazil	109	511	531	119	268	
委内瑞拉	Venezuela	53	59	47	31	89	
保加利亚	Bulgaria		247	279	240		
捷克	Czech Republic		561	467	351	3998	
法国	France	5250	7304	7558	1943	1671	
德国	Germany	1705	1712	1898	5626	7340	
意大利	Italy	2668	3652	4118	1615	1896	
荷兰	Netherlands	580	987	1000	900	1418	
波兰	Poland		1795	1740	2213	5510	
罗马尼亚	Romania	310	321	300	1125	627	
俄罗斯联邦	Russian Federation		1850	2117		1263	1837
西班牙	Spain	3409	4678	4790	1070		
乌克兰	Ukraine		423	441		740	
英国	United Kingdom	1801	2540	2521	3115	5388	
澳大利亚	Australia	222	446	495	217	321	
新西兰	New Zealand		161	179	72	119	

注：①国内居民出境总人数。
Note: ① Data refer to number of domestic residents outbound.

主要统计指标解释

出口　即货物离开一国的统计疆界。在通常的贸易体系中，一国的统计疆界与它的经济领土是一致的。在特殊的贸易体系中，一国的统计疆界只包括一部分经济领土，一般这部分与货物自由贸易区是一致的。自由贸易地区是一国经济疆界的一部分，在此间货物可以无进口税限制地流通。

进口　货物进入一国统计疆界。

数量指数　基于诸如数量或权数这样的货物单位的指数。

服务贸易　服务指无形商品的经济产出。它有可能是在同一时间生产、转让和消费。IMF《国际收支手册（1993年）》中定义了该项目，但报告经济体之间各不相同。

Explanatory Notes on Main Statistical Indicators

Exports Goods leaving the statistical territory of a country. In the general trade system, the definition of the statistical territory of a country coincides with its economic territory. In the special trade system, the definition of the statistical territory comprises only a particular part of the economic territory, mainly that part which coincides with the free circulation area for goods. The free circulation area is a part of the economic territory of a country within which goods may be disposed of without customs restrictions.

Imports Goods entering the statistical territory of a country.

Quantum index An index based on quantity units of goods such as number or weight.

Service exports(imports) Services (previously no factor services) refer to economic output of intangible commodities that may be produced, transferred, and consumed at the same time. International transactions in services are defined by the IMF's Balance of Payments Manual (1993), but definitions may nevertheless vary among reporting economies.

十四　国际收支和外债

Balance of Payments and External Debts

14-1 世界国际收支
Summary of International Transactions

资料来源：IMF《国际收支统计年鉴》，2002年。
Sources:IMF"Balance of Payments Statistics Yearbook",2002.
单位：亿美元 (USD 100 million)

		1990	1998	1999	2000	2001
经常帐户	**Current Account(net)**	**-128**	**-368**	**-684**	**-964**	**-1174**
货物	Goods	16	747	443	183	91
贷方	Credits	3435	54348	56251	63313	60688
借方	Debits	3419	53601	55807	63130	60598
服务	Services	-45	-2	-42	-149	-237
贷方	Credits	861	13833	14205	15035	14938
借方	Debits	906	13835	14247	15184	15175
收入	Income	-67	-845	-772	-643	-762
贷方	Credits	839	12030	12447	14286	13482
借方	Debits	906	12875	13219	14929	14244
经常转移	Current Transfers	-32	-268	-313	-355	-266
贷方	Credits	250	3673	3768	3617	3807
借方	Debits	282	3941	4081	3973	4073
资本帐户	**Capital Account(net)**	**12**	**-147**	**-168**	**152**	**-36**
金融帐户	**Financial Account**	**102**	**-302**	**618**	**1736**	**1107**
直接投资	Direct Investment	-34	86	496	1143	1083
国外	Abroad	-235	-6819	-10271	-13756	-6209
在报告经济体内	In Reporting Economy	201	6904	10767	14898	7292
证券投资	Portfolio Investment	64	-1374	2261	2099	744
资产	Assets	-186	-10579	-13669	-12905	-12072
负债	Liabilities	251	9205	15930	15004	12817
金融衍生工具	Financial Derivatives		-130	153	-83	25
资产	Assets		1869	1952	2287	2310
负债	Liabilities		-1998	-1799	-2370	-2285
其他投资	Other Investment	165	1545	-766	307	819
资产	Assets	-581	-3500	-5285	-12636	-7040
负债	Liabilities	745	5045	4519	12943	7858
储备	Reserves	-93	-429	-1526	-1729	-1564
净误差与遗漏	**Net Errors and Omissions**	**14**	**818**	**230**	**-931**	**100**

14-2 分国别（地区）的国际收支（2001 年）

资料来源：国际货币基金组织数据库。
Source: International Monetary Fund Database.
单位:亿美元

国家和地区	Country or Area	经常帐户 Current Account, n.i.e.	货物 Goods			服务
			出口 Exports f.o.b.	进口 Imports f.o.b.	差额 Trade Balance	贷方 Credit
中　　国	China	174.0	2660.8	-2320.6	340.2	333.3
中国香港	Hong Kong, China	117.4	1909.3	-1992.6	-83.3	414.3
孟加拉国	Bangladesh	-5.4	60.8	-81.3	-20.5	7.5
印　　度①	India ①	-42.0	431.3	-553.2	-121.9	183.3
印度尼西亚	Indonesia	69.0	573.6	-346.7	227.0	55.0
伊　　朗①	Iran ①	126.5	283.5	-152.1	131.4	13.8
以 色 列	Israel	-18.5	276.8	-309.4	-32.6	119.9
日　　本	Japan	878.0	3835.9	-3133.8	702.1	645.2
哈萨克斯坦	Kazakhstan	-12.4	90.2	-78.5	11.8	12.8
韩　　国	Korea, Rep.	86.2	1513.7	-1379.8	133.9	296.0
马来西亚	Malaysia	72.9	879.8	-696.0	183.8	144.6
缅　　甸	Myanmar	-3.1	22.9	-25.6	-2.7	4.2
巴基斯坦	Pakistan	-3.1	91.3	-97.4	-6.1	14.6
菲 律 宾	Philippines	45.0	312.4	-285.0	27.5	31.5
新 加 坡	Singapore	178.8	1224.8	-1096.1	128.7	261.7
斯里兰卡	Sri Lanka	-2.6	48.2	-53.7	-5.5	13.7
泰　　国	Thailand	62.2	632.0	-546.2	85.8	130.2
土 耳 其	Turkey	34.0	343.8	-389.2	-45.4	160.6
越　　南	Vietnam	6.8	150.3	-145.5	4.8	28.1
埃　　及	Egypt	-3.9	70.2	-139.6	-69.3	90.4
南　　非	South Africa	-1.7	306.4	-256.8	49.7	46.6
加 拿 大	Canada	194.8	2679.2	-2264.9	414.2	365.8
美　　国	United States	-3933.9	7217.5	-11459.8	-4242.3	2762.8
墨 西 哥	Mexico	-177.1	1584.4	-1684.0	-99.6	127.0
阿 根 廷	Argentina	-45.5	266.1	-191.6	74.5	43.1
巴　　西	Brazil	-232.1	582.2	-555.8	26.5	93.2
委内瑞拉	Venezuela	39.3	267.3	-173.9	93.4	12.8
白俄罗斯	Belarus	-2.85	72.56	-80.63	-8.07	10.13
保加利亚	Bulgaria	-8.9	51.1	-66.8	-15.8	24.2
捷　　克	Czech Republic	-26.2	334.0	-364.8	-30.8	70.9
法　　国	France	213.6	2914.1	-2885.6	28.5	803.9
德　　国	Germany	24.4	5699.5	-4814.4	885.1	875.0
匈 牙 利	Hungary	-11.0	280.7	-300.9	-20.2	77.1
意 大 利	Italy	-1.6	2424.3	-2265.7	158.6	575.5
荷　　兰	Netherlands	37.4	2029.5	-1830.8	198.6	529.3
波　　兰	Poland	-53.6	416.6	-493.2	-76.6	97.6
罗马尼亚	Romania	-23.2	113.9	-143.5	-29.7	19.9
俄罗斯联邦	Russian Federation	346.2	1016.0	-537.6	478.4	109.0
西 班 牙	Spain	-150.8	1175.6	-1490.6	-315.0	577.8
乌 克 兰	Ukraine	14.0	170.9	-168.9	2.0	40.0
英　　国	United Kingdom	-302.8	2761.1	-3243.7	-482.6	1097.2
澳大利亚	Australia	-88.8	636.7	-617.6	19.1	162.4
新 西 兰	New Zealand	-14.0	139.2	-124.5	14.7	43.4

Balance of Payments by Country or Area(2001)

(USD 100 million)

Services	货物和服务：差额	收入 Income		货物、服务和收入差额	经常转移 Current Transfers	
借方 Debit	Balance on Goods & Services	贷方 Credit	借方 Debit	Balance on Gds, Serv. & Inc.	贷方 Credit	借方 Debit
-392.7	280.8	93.9	-285.6	89.1	91.3	-6.3
-243.1	87.8	480.1	-433.8	134.2	8.1	-24.9
-15.2	-28.2	0.8	-3.6	-31.0	25.7	0.0
-199.1	-137.8	22.8	-61.6	-176.5	135.0	-0.5
-158.8	123.2	20.0	-89.4	53.8	15.2	0.0
-23.0	122.2	4.0	-6.0	120.2	5.4	0.8
-125.6	-38.4	35.4	-79.6	-82.5	75.3	-11.3
-1082.5	264.8	1031.0	-338.7	957.0	61.5	-140.6
-28.1	-3.6	2.3	-13.5	-14.7	3.9	-1.6
-331.3	98.7	70.4	-79.3	89.8	65.5	-69.1
-166.6	161.8	18.5	-85.9	94.4	5.4	-26.9
-3.8	-2.3	0.4	-4.0	-5.9	3.0	-0.1
-23.3	-14.8	1.1	-21.9	-35.6	55.0	-0.6
-50.9	8.1	73.5	-41.0	40.6	5.2	-0.7
-204.4	186.0	149.2	-142.6	192.6	1.2	-15.0
-17.6	-9.4	0.9	-3.7	-12.2	11.5	-1.9
-146.2	69.9	38.3	-52.0	56.2	9.9	-3.9
-69.3	45.9	27.5	-77.5	-4.1	38.6	-0.6
-33.8	-0.9	3.2	-8.0	-5.7	12.5	0.0
-70.4	-49.3	14.7	-8.9	-43.5	40.6	-1.0
-52.1	44.2	21.7	-60.1	5.7	1.3	-8.6
-420.0	360.0	226.3	-404.1	182.2	45.4	-32.8
-2103.4	-3582.9	2837.6	-2693.9	-3439.2	104.7	-599.4
-171.9	-144.5	51.0	-176.7	-270.2	93.4	-0.2
-84.0	33.6	56.6	-137.5	-47.4	5.7	-3.9
-170.7	-51.1	32.8	-230.2	-248.5	19.3	-3.0
-46.1	60.0	25.0	-39.5	45.5	2.0	-8.1
-6.03	-3.97	0.27	-0.70	-4.39	2.03	-0.49
-18.8	-10.4	3.5	-6.9	-13.8	5.9	-1.0
-55.7	-15.5	21.7	-37.1	-30.9	9.6	-4.9
-624.8	207.6	795.7	-641.9	361.5	171.6	-319.5
-1384.8	375.3	1053.4	-1166.1	262.7	151.5	-389.8
-55.4	1.5	11.1	-26.0	-13.4	5.9	-3.4
-573.4	160.7	386.5	-489.3	57.8	161.8	-221.2
-549.0	178.9	379.8	-455.1	103.7	45.9	-112.1
-89.5	-68.6	26.3	-40.2	-82.5	37.4	-8.5
-22.0	-31.8	4.6	-7.4	-34.6	14.2	-2.7
-194.1	393.4	68.0	-107.6	353.8	3.8	-11.4
-335.2	-72.4	198.0	-293.4	-167.9	125.7	-108.6
-35.8	6.1	1.7	-8.3	-0.5	15.2	-0.6
-946.2	-331.6	2014.6	-1882.9	-199.9	235.7	-338.6
-167.5	14.0	79.3	-182.3	-89.0	22.4	-22.2
-42.2	16.0	5.7	-37.1	-15.4	5.8	-4.4

14-2 续表1 continued

单位:亿美元

国家和地区	Country or Area	资本帐户 Capital Account, n.i.e.	贷方 Credit	借方 Debit	金融帐户 Financial Account, n.i.e.	直接投资 FDI 国外 Direct Investment Abroad	在报告经济体内 Dir. Invest. in Rep. Econ., n.i.e.
中　　国	China	-0.5	0.0	-0.5	348.3	-68.8	442.4
中国香港	Hong Kong, China	-11.6	0.4	-12.0	-51.5	-89.8	228.3
孟加拉国	Bangladesh	2.4	2.4	0.0	2.6		0.8
印　　度①	India ①				96.2	-3.4	23.2
印度尼西亚	Indonesia	-76.2		-32.8			
伊　　朗	Iran				-101.9		0.4
以 色 列	Israel	6.8	6.8	0.0	-1.1	-11.4	32.2
日　　本	Japan	-28.7	9.9	-38.6	-481.6	-385	61.9
哈萨克斯坦	Kazakhstan	-2.0	0.9	-2.9	27.2	-0.2	27.6
韩　　国	Korea, Rep.	-4.4	0.3	-4.7	25.4	-26.0	32.0
马来西亚	Malaysia				-38.9	-2.7	5.5
缅　　甸	Myanmar				4.0		2.1
巴基斯坦	Pakistan				-4.0	-0.3	3.8
菲 律 宾	Philippines	-0.1	0.1	-0.2	-43.2	1.6	17.9
新 加 坡	Singapore	-1.6	0.0	-1.6	-187.7	-102.2	86.1
斯里兰卡	Sri Lanka	0.5	0.5	-0.1	3.8		1.7
泰　　国	Thailand	0.0	0.0	0.0	-39.1	-1.6	38.2
土 耳 其	Turkey	0.0	0.0	0.0	-142.0	-5.0	32.7
越　　南	Vietnam				3.7		13.0
埃　　及	Egypt				1.9	-0.1	5.1
南　　非	South Africa	-0.3	0.2	-0.5	5.0	36.9	71.6
加 拿 大	Canada	36.7	41.6	-4.9	-150.1	-355.7	274.4
美　　国	United States	8.3	8.3		3867.9	-1278.4	1308.0
墨 西 哥	Mexico				222.7	-37.1	247.3
阿 根 廷	Argentina	1.0	1.1	-0.1	-135.9	1.2	32.1
巴　　西	Brazil	-0.4	3.3	-3.7	200.8	22.6	226.4
委内瑞拉	Venezuela				-8.1	-1.5	34.5
白俄罗斯	Belarus	0.6	1.3	-0.8	2.5	0.0	1.0
保加利亚	Bulgaria	0.0	0.0	0.0	10.9	-0.1	6.9
捷　　克	Czech Republic	-0.1	0.0	-0.1	40.6	-0.9	49.2
法　　国	France	-1.2	11.5	-12.8	-315.7	-831.9	525
德　　国	Germany	-8.3	18.7	-27.0	-262.8	-427.5	315.3
匈 牙 利	Hungary	3.2	4.2	-1.0	6.2	-3.4	24.4
意 大 利	Italy	8.5	21.0	-12.5	-32.1	-217.6	148.7
荷　　兰	Netherlands	-5.7	11.2	-16.8	-111.8	-396.6	512.4
波　　兰	Poland	0.8	1.1	-0.4	31.7	0.9	57.1
罗马尼亚	Romania	1.0	1.1	-0.1	29.4	0.2	11.6
俄罗斯联邦	Russian Federation	-93.8	21.2	-115.0	-47.4	-25.3	24.7
西 班 牙	Spain	49.6	58.3	-8.7	158.9	-277.0	215.4
乌 克 兰	Ukraine	0.0	0.1	-0.1	-1.9	-0.2	7.9
英　　国	United Kingdom	17.2	38.6	-21.4	162.3	-342.4	631.1
澳大利亚	Australia	5.9	13.2	-7.3	80.0	-116.1	43.9
新 西 兰	New Zealand	4.4	8.2	-3.8	19.3	-3.0	17.3

(USD 100 million)

证券投资 Portfolio Investment						金融衍生工具 Financial Derivatives	
资产 Assets	股本证券 Equity Securities	债务证券 Debt Securities	负债 Liabilities	股本证券 Equity Securities	债务证券 Debt Securities	资产 Assets	负债 Liabilities
-206.5	0.3	-206.9	12.5	8.5	4.0		
-391.3	-226.5	-164.8	-5.3	6.0	-11.3	175.1	-124.9
0.0			0.0	0.0			
			16.2	16.2			
-2.5							
-12.0	-4.9	-7.1	6.6	6.6	-0.1		
-1067.9	-112.8	-955.1	605	391	214	1027.9	-1014
-13.5	-0.1	-13.4	0.3	0.6	-0.2		
-55.0	-2.7	-52.3	118.6	101.7	16.9	2.7	-3.8
0.8			-7.2			-0.6	0.6
			-1.9	-1.3	-0.6		
2.3	0.0	2.4	1.8	3.8	-2.1		
-52.6	-44.8	-7.8	7.2	7.2	0.0		
0.2	0.0	0.2	-0.3		-0.3		
-2.9	-2.9	0.0	-9.3	0.2	-9.5		
-7.9	-0.4	-7.5	-37.3	-0.8	-36.5		
0.0	0.0		14.6	0.4	14.2		
-53.3	-48.6	-4.7	-29.7	-9.6	-20.1		
-244.7	-232.4	-12.3	197.5	30.2	167.3		
-946.6	-1068.1	121.5	4260.6	1214.2	3046.4		
38.6	0.0	38.6	9.9	1.5	8.4		
20.2	-9.5	29.6	-95.2	-0.8	-94.3		
-8.0	-11.2	3.3	8.7	24.8	-16.1	5.7	-10.4
-3.4	-1.2	-2.2	9.4	-0.7	10.1		
0.1	0.0	0.1	-0.5	0.0	-0.5		
-0.4	-0.3	-0.1	1.1	-0.1	1.1	0.0	0.2
1.3	2.5	-1.2	8.0	6.2	1.8	-2.5	1.7
-836.7	-173	-663.7	1022.4	109.7	912.8	0	9.5
-1152.6	-311.8	-840.7	1141.9	789.1	352.8		59.2
-1.5	-0.5	-0.9	15.3	1.3	13.9	5.8	-4.6
-361.7	-99.9	-261.8	293.3	-2.4	295.7	-22.8	18.4
-768.1	-295.1	-473.0	731.1	129.3	601.8	875.0	-932.7
0.5	-0.7	1.1	10.7	-3.1	13.7	0.0	-3.4
-0.1	-0.1	0.0	5.8	0.1	5.8		
0.8	-0.6	1.4	-7.3	5.4	-12.7		
-435.3	-3.7	-431.6	275.7	73.5	202.2	0.0	0.5
0.0	0.0	0.0	-8.7	-7.3	-1.3		
-1344.3	-683.4	-661	615.5	259.9	355.6	0	121.8
-86.9	-77.6	-9.3	190.3	107.8	82.6	1.7	1.5
-11.5	-8.7	-2.8	-3.5	1.8	-5.4		

14-2 续表2 continued

单位:亿美元

国家和地区	Country or Area	金融帐户					
		其他投资:资产 Other Investment Assets	货币当局 Monetary Authorities	政府 General Government	银行 Banks	其他部门 Other Sectors	其他投资:债务 Other Investment Liab., n.i.e.
中　　国	China	208.1	-53.9		168.0	94.0	-39.3
中国香港	Hong Kong, China	582.4			568.5	14.0	-426.0
孟加拉国	Bangladesh	-4.3	0.0	0.0	1.5	-5.9	6.2
印　　度①	India ①	-11.4	-4.7	-0.2	-16.9	10.4	71.5
印度尼西亚	Indonesia	-1.3				-1.3	-39.7
伊　　朗	Iran	-82.6	0.0	-59.3	-17.8	-5.4	-19.7
以色列	Israel	-28.5	0.0	-6.7	-3.6	-18.2	11.9
日　　本	Japan	465.9	0.0	-39.5	155.9	349.5	-175.5
哈萨克斯坦	Kazakhstan	5.1	0.0	2.1	-0.6	3.7	7.8
韩　　国	Korea, Rep.	74.6	-0.6	-4.9	90.5	-10.5	-117.6
马来西亚	Malaysia	-27.0	0.0	0.0	0.0	-8.3	0.0
缅　　甸	Myanmar						1.9
巴基斯坦	Pakistan	0.5	0.0	0.5	-0.2	0.3	-6.1
菲律宾	Philippines	-138.9	0.0	0.0	4.7	-143.6	72.1
新加坡	Singapore	-154.7	0.0	0.0	-102.6	-52.1	28.5
斯里兰卡	Sri Lanka	0.1	0.0	-0.1	0.2	0.0	2.1
泰　　国	Thailand	2.5	0.0		2.4	0.1	-66.0
土耳其	Turkey	-1.6	-0.4		2.3	-3.5	-123.0
越　　南	Vietnam	-12.0	0.0	0.0	-12.0	0.0	2.7
埃　　及	Egypt	-12.6	-0.7	0.0	13.7	-25.6	-5.1
南　　非	South Africa	-14.3	0.0	-4.1	-3.3	-6.9	-6.1
加拿大	Canada	-89.4	0.0	-1.3	-21.0	-67.2	67.8
美　　国	United States	-1435.4	0	-4.8	-1287	-143.6	1959.7
墨西哥	Mexico	-35.9	0.0	0.0	-46.7	10.8	-0.1
阿根廷	Argentina	-39.4	0.0	0.6	89.4	-129.3	-54.9
巴　　西	Brazil	-62.8	4.7	-10.9	-13.0	-43.7	18.6
委内瑞拉	Venezuela	-44.1	0.0	-11.9	8.6	-40.8	-2.9
白俄罗斯	Belarus	-1.4	-1.0	0.0	0.2	-0.6	3.3
保加利亚	Bulgaria	3.5	0.0	-0.2	-1.3	5.0	-0.2
捷　　克	Czech Republic	-12.7	0.0	1.8	-13.0	-1.5	-3.4
法　　国	France	-559.1	-125.0	-0.9	-422.8	-10.3	355.0
德　　国	Germany	-870.6	207.0	148.4	-1184.7	-41.3	671.4
匈牙利	Hungary	-34.3	0.0	0.3	-14.9	-19.7	4.5
意大利	Italy	7.2	-276.3	-3.6	120.9	166.1	102.3
荷　　兰	Netherlands	-696.7	7.9	-8.4	-607.1	-89.2	563.8
波　　兰	Poland	-40.7	0.0	-0.4	-34.0	-6.4	6.6
罗马尼亚	Romania	-0.4		-0.4	-1.0	1.0	12.3
俄罗斯联邦	Russian Federation	-5.8	0.0	101.0	-19.2	-87.6	-34.4
西班牙	Spain	102.0	149.9	-2.9	-35.1	-10.0	277.7
乌克兰	Ukraine	-10.2	0.0	0.0	1.4	-11.5	9.2
英　　国	United Kingdom	-2575.6	0	0.2	-1248.5	-1327.2	3056.2
澳大利亚	Australia	1.4	2.7	-1.5	-33.2	33.5	44.2
新西兰	New Zealand	-33.0	0.0	-36.9	0.0	3.9	52.9

(USD 100 million)

Financial Account, n.i.e.				净误差与遗漏 Net Errors and Omissions	国际收支总盈余 Overall Balance
货币当局 Monetary Authorities	政府 General Government	银行 Banks	其他部门 Other Sectors		
	11.2	-13.1	-37.5	-47.3	474.5
		-427.8	1.8	-7.4	46.8
1.3	4.1	0.3	0.5	-1.1	-1.4
2.7	-4.2	14.0	59.0	6.7	60.9
	6.4	-18.7	-27.4	7.0	-0.2
-14.1	-6.2	0.0	0.6	-13.7	10.8
0.0	3.1	16.4	-7.6	14.8	2.0
0.0	70.1	49.9	-295.4	37.2	404.9
0.0	0.5	4.6	2.7	-8.9	3.8
0.6	-4.0	-53.1	-61.1	27.0	134.2
0.0	0.0	0.0		-23.9	10.0
2.0	-0.1	0.0		0.9	1.8
-0.1	-0.4	-0.1	-5.5	7.2	22.0
6.7	-0.8	-12.1	78.3	-8.5	-6.8
		70.6	-42.1	1.8	-8.6
0.2	2.5	2.1	-2.7	1.6	3.3
8.9	2.4	-20.9	-56.4	1.6	24.7
8.2	-19.8	-96.4	-14.9	-20.9	-128.9
0.0	0.0	0.0	2.7	-8.5	2.1
1.0	-11.6	-0.6	6.0	-11.5	-13.4
15.8	1.3	-7.9	-15.4	18.6	21.6
0.0	-2.4	151.5	-81.4	-59.7	21.7
351	-43.5	803.9	848.3	107	49.3
0.0	0.0	0.0	-0.1	23.2	68.8
11.3	15.0	-68.4	-12.8	-33.6	-214.1
-1.4	-0.6	-15.7	36.3	-2.5	-34.2
0.1	0.4	-0.7	-2.7	-51.8	-20.6
0.2	0.6	0.8	1.6	-1.0	-0.8
0.0	-3.1	1.0	1.9	1.7	3.7
0.0	-1.3	-11.5	9.4	3.6	17.9
11.5	13.2	391.1	-60.8	48.6	-54.7
23.5	2.9	528.3	116.8	192.1	-54.7
-6.4	-0.3	2.9	8.3	0.8	-0.8
19.3	-7.7	127.8	-37.1	19.4	-5.9
0.1	28.3	577.6	-42.2	76.5	-3.5
1.2	-30.5	2.8	33.1	16.8	-4.3
0.0	3.2	1.6	7.5	8.2	15.3
0.5	-74.8	37.0	2.9	-92.4	112.7
-1.8	5.7	149.4	124.4	-71.0	-13.4
0.0	-5.4	1.4	13.2	-2.2	9.9
0	1.8	1804.6	1249.7	78.8	-44.6
0.0	-1.3	29.6	15.8	13.8	11.0
0.0	44.2	0.0	8.7	-11.5	-1.9

14-3 外国直接投资
Foreign Direct Investment

资料来源：联合国贸易和发展会议《世界投资报告》2002。
Source:UNCTAD "World Investment Report",2002.

单位：亿美元 (USD 100 million)

国家和地区	Country or Area	外来直接投资 FDI Inflows			对外直接投资 FDI Outflows		
		1995	2000	2001	1995	2000	2001
世　界	**World**	**3310.7**	**14919.3**	**7351.5**	**3552.8**	**13794.9**	**6207.1**
发达国家	**Developed countries**	**2034.6**	**12274.8**	**5031.4**	**3058.5**	**12712.7**	**5806.2**
发展中国家	**Developing countries**	**1133.4**	**2378.9**	**2048.0**	**489.9**	**1042.1**	**365.7**
中　国	China	375.2	407.2	468.8	20.0 ②	9.2 ②	17.8 ②
中国香港	Hong Kong, China	62.1 ①	619.4	228.3	250.0 ①	593.7	89.8
孟加拉国	Bangladesh	–	2.8	0.8	–	0.2	0.3 ①
印　度	India	21.4	23.2	34.0	1.2	3.4	7.6
印度尼西亚	Indonesia	43.5	-45.5	-32.8	13.2	1.5	1.3
伊　朗	Iran	0.2	0.4	0.3 ①	–	4.7 ①	4.1 ①
以色列	Israel	13.5	43.9	30.4	7.3	28.0	11.9
日　本	Japan	0.4	83.2	62.0	225.1	315.6	380.9
哈萨克斯坦	Kazakhstan	9.6	12.8	27.6		0.1 ①	0.3 ①
朝　鲜	Korea, Dem.people's Rep.	–	0.1 ①	0.1 ①			
韩　国	Korea, Rep.	17.8	92.8	32.0	35.5	50.0	26.0
马来西亚	Malaysia	58.2	37.9	5.5	24.9	20.3	2.7
蒙　古	Mongolia	0.1	0.5	0.6			
缅　甸	Myanmar	2.8	2.5	1.2	-0.4		
巴基斯坦	Pakistan	7.2	3.1	3.9		0.1	0.3
菲律宾	Philippines	14.6	12.4	17.9	1.0	1.1	1.6
新加坡	Singapore	87.9	54.1	86.1	34.4	49.7	102.2
斯里兰卡	Sri Lanka	0.7	1.8	1.7	0.1	–	–
泰　国	Thailand	20.0	28.1	37.6	8.4	0.5	1.7
土耳其	Turkey	8.9	9.8	32.7	1.1	8.7	5.0
越　南	Viet Nam	23.4	12.9	13 ①			
埃　及	Egypt	6.0	12.4	5.1	0.9	0.5	0.1
尼日利亚	Nigeria	10.8	9.3	11.0	1.0	0.9	0.9
南　非	South Africa	12.4	8.9	66.5	25.0	2.7	-33.3
加拿大	Canada	92.6	666.2	274.6	114.6	475.0	354.7
墨西哥	Mexico	95.3	147.1	247.3	-2.6	9.8	37.1
美　国	United States	587.7	3009.1	1244.3	920.7	1649.7	1139.8
阿根廷	Argentina	56.1	111.5	31.8	15.0	9.1	-1.2
巴　西	Brazil	54.8	327.8	224.6	11.6	22.8	-22.6
委内瑞拉	Venezuela	9.9	44.6	34.1	0.9	1.1	3.3
白俄罗斯	Belarus	0.2	0.9	1.7	0.1	–	–
保加利亚	Bulgaria	0.9	10.0	6.9	-0.1	–	0.1
捷　克	Czech Republic	25.6	49.9	49.2	0.4	0.4	1.0
法　国	France	236.8	429.3	526.2	157.6	1755.0	828.1
德　国	Germany	120.3	1951.2	318.3	390.5	497.9	432.6
意大利	Italy	48.4	133.8	148.7	70.2	123.2	214.8
荷　兰	Netherlands	123.2	524.5	504.7 ①	202.0	713.5	440.2
波　兰	Poland	36.6	93.4	88.3	0.4	0.2	0.1
罗马尼亚	Romania	4.2	10.3	11.4	–	-0.1	-0.2
俄罗斯联邦	Russian Federation	20.2	27.1	25.4	3.6	32.1	26.2
西班牙	Spain	61.6	375.2	217.8	40.8	546.8	278.1
乌克兰	Ukraine	2.7	6.0	7.7	0.1	–	0.2
英　国	United Kingdom	199.7	1165.5	538.0	435.6	2539.3	394.6
南斯拉夫	Yugoslavia	0.5	0.3	1.7			
澳大利亚	Australia	119.7	119.6	40.9	32.8	50.9	111.7
新西兰	New Zealand	36.6	32.1	17.0	-3.4	9.6	3.0

注：①估计数。②联合国贸易与发展会议数据。
Note: ① Estimates. ② Data from UNCTAD.

14-4 国际储备与黄金储备

Total International Reserves and Gold Reserves

资料来源：国际货币基金组织数据库。
Source: IMF Database.

国家和地区	Country or Area	国际储备（不包括黄金，亿美元） Total Reserves Minus Gold(100 millions)			黄金储备(万盎司) Gold (10000 Fine Troy Ounces)		
		1990	2000	2001	1990	2000	2001
世界	**World**	**9306.8**	**20123.4**	**21419.1**	**93923.8**	**95158.2**	**94225.9**
发达国家	**Developed Countries**	**5880.1**	**8454.2**	**8610.1**	**79581.5**	**79650.9**	**78354.7**
发展中国家	**Developing Countries**	**3426.7**	**11669.2**	**12808.9**	**14342.4**	**15507.3**	**15871.2**
中国	China	110.9 ①	1655.7 ①	2121.7 ①	1267.0	1267.0	1267.0
中国香港	Hong Kong, China	245.2	1073.0	1114.4	22.8	6.7	6.7
孟加拉国	Bangladesh	6.3	14.8	12.8	8.0	10.9	11.1
印度	India	15.2	378.2	459.9	1069.2	1150.2	1150.2
印度尼西亚	Indonesia	74.5	284.4	273.2	311.1	310.1	310.1
伊朗	Iran				434.3		
以色列	Israel	62.6	232.3	234.4	83.9	0.0	0.0
日本	Japan	783.5	3541.1	3961.8	2422.8	2454.7	2460.2
韩国	Korea, Rep.	147.7	959.2	1030.2	32.0	43.9	44.2
哈萨克斯坦	Kazakhstan		15.9	20.0		184.0	184.0
马来西亚	Malaysia	97.4	294.6	305.5	235.0	117.0	117.0
蒙古	Mongolia		1.8	2.1	3.7	8.5	18.4
缅甸	Myanmar	3.1	2.2	4.0	25.1	23.1	23.1
巴基斯坦	Pakistan	3.0	15.1	36.5	194.9	209.1	209.1
菲律宾	Philippines	9.2	130.2	134.8	288.8	722.8	798.0
新加坡	Singapore	277.0	799.5	755.7	0.0	0.0	0.0
斯里兰卡	Sri Lanka	4.2	10.4	12.9	6.3	6.3	6.3
泰国	Thailand	132.8	319.4	324.4	247.6	236.7	248.0
土耳其	Turkey	60.4	224.4	189.3	409.5	373.9	373.3
越南	Viet Nam		34.1	36.8			
埃及	Egypt	26.8	130.9	129.6	243.2	243.2	243.2
南非	South Africa	10.1	60.7	60.6	409.0	590.0	572.0
尼日利亚	Nigeria	38.6	98.9	104.8	68.7	68.7	68.7
加拿大	Canada	178.1	318.5	340.5	1476.4	118.4	105.2
美国	United States	721.2	564.7	577.8	26191.0	26161.1	26200.0
墨西哥	Mexico	98.4	354.3	448.6	91.9	24.9	23.1
阿根廷	Argentina	45.8	250.9	145.9	423.3	1.9	0.9
巴西	Brazil	74.3	324.2	358.3	456.9	189.3	46.0
委内瑞拉	Venezuela	83.0	130.6	92.6	1146.0	1024.0	1094.0
白俄罗斯	Belarus		3.5	3.9			
保加利亚	Bulgaria		31.5	33.0		128.4	128.5
捷克	Czech Republic		129.9	143.8		44.6	44.4
法国	France	367.1	369.6	318.3	8185.3	9724.5	9724.5
德国	Germany	677.8	567.6	514.4	9518.2	11151.9	11113.2
意大利	Italy	628.1	255.1	244.8	6667.1	7882.9	7882.9
荷兰	Netherlands	174.5	96.2	90.6	4394.2	2931.5	2843.8
波兰	Poland	44.8	265.0	257.2	47.2	330.6	330.8
罗马尼亚	Romania	5.2	39.1	54.6	220.8	337.4	338.2
俄罗斯联邦	Russian Federation		242.1	326.3		1235.9	1359.9
西班牙	Spain	511.3	309.2	296.6	1561.1	1682.9	1682.9
乌克兰	Ukraine		13.5	29.6		45.4	48.3
英国	United Kingdom	357.9	437.9	373.8	1894.1	1567.4	1142.2
澳大利亚	Australia	162.3	180.8	180.0	793.3	256.3	256.3
新西兰	New Zealand	41.2	33.2	30.2	0.1	0.0	0.0

注：①外汇储备。
Note: ① Foreign exchange reserves.

14-5 主要国家外债及其构成(2001 年)
External Debts by Type (2001)

资料来源：世界银行数据库。
Sources: World Bank Database.

单位：亿美元 (USD 100 million)

国家和地区	Country or Area	外债总额 External Debt Total	长期外债 Long-term Debt	私人非担保外债 Private Nonguaranteed	政府及政府担保外债 Public and Publicly Guaranteed Debt	短期外债 Short-term Debt	IMF 贷款 Use of IMF Credit
中等收入国家	**Middle Income**	**17988**	**14505**	**4545**	**9960**	**2946**	**536**
低收入国家	**Low Income**	**5333**	**4573**	**589**	**3984**	**543**	**217**
中国①	China ①	1701	1262	345	917	439	0
孟加拉国	Bangladesh	152	148	0	148	3	1
印度	India	973	944	117	827	30	0
印度尼西亚	Indonesia	1357	1048	364	684	218	91
伊朗	Iran	75	55	2	53	20	0
哈萨克斯坦	Kazakhstan	144	135	101	34	8	0
韩国	Korea, Rep.	1101	750	413	337	351	0
马来西亚	Malaysia	434	382	142	241	51	0
蒙古	Mongolia	9	8	0	8	0	0
缅甸	Myanmar	57	50	0	50	7	0
巴基斯坦	Pakistan	320	289	21	268	13	18
菲律宾	Philippines	524	444	102	342	60	20
斯里兰卡	Sri Lanka	85	79	4	75	5	2
泰国	Thailand	674	525	261	264	132	17
土耳其	Turkey	1151	847	287	560	163	141
越南	Vietnam	126	114	0	114	8	4
埃及	Egypt	292	259	6	252	34	0
尼日利亚	Nigeria	311	294	2	292	17	0
南非	South Africa	241	157	78	79	84	0
墨西哥	Mexico	1583	1403	541	862	180	0
阿根廷	Argentina	1367	1027	174	853	200	140
巴西	Brazil	2264	1897	963	935	283	83
委内瑞拉	Venezuela	347	309	60	249	37	0
白俄罗斯	Belarus	9	6	0	6	1	1
保加利亚	Bulgaria	96	82	8	74	3	11
捷克	Czech Republic	217	127	68	59	90	0
波兰	Poland	624	554	306	248	70	0
罗马尼亚	Romania	117	107	41	67	5	4
俄罗斯联邦	Russian Federation	1526	1242	223	1019	210	74
乌克兰	Ukraine	128	102	20	82	7	19
南斯拉夫	Yugoslavia	117	66	6	60	48	3

注：①世界银行数据。
Note: ① Data from World Bank.

14-6 外债风险指标（2001年）

Risk Indicators on Foreign Debts (2001)

资料来源：世界银行数据库。
Sources: World Bank Database.
单位：%　　　(%)

国家和地区	Country or Area	政府及政府担保外债占中央政府经常性财政收入比重 PPG Debt Service as % of Central Government Current Revenue	债务率 Present Value of Debt as % of Exports of Good s and Services	负债率 Present Value of Debt as % of GNP	短期外债比重 Short-term Debt as % of Total External Debt	偿债率 Total Debt Service as % of Exports of Goods and Services	外债本息占GNP比重 Total Debt Service as % of GNP
中等收入国家	**Middle income**				**16.4**	**20.1**	**6.9**
低收入国家	**Low income**				**10.2**	**14.4**	**4.2**
中国	China		56.8	14.7	25.8 ①	7.5	2.1 ①
孟加拉国	Bangladesh		105.4	20.9	1.9	7.3	1.4
印度	India	13.1	85.5	14.3	3.0	11.7	2.0
印度尼西亚	Indonesia	22.4	199.3	94.1	16.1	23.6	11.1
伊朗	Iran		25.5	6.0	27.0	4.9	1.1
哈萨克斯坦	Kazakhstan	18.6	134.3	67.4	5.8	31.4	15.7
韩国	Korea, Rep.				31.9	13.8	6.2
马来西亚	Malaysia		44.1	57.8	11.8	6.0	7.8
蒙古	Mongolia	11.6	102.6	58.8	1.6	7.7	4.4
缅甸	Myanmar		150.5		11.7	3.1	
巴基斯坦	Pakistan	23.1	221.7	44.0	4.1	25.8	5.1
菲律宾	Philippines	49.4	132.0	73.0	11.6	18.6	10.3
斯里兰卡	Sri Lanka	19.5	93.3	42.4	5.3	9.7	4.4
泰国	Thailand	24.3	83.4	59.8	19.6	25.1	18.0
土耳其	Turkey	26.0	208.5	79.9	14.2	40.0	15.3
越南	Vietnam	17.2	60.2	33.4	6.2	6.7	3.7
埃及	Egypt		115.3	25.2	11.5	8.9	1.9
尼日利亚	Nigeria		144.1	80.8	5.5	12.0	6.7
南非	South Africa	8.1	62.4	21.4	34.7	11.6	4.0
墨西哥	Mexico		93.4	28.6	11.4	26.5	8.0
阿根廷	Argentina	43.6	406.9	57.1	14.6	66.3	9.3
巴西	Brazil		330.0	49.2	12.5	75.4	11.3
委内瑞拉	Venezuela	23.1	122.3	30.4	10.8	24.6	6.1
白俄罗斯	Belarus	5.4	9.9	6.7	16.8	2.8	1.9
保加利亚	Bulgaria	19.1	106.1	63.1	3.6	17.4	10.3
捷克	Czech Republic	9.7	50.0	38.6	41.3	11.2	8.7
波兰	Poland	11.4	107.8	33.9	11.2	28.0	8.8
匈牙利	Hungary		77.0	56.4	15.3	37.2	27.2
罗马尼亚	Romania	16.4	80.0	28.8	4.5	18.8	6.8
俄罗斯联邦	Russian Federation	12.0	123.0	48.9	13.7	14.5	5.8
乌克兰	Ukraine	8.2	54.0	31.1	5.8	10.6	6.1

注：①世界银行数据。
Note: ① Data from World Bank.

主要统计指标解释

国际储备 一国当局可以使用和控制的外部资产，它可直接用来弥补国际收支不平衡或间接用来平衡国际收支。

黄金储备（货币黄金） 一国当局拥有的、作为储备资产的黄金。参见国际储备。

外债总计 指欠非本地居民的，可用外币、货物或服务偿还的债务。它是长期公共债务、公共担保债务和私人非担保长期债务、IMF 贷款和短期外债的总和。

长期债务 指初始到期日或宽限期在一年以上的债务。它有三个构成部分：公共债务、公共担保债务和私人非担保债务。用现价美元表示。

短期债务 包括初始到期日为一年及一年期以下的所有债务和长期债务到期未付的利息。用现价美元表示。

Explanatory Notes on Main Statistical Indicators

International Reserves External assets that is readily available to and controlled by the authorities for direct financing of payments imbalances and for indirect regulation of the magnitude of such imbalances.

Gold Reserves (Monetary Gold) Gold owned by the authorities and held as a reserve asset. See also international reserves

External Debt Total Total external debt is debt owed to nonresidents repayable in foreign currency, goods, or services. Total external debt is the sum of public, publicly guaranteed, and private no guaranteed long-term debt, use of IMF credit, and short-term debt.

Long-term Debt Long-term debt is debt that has an original or extended maturity of more than one year. It has three components: public, publicly guaranteed, and private no guaranteed debt. Data are in current U.S. dollars.

Short-term Debt includes all debt having an original maturity of one year or less and interest in arrears on long-term debt. Data are in current U.S. dollars.

十五　教育、科技、文化、卫生和军事

Education, Science and Technology, Culture, Health and Military

15-1 人文发展指数（2001年）
Human Development Index(2001)

资料来源：联合国开发计划署《人文发展报告》2003年。
Source:UNDP"Human Development Report"2003.

人文发展指数排名 HDI Rank 2001	2000	国家和地区	Country or Area	出生时的预期寿命(岁) Life Expectancy at Birth (years)	成人识字率(%) Adult Literacy Rate (% age 15 and above)	初等、中等和高等教育入学率(%) Combined Primary,Secondary and Tertiary Gross Enrolment Ratio (2000/2001)	人均国内生产总值(购买力平价法) GDP per Capita (PPP US$)
		世界	**World**	**66.7**		**64**	**7376**
		高收入国家	**High income**	**78.1**		**92**	**26989**
		中等收入国家	**Middle income**	**69.8**	**86.6**	**70**	**5519**
		低收入国家	**Low income**	**59.1**	**63.0**	**51**	**2230**
1	1	挪威	Norway	78.7	②	98	29620
2	7	冰岛	Iceland	79.6	②	91	29990
3	2	瑞典	Sweden	79.9	②	113	24180
4	5	澳大利亚	Australia	79.0	②	114	25370
5	8	荷兰	Netherlands	78.2	②	99	27190
6	4	比利时	Belgium	78.5	②	107	25520
7	6	美国	United States	76.9	②	94	34320
8	3	加拿大	Canada	79.2	②	94	27130
9	9	日本	Japan	81.3	②	83	25130
10	11	瑞士	Switzerland	79.0	②	88	28100
11	14	丹麦	Denmark	76.4	②	98	29000
12	18	爱尔兰	Ireland	76.7	②	91	32410
13	13	英国	United Kingdom	77.9	②	112	24160
14	10	芬兰	Finland	77.8	②	103	24430
15	16	卢森堡	Luxembourg	78.1	②	73	53780
16	15	奥地利	Austria	78.3	②	92	26730
17	12	法国	France	78.7	②	91	23990
18	17	德国	Germany	78.0	②	89	25350
19	21	西班牙	Spain	79.1	97.7	92	20150
20	19	新西兰	New Zealand	78.1	②	99	19160
21	20	意大利	Italy	78.6	98.5	82	24670
22	22	以色列	Israel	78.9	95.1	90	19790
23	28	葡萄牙	Portugal	75.9	92.5	93	18150
24	24	希腊	Greece	78.1	97.3	81	17440
25	26	塞浦路斯	Cyprus	78.1	97.2	74	21190
26	23	中国香港	Hong Kong, China	79.7	93.5	63	24850
27	31	巴巴多斯	Barbados	76.9	99.7	89	15560
28	25	新加坡	Singapore	77.8	92.5	75	22680
29	29	斯洛文尼亚	Slovenia	75.9	99.6	83	17130
30	27	韩国	Korea, Rep.	75.2	97.9	91	15090
31	32	文莱	Brunei	76.1	91.6	83	19210
32	33	捷克	Czech Republic	75.1	②	76	14720
33	30	马耳他	Malta	78.1	92.3	76	13160
34	34	阿根廷	Argentina	73.9	96.9	89	11320
35	37	波兰	Poland	73.6	99.7	88	9450
36	47	塞舌尔	Seychelles	72.7	91.0		17030
37	39	巴林	Bahrain	73.7	87.9	81	16060
38	35	匈牙利	Hungary	71.5	99.3	82	12340
39	36	斯洛伐克	Slovakia	73.3	100.0	73	11960
40	40	乌拉圭	Uruguay	75.0	97.6	84	8400

15-1 续表 1 continued

国家和地区	Country or Area	预期寿命指数 Life Expectancy Index	教育指数 Education Index	国内生产总值指数 GDP Index	人文发展指数 Human Development Index(HDI)	人文发展指数与人均国内生产总值位次之差① GDP per Capita (PPP$)Rank Minus HDI Rank ①
世　界	**World**	**0.70**	**0.75**	**0.72**	**0.722**	
高收入国家	**High income**	**0.89**	**0.96**	**0.93**	**0.927**	
中等收入国家	**Middle income**	**0.75**	**0.82**	**0.67**	**0.744**	
低收入国家	**Low income**	**0.57**	**0.59**	**0.52**	**0.561**	
挪　威	Norway	0.90	0.99	0.95	0.944	4
冰　岛	Iceland	0.91	0.96	0.95	0.942	2
瑞　典	Sweden	0.91	0.99	0.92	0.941	15
澳大利亚	Australia	0.90	0.99	0.92	0.939	8
荷　兰	Netherlands	0.89	0.99	0.94	0.938	3
比利时	Belgium	0.89	0.99	0.92	0.937	5
美　国	United States	0.86	0.97	0.97	0.937	-5
加拿大	Canada	0.90	0.97	0.94	0.937	1
日　本	Japan	0.94	0.94	0.92	0.932	5
瑞　士	Switzerland	0.90	0.95	0.94	0.932	-3
丹　麦	Denmark	0.86	0.99	0.95	0.930	-5
爱尔兰	Ireland	0.86	0.96	0.96	0.930	-9
英　国	United Kingdom	0.88	0.99	0.92	0.930	6
芬　兰	Finland	0.88	0.99	0.92	0.930	3
卢森堡	Luxembourg	0.88	0.90	1.00	0.930	-14
奥地利	Austria	0.89	0.97	0.93	0.929	-6
法　国	France	0.90	0.96	0.91	0.925	3
德　国	Germany	0.88	0.96	0.92	0.921	-5
西班牙	Spain	0.90	0.97	0.89	0.918	5
新西兰	New Zealand	0.88	0.99	0.88	0.917	8
意大利	Italy	0.89	0.93	0.92	0.916	-5
以色列	Israel	0.90	0.93	0.88	0.905	4
葡萄牙	Portugal	0.85	0.97	0.87	0.896	7
希　腊	Greece	0.89	0.93	0.86	0.892	7
塞浦路斯	Cyprus	0.88	0.90	0.89	0.891	-3
中国香港	Hong Kong, China	0.91	0.83	0.92	0.889	-11
巴巴多斯	Barbados	0.87	0.96	0.84	0.888	9
新加坡	Singapore	0.88	0.87	0.91	0.884	-7
斯洛文尼亚	Slovenia	0.85	0.94	0.86	0.881	3
韩　国	Korea, Rep.	0.84	0.96	0.84	0.879	7
文　莱	Brunei	0.85	0.89	0.88	0.872	-4
捷　克	Czech Republic	0.83	0.91	0.83	0.861	7
马耳他	Malta	0.88	0.87	0.81	0.856	8
阿根廷	Argentina	0.81	0.94	0.79	0.849	11
波　兰	Poland	0.81	0.95	0.76	0.841	17
塞舌尔	Seychelles	0.80	0.87	0.86	0.840	-3
巴　林	Bahrain	0.81	0.86	0.85	0.839	-2
匈牙利	Hungary	0.77	0.93	0.80	0.837	4
斯洛伐克	Slovakia	0.80	0.90	0.80	0.836	5
乌拉圭	Uruguay	0.83	0.93	0.74	0.834	19

15-1 续表 2 continued

人文发展指数排名 HDI Rank 2001	2000	国家和地区	Country or Area	出生时的预期寿命(岁) Life Expectancy at Birth (years)	成人识字率(%) Adult Literacy Rate (% age 15 and above)	初等、中等和高等教育入学率(%) Combined Primary,Secondary and Tertiary Gross Enrolment Ratio (2000/2001)	人均国内生产总值(购买力平价法) GDP per Capita (PPP US$)
41	42	爱沙尼亚	Estonia	71.2	99.8	89	10170
42	43	哥斯达黎加	Costa Rica	77.9	95.7	66	9460
43	38	智利	Chile	75.8	95.9	76	9190
44	51	卡塔尔	Qatar	71.8	81.7	81	19844
45	49	立陶宛	Lithuania	72.3	99.6	85	8470
46	45	科威特	Kuwait	76.3	82.4	54	18700
47	48	克罗地亚	Croatia	74.0	98.4	68	9170
48	46	阿联酋	United Arab Emirates	74.4	76.7	67	20530
49	41	巴哈马	Bahamas	67.2	95.5	74	16270
50	53	拉脱维亚	Latvia	70.5	99.8	86	7730
51	44	圣基茨和尼维斯	Saint Kitts and Nevis	70.0	97.8	70	11300
52	55	古巴	Cuba	76.5	96.8	76	5259
53	56	白俄罗斯	Belarus	69.6	99.7	86	7620
54	50	特立尼达和多巴哥	Trinidad and Tobago	71.5	98.4	67	9100
55	54	墨西哥	Mexico	73.1	91.4	74	8430
56	52	安提瓜和巴布达	Antigua and Barbuda	73.9	86.6	69	10170
57	62	保加利亚	Bulgaria	70.9	98.5	77	6890
58	59	马来西亚	Malaysia	72.8	87.9	72	8750
59	57	巴拿马	Panama	74.4	92.1	75	5750
60	65	马其顿	Macedonia	73.3	94.0	70	6110
61	64	利比亚	Libya	72.4	80.8	89	7570
62	67	毛里求斯	Mauritius	71.6	84.8	69	9860
63	60	俄罗斯联邦	Russian Federation	66.6	99.6	82	7100
64	68	哥伦比亚	Colombia	71.8	91.9	71	7040
65	73	巴西	Brazil	67.8	87.3	95	7360
66		波黑	Bosnia and Herzegovina	73.8	93.0	64	5970
67	58	伯利兹	Belize	71.7	93.4	76	5690
68	61	多米尼克	Dominica	72.9	96.4	65	5520
69	69	委内瑞拉	Venezuela	73.5	92.8	68	5670
70	101	西萨摩亚	Samoa (Western)	69.5	98.7	71	6180
71	66	圣卢西亚	Saint Lucia	72.2	90.2	82	5260
72	63	罗马尼亚	Romania	70.5	98.2	68	5830
73	71	沙特阿拉伯	Saudi Arabia	71.9	77.1	58	13330
74	70	泰国	Thailand	68.9	95.7	72	6400
75	80	乌克兰	Ukraine	69.2	99.6	81	4350
76	79	哈萨克斯坦	Kazakhstan	65.8	99.4	78	6500
77	74	苏里南	Suriname	70.8	94.0	77	4599
78	86	牙买加	Jamaica	75.5	87.3	74	3720
79	78	阿曼	Oman	72.2	73.0	58	12040
80	91	圣文森特和格林纳丁斯	St. Vincent & Grenadines	73.8	88.9	58	5330
81	72	斐济	Fiji	69.3	93.2	76	4850
82	82	秘鲁	Peru	69.4	90.2	83	4570
83	75	黎巴嫩	Lebanon	73.3	86.5	76	4170
84	90	巴拉圭	Paraguay	70.5	93.5	64	5210
85	77	菲律宾	Philippines	69.5	95.1	80	3840

15-1 续表 3 continued

国家和地区	Country or Area	预期寿命指数 Life Expectancy Index	教育指数 Education Index	国内生产总值指数 GDP Index	人文发展指数 Human Development Index(HDI)	人文发展指数与人均国内生产总值位次之差① GDP per Capita (PPP$)Rank Minus HDI Rank ①
爱沙尼亚	Estonia	0.77	0.96	0.77	0.833	7
哥斯达黎加	Costa Rica	0.88	0.86	0.76	0.832	9
智利	Chile	0.85	0.89	0.75	0.831	10
卡塔尔	Qatar	0.78	0.82	0.88	0.826	-19
立陶宛	Lithuania	0.79	0.94	0.74	0.824	12
科威特	Kuwait	0.86	0.73	0.87	0.820	-17
克罗地亚	Croatia	0.82	0.88	0.75	0.818	7
阿联酋	United Arab Emirates	0.82	0.73	0.89	0.816	-25
巴哈马	Bahamas	0.70	0.88	0.85	0.812	-15
拉脱维亚	Latvia	0.76	0.95	0.73	0.811	11
圣基茨和尼维斯	Saint Kitts and Nevis	0.75	0.89	0.79	0.808	-5
古巴	Cuba	0.86	0.90	0.66	0.806	38
白俄罗斯	Belarus	0.74	0.95	0.72	0.804	9
特立尼达和多巴哥	Trinidad and Tobago	0.78	0.88	0.75	0.802	1
墨西哥	Mexico	0.80	0.86	0.74	0.800	3
安提瓜和巴布达	Antigua and Barbuda	0.82	0.81	0.77	0.798	-8
保加利亚	Bulgaria	0.76	0.91	0.71	0.795	12
马来西亚	Malaysia	0.80	0.83	0.75	0.790	-2
巴拿马	Panama	0.82	0.86	0.68	0.788	23
马其顿	Macedonia	0.81	0.86	0.69	0.784	15
利比亚	Libya	0.79	0.84	0.72	0.783	2
毛里求斯	Mauritius	0.78	0.80	0.77	0.779	-12
俄罗斯联邦	Russian Federation	0.69	0.93	0.71	0.779	3
哥伦比亚	Colombia	0.78	0.85	0.71	0.779	3
巴西	Brazil	0.71	0.90	0.72	0.777	-1
波黑	Bosnia and Herzegovina	0.81	0.83	0.68	0.777	13
伯利兹	Belize	0.78	0.88	0.67	0.776	16
多米尼克	Dominica	0.80	0.86	0.67	0.776	18
委内瑞拉	Venezuela	0.81	0.84	0.67	0.775	15
西萨摩亚	Samoa (Western)	0.74	0.89	0.69	0.775	4
圣卢西亚	Saint Lucia	0.79	0.88	0.66	0.775	17
罗马尼亚	Romania	0.76	0.88	0.68	0.773	9
沙特阿拉伯	Saudi Arabia	0.78	0.71	0.82	0.769	-33
泰国	Thailand	0.73	0.88	0.69	0.768	-2
乌克兰	Ukraine	0.74	0.93	0.63	0.766	23
哈萨克斯坦	Kazakhstan	0.68	0.92	0.70	0.765	-5
苏里南	Suriname	0.76	0.88	0.64	0.762	18
牙买加	Jamaica	0.84	0.83	0.60	0.757	27
阿曼	Oman	0.79	0.68	0.80	0.755	-36
圣文森特和格林纳丁斯	St. Vincent & Grenadines	0.81	0.79	0.66	0.755	7
斐济	Fiji	0.74	0.88	0.65	0.754	11
秘鲁	Peru	0.74	0.88	0.64	0.752	14
黎巴嫩	Lebanon	0.80	0.83	0.62	0.752	18
巴拉圭	Paraguay	0.76	0.84	0.66	0.751	7
菲律宾	Philippines	0.74	0.90	0.61	0.751	19

15-1 续表 4 continued

人文发展指数排名 HDI Rank 2001	2000	国家和地区	Country or Area	出生时的预期寿命(岁) Life Expectancy at Birth (years)	成人识字率(%) Adult Literacy Rate (% age 15 and above)	初等、中等和高等教育入学率(%) Combined Primary,Secondary and Tertiary Gross Enrolment Ratio (2000/2001)	人均国内生产总值(购买力平价法) GDP per Capita (PPP US$)
86	84	马尔代夫	Maldives	66.8	97.0	79	4798
87	87	土库曼斯坦	Turkmenistan	66.6	98.0	81	4320
88	81	格鲁吉亚	Georgia	73.4	100.0	69	2560
89	88	阿塞拜疆	Azerbaijan	71.8	97.0	69	3090
90	99	约旦	Jordan	70.6	90.3	77	3870
91	97	突尼斯	Tunisia	72.5	72.1	76	6390
92	103	圭亚那	Guyana	63.3	98.6	84	4690
93	83	格林纳达	Grenada	65.3	94.4	63	6740
94	94	多米尼加	Dominican	66.7	84.0	74	7020
95	92	阿尔巴尼亚	Albania	73.4	85.3	69	3680
96	85	土耳其	Turkey	70.1	85.5	60	5890
97	93	厄瓜多尔	Ecuador	70.5	91.8	72	3280
98		巴勒斯坦	Palestine	72.1	89.2	77	
99	89	斯里兰卡	Sri Lanka	72.3	91.9	63	3180
100	76	亚美尼亚	Armenia	72.1	98.5	60	2650
101	95	乌兹别克斯坦	Uzbekistan	69.3	99.2	76	2460
102	102	吉尔吉斯斯坦	Kyrgyzstan	68.1	97.0	79	2750
103	100	佛得角	Cape Verde	69.7	74.9	80	5570
104	96	中国③	China ③	70.6	85.8	64	4020
105	104	萨尔瓦多	El Salvador	70.4	79.2	64	5260
106	98	伊朗	Iran	69.8	77.1	64	6000
107	106	阿尔及利亚	Algeria	69.2	67.8	71	6090
108	105	摩尔多瓦	Moldova	68.5	99.0	61	2150
109	109	越南	Viet Nam	68.6	92.7	64	2070
110	108	叙利亚	Syrian Arab Republic	71.5	75.3	59	3280
111	107	南非	South Africa	50.9	85.6	78	11290
112	110	印度尼西亚	Indonesia	66.2	87.3	64	2940
113	112	塔吉克斯坦	Tajikistan	68.3	99.3	71	1170
114	114	玻利维亚	Bolivia	63.3	86.0	84	2300
115	116	洪都拉斯	Honduras	68.8	75.6	62	2830
116	111	赤道几内亚	Equatorial Guinea	49.0	84.2	58	15073
117	113	蒙古	Mongolia	63.3	98.5	64	1740
118	117	加蓬	Gabon	56.6	71.0	83	5990
119	120	危地马拉	Guatemala	65.3	69.2	57	4400
120	115	埃及	Egypt	68.3	56.1	76	3520
121	118	尼加拉瓜	Nicaragua	69.1	66.8	65	2450
122	119	圣多美和普林西比	Sao Tome and Principe	69.4	83.1	58	1317
123	121	所罗门群岛	Solomon Islands	68.7	76.6	50	1910
124	122	纳米比亚	Namibia	47.4	82.7	74	7120
125	126	博茨瓦纳	Botswana	44.7	78.1	80	7820
126	123	摩洛哥	Morocco	68.1	49.8	51	3600
127	124	印度	India	63.3	58.0	56	2840
128	131	瓦努阿图	Vanuatu	68.3	34.0	54	3190
129	129	加纳	Ghana	57.7	72.7	46	2250

15-1 续表 5 continued

国家和地区	Country or Area	预期寿命指数 Life Expectancy Index	教育指数 Education Index	国内生产总值指数 GDP Index	人文发展指数 Human Development Index(HDI)	人文发展指数与人均国内生产总值位次之差① GDP per Capita (PPP$)Rank Minus HDI Rank ①
马尔代夫	Maldives	0.70	0.91	0.65	0.751	7
土库曼斯坦	Turkmenistan	0.69	0.92	0.63	0.748	13
格鲁吉亚	Georgia	0.81	0.89	0.54	0.746	33
阿塞拜疆	Azerbaijan	0.78	0.88	0.57	0.744	24
约旦	Jordan	0.76	0.86	0.61	0.743	13
突尼斯	Tunisia	0.79	0.73	0.69	0.740	-18
圭亚那	Guyana	0.64	0.94	0.64	0.740	2
格林纳达	Grenada	0.67	0.84	0.70	0.738	-23
多米尼加	Dominican Republic	0.70	0.81	0.71	0.737	-26
阿尔巴尼亚	Albania	0.81	0.80	0.60	0.735	11
土耳其	Turkey	0.75	0.77	0.68	0.734	-16
厄瓜多尔	Ecuador	0.76	0.85	0.58	0.731	12
巴勒斯坦	Palestine	0.79	0.85	0.56	0.731	19
斯里兰卡	Sri Lanka	0.79	0.82	0.58	0.730	13
亚美尼亚	Armenia	0.78	0.86	0.55	0.729	19
乌兹别克斯坦	Uzbekistan	0.74	0.91	0.53	0.729	21
吉尔吉斯斯坦	Kyrgyzstan	0.72	0.91	0.55	0.727	16
佛得角	Cape Verde	0.75	0.77	0.67	0.727	-18
中国③	China ③	0.76	0.79	0.62	0.721	-2
萨尔瓦多	El Salvador	0.76	0.74	0.66	0.719	-17
伊朗	Iran	0.75	0.73	0.68	0.719	-29
阿尔及利亚	Algeria	0.74	0.69	0.69	0.704	-31
摩尔多瓦	Moldova	0.72	0.86	0.51	0.700	21
越南	Viet Nam	0.73	0.83	0.51	0.688	21
叙利亚	Syrian Arab Republic	0.77	0.70	0.58	0.685	-1
南非	South Africa	0.43	0.83	0.79	0.684	-64
印度尼西亚	Indonesia	0.69	0.80	0.56	0.682	2
塔吉克斯坦	Tajikistan	0.72	0.90	0.41	0.677	41
玻利维亚	Bolivia	0.64	0.85	0.52	0.672	12
洪都拉斯	Honduras	0.73	0.71	0.56	0.667	1
赤道几内亚	Equatorial Guinea	0.40	0.76	0.84	0.664	-78
蒙古	Mongolia	0.64	0.87	0.48	0.661	25
加蓬	Gabon	0.53	0.75	0.68	0.653	-40
危地马拉	Guatemala	0.67	0.65	0.63	0.652	-22
埃及	Egypt	0.72	0.63	0.59	0.648	-12
尼加拉瓜	Nicaragua	0.73	0.66	0.53	0.643	2
圣多美和普林西比	Sao Tome and Principe	0.74	0.75	0.43	0.639	28
所罗门群岛	Solomon Islands	0.73	0.68	0.49	0.632	13
纳米比亚	Namibia	0.37	0.80	0.71	0.627	-59
博茨瓦纳	Botswana	0.33	0.79	0.73	0.614	-65
摩洛哥	Morocco	0.72	0.50	0.60	0.606	-19
印度	India	0.64	0.57	0.56	0.590	-12
瓦努阿图	Vanuatu	0.72	0.41	0.58	0.568	-17
加纳	Ghana	0.54	0.64	0.52	0.567	-1

15-1 续表6 continued

人文发展指数排名 HDI Rank 2001	2000	国家和地区 Country or Area	出生时的预期寿命(岁) Life Expectancy at Birth (years)	成人识字率(%) Adult Literacy Rate (% age 15 and above)	初等、中等和高等教育入学率(%) Combined Primary,Secondary and Tertiary Gross Enrolment Ratio (2000/2001)	人均国内生产总值(购买力平价法) GDP per Capita (PPP US$)
130	130	柬埔寨 Cambodia	57.4	68.7	55	1860
131	127	缅甸 Myanmar	57.0	85.0	47	1027
132	133	巴布亚新几内亚 Papua New Guinea	57.0	64.6	41	2570
133	125	斯威士兰 Swaziland	38.2	80.3	77	4330
134	137	科摩罗 Comoros	60.2	56.0	40	1870
135	143	老挝 Laos	53.9	65.6	57	1620
136	140	不丹 Bhutan	62.5	47.0	33	1833
137	132	莱索托 Lesotho	38.6	83.9	63	2420
138	139	苏丹 Sudan	55.4	58.8	34	1970
139	145	孟加拉国 Bangladesh	60.5	40.6	54	1610
140	136	刚果 Congo	48.5	81.8	57	970
141	141	多哥 Togo	50.3	58.4	67	1650
142	135	喀麦隆 Cameroon	48.0	72.4	48	1680
143	142	尼泊尔 Nepal	59.1	42.9	64	1310
144	138	巴基斯坦 Pakistan	60.4	44.0	36	1890
145	128	津巴布韦 Zimbabwe	35.4	89.3	59	2280
146	134	肯尼亚 Kenya	46.4	83.3	52	980
147	150	乌干达 Uganda	44.7	68.0	71	1490
148	144	也门 Yemen	59.4	47.7	52	790
149	147	马达加斯加 Madagascar	53.0	67.3	41	830
150	146	海地 Haiti	49.1	50.8	52	1860
151	160	冈比亚 Gambia	53.7	37.8	47	2050
152	148	尼日利亚 Nigeria	51.8	65.4	45	850
153	149	吉布提 Djibouti	46.1	65.5	21	2370
154	152	毛里塔尼亚 Mauritania	51.9	40.7	43	1990
155	157	厄立特里亚 Eritrea	52.5	56.7	33	1030
156	154	塞内加尔 Senegal	52.3	38.3	38	1500
157	159	几内亚 Guinea	48.5	41.0	34	1960
158	162	卢旺达 Rwanda	38.2	68.0	52	1250
159	158	贝宁 Benin	50.9	38.6	49	980
160	151	坦桑尼亚 Tanzania	44.0	76.0	31	520
161	156	科特迪瓦 Cote d'Ivoire	41.7	49.7	39	1490
162	163	马拉维 Malawi	38.5	61.0	72	570
163	153	赞比亚 Zambia	33.4	79.0	45	780
164	161	安哥拉 Angola	40.2	42.0	29	2040
165	166	乍得 Chad	44.6	44.2	33	1070
166	167	几内亚比绍 Guinea-Bissau	45.0	39.6	43	970
167	155	刚果(金) Congo	40.6	62.7	27	680
168	165	中非 Central African Republic	40.4	48.2	24	1300
169	168	埃塞俄比亚 Ethiopia	45.7	40.3	34	810
170	170	莫桑比克 Mozambique	39.2	45.2	37	1140
171	171	布隆迪 Burundi	40.4	49.2	31	690
172	164	马里 Mali	48.4	26.4	29	810
173	169	布基纳法索 Burkina Faso	45.8	24.8	22	1120
174	172	尼日尔 Niger	45.6	16.5	17	890
175	173	塞拉利昂 Sierra Leone	34.5	36.0	51	470

15-1 续表 7 continued

国家和地区	Country or Area	预期寿命指数 Life Expectancy Index	教育指数 Education Index	国内生产总值指数 GDP Index	人文发展指数 Human Development Index(HDI)	人文发展指数与人均国内生产总值位次之差① GDP per Capita (PPP$)Rank Minus HDI Rank ①
柬埔寨	Cambodia	0.54	0.64	0.49	0.556	9
缅甸	Myanmar	0.53	0.72	0.39	0.549	28
巴布亚新几内亚	Papua New Guinea	0.53	0.57	0.54	0.548	-12
斯威士兰	Swaziland	0.22	0.79	0.63	0.547	-34
科摩罗	Comoros	0.59	0.51	0.49	0.528	4
老挝	Laos	0.48	0.63	0.46	0.525	10
不丹	Bhutan	0.62	0.42	0.49	0.511	5
莱索托	Lesotho	0.23	0.77	0.53	0.510	-13
苏丹	Sudan	0.51	0.51	0.50	0.503	-4
孟加拉国	Bangladesh	0.59	0.45	0.46	0.502	7
刚果	Congo	0.39	0.73	0.38	0.502	22
多哥	Togo	0.42	0.61	0.47	0.501	3
喀麦隆	Cameroon	0.38	0.64	0.47	0.499	1
尼泊尔	Nepal	0.57	0.50	0.43	0.499	8
巴基斯坦	Pakistan	0.59	0.41	0.49	0.499	-7
津巴布韦	Zimbabwe	0.17	0.79	0.52	0.496	-18
肯尼亚	Kenya	0.36	0.73	0.38	0.489	14
乌干达	Uganda	0.33	0.69	0.45	0.489	1
也门	Yemen	0.57	0.49	0.34	0.470	21
马达加斯加	Madagascar	0.47	0.58	0.35	0.468	17
海地	Haiti	0.40	0.51	0.49	0.467	-11
冈比亚	Gambia	0.48	0.41	0.50	0.463	-20
尼日利亚	Nigeria	0.45	0.59	0.36	0.463	13
吉布提	Djibouti	0.35	0.51	0.53	0.462	-28
毛里塔尼亚	Mauritania	0.45	0.41	0.50	0.454	-21
厄立特里亚	Eritrea	0.46	0.49	0.39	0.446	3
塞内加尔	Senegal	0.46	0.38	0.45	0.430	-9
几内亚	Guinea	0.39	0.39	0.50	0.425	-22
卢旺达	Rwanda	0.22	0.63	0.42	0.422	-5
贝宁	Benin	0.43	0.42	0.38	0.411	1
坦桑尼亚	Tanzania	0.32	0.61	0.28	0.400	14
科特迪瓦	Cote d'Ivoire	0.28	0.46	0.45	0.396	-13
马拉维	Malawi	0.22	0.65	0.29	0.387	11
赞比亚	Zambia	0.14	0.68	0.34	0.386	7
安哥拉	Angola	0.25	0.38	0.50	0.377	-32
乍得	Chad	0.33	0.41	0.40	0.376	-8
几内亚比绍	Guinea-Bissau	0.33	0.41	0.38	0.373	-4
刚果(金)	Congo	0.26	0.51	0.32	0.363	5
中非	Central African Republic	0.26	0.40	0.43	0.363	-16
埃塞俄比亚	Ethiopia	0.34	0.38	0.35	0.359	-2
莫桑比克	Mozambique	0.24	0.43	0.41	0.356	-15
布隆迪	Burundi	0.26	0.43	0.32	0.337	0
马里	Mali	0.39	0.27	0.35	0.337	-5
布基纳法索	Burkina Faso	0.35	0.24	0.40	0.330	-17
尼日尔	Niger	0.34	0.17	0.36	0.292	-10
塞拉利昂	Sierra Leone	0.16	0.41	0.26	0.275	0

注:①正值表示人文发展指数排序比人均国内生产总值(购买力平价方法计算，单位:国际元）排名位次靠前，负值则表示相反。②为计算人文发展指数，此指标值采用99%。③中国为联合国开发计划署统计数字。

Note: ① Positive figure indicates that the HDI rank is higher than the GDP per capita(PPP US$)rank,a negative the opposite. ② For purpose of Calculating the HDI,a value of 99% was applied. ③ The data of China are from UNDP.

15-2 15岁及以上成人文盲率

Adult Illiteracy Rate(As % of People Ages 15 and Above)

资料来源：世界银行数据库。
Source:World Bank Database.
单位：%　　(%)

国家和地区	Country or Area	总计 Total		男性 Male		女性 Female	
		1990	2001	1990	2001	1990	2001
中　　国	China	22.2	9.1 ①	13.0	4.9 ①	32.0	13.5 ①
中国香港	Hong Kong, China	10.3	6.5	4.4	3.1	16.6	10.4
中国澳门	Macao, China	9.5	5.9	5.4	3.1	13.2	8.6
孟加拉国	Bangladesh	65.8	59.4	55.7	50.1	76.3	69.2
印　　度	India	50.7	42.0	38.1	31.0	64.1	53.6
印度尼西亚	Indonesia	20.5	12.7	13.3	7.9	27.5	17.4
伊　　朗	Iran	36.8	22.9	27.8	16.2	46.0	29.8
以色列	Israel	8.6	4.9	5.1	2.9	12.0	6.9
哈萨克斯坦	Kazakhstan	1.2	0.6	0.5	0.3	1.8	0.8
韩　　国	Korea, Rep.	4.1	2.1	1.6	0.8	6.6	3.4
马来西亚	Malaysia	19.3	12.1	13.1	8.3	25.6	16.0
蒙　　古	Mongolia	2.2	1.5	1.5	1.4	2.9	1.7
缅　　甸	Myanmar	19.3	15.0	12.6	10.9	25.8	19.0
巴基斯坦	Pakistan	64.6	56.0	50.7	41.8	79.9	71.2
菲律宾	Philippines	8.3	4.9	7.8	4.7	8.8	5.0
新加坡	Singapore	11.2	7.5	5.6	3.6	16.8	11.3
斯里兰卡	Sri Lanka	11.3	8.1	7.1	5.5	15.3	10.7
泰　　国	Thailand	7.6	4.3	4.7	2.7	10.5	5.9
土耳其	Turkey	22.1	14.5	10.8	6.3	33.6	22.8
越　　南	Viet Nam	9.6	7.3	12.9	9.1	12.9	9.1
埃　　及	Egypt	52.9	43.9	39.6	32.8	66.4	55.2
尼日利亚	Nigeria	51.3	34.6	40.6	26.7	61.6	42.3
南　　非	South Africa	18.8	14.4	17.8	13.7	19.8	15.0
墨西哥	Mexico	12.7	8.6	9.4	6.5	15.7	10.5
阿根廷	Argentina	4.3	3.1	4.1	3.1	4.4	3.1
巴　　西	Brazil	18.0	12.7	17.1	12.6	18.8	12.8
委内瑞拉	Venezuela	11.1	7.2	9.9	6.7	12.3	7.6
白俄罗斯	Belarus	0.5	0.3	0.3	0.2	0.7	0.4
保加利亚	Bulgaria	2.8	1.5	1.7	1.0	3.8	2.0
意大利	Italy	2.3	1.5	1.7	1.1	2.9	1.9
波　　兰	Poland	0.4	0.3	0.4	0.2	0.5	0.3
罗马尼亚	Romania	2.9	1.8	1.4	0.9	4.4	2.6
俄罗斯联邦	Russian Federation	0.8	0.4	0.4	0.3	1.1	0.6
西班牙	Spain	3.7	2.3	2.2	1.4	5.2	3.1
乌克兰	Ukraine	0.6	0.4	0.3	0.2	0.8	0.5

注：①2000年数字。
Note: ① Refer to 2000.

15-3 大中小学生入学率
Tertiary,Secondary and Primary School Enrollment Ratio

资料来源：世界银行数据库。
Source:World Bank Database.
单位：% (%)

国家和地区	Country or Area	大学生粗入学率 Tertiary,Gross		中学生净入学率 Secondary,Net		小学生净入学率 Primary,Net	
		1990	2000	1990	2000	1990	2000
中　　国	China	3.0 ①	7.5 ①②			97.8	99.1
中国香港	Hong Kong, China	19.1	27.4 ③		69.0 ④		89.5 ④
中国澳门	Macao, China	25.4	52.1	53.0 ⑤	69.4	81.2 ⑤	84.8
孟加拉国	Bangladesh	4.2	6.6	18.0	42.7	64.0	88.9
印　　度	India	6.1	10.5 ②				
印度尼西亚	Indonesia	9.2	14.6	37.9	47.5 ②	97.5	92.2
伊　　朗	Iran	10.0	9.9		71.2 ⑥	99.2 ⑤	73.6
以色列	Israel	33.5	52.7		88.4		100.7
日　　本	Japan	29.6	47.7	96.8	101.2	99.7	100.8
哈萨克斯坦	Kazakhstan	40.1	30.9		82.8		88.7
韩　　国	Korea, Rep.	38.6	77.6	85.8	90.9	100.0	99.5
马来西亚	Malaysia	7.3	28.2		70.2		98.5
蒙　　古	Mongolia	14.0	33.3	55.9 ⑦	58.4	75.3 ⑦	88.8
缅　　甸	Myanmar	4.1	11.5		36.5		83.2
巴基斯坦	Pakistan	2.9	3.5 ③				66.2
菲律宾	Philippines	28.2	31.2	56.6 ⑤	52.6	97.5 ⑤	92.7
新加坡	Singapore	18.6	43.8 ③				93.3 ④
斯里兰卡	Sri Lanka	4.6	5.3 ③				97.0 ⑧
泰　　国	Thailand	16.7	35.3				85.4
土耳其	Turkey	13.1	15.0 ②	41.4	51.3 ⑥	89.4	99.3 ⑥
越　　南	Viet Nam	1.9	9.7		62.5		95.4
埃　　及	Egypt	15.8	39.0 ⑧	65.2 ⑨	78.6	88.3 ⑨	92.6
尼日利亚	Nigeria	4.2	4.0 ③				
南　　非	South Africa	13.2	15.2	50.5 ⑤	57.2	102.6 ⑤	88.9
加拿大	Canada	94.7	60.0 ②	88.7	97.9 ②	96.9	98.6 ②
墨西哥	Mexico	14.5	20.7	44.8	59.7	100.3	103.4
美　　国	United States	75.2	72.6	85.8	88.1	96.0	94.9
阿根廷	Argentina	38.8	48.0 ②		79.1		107.5
巴　　西	Brazil	11.2	16.5	15.5	71.3	86.4	97.0
委内瑞拉	Venezuela	29.0	28.5	18.6	50.4	88.1	88.0
白俄罗斯	Belarus	47.6	56.0		75.9		108.1
保加利亚	Bulgaria	31.1	40.8	63.3	87.6	86.1	94.3
捷　　克	Czech Republic	16.0	29.8	86.1 ⑨	87.1 ④	91.2 ⑨	90.3
法　　国	France	39.6	53.6	85.8 ⑤	92.4	100.9	99.8
德　　国	Germany	33.9	46.3 ⑧	89.0 ⑩	87.7 ②	83.7 ⑩	86.5 ②
意大利	Italy	32.1	49.9		90.5		100.0
荷　　兰	Netherlands	39.8	55.0	83.6	89.9	95.3	100.1
波　　兰	Poland	21.7	55.5	75.8	90.9	96.6	97.7
罗马尼亚	Romania	9.7	27.3	72.8 ⑨	79.6	76.9 ⑩	92.8
俄罗斯联邦	Russian Federation	52.1	64.1			95.4 ⑨	
西班牙	Spain	36.7	59.4		93.7	100.0	102.3
乌克兰	Ukraine	46.6	43.3 ⑧				71.7 ⑧
英　　国	United Kingdom	30.2	59.5	79.1	93.7	97.0	98.9
南斯拉夫	Yugoslavia	18.2	24.2 ③	62.2		69.4	
澳大利亚	Australia	35.5	63.3	78.6	89.7	99.2	95.7
新西兰	New Zealand	39.7	69.2	85.0	91.6	101.3	99.3

注：①中国数据来源于世界银行。②1999年数据。③1997年数据。④1995年数据。⑤1991年数据。⑥1996年数据。⑦1994年数据。⑧1998年数据。⑨1993年数据。⑩1992年数据。

Note: ① The data for China are from World Bank. ② The data refer to 1999. ③ The data refer to 1997. ④ The data refer to 1995. ⑤ The data refer to 1991. ⑥ The data refer to 1996. ⑦ The data refer to 1994. ⑧ The data refer to 1998. ⑨ The data refer to 1993. ⑩ The data refer to 1992.

15-4 研究与发展经费支出和公共教育经费支出占国内生产总值比重
Research and Development Expenditure and Public Spending on Education as Percentage of GDP

资料来源：世界银行数据库。
Source: World Bank Database.

国家和地区	Country or Area	研究与发展经费支出占国内生产总值比重(%) Research and Development Expenditure (% of GDP)			公共教育经费支出占国内生产总值比重(%) Public Spending on Education (% of GDP)		
		1990	1995	2000	1990	1995	2000
中国	China		0.6	1.0	2.3 ①	2.5 ①	2.9 ①
中国香港	Hong Kong, China			0.4 ③	2.8	2.9	
中国澳门	Macao, China				1.7		3.6
孟加拉国	Bangladesh				1.5		2.5
印度	India	0.7	0.6		3.7	3.1	4.1 ④
印度尼西亚	Indonesia		0.1 ②		1.0	1.3	
伊朗	Iran		0.5 ②		4.1	4.1	4.4
以色列	Israel	2.2	2.2	3.6 ④	6.3		7.3
日本	Japan	2.9 ⑤	2.9	3.0			3.5
哈萨克斯坦	Kazakhstan		0.3 ⑥		3.2	4.5	
韩国	Korea, Rep.	1.9	2.5	2.7	3.4	3.4	3.8
马来西亚	Malaysia	0.4 ⑦	0.3 ②	0.4 ③	5.1	4.4	6.2
蒙古	Mongolia				12.3	6.3	2.3
巴基斯坦	Pakistan				2.6	2.8	1.8
菲律宾	Philippines	0.2 ⑦			2.9	3.0	
新加坡	Singapore		1.1	1.9	3.1	3.1	3.7
斯里兰卡	Sri Lanka		0.2 ⑥		2.7	3.0	
泰国	Thailand		0.1		3.6	4.1	5.4
土耳其	Turkey	0.3	0.4	0.6 ④	2.2	2.3	3.5
越南	Viet Nam				2.0	2.9	
埃及	Egypt		0.2 ⑥	0.2	3.9	4.7	
尼日利亚	Nigeria				0.9	0.7	
南非	South Africa	0.9 ⑤	0.6 ⑧		5.9	5.9	5.5
加拿大	Canada	1.5	1.7	1.8	6.5		5.5 ④
墨西哥	Mexico		0.3	0.4 ④	3.6		4.4 ④
美国	United States	2.7 ⑦	2.5	2.7	5.1		4.8
阿根廷	Argentina		0.4	0.4	10.0	3.6	4.0
巴西	Brazil		0.9	0.8		5.0	4.7
委内瑞拉	Venezuela	0.5	0.3 ⑥	0.3	3.0		
白俄罗斯	Belarus	9.1 ⑦	1.1		4.8	5.5	6.0 ④
保加利亚	Bulgaria	2.6	0.6		5.2	3.8	
捷克	Czech Republic	1.7 ⑦	1.0	1.4		5.2	4.4
法国	France	2.4	2.3	2.2	5.3	6.0	5.8
德国	Germany		2.3	2.5		4.7	4.6 ④
意大利	Italy	1.3	1.1	1.0 ④	3.1	4.6	4.5 ④
荷兰	Netherlands	1.9 ⑦	2.0	2.0 ④	5.7	5.0	4.8 ④
波兰	Poland		0.7	0.7		4.9	5.0 ④
罗马尼亚	Romania	0.8 ⑤	0.7 ⑥	0.4	2.8		3.5 ④
俄罗斯联邦	Russian Federation		0.8	1.0	3.0	3.6	4.4 ④
西班牙	Spain	0.8	0.8	0.9	4.2	4.7	4.5 ④
乌克兰	Ukraine		1.2	0.9	5.2	7.2	
英国	United Kingdom	2.2	2.0	1.9 ④	4.8	5.2	4.5 ④
澳大利亚	Australia	1.3	1.6 ②	1.5 ③	4.9	5.2	4.7
新西兰	New Zealand	1.1 ⑦	1.0		6.1	7.0	6.1

注：①数据来源于世界银行。②1994年数字。③1998年数字。④1999年数字。⑤1991年数字。⑥1996年数字。⑦1992年数字。⑧1993年数字。

Note: ① The data from World Bank. ② Refer to 1994. ③ Refer to 1998. ④ Refer to 1999. ⑤ Refer to 1991. ⑥ Refer to 1996. ⑦ Refer to 1992. ⑧ Refer to 1993.

15-5 每百万人从事研究与发展的科学家和工程师人数及技术人员数
Scientists, Engineers and Technicians in R&D (Per Million People)

资料来源：世界银行数据库。
Source: World Bank Database.
单位：人 (number)

国家和地区	Country or Area	年份	每百万人从事研究与发展的科学家和工程师人数 Scientists and Engineers in R&D (per million people)	年份	每百万人从事研究与发展的技术人员数 Technicians in R&D (per million people)
中国①	China ①	2000	545	1996	187
中国香港	Hong Kong, China	1995	93	1995	100
中国澳门	Macao, China	2000	41	2000	23
孟加拉国	Bangladesh	1995	51	1995	32
印度	India	1996	157	1996	115
伊朗	Iran	1994	590	1994	174
以色列	Israel	1997	1563	1997	516
日本	Japan	2000	5095	1999	667
哈萨克斯坦	Kazakhstan	1997	716	1997	293
韩国	Korea, Rep.	2000	2319	1999	564
马来西亚	Malaysia	1998	160	1998	45
蒙古	Mongolia	2000	531	2000	116
巴基斯坦	Pakistan	1997	69	1997	12
菲律宾	Philippines	1992	156	1992	22
新加坡	Singapore	2000	4140	1996	335
斯里兰卡	Sri Lanka	1996	191	1996	46
泰国	Thailand	1997	74	1997	74
土耳其	Turkey	1999	306	1997	38
越南	Viet Nam	1995	274		
埃及	Egypt	1991	493	1991	366
南非	South Africa	1993	992	1993	303
加拿大	Canada	1998	2985	1998	1038
墨西哥	Mexico	1999	225	1999	183
美国	United States	1997	4099		
阿根廷	Argentina	2000	713	2000	158
巴西	Brazil	2000	323	2000	129
委内瑞拉	Venezuela	2000	194	1992	32
白俄罗斯	Belarus	1997	1893	1997	273
保加利亚	Bulgaria	1999	1316	1999	476
捷克	Czech Republic	2000	1349	1998	682
法国	France	1999	2718	1994	2878
德国	Germany	2000	3161	1999	1345
意大利	Italy	1999	1128	1997	808
荷兰	Netherlands	1999	2572	1997	1464
波兰	Poland	2000	1429	1997	463
罗马尼亚	Romania	2000	913	1994	584
俄罗斯联邦	Russian Federation	2000	3481	1999	551
西班牙	Spain	2000	1921	1999	1019
乌克兰	Ukraine	2000	2118	2000	594
英国	United Kingdom	1998	2666	1993	1014
南斯拉夫	Yugoslavia	1999	2389	1995	515
澳大利亚	Australia	1998	3353	1994	792
新西兰	New Zealand	1997	2197	1997	732

注：①数据来源于世界银行。
Note: ① The data from World Bank.

15-6 高技术产品出口额占制成品出口额比重

High-technology Exports as Percentage of Manufactured Exports

资料来源：世界银行数据库。
Source: World Bank Database.
单位：%　　(%)

国家和地区	Country or Area	1990	1999	2000	2001
世界	**World**	**15.7**	**22.3**	**23.8**	**23.3**
高收入国家	**High income**	**17.6**	**23.8**	**25.5**	**24.1**
中等收入国家	**Middle income**	**5.3**	**17.8**	**18.3**	**21.8**
低收入国家	**Low income**		**7.2**		
中国①	China ①		16.7	18.4	20.4
中国香港	HongKong, China		20.5	22.8	19.5
中国澳门	Macao, China	1.6	0.9	0.90	0.9
孟加拉国	Bangladesh	0.5			
印度	India	3.9	5.7		
印度尼西亚	Indonesia	1.4	9.8	15.5	13.4
伊朗	Iran		0.5	1.7	
以色列	Israel	10.5	19.0	24.9	
日本	Japan	23.8	26.1	28.1	26.0
哈萨克斯坦	Kazakhstan		3.9	4.30	
韩国	Korea, Rep.	17.8	31.3	34.2	29.1
马来西亚	Malaysia	36.1	57.5	58.2	56.9
巴基斯坦	Pakistan	0.1	0.3	0.4	0.3
菲律宾	Philippines		73.6	71.3	70.2
新加坡	Singapore	38.9	59.4	61.5	59.7
斯里兰卡	Sri Lanka	0.6	3.2		
泰国	Thailand	20.5	32.0	32.9	31.1
土耳其	Turkey	1.2	4.2	4.8	
埃及	Egypt		0.2		0.8
尼日利亚	Nigeria		13.3	0.6	
南非	South Africa		5.4	6.0	5.0
加拿大	Canada	12.1	13.8	17.2	15.3
墨西哥	Mexico	7.4	20.3	22.0	21.7
美国	United States	32.3	33.9	33.2	32.1
阿根廷	Argentina		7.6	8.5	8.6
巴西	Brazil	6.1	12.0	17.1	17.9
委内瑞拉	Venezuela	2.0	1.9	1.9	2.2
白俄罗斯	Belarus		3.5	3.7	7.8
保加利亚	Bulgaria		2.4	2.10	
捷克	Czech Republic		8.8	8.6	10.1
法国	France	15.9	22.7	23.9	22.8
德国	Germany	11.6	16.0	17.6	
意大利	Italy	7.8	8.2	9.3	9.5
荷兰	Netherlands	15.9	32.0	34.4	31.5
波兰	Poland		2.5	3.2	3.0
罗马尼亚	Romania	3.0	3.3	5.4	5.7
俄罗斯联邦	Russian Federation		8.8	8.3	
西班牙	Spain	6.6	7.7	7.8	
英国	United Kingdom	23.1	29.3	31.0	31.4
南斯拉夫	Yugoslavia	3.5			
澳大利亚	Australia	4.9	7.3	9.9	10.0
新西兰	New Zealand	3.1	12.1	7.8	8.4

注：①数据来源于世界银行。
Note: ① The data from World Bank.

15-7 专利权申请文件数量

Patent Applications

资料来源：世界银行数据库。
Source: World Bank Database.

单位：件 (number)

国家和地区	Country or Area	居民 Residents			非居民 Non-residents		
		1998	1999	2000	1998	1999	2000
世界总计	**World**	**785229**	**810407**	**908117**	**5034563**	**6177803**	**8538033**
高收入国家	**High Income**	**730536**	**769314**	**839048**	**2908268**	**3292156**	**4071596**
中等收入国家	**Middle Income**	**45493**	**34066**	**61798**	**1054792**	**1542690**	**2373997**
低收入国家	**Low Income**	**9200**	**7027**	**7271**	**1071503**	**1342957**	**2092440**
中国①	China ①	14004	146	25592	68285	52202	96714
中国香港	Hong Kong, China	128	42	51	14539	5998	8244
孟加拉国	Bangladesh	32			184		
印度	India	2111	14	90	7997	38348	60852
印度尼西亚	Indonesia				32910	42503	60363
伊朗	Iran	337	366		159	177	
以色列	Israel	2529	2728	2460	39742	46686	65398
日本	Japan	360338	361094	388879	77037	81151	97325
哈萨克斯坦	Kazakhstan	1245	1358	1400	34093	40470	58187
韩国	Korea, Rep.	50714	56214	73378	71036	76913	98806
蒙古	Mongolia	148			35006	41240	58983
菲律宾	Philippines	163	144	154	3280	3217	3482
新加坡	Singapore	311	374		44637	51121	62471
斯里兰卡	Sri Lanka				34974	41263	58929
泰国	Thailand	477		1117	4594		4548
土耳其	Turkey	231	325	333	37155	43508	67289
越南	Viet Nam		37	35	35748	42175	59741
埃及	Egypt	494	536	534	1139	1146	1081
南非	South Africa		116	190	8	26354	57976
加拿大	Canada	4841	5197	5518	60841	64580	80408
墨西哥	Mexico	472	468	451	44249	49532	66465
美国	United States	141342	156393	175582	121445	138313	156191
阿根廷	Argentina	861	899		5459	5558	6634
巴西	Brazil	2535	1957	41	48331	50338	64645
委内瑞拉	Venezuela			56			2292
白俄罗斯	Belarus	919	1002	1003	34350	40790	58427
保加利亚	Bulgaria	281	302	255	36294	42650	60225
捷克	Czech Republic	641	618	598	38555	44691	62047
法国	France	20298	20998	21471	109717	117457	138707
德国	Germany	67790	74232	78754	134981	146529	183796
意大利	Italy	3167	9613	3667	109341	118647	138248
荷兰	Netherlands	5751	6395	7528	109325	117118	136813
波兰	Poland	2410	2286	2419	38942	45194	62454
罗马尼亚	Romania	1308	1069	1019	36518	90235	112360
俄罗斯联邦	Russian Federation	16630	20131	23658	41902	47745	65771
西班牙	Spain	3119	3394	3813	144770	159696	198626
乌克兰	Ukraine	5327	5415	5645	36623	42858	60272
英国	United Kingdom	28889	31326	33658	147298	161549	199565
南斯拉夫	Yugoslavia	526	340	396	34015	41744	59273
澳大利亚	Australia	9097	9537	10367	48609	53818	70354
新西兰	New Zealand	1353	1650	2266	38381	45990	65672

注：①数据来源于世界银行。
Note: ① The data from World Bank.

15-8 享有卫生设施人口占总人口比重

Percentage of Population with Access to Improved Sanitation Facilities

资料来源：世界银行数据库。
Source: World Bank Database.

单位：% (%)

国家和地区	Country or Area	占总人口的比重 (% of Total)		占城市人口的比重 (% of Urban Population)		占农村人口的比重 (% of Rural Population)	
		1990	2000	1990	2000	1990	2000
世界总计	**World**	**45**	**55**	**75**	**81**	**27**	**37**
中国①	China ①	29	38	57	68	18	24
孟加拉国	Bangladesh	41	48	81	71	31	41
印度	India	16	28	44	61	6	15
印度尼西亚	Indonesia	47	55	66	69	38	46
伊朗	Iran		83		86		79
哈萨克斯坦	Kazakhstan		99		100		98
韩国	Korea, Rep.		63		76		4
马来西亚	Malaysia						98
蒙古	Mongolia		30		46		2
缅甸	Myanmar		64		84		57
巴基斯坦	Pakistan	36	62	77	95	17	43
菲律宾	Philippines	74	83	85	93	63	69
新加坡	Singapore	100	100		100		
斯里兰卡	Sri Lanka	85	94	94	97	82	93
泰国	Thailand	79	96	95	96	75	96
土耳其	Turkey	87	90	97	97	70	70
越南	Viet Nam	29	47	52	82	23	38
埃及	Egypt			96	100	79	96
尼日利亚	Nigeria	53	54	69	66	44	45
南非	South Africa	86	87	93	93	80	80
加拿大	Canada	100	100	100	100	99	99
墨西哥	Mexico	70	74	87	88	26	34
美国	United States	100	100	100	100	100	100
阿根廷	Argentina	82		87		47	
巴西	Brazil	71	76	82	84	38	43
委内瑞拉	Venezuela		68		71		48
保加利亚	Bulgaria		100		100		100
捷克	Czech Republic	87	98.00				
荷兰	Netherlands	100	100	100	100	100	100
罗马尼亚	Romania		53		86		10
乌克兰	Ukraine		99.00		100		98
英国	United Kingdom	100	100	100	100	100	100
南斯拉夫	Yugoslavia		100		100		99
澳大利亚	Australia	100	100	100	100	100	100

注：①数据来源于世界银行。
Note: ① The data from World Bank.

15-9 医疗支出占国内生产总值比重及人均医疗支出

Health Expenditure as Percentage of GDP and Health Expenditure per Capita

资料来源：世界银行数据库。
Source: World Bank Database.

国家和地区	Country or Area	医疗支出占国内生产总值的比重(%) Health Expenditure (% of GDP)			人均医疗支出(现价美元) Health Expenditure per Capita (current US$)		
		1990	1999	2000	1990	1999	2000
世界总计	**World**	**8.1**	**9.2**	**9.3**	**359**	**472**	**482**
高收入国家	**High Income**	**8.7**	**10.1**	**10.2**	**1742**	**2682**	**2736**
中等收入国家	**Middle Income**	**5.1**	**5.9**	**5.9**	**64**	**108**	**116**
低收入国家	**Low Income**	**3.6**	**4.4**	**4.3**	**19**	**21**	**21**
中国①	China ①	3.5	5.1	5.3	12	40	45
中国香港	Hong Kong, China	3.7			481		
孟加拉国	Bangladesh	2.8	4.0	3.8	7	13	14
印度	India	4.2	5.1	4.9	17	23	23
印度尼西亚	Indonesia	1.6	2.6	2.7	10	17	19
伊朗	Iran	4.2	5.4	5.5	410	211	258
以色列	Israel	7.6	10.9	10.9	859	1888	2021
日本	Japan	5.9	7.4	7.8	1460	2631	2908
哈萨克斯坦	Kazakhstan		4.2	3.7		46	44
韩国	Korea, Rep.	4.8	5.6	6.0	281	486	584
马来西亚	Malaysia	2.5	2.5	2.5	59	90	101
蒙古	Mongolia	7.2	6.1	6.6		21	23
缅甸	Myanmar	2.6	2.0	2.2	15	140	153
巴基斯坦	Pakistan	4.4	4.1	4.1	16	18	18
菲律宾	Philippines	2.9	3.6	3.4	21	37	33
新加坡	Singapore	3.3	4.0	3.5	394	840	814
斯里兰卡	Sri Lanka	3.3	3.6	3.6	16	30	31
泰国	Thailand	5.5	3.7	3.7	84	73	71
土耳其	Turkey	3.6	4.9	5.0	98	138	150
越南	Viet Nam	2.9	5.5	5.2	3	21	21
埃及	Egypt	4.3	3.9	3.8	51	52	51
尼日利亚	Nigeria	2.7	2.4	2.2	9	7	8
南非	South Africa		8.8	8.8		269	255
加拿大	Canada	9.0	9.2	9.1	1863	1939	2058
墨西哥	Mexico	4.4	5.4	5.4	138	267	311
美国	United States	11.9	13.0	13.0	2738	4252	4499
阿根廷	Argentina	10.5	8.5	8.6	458	656	658
巴西	Brazil	6.6	7.9	8.3	206	248	267
委内瑞拉	Venezuela	3.5	4.6	4.7	88	201	233
白俄罗斯	Belarus		5.7	5.7		68	57
保加利亚	Bulgaria	4.1	4.1	3.9	97	63	59
捷克	Czech Republic	5.0	7.2	7.2		380	358
法国	France	8.6	9.4	9.5	1844	2282	2057
德国	Germany	7.8	10.7	10.6	1650	2729	2422
意大利	Italy	8.1	7.8	8.1	1567	1605	1498
荷兰	Netherlands	8.5	8.2	8.1	1672	2059	1900
波兰	Poland	5.3	6.2	6.0	82	249	246
罗马尼亚	Romania	5.1	3.3	2.9	85	52	48
俄罗斯联邦	Russian Federation		5.6	5.3		71	92
西班牙	Spain	6.6	7.7	7.7	876	1158	1073
乌克兰	Ukraine		4.3	4.1		27	26
南斯拉夫	Yugoslavia	6.0	7.1	7.3	1032	1753	1747
英国	United Kingdom		5.6	5.6		97	50
澳大利亚	Australia	7.9	8.4	8.3	1430	1796	1698
新西兰	New Zealand	7.0	7.9	8.0	881	1163	1062

注：①数据来源于世界银行。
Note: ① The data from World Bank.

15-10 每千人口医生数和病床数

Physician and Hospital Bed per 1000 People

资料来源：世界银行数据库。
Source:World Bank Database.

国家和地区	Country or Area	每千人口医生数(人) Physicians (per 1000 people)			每千人口床位数(张) Hospital beds (per 1000 people)		
		1990	1999	2000	1990	1999	2000
世界总计	**World**	**1.6**			**4.0**		
高收入国家	**High Income**	**2.4**	**3.0**		**7.9**	**7.1**	**7.4**
中等收入国家	**Middle Income**	**1.6**	**1.9①**		**3.4**	**3.3**	
中国	China	1.5	1.7	1.7	2.3	2.4	2.4
中国香港	Hong Kong, China		1.3③				
孟加拉国	Bangladesh	0.2	0.2②		0.3		
印度尼西亚	Indonesia	0.1			0.7		
伊朗	Iran		0.9④		1.4	1.6④	
以色列	Israel		3.9①		6.2	6.0③	
日本	Japan	1.7	1.9①	1.9	16.0	16.4	16.5
哈萨克斯坦	Kazakhstan	4.0	3.5①		13.6	8.5②	
韩国	Korea, Rep.	0.8	1.3	1.3	3.1	5.5	6.1
马来西亚	Malaysia	0.4	0.7②		2.1	2.0④	
蒙古	Mongolia	2.5	2.4①				
缅甸	Myanmar	0.1	0.3		0.6		
巴基斯坦	Pakistan	0.5	0.6②		0.6		
菲律宾	Philippines	0.1	1.2④		1.4		
新加坡	Singapore	1.3	1.6①		3.6		
斯里兰卡	Sri Lanka		0.4		2.7		
泰国	Thailand	0.2	0.4④		1.6	2.0③	
土耳其	Turkey	0.9	1.2	1.3	2.1	2.6	2.6
越南	Viet Nam	0.4	0.5①		3.8	1.7②	
埃及	Egypt	0.8	1.6②		2.1	2.1②	
尼日利亚	Nigeria				1.7		
南非	South Africa		0.6④				
加拿大	Canada	2.1	2.1	2.1	6.3	3.9	
墨西哥	Mexico	1.1	1.7	1.8	0.8	1.1	1.1
美国	United States	2.4	2.8		4.9	3.6	3.6
阿根廷	Argentina	2.7	2.7③		4.6	3.3④	
巴西	Brazil	1.4	1.3④		3.3	3.1④	
委内瑞拉	Venezuela	1.6	2.4②		2.7	1.5④	
白俄罗斯	Belarus	3.9	4.4①		13.2	12.2④	
保加利亚	Bulgaria	3.3	3.5	3.4	10.1	8.6②	7.4
捷克	Czech Republic	2.8	3.0	3.1	11.3	8.7	8.8
法国	France	2.6	3.0①		9.7	8.4	8.2
德国	Germany	3.1	3.5	3.6	10.4	9.2	9.1
意大利	Italy	4.7	5.9	6.0	7.2	4.9	
荷兰	Netherlands	2.5	3.1	3.2	11.5	11.1	10.8
波兰	Poland	2.1	2.3	2.2	5.7	5.1	4.9
罗马尼亚	Romania		1.8①		8.9	7.6④	
俄罗斯联邦	Russian Federation	4.1	4.2①		13.0	12.1②	
西班牙	Spain	2.3	3.1	3.3	4.3	4.1	4.1
乌克兰	Ukraine	4.3	3.0①		12.9	11.8③	
英国	United Kingdom	1.4	1.8	1.8	5.9	4.1	4.1
南斯拉夫	Yugoslavia	2.0	2.0③		5.9	5.3③	
澳大利亚	Australia		2.5①			7.9	
新西兰	New Zealand	1.9	2.3	2.2	8.5	6.2①	

注：①1998年数字。②1997年数据。③1995年数据。④1996年数据。
Note: ① Refer to 1998. ② Refer to 1997. ③ Refer to 1995. ④ Refer to 1996.

15-11 军事支出占中央政府支出及国内生产总值比重

Military Expenditure as Percentage of Central Government Expenditure & Gross Domestic Product

资料来源：世界银行数据库。
Source: World Bank Database.

国家和地区	Country or Area	军事支出占中央政府支出的比重 Military Expenditure (% of Central Government Expenditure)		军事支出占国内生产总值的比重 Military Expenditure (% of GDP)	
		1990	2001	1990	2001
世界总计	**World**	**13.2**		**3.4**	**2.3**
高收入国家	**High Income**	**12.9**		**3.2**	**2.3**
中等收入国家	**Middle Income**			**4.7**	**2.5**
低收入国家	**Low Income**	**16.4**	**12.9**	**2.8**	**2.3**
中国①	China ①	26.8		2.7	2.3
孟加拉国	Bangladesh			1.0	1.3
印度	India	16.5	14.0	2.7	2.5
印度尼西亚	Indonesia	9.9	4.6	1.8	1.1
伊朗	Iran	13.9		2.7	4.8
以色列	Israel	24.1	16.6	12.2	7.7
日本	Japan	6.1		0.9	1.0
哈萨克斯坦	Kazakhstan		6.8		1.0
韩国	Korea, Rep.	22.9		3.7	2.8
马来西亚	Malaysia	8.7		2.6	2.2
蒙古	Mongolia		7.5	5.7	2.3
缅甸	Myanmar	21.4		3.4	
巴基斯坦	Pakistan	30.5	23.0	5.8	4.5
菲律宾	Philippines	6.9	5.1	1.4	1.0
新加坡	Singapore	23.0	22.8	4.8	5.0
斯里兰卡	Sri Lanka	7.3	14.7	2.1	3.9
泰国	Thailand	16.3	7.1	2.3	1.4
土耳其	Turkey	20.3	10.0	3.5	4.9
越南	Viet Nam			7.9	
埃及	Egypt	16.1		3.9	2.6
尼日利亚	Nigeria			0.9	1.1
南非	South Africa	12.6	5.4	3.8	1.6
加拿大	Canada	7.7	6.2	2.0	1.2
墨西哥	Mexico	2.4		0.4	0.5
美国	United States	23.5	16.0	5.3	3.1
阿根廷	Argentina	12.0	8.1	1.3	1.4
巴西	Brazil			1.9	1.5
委内瑞拉	Venezuela		6.1		1.5
白俄罗斯	Belarus		4.5		1.4
保加利亚	Bulgaria	6.4	7.9	3.5	2.7
捷克	Czech Republic		5.4		2.1
法国	France	8.4		3.5	2.5
德国	Germany	9.5		2.8	1.5
意大利	Italy	4.5		0.0	2.0
荷兰	Netherlands	5.1		2.5	1.6
波兰	Poland		5.3	2.7	1.9
罗马尼亚	Romania	13.6	8.1	4.6	2.5
俄罗斯联邦	Russian Federation		15.4	12.3	3.8
西班牙	Spain	5.4		1.8	1.2
乌克兰	Ukraine		9.8		2.7
英国	United Kingdom	10.7		3.9	2.5
南斯拉夫	Yugoslavia				4.9
澳大利亚	Australia	9.2		2.2	1.7
新西兰	New Zealand	4.2	4.0	1.9	1.2

注：①数据来源于世界银行。
Note: ① The data from World Bank.

15-12 军事人员数及军事人员数占劳动力总数比重

Military Personnel & Military Personnel as Percentage of Total Labor Force

资料来源:世界银行数据库。
Source: World Bank Database.

国家和地区	Country or Area	军事人员数(万人) Military Personnel (10000 people)		军事人员数占劳动力总数的比重(%) Military Personnel (% of Total Labor Force)	
		1990	1999	1990	1999
世界	**World**	**2391.8**	**2119.8**	**1.0**	**0.7**
高收入国家	**High income**	**688.2**	**539.6**	**1.6**	**1.1**
中等收入国家	**Middle income**	**1075.0**	**954.3**	**1.0**	**0.7**
低收入国家	**Low income**	**628.6**	**625.9**	**0.8**	**0.6**
中国①	China ①	350.0	240.0	0.5	0.3
孟加拉国	Bangladesh	10.3	11.0	0.2	0.2
印度	India	126.0	130.0	0.3	0.3
印度尼西亚	Indonesia	28.3	29.6	0.4	0.3
伊朗	Iran	44.0	46.0	2.8	2.4
以色列	Israel	19.0	17.3	10.3	6.6
日本	Japan	25.0	24.0	0.4	0.4
哈萨克斯坦	Kazakhstan		3.3		0.4
韩国	Korea, Rep.	65.0	66.5	3.3	2.8
马来西亚	Malaysia	13.0	9.5	1.8	1.0
蒙古	Mongolia	3.2	2.0	3.3	1.7
缅甸	Myanmar	23.0	34.5	1.1	1.4
巴基斯坦	Pakistan	55.0	59.0	1.4	1.2
菲律宾	Philippines	10.9	10.7	0.4	0.3
新加坡	Singapore	5.6	6.0	3.6	3.0
斯里兰卡	Sri Lanka	2.2	11.0	0.3	1.4
泰国	Thailand	28.3	30.0	0.9	0.8
土耳其	Turkey	76.9	78.9	3.2	2.6
越南	Vietnam	105.0	48.5	3.1	1.2
埃及	Egypt	43.4	43.0	2.4	1.8
尼日利亚	Nigeria	9.4	7.7	0.2	0.2
南非	South Africa	8.5	6.8	0.6	0.4
加拿大	Canada	8.7	6.0	0.6	0.4
墨西哥	Mexico	17.5	25.5	0.6	0.6
美国	United States	218.0	149.0	1.7	1.0
阿根廷	Argentina	8.5	7.3	0.7	0.5
巴西	Brazil	29.5	30.0	0.5	0.4
委内瑞拉	Venezuela	7.5	7.5	1.0	0.8
白俄罗斯	Belarus		6.5		1.2
保加利亚	Bulgaria	12.9	7.0	2.9	1.7
捷克	Czech Republic		5.4		0.9
法国	France	55.0	42.1	2.2	1.6
德国	Germany	54.5	33.1	1.4	0.8
意大利	Italy	49.3	39.1	2.0	1.5
荷兰	Netherlands	10.4	5.4	1.5	0.7
波兰	Poland	31.3	18.7	1.7	0.9
罗马尼亚	Romania	12.6	17.0	1.2	1.6
俄罗斯联邦	Russian Federation		90.0		1.2
西班牙	Spain	26.3	15.5	1.7	0.9
乌克兰	Ukraine		34.0		1.3
英国	United Kingdom	30.8	21.8	1.1	0.7
南斯拉夫	Yugoslavia	18.0	10.5	3.7	2.1
澳大利亚	Australia	6.8	5.5	0.8	0.6
新西兰	New Zealand	1.1	1.0	0.7	0.5

注:①数据来源于世界银行。
Note: ① The data from World Bank.

主要统计指标解释

人文发展指数 是人类发展的一项综合指标，它代表了人类发展的三个方面指标的加权平均指数：寿命(出生时人口的预期寿命)，知识(成人识字率和平均受教育年限)以及收入(购买力平价计算的人均国内生产总值)。

成人文盲率 是指15岁及以上人口中无一定理解、阅读、使用文字能力的人口占总人口的百分比。

粗入学率 是指入学总人数(不考虑年龄) 与适龄入学人数之比。

净入学率 是指官方入学年龄(国家教育制度制定的年龄)儿童中已入学人数与相应官方学龄人口数之比。

研究与发展经费支出 是经常性和资本性支出（包括超前支出)，目的在于增加知识存量的创造性、系统性活动。具体包括基础研究、应用研究和目的在于寻求新型设计，产品和工艺的科学实验活动。

研究与发展技术人员 是指专门从事研究与发展活动，在知识或技术某一分支领域接受过职业或技术培训的人员。

高技术产品出口 是指研究与开发密集的产品出口。它包括的高技术产品有：航空宇宙、计算机、医药、科学仪器和电气设备等。

军事人员数 指有效服役期内的军人，包括具有正规装备和组织，并进行正常训练的准军事人员数，不包括预备役部队。

Explanatory Notes on Main Statistical Indicators

The HDI is a summary measure of human development. It measures the average achievements in a country in three basic dimensions of human development: life expectancy at birth, adult literacy rate and the combined primary, secondary and tertiary gross enrolment ratio and income, as measured by GDP per capita (PPP US$).

Adult illiteracy rate is the percentage of people ages 15 and above who cannot, with understanding, read and write a short, simple statement on their everyday life.

Gross enrollment ratio is the ratio of total enrollment, regardless of age, to the population of the age group. Net enrollment ratio is the ratio of the number of children of official school age (as defined by the national education system) who are enrolled in school to the population of the corresponding official school age.

Expenditures for research and development are current and capital expenditures (including overhead) on creative, systematic activity intended to increase the stock of knowledge. Included are fundamental and applied research and experimental development work leading to new devices, products, or processes.

Technicians in R&D are people engaged in professional R&D activity who have received vocational or technical training in any branch of knowledge or technology.

High-technology exports are products with high R&D intensity. They include high-technology products such as in aerospace, computers, pharmaceuticals, scientific instruments, and electrical machinery.

Military personnel refer to active duty military personnel, including paramilitary forces if those forces resemble regular units in their organization, equipment, training, or mission, not including reservist.

十六　世界最大500家企业主要指标

Main Indicators of the 500 Largest Companies in the World

16-1 2002年按国家和地区汇总的世界最大500家企业资料
The Data of the Largest 500 Companies in the World Aggregated by Country or Area in 2002

资料来源：美国《财富》杂志2003年7月21日。
Source: United States "Fortune" July 21, 2003.

国家和地区	Country or Area	企业数 Number of Companies	营业额(亿美元) Revenues (USD 100 million)	利润额(亿美元) Profits (USD 100 million)
中国	China	11	2339.6	133.9
印度	India	1	225.1	13.6
日本	Japan	88	24735.3	-22.6
韩国	Korea, Rep.	13	3006.7	92.8
马来西亚	Malaysia	1	214.3	39.8
新加坡	Singapore	1	133.8	-0.8
中国台湾省	Taiwan, China	1	130.7	3.7
加拿大	Canada	14	1820.3	41.4
墨西哥	Mexico	2	496.6	-28.5
美国	United States	192	54249.4	564.7
巴西	Brazil	4	656.9	42.2
比利时	Belgium	3	550.0	20.8
比利时／荷兰	Belgium/Netherlands	1	436.0	5.0
芬兰	Finland	3	510.0	36.2
法国	France	40	10985.7	-140.3
德国	Germany	35	12146.7	-34.6
意大利	Italy	9	2674.5	29.1
卢森堡	Luxemburg	1	231.9	-1.8
荷兰	Netherlands	11	3370.4	-27.9
挪威	Norway	2	509.6	32.0
俄罗斯	Russian Federation	3	439.2	87.7
西班牙	Spain	5	1243.2	19.0
瑞典	Sweden	6	853.0	2.4
瑞士	Switzerland	11	3204.6	21.0
英国	United Kingdom	34	9049.3	295.3
英国／荷兰	United Kingdom/Netherlands	2	2250.7	114.3
澳大利亚	Australia	6	827.0	-3.8
合计	**Totals**	**500**	**137290.5**	**1334.6**

16-2 2002年按营业额排序的世界最大500家企业

资料来源：美国《财富》杂志2003年7月21日。
Source: United States "Fortune" July 21, 2003.

位次 Rank		企业名称	Company Name	国家和地区	Country or Area	营业额(百万美元)	
2002	2001					Revenues (USD mil.)	比上年增长% % Change from 2001
1	1	沃尔玛商店	Wal-Mart Stores	美国	United States	246525.0	12.2
2	3	通用汽车	General Motors	美国	United States	186763.0	5.4
3	2	埃克森－美孚石油	Exxon Mobil	美国	United States	182466.0	-4.8
4	8	荷兰皇家壳牌石油集团	Royal Dutch/Shell Group	英国／荷兰	U.K./Netherlands	179431.0	32.7
5	4	英国石油公司	BP	英国	United States	178721.0	2.6
6	5	福特汽车	Ford Motor	美国	United States	163871.0	0.9
7	7	戴姆勒－克莱斯勒	DaimlerChrysler	德国	Germany	141421.1	3.3
8	10	丰田汽车	Toyota Motor	日本	Japan	131754.2	9.1
9	9	通用电气	General Electric	美国	United States	131698.0	4.6
10	12	三菱商事	Mitsubishi	日本	Japan	109386.1	3.4
11	13	三井物产	Mitsui	日本	Japan	108630.7	7.3
12	18	安联保险	Allianz	德国	Germany	101930.2	18.6
13	11	花旗银行集团	Citigroup	美国	United States	100789.0	-10.0
14	15	托塔尔菲纳埃尔夫公司	Total Fina Elf	法国	France	96944.9	2.8
15	14	雪弗龙德士古公司	ChevronTexaco	美国	United States	92043.0	-7.7
16	16	日本电报电话公司	Nippon Telegraph & Telephone	日本	Japan	89644.0	-
17	20	荷兰国际集团	ING Group	荷兰	Netherlands	88102.3	6.1
18	17	伊藤忠商事	Itochu	日本	Japan	85856.4	-5.8
19	19	国际商用机器	Intl. Business Machines	美国	United States	83132.0	-3.2
20	21	大众汽车	Volkswagen	德国	Germany	82203.7	3.7
21	22	西门子	Siemens	德国	Germany	77205.2	-0.2
22	23	住友商事	Sumitomo	日本	Japan	75745.2	-1.8
23	25	丸红	Marubeni	日本	Japan	72164.8	0.6
24	26	维里森通讯	Verizon Communications	美国	United States	67625.0	0.6
25	34	美国国际集团	American Intl. Group	美国	United States	67482.0	8.1
26	32	日立	Hitachi	日本	Japan	67288.0	5.2
27	29	美国邮政总局	U.S. Postal Service	美国	United States	66463.0	1.0
28	41	本田汽车	Honda Motor	日本	Japan	65420.4	11.1
29	35	家乐福	Carrefour	法国	France	64978.6	4.4
30	24	菲利普－莫里斯	Altria Group	美国	United States	62182.0	-14.8
31	30	安盛公司	AXA	法国	France	62050.8	-5.4
32	37	索尼	Sony	日本	Japan	61334.6	1.2
33	33	日本生命保险公司	Nippon Life Insurance	日本	Japan	61174.5	-4.2
34	45	松下电器工业	Matsushita Electric Industrial	日本	Japan	60744.3	10.5
35	38	皇家AHOLD公司	Royal Ahold	荷兰	Netherlands	59454.6	-0.3
36	188	菲利普斯石油公司	ConocoPhillips	美国	United States	58384.0	141.4
37	46	家居百货	Home Depot	美国	United States	58247.0	8.8
38	55	雀巢	Nestle	瑞士	Switzerland	57279.1	14.1
39	57	麦克逊公司	McKesson	美国	United States	57129.2	14.2
40	70	惠普	Hewlett-Packard	美国	United States	56588.0	25.1
41	58	日产汽车	Nissan Motor	日本	Japan	56040.8	13.1
42	51	威望迪环球	Vivendi Universal	法国	France	54977.1	7.0
43	42	波音	Boeing	美国	United States	54069.0	-7.1
44	50	忠利保险公司	Assicurazioni Generali	意大利	Italy	53598.9	4.3
45	52	范尼美集团	Fannie Mae	美国	United States	52901.1	4.1
46	49	菲亚特	Fiat	意大利	Italy	52612.5	1.3
47	27	德意志银行	Deutsche Bank	德国	Germany	52133.2	-22.0
48	31	瑞士信贷银行	Credit Suisse	瑞士	Switzerland	52121.7	-18.8
49	79	慕尼黑再保险集团	Munich Re Group	德国	Germany	51980.0	24.1
50	62	默克公司	Merck	美国	United States	51790.3	8.5

The 500 Largest Companies in the World Sorted by Revenue in 2002

利润额(百万美元) Profits (USD mil.)	比上年增长% % Change from 2001	资产额(百万美元) Assets (USD mil.)	股东产权权益(百万美元) Stockholders' Equity (USD mil.)	雇员人数(人) Employees (persons)
8039.0	20.5	94685.0	39337.0	1300000
1736.0	188.9	370782.0	6814.0	350000
11460.0	-25.2	152644.0	74597.0	92500
9419.0	-13.2	152691.0	60064.0	116000
6845.0	-14.5	159125.0	69409.0	115250
-980.0	–	289357.0	5590.0	350321
4460.6	–	196569.7	36636.7	365571
7752.7	57.4	174922.6	62913.2	264096
14118.0	3.2	575244.0	63706.0	315000
494.6	2.7	68290.7	7902.3	47370
255.5	-42.3	55156.9	7270.6	37734
-1103.3	-175.9	894096.4	22846.2	181651
15276.0	8.1	1097190.0	86718.0	252500
5616.8	-18.1	89539.1	33732.1	121469
1132.0	-65.6	77359.0	31604.0	53014
1915.1	–	166837.1	47542.2	207400
4252.5	3.8	751715.7	19154.7	115000
164.8	-31.8	37834.3	3594.4	39109
3579.0	-53.7	96484.0	22782.0	315889
2443.0	-6.4	114268.9	25849.4	324892
2386.5	28.5	77022.4	23244.4	426000
232.1	-35.8	41016.0	5281.2	31589
248.8	–	36443.5	2193.0	27000
4079.0	948.6	167468.0	32616.0	229497
5518.9	2.9	561229.0	59103.0	80000
228.7	–	85843.8	15628.3	339572
-676.0	–	59015.0	-3002.0	854376
3501.5	20.7	64777.1	22176.7	126900
1299.1	14.6	40844.8	6467.4	396662
11102.0	29.7	87540.0	19478.0	166000
897.2	92.7	466596.4	24880.9	78142
948.0	674.3	70589.6	19235.0	161100
927.2	-58.4	370338.3	15646.1	72784
-159.6	–	66070.7	26803.8	288324
366.9	–	30444.5	5758.9	270739
-295.0	-117.8	76836.0	29517.0	57300
3664.0	20.4	30011.0	19802.0	300000
4859.3	22.7	63174.7	25181.8	254199
555.4	32.7	14353.4	4528.5	24500
-903.0	-321.3	70710.0	36262.0	141000
4063.7	36.5	61976.4	15249.6	127625
-22029.6	–	72719.3	14690.8	284182
492.0	-82.6	52342.0	7696.0	165000
-713.3	-172.4	246304.8	8241.2	59753
4618.8	-21.6	887257.0	16288.0	4700
-3732.6	–	97086.0	8018.0	189969
375.3	151.0	795772.2	31470.8	77442
-2125.8	-326.0	691149.5	20623.3	78457
1022.0	356.5	206133.4	14636.2	41396
7149.5	-1.8	47561.2	18200.5	77300

16-2 续表 1 continued

位次 Rank 2002	2001	企业名称	Company Name	国家和地区	Country or Area	营业额(百万美元) Revenues (USD mil.)	比上年增长% % Change from 2001
51	56	克罗格公司	Kroger	美国	United States	51759.5	3.3
52	65	标致	Peugeot	法国	France	51465.7	11.2
53	61	卡地纳健康	Cardinal Health	美国	United States	51135.7	6.6
54	44	巴黎国民银行	BNP Paribas	法国	France	51127.3	-7.1
55	75	德国电信	Deutsche Telekom	德国	Germany	50759.5	17.3
56	63	州立农业保险公司	State Farm Insurance	美国	United States	49653.7	6.3
57	48	商联保险	Aviva	英国	United Kingdom	49533.3	-5.3
58	72	梅特罗	Metro	德国	Germany	48714.5	9.8
59	105	三星电子公司	Samsung Electronics	韩国	Korea, Rep.	47605.6	32.4
60	123	沃达丰	Vodafone	英国	United Kingdom	46987.0	43.6
61	40	美国电话电报	AT&T	美国	United States	46727.0	-21.0
62	77	东芝	Toshiba	日本	Japan	46415.8	7.6
63	71	埃尼公司	ENI	意大利	Italy	46328.2	3.8
64	47	美洲银行集团	Bank of America Corp.	美国	United States	45732.0	-13.1
65	102	法国电气	Electricite De France	法国	France	45720.3	25.4
66	68	联合利华	Unilever	英国／荷兰	U.K./Netherlands	45636.2	-1.1
67	319	AMERISOURCE BERGEN	AmerisourceBergen	美国	United States	45234.8	179.4
68	28	费巴集团	E. ON	德国	Germany	44941.3	-32.4
69	81	中国石油天然气集团公司	China National Petroleum	中国	China	44864.4	10.7
70	86	中国石油化工集团公司	Sinopec	中国	China	44503.2	10.2
71	97	法国电信	France Télécom	法国	France	44085.7	14.4
72	89	塔吉特公司	Target	美国	United States	43917.0	10.1
73	85	福特斯	Fortis	比利时／荷兰	Belgium/Netherlands	43597.5	7.6
74	99	苏黎士里昂水务公司	Suez	瑞士	Switzerland	43574.9	14.9
75	54	摩根大通集团	J.P. Morgan Chase	美国	United States	43372.0	-14.0
76	69	西南贝尔通讯公司	SBC Communications	美国	United States	43138.0	-6.0
77	76	第一相互生命保险公司	Dai-ichi Mutual Life Insurance	日本	Japan	43134.2	0.0
78	101	伯克希尔－哈撒韦公司	Berkshire Hathaway	美国	United States	42353.0	12.4
79	59	瑞士联合银行	UBS	瑞士	Switzerland	42329.7	-15.0
80	98	美国在线时代华纳	AOL Time Warner	美国	United States	41676.0	9.0
81	83	西尔斯·罗巴克	Sears Roebuck	美国	United States	41366.0	0.7
82	53	莱茵集团	Rwe	德国	Germany	41114.1	-18.8
83	96	苏黎世金融服务公司	Zurich Financial Services	瑞士	Switzerland	40638.0	5.1
84	114	特斯科公司	Tesco	英国	United Kingdom	40387.2	19.1
85	80	东京电力	Tokyo Electric Power	日本	Japan	40370.1	-3.3
86	93	宝洁	Procter & Gamble	美国	United States	40238.0	2.5
87	112	宝马汽车(BMW)	BMW	德国	Germany	39974.9	16.1
88	130	德国邮政	Deutsche Post	德国	Germany	39956.0	27.6
89	64	汇丰银行控股公司	HSBC Holding	英国	United Kingdom	39730.0	-14.4
90	108	弗雷德马克	Freddie Mac	美国	United States	39663.0	9.6
91	103	特科国际	Tyco International	美国	United States	38971.3	7.1
92	111	COSTW WHOLESALE	Costco Wholesale	美国	United States	38762.5	11.4
93	84	日本电气	NEC	日本	Japan	38531.2	-5.6
94	133	现代汽车	Hyundai Motor	韩国	Korea, Rep.	38458.5	24.6
95	92	墨西哥石油公司	Pemex	墨西哥	Mexico	37973.9	1.3
96	74	岩井商事	Nissho Iwai	日本	Japan	37907.8	-13.3
97	88	富士通	Fujitsu	日本	Japan	37895.5	-5.4
98	107	农业信贷银行	Crédit Agricole	法国	France	36745.3	3.0
99	91	抵押银行	HypoVereinsbank	德国	Germany	36355.8	-7.7
100	126	住友生命保险公司	Sumitomo Life Insurance	日本	Japan	36304.5	11.5

利润额(百万美元) Profits (USD mil.)	比上年增长% % Change from 2001	资产额(百万美元) Assets (USD mil.)	股东产权权益(百万美元) Stockholders' Equity (USD mil.)	雇员人数(人) Employees (persons)
1204.9	15.6	20101.8	3850.3	289000
1597.8	5.5	58771.4	11526.0	198600
1056.2	23.2	16438.0	6393.0	50000
3115.2	-13.4	745366.1	27749.8	87685
-23245.4	—	132029.0	32978.7	256000
-2795.5	—	117811.3	31769.8	76938
-802.4	-1788.5	297707.5	15566.1	64562
418.8	16.6	24054.0	4345.3	191512
5636.4	138.2	54765.5	20498.9	80000
-15189.0	—	242282.0	203383.8	66667
-13082.2	-269.6	55272.0	12312.0	71000
151.9	—	44180.5	4815.8	166000
4342.4	-37.4	69055.0	27552.5	80655
9249.0	36.2	660458.0	50319.0	133944
454.8	-39.6	151985.4	14568.0	171995
2012.8	22.3	46798.5	6156.5	247000
344.9	178.6	11213.0	3316.3	13100
2625.5	43.2	118643.6	26918.7	107856
5400.4	7.5	88933.6	54421.0	1146194
445.9	49.7	69695.7	22879.1	917100
-19604.5	—	111846.0	-10442.0	243573
1654.0	20.9	28603.0	9443.0	306000
502.6	-78.4	509733.1	11407.3	65989
-815.4	-143.6	88303.3	11099.4	198750
1663.0	-1.8	758800.0	42306.0	94335
5653.0	-21.9	95057.0	33199.0	175980
464.1	430.8	244371.2	6660.5	58398
4286.0	439.1	169544.0	64037.0	146500
2271.0	-22.9	854208.2	28199.1	69061
-98696.0	—	115450.0	52817.0	91250
1376.0	87.2	50409.0	6753.0	289000
992.7	-12.0	105220.5	6746.2	131765
-3430.0	—	285856.0	16805.0	67824
1450.7	21.9	25990.6	10263.3	188182
1356.3	-15.9	119558.6	18939.8	52322
4352.0	48.9	40776.0	13706.0	102000
1909.8	14.3	58249.9	14555.4	101395
623.0	-56.0	170672.0	5346.4	334952
6239.0	15.4	759246.0	52406.0	184405
5764.0	39.0	721739.0	24629.0	4000
-9411.7	-337.0	66414.4	24790.6	267500
700.0	16.3	11620.3	5694.2	69000
-201.5	—	34603.5	3022.8	145807
1146.3	28.5	38890.0	8713.0	49855
-3155.5	—	66645.1	9623.0	138701
-606.1	-6505.9	17745.4	171.4	11597
-1001.8	—	35632.9	5923.3	157044
2171.7	109.4	609451.4	31225.2	95537
-783.8	-193.3	725258.7	14932.1	65926
15.4	-97.5	185402.0	2924.3	50544

16-2 续表 2 continued

位次 Rank		企业名称	Company Name	国家和地区	Country or Area	营业额(百万美元) Revenues (USD mil.)	比上年增长% % Change from 2001
2002	2001						
101	121	强生公司	Johnson & Johnson	美国	United States	36298.0	10.0
102	115	苏格兰皇家银行	Royal Bank of Scotland	英国	United Kingdom	36035.0	6.5
103	100	艾伯森公司	Albertson's	美国	United States	35916.0	-5.3
104	106	保诚	Prudential	英国	United Kingdom	35818.6	0.0
105	131	戴尔计算机	Dell Computer	美国	United States	35404.0	13.6
106	127	辉瑞公司	Pfizer	美国	United States	35281.0	9.4
107	113	塞夫韦公司	Safeway	美国	United States	34799.2	1.5
108	120	鲜京公司	SK	韩国	Korea, Rep.	34683.3	5.1
109	90	荷兰公司	ABN AMRO Holding	荷兰	Netherlands	34590.6	-12.9
110	94	雷普索尔公司	Repsol YPF	西班牙	Spain	34498.9	-11.7
111	125	雷诺公司	Renault	法国	France	34353.3	5.5
112	128	大都会人寿保险公司	MetLife	美国	United States	34104.0	6.8
113	116	蒂森·克虏伯公司	Thyssen Krupp	德国	Germany	33723.0	-0.2
114	135	罗伯特-博施有限公司	Robert Bosch	德国	Germany	33068.5	8.5
115	118	三星	Samsung	韩国	Korea, Rep.	32960.0	-0.8
116	73	摩根斯坦利添惠	Morgan Stanley	美国	United States	32415.0	-25.9
117	124	彭尼公司	J.C. Penney	美国	United States	32347.0	-0.6
118	171	三菱汽车	Mitsubishi Motors	日本	Japan	31822.4	24.6
119	140	葛兰素史克	GlaxoSmithKline	英国	United Kingdom	31874.2	8.0
120	134	联合包裹运输公司	United Parcel Service	美国	United States	31272.0	2.0
121	104	凯马特	Kmart	美国	United States	30762.0	-14.9
122	164	挪威国家石油公司	Statoil	挪威	Norway	30545.4	16.2
123	142	巴斯夫	BASF	德国	Germany	30457.7	4.7
124	143	皇家飞利浦电子	Royal Philips Electronics	荷兰	Netherlands	30083.8	3.9
125	150	HBOS	HBOS	英国	United Kingdom	29911.7	7.4
126	141	三菱电机	Mitsubishi Electric	日本	Japan	29865.1	2.3
127	145	好利获得公司	Olivetti	意大利	Italy	29694.2	3.6
128	144	好事达保险	Allstate	美国	United States	29579.0	2.5
129	146	全球保险集团	Aegon	荷兰	Netherlands	29444.6	3.1
130	139	英国电信	BT	英国	United Kingdom	29301.4	-2.2
131	137	三井住友银行	Sumitomo Mitsui Banking	日本	Japan	28776.2	-4.8
132	183	沃尔格林公司	Walgreen	美国	United States	28681.1	16.5
133	155	圣戈班公司	Saint-Gobain	法国	France	28622.1	5.2
134	160	富国	Wells Fargo	美国	United States	28473.0	5.9
135	·	Veolia Environnement	Veolia Environnement	法国	France	28437.5	9.0
136	147	诺基亚	Nokia	芬兰	Finland	28378.2	1.6
137	175	微软	Microsoft	美国	United States	28365.0	12.1
138	169	国家电力公司	Enel	意大利	Italy	28341.3	10.0
139	153	欧洲航空防御及航天公司	EADS	荷兰	Netherlands	28269.5	2.5
140	95	美林公司	Merrill Lynch	美国	United States	28253.0	-27.2
141	149	联合技术公司	United Technologies	美国	United States	28212.0	1.1
142	82	瑞穗控股公司	Mizuho Financial Group	日本	Japan	28198.5	-32.0
143	158	拜尔	Bayer	德国	Germany	28007.6	3.3
144	156	康尼格拉	ConAgra Foods	美国	United States	27629.6	1.6
145	152	陶氏化学公司	Dow Chemical	美国	United States	27609.0	-0.7
146	110	美国马拉松石油公司	Marathon Oil	美国	United States	27470.0	-21.6
147	166	德尔福	Delphi	美国	United States	27427.0	5.1
148	161	伊藤洋华堂	Ito-Yokado	日本	Japan	27206.6	1.4
149	167	斯普林特公司	Sprint	美国	United States	27180.0	4.3
150	336	Valero Energy	Valero Energy	美国	United States	26976.3	80.0

利润额(百万美元) Profits (USD mil.)	比上年增长 % % Change from 2001	资产额(百万美元) Assets (USD mil.)	股东产权权益(百万美元) Stockholders' Equity (USD mil.)	雇员人数(人) Employees (persons)
6597.0	16.4	40556.0	22697.0	108300
4619.1	21.1	663278.8	43551.0	111800
485.0	-3.2	15211.0	5197.0	202000
674.7	20.4	244964.0	5905.1	21930
2122.0	70.3	15470.0	4873.0	39100
9126.0	17.2	46356.0	19950.0	98000
-828.1	-166.0	16047.3	3627.5	184000
-1915.8	-1693.8	34879.0	581.0	22000
2086.6	-27.9	583451.9	11312.9	106438
1845.5	101.1	39942.1	14256.3	32602
1849.3	114.9	55854.3	12411.6	132351
1605.0	239.3	277385.0	17385.0	48512
198.5	-66.4	30793.6	8189.5	191254
554.0	1.8	28830.6	8955.1	224341
58.8	83.3	9526.1	2861.0	4105
2998.0	-15.1	529499.0	21885.0	55726
405.0	313.3	17867.0	6370.0	228000
306.6	240.6	20453.2	2363.7	45275
5912.9	32.7	35944.2	10594.8	104499
3182.0	32.6	26357.0	12455.0	360000
-3219.0	-	11238.0	-301.0	212000
2110.5	10.0	29653.0	8230.2	17115
1422.3	-72.9	36816.9	17362.3	89389
-3031.1	-	33882.1	14605.8	170087
2879.1	19.3	571643.3	22166.7	56081
-97.0	-	30980.1	3327.6	110279
-730.8	-	87498.2	12214.3	106620
1134.0	-2.1	117426.0	17438.0	39802
1462.6	-31.9	249959.1	14933.2	25974
4155.0	191.6	44601.2	4176.1	104700
-3819.1	-	882165.1	20442.5	24024
1019.2	15.1	9878.8	6230.2	117000
983.3	-3.2	31635.5	11873.3	172357
5434.0	58.7	349259.0	30358.0	127500
320.7	-	44091.6	6641.9	302000
3196.5	62.3	24478.0	14985.6	51748
7829.0	6.6	67646.0	52180.0	50500
1674.4	-52.7	65682.4	21796.9	71204
-282.7	-123.0	49738.7	13394.8	103967
2513.0	338.6	447928.0	22875.0	52400
2236.0	15.4	29090.0	8355.0	155000
-19509.0	-	1130311.6	24127.7	30944
1002.2	16.0	43749.1	16091.6	122600
783.0	22.7	15496.2	4308.2	89000
-338.0	-	39562.0	7626.0	49959
516.0	228.7	17812.0	5082.0	28166
343.0	-	19316.0	1279.0	192000
171.1	-59.4	20937.1	9146.5	47393
630.0	-	45293.0	12294.0	72200
91.5	-83.8	14465.2	4308.3	19830

16-2 续表 3 continued

位次 Rank 2002	2001	企业名称	Company Name	国家和地区	Country or Area	营业额(百万美元) Revenues (USD mil.)	比上年增长% % Change from 2001
151	184	桑斯博里	J. Sainsbury	英国	United Kingdom	26962.4	9.7
152	151	西班牙电话	Telefónica	西班牙	Spain	26861.0	-3.4
153	182	洛克希德－马丁公司	Lockheed Martin	美国	United States	26806.0	8.1
154	157	宝德信金融集团	Prudential Financial	美国	United States	26797.0	-1.4
155	162	英特尔公司	Intel	美国	United States	26764.0	0.8
156	138	摩托罗拉公司	Motorola	美国	United States	26679.0	-11.1
157	154	巴克莱银行	Barclays	英国	United Kingdom	26589.4	-3.6
158	197	日本三菱石油公司	Nippon Oil	日本	Japan	26492.3	12.6
159	216	劳氏	Lowe's	美国	United States	26490.9	19.8
160	136	桑坦德集团	Santander Central Hispano Group	西班牙	Spain	26311.6	-13.5
161	176	明治相互生命保险公司	Meiji Life Insurance	日本	Japan	26228.2	3.7
162	199	欧尚	Groupe Auchan	法国	France	26058.1	11.1
163	181	皮诺春天集团	Groupe Pinault-Printemps	法国	France	25881.7	4.0
164	168	德国德众银行	DZ Bank	德国	Germany	25559.8	-1.6
165	177	沃尔特·迪斯尼公司	Walt Disney	美国	United States	25329.0	0.2
166	159	百事公司	PepsiCo	美国	United States	25112.0	-6.8
167	198	联合健康集团	UnitedHealth Group	美国	United States	25020.0	6.7
168	163	国际造纸公司	International Paper	美国	United States	24976.0	-5.3
169	196	AEON	AEON	日本	Japan	24744.8	4.8
170	170	纽约人寿保险公司	New York Life Insurance	美国	United States	24720.7	-3.7
171	200	维亚康姆	Viacom	美国	United States	24605.7	6.0
172	172	杜邦	DuPont	美国	United States	24522.0	-3.3
173	191	兴业银行	SociétéGénérale	法国	France	24205.0	1.2
174	215	CVS	CVS	美国	United States	24181.5	8.7
175	•	Millea Holdings	Millea Holdings	日本	Japan	24037.8	-
176	209	美国运通公司	American Express	美国	United States	23807.0	5.4
177	211	Wachovia Corp.	Wachovia Corp.	美国	United States	23591.0	5.3
178	190	佳能公司	Canon	日本	Japan	23481.3	-1.9
179	240	阿彻－丹尼尔斯－米德兰公司	Archer Daniels Midland	美国	United States	23453.6	17
180	468	泰森食品公司	Tyson Foods	美国	United States	23367.0	117.3
181	217	西斯科	Sysco	美国	United States	23350.5	7.2
182	173	佐治亚－太平洋公司	Georgia-Pacific	美国	United States	23271.0	-8.1
183	391	Arcelor	Arcelor	卢森堡	Luxemburg	23194.4	78.3
184	208	KDDI	KDDI	日本	Japan	22858.7	0.9
185	194	阿西布朗勃法瑞	ABB	瑞士	Switzerland	22855.0	-3.7
186	132	高盛集团	Goldman Sachs Group	美国	United States	22854.0	-26.6
187	165	三菱东京金融集团	Mitsubishi Tokyo Financial Group	日本	Japan	22753.6	-12.8
188	247	Best Buy	Best Buy	美国	United States	22673.0	15.7
189	185	巴西石油公司	Petrobrás	巴西	Brazil	22612.0	-7.9
190	229	新日本制铁	Nippon Steel	日本	Japan	22563.0	9.3
191	226	印度石油公司	Indian Oil	印度	India	22506.2	7.6
192	179	英格雷姆麦克罗	Ingram Micro	美国	United States	22459.3	-10.8
193	189	贝尔南方	BellSouth	美国	United States	22440.0	-7.0
194	231	FONCIERE EURIS	Foncière Euris	法国	France	22424.8	9.4
195	206	劳埃德集团	Lloyds TSB Group	英国	United Kingdom	22391.0	-1.9
196	265	标准人寿保险公司	Standard Life Assurance	英国	United Kingdom	22375.6	21.5
197	195	霍尼韦尔国际公司	Honeywell Intl.	美国	United States	22274.0	-5.8
198	186	第一银行	Bank One Corp.	美国	United States	22171.0	-9.6
199	235	瑞士再保险公司	Swiss Reinsurance	瑞士	Switzerland	22109.2	9.4
200	221	电子数据系统公司	Electronic Data Systems	美国	United States	21782.0	1.1

利润额(百万美元) Profits (USD mil.)	比上年增长 % % Change from 2001	资产额(百万美元) Assets (USD mil.)	股东产权权益(百万美元) Stockholders' Equity (USD mil.)	雇员人数(人) Employees (persons)
702.3	34.7	19016.8	7908.0	108700
-5272.5	-379.5	71398.5	17834.6	152845
500.0	-	25758.0	5865.0	125000
194.0	-	292746.0	21330.0	54086
3117.0	141.4	44224.0	35468.0	78700
-2485.0	-	31152.0	11239.0	97000
3350.9	-5.6	648896.0	24478.5	77200
264.9	38.0	28252.9	7842.7	13882
1471.5	43.8	16019.5	8301.5	130000
2503.4	-6.4	340204.5	24995.8	104178
423.3	259.8	137589.2	3971.2	34437
276.1	-6.6	18500.9	4111.3	142956
1502.5	122.9	31505.0	6787.9	113453
52.0	-4.8	354944.5	5951.9	25247
1236.0	-	50045.0	23445.0	112000
3313.0	24.5	23474.0	9298.0	140000
1352.0	48.1	14164.0	4428.0	32000
-880.0	-	33792.0	7374.0	91000
285.0	69.4	18303.8	2881.2	43114
423.5	-61.0	117227.8	7985.5	7500
725.7	-	89754.2	62487.8	90955
-1103.0	-125.4	34621.0	9063.0	79000
1320.8	-31.5	525997.4	18260.6	88278
716.6	73.4	9645.3	5197.0	74500
464.6	-	83874.0	15221.2	21203
2671.0	103.7	157253.0	13861.0	75500
3579.0	121.1	341839.0	32078.0	80778
1523.3	10.4	24797.3	13414.9	97802
511.1	33.3	15416.3	6754.8	24746
383.0	336.2	10372.0	3662.0	120000
679.8	13.9	5989.8	2132.5	46800
-735.0	-	24629.0	4560.0	61000
-175.9	-	27110.7	7064.2	104241
470.7	335.5	23461.2	7545.2	13341
-783.0	-	29533.0	1013.0	139051
2114.0	-8.5	355574.0	19003.0	19739
-1325.4	-	836355.0	25690.8	21367
99.0	-82.6	7663.0	2730.0	98000
2311.0	-33.8	32018.0	9301.0	46723
-424.2	-	31684.6	6657.5	47200
1360.1	131.0	11977.6	4090.8	37829
-275.2	-4184.8	5144.4	1636.0	12700
1423.0	-44.6	49479.0	17646.0	77020
39.7	-19.4	18607.0	282.3	122043
2676.2	-25.7	406915.1	12834.1	79537
n.a.	-	123418.8	n.a.	14222
-220.0	-	27559.0	8925.0	108000
3295.0	24.9	277383.0	22440.0	73685
-58.5	-	117058.2	12067.6	8287
1116.0	-18.1	18880.0	7022.0	137000

16−2 续表 4 continued

位次 Rank		企业名称	Company Name	国家和地区	Country or Area	营业额(百万美元) Revenues (USD mil.)	比上年增长 % % Change from 2001
2002	2001						
201	270	英国煤气	Centrica	英国	United Kingdom	21510.4	18.4
202	224	关西电力公司	Kansai Electric Power	日本	Japan	21462.0	1.2
203	238	法国国家人寿保险公司	CNP Assurances	法国	France	21450.9	6.7
204	284	国营石油公司	Petronas	马来西亚	Malaysia	21430.1	21.2
205	248	LG 国际公司	LG International	韩国	Korea, Rep.	21394.2	9.6
206	204	三菱重工	Mitsubishi Heavy Industries	日本	Japan	21287.6	-7.1
207	228	阿尔斯通	Alstom	法国	France	21237.1	2.4
208	269	弗朗茨－哈尼尔有限公司	Franz Haniel	德国	Germany	21236.2	16.6
209	273	丰田通商	Toyota Tsusho	日本	Japan	21144.4	17.2
210	233	东日本铁路	East Japan Railway	日本	Japan	21055.9	3.5
211	266	布伊格公司	Bouygues	法国	France	21033.1	14.7
212	274	法国国营铁路公司	SNCF	法国	France	20966.0	16.3
213	192	毕尔巴鄂比斯开银行	Banco Bilbao Vizcaya Argentaria	西班牙	Spain	20823.2	-12.7
214	257	诺华	Novartis	瑞士	Switerland	20822.5	9.7
215	174	日联银行	UFJ Holdings	日本	Japan	20686.5	-18.2
216	205	美国铝公司	Alcoa	美国	United States	20618.0	-9.8
217	246	联邦捷运公司	FedEx	美国	United States	20607.0	5.0
218	251	富士胶卷公司	Fuji Photo Film	日本	Japan	20563.8	7.1
219	225	拉博银行	Rabobank	荷兰	Netherlands	20508.4	-3.0
220	223	TUI	TUI	德国	Germany	20431.0	-3.9
221	291	Norsk Hydro	Norsk Hydro	挪威	Norway	20412.9	20.1
222	249	麻省相互人寿保险公司	Mass. Mutual Life Ins.	美国	United States	20247.1	4.7
223	232	卡特彼勒公司	Caterpillar	美国	United States	20152.0	-1.5
224	264	约翰逊控制器公司	Johnson Controls	美国	United States	20103.4	9.1
225	245	DELHAIZE"LELION" 公司	Delhaize Group	比利时	Belgium	19932.2	1.5
226	·	JIFE Holdings	JIFE Holdings	日本	Japan	19917.0	-
227	254	信诺公司	Cigna	美国	United States	19915.0	4.2
228	178	安泰	Aetna	美国	United States	19878.7	-21.1
229	187	美国教师退休基金会	TIAA-CREF	美国	United States	19791.0	-18.3
230	287	中国移动通信集团公司	China Mobile Communications	中国	China	19783.3	13.7
231	193	德国商业银行	Commerzbank	德国	Germany	19763.4	-16.9
232	275	HCA	HCA	美国	United States	19729.0	20.8
233	222	皇家和太阳联盟公司	Royal & Sun Alliance	英国	United Kingdom	19699.7	-8.5
234	239	可口可乐公司	Coca-Cola	美国	United States	19564.0	-2.6
235	236	Gazprom	Gazprom	俄罗斯	Russian Fed.	19551.5	-3.0
236	286	三星人寿保险公司	Samsung Life Insurance	韩国	Korea, Rep.	19536.1	11.6
237	243	中国工商银行	Industrial & Commercial Bank of China	中国	China	19528.5	-1.5
238	230	安万特	Aventis	法国	France	19496.8	-5.1
239	241	全美汽车租赁	AutoNation	美国	United States	19478.5	-2.6
240	296	马自达汽车公司	Mazda Motor	日本	Japan	19405.1	15.8
241	297	CAISSE DEPARGNE	Groupe Caisse D'epargne	法国	France	19350.2	15.9
242	227	超价商店	Supervalu	美国	United States	19160.4	-8.4
243	267	沃尔沃公司	Volvo	瑞典	Sweden	19158.8	4.7
244	252	日本电装公司	Denso	日本	Japan	19144.5	-0.3
245	288	罗氏制药	Roche Group	瑞士	Switerland	19096.2	10.5
246	283	华盛顿共同公司	Washington Mutual	美国	United States	19037.0	7.6
247	213	思科系统	Cisco Systems	美国	United States	18915.0	-15.2
248	311	中国化工进出口总公司	Sinochem	中国	China	18763.0	16.1
249	344	惠好公司	Weyerhaeuser	美国	United States	18521.0	27.3
250	278	威斯蒂安	Visteon	美国	United States	18395.0	3.1

利润额(百万美元) Profits (USD mil.)	比上年增长% % Change from 2001	资产额(百万美元) Assets (USD mil.)	股东产权权益(百万美元) Stockholders' Equity (USD mil.)	雇员人数(人) Employees (persons)
718.3	54.4	14054.4	3619.1	38051
660.4	-35.7	62424.6	13055.5	35554
539.9	3.2	161670.2	4930.6	2735
3975.0	3.7	46844.8	20619.8	28378
76.0	196.0	2730.6	459.3	896
281.7	33.2	30923.0	10718.2	61292
-1373.6	-	27047.3	878.4	109671
217.9	-19.3	11726.7	2897.0	44597
154.5	120.1	8099.1	1345.0	11223
804.2	111.5	57795.4	8280.1	78760
629.7	104.4	26005.8	5258.2	121604
59.6	-	41574.9	4491.2	242162
1625.2	-23.2	293334.6	18060.2	93093
4698.1	12.9	45709.0	28698.8	72877
-4997.3	-	676397.1	15722.2	22317
420.0	-53.7	29810.0	9927.0	127000
710.0	21.5	13812.0	6545.0	184953
398.7	-38.7	24947.8	14172.8	72633
n.a.	-	393208.7	17408.6	51867
30.3	-90.2	16283.0	3053.7	70299
1098.1	25.1	29910.1	10951.1	42615
1430.0	67.8	94267.0	6105.0	11797
798.0	-0.9	32851.0	5472.0	68990
600.5	25.5	11165.3	3499.7	111000
168.6	26.0	11375.0	3702.8	143894
130.9	-	32312.6	5014.0	54100
-398.0	-140.2	88950.0	3867.0	41200
-2522.5	-	40047.5	6980.0	28371
-136.8	-123.4	261587.7	9671.6	6467
3706.4	42.1	44517.0	28745.7	120773
-281.7	-408.4	442962.1	9242.6	36566
833.0	-6.0	18741.0	5702.0	178000
-1412.5	-	96507.1	4898.9	50479
3050.0	-23.2	24501.0	11800.0	56000
3873.6	12.7	68378.8	50154.7	310700
791.8	63.6	58191.3	4614.2	6220
788.6	6.6	577110.6	21530.4	405000
1976.9	46.7	32606.1	11894.3	78099
381.6	64.3	8584.8	3910.2	28500
198.1	180.5	14791.8	1636.6	36184
900.1	27.2	374753.9	9756.8	44600
257.0	29.6	5896.2	2009.2	57400
143.3	-	27454.6	8983.7	70546
911.1	57.5	19857.1	11788.5	89380
-2586.4	-218.1	46282.5	15050.2	69659
3896.0	25.1	268298.0	20134.0	52459
1893.0	-	37795.0	28656.0	36000
96.9	17.8	5119.5	1340.9	9604
241.0	-31.9	28219.0	6623.0	56787
-352.0	-	11170.0	2978.0	76946

16-2 续表 5 continued

位次 Rank 2002	2001	企业名称	Company Name	国家和地区	Country or Area	营业额(百万美元) Revenues (USD mil.)	比上年增长% % Change from 2001
251	259	里昂信贷银行	Crédit Lyonnais	法国	France	18176.9	-3.6
252	218	布里斯托尔－迈尔斯施贵宝公司	Bristol-Myers Squibb	美国	United States	18119.0	-11.3
253	301	阿斯特拉捷利康	AstraZeneca	英国	United Kingdom	18032.0	9.4
254	214	中国电信集团公司	China Telecommunications	中国	China	18012.6	-19.1
255	271	英美烟草公司	British American Tobacco	英国	United Kingdom	17959.7	-1.0
256	285	布里奇斯通轮胎公司	Bridgestone	日本	Japan	17951.8	2.2
257	293	三洋电气公司	Sanyo Electric	日本	Japan	17911.8	6.0
258	237	大荣	Daiei	日本	Japan	17884.4	-11.1
259	279	中部电力公司	Chubu Electric Power	日本	Japan	17858.6	0.2
260	373	诺斯洛普格拉曼	Northrop Grumman	美国	United States	17837.0	31.6
261	202	乐喜金星电子公司	LG Electronics	韩国	Korea, Rep.	17836.0	-
262	·	Nippon Mining Holdings	Nippon Mining Holdings	日本	Japan	17752.0	-
263	309	雅培制药公司	Abbott Laboratories	美国	United States	17684.7	8.6
264	356	德国联邦铁路	Deutsche Bahn	德国	Germany	17665.5	25.5
265	256	Dexia Group	Dexia Group	比利时	Belgium	17655.1	-10.3
266	282	萨拉·李公司	Sara Lee	美国	United States	17628.0	-0.7
267	325	弗莱明公司	Fleming	美国	United States	17561.5	12.4
268	242	Banca Intesa	Banca Intesa	意大利	Italy	17555.8	-15.1
269	318	乔治韦斯顿公司	George Weston	加拿大	Canada	17476.0	9.8
270	308	Vinci	Vinci	法国	France	17437.5	7.0
271	272	Almanij	Almanij	比利时	Belgium	17410.3	-3.6
272	410	WellPoint Health Netwks.	WellPoint Health Netwks.	美国	United States	17338.5	39.5
273	276	贝特尔斯曼公司	Bertelsmann	德国	Germany	17312.8	-3.2
274	258	美利坚公司	AMR	美国	United States	17299.0	-8.8
275	289	鲜京环球	SK Global	韩国	Korea, Rep.	17152.0	-0.4
276	294	巴登－符腾堡州立银行	Landesbank Baden-Wurttemberg	德国	Germany	17138.9	1.6
277	399	日本航空公司	Japan Airlines System	日本	Japan	17098.7	32.9
278	255	东绵	Tomen	日本	Japan	17093.9	-10.4
279	324	韩国电力公司	Korea Electric Power	韩国	Korea, Rep.	17074.9	8.9
280	295	雷声公司	Raytheon	美国	United States	16962.0	0.6
281	250	法玛西亚	Pharmacia	美国	United States	16929.0	-12.3
282	322	可口可乐企业	Coca-Cola Enterprises	美国	United States	16889.0	7.6
283	260	洛斯公司	Loews	美国	United States	16827.8	-10.5
284	212	莱曼兄弟公司	Lehman Brothers Hldgs.	美国	United States	16781.0	-25.1
285	323	日本出光兴产石油公司	Idemitsu Kosan	日本	Japan	16587.9	5.8
286	381	铃木自动车工业公司	Suzuki Motor	日本	Japan	16539.2	24.0
287	307	日本烟草公司	Japan Tobacco	日本	Japan	16475.4	0.9
288	346	夏普公司	Sharp	日本	Japan	16439.9	14.0
289	329	法国邮政局	La Poste	法国	France	16386.3	7.5
290	·	中国人寿保险公司	China Life Insurance	中国	China	16379.3	56.5
291	316	3M	3M	美国	United States	16332.0	1.6
292	314	翠丰集团	Kingfisher	英国	United Kingdom	16282.1	0.9
293	337	巴西银行	Banco Bradesco	巴西	Brazil	16125.2	7.8
294	313	Adecco	Adecco	瑞士	Switzerland	16116.0	-0.2
295	298	安田相互人寿保险公司	Yasuda Mutual Life Insurance	日本	Japan	16105.4	-2.8
296	338	汉莎集团	Lufthansa Group	德国	Germany	16045.4	7.4
297	334	全国保险公司	Nationwide	美国	United States	15949.3	5.5
298	119	朝日生命相互保险公司	Asahi Mutual Life Insurance	日本	Japan	15933.4	-51.9
299	328	PUBLIX超级市场	Publix Super Markets	美国	United States	15930.6	4.2
300	310	西北相互人寿保险公司	Northwestern Mutual	美国	United States	15916.4	-1.8

利润额(百万美元) Profits (USD mil.)	比上年增长 % % Change from 2001	资产额(百万美元) Assets (USD mil.)	股东产权权益(百万美元) Stockholders' Equity (USD mil.)	雇员人数(人) Employees (persons)
806.5	10.9	256968.7	9084.1	40950
2066.0	-57.3	24874.0	8967.0	44000
2836.0	-4.4	21576.0	11172.0	58700
937.7	34.1	58482.5	28786.5	365778
1731.1	19.0	26218.8	8347.3	60867
362.4	153.2	18066.2	6707.8	106846
-597.6	-4426.7	23144.9	4057.9	79025
1101.8	-	19270.1	559.3	24216
874.0	-1.0	52981.0	11023.6	26303
64.0	-85.0	42266.0	14322.0	117300
273.7	-	16919.7	2392.2	55248
30.0	-	13735.2	1728.3	10914
2793.7	80.2	24259.1	10664.6	71819
-456.6	-	48293.8	5883.6	250690
1228.1	-3.8	368238.6	9538.5	20723
1010.1	-55.4	13753.0	1742.0	154900
-83.8	-459.5	3997.9	514.0	22712
189.1	-77.3	294584.4	14639.3	71501
439.4	16.9	10547.5	2773.8	142850
451.7	11.2	21282.3	2725.6	127380
678.3	9.8	265252.2	7867.8	52969
703.1	69.5	11302.5	3976.7	16200
877.4	25.0	23282.8	7014.8	80632
-3511.0	-	30267.0	957.0	105500
-2521.5	-	10201.6	-2922.1	4190
266.7	-34.8	336265.2	9277.6	10342
95.6	-	18319.1	2144.2	54885
-549.6	-1559.0	8194.6	115.4	8429
2436	92.3	59450.9	29892.1	16852
-640	-	23946.0	8870.0	76400
597.0	-60.2	18517.0	7983.0	43000
494.0	-	24375.0	3347.0	74000
912.0	-	70519.6	11235.2	25800
975.0	-22.3	260336.0	8942.0	12343
18.7	-65.3	19748.3	2496.8	8794
254.6	42.2	12965.3	5467.7	39127
618.0	109.7	24942.3	13684.0	38628
267.5	195.7	16906.9	7607.6	46633
32.1	-	53809.1	1727.2	325000
97.2	8.3	36232.5	940.7	65232
1974.0	38.0	15329.0	5993.0	68744
257.6	-	15306.8	7335.0	78523
692.7	-24.9	40331.0	3063.7	74393
227.4	-	6118.4	1408.1	29000
524.4	142.2	80052.7	1734.8	20263
677.7	-	20081.1	4328.7	93796
172.3	163.1	129565.4	9828.8	31000
51.3	-	55667.4	916.0	22162
632.4	19.2	4789.6	3008.1	90100
158.0	-75.7	102935.0	7217.1	4298

16–2 续表 6 continued

位次 Rank 2002	2001	企业名称	Company Name	国家和地区	Country or Area	营业额(百万美元) Revenues (USD mil.)	比上年增长% % Change from 2001
301	332	哈特福德金融服务公司	Hartford Fin. Services	美国	United States	15907.0	5.0
302	281	BHP Billiton	BHP Billiton	澳大利亚	Australia	15906.0	-10.6
303	253	佛雷特波士顿银行	FleetBoston Financial	美国	United States	15868.0	-17.3
304	300	施乐公司	Xerox	美国	United States	15849.0	-6.8
305	358	国家电力公司	Endesa	西班牙	Spain	15825.6	13.5
306	331	来德爱	Rite Aid	美国	United States	15800.9	4.2
307	330	三井住友保险公司	Mitsui Sumitomo Insurance	日本	Japan	15760.2	3.6
308	280	阿比国民银行	Abbey National	英国	United Kingdom	15744.8	-11.5
309	290	技术数据	Tech Data	美国	United States	15738.9	-8.5
310	39	杜克能源	Duke Energy	美国	United States	15663.0	-73.7
311	207	阿尔卡泰尔公司	Alcatel	法国	France	15644.1	-31.1
312	·	AT&T Wireless Services	AT&T Wireless Services	美国	United States	15632.0	-
313	409	COMPASS 集团	Compass Group	英国	United Kingdom	15609.6	24.4
314	36	美国电力	American Electric Power	美国	United States	15583.0	-74.6
315	387	AdvancePCS	AdvancePCS	美国	United States	15540.5	18.6
316	305	日绵	Nichimen	日本	Japan	15495.5	-5.7
317	350	三菱化学工业公司	Mitsubishi Chemical	日本	Japan	15490.3	8.8
318	244	奎斯特电信	Qwest Communications	美国	United States	15487.0	-21.6
319	292	联合百货公司	Federated Dept. Stores	美国	United States	15435.0	-8.6
320	304	美国银行	U.S. Bancorp	美国	United States	15422.3	-6.2
321	340	麦当劳公司	McDonald's	美国	United States	15405.7	3.6
322	302	鹿岛公司	Kajima	日本	Japan	15386.1	-6.6
323	465	加拿大太阳人寿保险公司	Sun Life Financial Services	加拿大	Canada	15311.1	41.0
324	320	巴伐利亚州立银行	Bayerische Landesbank	德国	Germany	15307.9	-3.1
325	342	米其林公司	Michelin	法国	France	15221.7	4.5
326	364	新闻公司	News Corp.	澳大利亚	Australia	15183.5	10.4
327	343	曼恩公司	Man Group	德国	Germany	15164.8	4.2
328	341	Anglo American	Anglo American	英国	United Kingdom	15145.0	2.4
329	360	庞巴迪	Bombardier	加拿大	Canada	15115.9	8.8
330	·	韩国国民银行	Kookmin Bank	韩国	Korea, Rep.	15075.3	42.8
331	321	意大利联合信贷银行	UniCredito Italiano	意大利	Italy	15033.5	-4.8
332	277	中国银行	Bank Of China	中国	China	15030.9	-15.9
333	210	爱立信公司	L.M. Ericsson	瑞典	Sweden	14999.3	-33.1
334	317	SKANSKA	Skanska	瑞典	Sweden	14979.0	-6.1
335	333	EXELON	Exelon	美国	United States	14955.0	-1.2
336	347	卡尔斯泰公司	KarstadtQuelle	德国	Germany	14951.7	3.9
337	299	加拿大皇家银行	Royal Bank of Canada	加拿大	Canada	14771.7	-10.7
338	437	巴西银行	Banco Do Brasil	巴西	Brazil	14679.2	25.6
339	359	HOUSEHOLD INTERNATIONAL	Household International	美国	United States	14671.6	5.4
340	354	惠氏	Wyeth	美国	United States	14584.0	3.2
341	349	利保相互保险集团	Liberty Mutual Insurance Group	美国	United States	14544.0	-
342	363	加普公司	Gap	美国	United States	14454.7	4.4
343	369	利尔公司	Lear	美国	United States	14424.6	5.9
344	327	ONEX	Onex	加拿大	Canada	14424.1	-6.2
345	219	现代公司	Hyundai	韩国	Korea, Rep.	14323.7	-34.0
346	315	联合航空公司	UAL	美国	United States	14286.0	-11.5
347	379	理光公司	Ricoh	日本	Japan	14266.3	6.7
348	445	安田火灾海上保险公司	Sompo Japan Insurance	日本	Japan	14261.7	26.1
349	·	CENDANT	Cendant	美国	United States	14243.0	59.1
350	375	瑞士人寿保险和养老保险	Swiss Life Ins. & Pension	瑞士	Switzerland	14124.5	4.5

利润额(百万美元) Profits (USD mil.)	比上年增长 % % Change from 2001	资产额(百万美元) Assets (USD mil.)	股东产权权益(百万美元) Stockholders' Equity (USD mil.)	雇员人数(人) Employees (persons)
1000.0	97.2	182043.0	10734.0	29000
1690.0	10.5	29552.0	12356.0	51037
1188.0	27.6	190453.0	16833.0	50290
91.0	-	25458.0	2443.0	67100
1200.7	-9.3	50553.0	8439.8	26354
-112.1	-	6133.5	-112.3	56160
269.3	77.3	54626.4	8786.9	16013
-1800.2	-198.0	331190.2	10290.5	32364
-199.8	-280.4	3248.0	1338.5	7900
1034.0	-45.5	60966.0	15078.0	22000
-4486.1	-	27156.9	5254.0	75940
-2324.0	-	45806.0	19697.0	31000
326.4	55.2	14441.1	4452.0	392352
-519.0	-153.5	34741.0	7064.0	26763
168.4	45.5	3712.7	970.5	6000
-398.3	-3816.5	9905.8	253.9	7626
175.5	-	17852.9	2954.4	37633
-35913.0	-	31228.0	-1094.0	50788
818.0	-	14441.0	5762.0	113000
3289.2	92.7	180027.0	18101.0	52046
893.5	-45.4	23970.0	10280.9	413000
83.0	-	17070.5	1341.0	17376
635.5	11.6	111528.4	9437.2	14905
222.7	1.4	358137.0	9264.0	9605
549.1	107.2	17115.9	4542.4	126285
-6259.9	-	40104.8	19418.3	33800
127.6	-5.3	12268.9	2759.8	75054
1563.0	-50.8	33581.0	16261.0	177000
-393.0	-256.5	18940.2	1789.6	70411
1016.0	56.8	157771.8	8517.9	18347
1702.9	30.8	223876.0	12865.8	66555
1141.2	19.4	434201.6	26538.4	192468
-1956.3	-	23902.0	8447.6	64621
-86.1	4148.7	8993.5	1631.6	76358
1440.0	0.8	37478.0	7742.0	25000
153.4	-27.1	10719.8	1759.1	104536
1841.2	16.4	243970.5	11980.3	59549
694.5	51.0	57794.5	2598.0	78619
1557.8	-15.7	97860.6	10416.1	33000
4447.2	94.6	25994.9	8155.9	52762
508.0	-	55827.0	6447.0	36067
477.5	-	9902.0	3658.2	165000
13.0	-50.6	7483.0	1662.3	115000
-92.3	-117.9	12590.2	660.8	98000
-143.7	-	828.7	-124.7	386
-3212.0	-	23656.0	-2483.0	72000
595.1	20.8	15895.7	5544.9	74600
-240.2	-	44962.8	4299.5	17636
846.0	119.7	35897.0	9315.0	85000
-1088.3	-1581.0	115401.3	3015.8	11541

16-2 续表 7 continued

位次 Rank		企业名称	Company Name	国家和地区	Country or Area	营业额(百万美元)	
2002	2001					Revenues (USD mil.)	比上年增长% % Change from 2001
351	303	澳大利亚国民银行	National Australia Bank	澳大利亚	Australia	14109.6	-14.2
352	148	德州公用	TXU	美国	United States	14086.0	-49.6
353	·	BUNGE	Bunge	美国	United States	14074.0	22.4
354	382	迪尔公司	Deere	美国	United States	13947.0	4.9
355	424	TENET HEALTHCARE	Tenet Healthcare	美国	United States	13913.0	15.4
356	348	电通公司	Dentsu	日本	Japan	13893.7	-2.9
357	421	通用动力	General Dynamics	美国	United States	13863.0	14.0
358	352	固特异轮胎和橡胶公司	Goodyear Tire & Rubber	美国	United States	13850.0	-2.1
359	357	SCHL UMBERGER	Schlumberger	美国	United States	13824.7	-1.2
360	326	埃默森电器公司	Emerson Electric	美国	United States	13824.0	-10.7
361	416	拉法基	Lafarge	法国	France	13812.8	12.6
362	203	太平洋天然气和电气公司	PG&E Corp.	美国	United States	13784.0	-40.0
363	367	日本通运公司	Nippon Express	日本	Japan	13762.1	0.7
364	400	法国煤气	Gaz de France	法国	France	13752.3	7.0
365	386	伊莱克斯	Electrolux	瑞典	Sweden	13700.4	4.3
366	453	OLD MUTUAL	Old Mutual	英国	United Kingdom	13650.1	23.2
367	417	保险集团	Groupama	法国	France	13648.3	9.7
368	180	朗讯科技	Lucent Technologies	美国	United States	13568.0	-46.0
369	397	安霍伊泽－布施公司	Anheuser-Busch	美国	United States	13566.4	5.1
370	345	金伯利－克拉克有限公司	Kimberly-Clark	美国	United States	13566.3	-6.6
371	389	中国建设银行	China Construction Bank	中国	China	13539.4	3.5
372	406	科尔斯美亚公司	Coles Myer	澳大利亚	Australia	13537.7	7.1
373	415	欧莱雅	L'oreal	法国	France	13508.4	9.8
374	220	三井相互人寿保险公司	Mitsui Mutual Life Insurance	日本	Japan	13508.1	-37.6
375	378	大成公司	Taisei	日本	Japan	13497.2	0.8
376	351	五月百货公司	May Dept. Stores	美国	United States	13491.0	-4.8
377	422	卢克石油公司	Lukoil	俄罗斯	Russian Fed.	13453.0	11.1
378	388	伟创力	Flextronics International	新加坡	Singapore	13378.7	2.1
379	418	塞夫韦公司	Safeway	英国	United Kingdom	13363.2	9.0
380	362	德尔塔航空公司	Delta Air Lines	美国	United States	13305.0	-4.1
381	486	ANTHEM	Anthem	美国	United States	13282.3	27.2
382	374	LEGAL & GENERAL	Legal & General	英国	United Kingdom	13239.8	-2.2
383	407	阿克佐诺贝尔公司	Akzo Nobel	荷兰	Netherlands	13238.0	4.8
384	392	中国粮油食品进出口总公司	COFCO	中国	China	13218.1	1.6
385	262	迪阿吉奥	Diageo	英国	United Kingdom	13215.9	-16.9
386	413	韩国电信	KT	韩国	Korea, Rep.	13101.5	6.1
387	371	东北电力公司	Tohoku Electric Power	日本	Japan	13080.3	-3.6
388	442	伍尔沃斯公司	Woolworths	澳大利亚	Australia	13075.0	13.7
389	440	国泰人寿保险	Cathay Life	中国台湾省	Taiwan, China	13071.5	12.8
390	339	加拿大贝尔电子	BCE	加拿大	Canada	13020.7	-12.5
391	456	曼格纳国际	Magna International	加拿大	Canada	12971.0	17.6
392	427	MIGROS	Migros	瑞士	Switzerland	12968.7	8.5
393	398	温－迪克西百货公司	Winn-Dixie Stores	美国	United States	12942.9	0.3
394	383	伊士曼柯达公司	Eastman Kodak	美国	United States	12841.0	-3.0
395	425	英国邮局	Royal Mail Group	英国	United Kingdom	12837.7	6.6
396	394	达能集团	Groupe Danone	法国	France	12815.4	-1.1
397	372	奥托邮购两合公司	Otto Versand	德国	Germany	12771.4	-5.8
398	405	清水公司	Shimizu	日本	Japan	12717.5	0.4
399	454	法国航空公司	Air France Group	法国	France	12619.3	13.9
400	377	哈利伯顿公司	Halliburton	美国	United States	12572.0	-6.2

利润额(百万美元) Profits (USD mil.)	比上年增长 % % Change from 2001	资产额(百万美元) Assets (USD mil.)	股东产权权益(百万美元) Stockholders' Equity (USD mil.)	雇员人数(人) Employees (persons)
1794.5	65.0	205049.5	12596.8	41428
-4210.0	-721.9	30891.0	5066.0	19200
255.0	90.3	8349.0	1472.0	24207
319.2	-	23768.0	3163.2	43051
785.0	22.1	13814.0	5619.0	96796
188.5	-14.2	10012.6	3728.2	13623
917.0	-2.8	11731.0	5199.0	54000
-1105.8	-	13146.6	650.6	92742
-2320.0	-544.3	19435.2	5606.1	78500
122.0	-88.2	14545.0	5741.0	111500
431.1	-35.8	27953.4	7325.4	77547
-874.0	-179.5	33696.0	3613.0	21814
191.5	13.0	10162.8	3099.6	65160
3414.9	328.0	29944.0	9715.8	35694
524.2	40.1	9803.8	3170.9	81971
235.9	-	79799.5	4485.2	46462
-145.6	-202.3	50893.0	4092.4	27400
-11753.0	-	17791.0	-4734.0	47000
1933.8	13.5	14119.5	3052.3	23176
1674.6	4.0	15585.8	5650.3	63900
520.0	-16.7	372499.3	12955.8	306809
186.4	132.7	4511.6	1800.2	164000
1207.7	4.5	15711.5	7788.0	50491
425.4	-8.9	64708.0	1707.7	16203
123.1	-	15968.0	1471.9	17159
542.0	-22.9	11936.0	4035.0	116000
1843.0	-12.6	22001.0	14000.0	150000
-83.5	-	8394.1	4542.0	95000
260.0	-26.8	7930.0	3494.8	55285
-1272.0	-	24720.0	893.0	75100
549.1	60.5	12293.1	5362.3	19500
-270.5	-	171765.1	5125.9	8487
773.4	28.7	13420.0	2201.5	67900
115.7	-11.6	5142.6	1785.2	28000
2332.2	31.1	28188.7	9147.3	55350
1555.9	80.5	24117.8	6480.4	44012
508.0	-9.3	35496.4	7104.4	18678
294.6	15.2	3213.1	693.3	145000
371.6	18.5	36973.1	1974.6	31745
1575.9	366.7	25043.0	8147.2	66000
554.0	-4.5	10142.0	5421.0	73000
114.4	-32.3	11878.2	5800.2	62400
86.9	91.7	2937.6	812.4	76700
770.0	913.2	13369.0	2777.0	70000
-864.7	-	9860.1	3300.4	200000
1213.0	926.2	16254.3	5338.0	92209
127.9	-33.0	5692.3	850.8	56471
56.0	-30.5	15345.8	1801.8	13455
119.4	-11.8	13757.7	4358.2	71525
-998.0	-223.4	12844.0	3558.0	83000

16–2 续表 8 continued

位次 Rank 2002	2001	企业名称	Company Name	国家和地区	Country or Area	营业额(百万美元) Revenues (USD mil.)	比上年增长% % Change from 2001
401	412	太阳石油	Sunoco	美国	United States	12550.0	1.2
402	408	阿尔坎公司	Alcan	加拿大	Canada	12540.0	-0.7
403	43	埃尔帕索能源公司	El Paso	美国	United States	12503.0	-78.2
404	268	太阳微系统公司	Sun Microsystems	美国	United States	12496.0	-31.5
405	429	拉加代尔	Lagardere Group	法国	France	12495.3	5.0
406	439	马克思－斯潘塞有限公司	Marks & Spencer	英国	United Kingdom	12494.6	7.3
407	426	联合太平洋铁道公司	Union Pacific	美国	United States	12491.0	4.3
408	·	COMCAST	Comcast	美国	United States	12460.0	28.8
409	446	克里斯汀迪奥	Cristian Dior	法国	France	12449.5	10.6
410	·	SAN PAOLO IMI	Sun Paolo Imi	意大利	Italy	12337.0	26.2
411	365	莱茵集团	RAG	德国	Germany	12314.7	-10.1
412	261	旭电	Solectron	美国	United States	12276.2	-34.3
413	492	伊陶莎	Itausa-Investimentos Itau	巴西	Brazil	12273.7	19.9
414	·	EXPRESS SCRIPTS	Express Scripts	美国	United States	12260.6	31.4
415	·	第一能源	FirstEnergy	美国	United States	12247.4	53.1
416	431	住友电气工业公司	Sumitomo Electric Industries	日本	Japan	12219.2	2.9
417	390	BAE SYSTEMS	BAE Systems	英国	United Kingdom	12135.4	-6.8
418	432	加拿大电力保险公司	Power Corp. of Canada	加拿大	Canada	12108.9	2.1
419	423	斯达拉恩索	Stora Enso	芬兰	Finland	12085.1	-0.1
420	419	NORDEA	Nordea	瑞典	Sweden	12068.5	-1.2
421	478	联盟联合化学公司	Alliance Unichem	英国	United Kingdom	12056.5	14.5
422	459	路易威登轩尼诗	LVMH	法国	France	12000.4	9.6
423	395	农林中央银行	Norinchukin Bank	日本	Japan	11992.4	-7.3
424	396	辛辛那提能源	Cinergy	美国	United States	11990.1	-7.2
425	470	TJX	TJX	美国	United States	11981.2	11.9
426	353	蒙特爱迪生	Edison	意大利	Italy	11950.3	-15.5
427	376	阿拉美达赫斯	Amerada Hess	美国	United States	11932.0	-11.0
428	451	ROYAL KPN	Royal KPN	荷兰	Netherlands	11929.5	7.3
429	428	英国航空公司	British Airways	英国	United Kingdom	11892.6	-0.4
430	430	CARSO GLOBAL TELECOM	Carso Global Telecom	墨西哥	Mexico	11681.9	-1.7
431	438	九州电力公司	Kyushu Electric Power	日本	Japan	11664.0	0.0
432	366	丰业银行	Bank of Nova Scotia	加拿大	Canada	11633.1	-14.9
433	474	科斯莫石油公司	Cosmo Oil	日本	Japan	11609.6	9.4
434	469	斯特普尔斯	Staples	美国	United States	11596.1	7.9
435	487	沃尔斯利公司	Wolseley	英国	United Kingdom	11586.2	11.6
436	380	埃森哲	Accenture	美国	United States	11574.3	1.1
437	201	西德意志银行	WESTLB	德国	Germany	11573.5	-50.0
438	420	爱迪生国际	Edison International	美国	United States	11562.0	-5.1
439	·	RELIANT RESOURCES	Reliant Resources	美国	United States	11558.0	-
440	·	AISIN SEIKI	Aisin Seiki	日本	Japan	11555.3	18.2
441	476	索迪斯联合	Sodexho Alliance	法国	France	11517.3	8.9
442	401	太阳相互人寿保险公司	Taiyo Mutual Life Insurance	日本	Japan	11504.6	-10.3
443	494	浦项综合制铁公司	POSCO	韩国	Korea, Rep.	11472.1	12.9
444	450	办公用品公司	Office Depot	美国	United States	11437.5	2.5
445	·	PECHINEY	Pechiney	法国	France	11395.3	13.6
446	·	EUROHYPO	Eurohypo	德国	Germany	11389.1	-
447	·	TOKYU	Tokyu	日本	Japan	11370.0	34.4
448	443	计算机科学	Computer Sciences	美国	United States	11346.5	-0.7
449	457	玩具反斗店	Toys ‘R’ Us	美国	United States	11305.0	2.6
450	462	富士重工业公司	Fuji Heavy Industries	日本	Japan	11262.5	3.4

利润额(百万美元) Profits (USD mil.)	比上年增长% % Change from 2001	资产额(百万美元) Assets (USD mil.)	股东产权权益(百万美元) Stockholders' Equity (USD mil.)	雇员人数(人) Employees (persons)
-47.0	-111.8	6441.0	1394.0	14000
374.0	7380.0	17538.0	8625.0	48000
-1467.0	-1677.4	46224.0	8377.0	11855
-587.0	-163.3	16522.0	9801.0	39400
-275.2	-149.9	19066.6	3865.5	45826
743.3	238.4	10678.4	4802.6	47756
1341.0	38.8	32764.0	10651.0	60947
-274.0	-145.0	113105.0	38329.0	82000
168.3	-	28124.4	3980.1	55314
840.5	-22.0	213827.2	11056.9	45650
5.8	302.5	20038.6	1841.8	81990
-3110.2	-	11014.0	4772.7	68500
526.5	4.7	32386.3	1804.9	54648
202.8	62.7	3207.0	1002.9	7561
629.3	-2.7	33580.8	7455.2	17560
-163.2	-347.1	13718.7	5172.1	79197
-1030.8	-	25120.9	9137.8	68100
410.7	2.9	44395.4	3409.9	19000
-210.1	-125.3	19112.9	8559.4	42461
838.6	-40.3	261935.2	12484.0	37562
163.5	18.3	5158.8	1395.3	29854
525.7	5770.1	22473.7	7418.8	52991
537.1	-4.9	516657.7	14902.3	3503
360.6	-18.5	13307.0	3293.5	7823
578.4	15.6	3940.5	1409.1	89000
-659.0	-	19091.7	4696.8	5397
-218.0	-123.9	13262.0	4249.0	11662
-9021.3	-	26402.4	4730.4	40195
111.4	-	20390.4	3253.0	51505
304.3	-51.9	16566.7	912.8	63775
527.9	8.0	35457.5	7085.9	19060
1141.7	-18.9	189321.6	9439.3	44633
28.1	-	10513.8	1632.6	5710
446.1	68.4	5721.4	2658.9	73864
419.1	56.9	6083.2	2499.4	37136
244.9	-76.8	5478.9	438.6	75000
-1635.6	-1072.2	278706.0	5240.7	9910
1077.0	4.1	33284.0	4437.0	15038
-559.8	-	17636.8	5652.9	6002
393.9	92.0	10324.7	3614.4	42500
167.1	36.7	8378.8	2351.6	315141
13.0	-86.0	55233.7	973.4	3296
870.5	32.9	16084.3	9523.4	27100
310.7	54.5	4765.8	2297.1	43000
-47.3	-122.7	8640.3	3162.7	34000
276.6	-	239740.1	4984.2	2559
28.0	-70.5	21176.8	1280.1	31320
440.2	27.9	10433.2	4606.4	90000
229.0	241.8	9397.0	4030.0	65000
274.8	13.5	11334.7	3468.1	27478

16-2 续表 9 continued

位次 Rank 2002	2001	企业名称	Company Name	国家和地区	Country or Area	营业额(百万美元) Revenues (USD mil.)	比上年增长% % Change from 2001
451	493	胡曼纳	Humana	美国	United States	11261.2	10.5
452	460	中央日本铁道公司	Central Japan Railway	日本	Japan	11186.1	2.3
453	433	太平洋健康系统	PacifiCare Health Sys.	美国	United States	11156.5	-5.8
454	444	废物处理公司	Waste Management	美国	United States	11142.0	-1.6
455	·	TPG	TPG	荷兰	Netherlands	11139.1	10.9
456	441	礼来大药厂	Eli Lilly	美国	United States	11077.5	-4.0
457	404	铃木汽车	Isuzu Motors	日本	Japan	11074.6	-13.3
458	·	GUS	GUS	英国	United Kingdom	11054.1	19.5
459	491	惠尔普尔公司	Whirlpool	美国	United States	11016.0	6.5
460	447	大林组	Obayashi	日本	Japan	11005.3	-2.0
461	·	YUKOS	Yukos	俄罗斯	Russia	10914.0	21.5
462	411	澳洲电信	Telstra	澳大利亚	Australia	10886.0	-12.3
463	·	精工爱普生	Seiko Epson	日本	Japan	10853.1	6.5
464	361	加拿大帝国商业银行	Canadian Imperial Bank of Commerce	加拿大	Canada	10835.8	-22.0
465	·	爱德卡中心公司	Edeka Zentrale	德国	Germany	10818.2	33.9
466	452	康力斯集团	Corus Group	英国	United Kingdom	10801.0	-2.6
467	458	大西洋和太平洋茶叶公司	Great Atl. & Pacific Tea	美国	United States	10794.4	-1.6
468	·	CONTINENTAL	Continental	德国	Germany	10785.8	7.2
469	480	大日本印刷公司	Dai Nippon Printing	日本	Japan	10742.7	2.4
470	263	北电网络	Nortel Networks	加拿大	Canada	10701.0	-42.2
471	·	日本近铁	Kinki Nippon Railway	日本	Japan	10698.2	15.9
472	414	达信	Textron	美国	United States	10658.0	-13.5
473	499	朝日玻璃公司	Asahi Glass	日本	Japan	10627.9	5.2
474	496	马里奥特国际公司	Marriott International	美国	United States	10619.0	4.6
475	482	MANPOWER	Manpower	美国	United States	10610.9	1.2
476	370	多伦多－道明银行	Toronto-Dominion Bank	加拿大	Canada	10597.5	-22.0
477	495	南方公司	Southern	美国	United States	10549.0	3.9
478	·	FORTUM	Furtum	芬兰	Finland	10539.7	13.1
479	483	宏利保险	Manulife Financial	加拿大	Canada	10526.6	0.4
480	·	THALES GROUP	Thales Group	法国	France	10499.1	14.2
481	481	KFW	KFW	德国	Germany	10492.8	0.1
482	472	积水建房公司	Sekisui House	日本	Japan	10481.1	-1.4
483	·	KURAYA SANSEIDO	Kuraya Sanseido	日本	Japan	10459.6	7.0
484	·	马什－麦克伦南公司	Marsh & Mclennan	美国	United States	10440.0	5.0
485	497	MBNA	MBNA	美国	United States	10430.9	2.8
486	·	VATTENFALL	Vattenfall	瑞典	Sweden	10394.9	55.8
487	·	AES	AES	美国	United States	10346.0	7.6
488	471	中国农业银行	Agricultural Bank of China	中国	China	10335.3	-3.0
489	463	大和银行控股公司	Resona Holdings	日本	Japan	10334.5	-5.1
490	484	达纳	Dana	美国	United States	10283.0	-1.8
491	·	GASUNIE	Gasunie	荷兰	Netherlands	10282.2	-5.4
492	489	凸版印刷公司	Toppan Printing	日本	Japan	10271.7	-0.9
493	·	美国家庭生命保险公司	Aflac	美国	United States	20257.0	6.9
494	335	XCEL ENERGY	Xcel Energy	美国	United States	10253.8	-31.8
495	·	日本邮船株式会社	Nippon Yusen	日本	Japan	10252.3	12.2
496	477	多米宁资源公司	Dominion Resources	美国	United States	10218.0	-3.2
497	·	HEALTH NET	Health Net	美国	United States	10201.5	1.4
498	·	FLUOR	Fluor	美国	United States	10190.4	13.6
499	·	先灵－葆雅公司	Schering-Plough	美国	United States	10180.0	3.9
500	·	川崎重工	Kawasaki Heavy Industries	日本	Japan	10173.1	11.1

利润额(百万美元) Profits (USD mil.)	比上年增长% % Change from 2001	资产额(百万美元) Assets (USD mil.)	股东产权权益(百万美元) Stockholders' Equity (USD mil.)	雇员人数(人) Employees (persons)
142.8	21.8	4600.0	1606.5	13500
402.8	19.7	47044.8	5853.9	23617
-757.8	-4087.3	4251.1	1328.3	7800
822.0	63.4	19631.0	5308.0	53000
566.3	8.1	8673.8	2982.2	150365
2707.9	-2.6	19042.0	8273.6	43700
-1184.2	-	8676.3	222.9	20690
388.3	5.7	11488.2	4019.6	58528
-394.0	-1976.2	6631.0	739.0	65000
25.6	-	16432.6	2195.6	13170
3058.0	-3.1	14394.0	10555.0	100000
1915.9	-12.2	21105.8	7919.8	40427
102.7	-	10099.7	2372.6	73797
414.9	-62.1	174574.1	7878.1	42552
110.9	49.3	3225.4	359.4	27426
-688.2	-	10353.3	4382.1	50900
-193.5	-	2885.2	498.2	52140
213.7	-	8601.5	1799.8	64379
236.1	89.2	12228.2	7944.7	35182
-3585.0	-	15974.0	1960.0	36960
-414.4	-	19543.8	1053.6	38851
-124.0	-174.7	15505.0	3406.0	49000
-32.2	-	15065.8	4670.5	53728
277.0	17.4	8296.0	3573.0	144000
113.2	-9.1	3701.7	999.9	21400
-48.3	-105.4	177606.4	8330.3	42817
1318.0	17.7	31799.0	8710.0	26178
629.7	53.1	18846.1	6186.9	13670
872.3	15.8	88635.1	5537.4	31000
104.9	-	18852.0	2244.5	60662
250.0	34.9	273809.0	6182.0	2665
278.5	-	10496.7	5383.5	19432
41.2	74.4	5385.3	946.7	7741
1365.0	40.1	13855.0	5018.0	59500
1766.0	4.2	52856.7	9101.3	26100
778.5	92.2	31707.1	5179.3	34248
-3509.0	-1385.3	33776.0	-341.0	36630
139.2	287.9	305421.6	16087.7	490999
-6874.3	-	361712.0	2621.4	19307
-182.0	-	9553.0	1482.0	63100
34.3	5.6	3285.1	190.5	1390
239.0	7.3	11110.2	6033.4	33292
821.0	19.5	45058.0	6394.0	6086
-2218.0	-379.0	27257.8	4770.3	14642
117.3	-16.4	10854.8	2431.8	18016
1362.0	150.4	37909.0	10213.0	17000
228.6	164.2	3466.7	1309.0	9400
163.6	743.4	3142.2	883.9	44809
1974.0	1.6	14136.0	8142.0	30500
106.9	112.7	9691.0	1472.3	28642

主要统计指标解释

500家大企业营业额和利润 表上所列的企业必须公布其财务数据，并向有关政府机构汇报其全部或部分数字。上报的营业额包括公布时非连续性经营活动所得收入。商业银行及储蓄所的营业额为利息收入和非利息收入。对保险公司而言，这样的数字为保险费、年金收入、投资收入、资产收益或亏损，但不包括存款。营业额包括子公司，不包括营业税。

此表中的利润为税后利润，扣除收入声明中的额外账款或费用，扣除费用改变的累积影响。负数为亏损。利润跌幅超过100%反映出从2001年盈利到2002年亏损的变动。

2002年会计年度截止日期不晚于2003年3月31日，各国会计年度会有所不同。对于非美国企业的销售额和利润，会计年度截止日期为2002年12月31日，均按年度平均官方汇率换算成美元。

资产及股东产权权益 均为企业会计年度末的数据。股东产权权益为此时的资本存量、实收资本、留存收益总数，不包括少数股权。非美国企业的数字，按其会计年度末的官方汇率换算成美元。

雇员数 因企业不同而有所不同，或为会计年度末人数，或为年度平均人数。

行业分类 反映出这些公司最主要的收入所属行业。行业分组按照美国管理和预算办公室制定的分类方法。

Explanatory Notes on Main Statistical Indicators

Revenues and profits for the global 500 companies All the companies on the list must publish financial data and report part or all of their figures to a government agency. Revenues are as reported, including revenues from discontinues operations when they are published on a consolidated basis. The revenues for commercial banks and savings institutions are the sum of interest and no interest revenues. Such figures for insurance companies include premium and annuity income, investment income and capital gains or losses but exclude deposits. Revenue figures include consolidated subsidiaries and exclude excise taxes. Profits are shown after taxes, after extraordinary credits or charges if any appear on the income statement, and after cumulative effects of accounting charges. Figures in minus indicate a loss. Profit declines more than 100% reflect swings from 2001profits to 2002 losses.

Data shown are for the fiscal year ended on or before March 21, 2003. Revenue and profit figures for non-U.S. companies have been converted to U.S. dollars at the average exchange rate during each company's fiscal year (ended Dec.31, 2002).

Assets and Equity Assets shown are those at the company's fiscal year-end. Stockholders' equity is the sum of capital stock, paid-in capital, and retained earnings on the same date. Minority interest is not included. Figures for the non-U.S. companies have been converted to U.S. Dollars at the official exchange rate at each company's fiscal year-end.

Employees The figure shown is either a fiscal year-end or a yearly average number, as published by the corporation.

Industry classification Companies are included in the industry that represents the greatest volume of their revenues. Industry groups are based on categories established by the U.S. Office of Management and Budget.

附　录

Appendix

附录1　各国(地区)货币单位*

Appendix I　Local Currency Units of Countries or Areas*

资料来源:德国《国外统计年鉴》2002年;世界知识出版社《世界知识年鉴》2002/2003年;国际货币基金组织《国际金融统计月报》2003年7月。

Source: "Statistical Yearbook 2002 for Foreign Countries" of Germany; World Knowledge Publishing House "World Knowledge Yearbook" 2002/2003; IMF "International Financial Statistics" July 2003.

国家和地区	Country or Area	货币名称	Local Currency	国际标准组织编码 ISO-Code
亚　洲	**Asia**			
中　国	China	元=10角=100分	Chinese Yuan=10 Jiao=100 Fen	CNY
中国香港	Hong Kong, China	港元=100仙	Hongkong Dollar=100 Cents	HKD
中国澳门	Macao, China	澳门元=100仙	Macao Pataca=100 Cents	MOP
阿富汗	Afghanistan	阿富汗尼=100普尔	Afghani=100 Puls	AFA
亚美尼亚	Armenia	德拉姆=100鲁马	Dram=100 Luma	AMD
阿塞拜疆	Azerbaijan	马纳特=100开比克	Azerbaijan Manat=100 Gepik	AZM
巴　林	Bahrain	巴林第纳尔=1000费尔斯	Bahrain Dinar=1000 Fils	BHD
孟加拉国	Bangladesh	塔卡=100波依夏	Taka=100 Poisha	BDT
不　丹	Bhutan	努扎姆=100吉扎姆	Ngultrum=100 Chhetrum	BTN
文　莱	Brunei Darussalam	文莱元=100分	Brunei Dollar=100 Cents	BND
柬埔寨	Cambodia	瑞尔=10角=100仙	Riel=10 Kak=100 Sen	KHR
塞浦路斯	Cyprus	塞浦路斯镑	Cyprus Pound	CYP
格鲁吉亚	Georgia	拉里=100　秦特勒	Lari = 100 Tetri	GEL
印　度	India	印度卢比=100　派萨	Indian Rupie=100 Paise	INR
印度尼西亚	Indonesia	印度尼西亚盾=100分	Rupiah=100 Sen	IDR
伊　朗	Iran	里亚尔=100第纳尔	Rial=100 Dinars	IRR
伊拉克	Iraq	伊拉克第纳尔=1000菲尔斯	Iraq Dinar=1000 Fils	JOD
以色列	Israel	新谢克尔	New Shekel	ILS
日　本	Japan	日元=100钱	Yen=100 Sen	JPY
约　旦	Jordan	约旦第纳尔=1000费尔斯	Jordan Dinar=1000 Fils	JOD
哈萨克斯坦	Kazakhstan	坚戈=100特因	Tenge=100 Tiin	KZT
朝　鲜	Korea, Dem.People's Rep.	朝鲜元=100钱	Won=100 Chon	KPW
韩　国	Korea, Rep.	韩圆=100钱	Won=100 Chon	KRW
科威特	Kuwait	科威特第纳尔=1000菲尔斯	Kuwaiti Dinar=1000 Fils	KWD
吉尔吉斯	Kyrgyz Rep.	索姆=100特因	Kyrgyz Som=100 Tyin	KGS
老　挝	Lao People's Dem.Rep	基普	Kip	LAK
黎巴嫩	Lebanon	黎巴嫩镑=100比索	Lebanese Pound=100 Piastres	LBP
马来西亚	Malaysia	林吉特=100分	Ringgit=100 Sen	MYR
马尔代夫	Maldives	拉菲亚=100拉里	Rufiyaa=100 Laari	MVR
蒙　古	Mongolia	图格里克	Togrog	MNT
缅　甸	Myanmar	缅元=100分	Kyat=100 Pyas	MMK
尼泊尔	Nepal	尼泊尔卢比=100派萨=2摩赫	Rupee=100 Paisa，50Paisa=1 Mohur	NPR
阿　曼	Oman	里亚尔=1000比索	Rial Omani=100 Baizas	OMR
巴基斯坦	Pakistan	巴基斯坦卢比=100派萨	Pakistani Rupee = 100 Paisa	PKR

附录1　续表1　continued

国家和地区	Country or Area	货币名称	Local Currency	国际标准组织编码 ISO-Code
菲律宾	Philippines	比索=100分	Philippine Peso = 100 Centavos	PHP
卡塔尔	Qatar	卡塔尔里亚尔=100迪姆拉	Qatar Riyal=100 Dirhams	QAR
留尼汪	Reunion	法国法郎=100生丁	French Franc=100 Centimes	FRF
沙特阿拉伯	Saudi Arabia	沙特里亚尔=100哈拉拉	Saudi Arabian Riyal=100 Hallalas	SAR
新加坡	Singapore	新加坡元=100分	Singapore Dollar=100 Cents	SGD
斯里兰卡	Sri Lanka	卢比=100分	Sri Lanka Rupee =100 Sri Lanka Cents	LKR
叙利亚	Syrian Arab Rep.	叙利亚镑=100比索	Syrian Pound=100 Piastres	SYP
塔吉克斯坦	Tajikistan	索莫尼	Somoni	TJS
泰国	Thailand	铢	Baht	THB
土耳其	Turkey	土耳其里拉	Turkish Lira	TRL
土库曼斯坦	Turkmenistan	马纳特=100坚戈	Turkmenistan Manat =100 Tenge	TMM
阿联酋	United Arab Emirates	迪尔汗=100菲尔斯	Dirham=100 Fils	AED
乌兹别克斯坦	Uzbekistan	苏姆=100蒂因	Usbekistan Sum=100 Tijin	UZS
越南	Vietnam	越南盾=10角=100分	Dong=10 Hao=100 Xu	VND
也门	Yemen	里亚尔=100费尔斯	Yemeni Rial=100 Fils	YER
非洲	**Africa**			
阿尔及利亚	Algeria	阿尔及利亚第纳尔=100生丁	Algerian Dinar=100 Centines	DZD
安哥拉	Angola	宽扎	Kwanza	AOA
贝宁	Benin	非洲法郎	CFA Franc	XOF
博茨瓦纳	Botswana	普拉=100生丁	Pula=100 Centimes	DZD
布基纳法索	Burkina Faso	非洲法郎	CFA Franc	XOF
布隆迪	Burundi	布隆迪法郎=100生丁	Burundi Franc=100 Centimes	BIF
喀麦隆	Cameroon	非洲法郎	CFA Franc	XOF
佛得角	Cape Verde	埃斯库多=100分， 1康托=1000埃斯库多	Cape Verde Escudo = 100 Cent, 1000 Escudoes = Conto	CVE
中非共和国	Central African Rep.	非洲法郎	CFA Franc	XOF
乍得	Chad	非洲法郎	CFA Franc	XOF
科摩罗	Comoros	科摩罗法郎	Comoran Franc	KMF
刚果(金)	Congo, Dem. Rep.	刚果法郎	Congo Franc	GNF
刚果(布)	Congo	非洲法郎	CFA Franc	XOF
科特迪瓦	Cote D'Ivoire	非洲法郎	CFA Franc	XOF
吉布提	Djibouti	吉布提法郎	Djibouti Franc	DJF
埃及	Egypt	埃及镑=100比索=1000米利姆	Egypt Pound = 100Piasters = 1000 Milliemes	EGP
赤道几内亚	Equatorial Guinea	非洲法郎	CFA Franc	XOF
厄里特尼亚	Eritrea	纳克法=100分	Nakfa = 100 Cents	ERN
埃塞俄比亚	Ethiopia	埃塞俄比亚比尔=100分	Birr=100 Cents	ETB
加蓬	Gabon	非洲法郎	CFA Franc	XOF
冈比亚	Gambia	达拉西=布图	Dalasi=Bututs	GMD
加纳	Ghana	塞地=100比塞瓦	Cedi=100 Pesewas	GHC
几内亚	Guinea	几内亚法郎	Guinean Franc	GNF

附录1　续表2 continued

国家和地区	Country or Area	货币名称	Local Currency	国际标准组织编码 ISO-Code
几内亚比绍	Guinea-Bissau	非洲法郎	CFA Franc	XOF
肯 尼 亚	Kenya	肯尼亚先令 =100 分	Kenya Shilling=100 Cents	KES
莱 索 托	Lesotho	洛蒂(复数为马洛蒂)=100 分	Loti(Pl.:Maloti)=100 Lisente	LSL
利比里亚	Liberia	利比里亚元 =100 分	Liberian Dollar=100 Cents	LRD
利 比 亚	Libya	第纳尔 =1000 迪拉姆	Dinar=1000 Dirhams	LYD
马达加斯加	Madagascar	马达加斯加法郎 =100 生丁	Madagascar Franc = 100 Centimes	MGF
马 拉 维	Malawi	马拉维克瓦查 =100 塔姆巴拉	Malawi Kwacha=100 Tambala	MWK
马　　里	Mali	非洲法郎	CFA Franc	XOF
毛里塔尼亚	Mauritania	乌吉亚 =5 库姆斯	Ouguiya=5 Khoums	MRO
毛里求斯	Mauritius	卢比	Rupee	MUR
摩 洛 哥	Morocco	迪拉姆	Dirham	MAD
莫桑比克	Mozambique	梅蒂卡尔 =100 分	Metical=100 Centavos	MZM
纳米比亚	Namibia	纳米比亚元 =100 分	Namibia Dollar=100 Cents	NAD
尼 日 尔	Niger	非洲法郎	CFA Franc	XOF
尼日利亚	Nigeria	奈拉 =100 克布	Naria=100 Kobo	NGN
卢 旺 达	Rwanda	卢旺达法郎 =100 生丁	Rwanda Franc=100 Centimes	RWF
圣多美和普林西比	Sao Tome & Principe	多布拉 =100 分	Dobra=100 Centimos	STD
塞内加尔	Senegal	非洲法郎	CFA Franc	XOF
塞 舌 尔	Seychelles	塞舌尔卢比 =100 分	Seychelles Rupee =100 Cents	SCR
塞拉利昂	Sierra Leone	利昂 =100 分	Leone=100 Cents	SLL
索 马 里	Somali	索马里先令 =100 分	Somali Shilling=100 Centesimi	SOS
南　　非	South Africa	兰特 =100 分	Rand=100 Cents	ZAR
圣赫勒拿	St Helena	圣赫勒拿镑 =100 便士	St Helena Pound=100 Pennies	SHP
苏　　丹	Sudan	第纳尔 =100 比索	Sudanese Dinar=100 Piastres	SDD
斯威士兰	Swaziland	埃马兰吉尼 =100 分	Lilangeni=100 Cents	ZAR
坦桑尼亚	Tanzania	坦桑尼亚先令 =100 分	Tanzanian Shilling=100 Cents	TZS
多　　哥	Togo	非洲法郎	CFA Franc	XOF
突 尼 斯	Tunisia	第纳尔 =1000 米利姆	Dinar=1000 Millimes	TND
乌 干 达	Uganda	乌干达先令	Uganda Shilling	UGX
赞 比 亚	Zambia	克瓦查 =100 恩韦	Kwacha = 100 Ngwee	ZMK
津巴布韦	Zimbabwe	津巴布韦元	Zimbabwe Dollar	ZWD
美　　洲	**America**			
阿 根 廷	Argentina	比索 =100 分	Argentine Peso=100 Centavos	ARS
阿 鲁 巴	Aruba	阿鲁巴弗罗林 =100 分	Aruba Florin=100 Cents	AWG
安 圭 拉	Anguilla	东加勒比元 =100 分	East Caribbean Dollar = 100 Cents	XCD
安提瓜和巴布达	Antigua And Barbuda	东加勒比元 =100 分	East Caribbean Dollar = 100 Cents	XCD
巴　　西	Brazil	雷亚尔 =100 分	Real=100 Centavos	BRL
巴 哈 马	Bahamas	巴哈马元	Bahamian Dollar=100 Cents	BSD
巴 拉 圭	Paraguay	瓜拉尼 =100 分	Guarani=100 Centimos	PYG

附录1　续表3 continued

国家和地区	Country or Area	货币名称	Local Currency	国际标准组织编码 ISO-Code
巴拿马	Panama	巴波亚=100分	Balboa=100 Centesimos	PAB
巴巴多斯	Barbados	巴巴多斯元	Barbados Dollar=100 Cents	BBD
百慕大	Bermuda	百慕大元=100分	Bermuda Dollar=100 Cents	BMD
波多黎各	Porto rico	美元=100分	Dollar=100 Cents	USD
玻利维亚	Bolivia	玻利维亚诺=100分	Bolivariano=100 Centavos	BOB
伯利兹	Belize	伯利兹元=100分	Belize Dollar=100 Cents	BZD
多米尼加	Dominican Rep.	比索=100分	Peso=100 Centavos	DOP
多米尼克	Dominica	东加勒比元=100分	East Caribbean Dollar = 100 Cents	XCD
厄瓜多尔	Ecuador	美元=100分	Dollar=100 Cents	USD
法属圭亚那	Guayane Francaise	法国法郎=100生丁	Franc=100 Centimes	FRF
哥伦比亚	Colombia	比索=100分	Peso=100 Centavos	COP
哥斯达黎加	Costa Rica	科朗=100分	Colon=100 Centimos	CRC
格陵兰	Greenland	丹麦克朗=100欧尔	Danish Kroon=100 Ore	DKK
格林纳达	Grenada	东加勒比元=100分	East Caribbean Dollar = 100 Cents	XCD
古巴	Cuba	可兑换比索=100分	Peso convertible=100 Centavos	CUP
瓜德罗普	Guadeloupe	法国法郎=100生丁	Franc=100 Centimes	FRF
圭亚那	Guyana	圭亚那元=100分	Guyana Dollar=100 Cents	GYD
海地	Haiti	古德=100生丁	Gourde=100 Centimes	HTG
荷属安的列斯	The Netherlands Antilles	荷属安的列斯盾或弗罗林，1盾=100分	Netherlands Antilles Guildar / Florin = 100 Cents	ANG
洪都拉斯	Honduras	伦皮拉=100分	Lempira=100 Centavos	HNL
加拿大	Canada	加拿大元=100分	Canadian Dollar=100 Cents	CAD
开曼群岛	The Cayman Islands	开曼元=100分	Cayman Dollar=100 Cents	KYD
马提尼克	Martinique	法国法郎=100生丁	Franc=100 Centimes	FRF
美国	United States	美元=100分	Dollar=100 Cents	USD
蒙特塞拉特	Montserrat	东加勒比元=100分	East Caribbean Dollar=100 Cents	XCD
秘鲁	The Rep. of Peru	新索尔=100分	New Sol=100 Centimos	PEN
墨西哥	Mexico	比索=100分	Mexican Peso=100 Centavos	MXN
尼加拉瓜	Nicaragua	科多巴=100分	Cordoba=100 Centavos	NIO
萨尔瓦多	El Salvador	科朗=100分	El Salvadoran Colon=100 Centavos	SVC
圣基茨和尼维斯	St. Kitts And Nevis	东加勒比元=100分	East Caribbean Dollar=100 Cents	XCD
圣卢西亚	St. Lucia	东加勒比元=100分	East Caribbean Dollar=100 Cents	XCD
圣文森特和格林纳丁斯	St.'Vincent & Grens.	东加勒比元=100分	East Caribbean Dollar=100 Cents	XCD
苏里南	Suriname	苏里南盾=100分	Suriname Guilder=100 Cents	SRG
特克斯和凯科斯群岛	The Turks and Caicos Islands	美元=100分	Dollar=100 Cents	USD
特立尼达和多巴哥	Trinidad And Tobago	特立尼达和多巴哥元=100分	Trinidad And Tobago Dollar =100 Cents	TTD
危地马拉	Guatemala	格查尔=100分	Quetzal=100 Centavos	GTQ

附录1　续表4 continued

国家和地区	Country or Area	货币名称	Local Currency	国际标准组织编码 ISO-Code
委内瑞拉	Venezuela	玻利瓦尔=100分	Bolivar = 100 Centimos	VEB
乌拉圭	Uruguay	乌拉圭比索	Uruguayan Peso=100 Centesimos	UYU
牙买加	Jamaica	牙买加元=100分	Jamaica Dollar=100 Cents	JMD
英属维尔京群岛	The British Virgin Islands	美元=100分	Dollar=100 Cents	USD
智利	Chile	比索=100分	Peso=100 Centavos	CLP
欧洲	**Europe**			
阿尔巴尼亚	Albania	列克=100昆塔	Lek=100 Qindarka	ALL
奥地利	Austria	欧元=13.7603奥地利先令，	Euro=13.7603 Austrian Schillings,	EUR
		奥地利先令=100格罗申	Schilling = 100 Groschen	ATS
白俄罗斯	Belarus	白俄罗斯卢布=100戈比	Belarus Ruble = 100 Kopeken	
比利时	Belgium	欧元=40.3399比利时法郎，	Euro=40.3399 Belgian Francs Belgian	EUR
		比利时法郎=100生丁	Franc = 100 Centimes	BEF
波斯尼亚和黑塞	Bosnia And Hercegovinia	可兑换马克=100芬尼	Konvertible Mark=100 Fening	BAM
哥维那		列弗=100斯托丁卡	Lev=100 Stótinki	BGN
保加利亚	Bulgaria	库纳=100利珀	Kuna=100 Lipa	HRK
克罗地亚	Croatia	捷克克郎=100哈莱士	Czech Krouna = 100 Hellers	CZK
捷克	Czech Republic	丹麦克郎=100欧尔	Danish Krone=100 Ore	DKK
丹麦	Denmark	爱沙尼亚克郎=100 分	Estonian Kroon =100 Cents	EEK
爱沙尼亚	Estonia	欧元=5.94873芬兰马克，	Euro=5.94873 Finnish Markka,	EUR
		芬兰马克=100分	Finnish Markka = 100 Pennies	FIM
芬兰	Finland	1欧元=6.5596法郎，	Euro=6.5596 Franc, Franc = 100 Centimes	EUR
		法郎=100生丁		FRF
法国	France	欧元=1.95583德国马克，	Euro=1.95583 Deutsche Mark,	EUR
		德国马克=100芬尼	Deutsche Mark= 100 Deutsche Pfennig	
德国	Germany	欧元=340.75德拉克马，	Euro= 340.75 Drachma, Drachma=100 Lepta	EUR
		德拉克马=100雷普塔		GRD
希腊	Greece	福林=100非列	Forint=100 Fillér	
匈牙利	Hungary	冰岛克郎=100分	Icelandic Krona=100 Cents	ISK
冰岛	Iceland	欧元=0.787564爱尔兰镑，	Euro = 0.787564 Irish Pounds,	EUR
		爱尔兰镑=100便士	Irish Pound = 100 Pennies	IEP
爱尔兰	Ireland	1欧元=1936.27里拉	Euro=1936.27 Italian Lire	EUR
意大利	Italy	里拉	Italian Lire	ITL
拉脱维亚	Latvia	拉特=100拉分	Lats=100 Centas	LVL
立陶宛	Lithuania	立特=100立分	Litas = 100 Centas	LTL

附录1　续表5 continued

国家和地区	Country or Area	货币名称	Local Currency	国际标准组织编码 ISO-Code
卢森堡	Luxembourg	1欧元＝ 40.3399卢森堡法郎	Euro= 40.3399 LUF	EUR
		卢森堡法郎，简称卢郎	Luxemburg Franc = 100 Cents	LUF
马其顿	Macedonia	代纳尔=100第尼	Denar=100Deni	MKD
马耳他	Malta	马耳他镑=100分=1000米尔	Malta Lira = 100 Cents = 1000 Mils	MTL
摩尔多瓦	Moldova	摩尔多瓦列伊=100巴尼	Moldova Leu=100 Bani	MDL
摩纳哥	Monaco	法国法郎=100生丁	Franc=100 Centimes	FRF
荷兰	Netherlands	欧元=2.2037荷兰盾	Euro=2.2037 Dutch Guilders,	EUR
		荷兰盾=100分	Guilder=100 Cents	NLG
挪威	Norway	挪威克郎=100欧尔	Norwegian Krone =100 Ore	NOK
波兰	Poland	兹罗提=100格罗什	Zloty=100 Gloszes	PLN
葡萄牙	Portugal	欧元=200.482埃斯库多	Euro=200.482 Portugal Escudos,	EUR
		埃斯库多=100分	Escudo=100 Centavos	PTE
罗马尼亚	Romania	列伊=100班尼	Leu = 100 Bani	ROL
俄罗斯联邦	Russia Federation	卢布=100戈比	Ruble = 100 Kopeken	RUB
圣马力诺	San Marino	意大利里拉	Italian Lire	ITL
斯洛伐克	Slovak Rep.	斯洛伐克克郎=100哈莱士	Slovak Koruna = 100 Helles	SKK
斯洛文尼亚	Slovenia	托拉尔=100斯托丁	Tolar = 100 Stotin	SIT
西班牙	Spain	欧元=166.386比赛塔	Euro = 166.386 Spanish Pecetas	EUR
		比赛塔		ESP
瑞典	Sweden	瑞典克郎	Swedish Krona	SEK
瑞士	Switzerland	瑞士法郎=100生丁	Switzerland Franc = 100 Centimes	CHF
列支敦示登	Liechtenstein	瑞士法郎=100生丁	Switzerland Franc = 100 Centimes	CHF
乌克兰	Ukraine	格里夫尼亚=100戈比	Hryvnia=100 Kopeken	UAH
英国	United Kingdom	英镑=100便士	Pound=100 Pennies	GBP
南斯拉夫	Yugoslavia	第纳尔=100巴拉	Yugoslavia Dinar = 100 Para	YUM
大洋州	**Oceania**			
澳大利亚	Australia	澳元=100分	Australian Dollar=100 Cents	AUD
斐济	Fiji	斐济元=100分	Fiji Dollar=100 Cents	FJD
法属波利尼西亚	French Polynesia	太平洋法郎	Franc CFP	XPF
基里巴斯	Kiribati	澳元／吉布提=100分	Australian Dollar/Kiribati =100 Cents	AUD
马绍尔群岛	Marshall Islands	美元=100分	Dollar=100 Cents	USD
密克罗尼西亚	Micronesia, Fed States of	美元=100分	Dollar=100 Cents	USD
新喀里多尼亚	New Caledonia	太平洋法郎	Franc CFP	XPF
新西兰	New Zealand	新西兰元=100分	New Zealand Dollar=100 Cents	NZD
巴布亚新几内亚	Papua New Guinea	基那=100托伊	Kina=100 Toea	PGK
萨摩亚	Samoa	塔拉=100分	Tala=100 Sene	WST
所罗门群岛	Solomon Islands	所罗门群岛元=100分	Solomon Islands Dollar = 100 Cents	SBD
汤加	Tonga	潘加=100分	Pa'anga=100 Senti	TOP
图瓦卢	Tuvalu	澳元=100分	Australian Dollar=100 Cents	AUD
瓦努阿图	Vanuatu	瓦图	Vatu	VUV
瓦利斯和富图纳	Wallis and Futuna	太平洋法郎	Franc CFP	XPF

注：*对于欧元区成员国，为方便用户，除了列示欧元以外，同时列示了相应国家原货币单位。

Note: *For the member countries of Eurozone, the original currencies of the relevant countries have been recorded besides the euro to facilitate the readers to use the materials.

附录2　索引

Appendix 2　Index

Appendix 2 Index

中国统计出版社最新资料书简目

Address: No 75 Yuetan Nanjie, Sanlihe, Beijing 100826, P. R. China
China Statistics Press
Editorial Department: Tel:8610-63262276 E-mail: yearbook@stats.gov.cn
Distribution Department: Tel: 8610-63459084, 68585978